U0125488

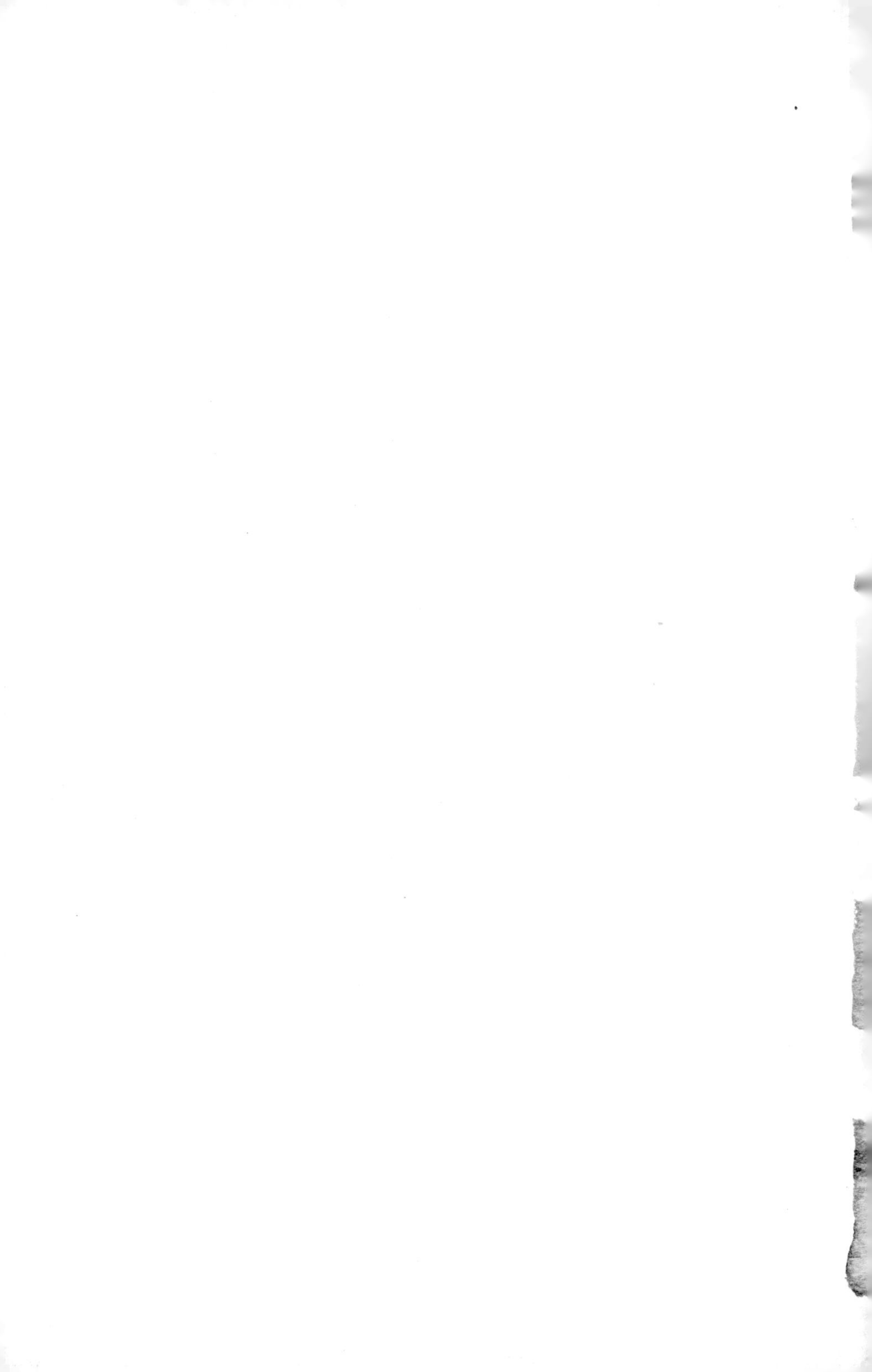

让 我 们
甲骨文
oracode
一 起 追 寻

KEITH LOWE 〔英〕基思·罗威 著
朱邦芊 译

恐惧与自由

How the Second World War Changed Us

THE FEAR AND THE FREEDOM

第二次世界大战如何改变了我们

出版说明

《恐惧与自由》是英国著名历史学家、作家基思·罗威继《野蛮大陆：第二次世界大战后的欧洲》之后的又一部关于二战及战后时期的重要著作。该书是一部严肃的学术著作，作者对来自各大洲的各个国家、各个阶层的个人进行了深入访谈，把那些看似孤立的个人故事整合起来，对第二次世界大战广泛持久的影响力进行了创新尝试——广至家国天下的宏大篇章，深至世道人心的幽微复杂。它为我们研究和阅读历史打开了一个崭新的视角。

然而，由于作者与我们的政治制度和思维方式存在着巨大差异，他对部分历史事件的看法与中国学者有着显著不同。我们出版此书，并不代表完全赞同本书作者的所有观点和结论，而是希望通过本书，让中国读者可以更广泛、更全面地了解国外学者在这方面的看法、思路，以及国外历史研究的新尝试、新趋势。建议读者在阅读本书时能够带着批判思维加以理解。

2020 年 7 月

献给加布里埃尔和格雷丝

目　录

插图列表 …… 001

引　言 …… 001

第一部分　神话与传说

1. 世界末日 …… 003
2. 英雄 …… 014
3. 魔鬼 …… 029
4. 殉难者 …… 046
5. 世界伊始 …… 066

第二部分　乌托邦

6. 科学 …… 083
7. 规划的乌托邦 …… 102
8. 平等与多样性 …… 125
9. 自由与归属 …… 148

第三部分　天下一家

10. 世界经济 …… 171
11. 世界政府 …… 194
12. 国际法律 …… 211

第四部分　两个超级大国

13. 美国 ······ 235
14. 苏联 ······ 257
15. 世界的两极分化 ······ 279

第五部分　两百个国家

16. 一个亚洲国家的诞生 ······ 297
17. 一个非洲国家的诞生 ······ 318
18. 拉丁美洲的民主 ······ 340
19. 以色列：原型之国 ······ 359
20. 欧洲的民族主义 ······ 388

第六部分　一万块碎片

21. 精神创伤 ······ 409
22. 损失 ······ 425
23. 无家可归者 ······ 435
24. 种族的全球化 ······ 450

尾　声 ······ 474
致　谢 ······ 483
注　释 ······ 485
参考文献 ······ 564
索　引 ······ 592
插图来源 ······ 622

插图列表

正文插图

1. 小仓丰文一家 …… 005
2. 伦纳德·克雷奥在 2017 年 …… 017
3. L. J. 约尔丹描绘的纳粹入侵荷兰的画面 …… 031
4. 汤浅谦 …… 043
5. 奥托·多夫·库尔卡 …… 048
6. 耶路撒冷以色列犹太人大屠杀纪念馆的名字堂 …… 051
7. 阿姆斯特丹的荷兰战争死难者纪念碑 …… 053
8. 永井隆和他的子女 …… 068
9. 尤金·拉宾诺维奇 …… 086
10. 比基尼环礁，1946 年 …… 088
11. 1960 年代初期的苏联政治宣传漫画 …… 091
12. 贾恩卡洛·德卡洛在 1950 年代 …… 106
13. 埃比尼泽·霍华德的理想田园城市图解 …… 112
14. 战后波兰的高密度住房 …… 116
15. 战后的“城郊乌托邦” …… 120
16. J. 霍华德·米勒著名的战时海报 …… 130
17. 承认英国女性在战争期间的作用的纪念碑 …… 135
18. 1947 年，杜鲁门总统在全国有色人种协进会大会上发表演讲 …… 144
19. 汉斯·比耶克霍尔特 …… 151

20. 战争结束几年后的奇塔普罗萨德 …… 172
21. 奇塔普罗萨德的肖像画 …… 176
22. 奇塔普罗萨德的漫画，画中的尼赫鲁接受美国人的金钱 …… 193
23. “世界公民”加里·戴维斯在1948年 …… 196
24. 世界公民协会的标志 …… 202
25. 1944年，本·费伦茨在法国 …… 213
26. 戴维·洛关于1946年10月1日纽伦堡判决的漫画 …… 219
27. 1947年9月，特别行动队案件 …… 224
28. 1948年，科德·迈耶拜访阿尔伯特·爱因斯坦 …… 237
29. 1949年，“赤色恐慌”期间赫布洛克的漫画 …… 249
30. 1957年，安德烈·萨哈罗夫在苏联原子能研究所 …… 260
31. 苏联漫画，描绘了美国对波斯湾盛产石油国家的控制 …… 269
32. 安德烈·维辛斯基和小亨利·卡伯特·洛奇在联合国关于朝鲜未来的辩论 …… 281
33. S. K. 特里穆尔蒂在战争结束几年后 …… 300
34. 奇塔普罗萨德1950年的画作《放开亚洲》 …… 313
35. 1954年，瓦鲁希乌·伊托特接受审判 …… 334
36. 卡洛斯·德尔加多·查尔沃德在1949年 …… 349
37. 阿哈龙·阿佩尔费尔德在战争60年后 …… 363
38. 犹太学校学生在受训，1947～1948年 …… 366
39. 1937年阿尔蒂耶罗·斯皮内利的监狱档案 …… 390
40. 雷金·德克森1950年的海报，起初是为了推广马歇尔计划 …… 392
41. 首尔日本大使馆外的一次星期三示威活动 …… 422

42. 被驱逐出捷克斯洛伐克后不久的马蒂亚斯·门德尔 …… 437
43. 为就 1946 年的巴伐利亚宪法进行全民公决而
制作的海报 …………………………………………… 440
44. 萨姆·金在 1944 年 ………………………………… 452
45. 英国政府在战时呼吁团结 …………………………… 461

彩色插图

1 –1. 欧洲领导人纪念诺曼底登陆七十周年庆典
1 –2. 二战中闻名遐尔的飞机飞过白金汉宫
1 –3. 姜德景的作品《失窃的纯真》
1 –4. 爱德华多·科布拉的壁画，画中一名水手和一个护士在纽约庆祝对日战争胜利纪念日
1 –5.《新闻报》称 2012 年的德国是“第四帝国”
1 –6. 联合国安理会大厅里，佩尔·克罗格的壁画
1 –7. 2016 年 1 月的《直言》：“他们要再次主理波兰”
1 –8.《民主报》宣称欧盟在 2012 年的财政紧缩措施中，把希腊比作德国的集中营
1 –9. 温斯顿·丘吉尔的头像被印在英格兰银行的 5 英镑纸钞上
1 –10. 阿尔蒂耶罗·斯皮内利的头像出现在意大利的邮票上
1 –11.《南京！南京!》（陆川，2009 年）
1 –12.《斯大林格勒》（费多尔·邦达尔丘克，2013 年）
1 –13. 犹太人大屠杀纪念馆外的景色
1 –14. 蒙得维的亚的大屠杀纪念碑
1 –15. 格但斯克的二战博物馆
1 –16. 2005 年德国选举期间的穆斯林移民
1 –17.《费城每日新闻报》将唐纳德·特朗普比作希特勒

引 言

“我一辈子都没开心过。”年届八旬的乔吉娜·桑德（Georgina Sand）在接受我的采访时，如此总结自己的一生。“我从来没对哪个地方有过真正的归属感。要是我如今还在英格兰，我就觉得自己还是个难民。就算现在，还是有人问我从哪儿来——我不得不对他们中的一些人说，我在这儿待的年头比他们的年纪都长。但我在维也纳的时候，也没觉得自己更像个奥地利人。我认为自己是个异乡客，归属感消失不见了。”[1]

从外表来看，乔吉娜优雅自信。她聪明博学，从来不怕表达自己的意见。她还很爱笑，不但笑对这个世界的种种荒唐事儿，也时常自嘲，还会对家人的怪癖反常嘲笑不已，她对那些古怪行为简直是爱不够。

很多事情都让她感激不尽。她与沃尔特（Walter）青梅竹马，成婚五十余载，两人儿女成群，还有了一个孙子，她对此非常自豪。她是个卓有成就的艺术家，自丈夫过世后，她在英国和奥地利都办过展览。她住在伦敦南岸区的一座宽敞雅致的公寓里，那座公寓俯瞰泰晤士河，面向圣保罗大教堂，大多数人都会认为她的生活舒适安逸。

但在她轻松的笑容背后，在她的成就和风度以及表面上舒适惬意的环境背后，这一切的根基却并不牢固：“我很缺乏安全感。我总是有……我的人生充满焦虑……比方说，我老是对孩子们过度担心，我总是害怕失去他们之类的。就算到了现在，我还会梦见和他们在什么地方走散了。这种不安全感始终存在……我儿子说，我们家里总是有一股暗流——一股焦虑不安的暗流。”

乔吉娜对这种焦虑的来源非常清楚，她说这来自她和丈夫在二战期间的遭遇——她坦然地把那些经历称为“精神创伤”。战争让她的人生发生了不可逆转的巨变，给她带来的记忆至今仍萦绕不去。但她觉得必须讲出自己的故事，因为她知道，这不但影响了她本人的生活，还影响到她的家人和族群。她同样感受到她的故事在更广泛的世界中引发的回响。她所经历的那些事改变了欧洲内外无数与她有类似经历的人。她的故事以其微妙的方式成为我们这个时代的象征。

2

乔吉娜 1927 年底出生于维也纳，当时，这座城市丧失了帝国中心的地位，正努力为自己寻找新的认同感。1938 年，当纳粹大步迈进维也纳时，人们欢呼雀跃，想象着他们应得的荣光就此归来。但作为犹太人，乔吉娜没有任何庆祝的理由。数天后，她被要求坐到教室的后边去，因为她的几个朋友说父母禁止她们跟她说话。她亲眼见到有人在犹太人开的店铺的窗子上涂反犹标语，看到他们在街上骚扰正统派犹太教徒。有一次，她看到一群人围住几个犹太男人，逼迫他们去舔人行道上的唾沫。“周围的人大笑不止，场面愈演愈烈。太可怕了。”

乔吉娜一家对纳粹的到来感到不安还另有原因：她的父亲是个坚定的共产党人，当时受到政府的监视。他认定新环境过于危险，就悄无声息地消失了——去了布拉格。几个月后，乔吉娜和母亲也追随他离开。他们打着去乡下野餐的幌子，收拾细软搭火车到了国界边上，在那里，一个“相貌古怪的男人”

带着他们偷越国境线，进入捷克斯洛伐克。

翌年，全家人都住到外祖父在布拉格的一间公寓里，乔吉娜很开心；后来，纳粹也到了这里，整个过程又重新开始了。父亲再次躲藏起来。为了她的安全，乔吉娜的母亲为她登记加入了英国发起的一项新倡议，该计划被称作儿童撤离行动（Kindertransport），旨在从希特勒的魔爪中拯救脆弱的儿童。乔吉娜的外祖父去过英国几次，告诉她说她将要和一个富人家庭同住在一幢豪华的大房子里，母亲也说很快就去和她会合。就这样，11 岁的乔吉娜被送上火车去了英国，生活在陌生人中间。然而她当时并不知道，此生再也不会见到母亲了。

3

1939 年的一个夏日，乔吉娜抵达伦敦，她非常兴奋，感觉像去那里度假，而不是开启全新的人生。没过多久，兴奋感逐渐消退了。她被送去的第一个监护家庭是桑赫斯特的一个军人家庭。他们看上去冷酷严厉，特别是那位母亲。“我觉得她想要一个可爱的小女孩，因为她有俩儿子。但我总是哭，因为我想念家人。”

后来她又被送到雷丁贫民区的一幢又潮湿又破旧的房子——实际上是个简陋的棚屋——与一对老迈的夫妇一起生活。“（当局）把我扔到那里就彻底不管了。我觉得当权者一定付给这对夫妇一小笔抚养费，但他们无力照顾我。我非常非常不开心。他们有个孙子，是个小霸王，他当时已经成年了，也住在同一个屋檐下。他想对我做一些不友好的事情……我好怕他。”

接下来的六个月，乔吉娜的双臂下长了疖子，她对老夫妇孙子的恐惧也与日俱增。最终父亲解救了她，他设法自行偷渡到英国来接她。但父亲也无法长时间照顾她，因为英国当局对说德语的人心怀疑虑，想把他作为可疑的敌国侨民关押起来。她就这样再度来到陌生人中间，这一次是住在英格兰的南方海岸。

从此，她过着颠沛流离的生活，整个少女时代都居无定所。因为侵略者的威胁，她很快就从南方海岸撤离出来，在湖区待了一阵子，随后到了北威尔士的一所寄宿学校，直到 1943 年秋才回到伦敦和父亲一起住。她在每个地方都住不过一两年，而且渐渐地惧怕英国人，因为似乎没有一个英国人体谅她或关心她。

战争结束时，乔吉娜 17 岁，她最大的愿望是与母亲团聚。她回到布拉格，设法找到了姨妈，却不见母亲的踪影。姨妈告诉她，有很多人被赶到一起送去特雷津集中营[①]。乔吉娜的母亲被送往奥斯维辛，几乎可以肯定，她已经死在那里了。

4 这些事情直到今天还折磨着乔吉娜：颠沛流离，失去母亲，对战争及其余波的焦虑不安和捉摸不定，以及始终藏在暗处却从未被公开承认的暴力威胁。她虽从 1948 年以后就一直住在伦敦，却始终不能忘怀 10～20 岁那段人生总是持续地被搅扰和打断。不可否认，这总比另一种情况要强上百倍，但是，留在中欧后果会有多糟的想法并不能让她释怀。她不忍心去想那些死在集中营里的亲友经历了什么，但又忍不住会想起他们。直到现在，她依然没有勇气去看犹太人在战时被驱逐的纪录片，因为她害怕在受害者中看见母亲。

① 特雷津集中营（Theresienstadt concentration camp），二战时期位于今捷克共和国特雷津的一所纳粹集中营。数万人死在该集中营里；另有逾 15 万人被关押在此，等候被送往波兰的特雷布林卡及奥斯维辛集中营，或其他更小的集中营处死。（除特别说明外，本书脚注均为译者所注。）

那些本该发生却没有发生的情况也时常困扰着她："我每次去维也纳，还有以前去德国的姨妈家和其他地方，我都看到那些家庭——有着年幼孩子的正常美好的家庭。我不会滑雪，但我们有时候会去山里，我会在那儿看，看那些孩子，他们都讲德语，神采奕奕的。我当时就想，我本该有更好的人生，本该和家人在一起，在更安全的环境里长大，并且确定无疑地知道自己属于哪里。而我从来没有对任何地方有过真正的归属感。"

我对乔吉娜的故事有着三重兴趣。首先，作为研究二战及其余波的历史学家，我对搜集故事上瘾。乔吉娜的故事是我为本书搜集的二十五个故事之一，每章一个。有些故事是我个人通过采访或电邮获得的，还有些是从档案或已出版的回忆录中整理出来的；一些故事的主角是名人，而另一些则除了亲友之外无人知晓。同时，这些故事又只是我筛选出来的数百个故事的一个微小样本而已，它们与数万乃至数百万个体的故事一起，组成了我们共同的历史。

其次，也更为重要的是，乔吉娜是我太太家的亲戚，因而也是我的亲人。她讲述的经历，让我理解了家谱上的那个分支——他们的恐惧和不安，他们的执念和渴望，其中的一些几乎是耳濡目染地无声地传递给了我的太太、我以及我们的孩子们。没有哪个人的经历完全属于他自己——它是亲人和族群共同构建的关系网的一部分，乔吉娜的故事也不例外。

5

最后也最重要的是，至少在本书的语境中，她的故事很有象征意义。和乔吉娜一样，其他数十万欧洲犹太人——那些劫后余生的人——也都流离失所，散布在全球各地。如今，从布宜诺斯艾利斯到符拉迪沃斯托克，每个大城市都有他们及其后代的身影。和乔吉娜一样，其他数百万说德语的人（总数或许有1200万之多）也在战后的动乱岁月中背井离乡。她的故事不仅在欧洲，而且在中国、朝鲜和东南亚都引发了回响，那些地方也曾有数千万人流落他乡；而且，庞大的军队往返驰骋于北非和中东，在战争年代造成了不可逆转的破坏。在诸如朝鲜、阿尔及利亚、越南和波斯尼亚等地后来发生冲突的故事中，难民的故事所产生的回响虽较为微弱，但仍依稀可辨。因为这些冲突都起源于第二次世界大战。它们被传予难民的后代，也传给他们的族群——就像乔吉娜把自己的记忆分享给亲友一样——如今已经融入世界各个国家和族群的社会结构之中。

人们对乔吉娜和像她一样的人所经历的事件研究得越多，这些事件的影响也就显得越深刻、越普遍。第二次世界大战不仅是又一次危机而已，受它影响的人比史上其他任何冲突的都多。逾一亿男男女女被动员起来，这一数字轻而易举地让此前的任何一场战争相形见绌，包括1914~1918年的第一次世界大战。全世界的亿万百姓也被卷进这场冲突，不只是像乔吉娜一样的难民，还有工厂的工人、食品或燃料供应商、声色犬马的从业人员、犯人和奴工，他们甚至成为攻击的对象。这是现代史上第一次——遇害平民的人数远远超过士兵的数量，死亡人数不止数百万，而是高达数千万。第二次世界大战的死亡人数是一战的四倍。每一名死者背后，都有几十个人受到与战争相伴相随的广泛的经济动荡和心理激变的间接影响。[2]

1945年，当世界奋力复苏之时，各个社会都发生了翻天覆

6

地的变化。从战场的废墟中再生出的景象与此前的大相径庭。城市纷纷改名，国家改变了货币，人们的国籍也变了。数世纪以来一直同种聚居的社区，突然间充满了各个国籍、种族和肤

色的异乡人——像乔吉娜这样没有归属感的人。整个国家获得了自由，或是刚被征服。旧的帝国衰落了，被同样荣耀亦同样残酷的新兴帝国取而代之。

寻找战争解药的共同愿望，引发了一场前所未有的追逐新思想、新发明的高峰。科学家梦想着利用新技术（其中很多都是在战争期间发明的）创造更加美好和安全的世界。建筑师梦想着在旧城的废墟上建造崭新的城市，城市中有着更优质的住房、更明亮的公共空间，居民也更加心满意足。政治家、经济学家和哲学家幻想着平等社会，这样的社会为了全体人民的福祉而被集中规划、有效运转。新的政党和新的道德运动四处涌现。这些变化的思想根基，有些是早先剧变的结果，如第一次世界大战或是俄国大革命，而另一些则是全新的；但即便是那些原有的思想，在 1945 年后都是以前所未有的速度和紧迫性被采纳，这在其他任何时代都是难以想象的。这场战争摧枯拉朽的性质，其无可比拟的可怖暴力和所涉及的无与伦比的地理范围，使人们产生了对变化的渴望，这种渴望比史上的其他任何时代都要普遍。

每一个人脱口而出的词都是“自由”。战时美国的领导人富兰克林·D. 罗斯福谈论过四种自由——言论自由、信仰自由、免于匮乏的自由和免于恐惧的自由。经与英国首相温斯顿·丘吉尔磋商之后起草的《大西洋宪章》，同样谈到了所有民族都有选择自己的政体的自由。共产党人谈论的是免于剥削的自由，而经济学家谈论的则是自由贸易和自由市场。战后，世界上最有影响力的哲学家和心理学家甚至论述了更加深刻的自由，直达人类境况的根基。

全世界都举起了自由的火把，就连那些远离战火的国家也不例外。早在1942年，尼日利亚未来的政治家金斯利·奥祖姆巴·姆巴迪韦（Kingsley Ozumba Mbadiwe）就曾要求，俟战争胜利后，自由和公正应扩展到殖民地世界。“非洲，”他写道，“不会接受自由之外的其他奖赏。”[3]中南美洲国家是联合国最热心的发起成员国，这些国家设想了一个确保“不公正和贫穷从世上消失”的国际秩序，以及“所有国家，无论大小”，都能“平等合作”的新时代。[4]变革之风吹向四面八方。

7

据美国政治家温德尔·威尔基（Wendell Willkie）称，与一战相比，二战期间的革命氛围要强烈得多。1942年环球旅行之后，他回到华盛顿，在旅行过程中看到世界各地的男男女女奋力推翻帝国主义，要求归还其人权和民权，建立“一个因独立和自由而生机勃勃的……新社会”，这些都让他深受启发。他说，这一切是那么激动人心，因为世界各地的人民看来刚刚获得了信心，认为“自由在手，万事可为”。但他也承认，这种氛围有些恐怖，似乎无人认同一个共同的目标。威尔基预言，如果他们不能在战争结束前达成这一共识，在战时维系这个联盟的合作精神就会破灭，世界又将回归到起初导致战争的那种不满情绪中去。[5]

于是，第二次世界大战不但为一种新的自由，也为一种新的恐惧播下了种子。战争刚一结束，人们就再次以怀疑的眼光看待昔日的盟友。欧洲国家及其殖民地之间，右翼与左翼之间，尤其是美国和苏联之间，都恢复了紧张的局势。世界各地的人们刚刚目睹了一场前所未有的全球灾难，现在又开始担心一场规模更大的新的战争即将到来。乔吉娜·桑德描述的“焦虑不安的暗流”，是1945年后的一个普遍现象。

从这个方面来说，乔吉娜那发生在战后不久的故事，或许同样具有象征意义。在宣布和平之后，她回到布拉格，希望找到孩提时期失去的那种归属感，但她找不到，于是转而希望自己能重新创造一种归属感。她再次遇到自小就相识的沃尔特，两人坠入爱河。她结婚、交友，准备安顿下来。她带着年轻人特有的乐观精神，憧憬着自己的未来只会是一片光明，但她的人生依然被徘徊不去的战争阴影所笼罩。甚至在发现母亲已死之后，她仍然坚信自己可以把战争年代的痛苦抛在脑后，因为她想往前走，想获得新生。她渴望自由。

8

不幸的是，捷克当局另有打算。1948 年，共产党夺取控制权后，她和沃尔特得到指示要向新政权无条件地宣誓效忠，这种忠诚被延伸到超级大国苏联。他们不想就范，被迫再次逃离这个国家。他们的逃离标志着新的冷战开始了，那是第二次世界大战的另一个后果，它把世界分成西方和东方、右翼和左翼两极。用丘吉尔的话说，整个中欧拉起一道铁幕；发展中国家纷纷爆发革命、政变和内战。难民更多，故事也就更多了。

本书尝试概述二战引发的世界的重大变化——既有毁灭性的，也有建设性的。本书必然会提到重要的地缘政治事件：超级大国的出现，冷战的开始，欧洲殖民主义漫长而缓慢的崩溃，如此等等。书中也会谈到战争给社会和经济方面造成的重大后果：自然环境的转变；生活标准、世界人口状况和国际贸易的巨大变化；自由市场控制的兴衰；核时代的诞生。但更重要的是，本书试图透过这些事件和趋势，考察战争的神话学、哲学和心理学影响。流血的记忆对我们彼此之间，以及我们与世界之间的关系有何影响？它如何改变了我们对人类能力的看法，又如何影响了我们对暴力和强权的恐惧，对自由和归属感的渴望，对平等、公平和公正的梦想？

为了生动地阐释这些问题，我选择在每一章讲述一个人的故事，他们像乔吉娜·桑德一样，经历过战争及战后的种种事件，并深受其影响。每一章中的单独故事都被用作一个出发点，引导读者对更广阔的画面一窥究竟——那个人所属的族群，他们的国家、地区乃至整个世界的故事。这不仅是本书的文体表现手法，也构成了我力图表达的观念的绝对基础。我不敢说一

9 个人的叙述便可总结世人的全部经验，但我们的一切所作所为和记忆都含有普遍的元素，特别是我们彼此之间谈及自己和过去的那些内容。历史总会涉及个体和整体之间的某种妥协，而这种关系则以二战史为最。

1945 年时，人们一致认为每个人的行动和信仰，乃至他们的记忆和过往经验，都不仅关乎他们自身，还关乎作为整体的人类。这是 S. H. 福克斯（Siegmund Heinrich Foulkes）和埃里希·弗罗姆（Erich Fromm）等精神分析学家率先开始调查个体与其所属群体之间关系的时代。“社会过程的基本实体，”弗罗姆在 1942 年说道，“是个体……任何群体都是由个体并且仅由个体组成，因此，我们发现在群体中运作的心理机制也只能是在个体中运作的那些机制。”[6]当时的社会学家和哲学家也在探索个体与整体相互反映的方式。“在模铸自己时，我模铸了人”①，让-保罗·萨特（Jean-Paual Sartre）在 1945 年末如是说，他的很多存在主义者同行都热衷于从战时目睹的事件中得出放诸四海而皆准的结论。这些原则适用于当时，也同样适用于现在：

① 引自让-保罗·萨特《存在主义是一种人道主义》，周煦良、汤永宽译，上海译文出版社，1988 年，第 9 页。

我们共同采用了像乔吉娜这样的人的故事，就像它们是发生在我们自己身上的故事一样。[7]

当然，我知道人们所讲的故事并不一定能反映出绝对的真相。战争幸存者的故事是出了名的靠不住。事实会被人遗忘、误记或美化。人们对自己或其行为的看法会发生急剧的改变，而当这些看法真的改变时，它们就会被回溯以至于被当作最初的想法。国家和社会亦然。二战后的几十年来，我们对自己所说的荒诞虚构的神话和彻头彻尾的谎言，和真相一样影响和塑造了这个世界。把这些故事与那个时代的记录进行核对，并将其模铸成尽可能贴近客观真相的叙事，正是历史学家的责任。我尽量不对自己转达的个人叙述妄加评论，即便有时我个人并不认可他们的说法。相反，既然这是一部全球史，在某些情况下，我们被集体情感冲昏了头脑，在脑海里根植了与证据全然矛盾的集体记忆，我对此保留了批评态度。因此，个人的故事说到底也就是故事而已。正因为有了这些个人故事与集体叙事的互动，才使得“故事”止于此，历史始于斯。 10

我试图从各种政治角度来囊括世界各地的个案研究，其中的一些角度与我本人的政治和地缘观点相去甚远。除了欧洲、北美和亚洲外，还有些故事来自非洲和拉丁美洲，因为这些地区也深受战争的影响。然而，相对来说更多的故事还是来自直接卷入战争的地区，因为这些地区无疑因战争的蹂躏而经历了更大的变化。来自美国的故事比其他地方的多一些。这并非出自我自己的自由主义西方的偏见——或者说至少这不是唯一的原因——而是因为它反映了战后出现的势力均衡：不管我们喜欢与否，20 世纪被称作“美国的世纪”终归有其原因。在本书的开篇部分，日本也非常醒目，因为我觉得它重要的象征意义在西方关于这场战争的叙事中讨论不足。

读者还会注意到，本书中持左翼政治观点的故事多过右翼的。这也是故意为之。在全球史上，1945 年大概是左翼的高位线——那些倡导社会进步，甚至是公开的共产主义意识形态主导了政治议程，这种情况前所未有。但我坚信，没有谁的政治信仰是一成不变的。我还收入了一些人的故事，他们因为自身的经历而在信仰上发生了巨变，有从右翼变成左翼的，也有反方向的。

最后必须要说明的是，本书应该说至少是有一些挑战性的。在接下来的篇幅中，读者会发现很多熟悉的内容，但同时也会看到很多不太熟悉，甚或相当陌生的东西，我希望如此。在如今这个回音室一样的世界里，越来越多的人只会倾听与自己立场一致的观点，那么让自己的观点偶尔接受一下挑战并愿意接受挑战，就比以往任何时候都更加重要了。从士兵或平民、男人或女人、科学家或艺术家、商人或工会会员、英雄、受害者或罪犯的视角来看，世界大不相同。所有这些观点在后文中都会有所论述。但我要劝读者以局外人的眼光，或者说以难民的眼光来读本书，要想理解接下来的这些内容，就必须把自己的先入之见暂时放在一旁。我本人就有过一些这方面的挣扎。和任何其他人一样，历史学家也会有偏见，在接下来的篇章中，我将尽量坦诚地面对自己先入为主的观念和信仰。有一两次，比如在关于战后欧洲的民族主义的章节中，我做出了把自己的恐惧和渴望暴露在聚光灯下的艰难决定。我会督促读者偶尔也尝试一下这样的决定。

历史学家也是一种难民：如果过往是另一个国度，那也是他或她永远不会重游之地，无论他或她有多么热衷于努力重建。

我着手写这本书时就清楚，它只能模糊地反映出从1945年的灰烬中诞生的光明新世界，因为这个新世界无论从哪方面讲都过于庞大，无法被轻松装进薄薄的一本书里。我只希望自己找到并粘在一起的这些碎片可以激发读者进一步探索下去，自行填补某些裂隙和遗漏。

然而从很多方面来说，这本书并不全然关乎过往。它阐释了我们的城市为什么是如今这个样子，我们的社区为什么变得如此多样，以及我们的技术为什么会如此发展。它也阐释了为什么没有人再相信乌托邦，为什么我们就算在削弱人权时还是会捍卫人权，以及为什么改造经济体系的可能性如此令人绝望。这本书事关我们实现世界和平的努力为什么会被暴力不时地打断，为什么经过数十年的政治斡旋和外交活动，我们无止无休的争吵和国内冲突仍然没有得到解决。每天的报纸上都充斥着所有这些乃至更多的问题，其病根都是第二次世界大战。

归根结底，本书写的是一种永恒的冲突：我们一方面渴望与邻居和盟友联合，另一方面又渴望独善其身。在二战后的余波中，这种冲突在全球范围内上演，时至今日仍对我们的个人和社会关系产生影响。我们的天性让我们处于一个模棱两可的空间，这里既非完全包含在我们的群体之内，也非全然与之脱离，我们的历史也是如此。和乔吉娜·桑德一样，没有人能真正说清自己归属何处。

第一部分
神话与传说

1. 世界末日

15

1945年8月6日清晨，一个名叫小仓丰文（Ogura Toyofumi）的日本讲师在赶往广岛市的途中，目睹了一个改变历史的景象。他看到大约四公里外的市区上空光芒刺眼：其色青白，就像摄影师的镁闪光灯，但其规模之巨，仿佛长空都被撕裂开来。他在震惊之下伏地观察。闪光过后便是一大股赤焰浓烟，“像火山的岩浆喷到半空中一样”，直冲云霄。

那情景既美丽又恐怖。“我不知道该如何形容。穷尽所有的描述都无法形容这个巨大的烟云柱，它滚沸着蒸腾向上。烟柱大得把大半个蓝天都遮住了。然后，烟柱顶上开始四溢，像是一朵巨大的雷雨云分崩离析，继而渗漏蔓延到四周……形状一直在变，颜色也千变万化。小规模的爆炸零零落落。”

这样的场景他平生未见，所以一时间恍惚觉得自己身临某种神迹，比如《旧约》中摩西看到的火柱，或是佛教须弥山宇宙的显灵。但那些宗教信仰和神话意象在他脑中一闪而过，他意识到没有一个堪与眼前的恐怖景象相提并论。“古人的淳朴观念及虚构出来的种种幻想，根本无法描述这种云与光堆叠在苍穹中的可怕盛会。”[1]

过了一会儿，小仓被原子弹的冲击波袭中，他死死地趴在地面上才逃过这一劫。他听到周围有“可怕的撕裂、撞击和破碎声，房屋建筑都已四分五裂”。他还觉得自己听到了尖叫声，不过事后他无法确定那是真的还是只是他想象出来的。

16　不过几分钟后，到小仓终于能够再次站起身来时，周遭的世界已经彻底变形。曾经繁荣的城市——日本的第七大城市——如今突然遍地瓦砾，断墙残垣，变成一片黢黑的废墟。震惊之下，他爬上附近一座小山去查看破坏的情况，随后直奔市中心去做近距离的观察。

他看到的一切让他大惊失色：“广岛不复存在了……我简直不敢相信。我周围的一切只是浓烟滚滚的一片瓦砾废墟的汪洋，几座混凝土建筑物零星散布，像一块块苍白的墓碑，大都在浓烟中半遮半掩。目力所及之处一概如此……远景近物毫无分别……无论我走多远，沿着路的两头延伸出去的废墟汪洋都还在着火冒烟……我预料到会看到满目疮痍，但看到这个地区被完全抹平，还是目瞪口呆。”[2]

小仓对广岛的描述成为日本的第一批相关出版物之一。这本书是以给妻子的一批信件的形式写成的，他的妻子死于核爆，他写作此书也是试图理解自己的家乡何以转瞬就从阳世变成阴间。城里满是地狱般的场景，怪异变形的尸体，幸存者的伤势很可怕，堪堪能看出是个人形而已。书中经常会提到“火狱”、“佛教版的地狱”，以及“索多玛与蛾摩拉①被付之一炬”。最后几页甚至还提到广岛在战后一个月遭遇的台风袭击，让作者想起“诺亚时代的大洪水”。这意味着小仓经历的不仅是一座城市的毁灭，还是类似于末日审判本身，此书的书名《世界末日的来信》（*Letters from the End of the World*），便昭示了这一点。[3]

---

① 索多玛与蛾摩拉（Sodom and Gomorrah），《圣经》中死海东南摩押平原五城中的两座城市。《圣经》中说，因为城里的居民不遵守上帝的戒律，充斥着罪恶，被上帝毁灭。后来成为罪恶之城的代名词。

这种末日想象在广岛幸存者中相当普遍。小说家大田洋子（Ota Yoko）就这次轰炸写过一本书，它也是最早的此类书籍之一。看到一切在刹那间蒸发殆尽，她找不到任何其他合理的解释："我就是不明白，为什么周围的一切在一瞬间就发生了如此巨大的变化……我觉得这或许与战争无关，据说在世界末日，地面会崩塌，我小时候读过的。"

小仓丰文一家。这是全家人最后的合影：原子弹摧毁广岛两周后，小仓的太太死于核辐射病。

和小仓一样，她也试图寻找超自然的原因，想知道是否整场战争都是一个意在毁灭世界的巨大幽灵带来的某种"宇宙现象”。[4]

成千上万的其他幸存者至少也一度认为，他们目睹的就是世界末日。深入研究广岛目击者实录的每一个研究者都会一再看到相同的说法：“地狱景象”，“活地狱”，“人间地狱”，“阴间”，“感觉就像太阳从天上掉了下来”，“我感受到一种可怕的孤独感，觉得世上其他的人都死了”。一些幸存者至今仍然无法把那天看到的情景与轰炸之前，或是那之后世界的样子进行认知调和：就好像他们曾在一个与我们自己的世界毫无关系的平行世界中目睹了那一切。一位幸存者在40年后写道：“回想那一天，我觉得那不是人间，我看到的是另一个世界的地狱。”[5]

18

在全球各地见证了二战期间其他无数事件的目击者中，上述想法与他们的经历产生了共鸣。广岛的经历虽然恐怖，也只不过是一场世界性冲突中的一桩单独事件而已，而那场冲突已经持续了数年。正如梵蒂冈的报纸《罗马观察报》（*L'Osservatore Romano*）在广岛事件的次日指明的，原子弹有一种令人恐惧的熟悉感：这场看似永无休止的、充满了“末日般意外”的战争，总算进入最后的情节。[6]就连一些原子弹爆炸的经历者也被迫承认，那不过是“一场已经结束的战争丑陋的延迟回响”。大田洋子在回忆录里承认，她的经历只是庞大得多也恐怖得多的事件的表征而已：在那条没完没了“令人窒息的末日恐怖”链中，这不过是区区一场灾难。[7]

德国平民的经历和日本平民相似。德国从未经历过原子弹，但德国的城市曾多年饱受常规武器轰炸之苦，所受的灾难不下于日本的城市。例如1943年，在烈性炸药和燃烧弹的联合打击下，火焰风暴吞噬了汉堡，这座城市几乎从地图上被抹去。轰炸过后，小说家汉斯·埃里克·诺萨克（Hans Erich Nossack）回到汉堡，说自己仿佛“落入了冥界地府”。他描述那次经历的书取名简洁明了，就叫《末日》（*Der Untergang*）。[8]

战争结束时，无处不是一派末日的意象，特别像《圣经》中的意象：德累斯顿和广岛一样，也毁于“类似《圣经》里的火柱”；慕尼黑看上去像是“最终审判”的场景；杜塞尔多夫（Dusseldorf）“连个鬼影子都不剩”。[9]克雷菲尔德（Krefeld）当局说他们的防空洞是“诺亚方舟”——暗指在那里寻求避难的人将会得到拯救，从无情毁灭全世界的末日灾变中逃脱。[10]每一个毁于战争的城市都出现了同样的意象。斯大林格勒是“死亡之城”。[11]华沙是“吸血鬼之城”，那里损毁严重，“看起来像是整个世界都土崩瓦解了”。[12]菲律宾马尼拉的解放“完全是炮弹、炸弹和飞溅的弹片……我们都觉得，那就是世界的末日！”[13]

人们使用这样的语言，是因为找不到其他的方式来表达自己经历了怎样巨大的精神创伤。很多撰写战争回忆录的人悲叹道，日常语言无法描述这种毁灭的经历，连职业作家也不例外。他们知道“地狱”这个词太老套，却也找不到其他的表达方式。[14]

19

对战争做出如此反应的并非只有个人：群体对此同样茫然不解。1944 年和 1945 年的报纸经常把战争描写成包罗万象、前所未有的事件，仿佛战前的世界已经完全被摧毁了。1945 年 3 月，《纽约时报杂志》（*The New York Times Magazine*）上刊登的一篇文章就是绝佳的例子。该杂志的记者赛勒斯·索尔兹伯格（Cyrus Sulzberger）称欧洲是新的“黑暗大陆”，随后描绘了一幅前所未有的、“任何美国人都无法理解”的毁灭画面。他在文章中使用的语言与小仓丰文描述原子弹轰炸后的广岛的语言非常相似。据索尔兹伯格说，在流光瞬息间，他所知道的战前文明的欧洲不复存在了。取而代之的是一个全新的陌生景象，道德沦丧、遍地狼藉，普通人的日常经历是“战斗、内战、坐牢、饥饿或疾病”。市场在“大片区域踪影全无”。欧陆的年轻人被灌输的观念会让“圣经哲学家联想到敌基督”。战时的大规模种族灭绝之后，我们“仍然无法知道曾有多少欧洲人互相残杀”。简而言之，欧洲像“卢卡·西诺莱利（Luca Signorelli）笔下的《审判之日》壁画”一样，从中央到周边地区，整个大陆都充斥着“《启示录》中预想的数世纪之前的所有恐怖场景”。[15]

和小仓丰文对广岛的描述一样，索尔兹伯格的文章中也充满了《圣经》中的以及末日的意象——实际上，那篇文章的配图就来自“《启示录》中的四骑士”①，占了半页纸的篇幅。世界各地的其他报纸如法炮制，各家机构和政府也是如此。他们如此反应，是因为就像目睹了战争最黑暗阶段的人们一样，也无法表达如此大规模的事件，甚至无法理解。

1945 年后，很多国家和国际机构编纂了有关战争导致的有形损坏、经济损失和人身损害的研究报告，但这些报告得出的统计数字在人类层面上毫无意义。那些统计把如此大规模的毁灭展现为一连串简要说明：柏林毁了 33%，东京毁了 65%，华沙毁了 93%；法国损失了 3/4 的火车，希腊损失了 2/3 的船只，菲律宾失去了至少 2/3 的学校，如此等等，一个城市接着一个

① 记载在《启示录》第六章，传统上解释为瘟疫、战争、饥荒和死亡。不过对四骑士的解释，学界略有争议。

城市，一个国家接着一个国家，像是一份邪恶清单上的条目。[16]为了激发我们的想象力，政府方的统计学家试图把这些数字分解为一个个易于处理的小单元：我们得知，德累斯顿的轰炸为每个幸存下来的居民产生了 42.8 立方米的瓦砾，1.6 万亿美元的战争花费折合到世上每一个男女老少的身上是 640 美元。但这实际上意味着什么——有形毁灭和经济毁灭的总和究竟如何——却始终无法想象。[17]

杀戮的规模也是如此，从未有人对其进行过适当的量化：某些历史学家猜测的数字是 5000 万左右，而其他人则认为是 6000 万或 7000 万，但没有人敢说自己知道确切数字。[18]从某种程度上来说，绝对的数字无关紧要——5000 万，7000 万，还是 5 亿，因为听起来都像是世界末日。人类无法——也不能——从客观上理解这一数字。我们多半也和小仓或经历了二战精神创伤的数百万人一样，力图通过表达难以言传的情绪来争取接近绝对的真相。

因此，很多用于描述战争的名词如今仍有不祥的内涵。例如，“holocaust”这个词的本义是点燃牺牲品，直至其完全燃尽，当今很多人不是把这个词理解为一种隐喻，而是对欧洲犹太人二战期间之遭遇的确切描述（提到犹太人被送进“火炉”、“火葬场”或化为“灰烬”，这种印象又被大大加深了）。[19]同样，德国宣传部部长约瑟夫·戈培尔（Joseph Goebbels）杜撰出的著名的“全面战争”（total war）一词也蕴含着不祥的承诺：它意味着通向“全面毁灭”和“全面死亡”的必然过程。[20]如今的历史学家常常从这些角度来书写这场战争：实际上，一个作品畅销全球的历史学家就曾将自己研究此次战争最后几个月的著作起名为《末日之战》（*Armageddon*）。[21]纪录片制作人也

亦步亦趋：例如，法国拍摄的一部具有开拓性的二战系列片曾
21 在全球播放，片名就叫《启示录》（*Apocalypse*）。[22]引用三位畅销书历史学家的原话，第二次世界大战是“人类历史上最大的浩劫”，是“世界历史上的全球动乱”，是“史上最大的人为灾难”。[23]用俄罗斯总统弗拉基米尔·普京的话说，二战是一场“烈火风暴”，“不但在整个欧洲肆虐，还蹂躏了亚洲和非洲国家”。[24]按照时任中国国家主席胡锦涛的说法，二战“给世界带来巨大灾难，给人类文明造成空前浩劫”。[25]这些陈述传递的意象并非“末日将近”的传统观点，而是恰恰相反，随着二战的开始世界末日已经降临。

当然，客观地说，世界并未就此完结。世上的大片地区根本没有经历过毁灭，包括整个北美大陆以及中南美洲。撒哈拉沙漠以南非洲的大部分区域也毫发无损，尽管 1942 年达尔文市的轰炸震惊了澳大利亚人，那块大陆的其他地方却几乎完全没有受到战争的蹂躏。欧洲和东亚的大部分地区冲突最为激烈，却也安然无恙。德国的城市一片荒凉，但大部分德国小镇和村庄在战争结束前夕仍是安宁的港湾。甚至像德累斯顿这样的城市，战后的规划者起初认为“至少需要 70 年”才能完成重建工作，但那些被毁的设施仅在停战区区数年之后便被匆忙修缮完毕，再次投入运行。[26]

付出生命的代价固然可怕，但也不至于就是世界末日。纳粹自恃对犹太人问题有“最终解决方案”（final solution）①，但就算对犹太人死亡人数最悲观的估计也表明他们失败了，因为至

---

① 是指第二次世界大战期间，纳粹德国针对欧洲犹太人的系统化种族灭绝计划及其实施，这导致最后、最致命的“最终解决方案”（Shoah）的出现。

少有 1/3 的欧洲犹太人活了下来，终生牢记他们对犹太人家庭犯下的罪行。[27]冷静地观察一下统计数字就会发现，其他种族和民族的遭遇要好得多。德国大约每 11 个人里有 1 个死于战争，日本人的比例是 25 ∶ 1，中国人是 30 ∶ 1，法国人是80 ∶ 1,英国人大约是 160 ∶ 1，而美国人的比例不到 300 ∶ 1。从全球范围来看，二战的确减少了相当数量的世界人口，但也不过是一小部分：死亡的 7000 万人只占战前世界人口总数的 3%——这么想当然未免有些冷血，但它确实算不上末日之战。[28] 22

那么，我们为什么还坚持给这场战争贴上这样的标签呢？世界末日的观点有一种象征意义和情感上的共鸣，是区区统计数字无法再现的，这一点千真万确。世界某些地区在灾难岁月受到的精神创伤甚至时至今日仍未平复，这一点也毋庸置疑。但末日之战的意象至今仍如此流行并广泛传播则另有隐情，它表明一想到在战争时期，战时的生活方式以那样惊人的暴力终结，实际上多少令人感到宽慰。

这个情况有两种解释。首先，就像后文将要表明的那样，末日之战的虚构故事并非孤立存在，它不过是一整个虚幻故事网络的一部分，这套虚幻故事催生了其他更满怀希望的迷思，使之蓬勃发展起来。特别需要指出的是，它让我们相信，战前陈旧腐败的体制已被彻底清洗干净，为我们重建更加纯净美好的崭新世界留下一块白板。是我们创造了自己的世界，它丝毫没有被先辈们的失败观念（起初导致我们走向战争的正是那些观念）污染，没有什么能比这样的信念更加令人欣慰了。这让我们相信，我们比他们更加明智，不会重犯他们的错误。

但还有一个比较阴暗的解释，细细想来可不那么令人愉快。

据弗洛伊德说，人的毁灭与自我毁灭的冲动与他生存和创造的冲动同样原始。[29]战时以破坏为乐已经得到充分的证明，破坏得越彻底他们越满足，某些纳粹领导人的强硬方针更是如此。[30]但这种快感并非我们认为是魔鬼的那些人独有的，战争英雄们也有这种感受。当洛斯阿拉莫斯国家实验室的原子弹计划负责人罗伯特·奥本海默（Robert Oppenheimer）目睹第一次核试验景象时，他对自己此刻掌握的力量深感自豪，以至于大声喊出印度神毗湿奴在《薄伽梵歌》中的话："我成为死神，世界的毁灭者。"战后那些年他说起这话时，用的都是严肃的语气，但在爆炸发生当时，据说他是趾高气扬地说出来的，就像加里·库珀（Gary Cooper）在好莱坞西部片《正午》（*High Noon*）中表现的那样。[31]破坏充满了快感，同时还会给人以原始的力量感，以致有时就连破坏的受害者也会受到诱惑，为破坏的结局陶醉不已。汉斯·埃里克·诺萨克在他描述汉堡轰炸的文字中承认他曾默默地希望轰炸继续下去，渴望看到自己的城市彻底毁灭，尽管他同时也对此充满恐惧。[32]轰炸过后，幸存者散布谣言说城里有多达 30 万人死亡（而实际数字是 4.5 万人），这样的夸大之词不仅是为了表达汉堡人民经历的悲惨遭遇，也是为了分享这股力量。[33]

23

如果我们再细读一下小仓丰文对广岛灾难的描述，就会发现字里行间也有类似的情绪。小仓不但把他目睹原子弹威力的震惊之情记录下来，还记录了他自己对原子弹的恐怖之美、它的浩瀚无边，以及蘑菇云中"闪烁"的"千变万化的颜色"的病态迷恋。[34]他把爆炸形容成一场神迹，几乎带着圣洁的意味。最初体验过原子弹的闪光，以及接踵而至的冲击波之后，他觉得必须要走进市中心，去亲身感受他看到的力量的极致程度，几乎就像是渴望参与其中。九个月后，他宣称自己目睹的破坏是“同类中规模最大的，前所未有的”，小仓对此倒有一股于心不甘的、几乎充满自豪的满足感。[35]

我有时不禁会想，我们对二战造成的破坏如此恒久地迷恋，是否源自潜意识中参与世界末日的渴望，或者至少部分原因在此。我们沉迷于末日之战的神话时，难道不也领略了它所意味的毁灭吗？我怀疑，像小仓一样，就算我们排斥这种感觉，同时也为它痴迷；但与小仓不同的是，因为没有眼前亲身经历的损失，21 世纪的大多数人在这方面没有约束。或许这正是我们希望破坏越大、越美，越彻底越好的原因——不是因为它能更清楚地解释些什么，而是它让我们尝到了神圣的滋味。

以神圣的字眼来描述战争的需求在今天几乎与 1940 年代一样强烈，但我们这样做的理由已经发生了变化。昔日可以理解的对惨无人道的宏大事件的反应，如今却变成一种无意识的方式，用来满足其他更令人不安的冲动，其中某些冲动与战争没什么关系。

我们将在后文中看到，在所有关于二战的主流神话中，这种掌握绝对真理的冲动是个不断重复出现的主题。它对我们看待自己的方式，以及我们彼此之间的关系通常影响深远。“世界末日”不仅是个独立的“事件”，它还是一种意识观念，为大量其他神话提供了生根发芽的理想环境。

24

2. 英雄

25

二战不但是个充满灾难的时代，也是个英雄辈出的时代。作为战斗英雄而倍受尊敬是什么感觉，当时的美国 232 团步兵伦纳德·克雷奥（Leonard Creo）就体验过，他的故事说明了这种赞许有多强烈，又有多空洞。

对于克雷奥来说，二战有很多个起点。[1]1939～1940 年，他还是个纽约少年时，知道了欧洲突然陷入一片动荡——他曾经带着极度的兴奋关注这些新闻，“就像关注一场橄榄球赛”。1941 年底，日本人轰炸珍珠港，美国被卷入战争，这时候战争才变得与他本人息息相关。三个月后，19 岁的他自愿参军：开始是在炮兵部队，后来再次受训成为通信兵，最后又一次受训，成为 42 步兵师的一名步枪射手。但直到 1944 年，他才最终登上开往欧洲的运兵船，他的战争真正开始了。

克雷奥在那年底踏上了法国的土地。他所在的部队是全师的先锋，受命协防斯特拉斯堡（Strasbourg），那里是法德交战的前线。这座城市很不安全。众多的美国部队被卷进北方的其他战斗中，这里的前线防守薄弱，克雷奥差不多经常是孤身一人在前线巡逻，或是守卫莱茵河边的小路。

1945 年 1 月的一天，德国人发动了一次渡河进攻。后来发生的事情在他的脑海里一片模糊。他从一个阵地跑到另一个阵地以避免阵亡。他朝着敌军发射巴祖卡火箭筒①。他不记得自己害怕过，只记得那种兴奋感——“我都要乐疯了！”但他随即被侧方的一颗子弹击中，又被德国炮弹炸倒，腿上嵌满了弹片。“我的战争就这么结束了。”

接下来是一连串其他的收场。克雷奥被草草包扎送回美国养伤。他身负重伤，却并没有退伍，而是留在军队里，以便康复后作为后备兵使用。他在长岛庆祝了欧战胜利纪念日，但提不起兴致来，因为他知道，那也远非结束——还要打败日本呢。他带着更大的热情庆祝了原子弹的投放以及对日战争胜利纪念日，因为这两次是更明确的收场。但他直到 1945 年 10 月才最终退役。

26

围绕着这些各式各样的战争结局的氛围彻底改变了他的人生。师长听说克雷奥在斯特拉斯堡的战绩后，给他颁发了一枚铜星勋章。表彰辞中提到克雷奥“不屈不挠的勇气”，以及他“面对着可使人毙命的机关枪和炮火”，“孤身一人”拼尽全力阻挡敌军渡河，这足以让任何人倍感自豪。[2]

与此同时，在美国，几乎所有的归国士兵都被看作英雄。他们代表国家付出的努力在《退伍军人权利法案》（G. I. Bill）中得到官方认可，该法案给予他们大量福利，诸如低息贷款、免试上大学，以及找不到工作时可以拿到每周 20 美元、为期一年的保障收入。克雷奥最终利用这些规定，去大学里学习艺术，这在战前是无法想象的。大学毕业后，他还用政府支付的大笔残疾救济金维持生计，后来还成为一名艺术家并终生以此

---

① 巴祖卡火箭筒（bazooka），二战中美国陆军使用的单兵肩扛式火箭弹发射器的绰号。巴祖卡是第一代实战用的单兵反坦克武器，射程远超出手榴弹，因其管状外形类似于一种名叫巴祖卡的喇叭状乐器而得名。

为事业。对于克雷奥这样的人来说，战后的人生的确一片光明。

无论在正式场合还是非正式场合，对老兵的这种尊敬态度都伴随了他的一生。克雷奥经常被称作英雄——有时是泛泛之谈，但有时人们会特意提到他的战斗记录和获得的奖章。他曾经很满意这个标签，但这逐渐成了让他难堪的事。回想在斯特拉斯堡的那一天时，他意识到表彰辞里的某些具体细节并不准确，而且无论如何，他的事迹大概平平无奇。“随便哪个普通人，在那种情况下都会那么做。如果你不跑，就得那么干。”此外，“战争结束时，他们认为每个上过战场的步兵都应该得到一枚铜星勋章，所以我又得到一枚橡叶勋章。也就是说我有两枚（勋章）。其中一枚一钱不值，另一枚也没什么意义”。

如今，人们对二战老兵不假思索的崇敬让他感到“不安”和“荒谬”。他从不参加战争纪念会，因为他无法忍受每一个厨师和文书只因为年纪和身上的军装，就被当成英雄的文化。“每过去一天，我们得到的奉承也越多，因为我们的人数又少了。他们很快就能看到最后一个人，就像第一次世界大战的老兵那样。他们会把一切都归功于一个小人物，而那个家伙不过是第一连的文书之类的角色。”

二战改变了克雷奥的人生。正因为他卷入了这场战争，才得以利用《退伍军人权利法案》去念书、当上艺术家：如今，他的很多画被美国各地的博物馆和大学永久收藏。战时受伤促使他开始喜欢上走路，起初只是为了复健，后来则变成体育运动。如今，他是个竞走冠军，还在老兵比赛他那个年龄组里创造了世界纪录。是那场战争让他第一次出了国：他现在会说三种语言；游遍全世界；在墨西哥、意大利、西班牙、法国，如

2017 年，伦纳德·克雷奥穿着他的老式美军军装。

今在英国，他都住过很长时间。如果没有二战，这一切都不会发生。我采访时，他着重强调了这一点。“它在方方面面都改变了我的人生，”他说，“我的一切都源自那场战争。” 28

他同样着重突出的还有另一点。“我不是个英雄。如果连我都这么说，你就一定要相信我。”

伦纳德·克雷奥的故事反映了世界——特别是战胜国——如何看待第二次世界大战的一个深层次的问题。克雷奥没有选择成为英雄，那是个强加在他身上的标签，多年来，那个标签似乎一直在“生长壮大”，根本不受克雷奥本人的控制。他的理解的确比大多数人更深刻：战争的实际情况与我们对那些情况的记忆是截然不同的两回事，这一差异日益扩大，让他深感不安。

我们刻画的大多数二战英雄的形象始于 1944 年和 1945 年。那时，一个接着一个的国家获得解放，同盟军逐渐看到了胜利的曙光。关于那场战争最著名的影像或许要算对日战争胜利纪念日那天，阿尔弗雷德·艾森施泰特[①]拍的一个水手在纽约时代广场亲吻一位护士的照片——的确，那也是整个 20 世纪的标志性形象。这张照片包含了战争结束时同盟国神话的所有元素。那是个无拘无束的快乐时刻，也是个万众一心庆祝胜利的时刻。照片的焦点是两个身穿制服的人，因而代表着他们服役的国家，因为两人的脸都看不清楚，他们也代表着普天下的男人女人。但最重要的是，他们在那一刻演绎了一个童话故事：英雄战胜了魔鬼，重返家园俘获美女的芳心。如果第二次世界大战是一部好莱坞电影，这正是我们会选择的大结局。

英美新闻界经常会详细报道类似的故事：在战争期间和战后，男性英雄获得香吻，或是以其他方式受到女性的崇拜。美国的军报《星条旗报》（*Stars and Stripes*）刊登了欧洲妇女亲吻解放者、与他们共舞，或仅仅是心醉神迷地凝视他们的日常照片。《生活》（*Life*）杂志也是如此。英国的《每日快报》（*Daily Express*）乐于将解放时期的法国描画成满是悲伤少女的国度，她们“扑向士兵，抱住他们说：‘哦，让我们望眼欲穿地等了这么久。’”[3]

---

① 阿尔弗雷德·艾森施泰特（Alfred Eisenstaedt，1898—1995），著名美国犹太摄影家和摄影记者。他最著名的作品是《时代广场胜利日之吻》，这张作品是 1945 年 8 月 15 日对日作战胜利时，艾森施泰特拍摄的一系列照片之一。后被印为海报，在世界各处都可见到。

这并不仅仅是政治宣传，它反映了英美很多普通士兵的经历，他们经常会面对喷涌而来的感激而不知所措。当地人向他们献上鲜花、食品和红酒，所有的女性无论老幼都大献香吻。一位英国上尉还记得自己坐在吉普车里享用过盛在精美瓷盘上的四道菜大餐，只不过“非常遗憾，就在我要喝到饭后酒的时候，队伍继续前进了”。[4]另一个人记得自己被一个拥抱他的“胖大妇人”抱得双脚离地，那个妇人最后还与他在马路中间共舞：“我发誓，我的双脚从头到尾都没着地。”[5] 29

群众的激情有时多少有点儿像性高潮，女人们在人群中的表现尤其如此——实际上，一位历史学家曾将其描述为1940年代版本的披头士狂热。[6]但对于大多数人来说，解放主要是精神层面的，而不是情色之事。澳大利亚战地记者艾伦·穆尔黑德（Alan Moorehead）将他在巴黎解放时目睹的“歇斯底里”描述成一种爱国热情：“女人们举起自己的婴儿，让人亲吻。老人相互拥抱。其他的人坐在排水沟里啜泣。还有人只是站在那里喜极而泣。”[7]

荷兰解放期间，一个年轻女子第一次看到盟军士兵的记忆对她来说简直就是一种宗教体验。加拿大人开着坦克进城时，玛丽亚·哈延（Maria Haayen）就住在海牙：“我身上的血仿佛都流干了，我当时想：‘我们解放啦。’坦克开近了，我喘不上气来，当士兵站起身时他简直就像个圣人一样。”[8]同样，一个荷兰男子回忆道：“就连摸一摸加拿大军装的袖子也是无上的荣耀。每一个加拿大列兵都是基督，是救世主。”[9]就连冷酷的战俘也以一种宗教的狂喜来迎接解放。一个曾被关在德国科尔迪茨（Colditz）监狱的俘虏如此描述美国士兵走进庭院宣布释放囚犯的那一刻：

> 突然，一群人欢呼雀跃地竞相冲向他，想要确认他是否活着，想要摸摸他，并从触感中再次确认这一奇迹……他们的热泪像喷涌的泉水，他们泪水滂沱像河坝决堤，他们无拘无束地翻筋斗。泪流满面的法国人亲吻彼此的双颊——这是兄弟间的敬礼。他们亲吻美国兵，亲吻视野之内的每一个人……在解放这一刻的光耀夺目之中，每个人都神采飞扬。伟大的作曲家①创作的壮丽的交响乐总算演奏到雷鸣般的终曲，伴着最后凯旋的和弦，化作《万国赞美诗》，凡人看见造物主温情脉脉将脸转向自己，刹那间，造物主的面容映照出他本人的纯净，喜悦与感恩的洪流纵横恣肆。在这样的时刻，沐浴在上帝的目光下，凡人的意志可以移山。[10]

30

这段神秘体验的焦点，也就是带来“活着的奇迹”这一圣谕的使者，正是那天走进城堡庭院的那个美国兵。代表着获胜的同盟军的他是一个英雄；不止如此，他还是个救世主。

自 1945 年以来，英国和美国常常会禁不住诱惑，对这一切信以为真。二战最有影响力的遗产是同盟军在民众心中根植了他们自己是“自由战士”的观念，而且他们打的是“正义的战争”，他们这代人甚至是“一切社会中从未出现过的最伟大的一代”，这后一种说法最为著名。[11]

族群分析家早就注意到一个趋势，即各个民族经常宣称自己才是最伟大、最公正、最优秀的，其喜好自夸的程度不亚于

① 指上帝。

自大狂妄的个人。[12]即便如此，二战还是让战胜国把这种趋势又推上新的高度。在欧战胜利50周年的纪念会上，美国总统比尔·克林顿宣称，每一个在战区服过役的美国人都应得到我们永久的称赞，“每一个陆军士兵、航空兵、海军陆战队队员或水兵，每一个商船船员，每一名护士，每一位医生，无论他们的军阶高低，都是英雄”。不仅如此，“大后方的数百万人也都是英雄”。这千千万万名英雄不仅打赢了一场战争，还“拯救了世界”；后来他们还通过未曾间断的英勇行为，“给西方带来半个世纪的安全和繁荣”，甚至“让以前的敌人起死回生”。[13]

美国人，不管民主党人还是共和党人，吹捧自己和战时先辈的例子俯拾皆是。或许更有趣的是，就二战而言，许多其他国家的人也在道义上赞同他们的看法。在诺曼底战役60周年纪念日那天，法国总统雅克·希拉克（Jacques Chirac）不但感谢美国人在1944年解放了自己的国家——此举确实天经地义——还继而宣称他们是“重塑历史进程”、“赋予人类新的荣誉”，甚至“将人类的良知提升到更高的水平”的“传奇英雄”。就算过去了几十年，美国大兵仍被视为救世主。[14]

31

然而，就像伦纳德·克雷奥这样的老兵意识到的，问题在于这种英雄主义理想提出的标准高得令人无法企及。同盟国军队中或许确实有不少标杆式的无私勇士，但有千千万万的人同样参战，他们的勇敢却没有机会受到严峻考验。厨师和文书当然同样值得尊敬，但他们配得上“英雄”这个称号吗？那些确实上过战场、经历了考验，但考验超出他们忍耐极限的人又该当如何？仅在欧洲战场，就有大约15万英国和美国士兵临阵脱逃，还有逾10万人因无法应付战斗的压力，而不得不去治疗他们的神经紊乱。[15]这些人当然不是“传奇英雄”，但如果这样慷慨赠予其他盟军士兵的称号而把他们排除在外，又该怎样评价他们？当然，我们有些人从未面对过横死的可能，没有权利对他们指手画脚。

如果盟军士兵不是无一例外地勇敢，他们也不会无一例外地“崇高”或“英武”。在诺曼底，盟军士兵照常私闯民宅，为寻找战利品而毁坏财物，恐吓当地人，还偷走贵重物品。科隆比埃（Colombières）的一个女人声称，解放了他们村的加拿大军队又让这个村子受到洗劫和故意破坏的“攻击”：“他们偷窃、掠夺、抢走了一切……他们抢走衣服、靴子、粮食甚至保险箱里的钱。我父亲无法阻止他们。家具消失了；他们甚至还偷走我的缝纫机。”[16]一个英国炮兵军官目睹手下的士兵肆意破坏一个诺曼底农夫的房子，他对此深感震惊：“显然，有 300 个德国人曾住在附近，他们很尊重业主的财产、牲畜和货物。这个农夫回家看到这样的暴行，除了诅咒解放者外，还会有什么其他反应？”[17]据说，美国兵的表现也一样恶劣，甚至更糟。根据法国和比利时警方的档案，解放后，盟军的绝大多数袭击、盗窃和在公共场合酗酒的案例都是美国兵所为。[18]

32

如果说西欧的女人盼望的盟军是豪侠殷勤的英雄，她们有时却会遇到一群久经沙场、旺盛的性欲无处释放的年轻人，其中大多数人也就 20 岁出头。单是美国军队就被控在 1942 ~ 1945 年强奸了多达 1.7 万名北非和欧洲女性。[19]与苏联士兵在大陆东半区强奸的数十万妇女相比，这只是小巫见大巫，但仍然与把美国人宣扬为“身披亮甲的骑士”的传说相去甚远。[20]英国人也没好到哪里去。一个名叫伊薇特·莱维（Yvette Levy）的法国犹太人被从捷克斯洛伐克的苦役营中解放出来，据她说：“英国兵的行径和俄罗斯人一样恶劣。人一穿上军装就毫不自重。

英国兵说我们必须陪他们睡觉才会拿到食物。我们都得了痢疾，又病又脏……这就是我们得到的欢迎！我不知道这些人怎么看待我们——他们一定是把我们当成了畜生。”[21]

如果盟军在欧洲有时行为不轨，那么他们在亚洲和太平洋地区的行为有时就是暴行了。[22]亚洲平民显然并不总是乐于见到他们。在缅甸、马来亚和新加坡的很多人看来，英国人的归来就像苏联人重归东欧一样不受欢迎——有些人认为，这不过是一个殖民国家取代了另一个殖民国家。有时人们也难免认为为解放付出的代价过于昂贵。例如，夺回马尼拉导致 1000 名美国兵和大约 1.6 万名日本兵战死，但同时有多达 10 万菲律宾人死亡。[23]“我朝着见到的第一个美国兵吐口水，”一个马尼拉妇女后来如此说道，“我心想，滚蛋吧，这里除了我们菲律宾平民以外没有其他人，你却使尽全身的力气来杀我们。”[24]

类似对同盟军怨恨愤怒的故事数不胜数——实际上，打造一部将盟军刻画为魔鬼而非圣人的解放史亦非难事。我说这些既不是要贬低同盟军的成就，也不是歪曲他们追求正义的本意，而仅仅是想戳破他们仿佛是完人的神话。这或许看似相当显而易见，但普罗大众理解那场战争所倚赖的情感框架并不一定会顾及这样的细微差别。我们希望英雄毫无瑕疵，就算到今天也是这样。每当听到有人说，英雄们也会自私、搞砸事情、愚昧无知、沙文主义，偶尔还相当残忍——一句话，他们也是凡人，我们本能地会被这种说法激怒。总之，参战并打赢第二次世界大战的同盟军士兵既非英雄，也非魔鬼，而是像伦纳德·克雷奥一样的普通人。

33

同盟军在二战期间表现完美的幻觉对战后世界产生了深远

的影响。英美两国人自认参加的是一场“正义的战争”，自那以后便一直在寻找新的正义之战。这并不是说他们有意识地去找麻烦，而是每当他们发现自己身陷困境时，就会无耻地利用自己曾经代表正义的光荣历史，来为自己的事业辩护。

也许这种说法太苛责了：这两个国家经常被迫卷入种种冲突，但它们是出于对世界的责任感而当仁不让。特别是美国，人们往往认为它有义务担当起世界警察的角色。当美国人挺身而出时，他们鼓足勇气并提醒自己，既然是英雄，就必须像英雄一样去战斗。

自 1945 年以来，英美两国卷入的几乎每一场战争都伴随着对二战英雄主义的呼唤。1950 年 6 月，朝鲜战争爆发后，杜鲁门总统屡次在电视讲话和国会演讲中唤起人们对 1945 年的回忆。[25]肯尼迪总统和约翰逊总统都曾将在越南战斗的“英勇的美国年轻人”与二战时期的“美国英雄军团”进行比较。[26]1982 年，在福克兰群岛战争（也称为马尔维纳斯群岛战争）期间，英国记者和玛格丽特·撒切尔一起，将英勇的英国特遣部队与“缔造了帝国”和“赢得二战”的前辈英雄相提并论。[27]

这丝毫不足为奇。每一个国家都利用自己的过去为自己的现在做辩护，几乎从无例外。只是英美两国自诩最伟大战争的最伟大英雄，因而比起大多数国家，它们可供夸耀的更多而已。

罗纳德·里根总统在 1984 年 6 月的讲话就完美地示范了美国这个国家的具体做法。在诺曼底战役 40 周年纪念会上，里根在诺曼底海岸发表演说，那既是纪念演说，也是冷战动员。

34

他在开场白里用人们熟悉的套话提到二战的神话，说那是一场正义与邪恶力量之间的大战：

> 我们在这里纪念那历史性的一天——盟军联合作战，为自由而收复这片大陆的日子。在四年之久的时间里，众多欧洲人生活在恐怖阴影之中。自由国家陷落，犹太人在集中营哭泣，数百万人为自由而哭喊。欧洲被奴役，世界为营救行动而祈祷。在这里，诺曼底，营救行动开始。为了这项人类历史上空前绝后的伟大事业，盟军从这里开始奋起反抗暴政。[28]

从这一刻起，他反复描绘完美的盟军英雄，那是一幅理想化的、神话般的肖像："他们是协助解放一个大陆的战士"，"是结束一场战争的英雄"，"在那个日子里无人不勇"，"诺曼底人坚信：在这个滩头阵地或下一个阵地上，他们所战是正义之役、所为是博爱之举、所获是正义的上帝应允他们此战的奇迹"。他宣称，同盟军纯粹是在"信心与信仰"，在"忠诚与爱"，在"公正的上帝乃这一伟大事业的盟友"的激励之下而参战的。

然而，里根在演说中途话锋一转，谈起战后发生的事件。和美国人不同的是，"进入这片大陆腹地的苏联军队在和平降临时并未撤离。他们仍然待在这里，未经邀请，不受欢迎，强硬不退，直到战后至今已将近四十年之久"。因此，美国人必须继续发扬英雄精神。苏联人冥顽不化地占领，而美国会持之以恒地保护欧洲民主国家的自由。"四十年前的盟谊使我们今天以同样的忠诚、传统和信念联结在一起……我们过去与你们站在一起，现在也与你们站在一起。"

听到这个演讲，不难想象二战从未结束。"彼时"和"此时"有着直接而明确的联系：同样的正义力量与同样的邪恶力量仍在搏斗。有必要指出，当前的敌人并非在演讲中一次都没

35 提到过的德国人或纳粹，而是抽象得多的“专制”力量——这个名词既可用于纳粹，也可用于苏联人。仿佛1944年6月的思维模式不知为何凝固在时光中，从未改变。

又几十年一瞬而过，虽说世界发生了沧桑巨变，但人们的修辞技巧看来依然如故。2001年，美国有了一个新敌人。“9·11恐怖袭击事件”之后，美国从军事打击阿富汗开始，发起一场“反恐战争”。为了获得国际支持，当年11月，乔治·W.布什总统在联合国发表演讲，特意将局势与战时的美国进行了比较：

> 在第二次世界大战中，我们认识到，我们无法将自己与邪恶隔离开。我们当时确认，一些罪行如此可怕，它们是对人类本身的冒犯。我们当时下定决心，在邪恶者的侵略和野心威胁到我们所有人之前，必须及早地、坚决地和集体地反对它。这个邪恶又回来了，这个事业又重新恢复。[29]

几个星期后，他在一次演讲中直接把“9·11”和日本轰炸珍珠港相对照，宣称“恐怖分子是法西斯的传人”。[30]

接下来的几个月，布什屡次将反恐战争与二战相提并论。他把美国的同盟比作二战时的盟军，说美国人民的勇气不亚于1940年代，甚至还把他的国务卿称作战时将军乔治·马歇尔的当代版（并暗示他本人就是当代罗斯福）。[31]然而最能证明他企图把当前这场反恐战争描绘成1945年“正义战争”之回响的，或许要算他在2002年阵亡将士纪念日上的演讲。与前任们通常的选择不同，布什没有在美国庆祝阵亡将士纪念日，而是把仪式搬到诺曼底的美国战争纪念碑下。这次演讲充满了宗教典故和意象，他提醒世界，美国士兵“是来解放而不是占领”，他们“是为了人类的未来”而“牺牲”自己，并且还带来了从世上“驱走黑暗的火炬”。这番话自是义正词严，但对美国士兵是不公平的。他们和1945年一样，再次被迫扮演了穿军装的救世主这样一个不切实际的角色。[32]

绝不是只有英美政客才这样不断自夸英雄主义，把二战的老调反复重弹。与布什总统一样，普京总统提起俄罗斯人民战时的英勇行为时也不假思索（进而利用这种精神来证明自己的反恐战争是正义的）。[33]同样，中国人也自豪地宣告自己在“人民抗日战争”中的“英勇不屈”，对同时发生的野蛮内战却少有触及。[34]法国、意大利、荷兰、挪威或波兰等欧洲国家在战争期间均有意义深远的地下运动，那些国家也会夸大自己的英勇行为，淡化其抵抗活动的性质，而那些活动经常涉及暴力、犯罪，以及针对本国人民的恐怖行为等。[35]我之所以在本章重点谈英美两国，唯一的理由是这两个国家的二战英雄主义在很大程度上原封未动，直至今日。它们或许是最有趣的例子，因为一旦神话破灭，它们的损失最大。美国还是继续在真正的全球范围内行使权力的唯一一个“英雄”国度，因此，美国英雄主义的心理特征不只是美国人的问题，而是会波及我们全体的问题。

36

这也的确是一个问题。英雄，无论哪国的英雄，都会沾沾自喜，无视自己的过失，而且挑剔起别人的错处来往往毫不犹豫。英雄的问题就在于他们永远需要有一个与之相争的魔鬼；英雄有多完美无瑕，与之对应的魔鬼就必须有多凶险。

这就把话题引到二战遗留给我们的另一个强大神话上：1945年不仅给了我们英雄主义的主导心理模板，还为我们提供了相应的邪恶模板。这两种原型紧密交织，以至于往往无法独立提及其一而罔顾其余——但它们对社会的影响迥然不同。英雄的神话有时是空洞无物的。但我将在下文中指出，魔鬼的神话以及它对社会的影响，则是致命的毒瘤。

3. 魔鬼

37

精神分析学家认为，英雄与魔鬼之间关系密切。很少有哪个国家在颂扬自己的美德时，不拿它们与外人的邪恶做对照的。这是把我们对自己不满意的一切投射到他人身上的好方式，也是让我们从眼前的种种困难和分裂上转移注意力的好办法。我们在现实和想象两个层面欣然地接受敌人，因为他们帮我们把所有负面情绪转移到他处。用弗洛伊德的话来说，整个国家都会以兄弟之爱团结起来，只要他们有人可恨。[1]

在战争时期，把敌人妖魔化就变得更加重要，因为那时更需要社会凝聚力。没有什么比某种外来威胁更有助于开创英国人迄今仍津津乐道的“闪电战精神”① 了。无论如何，一个国家必须要将敌人描绘成魔鬼，方能证明与之交战的初衷是正当的。此外，国家为了激励自己的人民去履行参战义务，也要声称敌人乃邪恶的一方——战争，究其本质，就是杀戮的勾当，如果人们相信敌人是魔鬼，那么杀死他们就容易得多。

二战期间，各方都把敌人妖魔化了。对战时政治宣传的研究表明，这种妖魔化惊人地相似，无论敌人来自哪一个国家。至少这个“敌人”不管是谁，都被无故描述成乖戾堕落之人，

---

① “闪电战精神”（Blitz spirit），二战期间，由于“闪电战”在欧陆的成功，德国试图用“空中闪电战”击溃英国的防御，对伦敦和各大工业城市实行不分昼夜、不分军民的轰炸战略。英国人在“闪电战精神”的鼓舞之下，对此泰然处之，显示出抵御入侵的决心。

或是“下等”人种。因此，德国和意大利的政治宣传经常把美国人描绘成黑帮、黑鬼和犹太人；日本人说英国人是奴役南亚冷酷的帝国主义者；而苏联人则被刻画成野蛮人部落的新典型。[2]与此同时，同盟国也把德国人描述成不敬上帝的无情杀手和夜贼，把日本人形容成“亚洲的黄种畜群”。[3]各方都把敌人描写成权欲熏心、两面三刀、剥削成性、玩弄权术、血腥暴力、心理变态并且以袭击妇孺为乐的人。[4]

敌人通常绝不会被礼貌地称之为人——如果他有人性，充其量也不过是个畸形儿，或是什么“次等人”。日本人照例将中国人描述成猿猴、老鼠或毛驴，还画成连环画，上面的中国人长着爪子、犄角或短粗的尾巴。中国政治宣传也照此回敬，说日本侵略者是“倭寇”或鬼子。[5]众所周知，纳粹把犹太人和斯拉夫人描述成老鼠，而前者得到的回击是被形容成各种野兽，从猪到狂犬、猛虎、蛇蝎、蟑螂、蚊子，甚至细菌。[6]最恶毒的反德宣传恐怕来自苏联的报纸，他们敦促自己的士兵像消灭害虫一样消灭德国人。“只要这些灰绿色的鼻涕虫还活着，我们就无法生存，”1942 年 8 月，红军报纸宣称，“如今我们只有一个想法，那就是杀死德国佬。杀光他们，把他们深埋地下，我们才能高枕无忧。”[7]

38

各方视敌人为非人异类无外乎为了这样一个目的：如果把他们当作动物，杀死他们就没有任何心理负担了。因此，美国的政治宣传把日本人形容成“瘟疫”，宣称“必须彻底毁灭东京地区周边的繁殖区”；而日本人反戈一击，声称要“打死美国佬！”[8]

然而在最极端的情况下，敌人会被描述成远比次等人更加黑暗、更加恐怖的东西。神话中的野兽纷纷登场：多头蛇、带翅膀的恶魔、飞行骷髅、没有灵魂的机器人、死神、弗兰肯斯坦的魔鬼或《启示录》中的骑士。[9]各方都使用的一个最常见的形象便是吸血鬼。美国《科利尔》（*Collier's*）杂志的封面把日本空军画成背着炸弹去珍珠港的吸血鬼，而日本《漫画》（*Manga*）杂志的封面则把罗斯福总统画成一个长着吸血鬼獠牙的贪婪的绿脸魔鬼。[10]这些形象往往不仅是漫画，它们旨在表达非常真实的恐惧。例如，在德国占领荷兰期间，《绿色阿姆斯特丹人》（*De Groene Amsterdammer*）刊印了一幅令人不安的阴森漫画，脸上戴着防毒面具的吸血鬼从一个荷兰爱国者的裸体上吸取着生命之血。

美国也创作了类似的“黄祸”形象：在 1942 年的一幅著名的漫画里，日本首相东条英机被画成伏在一个美国空军身上的猴形魔鬼，嘴里滴着鲜血。[11]

L. J. 约尔丹（L. J. Jordaan）1940 年描绘的纳粹入侵荷兰的画面阴森恐怖、令人不安。

在 21 世纪回首往事，这类形象的确非常可怕。我们如今对 39 二战特有的全部暴行了然于胸：大屠杀；纳粹在整个欧洲建立巨大的奴工网络；用人类做科学实验或劈刺训练；以及或许是最惨绝人寰的，某些日本兵在东南亚的部分地区屠杀战俘，大摆人肉宴。有了这样的后见之明，就很容易认为大部分妖魔化，至少同盟军一方对其敌人的妖魔化是完全正义的。但我们要记住，上述这类形象和谩骂绝大部分是在最糟糕的暴行发生之前产生的，显然也是在这类暴行被广为人知之前。因此，妖魔化敌人并非对暴行的反应，而是暴行的先兆。确乎如此，无数的社会学和心理学研究表明，这是起初导致这类暴行发生的诸多因素之一。看到纳粹的电影制作人把犹太人表现为老鼠时，我们深感恐怖；但如今我们对历史有了透彻的了解，对同盟军把日本人描述成虱子，或把德国人形容成细菌的政治宣传方式，也同样不可掉以轻心。[12]

40 战斗胜利后，前线士兵们经常会报告自己重新认识到敌人也是人的情况。罗伯特·拉斯马斯（Robert Rasmus）是美国 106 师的一名步兵，他说自己和战友们都是带着对德国人满腔的仇恨参战的，可直到 1945 年春，他们才终于有机会近距离见到某些敌人的死尸。

> 阳光明媚，一片寂静。我们走过自己杀死的德国人。看着德国人的每一具尸体，每个死者都有自己的个性。这些人不再是抽象的概念。这些人不再是我们在纪录片里看到的戴着头盔的野蛮面孔。他们和我们的年纪一样。他们是像我们一样的小伙子。[13]

在正常情况下，人们或许能够想象在社会层面上一定发生了类似的过程。德国和日本战败后，他们就不再显得那么可怕了，同盟军大概也因此再次认可了他们的人性。根据传统的历史叙事，情况正是这样：德国和日本“改过自新”，重新做人，成为超级大国的“好学生”。用美国总统比尔·克林顿的话来说，“我们让以前的敌人起死回生”。[14]

遗憾的是，二战最重要的遗产之一，便是这一恢复“敌人”人性的过程并没有真正发生。如果说真的发生了什么变化，那就是在战争刚刚结束那段时间，随着德国和日本的战时暴行变得广为人知，人们对同盟军之敌的态度变得更加冷酷无情了。行走的骷髅和成堆的尸体被代之以真实情况的照片和新闻纪录片。关于孤立暴行的谣言和传说被代之以大规模虐待、折磨和灭绝数百万平民的确凿证据——更何况这一切被报道各种战争罪行审判的报纸在全世界范围内广泛公开。1945 年之前，某些较为极端的敌人漫画形象还可以轻易地被说成比喻，但在战争罪行被审判之后，它们再也不具备比喻的意义了。

因此，改造德国和日本之举是在一片反对声中开展的，这些不和谐的声音前所未有地妖魔化了同盟军的战时敌人。如果说我们今天更容易记起各方呼吁克制的努力，那不过是因为这样做让我们更心安理得：实际上，战时的仇恨在官方层面上延续到战后数月仍徘徊不去。占领德国南部的美国大兵收到的小册子上说，那里的平民是“被困的老鼠”，他们“在德国的野蛮行为中也分得一杯羹”。[15]据一些斯堪的纳维亚的历史学家说，公众对德国的仇恨差不多持续了 20 年。[16]当时的很多政治家非常直截了当地表达自己的感受。“我再也不想见到德意志帝国的复兴了，”1945 年底，法国总统夏尔·戴高乐如是说。[17]将成为

41

捷克斯洛伐克司法部长的普罗科普·德尔季纳（Prokop Drtina）很喜欢说："没有什么好的德国人，只有坏的和更糟的德国人。"就连神职人员也乐于宣称日耳曼民族如此"邪恶"，以至于对德国人来说"爱你的邻居的戒条……并不适用"。[18]

在整个太平洋地区，对日本人的态度也大抵相近。在战后的菲律宾通俗文学中，日本人几乎总是被刻画成"野蛮""罗圈腿""斜眼"的强奸犯和占领者，他们唯一的角色就是反面人物。这种占据主流的描述一直延续到1960年代，直到现在也很常见。[19]日本战后派驻菲律宾的第一位大使汤川盛夫（Yukawa Morio）回忆，他在1957年第一次到那里时，"尽管我做好了一切准备，他们对日本的反感程度还是让我大吃一惊"。[20]据资料记载，战后马来西亚和新加坡对日本人的妖魔化更胜从前。[21]与此同时，韩国对日本人的仇恨也许是最强烈的：朝国人对日本的态度如此怨毒，以至于1965年，在将近14年的谈判之后，两国决定签署外交关系正常化的条约时，引发了广泛的骚乱，反对党的成员也从国民大会纷纷辞职以示抗议。[22]

1945年以来，美国社会直接继承自第二次世界大战的反日情绪从未消失。1960年代和1970年代，日本的经济力量迅速崛起后，美国社会的各个阶层都恢复了对日本的诋毁，也就是所谓的"抨击小日本"。1980年代中期的美国参议员开始把日本车的进口称作"经济上的珍珠港"，而总统候选人霍华德·贝克（Howard Baker）利用战后40周年纪念的机会，宣布了两个"事实"："首先，我们还在与日本交战。其次，我们要输了。"1985年，普利策奖获奖作家西奥多·H. 怀特（Theodore Harold White）在《纽约时报杂志》发表了一篇题为《来自日本

42

的威胁》的文章，他在文中警告，日本人正在使用“好战的”贸易行为来建立其战时“大东亚共荣圈”的新版本。这种情绪在1980年代得到整个亚洲和澳大利亚的呼应。[23]

在中国，反日情绪的爆发于今更甚，这是由于对战争的公众记忆大规模复苏引起的。南京大屠杀期间残忍对待儿童的悲惨景象，通过中国纪录片的反复播映，“几乎在中国人的集体无意识里生根了”，而且每隔几年，大屠杀的故事就会在越来越多的流行故事片里被重复。[24]到2013年，中国的电视公司每年制作逾200个节目，把1937~1945年的战争搬上银幕。2014年2月，中国政府设立了两个国家纪念日：一个用来纪念南京大屠杀，另一个用于纪念日本最终投降。[25]

与二战相关的反德情绪也依然继续存在，在欧洲尤其如此。2013年，捷克共和国的总统选举陷入种族侮辱丑闻，政治家和新闻界指控候选人卡雷尔·施瓦岑贝格（Karel Schwarzenberg）过于“亲德”，不配参选。[26]在希腊，2008年初财政危机爆发时，反对欧盟财政紧缩政策的人经常会在游行抗议的时候焚烧卐字旗。2012年2月，右翼的希腊报纸《民主报》（*Dimokratia*）竟然在头版刊印了德国总理安格拉·默克尔身穿纳粹军装的彩图，其下是一篇格调极为粗俗的头条文章，将希腊与达豪集中营①相提并论。[27]同年8月，意大利总理西尔维奥·贝卢斯科尼基于反德的情绪发起一场政治运动，其间经常提到二战。他的一份报纸——《新闻报》（*Il Giornale*），在首页登出一张安格拉·默克尔举手的图片，姿势很像纳粹礼，其上的头条标题为“第四帝国”。[28]

---

① 达豪集中营（Dachau concentration camp），1933年纳粹德国建立的第一个集中营，位于德国南部巴伐利亚州达豪镇附近的一个废弃兵工厂，距离慕尼黑16公里。

很多这类对德国人和日本人的看法与其说是二战的遗留，不如说与当代政治的关系更为密切。比如说，中国的反日辞令会随着两国在中国东海一片群岛的领土争端而增加，而很多欧洲国家则对德国在欧盟的政治和经济主导地位不断上升感到愤怒。然而，在为现代魔鬼寻找模板时，每个国家都会本能地用上第二次世界大战这个方便的素材。

43

在我们的集体想象中，纳粹尤其是邪恶的标准模板。战后世上的一连串魔鬼都被比作希特勒，包括1950年代埃及的纳赛尔（Gamal Abdel Nasser）总统，1970年代巴勒斯坦的亚西尔·阿拉法特（Yasser Arafat），1980年代阿根廷的加尔铁里（Leopoldo Galtieri）将军，以及1990年代伊拉克的萨达姆·侯赛因和塞尔维亚的斯洛博丹·米洛舍维奇（Slobodan Milosevic）等。[29]政治集团经常会以毫无历史意义的方式，把对手形容成法西斯分子：于是，印度的国会议员彼此指责"像希特勒一样"，而澳大利亚的著名人士则将同性恋人权斗士比作盖世太保。[30] 2016年美国总统竞选期间，《费城每日新闻报》（*Philadelphia Daily News*）头版甚至还刊登了一张唐纳德·特朗普的照片，他手臂抬起，像是在致纳粹礼，其下的大字标题是《新的愤怒》（"The New Furor"，"Furor"与"Führer"是故意为之的双关语）。[31]

如今，"纳粹"通常是一种概念化的简略表达方式，被用来描述种种罪恶。阿道夫·希特勒的形象尤其变成一位文化批评家所说的"罪恶典范"，被小说家、电影制作人和政治家用来强调他们最恐惧的人物和思想。因此，理查德·尼克松和奥萨马·本·拉登都被形容成现代"希特勒"。[32]在数千部著名的电影中，从《音乐之声》到印第安纳·琼斯系列故事片，纳粹都是作为反面人物出现的。就连星球大战系列片中的“暴风突击队”也是以德国国防军为原型——单从头盔的形状就能立即认出他们是“敌人”。对于这种“罪恶典范”的种种战后文化指涉不胜枚举。二战后的几十年来，与战时政治宣传描画的任何神话魔鬼形象一样，纳粹及其各类替代品也发展成同样阴魂不散的一种怪物。

“邪恶”的面孔

希特勒真的邪恶吗？曾在党卫队或盖世太保服役的人邪恶吗？那些在人身上进行医学或科学试验的人呢？围绕这一主题的神话极为强势，以至于但凡觉得这些人或许不是魔鬼，只是“普通人”，都有亵渎神圣之嫌。[33]所有的历史学派都持纳粹不仅邪恶，而且邪恶得独一无二的观点；那些持不同观点的人，在全世界的学术圈、议会和媒体则引起愤怒的吼叫。[34] 44

尽管任何体面的历史学家都不会否认纳粹或日本宪兵队（军事秘密警察）的行为往往是邪恶的，但将执行这些行为的全体人员都如此定性或许是一个错误。从心理学的角度来说，没有生性邪恶这回事，只有病态的人，或是身陷病态制度的人。从哲学的角度来看也是如此，邪恶之人与执行邪恶行为之人是有区别的。二战的最大悲剧就在于，它不但把有精神病倾向的人推到拥有巨大权力的位子上，还在社会制度中培养和放大了这种病态，达到了就连普通人也既有能力从事邪恶行为，又热衷于此的程度。

极少有人会公开谈论自己在二战期间的暴行，而身为作恶者，还对研究自己的行为对人类造成的后果表现出由衷的兴趣，这就不寻常了。汤浅谦（Yuasa Ken）就是一个这样的人，这位日本医生在战争期间曾在几个中国犯人身上进行活体解剖。他的故事是个绝好的标志，可以帮助我们看清楚战后日本乃至整个世界缺少了什么。

1916 年，汤浅谦出生于东京，他是个医生的儿子。据他自己所言，他是严厉家教的完美产物：唯命是从，工作努力，急于向上司证明自己。他习惯于听到日本人种族优越性的观点，从未对自己的国家侵略邻国的权利提出过质疑。小学老师说过的话给他留下了强烈印象："日本人是优秀的民族。我们必须要征服中国，成为全亚洲的主人。"他从未质疑过这种想法——实际上，他从来都没有过任何质疑或批评上司的念头。[35]

1941 年，24 岁的汤浅谦子承父业，从医学院毕业。但他渴望为日本在中国的战争贡献力量，因而紧接着就申请成为军医。他接受了为期两个月的培训，被任命为中尉军医，最终被派往中国东北。

45 1942 年 3 月，汤浅谦在中国山西太原附近的潞安军医院就职后不到六个星期，就奉命参加一次实战手术。他听说过军医练习活体解剖，也知道低阶军医都得参加这个项目，因此，尽管心怀恐惧，同时又伴随着对将要目睹之事的一定的好奇心，他不情不愿地走向解剖室。

到了那里，他看到房间里站满医院和师团的人——不只是像他这样的初级医生，还有全体高阶军医。角落里有两个双手被绑在背后的中国农民。一个农民默默地站着，显然是听天由命了；另一个却明显很害怕，因恐惧而不停地叫喊着。汤浅谦不安地看着他们，但还要在上司面前努力保持镇定。他记得自己还问了句这两个人是否犯了什么罪被判死刑，得到的敷衍回答是那也没什么两样，战争反正会要了他俩的命。

待所有人员都到齐了，医院负责人宣布开始。几个日本卫兵把两个农民推上前来。勇敢一些的那个平静地走向手术台躺下，另一个却继续哭喊，开始往后退。他径直退到汤浅谦的身上。汤浅谦不想在上司面前露怯，迟疑片刻后推了这个吓坏了的人一把，命令他“往前走！”如此一来，他觉得自己仿佛通过了某种测验或是成年仪式。

两个中国人被脱光衣服，上了麻醉药，外科医生们开始手术。他们先做了阑尾切除术，随后把其中一人的双臂截肢；接下来，他们把两人的肠子切成几段再重新接起来；最后做了气管切开术。所有这些都是为了让外科大夫熟悉战斗结束后常见的手术类型。这样一来，汤浅谦得以在良心上为活体解剖辩解，认为这是在为拯救同胞而做准备。他受过的教育就是，日本士兵的生命价值远远高于中国农民的。

三个小时的手术后，两个中国人还在喘气，但非常微弱。既然实战手术已经结束，剩下的就是结束这两个农民的生命，把他们的尸体处理掉。医院负责人试图通过向心脏注射空气来杀死他们，但并未奏效。此时，汤浅谦被叫去帮忙：“我用手掐住其中一个人，向其颈动脉施压，但还是不能让他断气……O 中尉和我用这个人的皮带缠住他的脖子，两头用劲勒他，但他还在呼吸。”最后，一个医生建议把氯乙烷直接注射进静脉，汤浅谦照做，两个人才总算断了气。[36]那一晚，汤浅谦下班后和两个同事出去消遣。他不同寻常地坐立不安，但酒过几巡后，他感觉好些，再不去想白天的事。

46

接下来的三年，汤浅谦又参加了 6 次活体解剖，受害者共计 14 名中国人。某些手术对训练军医毫无用处，包括睾丸摘除术、一次大脑摘除术和解剖学构造课程。有一次，他们把子弹射进四个人的身体，让军医们练习在不麻醉的情况下取出子弹。还有一次，因参加手术的人数过少，手术不值得进行下去，医院负责人便利用这次机会，用军刀徒手砍下一个人的头颅。1943 年 4 月后，汤浅谦本人开始负责安排活体解剖。虽然知道日本宪兵队挑选受害人多少有些随意，他还是不假思索地照做了。

“我们用犯人做活体解剖从来不是因为犯人过多，总是因为‘我们需要他们，给我们弄一些来’。你看，为了拯救日本士兵的生命，他们是手术练习的必需品。中国人被捕就是为了这一目的。”[37]

汤浅谦坦承，他当时这样做毫无杀人的内疚感。“我们觉得他们就像废料一样，一堆垃圾。”[38]

1945 年 8 月，战争结束了，汤浅谦必须做出决定，是回日本还是留在中国。和成千上万的其他日本人一样，他决定留下来。他根本没想到中国人会报复像他这样的日本医生，因为在他看来，自己并无过错。因此，他留在中国结婚生子。接下来的几年里，他继续行医，既给中国人也给日本人看病，还给中国的实习医生提供指导意见。

47

1951 年 1 月，他被捕并被送进监狱，但他没太在意，因为他仍然不认为在活人身上进行手术练习属于严重的犯罪，更谈不上邪恶。“在里面，我想尽各种理由来为自己辩解。‘我只是执行命令。我也没办法啊。当时正在打仗。这种情况又不是第一次出现。人人都这么干。’诸如此类。还有，战争已经结束了。”[39]

他一开始并没有感到不安，直到共产党让他全面坦白，但即使到了那个时候，他还是很放心，因为共产党承诺，由衷忏悔的犯人都会得到特赦：他需要做的不过是承认自己的罪行，然后就会被遣返日本。于是他三心二意地认了罪——略过了诸如摘除大脑等一些更加可耻的细节，希望这些足以让调查者满意。然而，事与愿违。他的认罪被斥为缺乏诚意，他仍旧身陷囹圄。

1952年底，入狱将近两年，无数次认罪之后，汤浅谦被转去山西，关在太原监狱。正是在这里，他收到一封来自一名受害者母亲的信——他把那个人的大脑摘除了。这封信描述了母亲在儿子被日本宪兵队抓捕之后的痛苦。信里描述了她曾骑着自行车拼命追赶警察的卡车但又追不上；她到处打听儿子的下落，直到有人告诉她，儿子被带去医院活活解剖了。“我伤心极了，”她写道，“我没日没夜地哭，眼睛都快爆开了。地里种的庄稼也不管了，饭也不吃了。汤浅谦，我听说你现在被捕了。我请求政府狠狠地惩罚你。”[40]

这封信比其他的一切分量都重，最终打动了汤浅谦，让他认识到自己战时犯下的滔天罪行。此前，他把那些受害者仅仅看作躯体，是手术教学的标本——的确，他都很难回忆起他们的长相。现在，他意识到这些人也曾是活生生的人，也有家人和邻里，他第一次能够回忆起在自己开始手术时，他们脸上无助的表情。

汤浅谦在阴暗的牢房里又待了三年半，天天回忆这些场景，试图理解自己究竟为何能干出如此可怕的事情来。1956年夏，他最终获释，被送回日本。 48

汤浅谦的故事几乎从头到尾都充满了否认。起初，他否认自己的所作所为是错误的。整个战争期间，他显然问心无愧地否认这一点：他自认从未彻夜难眠，没做过噩梦，当然也没有自责。战后他继续否认，觉得中国人没有任何理由报复他。最终让汤浅谦如梦方醒的是长时间的反省——起初是被迫的，但受难者母亲的来信让他看清了自己的可怕行为，后来更多是自愿而为。如果汤浅谦在战后直接回国，他很可能永远不会开始面对他本人以及日本的过去。

汤浅谦的老同事们显然就是这样。1956 年，他返回日本后，受邀参加一个欢迎他归国的聚会。宾客中有一些是曾经共事过的军医和护士。让汤浅谦大感意外的是，他发现几乎没有人认真思考过自己在战争期间的行为。有个人甚至问他，中国人为什么把他当作战犯，因为和其他所有的军医一样，他在战时的行为是完全正确的。汤浅谦问他：“你还记得我们干过的事情吗?”但医生同事们完全不明白他指的是什么。

接下来那些年，汤浅谦与曾经参加过侵略中国的数百名医务人员共事，但没有一个人说过一句内疚的话。1960 年代初，他决定写一本书，讲述自己在中国的所见所为。他认为有必要公开说出自己的罪恶，并揭露日本历史中从未被公开承认的那一部分。但这本书一出版，仇恨的来信便纷至沓来，称他是“耻辱”或“愚蠢的典范”，因为他提请人们关注的那个战争层面，大多数日本人认为还是忘记为好。还有一些信来自与他一样从事过活体解剖的同事，他们读完这本书后感到有“威胁感”，因为他们不想直面过去。否认无处不在。

49

精神病学家野田正彰（Noda Masaaki）曾深入采访过汤浅谦，后者谈道，这种态度是整个日本医疗体制的典型症状——实际上，整个日本社会也是如此。

2010 年，汤浅谦去世前不久。

> 我不知道，以这种方式否认过去让我们损失了什么。当我们否认自己的生活经历时，会招致心理上的自我毁灭。当精神创伤受到抑制，它最终会以情绪功能失常和精神疾病的方式爆发。日本人如今的精神状态和我们在侵略战争时期有任何差别吗？否认过去的我们又注定会有怎样的未来呢？[41]

很少有人愿意经历汤浅谦直面自己罪行的痛苦过程，更不用提

50 整个社会了。德国正视历史的做法得到了广泛好评，特别是在日本学界，他们无法想象自己的国家会发生任何相似的过程。然而，和汤浅谦一样，德国这么做也完全是被迫的：起初是被同盟国所迫，他们坚持以德国错误行为的新闻汇辑以及强制参观集中营的方式对德国人进行再教育；后来是被战后出生并于1960年代成年的一代人所迫，他们要求了解父辈和祖父辈在纳粹时代的所作所为。这两个过程在日本都没有任何同等规模的重演。

然而，即便在德国，也很难让人们意识到，那些负责监督大屠杀的人、那些枪毙战犯的人、那些在东欧一路强奸谋杀的人不是魔鬼，而是普通人。近年来，希特勒邪恶刻毒的形象已成为德国人关于战争的集体记忆的主流；他们对战争本身的看法也越来越接近英美，认为那是正义与邪恶之间的一场大战。这种叙事要容易接受得多，因为这似乎解除了“普通”德国人的责任——如果战争罪行只是“魔鬼”所为，那么其余的人就可以高枕无忧了。[42]

汤浅谦这样的故事提醒我们，不只战争受害者是人，作恶者也是人。事实并不像许多人所称，说什么承认他们的人性会为他们免罪，实际上恰恰相反，因为只有我们的人类同胞，才会因对自己的所作所为不负责任而受到谴责。[43]把这样的人说成“魔鬼”会产生相反的效果：让他们得以脱身。但我们仍然不由得这么做，因为这方便我们与他们保持距离。于是，我们选择无视历史学、社会学和心理学上的大量证据，因为那些证据表明，普通人——和我们差不多的人——只要环境合适，完全能够犯下真正残暴的罪行。实际上，我们也在否认。[44]

第二次世界大战不仅把民族和国家之间的现有偏见放大到前所未有的巨大程度，而且还为那些偏见变成仇恨、仇恨变成行凶提供了机会。在某些情况下，这会平白地制造出魔鬼来。类似的情况大规模发生，涉及的地理范围之广，北至挪威，南至新几内亚。

这场战争最非同寻常之处就是其残酷的程度。每个战区都有暴行，各方都是施暴者，暴行往往会得到国家及其机构的直接鼓励，以至于有时很难对敌人施行任何人道，而且这么做甚至还会有危险。各方都在召唤魔鬼，而魔鬼一旦被召唤，很快就会噩梦成真。 51

如今，我们仍与这些魔鬼共存于世，有些是原形，也有的是以新敌人的面目出现，而丝毫不足为奇的是，他们与旧敌人有惊人的相似之处。如果我们继续把战争说成绝对的善恶之争，我们共同的仇恨就永远不会消除。这些观念让胜利者轻松否认自己的错误，而失败的一方也很难直面自己的罪恶：它们仍然是主要的障碍，让我们无法就为何各个国家和阶层的人全都那般暴虐达成集体共识。

至于这些善恶的神话为何不会消失，理由相当充分，且无关乎胜利者或失败者任何一方。二战的经历者大都不认为自己是英雄或魔鬼，而是受害者。的确，我们对于那场战争的理解在很多方面都是被这种压倒性的受害者经验所左右。正是受害者的苦难既谴责了罪魁祸首，又将英雄捧为道德权威；正是因为我们需要纪念这种受害感，才迫使我们一再重返战场。英雄和坏蛋至少可以选择把过去放在一边，既往不咎，而受害者却无法享受那种奢侈，我在下文中会谈到这一点。

4. 殉难者

52　2013 年，耶路撒冷的一位大学教授出版了一部二战亲历回忆录，讲述那些经历如何影响了他的人生。奥托·多夫·库尔卡（Otto Dov Kulka）的故事很好地示范了战后那些年数百万人面临的心理问题。这本书既是作者独一无二的体验，也体现了更宏大的问题；它以自己的方式，为全世界经历的具体而细微的大屠杀，以及泛泛而谈的第二次世界大战，提供了一种隐喻。[1]

1939 年，当德国入侵他的祖国捷克斯洛伐克时，库尔卡只有 6 岁。在德国人的镇压面前，这个犹太人家庭本已危如累卵，他的父亲还因从事反纳粹的活动而被捕。库尔卡母子和其他捷克斯洛伐克犹太人一样，也被捕入狱。

1943 年秋，10 岁的库尔卡被送到奥斯维辛集中营。他和母亲被安置在特定的“家庭营”，那里是用来为国际社会做样板的，以备红十字会突击检查。所以，他获得了该集中营其他部分的囚犯所没有的“特权”。他不必经受集中营声名狼藉的“筛选”，也就是把适合工作的人挑出来，把剩下的人立即送往毒气室。他没有被剃光头，衣物也没被没收。他们母子被允许继续维持某些正常生活的表象：他去一所临时学校上学，和朋友们演戏剧和举办音乐会；他甚至还参加了一个合唱队，在一个看得见火葬场的地方学会唱贝多芬的《欢乐颂》。

家庭营里的每一个人都清楚，这种情况极不正常，却不理解自己为什么会被挑出来接受如此特殊的待遇。但他们的好运气并不长久。1944 年 3 月，也就是在这里待了整整六个月之后，全体人员都被集中起来带去毒气室。这次没有筛选，也无法逃跑——就那么一股脑全都被处理了。他们的位置被一群新人代替，新人也再次被赋予同样的特权和同样的自由——但也是到第六个月结束。库尔卡母子得以幸免第一次淘汰纯属运气：他们俩在清算当夜碰巧都在医务室。但这只是一次暂时的死缓，他们对未来不抱任何幻想。 53

尽管库尔卡多次与死神擦肩而过，他最终还是在奥斯维辛活了下来，但他的余生都在应对在那里经历的创伤。他成年后成了一位历史学家，专门研究第三帝国，包括奥斯维辛和同类灭绝营的建立等。1984 年，他为自己曾被关押的家庭营撰写了一部证据翔实的历史著作，慎重地揭示了建立这种家庭营及其最终清算背后的动机。

与此同时，他开始围绕自己的童年情感和经历构建一个非常私密的隐喻场景。他在脑海中把奥斯维辛变成“死亡大都会”，那是一个遍布整个世界的毁灭帝国的中心。毒气室和火葬场成为永恒的象征，截然不同于它们于现实中的存在；而维斯图拉河①变成神话中的斯堤克斯河②，或是“真相之河”，死者的骨灰都被倒进那条河的支流。

库尔卡知道，这种内在世界与他的学术工作格格不入。他是大学的历史学家，他的研究是出了名的冷静客观、有理有据，所以隐喻、象征和死亡神话在这里没有容身之地。因此，他审慎地把自己的内在世界和他的学术世界区别开来，但他意识到，

---

① 维斯图拉河（Vistula），又译作维斯瓦河，是波兰最长的河流。

② 斯堤克斯河（River Styx），神话中穿过冥国的九条河流之一。

这两个世界彼此映照——相伴相生，缺一不可。[2]

尽管自己幸存下来，尽管纳粹德国及其全部的杀戮中心均已被摧毁，库尔卡仍然确信，自己永远不会摆脱奥斯维辛的象征力量。他长年被循环往复的噩梦折磨，在梦中，他反复被人从毒气室救出来，到头来发现自己又回到起点，再次面对同样的折磨。为了驱走这些噩梦，1970 年代，库尔卡去奥斯维辛的废墟旅行。他走进以前的毒气室，以此作为缠绕着他的死亡叙事的象征性完结。但这无济于事。噩梦继续循环，终其一生，库尔卡始终没有摆脱那种感觉，死亡——不是普通的死亡，而是盘桓于奥斯维辛的“伟大的死神”——是“唯一确定的统治世界的视角”。[3]

54

奥托·多夫·库尔卡，著名历史学家，曾是奥斯维辛“家庭营”的囚犯。

库尔卡的回忆录对很多战争幸存者——不仅是那些熬过大屠杀的人，还有经历过轰炸行动、酷刑、背井离乡、种族清洗或其他在世界各地发生的很多很多战争创伤的人——经历过的一种现象做了特别传神的描述。那些遭遇不幸的人常常会不由自主地在梦境、回顾、文字或对话中反复经历那种苦难。有些人和库尔卡一样，不得不研究自己亲历或目睹过的事件，甚或为了控制这种情绪而徒劳地再次经历它们。对这些人来说，历史永远不会翻开新的一页。他们经历过的“世界末日”不会为任何一种个人的重生铺平道路；恰恰相反，它还会把他们困囿在一种始终充分意识到死亡与毁灭的可能性的状态中——写过原子弹幸存者专著的心理学家罗伯特·杰伊·利夫顿（Robert Jay Lifton）对此有一个著名的说法，他称之为“虽生犹死”（death in life）。[4]

55

在这些人看来，战争既结束了，又没有结束：他们住在某种“真空地带”，与业经摧毁的过去断绝关系，又无力全情投入承诺了重生的未来。因此，奥托·多夫·库尔卡在“死亡大都会”的经历远非我们在传统上理解的那种区区“记忆”而已。在他看来，世界末日绝非过往之事，而是“我的存在中永恒的一部分”。[5]他的一生都保有这样的信念，即奥斯维辛，或是奥斯维辛代表的一切，必将无可避免地毁灭他，正如它曾在1944年毁灭了他认识的每一个人。

受害者群体

对个人来说确凿无疑的事情，在某种程度上，对群体也是如此。1945年后，身为犹太人却与大屠杀没有密切的关系几乎是不可能的，即使没有亲身经历过那个恐怖事件的数百万犹太人，也始终生活在大屠杀的阴影之下。[6]英国记者安妮·卡普夫（Anne Karpf）曾贴切地描述在身为大屠杀幸存者的父母身边长大是什么感受。虽然家里有一种强行乐观的气氛，卡普夫却很快就发展出各式各样非常严重的焦虑症，其下是她对死亡的病态痴迷：

> 死神活生生地出现在我们家。父母有一些幸免于难的战前照相簿，里面有很多合照，上面的人高兴的样子令人毛骨悚然。他们会指出来谁是谁，是怎么死的。活着的亲戚这么少，不够的全靠死人来补……我好像从一出生就开始迷恋死亡了。[7]

不论好坏，大屠杀日益成为犹太人身份的核心。随着宗教信仰和犹太复国主义运动的衰落，世界各地的犹太人有时很难找到一个单一的受人欢迎的想法让他们团结起来，而在某种程度上，大屠杀的阴影填补了这个缺口。这虽不是所有犹太人都能安然接受的，但就像奥托·多夫·库尔卡这样的个体不得不把奥斯维辛的记忆融入日常的情感生活中一样，整个犹太人群体也必须在生活中接受大屠杀这个无法回避的永久存在。[8]

56

很多事件再度唤醒犹太人强烈的焦虑情绪。仅举几例，1950 年代初期苏联对犹太政治人物和知识分子的审判，1960 年代对阿道夫·艾希曼①的抓捕和审判，1967 年的阿

---

① 阿道夫·艾希曼（Adolf Eichmann，1906—1962），纳粹德国前高官，是清洗犹太人计划中执行“最终解决方案”的主要负责者，被犹太人称为“纳粹刽子手”。他在二战后定居阿根廷，遭以色列情报特务局（俗称摩萨德）成员绑架，公开审判后被绞死。

供奉大屠杀受害者的圣殿——耶路撒冷以色列犹太人大屠杀纪念馆的名字堂。

以战争①，1973 年的赎罪日战争②，阿拉伯起义③，“9·11 恐怖袭击事件”之后全世界反犹袭击的兴起，伊朗核能力的发展，反犹的尤比克④政党在匈牙利的超高人气，诸如此类。想起二

① 1967 年阿以战争（1967 Arab-Israeli War），又称“第三次中东战争”，以色列方面称之为“六日战争”。该战争从 6 月 5 日开始，共进行了六天，以埃及、约旦和叙利亚联军被以色列彻底打败为结尾，是 20 世纪军事史上结局最具压倒性的战争之一。

② 赎罪日战争（Yom Kippur War），又称“第四次中东战争”。该战争发生于 1973 年 10 月 6～26 日，埃及与叙利亚分别攻击六年前被以色列占领的西奈半岛和戈兰高地。战争的头一两天，埃叙联盟占据上风，但此后战况逆转。赎罪日是希伯来历提斯利月的第十天，也是敬畏日之一，被犹太人视作每年最神圣的日子。

③ 阿拉伯起义（Arab intifada），指 1979 年伊朗胡齐斯坦省的起义。

④ 尤比克（Jobbik），是“争取更好的匈牙利运动”的简称，该运动的发起者是匈牙利民族主义政党。“争取更好的匈牙利运动”曾被学者、媒体和政治对手称为新纳粹、反共主义、反犹太主义、反罗姆主义和恐同政党。

战期间发生的一切，全世界的犹太群体无法对这类事件掉以轻心，实际上也做不到。

并非只有犹太人做此反应。战争对其他很多群体也造成同样大规模的创伤，我们只需看看与那场战争相关的统计数字，就会了解其损失的规模有多大。1939～1945 年，大约每 6 个波兰人里就有 1 个被杀，乌克兰人的这一比例高达 5∶1。据估计，至少有 2000 万苏联公民死亡，实际人数很可能更多——数字如此巨大，对社会的破坏如此严重，使得历史学家的误差范围动辄以百万计。[9]中国的情况也是这样，战争的死亡人数，就算是保守的估计也有 1500 万到 2000 万，某些中国历史学家估计的数字高达 5000 万。[10]1945 年，被人们频繁使用的“大屠杀”一词不是指对欧洲犹太人的种族灭绝，而是指整个战争。

57

因此，犹太人并不是唯一因二战的经历而对死者有病态认同的群体。例如，法国在战争期间最重要的象征之一是格拉纳河畔奥拉杜尔（Oradour-sur-Glane）村，作为对该地区抵抗活动的报复，整个村子于 1944 年被毁。原来的村落以全部村民惨遭屠杀当天的样子被原封不动地保存下来，成为一个化石般的毁灭象征，如今，这个鬼镇在法国人的记忆里占据一个特殊的位置。整个欧洲有很多类似的遭遇屠杀的村庄、小镇和城市，它们同样可怕，对民族意识也同样重要。捷克的利迪策（Lidice）村，因刺杀纳粹领导人莱因哈德·海德里希（Reinhard Heydrich）而遭到报复，整个村落被夷为平地。希腊有迪斯托莫（Distomo）村，意大利有马尔扎博托（Marzabotto），比利时有芬克特（Vinkt）。波兰殉难的典型象征是华沙的全面毁灭，1944 年的起义失败后，纳粹蓄意将这座城市夷为平地。中国人对南京怀

58

有类似的情感，1937 年，南京遭到严重毁坏，南京民众被日本人有组织地强奸和屠杀。甚至所谓的作恶国家也有他们殉难的象征：德国人牢记德累斯顿轰炸，日本人则有广岛和长崎。

被视为殉难圣徒的国家——阿姆斯特丹的荷兰战争死难者纪念碑。

1945 年，每一个参战的国家，多少都被认为是战争的牺牲品；各国对自己各种创伤的群体反应是个人创伤反应的写照。很多国家再次体验到战时的那种无力感，特别是在 1960、1970 和 1980 年代，当时人们普遍担忧第三次世界大战即将爆发。某些国家有一种昨日再来的强迫症，甚至到了重演它们在 1945 年感受到的侵略的地步——韩国定期爆发的反日情绪就是第一个涌入脑海的例子。市面上出现不少著作，从精神分析的角度讨论以色列的行事方式似乎恰恰吸收了一些作恶者在 1930 年代和 1940 年代压迫犹太人的某些特点（当然也有一些著作驳斥了这样的说法）。在最糟糕的时候，各国无力应对战争的创伤，因而遭受了全面的精神崩溃之苦。例如，南斯拉夫 1990 年代的暴力解体发生在充满二战辞令的氛围中，其过程中涉及种族清洗的种种事件，实际上是50年前的旧事重演。时至今日，该地区还有很多群体继续生活在否认或恐惧之中，他们因二战期间开始的连续不断的暴行和反向暴行而对邻居近乎完全不信任。2014年，乌克兰的危机也带有很多同样的印记：这个国家在1940年代被战争和种族清洗撕裂，其后也始终未能建立起稳定单一的民族认同感。

殉难者的复活

在所有于战争期间遭到迫害，且如今仍就谁该对他们的苦难负责而争吵不休的群体中，有一个群体鹤立鸡群，成为第二次世界大战的典型受害者。世界选择犹太人来充当这一角色有很多原因。作为纳粹在战前和战时恶毒评判的主要焦点，他们似乎理应成为我们后来同情的主要对象。他们比其他任何种族都遭遇了更高效的谋杀，死亡人数也更多。而被用于灭绝他们的工业方法看来成为纳粹体制和战争本身皆毫无人性的缩影。从这些方面来看，犹太人是集体受害者身份的理想符号。

59

然而同样意义重大的，是我们这一选择背后的社会学动机。因为犹太人没有国家，他们实际上属于所有的国家。因此，我们所有的人不必重新唤醒危险的国家对立，便可认同他们的苦难，要知道那种对立可能会导致我们再次落入深渊。同样，西方的每一个国家都能够承认自己在一定程度上是大屠杀的共谋——要么是主动的参与者，要么是被动的旁观者——无须担忧独自承受这种罪恶感。我们的先辈有罪待罚，而犹太人被害这件事是我们全都愿意承认的。和普适的替罪羊一样，普适的受害者也有助于把国家和民族团结起来。

切记，这种事态绝非形成于一夕之间。西方人惯于对犹太人遭受的独特苦难表达共同的悲痛，以至于他们认为每一个思想健全的人都会这样做，并且从一开始就是这样；但事实上，这种心态是用了几十年的时间才养成的。与我们自以为是的记忆相反，冲进奥斯维辛、贝尔森①和达豪的同盟军士兵并未立即把犹太人集中起来，像比尔·克林顿说的那样给予他们“自由的温暖拥抱”。[11]实际上，大多数士兵出于对这些地方的恐惧而畏缩不前，因为在那里看到了很多“不明生物”和“猴子一样的活骷髅”，他们的同情心常常敌不过巨大的厌恶感。[12]在接下来的几个月里，照料流离失所者的人道主义机构与犹太人的关系也同样复杂。这些组织试图对这个饱受创伤的群体保持同情，却日渐因他们表现不“正常”甚或根本不感恩而颇受挫折，于是开始把犹太人看成图谋复仇的捣蛋鬼和“未来的罪犯”。就连联合国善后救济总署（UNRRA）的西德负责人也把他们称作“毫无顾忌的亡命徒”。[13]后来，这些犹太人回到家乡后，他们的乡亲很残酷地表明对他们遭受的苦难没有兴趣；更有甚者，很多社群对犹太人的归来表达了公开的敌意。每个人都饱受战争之苦。没有谁有闲心去了解其他人的苦难或许比自己的更沉重。[14]

60

在接下来的几年里，对犹太人的同情也没有增加多少。根据近来的一些历史研究，欧洲人在1940年代和1950年代主动避免听到种族灭绝的故事，因为这揭示出他们在战时与纳粹合作的最黑暗的结果——他们急于与那种合作撇清关系。而且那与所有欧洲人都受到同样的苦难这种令人宽慰的神话相抵触。[15]美国人的同情心也没有多到哪里去：1950年代，犹太人的苦难

---

① 贝尔森（Belsen），德国西北部下萨克森州的一座城市。1943～1945年，有5万名苏联战俘和超过5万名犯人死在该集中营。

已是旧闻，人们更关心的是共产主义的新恶魔，而不是纳粹主义的老幽灵。[16]就连以色列这个新国家，也显然缺乏对大屠杀幸存者的同情。以色列犹太人希望把自己看作斗士、英雄，强大得足以保卫自己的国家：他们往往看不上“像羊走向屠宰场一样”温顺地走向死亡的欧洲犹太人，用以色列诗人利娅·戈德堡（Leah Goldberg）的话来说，幸存者“丑陋，赤贫，道德上立场不稳，人们很难爱上这样的人”。[17]就连以色列的国父戴维·本-古里安（David Ben-Gurion）也形容某些幸存者是“蛮横、邪恶，以自我为中心的人”，苦难带走了他们“灵魂中一切美好的东西”。[18]

因此，世上大部分人似乎根本没有对这些受难者表示认同，而是仍对他们抱有敌意。直到1960年代，新一代人成年之后，世界才最终开始接受这些受难者，主动关注大屠杀带来的恐怖。这种变化的发生有种种原因，其中一些与当时的历史事件有着密不可分的联系。1960年，摩萨德特工在布宜诺斯艾利斯抓捕了纳粹战犯阿道夫·艾希曼，这或许是其中最重要的原因：翌年对他的审判经过精心的组织，把纳粹对犹太人所做的一切向世界公开，汉娜·阿伦特（Hannah Arendt）等有影响力的人对这次审判的报道在西方颇受欢迎。[19]但社会变迁也发挥了作用。61 1960年代这一代人急于拒绝权威，拥抱局外人这个角色。用让-保罗·萨特的话来说，犹太人不但是“陌生人、不速之客、我们社会的核心无法同化的群体”，还是“人类的典范”。1960年代是各种群体都开始自认为是受迫害的少数派的时代：这是爱与和平的时代，是女权运动的时代，是非裔美国人争取公民权的时代，等等。1968年，学生们带着“我们都是德国犹太人”的标语走上巴黎街头，所要表达的不仅是与典型的局外人同心同德，而且还有一种共同的受害感。[20]

在出现这种态度转变的同时，有关大屠杀的历史、回忆录、小说、电视剧、纪录片和好莱坞电影也在 1960 年代开始爆发——这种趋势又在 1970 年代和 1980 年代加速发展，这一切使得“大屠杀故事”本身自成一个类型。在此期间，普里莫·莱维（Primo Levi）和埃利·威塞尔（Elie Wiesel）这样的回忆录作者首次获得大量受众，劳尔·希尔贝格（Raul Hilberg）里程碑式的著作《欧洲犹太人的毁灭》也为后来的大屠杀历史研究铺平了道路。就种族灭绝的描述方式而言，最重要的转捩点或许是 1978 年的美国电视迷你剧《大屠杀》(*Holocaust*)，这部剧作让美国和西德的无数观众大感震惊、深深着迷。它在德国引起的反响尤其深远：这是大众第一次看到对大屠杀毫不含糊的叙述，一些历史学家对这部迷你剧推崇备至，认为是它启动了德国直面其纳粹历史的进程。[21]其他分水岭式的时刻还包括 1985 年法国导演克劳德·朗兹曼（Claude Lanzmann）制作的史诗级纪录片《浩劫》(*Shoah*)，以及斯蒂芬·斯皮尔伯格(Steven Spielberg）取得巨大成功、1993 年上映的、荣获多项奥斯卡奖的电影《辛德勒的名单》(*Schindler's List*)。

几乎全部有关大屠杀的描述的共同点，是它们庄严地把受难者的苦难奉为二战的核心体验。大屠杀故事根本不关注战争是英雄与坏人之间的大战这种传统版本，相反，它们探讨的是作恶者与受害者、当权者与无助者、有罪之人与无辜之人的分野。在这些故事中，受害者几乎全都被理想化了：用一位美国批评家的话来说，他们是“温和、好学、中产和文明的人”，是“和我们一样”的人。爱吵架的、无礼的犹太人——每个群体都有的恶霸、骗子和懒汉——即便的确存在，也很少有露脸

62 的机会。[22]相反，作恶者则几乎全都被妖魔化了。集中营的卫兵一概是虐待狂，纳粹军官也一概贪腐奸诈。在很多最重要的回忆录和戏剧中，还有一种巨大的难以形容的魔鬼潜伏在背景中的森然气氛，大屠杀幸存者及诺贝尔和平奖得主埃利·威塞尔称之为造就世界之原力的“恶魔般的骚动”。[23]

把大屠杀看作无可非议的善良人群与躁动不安的大恶魔之间的战斗，这种观念深深植根于我们的集体无意识之中。试图质疑这种二元对立的记者和学者往往会遭人诋毁。举例来说，汉娜·阿伦特关于艾希曼审判的著作就因为她对双方的绝对道德提出质疑而激起美国犹太人的愤怒。一方面，她坚称艾希曼“既不可怕也非恶魔”，不过是平庸乏味之徒；另一方面，她提请人们注意某些犹太领袖曾主动与纳粹政权合作。因此，一份犹太报纸谴责她是“自憎的犹太女人”，一家著名的美国犹太机构还发起一场运动，以抵制阿伦特的所谓“邪恶之书”。[24]记者约翰·萨克（John Sack）试图出版一本关于某些犹太人在战后实施复仇行动的书时，也得到类似的待遇。美国和欧洲的多家出版社因为害怕负面宣传，取消了此书的出版计划，萨克本人也在电视和报纸上遭到攻击，被指控否认大屠杀。[25]当克里斯托弗·布朗宁（Christopher Browning）教授著书提出，大屠杀的作恶者并非受到仇恨或狂热激励的魔鬼，不过是“普通人”时，学术同行丹尼尔·戈尔德哈根（Daniel Goldhagen）勃然大怒，写了一篇600页的檄文。后者的著作《希特勒的志愿行刑者》（*Hitler's Willing Executioners*）把德国妖魔化，说它的一切行为都源于对犹太人的滔天恨意。有趣的是，布朗宁的著作在学术圈赢得了更多赞扬，而戈尔德哈根令人宽慰的魔鬼肖像图却成为炙手可热的畅销书。[26]

如今，我们几乎不假思索地把二战的“犹太人”理想化，又把“纳粹”妖魔化了。熬过大屠杀的犹太人受到公众通常只会献给英雄的尊敬，实际上，他们在纪念演讲和社论中往往被称作“英雄”。[27]我们很少强调有多少犹太人因为自己所受的苦难而愤愤不平，而是把他们的生命描述成“正义战胜邪恶的凯旋”、“对勇气的考验”，或“人文精神得以延续的光辉榜样”。[28]历任教宗和总统的纪念演讲至今仍在提醒我们，战争时期的犹太人是“无辜的受害者、无辜的人民”，或“600万无辜的……男人、女人、孩童和婴儿”。[29]这种关于无辜的颂歌不仅仅充满正义地对反犹成见进行了迟来已久的拒斥，也是在召唤某种更宏大抽象的东西——一种与他们的受害人身份直接相关的灵魂的纯洁性。他们经常被描述成“圣洁的人”、“犹太人的圣人”以及“旁人永远不会知晓”的神圣秘密的保有者。1974年，纽约主教说他们是“神圣的无辜者”，他们的“牺牲”可以救赎我们所有的人。“幸存者成为一个牧师，”1993年，以色列犹太人大屠杀纪念馆的教育负责人亚达·韦舍姆（Yad Vashem）如是说，“正是他的故事让他成为一个圣人。”[30]

63

很多历史学家、社会学家和心理学家都注意到，大屠杀已经发展成一种近似于“神秘宗教”的东西，还配有圣典、圣迹和圣地。[31]从表面上看，这种“神秘宗教”与奥托·多夫·库尔卡在其回忆录中揭示的个人神话颇为相似，自有其“死亡帝国”和它不可变、不可知的律法。然而，这种共同的神话又在很多方面与库尔卡个人的神话迥然不同。首先，库尔卡总是把个人神话和他对事实的科学理解谨慎、仔细地完全分开——学术圈之外的东西并不总是一丝不苟的。[32]其次，尽管库尔卡的神话世界永恒不变，几乎被他遭受的创伤定型，我们自己的看法却往往会随着政治和文化氛围而发生改变。我们如今看待犹太人故事的神秘方式，与充斥着犹太人英勇抵抗故事的1950年代主流叙事毫无相似之处，也与1980年代笼罩在这个主题上那挥之不去的沉重压抑感大相径庭。事实上，我们的叙事在某些方面甚至都不再仅仅与犹太人有关了。彼得·诺维克（Peter Novick）对美国生活中对大屠杀的描述方式进行了学术剖析，他提请大家注意这个奇怪的事实：

> 我觉得最惊人的事情之一是，近来很多犹太人大屠杀纪念是如此的“不犹太”——如此的基督教风格。我想到了在各大博物馆中恭敬地沿着精心铺设的大屠杀通道前行的仪式，恰似苦路上的朝圣①；所展示的奉若圣物的物品很像真十字架②的众多碎片或圣人的胫骨……也许最重要的是，苦难被神圣化，被描述成通往智慧的途径——这是把幸存者当作俗世圣徒的邪教。这些主题在犹太传统中有一些次要和边缘的先例，但它们更让人联想到基督教的重大主题。[33]

64

大屠杀的神话变得越“全球化”，它所采用的主流文化的语言和象征手法就越多，而在西方，主流是基督教文化。在这

① 苦路上的朝圣（Stations of the Cross on the Via Dolorosa），维亚多勒罗沙（意为“苦路”）是耶路撒冷旧城的一条街道，耶稣曾在此处背着十字架前往受死。18世纪时，教宗确定了路上的9处以及圣墓教堂里的5处仪式地点，合计为“苦路14处”，教徒按照顺序一处处地祈祷，称之为“拜苦路”。

② 真十字架（True Cross），基督教圣物之一，据信是钉死耶稣基督的十字架。在基督教传统中，真十字架作为耶稣为人类带来救赎的标志，具有极其重要的象征意义。

种背景之下，奥斯维辛变成了各各他山①的犹太教对等物，而耶路撒冷、华盛顿和柏林那些巨大的纪念馆和博物馆则变成国立犹太人天主教堂。因此，在我们的集体想象中，受难者从“待宰的羔羊”慢慢变成了“上帝的羔羊”② 本人——可以说是一种集体的基督教救世主。在基督徒的思维中，欧洲战争时期的犹太人往往被称为“大屠杀的殉难者”，他们的“牺牲”最终让世界恢复了理智；而被钉上十字架的意象常常会用来形容他们的“激情”。因此，在世人的眼里，一种独属于犹太的经验已经被巧妙地转变成基督教经验了。[34]

这一叙事的逻辑终结点是救赎和复活。大屠杀从一个突显人类邪恶潜能之深的恐怖故事，慢慢变成一个表现希望的故事。我们如今祝贺自己吸取了战争的教训。我们满意地注意到欧洲已从灰烬中崛起，变成稳定、宽容与和平的大陆。作为一个全球共同体，我们对自己的国际机构和国际法体系深感自豪，并宣称大屠杀的恐怖再也不会发生。所有这些都是比数十年前的版本更满怀希望的神话，但神话终究还是神话。[35]

争相殉难

这一切让真正的受难者，也就是那些真正经历过大屠杀的人何去何从？诚然，把大屠杀神圣化的确让许多幸存者感觉良好。这让他们感到受人尊敬、被人倾听，甚至随着他们改信 65

---

① 各各他山（Golgotha），意为“骷髅地”，位于耶路撒冷城郊。据《圣经·新约全书》中的四福音书记载，耶稣正是在此地被钉上十字架。多年来，“各各他山”之名和十字架的符号一直是耶稣基督被害受难的标志。

② 指耶稣。

“再也不会”的神示，生命仿佛有了意义。然而另一些人则深感不安，不仅因为他们被迫在自己的经历中寻找救赎的寓意，还因为他们发现，公众对大屠杀的普遍看法毫无必要地令人窒息。奥托·多夫·库尔卡在回忆录中坦承，他之所以从来不看有关奥斯维辛的电影，也没有读过狱友的叙述，不是因为那会带来痛苦的回忆，而是因为他根本认不出他们描述的那个地方。他说，奥斯维辛回忆录都有一种日渐为整个世界接受的“整齐划一的语言”，甚至也可以说是一种整齐划一的神话，而他自己的语言、自己的神话、自己的奥斯维辛无法与之产生共鸣。让他很不舒服的是，倾听其他幸存者的叙述从来不能唤起他的同病相怜之情，而只有“疏离”感。[36]其他幸存者也说过类似的话。他们各自的故事虽各有不同，却都被祭献给一个更笼统也更省事的神话圣坛。在世人的眼里，大屠杀幸存者已经沦为“博物馆的一件藏品、一块化石、一个怪胎，或是一个鬼魂”。[37]

感到被犹太人苦难的神圣化疏离的不只是个人。波兰是饱尝所谓“大屠杀嫉妒”的诸多国家之一，尽管这种叫法有点儿不得体。200 年来，波兰人一直认为自己是一个殉难的民族，始终争取自由却屡次被更强大的邻国蹂躏。波兰在二战期间的经历仿佛最终证明了这种信念：国家被反复瓜分，战后经济一塌糊涂，城市被夷为平地，国界线也被完全重划。和 1945 年获得自由的西欧不同，波兰又被一种新的集权主义制度奴役，一直折磨了它 40 多年，直到苏联解体才告罢休。从绝对数值上来说，波兰的死亡人数和犹太人一样——实际上，遇害的半数犹太人同时也是波兰人。但由于很多波兰人在大屠杀期间采取了合作态度，世界其他地区往往认为他们不是受害者，而是作恶者。如今，波兰人的确为这种想法困扰不已，不是因为他们比其他民族更反犹，也不是因为他们不能对自己的罪行负责，而是因为他们习惯于把自己看作“众国之中的基督”，仍难以接受犹太人已经夺走这个头衔的事实。[38]

66

还有很多群体同样嫉妒犹太人是世上最典型的殉难者这一地位。2005 年，联合国大会召开了一次为期一天的大屠杀纪念会，一些代表特意把注意力转移到二战期间他们自己国家的悲剧上。韩国发言人想指出，战争的暴行不仅限于欧洲，世界其他地区“也忍受了大规模的违反人权和强制兽性的行为”。想必他脑海中浮现出的是韩国“慰安妇”的命运——那些妇女被强迫充当日本随军妓院的性奴，从 1990 年代以来便是韩国受害感的象征。中国代表强调自己国家遭受的令人震惊的屠杀，据他说有 3500 万人死亡。他还说纳粹德国的暴行或许罄竹难书，但日本“军国主义屠夫”和他们“不分上下”。

这次纪念会上的其他代表也想把受害的话题进一步扩大。几内亚特使代表非洲国家发言，他借此机会提出了奴隶制度、殖民主义和种族隔离的恐怖。卢旺达代表长篇大论地谈论起本国的种族灭绝，邻国坦桑尼亚的发言人也不甘示弱。亚美尼亚代表不但提到自己国家的种族灭绝，还提到其他很多情况，并抱怨联合国对不同的种族灭绝采用“双重标准”。委内瑞拉的发言人甚至还鼓起勇气，谴责 20 世纪下半叶“美国及其盟友发起的征战”。

这或许预示着我们对二战的受害者身份的看法开始改变，但至少在当前，大屠杀仍是核心象征，其他全部受害者都得聚集在它周围。至少在联合国大会的这次特别会议上，大屠杀的中心地位尚未受到严重威胁，它仍是用来衡量其他所有暴行的基准，仍是“20世纪的终极罪行”、“道德上的绝对可憎之事”及“人类以不人道的方式对待他人的最极端行为”。就连那些敦促人们对自己的悲剧给予同等重视的人，也承认一个普适受害者的价值。就像亚美尼亚代表回应在他前面发言的很多其他“受害者”的观点时说的那样，“我们都是犹太人”。[39]

67

事实上，我们一致把二战犹太人作为典型受害者的主要原因，在于这几乎能满足每个人的需要。对欧洲而言，大屠杀提供了一个警世寓言，一种集体负罪感把整个大陆凝聚在一起，而这几乎是欧洲每一个人都认可的唯一选择。[40]对南美的很多国家来说，大屠杀为他们与自身麻烦重重的过去妥协提供了一种间接的方式。比方说，蒙得维的亚①的大屠杀纪念馆被用作模板，后来为纪念乌拉圭自己的法西斯独裁受害者而建立的纪念馆纷纷以它作为参考。[41]在非洲和亚洲，大屠杀是对白人至上论的致命一击，每当他们决定摆脱殖民统治，便在需要时用大屠杀为自己的论证加码。[42]与此同时，美国人继续利用大屠杀，不但张扬他们从纳粹手中解放了全世界的英勇表现，也显示了腐烂的“旧世界”与优越的“新世界”之间的差别。[43]最后，对犹太人自己来说，受害者身份给了他们一种手握道德力量的感觉，与他们在战时体会到的无力感形成鲜明的对比。在举世的想象中，大屠杀几乎把他们变成一个神圣的种族，赋予他们一种看似永恒的无辜。[44]

除了少数例外，全世界都从这种普遍受害者的神话中获益匪浅，不是因为从大屠杀中得到了什么教训，而是全世界都认

① 蒙得维的亚（Montevideo），乌拉圭首都兼蒙得维的亚省首府。

为自己得到了教训。这是大屠杀的终极神话，也是我将讨论的下一个神话——二战的恐怖引导我们走向某种救赎和重生这种令人欣慰的信念。在所有源于战争的神话中，这可能是最诱人的。

5. 世界伊始

68

1945 年 8 月 9 日，广岛被毁刚过了三天，第二枚原子弹扔向日本。炸弹丢下来的时候，永井隆（Nagai Takashi）正在长崎的大学医院自己的办公室中工作。和小仓丰文不同，他没有看到爆炸的恐怖之美：炫目的光芒射进窗子，随之而来的一股狂风把他掀到空中，又把他埋在一堆碎砖和碎玻璃下面，他才知道是爆炸。

和几乎所有的原子弹幸存者一样，永井对那一天的叙述也有一种末日感。他说，大件的物体在空中碰撞，像“一种令人毛骨悚然的舞蹈”，四处都是烧焦的尸体，变成了“死人的世界”。他甚至还说，一群同事试图弄明白发生了什么，还猜测刚才是不是太阳爆炸了。几天后，天皇裕仁宣布日本投降，似乎更凸显了末日感，至少在国家层面如此：“我们的日本——以冲破云霄的富士山为象征、在东海升起的太阳照耀之下的日本——灭亡了。我们的人民，大和民族，被投入万丈深渊。我们这些活着的人只能活在耻辱之中。那些在原子弹的浩劫中离世的同胞们的确比我们幸福。”[1]

值得注意的是，永井似乎并没有感受到多少痛苦，便能接受自己的以及日本的命运。他是一名虔诚的基督徒，显然对接受失败有强大的心理基础，但即便如此，他心理恢复的速度和程度也是惊人的。那年晚些时候，一个从前的学生和他讨论复仇的话题，永井温和地责备这名学生说：“我的妻子死了，财产没了，房子也毁了。我失去了一切，一无所有。我付出了一切但是落败了。我为什么要说这是个悲剧或是处境凄惨呢？这有何凄惨？我们现在的处境就像一个人在雨后看明月当空。那是一场战争。我们输了。我无怨无悔。”[2]

永井彼时开始经历的是一段精神上的重生期。作为大学的放射科医生，他很熟悉核物理背后的科学，很快猜到了自己经历的是首批原子弹之一。这个想法让他非常着迷。就算自己身边的世界正在坍塌，他也立即意识到“新时代的大幕正在徐徐拉开：原子的时代到来了”。虽悲痛至极，他和同事们“却感到我们内心升起一种追寻真理的新动力和新意志。在这片遭受重创的原子沙漠上，生机勃勃的科学开始繁荣起来”。[3]接下来的几个月，他和科学家同事们第一次详细跟踪了放射病对人体的影响，取得了包括他们自己在内的广大民众的数据。核爆之前已然患上白血病的永井受到的影响尤其严重。他在六年后死于原子弹的后遗症。 69

从绝望到哀悼、接受和精神重生这一进程，是永井对经历极端创伤性事件的反应，心理学家认为这是比较健康的反应。通过基督教的信仰和对科学的热爱，他设法把自己的损失转变成有意义的事情；尽管他短暂的余生都要与这种损失的后果相伴，但他至少还能再次出发。 70

永井个人的心路历程似乎在日本引起了共鸣。他的回忆录《长崎和平钟声》（*The Bells of Nagasaki*）成为畅销书，并被拍摄成电影，获得了巨大的票房成功，电影的主题曲也成为那个时代的颂歌。这本书被日本教育省推荐为所有日本学校的必读书。随后的几个月，永井开始被视为圣人——实际上，日本报

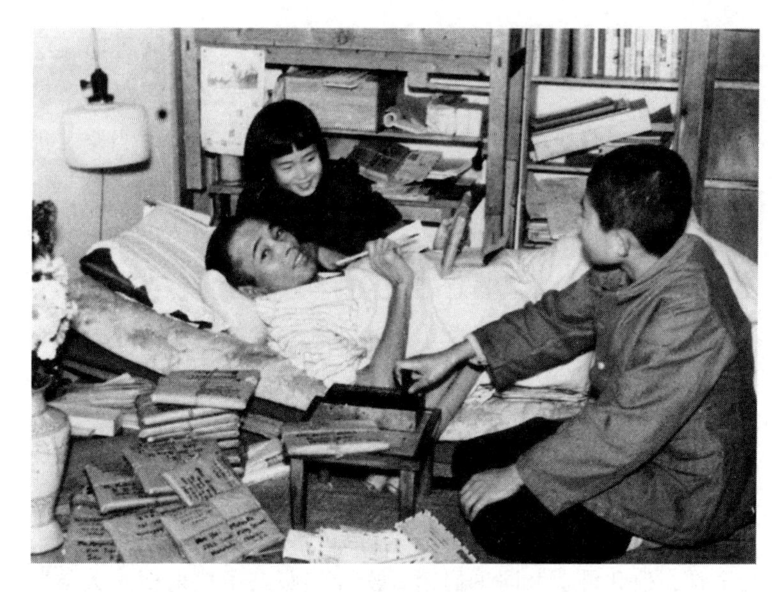

1951 年去世前不久，永井隆和他的子女。
他的畅销书给处在战败余波中沮丧的日本带来希望。

纸经常称他是“长崎圣人”，常有人把他比作甘地。长崎市政府授予他荣誉市民的称号，国家正式宣布他是民族英雄。他的书还给他带来了国际声望：海伦·凯勒、天皇裕仁和教宗的一位特使都来到病榻旁看望他。他在 1951 年 5 月过世之后，有人把他看作基督一样的人物，他的苦难是日本战时和战后牺牲的象征。[4]

永井的部分感染力来自他设法把灾难转化成凯歌。原子弹并没有摧毁他，而是改变了他——通过殉难，他实际上获得了重生。这无疑正是他本人在自己的书和其他作品中宣扬的内容。1945 年 11 月，永井在长崎的浦上天主教堂废墟举行的一次安魂弥撒上发表演讲，说原子弹并非毁灭的使者，而是来自上帝的礼物：

“我相信，选择我们这个市郊的不是美国飞行员，是上帝的天佑选择了浦上，把炸弹带到我们家园的正上方。长崎的毁灭和战争的结束难道没有深刻的关系吗？长崎难道不是被选中的受难者，是纯洁无瑕的羔羊，为了在祭坛上燔祭而被宰杀，为了二战期间所有国家的罪恶来赎罪的吗？……长崎被选中作为燔祭品，我们应该对此感恩。通过这样的祭祀，和平降临世界，我们应该对此感恩……”[5]

这次非凡演讲的内容在其他很多文化和政治人物说的话中也有反映。同月，东京大学校长对返校的学生们说，他们也应该以庆祝自己的战败来开启“理性和真理”的新时代。[6]日本战后最有影响力的哲学家之一田边元（Tanabe Hajime）也把日本的绝望定性为走向“复兴和改造”必经的一步。他说，国家不仅会重生，还会为如何使这个地球变得更安全、更和平指明道路。[7]早在美国占领开始之前，1945年8月底，日本政府情报局的负责人就标榜，美国投下原子弹是把日本从“战败者”变成“和平的赢家”的关键之举。[8]通过战败而非征服，日本最终拥有了特别的一席之地：作为世上独一无二的原子弹殉难者，它可以作为一个典型，警告全人类战争有多危险。

71

多少是受这些观念的影响，日本发生了与永井隆一样迅速的转变。在战争刚结束的几年里，日本从一个世上最穷兵黩武的社会变成最爱好和平的社会。后来，它又在经济、政治和文化方面经历了类似转变，不断自我更新。所有这一切都源自日本的二战经历，特别是原子弹带来的体验，至今仍是当代日本建立过程中最具代表性的时刻。

无论这一切有多感人，在个人和社会两个层面上，仍有些令人略感不安。永井这位所谓的圣洁人物并非毫无争议。他认为原子弹是来自上帝的某种礼物，有人对他的这个观点感到震惊，据说参加安魂弥撒的很多人非常愤怒，因为他把他们死难的家人定性为“圣洁的献祭”，而不是暴行的受难者。永井把长崎描述成无辜殉难者的象征也颇有可疑之处。长崎和日本都非常不愿意相信他们是“纯洁无瑕的羔羊”，但事实并非如此：发动战争绝非“所有国家的罪恶”，而是日本的罪恶。永井从未把他本人对战时政府无条件地支持与以日本之名犯下的罪行明确联系起来。这是从那时起便一直困扰着这个国家的问题：伴随着日本集体殉难感的是一种集体负罪感，但这个观念从未如前者一般被他们广泛接受，而且至今仍是如此。

从长期来看，这个国家在战后奇迹般的重生并不全面。日本或许再造了经济，但美国人和战后政府两者都未能瓦解曾经控制日本战时工业体系的卡特尔垄断。这个国家的工业大亨们曾经铺平了通向战争的道路，并从中获利极丰，特别是使用奴工让他们获取了巨额利润，但他们中没有一个被带上审判席。在整个战后时期，人们都有一种强烈的感觉，认为日本的经济奇迹是部分建筑在一个腐化的基础之上的。即便到了 21 世纪，一些最重要的日本企业——如三菱、三井和日铁——仍不得不因它们在二战期间被指控的行为而面对法律的审判。[9]

72

战后，日本人还彻底改革了政治体制：在美国人的监护下，他们终止了帝制，制定了新宪法并第一次赋予妇女表决权。然而，他们的最高权力象征还是天皇，战争就是以他的名义进行的。对战争负有责任的一些政要，要么在战后那几年仍官居原职，要么在美国人向日本人交还控制权后不久便重掌权力。实际上，1952 年首次入选议会的一位政客就是一个逃过法律制裁的声名狼藉的战犯。[10]

尽管自1945年以来，日本文化也经历了巨大的转变，但从另一种意义上来说，这个国家从未能真正甩掉过去，迈向未来。据一位日本精神病学家说，在某种程度上，日本在20世纪下半叶对功利的疯狂追求就是其掩藏战争伤疤的一种方式。野田正彰说，整个国家都专擅“为自己找到冠冕堂皇的借口”，以逃避诚实地面对战争和罪行的问题。就连高扬日本人受害者身份的和平运动也是基于否认形式的叙事。如今，日本的文化仍是“拒绝承认其情感创伤”：无论这个国度多少次再造自我，它从未实现真正的精神重生，因为它从来没有全心全意地承担起它应负的战时责任。[11]

国家的重生

当然，上述这些毫无特别之处。战争结束以来，复兴的神话一直是全世界的永恒主题。如果仔细看看1945年灾难目击者所用的隐喻，就会发现其中很多意象远比乍看上去要乐观得多。 73
“最后的审判”、蛾摩拉①、诺亚的大洪水和毗湿奴②的灼热宇宙——这些意象不但关乎彻底的毁灭，同时也与重生有关。战争或许结束了旧世界，但它也承诺了新世界的开始，这个新世界要比上一个更美好、更公平。无论这种重生是否真正发生过，单是这种想法，就给被艰难、暴力和压迫折磨得意志消沉的全世界人民带来巨大的希望和宽慰。

宣传崭新的世界会崛起于旧世界的灰烬之中这个神话符合

① 蛾摩拉（Gomorrah），典出《圣经·创世记》，是两大淫乱罪恶城市之一，其恶名声闻于上帝，上帝差人毁之。蛾摩拉象征着上帝对罪恶的愤怒与惩罚。

② 毗湿奴（Vishnu），印度教中的三大神之一，是宇宙与生命的守护之神，也称维护之神。

几乎每个人的利益。这显然与胜利者的观点产生了共鸣。杜鲁门总统在对全国的演讲中再三强调，美国人民将要目睹一个“新时代”，他们就站在“新世界的门槛上”，随着“战争的世界”的灭亡，“和平的世界”即将来临。1945 年 8 月 16 日，日本投降的第二天，他宣称：“今天是独裁者们的宏大计划的终结之日，他们再也不能奴役世界人民、摧毁他们的文明、创立黑暗和退化的新时代了。这一天，是地球上自由历史的新起点。”[12]对这一切神话最好的概括，就是我上文谈到的这些：正义对邪恶的胜利，世界的殉难，以及同盟军英雄最终带来的复兴。

与此同时，苏联并没有如此积极地把 1945 年确立为全新世界的元年。尽管第二次世界大战为苏联社会的各个方面带来巨大的影响，但苏联的意识形态始终强调 1917 年是苏联的建国之年，直到几十年后，十月革命的象征意义才逐渐消退。然而到 1960 年代后期，苏联人开始制作专门讨论那场战争的数百种电影、书籍和艺术作品。全国各地都开办了纪念馆和博物馆，庆祝胜利日也成为举国盛事。关于这场战争的主流叙事从一个巨大的损失变成最终的凯旋：苏联人民遭受了屠杀，但通过他们的牺牲，国家不但得到拯救，还以光荣的胜利获得重生。[13]

最终，苏联人也采纳了同样的关于二战的神话，东欧各国的共产党也都接受了这种说法。正是这场战争，才带来“一个 74 全新的捷克斯洛伐克的诞生”，在南斯拉夫创造了“新生活的宏伟构想”，并“打碎了（东）德国人民的锁链”。[14]在 1985 年的一次欧战胜利纪念日演讲中，阿尔巴尼亚国防部长普罗科普·穆拉（Prokop Murra）总结了东欧共产党的标准观点：第二次世界大战是“世界历史上最大的事件之一，对资本主义制度造成无法弥补的打击，唤起了民族解放斗争，标志着殖民主义的衰败，产生了对社会主义和革命有利的新的力量对比”。[15]虽然这场战争遗留了大量死亡和破坏，但因它而上台的共产党不太为此哀伤；他们赞美这场战争是开启美丽新世界的力量。[16]

非洲和亚洲的大部分地区也是如此，那里的民族主义者把这场战争看作熔炉，他们的国家在其中重新锻造，摆脱了殖民统治。在 1946 年底的一场关于独立的辩论中，未来的印度总理贾瓦哈拉尔·尼赫鲁将二战及其动荡的余波作为印度重生的主要因素：

> 我们刚刚走出世界大战，人民含糊而相当失控地谈及即将来临的新战争。在这种时刻，新的印度诞生了——国家复兴，生机勃勃，无所畏惧。这个新生儿在世界的这一动荡时刻诞生，或许正是时候。[17]

印度尼西亚未来的总统苏加诺更是明确地表示，第二次世界大战铸造了他的国家。1945 年 6 月，他对一个正准备独立的政府委员会说道：

> 不要忘记，我们生活在战争的年代，正是在这个战争时期，我们才要建立印度尼西亚这个国家——在战争的轰隆声中。我甚至要感谢上帝，因为我们不是在晴空之下，而是在战争的鼓声和火焰之中，建立印度尼西亚这个国家。印度尼西亚默迪卡①（“自由印尼”）应该是一个饱受考验

① 默迪卡（Merdeka），在印度尼西亚语和马来语中，它的意思是“独立”或“自由”。

的印度尼西亚，一个在战火中千锤百炼的印度尼西亚。[18]

东南亚、北非和中东的很多地区对此都颇有同感，战争在那些地方引发了一波势不可挡的独立运动。因为这场战争，“一切都变了，并且仍在改变”。[19]因为这场战争，民族自决的道德使命在“普天之下”茁壮生长。[20]

75 想要宣布1945年是一次重生，动机最强烈的或许要属战争的受害者和作恶者。两者都有充分的理由希望辞旧迎新。在战争的余波中，法国、比利时与荷兰这些国家花费了大量的政治能量宣称自己不但获得重生，而且还因战时的经历变得更强大更团结了。这种对于回归稳定和强大的共同愿望如此强烈，以至于在我们的记忆中，那是一段庆祝、团结和重建的时期，而实际上是战争结束多年之后，仍有大量的骚动和暴力。[21]

与此同时，德国宣称1945年是Stunde Null，这个短语可以不甚精确地译成“零年”。[22]这个概念不仅表达了人们对国家因遭轰炸被带回到前基督黑暗时代而生发的恐惧，也表达了可以重新开始的希望：和日本人一样，战后的德国人也热切希望他们不远的过去被永远埋葬在瓦砾之下。我们自然可以批评他们不该这么想，但在世上大多数国家都在宣布全新的开始这个背景之下，如果德国和日本没有这样做，倒是一件咄咄怪事。德国人和日本人的动机可能与其他国家迥然不同，但零年是个普遍的想法。

全球的重生

很多国家在战后采纳了国家重生的神话，然而或许更有趣的是，同样的神话被国际乃至全球共同采纳。重生的不只是日本、法国或印度，而是整个世界——1945年是共同的“零年”，从那时起在我们的集体想象中一直如此。充满暴力、压迫和邪恶的世界已经毁灭。在《大西洋宪章》和联合国价值观的启迪下，新世界被创造出来。

然而，这种全球愿景从一开始就与各个国家的神话存在冲突。源于这场战争的一切国家神话，在不同程度上都取决于受害感。法国、英国、美国和其他所有同盟国都受到一个魔鬼的袭击，但获得了胜利；共产党摆脱了资本主义的桎梏；殖民地国家从压迫他们数个世纪的奴隶主手中解放出来；如此等等。但重生的国际神话则截然不同。它想象出这样一个未来，那里连这种争吵和冲突的可能性都不存在：在新的世界里，我们都有一个共同的愿望，那就是和平。在这样的一个世界里，我们会感受到博爱和繁荣、法制以及对极端政治和市场力量的精细管控。民族主义及其鼓励的一切非理性狂热，都会逐渐显得多此一举。

76

对于这种新式乌托邦最强烈的表达，或许就是如今欧盟的创立神话，在打破国家之间的壁垒方面，它比其他任何国际机构都走得更远。欧盟领导人总是在赞誉“欧盟从二战的灰烬和瓦砾中诞生”，的确很难找到哪怕是一份重要的欧洲文件，或是某个欧盟领导人的发言，没有提及新欧洲的建立是对战争的反应。[23]从一开始，欧盟的构想就不仅是一个“新欧洲”，还是一种新型的欧洲，在这里再也没有可能发生二战这样的灾难。[24]用德国战后第一位总理、欧盟创始人之一康拉德·阿登纳（Konrad Adenauer）的话来说，战后的世界是“历史新纪元的开始”：

> 民族国家的时代结束了。每个人一定都感受到了变化，那就是一个时代销声匿迹，新纪元曙光初现，人类的目光会越过自己国家的边界，为了人性的真正目标，与其他国

家展开亲如手足的合作。[25]

最初只存在于法国和德国之间的经济伙伴关系迅速传播到大部分西欧，从 1989 年开始，东欧也加入其中。前东方集团①的很多国家认为，它们的共产主义岁月是二战事实上的延续：获得欧盟的成员资格成为它们象征性地摆脱过去的专制，加入“自由”和“民主”的新世界的主要标志之一。甚至到了今天，这种创立神话仍是欧盟扩张和欧洲成员国之间紧密联系的核心理由。[26]

77 联合国的创立神话也在全球层面表达了同样的观念。《联合国宪章》的开场白就明确表示，这个 1945 年设立的机构旨在防止另一次世界大战“给人类带来难以言喻的悲伤”。和欧盟一样，几乎所有重要演讲的文件都提到联合国“诞生自第二次世界大战的灰烬之中”，以及它的创立宗旨是开创一个“和平与尊重人权”的新时代，“让世界免受另一次大灾难之苦”。[27]时至今日，联合国安全理事会的会议室里还挂着一幅巨大的壁画，画中一只凤凰从战争的瓦砾中飞升而起。

神话的代价

我到目前为止提到的所有神话和传说，没有一个是无凭无据的。每一个里面都包含大量事实：降临于欧亚大部分地区的巨大破坏的确像世界末日；战争毋庸置疑会涉及大量的英雄事迹、暴行和殉难；1945 年后比比皆是的满怀希望的重生当然是奇迹。但这些事实并不全面。它们掩盖了各国人民在战时遭受的很多怀疑和焦虑，并为今人不再仔细研究历史提供了借口。

---

① 东方集团（Eastern Bloc），冷战期间西方阵营对中欧及东欧的亲苏国家的称呼，其范围大致为苏联及华沙条约组织的成员国。

这些神话看起来如此绝对和界限分明，只有故意无视那个可怕年代实际发生的道德上模糊不清的混乱现实，才能满足于这些神话。

这些神话中也没有哪一个是孤立存在的。它们之所以经久不衰，原因之一便是，无论单个的神话有多站不住脚，但作为一组神话，它们互为支持，彼此充实。在民间记忆中，二战是为了拯救人类的灵魂而进行的殊死斗争，我们关于全面毁坏的意象为这种民间记忆提供了绝佳的背景。英雄与绝对邪恶作战的意象，让我们的英雄愈发英勇无畏，而魔鬼折磨全然无辜的殉难者的观念，也让魔鬼更加罪不可恕。把所有这些联系在一起——全面的破坏、无私的英勇行为和无尽的磨难——就构成了我们关于新世界崛起于旧世界灰烬之中的神话。这是对我们的英雄和殉难者的最终奖赏：让他们的牺牲变得崇高，为所有的苦难赋予价值。综合起来，这张神话网络代表了全世界采纳的同一个信仰体系——局部细节自有不同，但整体还是全球性的。 78

必须承认，这种信念体系的出现有其充分的理由。战争期间，人们完全有必要相信善与恶是彻底对立的，因为全世界人民面临的危机需要他们采取果断行动。他们面对这次危机采纳的神话，不仅给个人带来了达到要求所需的勇气和胆量，而且还产生了他们联合起来走向胜利所必需的团结感。同时在这个过程中，这些绝对道德也满足了深层的情感需求。知道自己是正确的一方，知道自己正在打一场正义之战，而邪恶的敌人必将毁灭，没有什么比这更让人满足的。因此，尽管这些神话在1945 年已经再清楚不过，但其中也有一种危险，因为它们没有给细微之处、差别和置疑留下任何空间。

如今我们再坚持这些神话也就没有实际的理由了。它们不再像昔日那样是我们的生存必需品、我们也不再需要它们来解释那些无法解释的事件。世界发生了变化，而我们却没有：我们困在与 1945 年沉溺其间的同样心态中止步不前，且完全没打算采取任何行动。我们原封不动地接受这些神话，无非是因为对它们很熟悉，还因为它们满足了我们多年前经历的同样的情感需求：我们渴望战争年代带给我们的确信感——正义与邪恶、英雄与恶棍、魔鬼与烈士历历分明，这与我们当代生活日常的种种疑虑形成强烈的反差。因此，我们对战争有了一种无耻的怀旧，丝毫不顾及那样是否合适，而且这种怀旧让我们感到宽慰，就算它有重燃旧日战火的风险，就算那是我们在 1945 年曾千辛万苦去扑灭的战火。

所有这些神话促成的不稳定因素继续对我们的国际体系造成困扰，就连那些起初看来相对温和的也是如此。对我们关于英雄、魔鬼和烈士的信念发声批评实属易事，但世界在 1945 年凤凰涅槃的观念同样值得怀疑。有时很难承认这一点，因为这无异于对我们最珍视的某些期望泼上一盆冷水。我们希望把重生的神话想象成充满治疗方式和宽恕的积极力量。我们希望相信，所有的暴力都能就此终结，我们可以无怨无悔地从过去中 79 崛起。但若是没有仔细考查被我们置之脑后的事件，就把这些价值观横加于社会，这样则既不诚实，也不健康。既往不咎诚然高尚，但坚信我们已继续前行，坚信战后涅槃重生净化了我们的心灵，却会让我们丧失绝佳的机会来悼念逝去的美好，或承认自己的过失。

对刚刚从 1945 年的战争阴影中走出来的人来说，这些在当年都不是问题。产生自这一时期的所有神话中，当时尚未完全成型的正是涅槃的神话。当轰炸停止，全世界的人都上街庆祝战争结束之时，凤凰从灰烬中升起的意象不是一个神话，而是无数人心中非常真实的愿望。随着人们的想法转向重建，新一代精英带着对新的生活方式、新的关系和新的表达方式的愿景挺身而出，也是顺理成章的事情。本书接下来的大部分内容都会关注他们曾经有过的梦想，以及他们是如何意识到这场战争的其他后果，又深感挫败和沮丧的。

但这些梦想之中也不乏噩梦。从一开始，新世界始终显得那般孱弱，因为曾经摧毁的东西，很容易会再次毁灭。噩梦重现的恐惧困扰着世上的每一个人。对于这种恐惧最有说服力的表达，或许来自印度的新总理贾瓦哈拉尔·尼赫鲁。他在 1949 年说道：

> 如果回顾过去包括两次大战及停战岁月的三十余年，我们会听到同样的呼声，当然处境不同，呼吁的内容也略有不同，但不管怎样，都是同样的呼声、同样的观点、同样的恐惧和疑虑，各方同样拿起武器，战争始终即将开始。最近这次战争也是同样的论调，各方都听到了为民主而战和诸如此类的呼声。然后战争结束了，但同样的冲突继续存在，又开始了同样的备战。然后另一场战争到来了……没有哪一个人，也没有哪一个国家渴望战争。战争越来越可怕，人们就越来越不渴望战争。而某些过去的邪恶或因果报应，或某种命运继续把人类推向一个特定的方向，推向深渊，人类经过同样的争执，继而像自动玩具一样摆出同样的姿态。[28]

80

所以，这场战争的结束传递出的真正信息不仅是自由，还有恐惧。随着原子时代的来临，世界不再能像此前一样负担起毁灭与重建的无休止循环。在广岛和长崎之后，每个人都知道，下一次的全球大战会走向真正的世界末日，而不仅仅是个象征而已。

第二部分
乌托邦

6. 科学

如果有哪个群体在1945年感到自己既肩负着世界的梦想，同时又被噩梦困扰，那就是在战争岁月里研究原子弹的科学家们。

出生于俄罗斯的化学家尤金·拉宾诺维奇（Eugene Rabinowitch）是其中的一员。拉宾诺维奇经历过20世纪一些最混乱的事件。年轻时，他在俄国革命后被迫逃离圣彼得堡。后来，他又为了逃脱反犹的迫害，逃离纳粹掌权的德国。1938年，欧洲大战在即，他加入欧洲科学家前往美国的出走大军。但对他的人生改变最大的是战火最炽之时，他在芝加哥的曼哈顿计划中担任高级化学家的经历。拉宾诺维奇只是受聘研究和制造核武器的成百上千位科学家之一，但这一经历，以及他和科学家同事们发现的结果，余生一直困扰着他。[1]

1943年，受诺贝尔奖得主詹姆斯·弗兰克①的邀请，拉宾诺维奇参加了原子弹计划，战前他曾在德国与弗兰克共事。此后不久，他第一次表达了对于核未来的疑虑。他会与弗兰克或利奥·西拉德②等其他资深科学家一起长时间散步，低声谈论

① 詹姆斯·弗兰克（James Franck，1882—1964），德裔美国物理学家，1925年诺贝尔物理学奖得主。他获得诺贝尔奖的研究成果中包括证实玻尔模型正确的弗兰克－赫兹实验。

② 利奥·西拉德（Leo Szilard，1898—1964），匈牙利裔美国物理学家、发明家。他在1933年构思了核连锁反应，与恩里科·费米共同获得核反应堆的专利，并于1939年撰写了由阿尔伯特·爱因斯坦签署的信件，促成了曼哈顿计划。

自己的担忧。虽然他理解制造原子弹的迫切需求，却强烈地感到，美国政府未能考虑到自己所做之事的长期影响。核能的秘密并不会由美国长期垄断下去，一旦其他国家也发现了这些“秘密”，新的军备竞赛注定会接踵而至。如果放任这种军备竞赛失控的话，后果不堪设想。

1945 年春，拉宾诺维奇的担忧愈发紧迫：原子弹很快就要进入试验，这是个科学家圈子里公开的秘密。那年 6 月，为仔细考虑核武器的社会和政治影响，美国匆匆成立了一个委员会，84 特别考察了用于对日战争的情况。拉宾诺维奇成为这份报告的主要作者之一。

“当时，芝加哥酷热难忍，”多年后他回忆道，“我走过城市的街道时，满脑子都是燃烧的天空下摩天大楼轰然倒塌的幻象。必须要做点儿什么来警告人类。不知是因为热浪，还是我内心的澎湃，那晚上我彻夜未眠。天还没亮，我就开始写报告。詹姆斯·弗兰克把他写了一页半的草稿给了我。但我对这件事的个人意见变得越来越清晰了。”[2]

后来为人所知的《弗兰克报告》提出了两个缜密的观点。[3]首先，核能的问世不只是人类的一个机遇，还是个前所未有的巨大威胁。如果世界各国要避免未来的军备竞赛，美国就必须为了全人类的利益，放弃对原子弹的暂时垄断地位，转而帮助设立一个有能力控制原子能的国际机构。

其次，报告指出，原子弹不应用在对日本的“突袭”上，因为此举会严重破坏达成任何有关原子能的国际协议的可能性。如果向世界公开演示原子弹的威力——也许是在无人居住的沙漠或荒岛上——就会好得多。如此一来，日本就会因恐惧而投降，无须造成巨大的生命损失。如果日本军方无视这样的演示，坚持继续战争，那么仍可以使用原子弹对付他们。

科学家们的报告被紧急送往华盛顿，但美国政府根本不予理会。“我们期待有一些反应，我们等啊等，”拉宾诺维奇后来回忆道，“我们当时觉得，我们怕不是把报告掉进密歇根湖了。”[4]大约两个月后，原子弹被扔到广岛和长崎，战争达到高潮后戛然而止。当世界各国纷纷庆祝时，这家科学机构的很多成员却立即坠入痛苦的深渊。

随后几个月，拉宾诺维奇决心把他们的恐惧公之于众。他和一位科学家同事海曼·戈德史密斯（Hyman Goldsmith）创办了一个名为《原子科学家公报》的期刊，目的是“唤醒大众充分了解核武器的可怕现实，以及它们将对人类未来造成的深远影响”。[5]接下来的几年里，作为“科学家运动”非正式的代言人，拉宾诺维奇的期刊成为原子时代的良知之声。它会刊登世界一流科学家的文章，如阿尔伯特·爱因斯坦、J. 罗伯特·奥本海默、尼尔斯·玻尔①和爱德华·泰勒②等，投稿人中也包括一些哲学家和社会学家（伯特兰·罗素和雷蒙·阿隆）、政治家［小亨利·摩根索（Henry J. Morgenthau）和安德烈·葛罗米柯（Andrei Gromyko）］、经济学家［阿巴·P. 勒纳（Abba Ptachya Lerner）］，甚至还有神学家［雷茵霍尔德·尼布尔（Reinhold Niebuhr）］。原子弹及其后果的方方面面均得到了讨论和分析，以期“用恐惧唤醒理性思考”。[6]

85

拉宾诺维奇自己承认，他这本期刊代表的希望一直面临着

① 尼尔斯·玻尔（Niels Bohr，1885—1962），丹麦物理学家，1922 年因对原子结构理论的贡献荣获诺贝尔物理学奖。

② 爱德华·泰勒（Edward Teller，1908—2003），匈牙利裔美国理论物理学家，被誉为“氢弹之父”。

尤金·拉宾诺维奇，核时代的原子科学家和有良知的长期发声者。

破灭的可能。1948 年，超级大国关于原子能国际化的谈话最终失败了。翌年，苏联引爆了自己的原子弹，就像拉宾诺维奇忧虑的那样，军备竞赛迅速开启，参与者最终包括英国、法国、中国、印度、巴基斯坦、以色列，以及——时间来到 21 世纪——朝鲜。在 1945 年第一次原子弹试验之后的 70 年里，全世界制造并部署了大约 12.5 万个核弹头。尽管联合国和国际原子能机构等国际组织不懈努力，尤金·拉宾诺维奇对于核扩散的恐惧最终还是得到证实。[7]

86

然而，他从来没有放弃信仰，即科学依然代表了人类的希望——不仅在于它能解开宇宙的秘密，还在于世界各地的科学家坚持无视政客的争吵而彼此合作。“我们这个时代，科学革命的范围如此之广，而且还包含着更大的潜力，正在改变着人类生存的基础，”他后来写道，“在缺乏远见的人看来，我们的时代看起来是个……异化的时代，人类前所未有地分裂……但在后代看来，这当是全世界人类展开合作的开端。”[8]

1945 年原子能的发现在全球引发的震惊，如今都很难理解了。杜鲁门总统宣布在广岛投掷原子弹时，全世界的媒体对此毫无准备，不知该如何反应。原子弹的威力、美国制造原子弹秘密计划的巨大规模和费用、战争结束的可能性——所有这些话题都在争夺着报纸头条的空间，但获得注意力最多的还是杜鲁门对科学家们成功地“利用了宇宙的基本力量”的评论，这一行字被全世界的报纸转载，让所有人都展开了丰富的想象。

那个夏天发生的一系列事件让人们既目瞪口呆又充满好奇，率先描述这种复杂情绪的，是美国小说家 E. B. 怀特（Elwyn Brooks White）。“我们有生以来第一次感受到人类的彻底调整带来的心神不宁，”轰炸广岛刚过去两周，他就在《纽约客》上如此写道，“这些震荡通常微弱到无法察觉的地步。而这一次，它们如此强烈，甚至连一场战争的结束都相形失色。”其他作者随即附和。“刹那间，在毫无征兆的情况下，”《时代》杂志在两天后如此声称，“当下就变成了无法想象的未来。”原子弹首次爆炸后，另一个记者说：“你的世界和我的世界，这个我们都熟悉的世界，如今结束了。新的世界在末日的火山中诞生了。”[9]

人类利用“宇宙的基本力量”：比基尼环礁，1946 年。

87 尽管每个人都认同某些根本性的东西已经发生了变化，是吉是凶却众说纷纭。在美国，很快就出现了态度上的两极分化，有些人认为原子能是人类的新起点，另一些人则害怕它会导致世界末日的大决战。

前一个群体中的著名人士是《纽约时报》的威廉·劳伦斯①，他是唯一获准在保密期间采访曼哈顿计划的记者。1945 年 9 月，他写了一系列文章，将原子时代的到来比作灵魂觉醒。他说，通过利用这种能量，人类找到了“名副其实的‘贤者之石’……一种宇宙运转的力量之源的关键”。[10]他还描述自己亲眼看见在新墨西哥州沙漠中进行的第一次原子弹试验：“我觉得自己好像有幸目睹了‘世界的诞生’——在创造天地的那一刻身临其境，听到上帝说要有光！”[11]

① 威廉·劳伦斯（William Laurence）是出生于立陶宛的一位犹太裔美国记者，以 1940 年代和 1950 年代在《纽约时报》的科学新闻写作而闻名，曾两度获得普利策奖。

其他形形色色的美国记者也同样宣称新时代诞生了。他们说，原子能带来“消灭战争”的机会，我们迎来了能量“用之不竭”以及“财富无穷无尽”的未来，甚至创造出“人世间的天堂”。[12]1946 年，《时代》杂志的杰拉尔德·文特（Gerald Wendt）竟然说，原子能终有一天会以“胶囊的形式”出现，人类不再需要任何东西：“到那时，科学终于让人类获得自由，不但没有疾病、饥饿和早夭，而且也消灭了贫穷和工作。”[13]

88

但与此同时，其他的著名思想家却禁不住会想象一个漆黑一片的未来。在《下午报》（*PM*）撰文的马克斯·勒纳（Max Lerner）就是其中之一，他们认为在原子能中看到了“法西斯分子一直梦想的世界可能会成真的危险，其中一小群冷酷无情的精英把控着人类大众的生杀大权”。[14]让-保罗·萨特认为原子弹是“对人类的否定”；爱因斯坦把新形势称为“人类有史以来面临的最可怕的危险”；而监督轰炸日本的美国空军最高长官卡尔·斯帕茨（Carl Spaatz）将军预见的未来是，原子战争“会带来最悲剧的自相矛盾：试图摧毁邪恶的正义社会可能会自我毁灭”。[15]

世界其他很多地区也以类似的摩尼教术语表达了对这种科学新奇迹的希望和恐惧。英国《图画邮报》（*Picture Post*）的报道就是其中的典型，该杂志在 1945 年 8 月底发行了一期专门讨论原子弹影响的特刊。“原子能的利用可能是我们有生之年看到的最伟大的事件，”开篇文章如此说道，“这开辟了广阔的新天地，其中既有希望，也有恐惧。”该期杂志的封面是一张令人难忘的照片，一个孩子站在微光荧耀的海滩上，标题写着“黎明——还是日暮？”[16]《印度画报周刊》（*Illustrated Weekly of*

India）同样刊载文章，讨论人类会如何“在最可怕的终极战争中自我毁灭，或是从此活在像爱德华·贝拉米的梦境一样的乌托邦里”。广岛和长崎被轰炸后的几周时间里，该文章已经开始想象“无限的能量……的使用成本微乎其微，于是对它的所有实际应用都将是免费的”，但同时也有文章认为，这种能量会让整个“世界的经济和工业未来”陷入危险之中。[17]

在随后几年中，这种观点上的两极分化在几乎每一个国家都有所体现。苏联实际上封锁了有关原子弹的新闻，直到自己制造了一枚：此时，又将原子弹歌颂成社会主义的胜利，预示着全体人类使用无限能源的新时代。在德国，关于核时代的相反观点取决于住在西德还是东德：西德强调原子能的破坏潜力，而东德更强调乌托邦式原子未来的社会主义理想。日本虽有着可怕的战时经历，最终还是接受了核技术，但区分对待核能的“邪恶”军用与“良善”民用。与此同时，在原子能超级大国的世界里，众多小国往往把自己看作无助的旁观者。比方说，在荷兰，原子时代常常被描述成把人类推到十字路口的自然之力：无论走哪一条路，无论通向毁灭还是天堂，荷兰人都只能随波逐流，没有多少选择的余地。[18]

89

90

之所以会有这种对科学和科学家的两极分化的描写，部分源自大众一直以来对他们的想象。从古至今，大众在赞美伽利略和牛顿的同时，也妖魔化了浮士德和弗兰肯斯坦。[19]它的另一个起源也是战争结束时初次成形的流行神话——末日之战后的涅槃重生，英雄对魔鬼，罪恶与救赎。核物理在区区几年内取得的惊人进步，及其以如此突如其来的暴力展示给世人的方式，全都严丝合缝地与这些观念相吻合。

1960 年代初期的苏联政治宣传漫画。这张漫画表现的是苏联的政治宣传强加给人们通过核能实现“和平、进步和共产主义”美梦的观念。与此同时，美国被形容成沮丧的战争贩子，无能为力地紧握着冷战的武器。

但其他的科学又该当如何？人们在战后如何看待化学、生物学、数学和技术等？答案是它们与核物理一样，也自行与同样的神话匹配，但强调的重点有所不同，同时也更满怀憧憬。诚然，这些科学在战争期间也产生了相应数量的魔鬼，诸如纳粹的优生学家约瑟夫·门格勒（Josef Mengele），以及在中国进行人类试验的很多日本医生和研究人员。他们发明的毁灭性武器虽然没有原子弹这样能量巨大，破坏力却不差分毫。例如，据估计，日本人通过他们发明的细菌战，在中国杀死了超过 50 万人。[20]但整体而言，1945 年后流行起来的科学故事的主角不是魔鬼，而是英雄，且主题不是毁灭，而是重生和救赎。战时的大量科学发现及其后来看似神奇的应用，强调了 1945 年是全新世界的开端这一要旨。

二战改变了科学的面貌。它产生的新的紧迫感、突如其来的政府干预方式以及巨额公帑的注入，改变了各个门类科学发现的节奏。例如，航空工程的进步几乎像核科学一样不可思议。1939 年，各国飞行员仍照例驾驶着双翼飞机，但到 1945 年时，他们就驾驶喷气式飞机了。战前还实属罕见的直升机，在战争结束后已开始大规模生产。同样，战争初期的火箭技术还相对简单，但到 1945 年时，人类已经有能力把导弹发射到太空边缘。正是战争本身创造了这些奇迹。基础技术往往在战前就已出现——比方说，1939 年 8 月 27 日，也就是欧洲开战的几天之前，有史以来的第一架喷气式飞机就在德国起飞了——但正是由于战争的刺激，这些发明才不断地得到开发和改进，最终足以改变我们对世界的理解。[21]

91

医学和疾病防治领域也发生了类似的量子级飞跃。对烧伤和身体创伤的处理方式改变了——主要得益于军医获得如此丰富的实践经验。但其他进步则纯粹来自战时奋斗激发的决心。青霉素在战时的发展是个绝佳的例子。1929 年①，亚历山大·弗莱明（Alexander Fleming）发现了青霉素；1930 年代

---

① 原文如此，但应为 1928 年。

后期，霍华德·弗洛里[①]和恩斯特·柴恩[②]继续开发。在战争开始时，青霉素不过是个有趣的医学小玩意儿。1941 年，美国的青霉素商业生产还是一片空白，但在到战争结束时，由于对这种药物的研究、提纯和开发的大量投入，美国厂商每个月可以生产超过 6460 亿个剂量单位的青霉素。这全是因为英美科学家之间，政府和商业利益团体之间，甚至是竞争公司之间开展的前所未有的合作。例如，在轰炸珍珠港十天之后，美国制药公司开会一致同意与美国政府共享他们的研究成果，美国政府对此的反应是大量补贴研究工作，甚至还为青霉素工厂的建设提供财政支持。链霉素等其他突破性抗生素的后续研发都是这类工作的结果。[22]

杀虫剂滴滴涕（DDT）的历史延续了同样的模式。和青霉素一样，它也是战前发现的，但只有当同盟军的数十万部队官兵开始在太平洋战场染上疟疾时，美国政府才认为有必要为它的大规模使用提供资助。1945 年，只要战场上有同盟军驻扎，就会调派低空飞行的飞机去喷洒滴滴涕。马尼拉和新加坡解放之后，为了保护城市人口免患疾病，全城定期喷洒滴滴涕：《海峡时报》的新闻记者歌颂它是“人类的福音”。解放监狱和集中营时也会使用它来杀灭携带伤寒细菌的虱子。尽管在 1960 年代和 1970 年代，滴滴涕对环境的灾难性影响暴露出来，但在很大程度上，正是因为有了滴滴涕，战后人人惧怕的流行病才

92

① 霍华德·弗洛里（Howard Florey，1898—1968），澳大利亚药理学家。1941 年，弗洛里进行了首次青霉素临床试验。他与柴恩的研究使青霉素变成实用的药物。

② 恩斯特·柴恩（Ernst Chain，1906—1979），出生于德国的犹太裔英国生物化学家。因对青霉素的研究与开发，1945 年，与弗莱明和弗洛里共同获得诺贝尔生理学或医学奖。

没有成为现实。[23]

计算机技术的数次飞跃发展也得益于这场战争。1941 年，康拉德·楚泽（Konrad Zuse）建造了世上第一台可编程数字计算机 Z_3，德国飞行器研究所用它来进行与飞行器有关的复杂计算。与此同时，英国也制造了更强大的计算机来破译德国的密码，其中最重要的是托马斯·弗劳尔斯①的“巨人”——英国邮政研究站资助的一台庞大的机器，每秒能处理成千上万字符的编码。数学家艾伦·图灵（Alan Turning）被有些人认为是现代计算技术之父，他密切参与了这台计算机和其他解码机的设计。与此同时，美国科学家约翰·莫奇利（John Mauchly）和 J. 普雷斯珀·埃克特（John Presper Eckert）正在宾夕法尼亚大学研究另一台更加强大的计算机。“电子数字积分计算机”（ENIAC）同样是专门为战争制造的：设计它的初衷是进行复杂的炮兵弹道计算。[24]只要时间充裕，这类机器无论如何都会被创造出来，但战争的紧迫性，以及政府提供急需资金的意愿，大大加速了它们的开发。

单单是战时科学实验的巨大体量和速度就产生了各种各样的结果，其中的一些显然有非军事的用途。例如在 1945 年，一位名叫珀西·斯宾塞（Percy Spencer）的美国工程师走访了一个测试谐振腔磁控管的实验室，在里面，他注意到自己口袋里的花生棒开始融化。谐振腔磁控管是同盟军空对地雷达的核心部件，可以产生微波。斯宾塞很好奇，想知道还能发生什么情况，就派一个男孩出去买回一袋谷物。当他把袋子放到磁控管

---

① 托马斯·弗劳尔斯（Thomas Flowers，1905—1998），英国邮政总局的一名工程师。二战期间，弗劳尔斯设计建造了世上第一台可编程的电子计算机“巨人”，用于帮助解读加密的德国信息。

附近时，谷物开始爆开。第二天，他又进行另一个实验——一枚鸡蛋炸开了，糊了一名技术人员满脸。因此，家用科技最伟大的发明之一便诞生在战时的研究中：今天，谐振腔磁控管不再用于雷达装置，但每年都会生产数百万个用于制造微波炉。[25]

93

另一项家用创新是战时对塑料的研究带来的。美国科学家哈里·库弗（Harry Coover）试图研发一种新的透明塑料用于精密瞄准器，却碰巧发现一组称作氰基丙烯酸酯的物质。它们对于瞄准器毫无用处，因为太黏了，完全不能用。但在战后，它们却作为强力胶水的基料而得到充分的利用。[26]

并非只有受过培训的科学家和工程师才会在战时做出这样的发现，因为创新有时会来自最令人拍案惊奇的地方。比如说，海蒂·拉玛（Hedy Lamarr）最广为人知的身份是好莱坞女演员和海报女郎——米高梅电影公司通常称她是“世上最美的女人”，但在1942年，她和一个作曲家朋友为美国海军的制导鱼雷系统想出一个新法子，证明了自己绝非只有一个漂亮脸蛋儿。控制鱼雷的无线电传输可能会受到干扰，但如果传输信号时能够不停地从一个频率跳到另一个频率，就不可能受到干扰了。美国当局没有采用她的想法，并对她说慰问军队才是她服务于战争的更好选择。但她的这一想法后来成为“扩频”技术的基础，被广泛应用于当今的全球定位系统、蓝牙、无线网络和手机。[27]

来自战争的新想法和新技术看似不胜枚举。无线电波的研究不仅产生了一连串雷达站，使得英国于1940年没有因德国人的进攻而毁灭，还带来飞行器导航、导弹制导和隐形技术的飞跃。核研究产生了新的同位素，可以用于放疗医学。或许最重要的进展是战争突然让物理学光彩夺目，为物理学家进入其他科学领域——比如生物学——开启了大门。来自新西兰的物理学家、战时曾从事雷达研究的莫里斯·威尔金斯（Maurice Wilkins）和曾经设计磁性地雷的弗朗西斯·克里克（Francis Crick）就是这样的一对科学家。他们在战后转向生物学研究，八年之后取得了成果，成为揭示脱氧核糖核酸（DNA）结构的研究小组成员。

94

英美出现如此多的科技创新，也要部分归功于战争。尤其是美国，它可能是发达国家中唯一的一个既未受到战争影响，又有资源进行那种选定的、需要尽快产生立竿见影效果的大规模研究的国家。因为它让侵略者、哪怕是德国或日本的轰炸机都鞭长莫及，所以在那里进行敏感技术研究比欧亚任何地方都要好得多，因此，科学家和技术人员从世界各地涌来，纷纷加入美国的科研机构。战后，这些人中有很多都留在美国。当其他国家在耗费资源重建受损的基础设施时，美国却负担得起继续在科学研究和技术开发上的大规模投入。美国时至今日仍继续投入并创造出几乎比其他所有国家还多的创新成果，这至少要部分归功于它在战时和战后对科技的投入遥遥领先于世界。

战争的科学发展并非只在英美激发了人们对富足新世界的希望。苏联战时的研究也促进了抗生素、火箭研究与核技术的发展，有时甚至令西方国家相形见绌。包括部长会议主席尼古拉·布尔加宁（Nikolai Bulganin）在内的许多著名苏联官员受到莫大的启发，开始谈论“崭新的科技和工业革命，在重要性上远远超过因蒸汽和电气的出现而引发的工业革命”。[28]1950年代中期以后，苏联的大众媒体上开始出现对工业、医药和农业进步的美妙想象——没有将它们描述为乌托邦的白日梦，而是当作时事报道。[29]

在战后的世界，科学的潜力似乎无远弗届。早在苏联把第一个人送上太空很久之前，苏联科学家就预言，要用他们认为速度“堪比光速”的“光子火箭”来探索太阳系及更远的宇宙。[30]在德国，战后不久就有新闻报道宣称，放射线很快就能保存食物，治疗精神疾病，甚至还可以逆转衰老的过程。早在1946年，《新柏林人画报》（*Neue Berliner Illustrierte*）就发表了一篇报道，预言将出现一种太空飞船，只需3小时27分钟便可载人登月。[31]与此同时，印度的报纸描绘了各种梦想：高速列车只需一个小时便可从孟买抵达加尔各答；沙漠变成绿洲；北极变成度假胜地；甚至还能创造新的生命形式。[32]

95

切记，想象出这些愿景的不是科学家，而是被战后的普遍乐观冲昏头脑的记者、政客和普通大众。大多数科学家都在努力遏制这种乐观情绪，特别是对那些关于未来的更为荒谬的预言。例如，阿尔伯特·爱因斯坦在1945年11月警告全世界，“在相当长的时间内”人类不会看到核能的任何实际好处。与此同时，俄裔美国物理学家乔治·伽莫夫（George Gamow）则给原子汽车或陆地飞行器的想法泼冷水，认为这些全然不切实际：为这样的交通工具提供动力的核反应堆体积巨大，还要包装在数吨重的铅里以吸收辐射。“不要期待一粒铀235就能给你的车提供一年的动力，”曾在洛斯阿拉莫斯参与研究第一颗原子弹的奥托·弗里施（Otto Frisch）如此警告道，“坐上这辆车，几分钟就足以置人于死地。”[33]

如果说他们的看法并不总能得到人们的理解，一定程度上在于科学家本身也变成神话的一部分。美国的媒体常常称他们是“巨擘”和“大神”，是人类诞生于这一新世界的造世主。

研究原子能的科学家尤其如此，他们常常被比作希腊神话中给人类带来火的巨人普罗米修斯。（如今，这种超出常人的品质仍与他们相伴相随：例如，2005 年获得普利策奖的罗伯特·奥本海默传记作者就称他是“美国的普罗米修斯”。[34]）这些人不仅在美国，而且在全世界都受人尊敬，既因为他们实现的奇迹，也因为世人在战后对英雄有一种难以抑制的渴望。经历多年的恐惧和动荡，世界各地的人民都急切地渴望相信有精彩的新事物诞生。作为创造新世界的人，科学家当然会受到尊敬，无论他们是否希望如此。

正是在这种气氛中，尤金·拉宾诺维奇发行了《原子科学家公报》（以下简称《公报》），这本期刊始终在强调核毁灭时刻威胁着核能乌托邦，它不会把科学家形容成天神，而是充满忧虑的普通人，和其他人一样，他们也要受到政府和世界力量的摆布。

96 如今，翻阅这本期刊我们可以看到，它揭示了 1940 年代～1950 年代让科学家担忧的所有重要事件，这些事件正是通过这些文章进入广大公众的意识。战争年代的科技突破理所当然地备受赞美，但同时也提出我们是否要为此付出代价的问题。如此众多的科学家被迫放下日常的工作转而为战争服务，被战争耽搁的发现与因战争而加速实现的一样多。例如，很多人认为威廉·肖克利（William Shockley）是硅谷的创建人，他为了反潜作战，把之后让他获得诺贝尔奖的半导体研究搁置了好几年。罗伯特·奥本海默在《公报》上坚称，战争“对于纯科学的继续进行有暂时的灾难性影响。”[35]

该期刊还批评了社会的实用主义做法，它总是歌颂如今改变了民生的革命性技术，却对象牙塔中孕育的理论科学持怀疑态度。在 1951 年的一篇社论中，拉宾诺维奇声称，世人似乎把科学看作"一只有魔力的鸟，人人都想要它下的金蛋，但它能自由飞翔到大多数人望尘莫及之地又让它显得形迹可疑"。他激动地指出，科学家应该独立自由地研究艰深缥缈的概念，无论它们是否对社会有立竿见影的直接用处——否则，"不久以后就再也没有金蛋了"。[36] 其他科学家对此表示赞同。恩斯特·柴恩在晚年也坚信，如果是在战争启迪的那种痴迷目标的氛围中，他绝不可能取得起初在青霉素上的突破，而这种情况在战后持续了很长时间。科学家最渴望的就是自由。[37]

该期刊批评了美国的科学政治化，在这种情况下，预算或多或少是由军方控制的。它还批评了苏联的科学政治化，像特罗菲姆·李森科（Trofim Lysenko）那种扭曲的遗传学观点居然被大肆宣传，无非是因为它们与斯大林的理论不谋而合。该期刊力主跨越冷战的分歧，继续展开科学家之间的合作，并拥护帕格沃什科学与世界事务会议①（顺便说一句，在该组织内，会说俄语的拉宾诺维奇常常不得不在苏联和西方科学家之间扮演调停人的角色）。

但最重要的是，《公报》苦苦探寻科学应该以何种方式与整个社会互动。科学家应该为他们的发明负责吗？他们是否该基于科学原理，参与新社会的形成？人类现在是否已经发展到

97

① 帕格沃什科学与世界事务会议（Pugwash Conferences on Science and World Affairs），1957 年在加拿大帕格沃什成立的一个由学者和公共人物组成的国际组织，其目的是减少武装冲突带来的危险，寻求解决全球安全威胁的途径。该组织的创建人是约瑟夫·罗特布拉特（Joseph Rotblat）和伯特兰·罗素。罗特布拉特和帕格沃什科学与世界事务会议因为核裁军所做的努力而获得 1995 年诺贝尔和平奖。

这样的地步，即如果不建立一个世界组织——相当于一个世界性的政府——执行监督，就无法处理科学发现带来的可怕影响?[38]

这些思想令人坐立不安，因为人们怀疑科学家无意间释放了人类还没准备好应对的力量，这些力量如果没有被发现，或许反而会更好一些。众所周知，罗伯特·奥本海默曾指出，他说此话时或许带着对他自己在阿拉莫戈多（Alamogordo）的原子弹试验后一度趾高气扬的一丝内疚，“从某种笼统的意义上来说，无论粗俗、幽默还是夸张的语言都无法完全掩盖一点——物理学家是有罪的，这是他们摆脱不掉的认识”。[39]在战后的几年里，很多科学家都为参与原子弹计划的工作公开表示了后悔，悲叹他们新近的成名，在一定程度上是因为他们做了“出色的死神合作者”。[40]这一新的“科学家运动”的目标是推动世界建立一个更好的新社会，不是充斥着抗衰老药丸与核动力汽车的技术型乌托邦，而是一个崇尚国际合作与理解的更加传统的社会型乌托邦，尤金·拉宾诺维奇及其期刊是这个运动的中坚力量。

他们失败了。然而，他们的努力却为战后世界的发展提供了三个重要的好处。

首先，他们为西方，特别是为美国，提供了急需的良知之声。无论同盟国的初衷有多正义，他们的战时表现却并非一贯良好，以某种方式将其公之于众对于社会的健康十分重要。出于各种原因，主流社会对同盟军的所作所为没有表现出义愤或内疚，而更乐意以纯粹的必胜者心态来回忆战争。尤金·拉宾诺维奇的科学家运动，至少为那些愿意直面盟军在战争中的某些黑暗片段的人，提供了一个宣泄的出口。[41]

其次，在 20 世纪余下的时间里，他们为维护科学和科学家的声誉，做出了无人可比的巨大贡献。期待英雄完美无瑕，一旦发现他们不完美就充满鄙视，这是人性使然。世界在 1945 年把他们奉为完人，而他们自愿走下神坛，公开忏悔自己的“罪恶”，却赢得比只是沉浸在自己的短暂荣耀之中要多得多的赞赏。拉宾诺维奇这样的人不知疲倦地工作，要证明科学和社会有着密不可分的关系，并且二者相互负有责任，这种责任比任何乌托邦空想都远为重要。 98

最后，他们一劳永逸地建立了科学家要考虑自己工作的道德影响的必要性。和现代史上的任何其他战争相比，第二次世界大战都是一场道德的战争，因为几乎每个人都能就孰对孰错的宽泛理解达成共识。战后的世界包含了新道德、新精神的种子，这是全球人民所共有的。尤金·拉宾诺维奇以及他参与的运动保证了科学和科学家仍然会紧密依附于这种新的道德观念，哪怕在疯狂的战火中，人们曾一时丧失道德感。

7. 规划的乌托邦

99　如果没有政府的介入，战争期间的科技创新根本不可能发生。原子弹计划是国家力量恰当运用的绝佳范例：美国政府为自己制定了一个目标，为实现它而投入大量的财力和人力，最终改变了世界。还有很多几乎同样可观的例子。例如，在英国，战时政府实施了世上最全面的食品配给制，这不仅在战争期间节约了至关重要的食物，还确保每一个人无论贵贱都能得到科学的均衡膳食。尽管大部分食品都严重短缺，战时英国的婴儿死亡率实际上反而降低了，普通大众的疾病致死率也降低了。[1]

在战争本身获得巨大胜利的加持之下，这些成功的做法立即引发这样的问题——如果国家的集中规划可以带来战争的胜利，那么它是否也可以在和平时期带来成功呢？如果 1920 年代和 1930 年代老式的自由放任经济导致崩溃、萧条，并最终引发了战争，国家现在难道不正应该插手确保不再发生类似的灾难吗？为什么止步于经济改革呢？难道国家不能使用它的力量让社会对每个人更加公正、平等和美好吗？国家不是正该如此吗？

在1945 年的理想主义气氛中，要求政府加大社会参与的大众呼声无法被忽视。在饱受战争蹂躏的欧洲，不只是共产主义者力图争取国家主导的改革，很多保守党派和基督教民主党人也是如此。在世界的其他地方，美国新政派、亚非民族主义者及拉美右翼民粹派也发出同样的呼声。政治理念不同的各领域专家，从英国的J. D. 贝尔纳（John Desmond Bernal）和美国的爱德华·泰勒这样的科学家，到约翰·梅纳德·凯恩斯和让·莫内这样的经济学家，都希望能利用国家的力量。这些人都狂热地相信国家力量会让人类的生活变得更美好。

然而，战争本身已经证明，国家提供解决方案的危险性不亚于其带来的好处。信仰强大的中央集权国家，不正是纳粹主义和日本军国主义的基础吗？那些追求为世界上的各种问题寻找国家解决方案的人，有时会相当狂热，反对他们的人也是一样。在战争的余波中，双方的争论再度复燃：一方相信个人的神圣尊严不可侵犯，而另一方相信集体的改造力量。但在这次论战中，中央集权者获得了前所未有的成功——有时还带来相当惊人的结果。 100

人们应该时刻提防乌托邦的幻象，倒不是因为人间不可能有天堂，而是因为一门心思地追求那种天堂，对社会来说，是一种死亡。正如德国哲学家西奥多·阿多诺（Theodor Adorno）在1944年写的，“整体即幻象”。换言之，任何体系一旦认为自己才是解决所有问题的唯一答案，其做法便只能是否定与其同时存在的其他无数答案和可能性——包括其他所有的乌托邦。[2]

意大利建筑师贾恩卡洛·德卡洛（Giancarlo De Carlo）终生与各种极权主义教条做斗争，他的故事告诉我们，在20世纪中叶的动荡岁月里，抵制宏大的乌托邦规划何其艰难。

1919年，德卡洛出生于热那亚，他在充满意识形态冲突的世界里长大。墨索里尼在意大利掌权时，他还只是个刚会走路的孩子，尽管他前往突尼斯和祖父母一起生活了几年，却从来无法摆脱悬在意大利社会上空——实际上是悬在整个欧洲上空——的两极分化气氛。成年后，他深谙法西斯分子对伟大的痴迷、对暴力的迷恋，以及对弱肉强食的狂热信念。德卡洛极度憎恶这些观念，身边的人也都是类似的态度。他的一些朋友有自己的意识体系——社会主义、无政府主义、共产主义，有时也会相当狂热；但在德卡洛看来，他们之中没有一个人像那些手握权柄的人一样危险。[3]

101 1939年战争爆发时，虽然德卡洛在攻读结构工程的学位，但逐渐被一个相关学科——建筑学——吸引。他有一些建筑师朋友，也从与他们讨论的想法中获得越来越多的灵感。这些朋友介绍他去读勒·柯布西耶①的著作，它们传递出的希望感，以及让人人过上美好生活的信念，特别是只需改变人的环境便可改变世界的坚定信念，令他陶醉其间。“我在寻找一种活动，可以让我……以创造性的活动，参与社会的转型，”他后来解释道，“我认识到建筑可以提供这样的机会。”[4]他刚一取得工程学的学位，就决定开始学习建筑学的课程。

不幸的是，法西斯当局另有安排：他们已经准许他完成一个学位而不必应征入伍，但绝不准许他转读第二个学位。他注册建筑学课程的当天，就被海军征召并开始受训。就这样，他于1943年被送去希腊，在那里，他觉得自己根本是在为一个自己不相信的理念而战，为支持他实际上反对的政府而战。

德卡洛在海军护航队服役四个月，每天睡在甲板上，还总

---

① 勒·柯布西耶（Le Corbusier，1887—1965），法国建筑师、室内设计师、雕塑家和画家，20世纪最重要的建筑师之一。他是功能主义建筑的泰斗，被称为“功能主义之父”。勒·柯布西耶致力于让居住在拥挤都市的人们有更好的生活环境，他在城市规划领域相当有影响力，也是国际现代建筑协会（CIAM）的创始成员。

是希望被英国飞机击中。与希腊大陆上发生的凶险战争不同，海上的战争相对简单，他在军舰上的职责也一样。然而，看到纳粹旗帜在卫城上空飘扬却是件令人深感不安的事。他刚被调任回米兰，就决定应该发挥更积极的作用来反对法西斯主义。他还穿着军装，就参加了一个名为“无产阶级统一运动”的抵抗组织，开始在本地的工厂投递反法西斯传单。要是被捕，他就会被立即送交军事法庭审判，很可能会处以极刑。但他缺乏经验，丝毫没有考虑到风险——在他看来，这不过是个游戏而已。

墨索里尼倒台，德国人控制了意大利之后，这场游戏陡然间变得严肃起来。他和几个人一起逃到科莫湖（Lake Como）旁的山上。他们希望自己能和其他退伍军人一起组织大规模的抵抗力量，但“与后来的传言相反，我们的人太少。”[5]于是只能开展游击战。

在慢慢招募新兵的过程中，德卡洛常常有大把的时间。他随身带了两本书，阿尔弗雷德·罗特①的《新建筑》（*Die Neue Architektur*）和勒·柯布西耶的《全集》（*Oeuvre Complète*），他会花好几个小时勾勒书中照片的立面和细节。他有时还会把新兵聚在废弃的农舍里，向他们讲解完游击战争后，给他们上建筑学课程，讲述建筑学能给社会带来怎样的机会。但当民族解放委员会（CLN）得知此事后，他就被勒令停止了。民族解放委员会里主要是共产党人，他们希望他和同志们把重点放在打败德国人上，并且和苏联人民团结一致。 102

不久，德卡洛奉命重返米兰去帮助培训和组织一支城里的

① 阿尔弗雷德·罗特（Alfred Roth，1903—1998），瑞士建筑师、设计师和大学教师。罗特被认为是“新建筑”的重要代表人物，他曾致力于充当摩登时代的代言人。

抵抗力量。为了避免引起通敌者和间谍的注意，他和未来的妻子朱利亚娜被迫在几个月里搬家八次。在当时绝望的氛围中，103 他们无法不被战争的两极分化性质所诱惑，把每一件事都变成正确与错误、正义与邪恶的战争。德卡洛发觉自己同对他发号施令的共产主义者，或是他反对的法西斯党人一样誓无二志。“人的狂热和孤立会达到这样的程度：一边犯下最愚蠢的错误，一边却认为自己的所作所为才是极端的美德，”他在晚年坦承，“这让人相信只有除掉敌人，才会重组社会。我们实际上除不掉任何人，但我们的确搞了不少破坏活动。”[6]

1950 年代，工作中的贾恩卡洛·德卡洛。

城市已死；城市万岁

战争结束时，德卡洛为之而战的世界支离破碎。意大利的公路网有近三分之一无法使用，1.3 万座桥梁受损或被毁。国内各个城市的状态相当触目惊心：数十万幢房屋和公寓大楼在战争中沦为废墟，有的是炮击所致，有的则是空袭的牺牲品。在米兰、都灵或博洛尼亚这些饱受战争蹂躏的城市，人们被迫住在废墟和地窖里。战争结束时，德卡洛正好在米兰。在那不勒斯，成百上千的妇孺不得不住在洞穴里。[7]

欧洲其他地方的状况与此仿佛，甚至更糟。在英国，五年的轰炸和复仇武器①摧毁了 20.2 万座房屋，还进一步导致 25.5 万座房屋不堪居住。法国的情况更糟，大约有 46 万座建筑消失了，还有 190 万座建筑被毁。与此同时，德国损失了 360 万个公寓，相当于全国所有住房的五分之一。在苏联，不仅很多重要城市如哈尔科夫、基辅、敖德萨和明斯克沦为废墟，还有 1700 个小镇和 7 万个村庄变成一片荒芜。[8]波兰的情况或许是最糟糕的，步步推进的苏联和纳粹撤退时的焦土政策都让它遭受了巨大的破坏。在战后余波中，这个国家先是解体，然后又与遭到彻底破坏的部分德国重新组合。无人知晓该如何估计被毁的房屋或城市数量，因为就连应该把哪些房屋或城市计算在内都不是很清楚。

这样的破坏给世界人口造成巨大的损失，亚洲的情况和欧洲同样糟糕。战争期间居民大规模流离失所，让这种情况雪上加霜。1945 年，日本有大约 900 万人无家可归，德国有 2000 万人，苏联有 2500 万人。有人估计中国的这一数字高达一亿，不过这仅仅是猜测而已。[9]1945 年后，当全世界的人口突然开始暴

104

① 复仇武器（V-weapons），指德国在二战期间专门用来执行战略轰炸的一组特定的远程火炮武器，其中包括 V_1 飞弹、V_2 火箭和 V_3 加农炮。

增、农村人口再次持续从乡下涌向城市时，一切变得更糟。因此，城市住房紧缺成为战后一个真正的全球性问题。[10]

有人会以为，这种大规模的破坏和无家可归的状况或许令建筑师和城市规划者深感绝望，但实际上恰恰相反。他们之中有很多人多年来一直在盼着这样的机会。例如，从 1933 年起，人们一直在呼吁希格弗莱德·吉迪恩（Sigfried Giedion）和勒·柯布西耶这样的建筑师来拆毁世上的城市，再以现代化的实用原则加以重建。政府官员对他们不予理会，因为如此干脆利落的全面清理在政治上无法想象；但如今这么多城市变成了废墟，全面的重新设计突然间好像很有希望。1945 年，一切皆有可能。[11]

因此，很多建筑师和规划师都把这看作他们期待已久的机会，并没有哀悼城市的毁灭。“城市规划常常诞生于炮火之下”，一个法国知识分子端详了布雷斯特和洛里昂的废墟后，如此写道，现在，这些肮脏地出了名的法国海边小镇，终于可以被重建成当之无愧的 20 世纪大港口了。[12]德国的保罗·施米特黑纳和康斯坦蒂·古乔（Konstanty Gutschow）对汉堡和吕贝克深有同感，他们甚至竟然把轰炸叫作“好事”——尽管这种“好事”未免太多磨。[13]在华沙这个当时损毁最严重的欧洲城市，斯坦尼斯瓦夫·扬科夫斯基（Stanisław Jankowski）等建筑师满怀热情地加入首都重建办公室，明白他们只有在此时此地“才有机会实现最壮丽的梦想！”[14]

最乐观的国家也许要数英国了。“闪电战是规划师的意外收获，”1944 年，一个英国顾问如此宣称，“它不仅进行了我们急需的一定数量的拆除，而且更重要的是，还让各行各业的人都意识到重建的必要性。”[15]其他英国规划师激动地写道，伯明翰可以“重新开始”，达勒姆会变成“美丽之城”，而约克有机会成为“梦想之城”。[16]据埃克塞特的规划师托马斯·夏普（Thomas Sharp）说，这座城市是准备好“从自己的灰烬中涅槃”的“凤凰”。[17]普利茅斯如今可以被重新设计成一个“配得上往昔荣耀和今日气概”的城市。[18] 105

这种态度在英国如此盛行，人人都如此坚决地“大胆规划”未来，简直让世界其他地方的某些建筑师近乎嫉妒。“如果闪电战居然有这样的结果，”1944 年，美国住房专家凯瑟琳·鲍尔（Catherine Bauer）写道，“……那就解释了很多美国自由派人士心底隐藏的有些惭愧的遗憾，我们错过了这种经历。”[19]战争结束后，美国人强烈地感觉到，当欧洲城市最终有望清拆贫民窟、实现现代化之时，美国城市却要落在后面了。为了给自己捕捉到一点儿这种现代化的激情，战前便逃到美国的建筑师，如沃尔特·格罗佩斯和马丁·瓦格纳（Martin Wagner）等人，直接将大量落在欧洲城市的炸弹与折磨着美国城市的“贻害”相提并论。[20]美国国家房地产协会等行业机构也群起效尤。“每一座解体的建筑，”战后的一本小册子上如此写道，“都像四引擎轰炸机投下一枚四千磅炸弹一样惊人，绝对产生了重磅炸弹的效果。”[21]

因此，第二次世界大战的结束几乎给世界各地都带来一种全新的氛围，甚至在那些没有受到实际损害的地方也是如此。旧世界的残破建筑和运转失灵的城市必须一扫而空。

1945 年之后的 25 年发生了史上最激进的城市重建。但在这个新世界开始从旧世界的灰烬中崛起之前，关于它应该是个什么样子曾有过大量的争论。

几乎每个人都同意的是，这项任务不应该留给自由市场去完成。他们指出，私人业主无意于为租户创造宽敞健康的环境：实际上，情况恰恰相反——为了收益最大化，他们有动力让自己的房地产容纳的人越多越好，并在每一英寸可用绿地上盖房子。勒·柯布西耶是那个时代最有影响力的规划师，在他看来，如果政府允许这样的业主肆意胡为而不加节制，就辜负了选举他们的民众。“肉贩子会因出售腐肉而受到谴责，”1943 年他如此说，“但建筑法规允许把破败的住宅强加给穷106 人。为了让少数自私鬼发家致富，我们容忍了骇人听闻的死亡率和各种各样的疾病，而这些给整个社会增添了无法承受的负担。”[22]

既然国家有责任为基础建设、污水处理和交通干道等项目组织公共规划，而私人业主既不愿意也无能力自行提供这些服务，所以很多建筑师认为，由国家来控制城市发展的其他方面也是合情合理的。在欧洲，国际现代建筑协会长期来一直在呼吁不仅在城市，还要在整个区域进行“科学规划”，精心设计，以使居住区、工作区和休闲区之间达到平衡，并在三者之间建立高效的运输网络。[23]在大西洋的另一侧，美国区域规划协会（RPAA）也被国家委以重任。该协会的灵魂人物之一、建筑批评家刘易斯·芒福德（Lewis Mumford）倡导“规模宏大的区域规划”，甚至还提到要建立“一个世界秩序”。他说，尤其是对城市的适当规划本身，“或许是我们的文明最为紧迫的任务：战争与和平、社会化或分裂化、文化或野蛮的种种问题，在很大程度上都取决于我们能否成功地解决这个问题”。[24]

在 1945 年，这些都不是新思想：它们是建筑师们长期以来的论调，显然早在二战之前便开始了。唯一真正的区别是，现在的政府开始引起大家的注意。战争在世界范围内营造了一种新的氛围：各地的人民都在要求社会变革，包括他们居住环境的变革，而且他们日益盼望政府能实现这种改变。

广而言之，关于最佳的未来城市规划有三个思想流派，全都基于战前的思想。第一个流派受到埃比尼泽·霍华德（Ebenezer Howard）乌托邦计划的启发。霍华德是英国的空想家，他认为过度拥挤造成的种种不便只能通过把工薪阶层迁居到全新的“田园城市”（Garden City）才能逆转。这类城镇的人口不宜超过3万人，规划要巨细靡遗，应结合城市的好处和乡下的美景与新鲜空气。根据霍华德的设想，人们会住在村舍风格的房屋里，土地共有并为了大家的利益而进行集体管理。 107 他想象会有成百上千个这样的小镇，组成一个“乐民”的社会，全无贫民窟的逼仄和病态，人们彼此之间以及人与自然之间，都是“和谐合作”的状态。“城镇与农村必须紧密结合，这种良缘，会萌发新的希望、新的生活和新的文明。”霍华德的愿景开启了一场世界性的运动，它成为1945年后对城市规划影响最大的运动之一。[25]

如果过度拥挤的城市的解决方案就是把人口疏散到较小的区域，有些建筑师则认为霍华德的想法还不够彻底。第二个思想流派希望用这种疏散的想法推导至其逻辑结论，并完全取消城市。例如，美国建筑师弗兰克·劳埃德·赖特（Frank Lyod Wright）想象了这样一个世界，在这里城市中心消失了，全部人口被疏散到全国各地，让田园牧歌的“生命庆典”延绵流长。[26]在其战前的著作《正在消失的城市》（*The Disappearing City*）中，他想象了这样一个时代：每个家庭都会得到一英亩自己的土地，可以自由支配——耕种放牧自给自足，或种花种

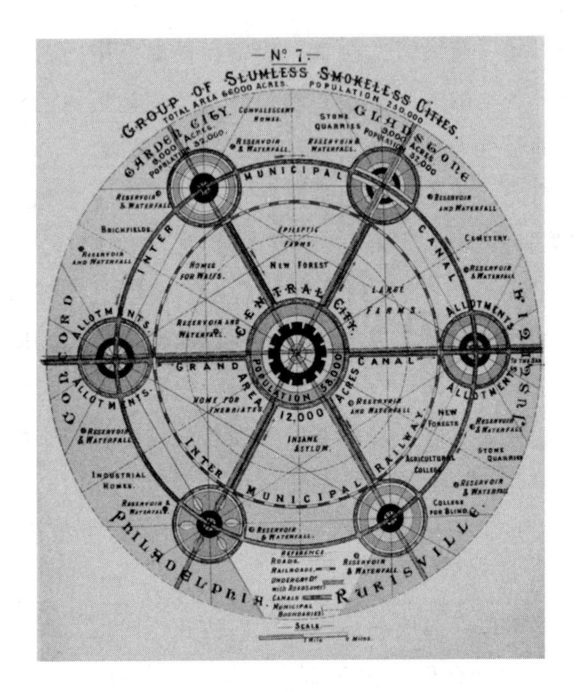

埃比尼泽·霍华德的理想田园城市图解：
用绿化带把行政中心与若干卫星城镇隔开。

108 草，或任其荒芜。霍华德梦想着社区生活，而赖特却将个人的自决权置于其他所有的价值观之上。他把自己的模型叫作“广亩城市”（Broadacre City），并一再说它“既无处不在又是乌有之乡”（从而颇有意识地将自己的理念与希腊语的“乌有之乡”，即“乌托邦”，联系起来）。在崭新的核时代，赖特敦促解散城市、疏散人口的想法为他在美国赢得很多支持者：根据逻辑，如果疏散了人口，那么苏联的导弹就没有具有实际意义的目标了。[27]

最后一个思想流派也是迄今最具有全球影响力的，倡导者是现代派的国际现代建筑协会，它大概是三个流派中最大胆的。

在该协会看来，人口在城市的集中绝非问题：真正的问题是世界对于城市究竟是什么的看法陈旧过时。特别是在欧洲，城市仍是按照中世纪的街道规划铺开去，干道狭窄、建筑拥挤，完全不适合现代社会。根据该协会副会长何塞-路易·塞特（José-Luis Sert）的看法，改变这种情况的必经之路便是通过“激进的措施，只要它一经施用就可以改变城市的整体结构”。[28]废除传统的街道，如此，行人便可远离噪音和飞车的危险。传统建筑也应予以替换：城市居民应该要求住阳光充足并在景观公园里彼此隔开的高层建筑，而不是住在狭小局促，周围车水马龙、喧嚣不止的房舍和公寓楼里。在塞特的现代派同伴希格弗莱德·吉迪恩看来，这不只是个设计问题，还关乎“人权”。[29]

当然，世界各地还出现了这些思想的其他变种。在共产主义欧洲，人们在讨论一个特别社会主义的城市构想，但他们提出的模型最终往往和西方的模型有惊人的相似。例如，“田园城市”的构想被共产主义建筑师嘲笑不已，实际上却得到很多苏联规划师的欢迎：“废除城乡差别”[30]难道不正是马克思和恩格斯提倡的吗？在战后的东德，政府认为没有理想的社会主义城镇这回事，规划师们采纳了城市设计的“十六原则”——其中大多数在本质上与国际现代建筑协会的原则相同。[31]斯大林主义总是痴迷于建造宏大的拱门和凯旋路线，给人的印象是城市总是要达到某种乌托邦似的目的地；它也和现代派的乌托邦一样，永远指日可待。[32]

109

所有这些建筑运动共有的，就是对集中规划有近乎宗教般的信仰——每个流派都把自己看作把人类带往“应许之地”的大祭司。他们声称，建筑是“必不可少的指挥艺术”，是“一切的关键”，因此应该作为“调整其他任何活动的指南”。[33]就连痛恨大政府这个主意的弗兰克·劳埃德·赖特也描绘了按照某种普遍规则运行的世界。[34]与此同时，东欧的共产主义规划师们精心重建了城市，其特色仅仅是具有俄罗斯特色的复制品，都是一模一样的建筑、巨大的中央广场以及凯旋式的主街。这是集中规划的最荒谬之处，仿佛只要把世界改造得看起来更像莫斯科，就可以保证忠于苏联的梦想了。

无论在东方西方，这些建筑师和规划师希望改变的不仅是城市环境，还有整个社会。他们从不忌讳表达这个想法。波兰现代派建筑师希蒙·瑟尔库斯（Szymon Syrkus）声称，建筑扮演了“最高的社会角色”，而它最重要的特点便是它“改变了社会模式”。[35]像他这样的现代派建筑师希望的正是强迫人们采纳更加理智、共享和平等的居住方式，以此来改造社会。田园城市运动也希望通过建立理想的社区来改造社会，由于所处世界的结构本身的原因，居住其间的人被迫彼此合作。通过施行梦想的规划，他们相信自己不但从废墟中拯救了社会，而且还把社会带向新的文艺复兴。“生活的尊严，行动，健康，宁静，快乐”，勒·柯布西耶写道，“所有这些都可以是我们生命的一部分”，只要我们遵循规划。[36]

乌托邦遇上现实

德卡洛在建筑报刊上读到这些观点和争论，急切地接受了其中的很多观念。在他看来，它们只是战争结束后开启的无数可能中的一小部分而已。他在新的氛围中发展，完全不再受暴力的威胁和法西斯的摆布。他开始著书，为建筑杂志撰写文章，报名入学威尼斯建筑学院，甚至还被世界上城市规划的重要机构——国

110

际现代建筑协会接纳为会员。这似乎是一段神奇的日子。

然而，他也注意到一个令人稍感不安的暗流："我记得那些年是精力旺盛、充满好奇心的时代，我亲身经历了持续不断的发现和发明。但我同时也很难过，因为我能看到所有旧的形式都在死灰复燃。政客们改造的世界同它以前的样子一模一样。"[37]

在德卡洛的心目中，需要对此负责的不仅是执政的基督教民主党，还有那些永远困在苏联的党派路线中、拒不接受眼前其他无数社会进步的可能性的共产党人。战争岁月非黑即白的老掉牙心态如今以冷战的非黑即白的心态卷土重来。

在德卡洛看来，同样令人不安的还有建筑领域和城市规划似乎出现了类似的裂缝。分歧与其说出现在东西方之间，倒不如说是在不同的战前思想流派的信徒之间，这些流派有国际现代建筑协会的现代派（及其在东欧的派生物），田园城市运动，以及像弗兰克·劳埃德·赖特这样的"有机"建筑流派。德卡洛在战后的余波中撰写了大量与所有这些运动相关的文章，但他不理解它们为什么无法达成共识。他在多年之后提及，它们中的每一个都源于同样的自由的要义。

国际现代建筑协会尤为教条。德卡洛一直认为，勒·柯布西耶的追随者坚称他们的城市概念是普适且毋庸置疑的——他尖锐地称其为"全知全能的柯布西耶法"——这一做法颇有些"幽闭恐惧"之嫌。[38]他沮丧地看到，在战后的建设热潮中，世界各地的内城区都开始被拆毁，代之以按照勒·柯布西耶的原则而建的具有现代主义的高楼。从窗户的形状、房间的大小，到把城市分隔成不同的"区域"，一切都标准化了。这种标准化也有其东欧的对应物，在那里，这被抬高成一种美德，因为这代表一种平等。

在东方集团中，集中管理的生产技术确保了从维尔纽斯[①]到塔什干[②]，到处都是一模一样的千篇一律的住宅。

战后波兰的高密度住房。这一座楼里有逾 1000 个公寓，只是格但斯克[③]市扎斯帕区的数十栋大楼之一。1945 年后，类似的楼房开发在全世界兴起。

111　德卡洛怀疑，无论在东方还是西方，追求这种一致性都是因为这符合建筑师、建筑商、建筑业以及为此提供全部资金的政府的利益，也就是说，它符合所有人的利益，只是没有考虑不得不住在这样建造的城市中的居民。规划师似乎只关心设计的效率、交通的效率和成本的效率，而不关心如何改善居民的生活和社区环境。

---

① 维尔纽斯（Vilnius），立陶宛的首都和最大的城市。

② 塔什干（Tashkent），乌兹别克斯坦的首都，是全国政治、经济、文化和科研中心，也是塔什干州的首府。

③ 格但斯克（Gdansk），波兰波美拉尼亚省的省会，也是该国北部沿海地区的最大城市和最重要的海港。

在 1950 年代，现代主义以完全按照现代派原则而设计的两座新城，达到了它的鼎盛时期：勒·柯布西耶为印度的昌迪加尔做的规划，以及卢西奥·科斯塔（Lucio Costa）和奥斯卡·尼迈耶（Oscar Niemeyer）设计的巴西的新首都巴西利亚。虽然这两座城市都不乏具有灵感的固定套路建筑物，德卡洛却认为它们都没有灵魂。他写道："理想城市的问题远没有真实城市的问题值得关注，后者是浑浊、复杂的，但很真实。"他说昌迪加尔是"伟大的启蒙运动的最后一个乌托邦"，并担心这座城市在设计中明确旨在将搬到那里的居民的个人经历抹除，把他们重塑为模范公民。[39]

112

最后，德卡洛比较了国际现代建筑协会和共产党。[40]1950 年代中期，他发起了对国际现代建筑协会的一系列尖刻攻击，称其为"沾沾自喜的协会，拥有自己的献祭仪式、大祭司和政治逻辑"，故步自封于"规则崇拜，自愿束缚于专制的纪律"。他敦促现代主义者同辈在乌托邦和现实之间，以及"绘图板建筑"和"人们日常生活使用"的真正建筑之间做出抉择。[41]

最重要的是，他抨击了现代主义对大众造成的结果。"就意大利而言，"1957 年，德卡洛写道，"现代建筑语言的成功并未带来积极的结果……在其广泛的庇护下，城市社区就地被毁，取而代之的是枯燥乏味、毫无人性的新式街区和数年后就会变成破旧贫民窟的房舍。"[42]他的抨击和其他持类似观点的建筑师的批评一起，最终导致国际现代建筑协会在 1950 年代末解体。

从那以后，德卡洛的很多批评都得到证实。在美国，建筑批评家简·雅各布斯（Jane Jacobs）严厉批评政府出资的贫民窟清除计划创造了一场现代主义的噩梦。在她的经典著作《美国大城市的死与生》中，雅各布斯论证了战后重建导致城市缺乏社区生活、饱受反社会行为困扰的情况有多严重。奥斯卡·纽曼的深入研究证实了她的发现，纽曼使用的统计数字表明，很多现代派的住宅设计不但不能改善居民的生活，还会导致内城犯罪的大幅增加。[43]

世界各地的其他研究看起来也支持这些发现。例如，一项关于委内瑞拉城市化的联合国研究表明，在非法定居者建造自用住宅的地区，实际上形成了比大型现代住宅更稳定的社会结构，时有住在现代住宅的租户谋杀收租人的案件发生。荷兰、芬兰、俄罗斯、中国、南非和波多黎各的研究显示出相似的结果。二战之后建造的很多现代主义城区宣传的是一种新的城市异化感，远未达到乌托邦的境界。[44]

城市规划的其他乌托邦设想如何？取得了怎样的效果？

113 在英国，对战后规划者最有吸引力的是田园城市模型。其中最著名的要数帕特里克·阿伯克龙比（Oscar Newman），他在《大伦敦地区规划》中提出要把逾 100 万人迁出首都，重新安置在大都市之外的叶状新镇子里。在 1945 年的美丽新世界，这些新镇子——哈洛、斯蒂夫尼奇这样的地方——可以起到双重的作用，既能提供优质的住房，用新任规划部大臣的话来说，又能产生“新型的公民——拥有美感、文化气息和公民自豪感的健康、自尊和端庄的人”。[45]

在接下来的 30 年里，英国建立了 28 个经过规划的社区。但如果那些规划师相信自己在营造乌托邦，他们就大错特错了。这些镇子没有一个是按照起初的田园城市原则建设的：大多数因为规模过大，杂乱无序地发展成这样一幅看似没有尽头的单调风景，处处是一模一样的房子。很多镇子建设得离现有的大城市过近，变成单纯的郊外住宅区。1950 年代后期已有研究指出，某些新镇子正变成“毫无生气的社区”，产生了一种新的疏离感和沮丧感，即所谓的“新镇忧郁症”。[46]

与此同时，在美国，田园城市运动发起人非常珍视的社区共有产权的理想几乎被全然忽视了，取而代之的是私有制：每个房主都安坐于自己的自留地上，周围千千万万个情况相似的房主也是如此，就像是简化版的弗兰克·劳埃德·赖特的“广亩城市”。1960 年代 ~ 1970 年代，美国的郊区成为低密度、低档次的“城郊乌托邦”（subtopia），用刘易斯·芒福德的话来说，是“无法逃离”之地。[47]

二战结束 30 年后，城市规划这个行当声名狼藉——具有讽刺意味的是，它正是在此时开始吸取过去的教训，终于为自己建立起科学的基础。世界各地的政府纷纷从它们此前深信不疑的城市规划中退身出来：在 1980 年代，它们开始授予私人开发商更大的自主权，再一次选择依赖市场。备受瞩目的建筑师也避免参与那些把整个区域或城市考虑在内的宏大规划，他们更愿意把自己所有的艺术能量集中在单体建筑上。

贾恩卡洛·德卡洛沮丧地看着这一切。1990 年代回顾自己的一生时，他感叹那些建筑师以及整个社会往往“歇斯底里”地从一个极端走向另一个极端，他们只会按照当时的教条行事，置成败于不顾，并且从来不吸取教训： 114

“有一段时间，所有的建筑师都认为，如果不事先确定街区、城市、地区、国家、整个世界的组织和形态……人们就无法组织空间并设计出它的外貌……若干年后，这个问题的说法还驻留在他们的脑海中，建筑师开始说，城区的组织和外貌不

战后的“城郊乌托邦”：在 1940 年代后期和 1950 年代，像宾夕法尼亚州莱维顿开发的这种完全同质化的住房遍布美国。

是他们的兴趣所在……所以，每一次都把前期做的工作抛在脑后。”[48]

战后的规划史既充满了胜利，又充满了灾难。如果说英国的新镇并不总是奏效的话，斯堪的纳维亚的镇子更是如此，例如斯德哥尔摩郊外的魏林比镇（Vällingby），或是赫尔辛基郊外的塔皮奥拉田园城市（Tapiola Garden City）。当政府资助的某些住宅被证明完全失败时，其他住宅却成为安居乐业之所，比如意大利的“集合住宅”（Ina Casa）房产项目。当现代主义的城市构想可能变得丑陋而疏远时，它们至少开启了对美好未来的希望。德卡洛在晚年不由得怀念起规划战后世界各地城市的空想家们显示的那种共同的目标感，以及他们的乌托邦愿景带

115

来的激情和争论。“是的，我越来越寂寞了。”他去世前对一位采访者如此说道。他随即又补充说：“不光是我，每个人都越来越寂寞。”[49]

规划的中心性

在战后的余波中，国家集中规划的观念得到大多数国家的赞同。建筑师诚然是大型集中规划的鼓吹者中声音最响的人。关于政府干预如何改造了我们居住的世界，他们提出的规划大概仍是迄今为止最明显的例子，这一点也千真万确。但与在战后岁月风靡全世界的对国家角色的信仰相比，他们的规划只是很小的一部分而已。

在战后的整个欧洲，在铁幕的两侧，很多行业都国有化了，特别是煤炭、钢铁、公用事业，以及某些国家的银行和保险业。1946 年 5 月，法国五分之一的工业生产产值归国家所有。到了来年年底，捷克斯洛伐克四分之三的工业也已完成国有化——要知道这可是在共产党掌权之前。[50]与此同时，在波兰、匈牙利和罗马尼亚，所有重要的工业和金融都被国家控制，甚至连土地本身也集体化了。这些措施的制定，部分出于意识形态的原因，部分是对那些与纳粹合作的实业家和金融家的报复。但这同样关乎控制：如果一个政府准备为未来做规划，从逻辑上来说，它就需要控制这个国家的生产。

战后时期还可见欧洲其他地区出现的更大规模的国家干预，诸如国家出资教育、补助公共交通并对艺术与文化予以支持，以及提供全面的社会保障系统和公共保健。这是巨大规模的社会规划，也是对国家同时参与经济计划的直接响应。在 1945 年，人们普遍相信，出身贫寒之人应该有机会在社会中改变命

116 运；而那些陷入困境之人——无论是因为失业、患病或年迈——应该有一张安全网来接住他们。所有这些都需要进行前所未有的大规模重新分配，把收入从富人转移给穷人——西欧是通过税收，东欧是通过直接拨款。

世界其他地区也在经济和社会规划方面进行了类似的尝试。在日本，战后规划者把经济完全重新聚焦于新技术上，那是战争留下的“很多有价值的教训和纪念物”之一。[51]在中国，新的共产党政权遵循苏联和东欧兄弟党的相似路线，实施了一系列“五年计划”。独立后的印度也有一系列“五年计划”，旨在实现“不受剥削与贫穷，失业与社会不公等影响的崭新的社会秩序”。[52]同时，在殖民地非洲，越来越为人们接受的看法是，如果非洲国家决定实现真正的经济和政治独立，就必须集中管理这些进程。就连在传统上不信任国家的美国，集中规划也在战后有所扩大——从罗斯福的“新政”，到杜鲁门的“良政”，再到 1960 年代中期林登·约翰逊的“大社会计划”。最后，集中规划的信念从国家级别延伸到国际级别，1944 年和 1945 年成立了各式各样的全球机构，用以协调世界的经济、法律，甚至世界的政府，尽管它们成效不一。

这些计划的出发点和执行情况各不相同，但都有一个共同的信念，即专家组成的机构应该在组织国家和世界生活方面起到核心的作用。第二次世界大战在管理和军事方面的所有成就，它产生的合作气氛，以及永不再重复过去错误的强烈愿望，是这一切的直接原因。

然而，如果认为所有这些计划和接管行为都没有遭遇任何反对，那就大错特错了。就像贾恩卡洛·德卡洛反对战后的现代主义城市规划教条一样，也有很多人反对计划经济和社会的教条。

其中的主要人物有自由派经济学家和哲学家弗里德里希·哈耶克（Friedrich Hayek），他非常警惕政府权力的增长。哈耶克坚信，社会主义者从战争中得到了错误的教训，更不要提共产党人了。他说，消除不平等和不满的愿望固然可敬，但把越来越多的 117 权力集中到政府手里则是错误的实践方式。他人眼中的社会进步，在哈耶克看来，只是侵蚀基本的公民自由而已。当政府以如此方式掌握权力时，他们是极权主义者还是民主派，从长远来看，则没有什么差别。哈耶克说，所有的大政府都是“通往奴役之路”。[53]

哈耶克并不孤单。1947 年，他与一群志同道合的思想家成立了朝圣山学社（Mont Pelerin Society），成员提倡言论自由、政治自由，以及最重要的自由市场经济。该学社的成员中有 20 世纪最有影响力的一些经济学家——威廉·勒普克（Wilhelm Röpke）、米尔顿·弗里德曼（Milton Friedman）、乔治·斯蒂格勒（George Stigler）、弗兰克·奈特（Frank Knight）、莱昂内尔·罗宾斯（Lionel Robbins）和路德维希·冯·米塞斯（Ludwig von Mises）等很多人，他们主张自由市场是通向自由的不二法门。因此，就算是在政府干预最盛的时刻，也播下了反抗计划经济的种子。[54]

这些思想家的影响在 20 世纪余下的时间里继续扩大。在 1960 年代和 1970 年代，正当城市规划声名狼藉之时，西方对经济和社会规划越来越不抱幻想，自由派经济学家因而对政府政策有了越来越大的影响力。到 1980 年代，他们就开始取消政府干预主义的战后体系：整个西方都放松了市场监管，放弃了汇率控制，各地的工业都在去国有化。到了 1990 年代，就连东欧的苏东集团国家也把自由市场作为他们的核心信条，这让世界各地的自由派哲学家颇感欣慰。

在某些方面，这与贾恩卡洛·德卡洛在建筑业观察到的从一种教条摆向另一种教条的现象完全一致，很多人也带着相似的沮丧心态视之。无论集中规划是不是组织社会的最佳方式，很多普通人珍惜它的原因，是因为它保证了自己的工作，重新分配了收入，并给世界带来一种社会正义感。在 1940 年代，世界新近经历的还只是引发世界大战的萧条和大规模的不平等。相对后来的所有灾难而言，政府规划的城市改造计划确实给人

118 们提供了最低标准的居住地。国有化的工业固然效率低下，但它们至少试图为全社会的利益而利用资源。如今，政府的保健系统和养老金计划仍是社会规划最可贵的形式，尤其是在欧洲，因为它们代表着这样一种尝试：每一个人，无论贫富、阶级、种族或其他任何形式的社会地位，都应该享受公平和平等。

我们将在下一章看到，这种平等和公平的愿望也是二战滋养的另一种乌托邦的想法。它也会在战后带来某些非凡的创新，当然也会带来一些让人失望透顶的结果。

8. 平等与多样性

119

弗朗索瓦丝·勒克莱尔（Françoise Leclercq）在战前过着旁人眼中的特权生活。她很富裕，住在巴黎的一个“巨大的公寓”里，步行几分钟便可到达卢浮宫。作为法国的公民，她是据称控制着泰半世界的帝国文化的一分子。但作为中产阶级女性，她也被排除在社会的很多重要组成部分之外。在 1930 年代，根据法国的法律，她没有投票权。她只受过“适度的教育”，显然也没指望去工作。“直到二战开始时，”她后来坦承，“我的眼界还有点儿窄，只限于家里的四面墙壁和我的四个孩子。”[1]

战争突然间大大改变了这一切。1940 年，纳粹进入巴黎时，她被一种剧烈的民族耻辱感裹挟。她目睹外国士兵沿着她所在的街道行进，耀武扬威地举着卐字旗。她看见墙上贴着告示，上面公布着被枪毙的人的名字，还听说所有的犹太人现在都要戴黄星，这个通知让她万分恐惧。她对纳粹统治的第一个反抗行为就是支持巴黎的这些最脆弱的人：她把自己的黄金首饰全都收集起来，送到卡地亚珠宝店做成独属于她的金星，将它挂在颈间直到战争结束。她承认，这样做效果不大——只是“孩子气的抗议”——但作为一个信奉天主教的法国女人，她希望与她的犹太同胞团结一致。

起初她虽然很愤怒，却从没想过去做比这更决绝的事情。如果没有支持、没有人脉，想要以任何有意义的方式反抗占领政权都是不可能的：就像她后来说的那样，“作为一名抵抗者，首先必须要遇到抵抗组织”。

1941年初，因一次胆囊手术，弗朗索瓦丝相当偶然地遇到这样一个机会。她正准备去医院时，得知自己的外科医生碰巧是新政权的公开批评者——实际上，根据传言，他可能不只是个批评者。她情不自禁地决定碰碰运气：手术后身体刚恢复，她就联系这位医生，并向他提出，如果他想秘密会见什么朋友的话，可以使用自己的公寓。那次谈话改变了她的人生，因为医生的朋友们原来是皮埃尔·维永[①]、亨利·罗尔-唐吉[②]上校和洛朗·卡萨诺瓦[③]等人，还有其他那些有朝一日名头会响彻法国的人物。在接下来的岁月里，弗朗索瓦丝的公寓变成抵抗组织中一些最杰出的成员无数次联络的场地，她的客厅渐渐堆满了非法小册子、抵抗组织的报纸，以及描绘巴黎下水道的地图。

随着战争的进行，弗朗索瓦丝开始忙碌起来。为他人的抵抗活动尽地主之谊当然很好，但所有这一切都发生在自己家里让她很想更主动地参与。所以，她接近抵抗组织的领导人之一皮埃尔·维永，告诉他“我很高兴能帮助抵抗组织，但我想多

---

① 皮埃尔·维永（Pierre Villon，1901—1980），法国建筑师、共产党员、二战期间的法国抵抗运动成员。他是全国抵抗运动委员会（CNR）军事委员会的三位行动负责人之一。

② 亨利·罗尔-唐吉（Henri Rol-Tanguy，1908—2002），法国共产党员，二战期间的法国抵抗运动领导人之一。二战爆发时，他被征召入伍。法国投降后，他与妻子转做地下工作。1944年6月，他接管了法兰西岛的法国内务部队，与盟军一起解放了巴黎。

③ 洛朗·卡萨诺瓦（Laurent Casanova，1906—1972），法国政治家、共产党员。二战期间，他起初与皮埃尔·维永一同在共产党的抵抗组织工作，随后在“自由射手游击队”的国家军事委员会工作。解放后，在法兰西第四共和国期间，他作为塞纳-马恩省的代表出席国民议会。

做一些”。随后的几个星期，一个新的秘密组织“法国妇女联盟”（l’Union des femmes françaises，简称 UFF）的指导委员会给了她一个职位。她通过英国广播公司（BBC）的电台广播，呼吁法国信天主教的妇女团结在抵抗组织的大旗下，“与希特勒主义的德国作战”。有一次，她甚至还被派到巴黎郊外的一个联络点接收机关枪。她欣然接受了这种崭新的生活方式，甚至允许自己 15 岁的女儿也参加抵抗活动。

二战的经历彻底改变了弗朗索瓦丝的人生观。她接触到从未经历过的危险，但也体会到此前从未享受过的自由，以及对自己承担的重要任务的成就感。她开始习惯为自己和他人工作、争取和辩护，也理解了自己作为集体中的一员，朝着一个共同的目标一起奋斗的珍贵价值。

1945 年后，弗朗索瓦丝·勒克莱尔没有回到往日的生活。她不再满足于法国社会强加给她这种女人的传统角色，所以她继续担任法国妇女联盟的成员，开始为妇女争取权利——工作、同工同酬和休产假。她还为全法国的工人和农民争取权利，争取更好的医疗保健服务，以及为法西斯主义的受害者争取赔偿。她也并未止步于此：当法国的殖民地开始要求独立时，她去为此游说。1946 年，她带领一个妇女代表团去法国殖民地部，要求法国终止武装干涉后来的越南。[2]“我相信，我们解放法国的斗争让我们对人民的斗争很有感悟”，她后来声称，同时还表示“对于受压迫国家的妇女独立斗争也是如此。”因此，她把在自己的个人解放以及国家的解放中学到的教训，转移到全人类的普遍斗争中去。因为二战的缘故，她的眼界不断扩展，远远超出自家的四面墙壁。

121

妇女的平等

第二次世界大战是全世界女性的一次觉醒。不管哪里有战争，妇女不但支持自己的男人，而且往往会与他们并肩战斗。在法国，除了像弗朗索瓦丝·勒克莱尔那样在委员会任职，妇女还会充任联络员、军火走私者、爆破专家、间谍、宣传员、战士或刺客。正是那些由妇女任职和领导的组织，把犹太儿童运送到瑞士或法国上卢瓦尔省的偏远地区，才拯救了那些孩子的生命。[3]“作战”运动（combat movement）的创始人之一是女权运动家贝尔蒂·阿尔布雷赫特（Berthie Albrecht）；“南方解放”运动（Libération-Sud movement）的共同创立者是露西·奥布拉克（Lucie Aubrac），身怀六甲的她在枪林弹雨下从盖世太保手中救出自己的丈夫，一时间闻名遐迩。抵抗运动中的妇女起到与男人一样的作用，被捕后面临的命运也一模一样——酷刑、坐牢，乃至处决。[4]

在欧洲的整个占领区，这一模式一再出现，在那些地方，妇女的参与程度甚至远胜法国。在意大利，根据官方的数字，有超过25%的抵抗组织成员是女性，其中包括3.5万名积极参加作战的妇女。[5]在波兰，秘密的“救国军”里有4万名女性成员，而在南斯拉夫，有高达10万名妇女在铁托的民族解放军当兵。[6]在亚洲也是如此，妇女在抵抗日本统治菲律宾的人民抗日军中发挥了巨大的作用，印度尼西亚人反抗日本人与荷兰人的运动也一样。[7]同盟国的主要成员国里有数十万女性担任护士、海军和空军的辅助人员；苏联军队里有逾50万女性活跃在前线。[8]

但战争并不只是战斗，妇女们还以其他很多方式证明了自己。法国有150万法国士兵被俘，妇女不仅开始管理这个国家的家庭，还承担起很多农场和小生意的运营。法国工厂里挤满了女人，1942年，很多女人在法国铁路工作，以至于图卢兹（Toulouse）的总督抱怨，女性员工的数量开始超过男员工。[9]很多国家的情况都是这样：数百万从未工作过的妇女成为农民、办事员，以及各行各业的工人。在美国的战时政治宣传里，女性力量的新形象充满魅力："铆钉工罗西"建造了飞机和自由之船，使国家得以继续战斗。

因为战争，女性消极被动、囿于家庭的神话几乎在世界各地都被打破了。曾经在抵抗组织作战的丹妮丝·布雷顿（Denise Breton）说，法国在战争结束时出现的希望和改革的气氛创造了一种"新女性"，她们惯于维护自己的权利，决心要改变世界。勒内·塞尔夫-费里埃（René Cerf-Ferrière）等人声称，这种气氛同样创造了一种新的男性，特别是在抵抗运动的圈子里。"与女性的合作关系改变了抵抗组织中男性的心态，"他写道，"她们证明了自己是和我们平等的。"[10]同时，男性英雄的神话也遭到破坏——特别是在那些男人未能符合模式化形象的地区。1945年，一个柏林女人写道："这场战争结束了，很多失败都是男性的失败。"[11]战争期间，一些法国女性看来也深有同感。1942年，九个孩子的母亲玛格丽特·戈内（Marguerite Gonnet）因在伊泽尔省领导抵抗运动的一个基层组织而被捕。军事法庭质询她为何拿起武器，她答道："很简单，上校，因为男人们放下了武器啊。"[12]

在这样的氛围中，女性在战后感受到一种全新的信心，因此世界各地出现了众多全新的妇女组织也就不足为奇了。埃及有新成立的"尼罗河女儿"（Bint El-Nil），它致力于改变让女

J. 霍华德·米勒（J. Howard Miller）著名的战时海报，号召美国妇女走进工厂。（海报标题为“我们能做到！”）

124 人服从丈夫和父亲的法律——1951 年，大约 1500 人的妇女甚至还攻占了国会大楼。[13] 印度尼西亚有“妇女觉醒运动”（Gerwis），这是一个全新的妇女组织，旨在协调出于各种原因的抵制和大规模示威，包括结束一夫多妻制。[14]同时，创始于1949年的巴西妇女联合会（Federation of Brazilian Women）不但争取同工同酬，还争取了清洁饮水、充足的食物和住房等权利。[15]在法国，弗朗索瓦丝·勒克莱尔所在的法国妇女联盟很快便加入一场新的国际运动——1945年成立于巴黎、女性成员来自40个国家的国际民主妇女联合会（WIDF），它将发展成为战后世界最有影响力的妇女组织之一。[16]

随着这一切的展开，以及与之伴随、偶有发生的民意的戏剧性转变，女性开始为自己赢得各式各样的新权利。首先得到解决的便是投票权。在欧洲的很多地方，女性在一战后就已经赢得这项权利，但法国女性直到1944年还没有投票权。人们利用女性在抵抗运动中的作用来为此辩护：这种观点强调，如果女人能和男人并肩战斗，那么她们至少在国家起初是否该参战这个问题上有发言权。[17]

法国女性获得投票权后不久，意大利与南斯拉夫（1945年）、马耳他（1947年）、比利时（1948年）和希腊（1952年）纷纷给予女性全面的选举权。如果仍然怀疑这些进步是否二战的直接结果，请想想中立国瑞士的女性直到1971年、中立国葡萄牙的女性要等到1976年才赢得全面的选举权。亚洲的情况也类似：中国、日本、朝鲜、越南和印度尼西亚女性也在1940年代赢得完全的投票权。与此同时，拉丁美洲和加勒比国家中，仅有巴西、乌拉圭和古巴在战争之前便承认普遍的选举权——但在战争期间和战后，其他国家全都迅速地效仿他国（巴拉圭是最后一个坚持到1961年的国家）。[18]

1945年，联合国也在国际层面上最终承认了妇女的各项权利。《联合国宪章》开篇明义，声明其意不仅在挽救世界免于陷入未来的战争，还要倡导“男女与大小各国平等权利之信念”。1946 年，联合国成立一个妇女地位委员会，该委员会在起草《世界人权宣言》时发挥了重要作用。这份里程碑式的文件发表于 1948 年，它终于道出“人类家庭的所有成员”为何应该享有同等的权利、尊严和价值。

125

因此，乍看之下，这个舞台是为这样一个新时代而设的，那些在成长过程中没有享受到基本权利的女性——像弗朗索瓦丝·勒克莱尔这样的女性——终于可以开始在世界经济、政治和社会生活中发挥其应有的作用。在法国乃至全世界，很多女性表达的希望是坦然无惧的乌托邦式的。就连毫不留情地猛烈抨击法国男权制度的西蒙娜·德·波伏娃（Simone de Beauvoir），也允许自己幻想在不远的未来，男人和女人“彼此平等”，并且“毫不含糊地肯定他们的互爱情谊”。[19]

不幸的是，走向平等的进程恰在这里陷入停滞。法国的情况尤甚。鉴于那里因战争而发生的巨大转变，人们很容易认为法国是一个尤喜煽风点火的激进国家，但事实上，保守的力量丝毫不弱于革命的力量。抵抗运动成员争取妇女权利固然可嘉，但在占领期间集体低下头颅的大多数法国人只想要世界回归到战前的状态。1945 年，法国俘虏们回家后，只想恢复自己的家长地位，全然不管妻子在他们离家后经营得有多出色。妇女也常常对回归自己成长中习以为常的传统角色而大松一口气，并不乐意争取让自己在公共生活中发挥新的作用。她们倦于冲突，只想过上“正常”的生活。[20]

要说抵抗运动中的大部分男性都把他们的女性伙伴视作平等的人，这种看法也并非完全正确。让娜·博厄（Jeanne Bohec）

是圣马尔塞①的一位经验丰富的女性爆破专家，她抱怨说，一有青年男子加入法国内政部队（FFI），她就立刻被边缘化了。她希望能参与解放运动，但“有人很客气地跟我说算了吧。当男人的人手足够时，女人就不应该战斗。而我显然比很多刚接触这些武器的内政军志愿兵更熟悉怎么用冲锋枪”。[21]在意大利，女游击队员通常会被禁止参加解放后的凯旋游行——那些参加者往往会被侮辱成“妓女”。[22]

126

随着战争结束，迫使女性重返传统角色的压力常常是无法抗拒的。教会、政府、学校，就连 *Elle* 和 *Marie-France* 这类战后率先出现在市场上的全新的女性杂志，都力劝女性回归家庭。1946 年 8 月，一个女人写信给 *Elle*，说明了自己不顾未婚夫的反对，想要工作的渴望。杂志直截了当地告诉她：“你的未婚夫说得对，已婚妇女属于家庭。”接下来便是长篇大论，绕着弯说如果她不愿意听从未婚夫的意愿，也许根本就不是真的爱他。“女人必须创造幸福，”另一本杂志如此声明，“家庭是她创造幸福的最佳场所。家庭，也只有家庭，才是她真正的职业环境。”在学校，课本明确地教育女孩“真正的幸福来自家庭”，以及女人“离开家庭会削弱家庭生活”。与此同时，政府敦促妇女不但要回归家庭，还要回到卧室去：提高生育率被宣布为国家优先事项，母亲拥有所有的好处，包括减税优惠和额外的口粮等。戴高乐本人宣布，他需要 1200 万个新生儿来帮助重建法国。据战后的法国人口与公共卫生部长罗贝尔·普里让（Robert Prigent）说，女性的真正成就在于“接受自己的女性天性”，献身于家庭和子女。[23]

---

① 圣马尔塞（Saint-Marcel），法国北方厄尔省的一个市镇。

到1940年代末，那场曾在1945年生气勃勃、羽翼未丰的妇女运动，显然已经偃旗息鼓了。早在1947年，前一年备受赞誉的平权法案照例被搁置一旁：毕竟社会上报酬最低的工作都留给了女性，女人的工资比男人低当然是不证自明的事情。[24]进一步的改革也未能实现：法国的已婚妇女仍需20年才会拥有无须丈夫同意便可参加工作或是开银行账户的合法权利，仍需40年才会获得与子女同等的权利。[25]如果1946年入选法国议会的61名女性曾希望成为其他女人的开路先锋，她们也一定会非常失望。她们的人数在1950年代急剧跌落，从此一路下降。到1960年代末，只剩下13个女性议员：8人在国民议会，5人在参议院。[26]她们在战争结束时曾对未来一腔热情，但1946年后，法国女性在缩小收入差距、教育差距或代表差距等方面进展甚微，以至于一些曾是抵抗运动战士的女性不禁会问，女性到底有没有获得过“解放”。[27]

战后女性运动取得了即时的进展，但随后便是长期的停滞，至少延迟到1960年代，同样的模式也在世界各地上演。战争无疑为巨变提供了平台；而一旦战后世界的混乱开始平息下来，旧时的利益便开始大显身手，在某些情况下甚至逆转了进程。

例如埃及，虽然女性在推翻《个人地位法》方面取得长足的进步，1952年，阿拉伯埃及共和国宣布成立，这场运动便停滞不前。埃及妇女不得不等到1979年才迎来修正其从属地位的立法改革。1954年，在印尼国父苏加诺总统本人娶了第二位妻子后，印尼妇女争取废除一夫多妻制的努力也付之东流。在巴西，妇女联合会为贫民窟争取更好生活条件的运动同样失败了。在这三个国家，妇女运动在1950年代和1960年代都遭到禁止，至少15~20年没有再次出现。[28]

进步？2005 年，这座“二战妇女”纪念碑在伦敦市怀特霍尔街揭幕，可以将之看成政府最终承认了英国女性在战争期间的作用。但从这座纪念碑上只能看出她们穿的衣服，这无意中也透露出官方对于女性的态度。女性本身完全不存在。

同样，世界各地争取同酬的运动也几乎全都失败。在美国，《同工同酬法案》直到 1963 年才正式生效；澳大利亚妇女直到 1969 年工会向法院提出起诉后，才赢得了同酬的权利；英国直到 1975 年才实行类似的法案。国际劳工组织早在 1951 年便已制定《同酬公约》，但大部分发达国家直到 1960 年代和 1970 年代才开始考虑予以批准。[29]因此，全球男女两性的薪酬差距直到 1970 年代才开始缩小。如今，严重的差距仍然几乎无所不在：

2015 年，世界经济论坛估计，这一收入差距或许要到 22 世纪才会最终解决。[30]

在战后，就连争取女性投票权的运动也没有取得彻底的成功。如前所述，瑞士和葡萄牙的妇女直到 1970 年代才可以和男人一样参与投票。中东的妇女不得不等待更长的时间。例如，巴林要到 2002 年，阿曼在 2003 年才授予女性这项权利，而科威特实际上在 1999 年取消了妇女的投票权，2005 年才予以恢复。沙特阿拉伯在 2005 年之前完全没有任何选举，妇女直到 2015 年才获准参与投票。[31]

如今，尽管全世界数百万男性和女性数十年来为此奋争；尽管联合国通过了《妇女政治权利公约》（1954 年生效）和《消除对妇女一切形式歧视公约》（1981 年）；尽管从国际民主妇女联合会到联合国等各种各样的组织主持了无数的全球会议；尽管成立了妇女发展基金、女性世界领袖大会，以及女性万维网；尽管还存在数十家其他国际组织，在世界很多地方，平等权利和机会均等的梦想看来仍是遥不可及。正如女权主义者从 129 1940 年代便一直坚称的那样，抽象的平等毫无意义：“为了把自由变成现实，女性还必须拥有她们行使权利所需的健康、教育和金钱。”[32]

作为“他者”的女性

那么是哪里出了问题？如果在 1945 年人们对变化的渴望如此强烈，为什么最有意义的变化却要等到 25 年之后才开始发生？

部分原因在于正常人性的保守倾向。1940 年代对每一个人来说，都是剧烈动荡的时代：不但战争导致社会和经济的巨变，科技的进步也改变了我们对于周遭世界的理解。对很多人而言，接受这些变化已是勉为其难，而改变男女关系本质的想法更是过头。在世上的大多数文化中，当然在西方文化中也是一样，女性代表的是稳定至上的诸多社会层面——家、家庭和婚床。很多男人，实际上也包括女人，愿意面对整个世界的革命，却没准备好面对家里的类似变化。就连捍卫少数民族权利并作为《世界人权宣言》起草人之一的埃莉诺·罗斯福①，在涉及女性的社会地位时也退避三舍。她公开声明，无论女人的其他责任如何，必须优先忠实于“她们的家庭、丈夫和子女”。[33]

停滞不前的另一个原因纯属政治性的。值得注意的是，变化过程停滞的时间与冷战开始的时间大致相同。很多最活跃的妇女组织是左派，其中有些被共产党控制。法国的情况正是这样，国会中的绝大部分女性都是共产党人，地方政治中的女性也多是如此。法国妇女联盟的发起者全是共产党人，其战后的副主席让内特·维美徐（Jeannette Vermeersch）是法国共产党领袖莫里斯·多列士（Maurice Thorez）的妻子。在 1945 年和 1946 年，这些倒无关紧要，当时西方和苏联之间仍存在合作的精神，但冷战开始之后，猜疑的气氛逐渐发展，人们很容易把这样的女人看作苏联的傀儡，无论她们的工作多有价值。 130

在巴西、印度尼西亚乃至世界各地，妇女组织都是由于这个原因而被下令禁止的。在美国，最直言不讳的女性权利倡导者也因为左翼倾向而被禁言。例如，为育儿服务、同工同酬和结束种族主义大声疾呼的美国妇女大会，被迫在 1950 年解散，

---

① 埃莉诺·罗斯福（Eleanor Roosevelt，1884—1962），美国第 32 任总统富兰克林·罗斯福之妻。二战后，她出任美国首任驻联合国大使，并主导起草了联合国的《世界人权宣言》。

因为众议院非美活动调查委员会认为它是“共产党”。美国电气、无线电和机器工人联合会是拥有女性会员最多的工会，也因与共产主义的联系而遭到压制，导致它长期以来为争取平等权利而进行的活动泰半付诸东流。[34]一旦受到这样的指责，女性个人或其组织往往难以恢复名誉。例如，国际民主妇女联合会大概是战后最有影响力的国际妇女组织，但西方历史学家实际上忽略了它——即便女性历史学家也是如此——主要是因为它在1950年代被抹黑成共产党的前线组织。[35]

鉴于共产党人对促进两性间的平等表现出的热情，人们或许会以为共产主义国家的女性会比她们西方同性的处境更好一些，但事实上，苏联女性也被边缘化了，她们工作中的升职机会被忽略，不仅要去做所有最枯燥的工作，还要承受根深蒂固的性别歧视。已婚女性就算自己有工作，甚至就算丈夫无业，也仍被寄望于完成所有的家务。[36]就连参加过战斗的女性也没有得到应有的尊重，反而被看作荡妇。一位苏联的护士回忆道：“男人从战场归来，他就是英雄……但如果是个女孩子，人们就会立刻斜着眼看她，‘我们可知道你在战场上都干过些什么！’”[37]这种不平等在男女之间长期存在，东西方皆是如此，显然比纯粹的政治问题要深刻得多。

有鉴于此，西蒙娜·德·波伏娃在1940年代末开始研究女性主义。波伏娃认为，女性面临的真正问题远比历史学、政治学、心理学，甚至生物学还要基础得多，她们之所以处于从属地位，根源恰恰在于“女人”的定义本身。她说男人无须将自己定义为“男人”，他们可以自由尝试，享受积极的人生，在成长的过程中塑造自己。与之相反，女人则远在人生开始之前就已经被定义。她们是“母亲”或“妻子”，“处女”或“娼

131

妇”，有时候危险，常常神秘，但总是在社会的核心之外，因为那是专门留给男性的。

在其开创性的著作《第二性》（*The Second Sex*，1949）中，她第一次给男女之间存在的境遇差异下了定义。她写道，两性或许会对自己说，他们是一个柏拉图式整体的两半，但这显然毫无事实根据。

> 以“男性”“女性”这两个词来分类仅仅是个形式，如在法律文书中就是如此。实际上，两性关系和两种电极不尽相同，因为男人既相当于阳性又相当于中性，人们通常用“男人”（man）这个词泛指一般的人。而女人只相当于阴性，她为这个有限尺度所限定，并不相当于中性……所以，人就是指男性。男人并不是根据女人本身去解释女人，而是把女人说成相对于男人的不能自主的人……她是附属的人，是同主要者（the essential）相对立的次要者（the inessential）。他是主体（the Subject），是绝对（the Absolute），而她则是他者（the Other）。①[38]

这样把女性称为“他者”，与把她想象成敌人乃至某种“魔鬼”并没有相隔十万八千里。然而与其他魔鬼不同的是，男性不能随意完全排斥她，因为他们既渴望又需要她，特别是为了物种的繁育。因此，为了解释和包容她的“他性”，男人围绕着“女子气质”创造了一系列神话。他们让她充满了“神秘感”，并赋予她所暗示的全部欲望和低等的含义；还让她依

① 引自陶铁柱译：《第二性》（全译本），中国书籍出版社，1998 年，第 10 ~ 11 页。

靠他们，就像奴隶依靠奴隶主一样。

男人让自己相信，女人的从属地位让他们得到好处，因为这种从属让他们得到他们认为自己想要的一切：客厅里的女仆，厨房里的厨师和卧室里的娼妇。但以这样的方式维系主奴的关系，其实只是掩藏了他们自己的不足和恐惧。此外，他们还否定了自己与生活伴侣形成一种更充实的关系的可能性——战争期间，很多男人和女人作为平等的对象，在抵抗运动中并肩作战时，享受过这样的关系。

132

与此同时，女人也往往是这种从属关系的帮凶，因为这样一来她们便可以避免自主生活带来的责任的重担。在中产和上层阶级中，这让她们活得懒惰而奢侈。但事实上，这种生活无非像个镀金的鸟笼，剥夺了她们伸展翅膀、体验活着的真正意义的所有机会。弗朗索瓦丝·勒克莱尔最初先是投身抵抗运动，后来又参加妇女运动，正是为了摆脱这种舒适的单调生活。在波伏娃看来，只有这样奋斗，女性才有能力过上有意义的生活。婚姻、育儿，甚至家庭之外的一份工作都无法代替。“女性必须为了自己的解放而奋斗，”她写道，“此外别无出路。”[39]

和一般的妇女运动一样，法国社会在随后的20年里并没有把西蒙娜·德·波伏娃的著作当回事儿。这本书遭到法国新闻界诋毁，甚至还受到存在主义同道阿尔贝·加缪的攻讦，他指责这本书的作者把法国男人写得荒谬可笑。因为作者对两性话题的坦率态度，梵蒂冈甚至把它列入禁书名单。然而，这本书被争相传诵，不仅在法国，而且还远至英美。在整个1950年代，但凡女人想思考一下自己在世界上的地位，都会求助于这本书，此外别无选择。在后来的岁月里，它成为美国的贝蒂·弗里丹①和凯特·米利特②、澳大利亚的杰梅茵·格里尔③等新一波女性主义者的灵感来源。据挪威女权主义者托里尔·莫伊（Toril Moi）说，波伏娃的洞见是所有当代女权主义的基础——无论当代女权主义者是否承认这一点。[40]

但她们也是所处时代的产物。《第二性》是在史上最大规模战争的余波中完成的，当时欧洲的大部分地区还在奋力摆脱其他种种形式的压迫和暴政，人类还在梦想着更大的平等与公正。在西蒙娜·德·波伏娃在书中写到并协助创建的妇女运动中，都存在这些暗流的影子。

少数群体的问题

早期曾取得一些胜利、随后日渐令人失望的争取平等的斗争，并非只与女性有关。平等可不是我们能够用缎带装饰的礼盒包起来，送给那些我们认为配得上平等之人的东西——它要么存在，要么不存在，而它所在之处，平等是不可再分的。对待女性的方式是所有边缘化人群的待遇的极佳晴雨表：女性的机会越多，少数民族、宗教人士、性少数族群和其他少数派人士的机会也就越多。实际上，近来的国际研究表明，性别平等与实现全人类的社会和经济权利明显相关。因此，战后发生在女性身上的情况不只关乎女性，也关系到每一个人。[41]

133

① 贝蒂·弗里丹（Betty Friedan，1921—2006），美国作家、编辑，著有《女性的奥秘》（*The Feminine Mystique*，1963）等书。

② 凯特·米利特（Kate Millett，1934—2017），美国女性主义作家、教育家、艺术家和活动家，著有《性政治》（*Sexual Politics*，1970）等书。

③ 杰梅茵·格里尔（Germaine Greer，1939—），澳大利亚学者、作家和记者，被视为20世纪后期第二波女权运动的重要代表人物，著有《女太监》（*The Female Eunuch*，1970）等书。

战后女性的境遇和其他边缘化群体的境遇显然有着惊人的相似之处。大约在西蒙娜·德·波伏娃写到女性是“他者”的同时，她的伴侣让-保罗·萨特也以完全一样的角度来探讨法国犹太人。[42]在大西洋的彼岸，混血作家阿纳托尔·布鲁瓦亚尔（Anatole Broyard）充满激情地写到黑人如何被当作“他者”；与此同时，黑人权利活动家W. E. B. 杜波依斯（William Edward Burghardt Du Bois）也考察了非洲——以及普遍的黑人群体——不仅在世界史上被赋予劣等的角色，而且还常常被一并排除在世界史之外。[43]

1949年，西蒙娜·德·波伏娃反复确认了这两个相似之处。[44]她发现美国的女性和黑人之间的相似之处尤其刺眼：

> 两者如今都是从家长制统治下解放出来的，以前主人阶级都想强迫“他们的言行符合他们的谦卑地位”，即符合为他们指定的地位。不论是对有着宁静、天真和快乐灵魂的“好黑人”，即具有顺从美德的黑人，还是对有着“真正的女性气质”（轻浮、幼稚和无责任感）的女人，即具有顺从优点的女人，以前的主人都会给予慷慨而多少有点真诚的赞扬。此时支配者阶级把论据建立在自己一手造成的情势之上。①[45]

战争结束后，美国的黑人远没有过去那样顺从。战争打开了各种各样全新的视野——不仅对数十万走出国门的黑人士兵

① 引自陶铁柱译：《第二性》（全译本），中国书籍出版社，1998年，第19～20页。

如此，对1940年代留在美国南部寻求新工作和新机会的150万黑人来说也是这样。[46]他们在劳动力中的占比大幅提升：战争期间，美国制造业黑人工人的数量从50万一跃而至120万。[47]他们在工会和其他政治群体中的参与人数也在激增：例如，美国全国有色人种协进会（NAACP）的会员数从战争开始时的区区5万，增加到战争结束时的45万。“我不相信黑人会袖手旁观，坐视他们面前打开的经济机会之门又重新关上”，特别是在参与一场“为了民主而反对纳粹主义”的战争之后，1945年，一个黑人新闻专栏作家如此写道。[48] 134

与法国女性非常相似，非洲裔美国人也在战后赢得各种权利。1946年，美国最高法院否决了州际汽车和火车上的种族隔离；1948年，杜鲁门总统发布命令，终结了军队里的种族隔离，一系列在住房、教育和就业机会方面的反种族歧视措施也在同一时期实行。然而，所有这些改变几乎全都是法院裁决或总统命令的结果，而非得自共识：实际上，杜鲁门的整个人权议案都被国会投票否决了。不管黑人对改变的热情有多高，这些改革举措几乎全都遭到大多数白人的强烈反对。 135

同性恋男女的状况也大致相同，他们在战后享受了一段相对宽容的时光，特别是在欧洲和北美。在欧洲，他们试图成立荷兰文化休闲中心（俗称COC）或1948年丹麦联盟这样的同性恋组织来利用这种宽容的氛围，这些组织最终与其他各种群体联合组成了国际性别平等委员会。[49]在美国，军中的同性恋男女在战争期间也经历了一段相对宽容的时期。据历史学家阿伦·贝吕贝（Allan Bérubé）说，这相当于一次小型的性革命，很多归国的同性恋士兵有足够的信心宣布，“世界已经改天换地”。这些人在1940年代后期和50年代再次面临压制，特别是

1947 年，杜鲁门总统在林肯纪念堂全国有色人种协进会大会上发表演讲。16 年后，小马丁·路德·金在同样的位置对着 25 万黑人发表演讲，是对之前那次盛典的更为欢欣鼓舞的回应。

麦卡锡时代所谓的“薰衣草恐慌”。但与妇女运动和黑人人权运动很相像，源自二战的同性恋运动为后世的同性恋权利运动奠定了基础。[50]

在国际范围内，争取平等的努力甚至还表现在 1945 年后对待殖民地人民的方式上。若干亚洲国家赢得了政治独立，这是第二次世界大战的直接后果。接下来便是非洲国家，它们通向自由的道路也同样受到战争及其余波的影响。随着这些国家一个个在联合国大会这样的国际论坛上取得一席之地，它们第一次作为平等的成员受到欢迎。这种进步来之不易。印度尼西亚或阿尔及利亚这样的国家必须竭尽全力才会被公认为主权国家，并且步步受阻，反对之声恰恰来自曾在战争中为这些亚非国家的自主权大声疾呼的同一批欧洲人。 136

身份的问题

战后余波中，很多群体意识到作为“他者”的含义，在某些情况下，这是破天荒的头一回。女性、少数民族、殖民地人民、同性恋、穷人及政治的局外人——每一种人的人性或许都得到“普遍的”承认，但那种人性的全部权益仍将继续被剥夺。作为“他者”，他们是由自己与人类“规范”的差异定义的——而那种规范既非他们的选择，也非他们所能影响。

1945 年，这些群体中的每一个都被迫要选择自己当如何回应这种承认。他们可以试着自行与主流同化，并借此获得平等；然而如此一来，就要否定让他们与众不同的特质。黑人男子可能永远不会和白人男子一样，因为他们承载着大多数白人毫无概念的内在史。东欧的一位被剥夺头衔和土地的前伯爵可以活得像个共产党人，但他骨子里还是个贵族。此外，只有在多数派和少数派都同意的情况下，才可能发生真正的同化。犹太人的经历表明，一个人有多“犹太”并没有什么意义：在大屠杀期间，纳粹认为他或她是什么人，才是唯一重要的。

这类群体可以选择的第二条道路，是接受并赞美他们与规范的差异——就像 1980 年代“同性恋骄傲运动”（Gay Pride movement）所做的，宣称“我就是我”，不管世界的看法如何。但不假思索地如此行事，就意味着接受了作为“他者”的事实。实际上对任何少数派而言，这样做都使之成为自身边缘化的同谋。与主流的差异就此根深蒂固，且永远有极大的危险导致双方产生更大的偏见。在战后余波中选择这条道路的群体寥寥无几，正是因为如此选择会让他们非常脆弱：战争期间发生在犹太人身上的例子，是对每一个没有挺身抵抗之人的一个警告。

137 完全隔离是个更极端的选项——建立一个另类的社区，其中“少数派”才是多数派，可以自行选择何为规范。战后余波中，试图如此行事的一些小群体通常都下场悲惨。例如在意大利南部，几个心怀不满的社区成立的“农民共和国”，被中央政府强力平定了。[51]在国家层面上，这样的隔离会更有效：东欧成功地把几乎所有的德裔居民驱逐至德国境内，印度同样赶走了穆斯林，巴基斯坦赶走了印度教徒。但这样的情况，不经过大量的流血事件是无法达成的，并且只会把偏见的重点从地方层面转移到国家或者国际层面。犹太人大概又是这方面的最佳案例：如果信奉复国主义的犹太人认为他们可以通过在 1948 年建国来消除偏见，那就大错特错了——在世界上大多数国家看来，以色列国从那时起就变成一个“他者”的国度，同时也在其内部和该地区创造了自己的“他者”。

剩下的唯一选项便是与其他群体合作，包括目前大权在握的以及过去曾压迫他人的群体，并尝试达成某种共识。这是联合国《世界人权宣言》采取的方法，也是西蒙娜·德·波伏娃和 W. E. B. 杜波依斯等杰出的哲学家和社会学家青睐的，他们相信，个人以及群体之间的差异既不可避免又普遍存在，要想更加平等，唯一的希望便是所有的个体和所有的群体都承认他们对彼此的责任。但这种方法也有其缺陷，且缺陷日益明显，因而接下来的数十年在实现平等方面未能产生任何显著的进步。

1960年代，正是因为面对这样的进展乏力，更加激进的人权运动、女权运动和同性恋权利运动开始出现。此时，新一代活动家成长起来，他们对共识没有兴趣，更关心的是结果。

这些就是边缘化群体在战后那段时间面临的困境——同化还是隔离，相信共识还是无论结果如何、单方面掌握自己的命运。不管选择的是哪条道路，平等——乌托邦意义上的真正平等——都是，而且一直是，不可能的。

但这些困境也指出了这个时代的一个最重要的特征：团结为一个整体的急切渴望与分裂成不同的更小群体的迫切要求之间的冲突。这是远比其他任何境况都能精确地定义战后时代的唯一窘境。我们在联合国的成立过程中会再次看到这一点，联合国既代表世界的共识，又为那些争取各自特殊的自私目的而战的个别国家提供了一个平台。在各个国家内部也能看到这一点，国家统一的要求往往会与各种各样的自毁力量产生冲突。但也许最痛苦最尖锐的还是它在个人层面上的表现。我们在下文中将会看到，归属的渴望与摆脱一切束缚的需求之间的冲突，是战后时代最亟待解决的哲学难题。 138

9. 自由与归属

139　和我在本书中描述的其他很多人不同，1945 年时，汉斯·比耶克霍尔特（Hans Bjerkholt）已经不年轻了。当时他已年过五十，积习难改。因此，战争及其余波给他带来的变化愈发引人注目，因为在接下来的五年里，他会对曾经相信的一切改变心意，投身于对世界统一的新探索。[1]

汉斯·比耶克霍尔特出生于挪威东南部的乡下，按照他自己的说法，他的童年完美无瑕。他在农场长大，整天喂鸡，和父亲一起照料马匹，与兄弟姐妹们在谷仓里捉迷藏。漫漫夏日，他和兄弟姐妹相伴，或是在森林里消磨时光，或是去湖里游泳、钓鱼，然后回到母亲的厨房，饱餐自家产的面包、新鲜的黄油、熏肉、鸡蛋，以及从奶牛身上挤出就直接上桌的新鲜牛奶。

他 10 岁时，这一切戛然而止。父亲把一大笔钱借给某些商人，那些人后来宣布破产，家里别无选择，只好卖掉农场。他们哭泣着收拾细软，搬到附近的萨尔普斯堡去，在那里找了一个小公寓——一家 12 口人挤在两个小房间和一个厨房里。

汉斯的大哥找到一份司机的差事，姐姐当上女服务员，父亲去一家造纸厂工作——那是个没有灵魂的地方，到处都是“脸色阴郁、疲惫不堪的工人”。他们慢慢地重新站稳了脚跟，但有一天，不幸再次降临。汉斯的父亲在工作时受了重伤，在医院里躺了一年半。工厂主拒绝负责，这就迫使家里支付昂贵的医院账单。因此，少年汉斯如今也不得不参加工作——就在父亲受伤的这家工厂。

汉斯被剥夺了基本的人权，寡廉鲜耻的工厂主又让他们倾家荡产，他不禁感到自己的人生彻底崩溃了。童年在农场的生活自由而愉快，“仿佛整个世界都属于我”。但如今他和家人都变成巨大机器上的小小齿轮，没人在乎他们的死活，彻底丧失了人的尊严。“我在工厂里精神痛苦，身体不适，整个社会体系都让我怒不可遏。”

140

就这样，汉斯一生的激进活动从此开始。他参加了工会，成为工会最重要的代表，后来还成为挪威共产党的创始人之一，代表国家出席了莫斯科的共产国际会议。因为自己和家人遭受的种种不公，他的指导原则永远是“不要信任管理层”，以及憎恨统治着挪威和世界绝大部分地区的资本主义制度。他祈盼着共产主义有朝一日在世界各地取得胜利，阶级不公变成往日云烟。

比耶克霍尔特从来没有想过自己会不再信仰共产主义，但第二次世界大战的爆发，让他看待生活有了一个新的视角。一方面，他的一些共产党同志在开战时表现不佳，当时他们主张与纳粹合作（因为当时苏联仍与德国人有盟约）。然而更重要的是，战争让他体验到一种此前从未感受过的全新的合作精神。德国入侵挪威时，为了共同的目标，他开始与其他各种群体合作，即使他们的主张与工人斗争毫无关系：各个政治派别的挪威人都在为自由携手奋战。1942 年，他被捕入狱，在那里他立刻被团结的气氛打动，特别是共产党人和社会民主党人之间的团结精神。在入狱的 37 个月期间，他逐渐意识到，这种团结精神不仅发生在他所在的战俘营里，而是传播到整个挪威社会，甚至还传递到更广阔的世界，英国人、法国人、美国人和苏联人也都彼此合作，共同抗击纳粹主义。

战争结束后，他热切地希望这种合作精神可以延续下去。他开始与社会主义者展开一系列对话，希望能代表普通人建立某种统一战线。“我们这个时代的伟大思想就是团队精神，”他后来写道，“为了一个伟大的目标，所有的进步力量协同合作。”战争的经历让他尝到与人合作，而不是彼此对抗的滋味，他也迫切希望想出一个办法，让不同政党、不同阶级和世上的不同国家融为“一种伟大的团结的力量”。但没过多久，旧时的阶级划分再次抬头，共产党人和社会主义者之间的对话开始破裂。从国际层面来看，东方与西方的关系也分崩离析，“从而证明我们的希望不过是镜花水月”。

正在此时，儿子送给他一本书作为圣诞节礼物，这本书改变了他的人生。书中描写的是一场名为“道德重整”（MRA）的新意识形态运动，该运动由新教的一个福音传教士在二战即将爆发前发起，如今吸引了持有各种信仰和各行各业的追随者。这个运动倡导一种基于四项“绝对道德”的人际关系，即绝对诚实、绝对纯洁、绝对无私和绝对之爱。它建议追随者们每天早上打坐冥想一个小时，留心聆听上帝的声音，遵循自己的良心行事。这个简单的概念唤起比耶克霍尔特强烈的道德责任感。

出于好奇，比耶克霍尔特来到该运动位于瑞士考克斯（Caux）的会议中心，立即被那里和平与共识的氛围打动了。他不禁把这种气氛与他参加过的很多共产党会议做了对比，后者从来都被内讧和派系斗争搞得四分五裂。“在考克斯，我感受到一种建立在爱与理解的基础之上的团结，真令人惊喜，这种团结强大到足以打破所有的阶级、宗教信仰和肤色的障碍。考克斯没有派系斗争，就连共产党人和社会主义者也团结一

从共产主义皈依道德重整的汉斯·比耶克霍尔特。

致。”他在这里遇见了来自意大利、法国，甚至最近落败的德国的代表们，每个人都表现出相互尊重与和谐一致的精神。一个法国的马克思主义者甚至站起来，为了他此前对德国的憎恨而向德国代表们正式道歉——这种姿态让比耶克霍尔特深感震惊，同时也非常感动。

他回到挪威后就像换了一个人。他立即发表郑重声明，发誓忠于道德重整的事业，并承诺把它的原则引入挪威共产主义运动。“我全身心地接受道德重整，”他后来写道，“我必须接受绝对道德标准的挑战，全然放弃自己的个人意志。”他相信，这既是“从自身”找到自由，又是为他梦寐以求的无阶级社会奠定基础的唯一途径。如果所有的人都以他在考克斯目睹的方式彼此理解，这个世界就会药到病除。

挪威共产党得知他改变信仰后，很快开除了他。最后，他别无选择，只得退党，但他坚持认为自己从没有后悔过这个选择。“马克思主义是道路上的里程碑，”他后来对一群意大利听众如此说道，“但它不是新的意识形态时代的确定答案。我们这个时代的新方法是道德重整的哲学。”只有通过道德重整的143 共识精神和“绝对之爱”，人类才有可能实现其真正的目标。“没有哪个阶级和哪个群体可以不借助其他群体的帮助而独自创造出我们想要的新世界。我们必须首先在我们自己中间创造出新人类，然后与其他所有人一起奋斗，才能创造新的世界。”

按照汉斯·比耶克霍尔特自己的说法，他的人生是一个失乐园与复乐园的故事——至少几乎失而复得。比耶克霍尔特没能活着看到他梦想的世界大同或他为之奋斗一生的无阶级社会，尽管挪威版的社会民主算是接近众国之典范了。他在道德重整还是一股新生力量之时就加入该运动，在 1950 年代和 1960 年代的快速发展时期为它贡献了力量，但 1983 年他去世之时，这个运动的影响力早已式微。它如今的名字是“变革举措”（Initiatives of Change），成为众多非政府组织中的一员。它继续宣扬那些曾在战后岁月里启迪了汉斯·比耶克霍尔特的美德，包括宽容、无私的美德，以及凭良心行事，但曾将它推到举世闻名位置上的传道热情，如今已成往事。[2]

每个人都需要信仰。现代性的悲剧之一，在于我们的社会越富裕，我们越能自由地选择自己的生活，反而往往对我们曾经最珍视的生命价值越疏远，包括我们的自我意识、社区意识、与自然的联系以及对神圣的亲近感。从19世纪以来，社会学家和政治思想家一直在记录主流宗教漫长而缓慢的死亡，与之相对应，人性也堕入消费主义的琐碎、孤立和平庸。他们认为，我们这般集体迷恋创造和积聚财富或许让大部分世界摆脱了贫困，但同时也让人类沦为社会学之父马克斯·韦伯所称的困于物质主义"钢铁般坚硬的外壳"内的巨大"虚无"，丧失了人之所以为人的那些价值观。[3]

第二次世界大战虽然充满暴力和野蛮，却给予世界一个光荣的时刻，让人们在这种沦落过程中稍事喘息。我曾在其他书中写过那场战争的毁灭因素，它造成的种族、宗教和政治团体之间的长期分裂，以及它产生且在1945年后仍长期存在的残酷。[4]但在更广泛、抽象的层面上，二战起到的作用是其他现代事件都无法望其项背的：它让个人、群体、国家，甚至整个国家集团，为了一个单一的目标而团结起来。数千万人无疑因为战争而漂泊四方，但数亿人却都获得了一种前所未有的新的归属感。就像爱米尔·涂尔干①的著名论断一样，如果上帝就是社会，那么从这个意义上来说，二战至少是一个神圣的事件。[5]

144

介入战争的集体努力在现代史上无出其右者。1937年到1945年间，有超过一亿的男男女女被动员参战，其中大约7000万人为同盟国而战，比一战时各方所有力量的总和还要多。[6]这

① 爱米尔·涂尔干（Émile Durkheim，1858—1917），法国犹太裔社会学家、人类学家，与卡尔·马克思及马克斯·韦伯并列为社会学的三大奠基人，《社会学年鉴》创刊人，法国首位社会学教授。

还不包括在大后方的工厂和军队服务的数千万人，或者用自己的时间、积蓄和生命来支持作战的数千万平民。无论是否直接卷入战争，世上几乎每一个人都多少在其中投入了感情：大多数人希望己方获胜；所有的人都希望结束战争。

这种共同目标跨越了一切种族、国籍、政治、宗教、阶级和收入的传统差异，让人们的生活富有意义。美国人与共产党官员合作，工会与雇主合作，基督徒与犹太教徒合作，印度教徒与穆斯林合作，黑人与白人合作，富人与穷人合作。在军队中，各种各样、各个阶级的人一起服役，一起庆祝，一起赴死，一起哀悼。就连没有上战场的人，也因为定量配给和普遍的供应短缺而有了更强烈的平等和共同牺牲感。这并不意味着敌对群体之间的差异消失了——远非如此，群体之间的矛盾只是暗潮汹涌，甚至时有爆发——而是因为几乎每个人都在宏大的战争中投入了巨大的能量和情感，使他们通常能够搁置彼此的分歧。在这一时期积聚和消散的所有个人和局部风暴中，这场战争至少在全球层面始终保持着一个固定点，它就像一颗北极星，让人人借以寻找自己的方向。

和所有的普遍观念一样，这种有关战争的观念也必然充满矛盾。它关乎人性的暴力撕裂，却又让人们以和平与统一的名145义而战。它关乎强迫劳动、征兵入伍、定量配给、限制旅行，以及实际上在人们生活的每一个领域加强管制，然而几乎每个人都认为他们是在争取自由，无论其为哪一方而战。它引发了广泛的剧变，却表达了人们对新的未来和新的稳定的渴望。无论战争有多残酷，作为一种抽象的观念，它向各种各样的人承诺了各式各样的天堂：只要战争延续下去，全世界就会坚信它的理想，无论那些理想看起来有多矛盾。

1945 年夏，这一切宣告结束。欧洲和亚洲获得解放。囚犯走出集中营，重获自由。士兵复员，工厂解散了工人，被强迫劳动的农场劳力得以返乡。随着世界各地放松了对言论的限制，就算在苏联这样的国家，人们也开始问及下一步要做什么。现在战争结束了，他们该为什么而战？他们是该重建失去的一切，还是该从头开始？他们是该要求自己社区有更多的变化，还是该恢复一些稳定感？他们该为自己，为他们的社群、国家、阶级、种族，或其他什么人——或许是全人类——去寻求更宏大的正义吗？没有战争，人生有什么意义？“自由”到底是什么意思？

如今，我们在回顾欧战胜利日和对日战争胜利日之时，只记得胜利的喜悦和全世界在敌对行动结束时的解脱感，但实际上在所有的庆祝活动背后，仍有一股非同寻常的暗流。当然，大多数人能够理解，战争的结束会给生活带来一种新的疑虑，但他们的感受常常会比单纯的疑虑更加深刻。在浏览战争结束时的日记、信件和口头证词时，我们会注意到人们常常会问同一个问题：“我为什么还是不开心？”[7]对于那些失去亲友的人来说，这个问题的答案显而易见；但对于其他人来说，他们感受到的空虚实在难有边界。他们抱怨自己“人生漂泊无定”，或是“战争的结束让生活失去了意义”。[8]“战争结束时，我很惊讶自己没那么高兴，”一位英国情报官员多年后回忆道，“我只是稍微有一些失落……你长期以来熟悉的一切都消失了，似乎没有什么能取代它……一切都消失了。”[9]

146 这场战争曾长期充实着人们的生活，以至于很多人开始怀念它。与战争年代的戏剧性场面相比，战后的生活单调乏味，战争的艰辛仍在继续，却似乎不再有任何目的。之所以怀念战争正是源于这种空虚感，直到如今这种怀念仍很普遍，战胜国尤甚。回首战争，人们开始把它想象成一个英雄辈出的时代，尽管暴力泛滥，每个人至少都知道孰对孰错。苏联作家埃马努伊尔·卡扎克维奇（Emmanuil Kazakevich）讲过一个在1950年欧战胜利五周年纪念日发生在本地酒吧中的故事，是他本人亲眼所见。“两名退役老兵和一个水暖工……喝着啤酒回忆战争的往事。其中一个人哭着说：‘如果再打仗，我还要去……’”[10]

自由

最能抓住战后时期精神的哲学宗派是存在主义，这一点丝毫不足为奇。在法国哲学家让-保罗·萨特看来，战争结束带来的矛盾气氛是顺理成章的，但他绝对不会认可它引发的怀旧情绪。萨特目睹了1944年8月的巴黎解放，他的同胞们冲向大街小巷，有的带着左轮手枪，有的什么武器都没带，“陶醉在自由的感觉和终于能够活动的轻快中”。据他在解放一年后的叙述，暴力是在自发的节日气氛中发生的，就像是“世界末日的预演”一样。他说，那是一场“自由的爆发”，普通人庆祝的不仅是“自己和每一个法国人的自由”，还有普遍意义上的“人类的力量”：“在八月的那个星期，整个巴黎都感受到人类仍然有机会，仍然可以战胜机器。”然而，伴随着节日气氛的还有一种排山倒海的恐惧感。其他市镇，比如波兰的华沙，已被这样的反抗夷为平地。巴黎人选择参与自己的解放，拥抱的不仅是他们的自由，还有随之而来的各种可能的后果。[11]

萨特在回顾这些事件时，为自己目睹的对自由的普世渴望和与之相伴的无法承受的恐惧而深感震撼。1945年夏，大范围的战争终于结束，巴黎人还“穿着节日的盛装”，但也对未来

147

究竟如何充满了无法承受的不安。他写道，显而易见，“巴黎人暴动的周年庆典会非常接近于原子弹的首次亮相”。巴黎人在1944年面临着是参与自己的解放还是假他人之手的选择，同样，如今全人类都面临着一个更大的选择，是追求全面自由（它蕴含着所有令人畏惧的责任），还是屈从于全新的核威胁。在这样的选择面前，人们感到充满痛苦也是自然而然的。

在二战及其余波的背景之下，世界各地的人们都被迫带着一种新的紧迫感来思考自由的概念。战争期间，“自由”这个词曾被用来表达一切，从“言论自由”和“信仰自由”的人权，到把人类从各种压迫——纳粹主义、斯大林主义、帝国主义、贫穷，诸如此类——中解放出来。但在萨特看来，真正的自由要深刻得多：它是一种基础的人类存在境况，不论我们喜欢与否，每个人都会被“宣判”自由。按照他的哲学，既然所有的人在出生时对何为“人”没有任何预设概念，我们都可以按照自己的意志生活——“首先有人，人碰上自己，在世界上涌现出来——然后才给自己下定义”。①[12]就连那些出生在压抑社会的人，也总有选择的机会——服从还是反抗，表达还是沉默，生存还是死亡。但在这样的自由中，我们也意识到每个人说到底都是孤军奋战，因此须对自己采取的每一个行动以及它的全部后果负全责。没有上帝的指引；人的行动没有模板——我们能做的只有在成长中塑造自己。萨特在战争时期的一篇文章里使用一名抵抗运动战士的比喻，这名战士“独自一人赤身裸体地”坐在行刑者的椅子上，一直在想是否该供出同志的姓名。在这样的处境中——正如在这样的人生中——能自由选择我们

① 引自周煦良、汤永宽译：《存在主义是一种人道主义》，上海译文出版社，1988年，第8页。

该如何行事不是什么礼物，而是可怕的负担。[13]

究其本质，萨特的自由概念并无特别新奇之处：索伦·克尔凯郭尔和弗里德里希·尼采在19世纪便已探讨了类似的想法，马丁·海德格尔在1920年代也曾有过著述。但战争结束的背景给这样的思想带来新的意义，因为世界各地的人们最终要直面自己的自由，被迫去思考他们在战时的表现，以及他们该如何迎接战后世界崭新的宏大前景。萨特的存在主义招牌在1945年后享有的巨大国际声望，至少应该部分归功于战后全世界人民经历的新的焦虑感。[14]

148

但萨特绝非战争期间思考自由之痛苦的唯一知识分子：其他思想家也从全然不同的角度得出大致相同的看法。其中最有影响力的莫过于犹太裔德国社会心理学家埃里希·弗罗姆，他在希特勒上台后不久便离开德国。1942年，他用英语写作，出版了第一部著作，整本书都在讨论自由的问题，以及几乎总是与之相伴的可怕的恐惧感。《对自由的恐惧》（*The Fear of Freedom*）的本意是批判起初导致纳粹主义抬头的社会环境，但它也讨论了英美资本主义民主的核心问题，在那些地方，自认为“自由”的人们甚至都没有意识到，他们往往会在其他形式的暴政面前低头。

弗罗姆认为，这种“对自由的恐惧”并非源于存在的境况，而是纯粹的精神分析原因所致。每个人在人之初，都生活在母亲子宫内融洽和谐的状态中，在出生后都被迫走向进一步的分离，断奶后逐渐长大，经过童年和少年，直到决定性的时刻，领悟到他们曾经熟悉的和谐、融洽和安全从此一去不复返了。在本质上，汉斯·比耶克霍尔特从母亲的农场、厨房走到工厂里缺乏人情味的成人世界的创伤之旅，象征着我们每个人的人生。我们都必须把童年抛诸身后，作为成年人，我们在根本上都是孤独的。在弗罗姆看来，我们的自由不但让我们感受到不堪忍受的脆弱，还向我们展示了与宇宙的广袤相比，我们自身有多渺小。他说，在面对并非“我们”的一切时，我们只不过是尘埃的微粒，而我们各自的人生是毫无意义的。[15]

和萨特一样，弗罗姆认为当我们可怕地意识到自己的自由，可以选两种方式之一予以回应：要么大胆地面对它，拥抱自由及其蕴含的所有焦虑和责任；要么出于恐惧而退缩，把责任丢给其他某种“更高的”力量——上帝、命运、社会、长官的命令、国家、阶级或是家庭。很遗憾，这两种情形中的后一种要常见得多。正如弗罗姆所说：“对普通人来说，没有什么比无法被一个更大的群体认同更难以承受的。”[16]因此，我们中的大多数人都会抓住让我们有归属感的任何意识形态，不论它是否涉及宗教，是否盲从社会规范，是否更为恶劣地效忠于某个极权制度——因为无论什么，都比自由的责任和痛苦要容易承受得多。

在对纳粹社会的分析中，弗罗姆描述了德国人沉浸在权力和永恒的集体幻想中的绝望冲动。弗罗姆说，纳粹主义不过是存在于我们所有人心中的渴望的一种极端形式而已。我们的内心深处是来自童年时期的核心记忆，那时的我们像汉斯·比耶克霍尔特一样，相信“全世界都属于我”。我们或多或少都有毁灭他人或被他人毁灭的渴望，我们因此而成为他们中的一员，就像我们曾经与母亲合二为一一样。对于那些害怕面对自己的无比孤独之人，就连大规模的奴隶制或虐待看来都是必要的，或许甚至充满了美感。

但是，他还警告说，屈服于威权主义并非人类逃离人的空虚境况的不二法门。单是因为同盟国声称以“自由”的名义而战，并不意味着英美的男男女女比德国人更加“自由”。盲从于同胞、雇主或国家的期望就像屈服于极权主义意识形态一样危险，甚至还有可能更危险，因为与纳粹主义不同，这些危险被彻底内化了。“我们痴迷于从自身之外的力量中生长出来的自由，”他警告说，“却对内在的束缚、冲动和恐惧视而不见，这会破坏自由打败其宿敌的胜利所带来的意义。”因此，对希特勒的战争只是一场远为宏大的战斗中的区区一方面而已，那是将人类的灵魂从我们为自己打造的其他众多枷锁中解放出来的战斗。[17]

说到底，虽然萨特和弗罗姆的哲学有着各种差异，但两人150 都认为，自由的概念“对现代人有着双重意义”。[18]它在诱惑我们的同时又在排斥着我们：一方面，它提供了自我塑造和自我实现的无限承诺；但另一方面，它又注定了我们要负起全部责任、承受全面孤独的人生。两人都认为，人类唯一真正的出路是面对自由的可怕负担，欣然接受自由及其附随的所有焦虑。备选道路则是以萨特所谓的“自欺”来回避，即让自己屈服于新的统治、新的意识形态和新的暴政，而弗罗姆认为这只会再次禁锢我们。

在一个正处于既重新塑造自我又要直面新发现的自由的世界里，这个讯息不啻一个严峻的警告。战争的结束让人类有了空前的机会，可以在全球范围内全心全意地抓住自由；但弗罗姆和萨特都明白，抓住这个机会需要信仰的飞跃，而人类此前从未有任何必要做出这种飞跃，哪怕是面临战争的危险。我们是迎接这个挑战，还是从它面前退缩离去，在世界从二战的灰烬中崛起的那一刻起，这个问题便决定了世界的本质。[19]

社会资本的爆发

像汉斯·比耶克霍尔特那样，被战争及其余波摧毁了信仰，又在随后的岁月中于新的信仰体系中找到慰藉的人，还有很多。在战后，成千上万的人像比耶克霍尔特一样，在道德重整运动中看到了“这个世界，这个广袤的世界，变成一个家庭”，看到了“新人类构建的新世界”，以及“终结阶级之间和国家之间的分裂”的机会，以及最重要的，看到了从“两手空空和心灵空虚”中拯救自己的机会，从而皈依了它。[20]在其巅峰时期，道德重整运动在三个大洲拥有办事处以及逾1000人的全职志愿者，是一场真正世界级的运动。[21]

道德重整也不是唯一提供这种救赎机会的运动。战争结束后，世界各地突然出现了各式各样的意识形态，它们无论新旧，都旨在延续于战争中产生的共同目标的精神。在全球层面，人们重新对世界联邦、共产主义和社会民主等政治运动燃起兴趣，151 这些主义每一个都认为自己才是既能一劳永逸地统一全人类，又能疗愈其精神和政治创伤的力量。地区层面也在寻找着万能灵药，一些完全形成于战争，另一些则随着时间慢慢发展出来，比如欧洲对“日益团结”的渴望，亚洲和非洲的“万隆精神”，或是“美国生活方式”的理想化愿景等。国家也同样做起各自的春秋大梦，诸如“兄弟情与统一”（南斯拉夫），“殊途同归”（印度尼西亚），“精神团结”（阿根廷），以及从斯大林“友谊的意识形态”到1945年南非的扬·史末资①呼吁“彻底激发人

① 扬·史末资（Jan Smuts，1870—1950），南非政治人物、军事领导人和哲学家，曾两次出任南非总理。

类精神”的其他各种“团结”。[22]所有这些战后运动在一定程度上都是自上而下的，有时颇令人悲观的是，领导者居然是其真正目的在于扩大自己手中权力的政客。但它们也受到成百上千万普通人自下而上的巨大支持，后者的第一本能是，建设新世界的基础当是他们在战争期间初次体验过的使命感。

战后这种信仰某种比自己更崇高之事物的冲动，在 1945 年后宗教信仰的复兴中可以略见一斑，特别是在欧洲，在那里，所有的传统社会模型都曾预测，“现代化”的发展只会带来宗教的衰落。宗教统计素来难以确定，但所有的迹象表明，欧洲的基督教信仰有所恢复，至少在 1950 年代中期之前是如此。[23]在德国，比如德国天主教会在战后一跃成为“废墟中的胜利者”：各地的教堂都记录着新成员的大量涌入，并且很快就人满为患，充斥着希望获得某种稳定感的人。[24]波兰在 1945～1951 年，神学院的入学人数上升了三倍，而在意大利，更多宗教组织的神父数量也强劲上升。[25]来罗马观看 1950 年禧年庆典的朝圣客数量是上一次 1925 年庆典的五倍。[26]与此同时，战后英国新教信仰的温和复苏却伴随着天主教更急剧的兴起：据英格兰和威尔士的拉丁弥撒协会统计，战后十年左右的结婚、受洗和天主教会的入教人数增加了大约 60%，直到 1960 年代和 1970 年代才有所回落。[27]

152 对于这种渴望信仰、渴望归属的现象的另一个粗略估算，可以参见世界各地共产党人员的突然剧增。就在汉斯·比耶克霍尔特背离共产主义的那段时间，其他成百万上千万人却是第一次发现了它。欧洲再一次发生了某种最为戏剧性的人数激增。在战后三年内，有 90 万法国人加入共产党，罗马尼亚有逾 100 万人，捷克斯洛伐克有 140 万人，意大利则有 225 万人。在战后的匈牙利，共产党员的人数在一年（1945年）之内便从区区3000人增加到50万人。支持者人数的大规模增长也反映在中国，在一位西方观察者看来，战后共产主义的兴起最终“把国家整合为一体”；拉丁美洲在1939~1947年，共产党员的人数增长了将近五倍；就连在苏联本国，1941~1945年，在刨除战争导致的巨大损失后，共产党员的人数也增长了将近50%。[28]在这些新的共产党员中，绝大多数人都希望亲身参与到他们认为将会席卷世界的历史事件中，他们坚信，世界会不可阻挡地走向全体人类的更加公正和平等。这种迅速的扩张颇有些神秘之处，甚或有些救世主的味道。正如立陶宛－法国哲学家埃马纽埃尔·列维纳斯（Emmanuel Levinas）在1957年所说，“共产党员的持续增长，它对世界的征服，比基督教或伊斯兰教的传播还要迅速得多，它无所不包，其青年的信仰、英雄主义和纯粹……已经让我们习惯了在这场运动中听到‘命运’的脚步声。”[29]

并不只是那些在战后寻求彻底变革的人获得越来越多的支持：在世界各地，一切形式的政治参与都增加了，不论各个政党有多激进或保守。例如，在东欧，政治支持数量增长最大的并非共产党，而是匈牙利小农党或罗马尼亚农民党等呼吁人民对其土地保持永恒的情感依附的党派，这两个党在被共产党驱逐和压迫之前的一段时间里都曾掌有权力。与此同时，西欧对共产主义和社会主义的支持激增，与之相伴，对基督教民主主义的支持也同样激增，后者是一个相当保守的政治运动，在接下来的30年里占领了欧洲大陆的政治版图。1945年整个拉丁美洲的政治生活主要是围绕着大规模民粹主义运动展开的，而短短几年之后，人们就深深地感受到了保守主义的强烈反弹。 153

北非和中东地区发展速度最快的政治组织是穆斯林兄弟会，该运动既倡导革命，又宣扬保守的穆斯林价值观，这一点颇有启发意义。

人们寻求使命感和归属感的另一种方式是加入职场组织，特别是工会。战后，这些组织在世界各地大规模增长。在拉丁美洲，工会会员人数在这一时期直线上升：巴西和哥伦比亚都是典型的例子，工会人数在1940～1947年不止翻了一番，而阿根廷的工会人数在区区四年之内几乎翻了两番（从1945年的53.2万人到1949年的将近200万人）。[30]在非洲，新的工会四处兴起，新会员的涓流迅速变成湍流，继而又变成洪水。例如，单在加纳一地，1946～1949年，工会的数量便从14个上升到41个，正式会员的数量也上升了6倍。[31]其他非洲国家的工会会员人数也有类似的上升，并出现了真正的工会斗争：1940年代后期，南非、南罗德西亚（Southern Rhodesia）、肯尼亚、坦噶尼喀（Tanganyika）、喀麦隆、尼日利亚，以及整个法属西非都出现了大规模的罢工。亚洲、欧洲和中东也出现了这种增长模式，各地的工人聚集成群，自行组织并结成联盟，最终加入规模更大的民族主义和国际主义运动。当然，这往往具有政治和经济的双重意义，但它也让各地的普通工人产生一种使命感、社区意识和归属感。

战后发展起来的组织名单可以一直罗列下去，从社会、文化团体，到商业网络，再到慈善组织。关于后来所谓的“社会资本”，迄今从未进行过世界性的历史调查，但传闻的证据表明，世界上大部分地区都出现了相同的一般性的模式：在战争及其余波中，就各种类型的社会团体的共同参与大幅增加。

美国的情况的确得到过全面调查，来自美国的数据看来可以证明社团参与的增加。2000 年，美国社会学家罗伯特·D. 帕特南（Robert Putnam）完成了一项开创性研究，课题正是 20 世纪的各种社区参与，从正式加入政治团体到晚餐会和扑克牌桌上的非正式社交。他的调查发现，战后十年，教堂的平均出席率从成年人口的大约 37% 飙升到大约 47%。工会会员数量在战后不久便达到顶峰，接下来的 30 年里也没有明显的下降；美国律师协会或美国建筑师协会等专业组织的会员也遵循相似的模式。在战后，扶轮社、童子军和女童子军，以及父母 - 教师联谊会等社区组织的会员数量激增 60% ~190%。在 1940 年代和 1950 年代，美国人加入保龄球俱乐部或一起打牌的人数比历史上其他任何时期都多。就连慈善捐赠也在战后初期出现 35% ~40% 的提高，直到 1960 年代中期才开始回落。据帕特南说："1940 ~1960 年代，几乎不管在哪个方面，都可以觉察到同样的成员数量在战后加速增长的模式。"简而言之，"1945 年后的 20 年是美国历史上社区参与的最为重要的时期之一"。[32]

154

必须强调，这些趋势中没有一个可以完全归功于战争的精神影响。例如，某个美国民间组织的成员数增加，部分是因为 1940 年代和 1950 年代美国教育水平的提升和经济景气。同样，天主教战后在英国的兴起，其部分原因是战后的移民，而拉丁美洲工会会员数量的增加也部分源于工业化和城市化的提高。然而，这些次要原因本身却有很多都是二战的结果：换言之，我们从中得出的结论是，战争的精神作用和物质作用是相伴相随的。在关于战争余波中社会资本情况的世界性全面研究完成之前，我们似乎可以有把握地认为，同时发生在世界大部分地区的社区参与的增长主要应归功于后来所谓的"战争精神"。

换句话说，经历过战争年代的共同胜利和牺牲的人，更有可能重视参与到比他们本身更伟大的事业中去。

据罗伯特·帕特南说，这种社区参与的增长宣告结束的时间与道德重整开始衰落的时间大致重合，即1970年代初。从那时起，所有民间团体成员的数量都骤降，有些民间团体几乎解体。这有很多原因，包括对电视和计算机应用的增加，个人的时间越来越少，以及郊区散乱扩张导致的更强烈的隔绝感。但最重要的一个因素是"世代交替"，也就是说，随着经历过战争的男男女女的衰老死亡，美国在全国各地推广社区生活的努力也一去不复返。[33]

155

回顾1940年代末和1950年代时，我们很容易陷入怀旧情绪，正如回顾战争时间或许会产生的那种怀旧感。我们也许会嫉妒那些生活在战争时期的人经历的宏大集体感，但同时会忘记这种感受几乎总是要付出一定代价的。1950年代既是个归属的时代，也是个令人恐惧的时代，当时各种人、各个国家都在环顾四周，企图找到让他们感到不安全的罪魁祸首，也找到无数的可怕理由让他们想要逃离自己曾在战争岁月中为之奋斗过的东西——自由。

正是这个原因让汉斯·比耶克霍尔特的故事变得模棱两可，却又如此引人入胜。一方面，他被迫下决心接受自由的责任：他毫不含糊地承认了这样一个痛苦的事实，即人如果没有首先甘愿恪守自己的原则，就绝不可能梦想改变世界。正如让-保罗·萨特所说："如果不是对所有的人都是更好的，就谈不上是更好的。"然而，汉斯·比耶克霍尔特使用的语言全然不是自由的语言，而是奴役的语言："全然放弃自己的个人意志。"[34]

他渴望的不仅是接受他的个性，而且还要把自己纳入道德重整运动，并借此纳入全体人类。也就是说，他真正想要的是自由和归属，是他自己的个人命运和人类的共同需求的完美综合。“这将是人类历史上最伟大也最激进的革命，”1950 年代初，他充满希望地写道，“它会给每一个人带来他渴望的那种世界。”[35]这种观念恰是对何为乌托邦的完美诠释。

正是因为这个原因，很多人对道德重整不屑一顾，认为它是一种千年邪教。当时的记者们质疑它的资金来源、动机，以及它对“非常复杂的问题的过度简化”。[36]传统的基督教神职人员指责它“妄自尊大的自信”和“狂热”，这破坏而不是提高了个人的道德责任。[37]社会学家们声称，道德重整的重点在于个人，而不是与上帝共享圣餐，这恰好反映了它标榜自己力图疗愈的社会的微粒化。[38]心理学家们同样将其解读为一种邪教。[39]听到这些，道德重整的信徒却不改初衷。史上最伟大的战争结束之后，直接省去谁对谁干了什么这些复杂问题，不正是我们需要的意识形态吗？起初把我们带向战争的正是对传统思想和教条的执迷不悟啊。再说，试图填补我们生活中的空虚到底有什么错？如果自由不能同时给我们带来意义，那要它又有何用？ 156

我到目前为止讨论过的所有乌托邦愿景，都是个人以及他们生活于其中的社会，为了寻找战后出现的某种意图而进行的尝试。每一个人或社会都试图找到某些在其基础上构建新型社会的普遍原则，但这么做的每一个人最终都绝无可能实现其梦想。

尤金·拉宾诺维奇希望以理性、科学的思考来迎接核时代的挑战，他试图阻挡曾导致战争爆发的非理性的人类冲动。然而，公众——甚至包括拉宾诺维奇的某些原子弹科学家同事——对原子弹的神话般的思考方式，破坏了像他这样的人试图宣传的要旨。

同样，贾恩卡洛·德卡洛一生致力于把战后的世界变得更加美好。他既受到为全人类的利益而创建新城市这一承诺的启发，又因这似乎践踏了个人的需求而对此感到厌恶——他终其一生都在力图调和这两种相反的冲动。

与此同时，弗朗索瓦丝·勒克莱尔的人生被她经历的战争所改变。此后，她把倡导为女性、穷人和拥有不同国籍与信仰的人争取更大的平等作为自己的使命。然而，她的行动核心却是矛盾的：她挑选出这些团体便必然认可了他们的不同之处，他们的“他者”性，以及他们遭受的不平等。

所有这些人都和汉斯·比耶克霍尔特一样，竭尽所能拒绝恐惧，拥抱自由。他们之中无人成功，但我们不应对此感到失 157 望：乌托邦，究其本质而言，就是镜花水月。他们都受到一种信念的激励：即使失败了，尝试也总比永不尝试要好。并且如果真的注定要失败，他们至少要败得精彩。在这个过程中，他们每一个人都发现自己得到了想法相近的人群的支持，如果说这些人没有帮助他们实现梦想，至少给他们带来一种归属感。

在某种程度上，本书的余下部分都是在探讨为了填补“自由”在战后带给他们的空虚，各个国家的人都做了些什么。在接下来的章节中，我会让读者来决定各位主人公是冲向了自由，还是逃离了自由（或是为了同时满足这两种欲望，终至粉身碎骨）。此刻我只想说，几乎无人能忍受长时间的精神空虚。战争结束后，几乎每一个人都渴望的东西，便是归属感；无论它表现出来的是积极还是消极，因为正是这种凌驾于一切之上的冲动，才最能体现出时代精神的特质。

第三部分

天下一家

10. 世界经济

在我们的集体记忆中，第二次世界大战是一个充满宏大叙事的时代。二战充满了宏大的战役，人们死于枪炮炸弹和其他暴力机器之下。我们对鲜血硝烟的想象自有一种难以忽视的直观感，但在现实中，二战有很多其他的特质，即便没有那么鲜血淋漓，致死性却不遑多让。作为第一次真正的"全面"战争，它本身不仅是真刀实枪的战斗，同时也是一场经济战。

很多人目睹了二战经济战的那一面，其中有一个名叫奇塔普罗萨德·巴塔查里亚（Chittaprosad Bhattacharya）的印度青年艺术家。战争爆发时，奇塔普罗萨德二十岁出头，正忙于寻找让人感觉有意义的艺术风格。他尝试过印度传统艺术和现代主义艺术，但从未能找到一种方式把绘画和身边处处皆是的印度生活现实衔接起来。他说，他想要表达的东西似乎总是"近在眼前"，但每当他觉得自己找到了，"它就一次又一次地被证明只是个神话"。[1]

战争改变了一切。奇塔普罗萨德所在的省突然变成繁忙之地。政府的资金开始涌入孟加拉，特别是加尔各答市，那里很快变成印度的军工生产中心之一。军队开始招兵，物资被运往印度边境防御外部入侵。在印度已成气候的政治活动开始在各地频繁起来。人民或支持战争，或反对战争，或干脆要求英国人"滚出印度"。

对于奇塔普罗萨德而言，这种变化仿佛一瞬间让世界变得清晰起来。英国当局甚至都没有和人民商量过，就把这个国家带入战争，这让他和数百万印度人一样充满愤慨；然而，至少在这一刻，日本法西斯力量的新威胁似乎超越了一切。在一些农民朋友的启发下，奇塔普罗萨德加入共产党，立即开始创作162 政治宣传海报来支持战争。他谱写了关于“人民战争”的歌曲，还开始带着他的反法西斯画作，在印度和缅甸边境地区巡回展出。他感觉自己仿佛获得了“新生”。[2]

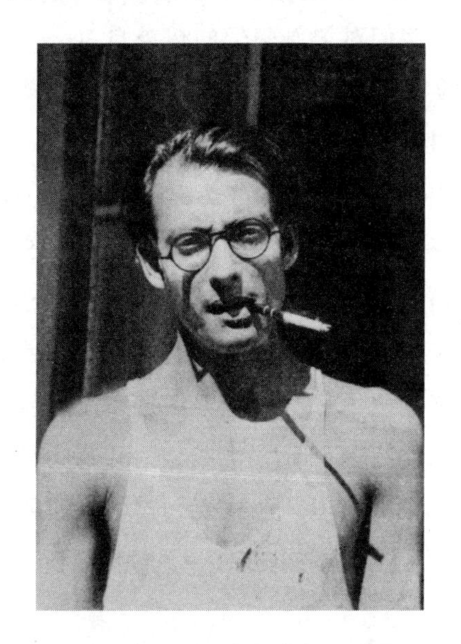

战争结束几年后的奇塔普罗萨德。

这种“新生”在 1942 年中期一次性地得到证实，当时，日本人终于把侵略的魔爪伸向印度边缘。奇塔普罗萨德住在吉大港区，那里是印度东部的最后一个前哨站，他亲眼看到成千上万的缅甸难民如潮水般涌过边界的惨状。慌乱之下，英国当局开始征购贮存的大米，把村民的所有船只或没收或击沉，以防它们为日军所用，完全没有考虑这些船是“该地区绝大多数村民唯一的谋生手段或交通工具”。奇塔普罗萨德第一次目睹了他前所未见的景象：“黑市，特别是食品黑市”迅速“抬起它丑陋的头颅”。突然间，他觉得自己仿佛置身于“一艘即将沉没的船上”。[3]

接下来的一年，奇塔普罗萨德眼看着大米价格翻了一番，然后又翻了一番。到 1943 年底，有报道称吉大港的米价高达每蒙德① 80 卢比，比危机开始前的价格高了近十倍。[4]龙卷风袭击了西孟加拉的大米耕种区后，危机从边境地区四下蔓延，席卷全省。突然间，各地似乎都陷入大米短缺的状态。粮店主开始囤积居奇，把价格继续推高，最后只有那些积蓄颇丰的人，或是有东西可卖的人，才买得起粮食。孟加拉人开始挨饿。

163

说政府对这种局面的反应不充分未免轻描淡写。孟加拉在战前和战争进行期间都有自己的省级自治政府，有各种权力对人民实行经济管制。如果它一开战就像其他很多政府那样制定全面的定量配给和价格控制制度，或许可以避免即将来临的危机。相反，自治政府采取了有限的价格控制，随即又放弃了，所以结果自然是灾难性的。定量配给直到 1944 年才开始实施，但即便到那时也只在加尔各答一地实行，其效果只是饥饿的农村地区被卷走更多的粮食。[5]

印度中央政府的反应也好不到哪里去。孟加拉部长们无谓的努力加重了该省的粮食危机，中央政府对此置若罔闻，不仅如此，还坚持要孟加拉向同样饱受粮食供应问题之苦的锡兰出

① 蒙德（maund），印度、阿富汗、波斯和阿拉伯等地的重量单位，1 蒙德等于 37.3242 公斤。

口粮食。[6]如果印度中央政府能像同盟国在中东一样设置一个供应中心的话，或许更有利于解决开始扼制其东北地区的一系列瓶颈问题。但专门的粮食部直到1942年底才成立，那时，滋生饥荒的温床早已形成。在此期间，政府致力于“无限制自由贸易”的政策，在世界大战的背景下，这样的政策完全是一场灾难。[7]1944年，一个愤怒的记者如此写道：

> 或许苦涩，但必须面对。中央政府无视印度粮食分配的重要问题，直至为时已晚，且面临入侵、补给军队困难、闭关锁国、把印度与世界市场隔绝开来的威胁，并且认为印度的粮食问题应该听天由命，自由放任①。在性命攸关之时，这种不作为不仅是漫不经心，简直是在犯罪。[8]

164 然而，对接下来发生的事情负有终极责任的是伦敦的大英帝国政府，它长期以来忽略了孟加拉的经济需求，使得后者没有能力应对全面战争的压力。1940～1942年，英国人过于关注他们自己的存亡，无暇顾及帝国遥远地区的经济问题。1943年，孟加拉严重的粮食危机成为国际新闻，丘吉尔及其政府仍旧坚决反对采取任何援助措施。他们收到一连串请求紧急发放粮食的诉求，英联邦其他地区也表示愿意提供帮助，但丘吉尔和盟军联合参谋长坚称他们没有备用船只。甚至在加拿大提出愿意向孟加拉供应十万吨小麦之后，伦敦还是拒绝了。孟加拉人民唯有等死。[9]

奇塔普罗萨德近距离目睹了这些事件的后果。他看到英国

① 原文为法语 laissez faire。

军队对东孟加拉的巨大影响，他们征用良田修建公路、军营、飞机场和训练场。他看到地方官员和“大腹便便的马哈詹”（放贷人）的腐败，看到他们为维持粮食的高价而暗中勾结。和身边的人一样，他对国家的政客也怀有极大的“憎恨与愤怒”，他们的虚伪、冷漠和相对的富有是“对挨饿大众的一种侮辱”。[10]但最重要的是，他看到了人民对英国人的普遍仇恨，他们的冷漠进一步加剧了危机。他把饥荒时期国家士气的全面崩溃，以及整个孟加拉“文明社会本能”的丧失，全都归咎于“外国人政府”。

在接下来的几个月，他开始画骨瘦如柴的乞丐、街上的死尸、盘旋在孟加拉上空的成群的兀鹫。他在共产党报纸上报道饥荒，1943 年 11 月，他为记录自己的国家发生了什么，开始在受灾最严重的地区之一米德纳普尔（Midnapore）徒步旅行。他对那里的描述是“兀鹫和强盗”之地，布满死者的尸骨与骷髅。在旅途中，他遇到被迫卖淫的妇女，这是她们购买粮食的唯一手段，还有出卖自己的农场和所有财物来交换大米的贫穷家庭。走过一片特别荒凉的空旷的乡下，他形容那里没有任何生命的迹象。“我开始怀疑，就算我们走到世界的尽头，是否还能发现任何活物，”他写道，“目力所及之处，我看不到任何人类栖息的痕迹。周围只有贫瘠的土地，一路延伸到遥不可及的天边。”这种世界末日的景象不是枪炮带来的，而是因为缓慢的经济窒息。这个经历令人深感沮丧，他甚至开始觉得自己像是“失去了对生命本身的信仰”。[11]

165

1943 ~ 1944 年的孟加拉大饥荒，以及导致它发生的全球战争，在奇塔普罗萨德的余生一直困扰着他。正是在这个时期，而不是其他任何时候，他才真正成为一名艺术家。“如果有人

奇塔普罗萨德的肖像画，描绘了孟加拉饥荒时期一个饥饿的男子和他的孩子：“他失去了土地，妻子也离开了他。在这个世界上，能称作属于他的东西所剩无几。”

能够从生活中学点儿什么的话，就必须以死亡作为背景，”他后来如此说道，“当人性和文明的存在受到暴力、破坏和死亡力量肆虐的威胁之时，艺术家要么放下画笔拿起枪，要么走出人类的世界加入魔鬼的队伍……我不能放下画笔，只是因为我找不到枪来反抗成群的法西斯。我找不到枪是因为，你知道的，英国统治者为我们‘管理一切’，不顾我们的热切愿望，无视

166

我们无可置疑的照顾自己的能力……”

在殖民主义、全面战争和经济毁灭的背景下，艺术是奇塔普罗萨德拥有的唯一堡垒。“我被环境所迫，把画笔变成尽可能锋利的武器。”[12]

战争的经济影响

孟加拉大饥荒是二战最具灾难性的事件之一。在区区一年多的时间里，死在这一个省里的人比解放整个西欧死的人都多，并且是在一枪未发的情况下发生的。战争结束后的官方估计把最终的死亡人数确定在大约 150 万人，但据后来的学术报告披露，更现实的数字是 300 万人，全都直接归因于饥荒。[13]此外，这只是在全世界发生的普遍现象的一个例子而已。同年，中国也发生了一次类似的大饥荒，河南省有高达 200 万农民饿死；在法属印度支那的东京①也有相近数字的人死亡。[14]菲律宾、荷属东印度②、日本、俄罗斯、乌克兰、波兰、希腊、荷兰，甚至非洲部分地区的局部饥荒，也导致数百万人死亡。据某些历史学家说，战争期间有大约 2000 万人并非死于暴力，而是饥饿。[15]

让这些死亡情形看起来更加悲剧的是，就连在孟加拉，也没有出现难以解决的粮食短缺。据经济学家阿马蒂亚·森（Amartya Sen）说，粮食大概足够分配——只是那些拥有粮食供应权的人不愿意以穷人负担得起的价格出售罢了。[16]在全球范围内也是这样，问题不是供应，而是分配。在整个欧洲，大部

---

① 东京（Tonkin），今名河内，位于越南北部的红河三角洲地区。

② 荷属东印度（Dutch East Indies），指 1800～1949 年荷兰人所统治的印度尼西亚。

167 分运输网毁于战争，剩下的又大都留给军用，在大陆分配粮食因此而困难重重。世界其他大部分地区也是如此。数千万吨位的海运能力毁于战争：单是英国商船队的货运量就高达1170万吨，日本商船队也被一扫而光。[17]剩下的运输能力大部分留作军用，这样一来，就无法防止某些国家粮食过剩，而另一些国家出现短缺了。例如，美国定量配给食糖的时候，西印度群岛的食糖却大量积压。又如大部分亚洲和东欧地区的人民忍饥挨饿的时候，阿根廷却在烧玉米作燃料。[18]

这些供应瓶颈如此严重，以至于世界各地的政府都被迫对粮食分配诉诸严厉的控制。他们接手供应链，推行价格限制并采用定量配给制。为了最大限度地扩展货运空间，整个新产业往往是在政府的支持下才得以起步。肉类去骨、腌制和装罐；鸡蛋干燥后打粉；牛奶浓缩。优先级给予了土豆等高能量食物，而不是大米和小麦；或是优先考虑富含蛋白质的奶酪等食物，而不是黄油。这样的集中配给如能顺利执行，将会极其高效，英国就是一例。但如果像孟加拉那样管理不善，或是像很多非洲殖民地以及欧亚占领区那样剥削成风，就会导致饿殍遍野。

被二战中断的不仅是食品贸易：1939～1945年，全球经济都被彻底颠覆。数十年建立起来的贸易模式几乎在一夜之间就崩溃了，取而代之的往往是全然陌生的新安排。例如，很多非洲法语国家在被战争切断与法国的联系之后，损失了多达三分之二的出口市场，而比利时属刚果等其他国家，通过与英国、南非和美国建立新的贸易伙伴关系，主要的出口产品总值翻了一番。[19]拉丁美洲和加勒比地区也出现类似的转变：与欧洲的传统纽带实际上被切断之后，整个地区对美贸易的依赖性大大提高，而且这种依赖性还将延续数十年。[20]

与国际贸易的变化相伴而来的是就业方面同样巨大的变化。 168
随着全世界数百万人应征入伍及进入重要的军工产业，各地的就业率几乎都有所上升。因为各种工业竞相吸引工人，他们的工资也会提高。这些变化在短期内也许会让普通工人感到快乐，但它们对于某些传统产业的打击是灾难性的。如果汤加人向驻岛的美国士兵出租自行车就能赚更多的钱，那为什么还要继续在椰干产业工作呢？冰岛的农业劳动者如果能在新建的同盟国军事基地挣两倍的收入，为什么还要在农场长时间劳作呢？[21]

为了让基础产业维持运行，世界各国都采取了征募劳工的措施。英国、澳大利亚和美国等国家成立了一系列妇女土地服务队（Women's Land Armies）来维持农场运转，在那些国家，人们大体上认为征募制度是为战争所做的必要的牺牲。但在很多非洲国家，征募制常常被当作另一种形式的殖民剥削而遭到激烈的反对。例如，在坦噶尼喀，种植园工人被关在有人值守的围墙之内，以防他们逃走，对于那些拒绝工作的人，政府还授权种植园主实施体罚。在尼日利亚，逾十万农民被迫离乡背井去锡矿工作；在罗得西亚①，白人殖民者为了以低廉的薪金征募成千上万的农业劳动者，甚至还操纵政府的主张。[22]在法属西非，对于强迫劳动的普遍愤恨虽然在战前就存在，战争期间却有大幅增加，成为战后岁月中改革的主要推动力之一。[23]

但战争导致的最广泛、最具毁灭性的经济后果，或许还是通货膨胀。现在全世界有如此巨额的政府开支，于是便有更多

① 罗得西亚（Rhodesia），非洲南部的原英国殖民地，1965 年单方面宣布独立，1980 年改名为津巴布韦。

的人往自己的口袋里装更多的钱。同时，因为战争，现在的各种货物也比以前稀缺得多。更多的金钱可争取到越来越少的货物，各地的价格迅速开始上涨。当然，对于工资上涨幅度与通货膨胀同步的人来说，大规模的价格上升并不是问题，但对那些在低薪工作中挣扎的人来说，这种影响非常糟糕，因为他们购买货物和服务的能力持续下降，积蓄变得一文不值，在像孟加拉那种最糟糕的情况下，只能开始挨饿了。

战争期间，与这种通货膨胀对抗的唯一方法，便是对供应链实行严厉控制，并采用一种固定价格的制度。这在英国运作良好，那里的政府有资源将这种控制落实到位，民众也大致能团结起来予以支持，但在世界上其他很多地区，这完全不可能（参见下表）。[24]例如，在欧洲的占领区，定量配给几无公众支持，黑市因此横行。所以，在战争期间，英国的生活成本只上升大约 30%，而法国却翻了两番，并在后来数年里继续直线上升。[25]与此同时，在发展中国家的很多地区，根本没有行政机构或资源来实行这种严格而复杂的控制制度。因此，巴西的生活成本几近翻番，埃及几乎上涨了三倍，伊朗则增加将近八倍之多。[26]有时，在地方层面上，价格的上升甚至更加惊人。例如，在中国泉州和上海，战争期间的大米价格上涨了 200～240 倍，这个趋势在随后的国内战争时期又进一步加速。[27]

战争导致的生活成本指数的上升（1937 年为 100）

国家	1937 年中	1945 年中	1947 年	总结
北美洲				
美国	100	128	156	稳定
加拿大	100	120	137	

续表

国家	1937 年中	1945 年中	1947 年	总结
拉丁美洲				
阿根廷	100	135	185	基本稳定
玻利维亚	100	496	650	
巴西	100	197	—	
墨西哥	100	247	354	
委内瑞拉	100	141	171	
澳大拉西亚*				
澳大利亚	100	129	136	稳定
新西兰	100	123	126	
亚洲				
印度	100	—	260	在大部分惨遭蹂躏的国家急剧升高
马来亚	100	—	270	
印度尼西亚	100	—	1600	
菲律宾	100	—	400	
日本	100	250	15000	
中国(重庆)	100	207400	—	
中东地区				
埃及	100	287	280	战争期间急剧升高,随后而来的是战后通货紧缩
伊朗	100	779	688	
黎巴嫩	100(1939 年)	607	505	
土耳其	100(1938 年)	354	344	
非洲				
南非	100	137	146	南部相对稳定,但在北非饱受战争蹂躏的地区急剧升高
肯尼亚	100(1939 年)	—	198	
阿尔及利亚	100(1938 年)	539	2160(1949 年)	

续表

国家	1937年中	1945年中	1947年	总结
欧洲				
英国	100	132	132	英国、斯堪的纳维亚地区和中立国家稳定；饱受战争蹂躏的国家则出现大规模的通货膨胀
法国	100	400	1200	
意大利	100	—	5000	
波兰	100	—	15000	
罗马尼亚	100	3800	160000	

* 澳大拉西亚（Australasia），指澳大利亚、新西兰和附近的太平洋岛屿这一地区。

在很多国家，特别是欧洲受到战争重创的地区，人民完全对货币失去了信任，转而选用食物或香烟作交换。在波兰、罗马尼亚和匈牙利，货币一钱不值，钞票掉在街上，人们都懒得去捡。匈牙利尤其遭受了大概是世上前所未见的最大的恶性通货膨胀，远比一战后德国的情况还要严重得多——价格一天内就能上涨两倍。战后一年之内，一条面包的价格从6帕戈①上涨到将近60亿帕戈。发行的钞票上印的数字只有数学家和天文学家才听闻过。“匈牙利人都是超级亿万富翁。”有人讽刺地回忆道。[28]虽说这样的恶性通货膨胀要部分归咎于政府刻意制定的政策，但政策本身在很大程度上也是由战争遗留的条件决定的。匈牙利或许是个极端的例子，但世界上所有的战乱地区都经历了上涨率惊人的通货膨胀，就连很多远离战争的偏远地区也未能幸免。[29]

① 帕戈（pengö），匈牙利的旧货币，流通于1927年1月21日到1946年7月31日，它在短暂而迅速的货币贬值之后被福林（forint）取代。

从那时起，世界再也没能恢复旧日原样。如今，通货膨胀是日常生活中的一个正常现象，就像18世纪或19世纪从未发生过通货膨胀一样正常，那时全世界的价格都能保持相对的稳定。正是两次世界大战才产生了这种新的常态——对世界大部分地区而言，第二次世界大战起的作用尤为重要。[30]

171

赢家和输家

战争引发的经济变化如此巨大，自然会出现赢家和输家，不光在个人之间如此，群体和国家之间也是一样。在孟加拉大饥荒最严重的时期，虽有数百万人忍饥挨饿，但仍有很多人发家致富，特别是奇塔普罗萨德藐视的那些“大腹便便的马哈詹”。包括官方调查在内，有关饥荒的几乎每一篇报道都谈及粮食投机商人，也几乎都持谴责的态度。用一位英国记者的话说：“金钱流进股票交易市场；大米成为一种稀缺商品，因而价值昂贵；大企业的骗子通过买卖人民的命脉——他们的主食——而日进斗金”。[31]

在全世界范围内也是一样，有人发了大财，有人倾家荡产，这也引发了类似的道德评判。在痛苦和死亡如此惨重的背景下，很多人都难以接受有人会从战争中渔利。因此，欧洲有很多人批评与纳粹和法西斯分子合作的实业家，以及从绝望到不得不定期下乡用珠宝交换粮食的城里人身上获取暴利的农民。[32]非洲部分地区对欧洲人仇恨日炽，因其利用战争作为剥削黑人劳力的借口，同时对亚洲商人阶层也恨意难消，因其投机粮食和其他基础产品发家致富。几年后，这种仇恨又在坦噶尼喀、肯尼亚和乌干达等国家再度燃起。[33]与此同时，在孟加拉，每一个人都谴责英国人应对当时发生的事情负责，但他们彼此之间也会互相责备。穆斯林联盟控诉信印度教的零售商故意扣留大米以免落入他族之手，印度教徒则控诉穆斯林批发商滥用政府采购的垄断权。对孟加拉不同宗教信仰者之间的未来关系而言，这一切都不是什么好兆头。[34]

从国际层面上来看也有赢家和输家。最大的赢家无疑是美国，因其显而易见的财富，有时人们对它的仇恨与对它为同盟国的胜利所做之贡献的感恩同样强烈。美国作为所有同盟国的主要供应商，在战争中大发横财。1939～1945 年，美国的经济规模近乎翻番，战争结束后，这个国家占了世界总产出的将近一半。[35]此外，美国如今还控制了世界的船运：战争期间，大多数竞争对手的船队都遭受了巨大损失，而美国的船队规模却翻了两番，1947 年，美国的商业船运比世界其他地区船运的总和还多。因此，运输什么东西，运到哪里去，决定权在于美国。[36]在这样的世界里，美国人发现自己比以往任何时候都要富庶：平均来说，与 1939 年相比，1945 年美国人的个人财富增加了近 80%。[37]

172

战争的其他赢家包括加拿大、澳大利亚和南非，以及瑞典和瑞士等某些中立国：或因没有介入战斗，或远离破坏，这些国家保持了前所未有的高增长率，在大战结束后远比之前富裕得多。[38]例如，南非还清了全部国债；加拿大不但还清了债务，还大量收购外国资产，增加了黄金供应量，并累积了与其他国家的巨额贸易顺差。[39]很多小国也从战争中获益。例如，冰岛由于美军在该岛的开销，消灭了它在战前的巨额债务问题。[40]伊拉克、伊朗、埃及和巴勒斯坦也在战后赢得大量的预算盈余，完全是因为英国军队在中东地区的开销。[41]印度也设法在战争期间积累了大量的英镑结余，同时还在英国全境大肆购买资产。尽管孟加拉历经磨难，印度整体的表现却不算太差。[42]

这场经济战争中最大的输家不仅包括德国和日本，还有被他们占领的国家，以及为了打败他们而破产的国家。苏联显然成为一个军事强国，但它的经济是个烂摊子：四分之一的全国财富损失殆尽，农业生产受到严重破坏，直到 1955 年才恢复到战前的水平。[43]法国、荷兰和希腊的经济规模在战时缩减一半，菲律宾、南朝鲜以及台湾地区也是如此，不过部分由于美国的财政帮助，欧洲的经济迅速反弹，但大多数亚洲经济体直到 173 1950 年代中期才恢复到战前的水平。[44]

另外，英国被迫出售了将近四分之一的国外资产，出现巨额汇率赤字，同时还恳求并获得数十亿美元的租借援助。甚至在战争结束之后，英国政府还被迫向美国继续借一笔 37 亿美元的贷款，这笔债务直到 2006 年才最终还清。[45]

英国对美国新的依赖关系标志着两国关系的戏剧性变化，或许也可以算作战争最大的长期后果之一。1939 年，这两个国家的生活标准相近，人均国内生产总值近乎不相上下。但战时美国的生活标准不断提高，英国却停滞不前。与美国的生活标准相比，其他所有的发达国家几乎都有类似的下降，但几十年后，这些国家的经济几乎全都复苏了，到 1970 年代和 1980 年代至少恢复到战前的相对水平。然而，英国的相对损失是永久性的。战争让这个国家丧失了财富、帝国、某些传统市场及其货币的统治地位——当它的制造实力也开始下降时，其间的差别就大到无法弥补了。如果说美国显然是大战最大的赢家，那么英国大概就是最大的长期的输家了。[46]

关于战争经济的赢家和输家的最后一个重要的观点与贫富鸿沟有关。在世界的某些地区，像孟加拉这样的地方，战争让穷人遭受的创痛无疑远远超过富人。但在大多数地区，特别是发达国家，战争实际上最终起到了消除贫富差别的作用。富人不但因为普遍的破坏而丧失了大量财富，战时和战后的政治气候也强迫他们接受更高的税赋，同时对他们收取租金的能力给予更多的管控，甚至他们的企业会被国有化。在整个东欧地区和中国，共产党实行了大规模的土改，一些国家的封建经济第一次发生了转变。城镇居民或许会怨恨黑市粮食价格，但对农民来说，这使得财富从城市回流到农村，而这是他们急需的。因此，战争大大减轻了贫富之间、城乡之间的不平等。实际上，174 某些经济学家甚至认为，战争“抹掉了过去，让社会焕然一新，成为一块白板”。[47]

受控制的世界经济的愿景

1944 年，各地的经济学家都认为，必须采取某种激进措施来调控全球经济。战争让整个体系极不稳定，人们普遍害怕战争的繁荣期过后，另一次世界范围的萧条会在 1945 年后紧随而来。每个人都担心重返 1930 年代的高风险时期，当时整个世界陷入了狭隘的民族主义，自由放任的经济带来的灾难更是雪上加霜。

如果说战争给世界带来什么教训的话，那就是如果指导得当，中央控制的经济体会收效非凡，以及如果没有盟友之间的合作，经济上就会一事无成。美国首席经济学家哈里·德克斯特·怀特（Harry Dexter White）在 1944 年指出，“如果军事战争之后是经济战争——如果每个国家都不顾其他国家的利益，只为自己的短期经济利益而战”，世界和平和繁荣将永远不会实现。因此，国际合作是不可或缺的“确保和平的基石”。[48]

正是怀着这种想法，1944 年，怀特和英国的约翰·梅纳德·凯恩斯，以及其他几十位重要的经济学家一起，参加了在美国的度假胜地布雷顿森林举办的会议。他们的目的是制定一系列全球制度，控制战后的世界经济，力图阻止它滑向危机和萧条。他们提出的措施不仅注重实用性：他们对讨论的事项中持有一种强烈的道德色彩，与之相伴的紧迫感是我们今天无法想象的。44 个同盟国能够在短短数周的时间内制定出这些制度，足以证明他们都相信，达成协议至关重要。

那年夏天建立的机构保障了接下来 30 年世界经济的基础，直至如今仍在发挥着巨大的影响力。其中首要的是国际货币基金组织（IMF）。基金组织的主要目的是通过一个固定汇率体系来调控世界的资金流动，从而防止曾在 1930 年代造成混乱局面的自由放任的经济模式。它还提供一个基金池，若是某个成员国一旦面临巨大的国际收支赤字，便可从中抽取资金。最后，它还为那些有需要的国家提供经济指导，这个功能迄今仍在执行。

175

如果说国际货币基金组织在当时是个激进的想法，那就太低调太含蓄了。世界各国从未如此全面地改造国际货币体系的整体结构。在布雷顿森林会议之后，国家不能再随意对其货币升值或贬值，也不再完全受制于市场的反复无常。国际货币基金组织制定的汇率，未经批准，不得大幅改变，也就是说，整个世界都把经济主权让给这个崭新的国际机构。[49]所有的货币都紧盯美元，后者取代英国的英镑，成为世界性的国际货币——这进一步证明美国在世界经济上完全取代了英国，当然，这大概已经没有必要证明了。

即便在它的创始期，这个机构也充满了争议。凯恩斯希望债权国对国际间的失衡承担与债务国同样多的责任，而怀特的观点更加是非分明，他认为债务国应该独力负责偿还债务。（这倒不足为奇，因为英国如今是世界上负债最多的国家之一，而美国则是它最大的债主。）最终，美国人的观点照例获胜。[50]

同时，对其他国家来说最重要的是，在这个新机构里获得尽可能多的影响力。一个国家向国际货币基金组织的捐款或配额越多，对于基金如何运营的话语权就越大。理论上，配额的规模基于国家的经济实力，但同样需要切记，算法是掌握在美国人手里的。参与国并不知道，国际货币基金组织的五大经济体最终将具有极大的政治和经济意义，因为这些国家最终也占据了联合国安理会的五个永久的席位。[51]

在同一次会议期间建立的第二个全球机构是国际复兴开发银行，它是如今更为世人所知的世界银行的核心部分。建立这家银行的初衷是向欧亚国家提供战后重建的贷款，例如改造被战争破坏的港口或铁路线等，但它也有“开发世界经济落后地区”的雄心壮志。[52]而在战后的几十年里，开发逐渐扩大成为这家银行的主要目的。

176

布雷顿森林会议建议成立的最后一个主要经济组织是国际贸易组织（ITO），其目的是降低国家之间的贸易壁垒。这本应在战后的 1948 年建立，但在那几年间，世界对于战争的记忆逐渐消退，所以紧迫感与合作精神也随之消退。国际贸易组织从未获得美国国会的批准，美国不再愿意为了至善而牺牲哪怕微小的美国利益。因此，国际间不得不设法达成更有限的关税与贸易总协定（GATT），期待着它能在接下来的 50 年里慢慢成长。[53]

资金、开发和贸易。对这三者的国际管理本该是发展战后经济、创造光明新世界的基础。通过管理世界的资金流动，通过向大型重建和开发项目提供资金，以及通过促成贸易的顺利进行，每个人都应该从中获益。就像 1945 年 2 月罗斯福总统对美国国会说的那样，这些都是让“世界上所有国家的普通百姓都可以做他们擅长的工作，和平交换他们的劳动产品，在安全与和平中决定自己的命运”[54]这个始终如一的愿景的组成部分。布雷顿森林协议本身被称为“建设性国际主义”的一次突破。[55]

遗憾的是，无论这些全球机构的抱负有多大，它们都没有能力开创光明的新世界。必须克服的政治和经济不平等实在太大，战争造成的破坏也太严重。例如，与需要重建的整个欧洲和亚洲相比，世界银行的 100 亿美元基金不过是沧海一粟。最终，当美国通过马歇尔计划，向欧洲提供将近 130 亿美元的直接援助后，国际货币基金组织和世界银行实际上都变得与这个大陆不相干了。 177

对于决意不理会它们的国家来说，国际货币基金组织也没有能力向其施加管控，当那些国家是强国时尤其如此。就像印度代表在布雷顿森林会议上抱怨的那样，希望基金组织能控制英美这样的国家，就像是“派出水母去阻截鲸鱼一样”。[56]1947 年，在这个基金组织正式启动之后，几乎每个成员国都立即动用自己的权利，力求不让本国的货币在未来五年实现可兑换。大多数欧洲国家直到 1958 年才允许其货币可兑换，并且迟至 1961 年才完全遵守国际货币基金组织的规则。[57]国际货币基金组织本该拥有作为世界货币仲裁者的权力，但它开始看起来有点力不从心了。

与此同时，战后贸易谈判似乎也失败了。不仅美国在 1948

年退出贸易对话，英国的让步也仅限于它给予英联邦国家的那一点点儿优惠待遇。多年后，贸易对话才显著降低了贸易壁垒，直到 1995 年，世界才最终出现了布雷顿森林会议起初想象的那个对贸易政策拥有法定权力的国际机构——世界贸易组织（WTO）。

最后也是至关重要的是，世界上很多国家之间的政治存在差异，无论其本意是好是坏，这种差异都是无法克服的。喜欢也好，不喜欢也罢，每个人都清楚他们依赖美国，后者为绝大部分战后重建和开发提供了资金。如果英国认为这种依赖难以接受，那么苏联及其卫星国家对此则完全不能认同。苏联虽在 1944 年签署了布雷顿森林协议，但它从未被正式批准，这开启了东西方之间的政治和经济分裂，这道裂痕在后来的几十年里只会越来越大。

与此同时，世界上的穷国很快就开始将布雷顿森林机构看作富国俱乐部。2012 年之前，世界银行的每一任行长都是美国人，而国际货币基金组织的每一任总裁也都是欧洲人。此外，178 两个机构的执行委员会也都被美国人和欧洲人占据。有鉴于此，在战后的岁月里，欧洲的重建总是比亚洲更受青睐或许就不足为奇了。后来那些年，国际货币基金组织因为在向发展中国家发放的贷款中附加似乎只是有利于西方债权国的惩罚性条款而备受指责，这些条款包括降低贸易壁垒及削减政府开支等。对小国而言，这常常让它们感到发达国家侵犯了自己国家的主权。正如坦桑尼亚总统朱利叶斯·尼雷尔（Julius Nyerere）1981 年提出的一个著名问题：“是谁选举国际货币基金组织来当世界上每一个国家的财政部长的？”[58]

因此，确切地说，战争并没有开启经济大和谐的新纪元，它只是建立了一个同时尊重资本主义西方和共产主义东方之间，以及富裕的北方和发展中的南方之间种种差异的体系。尽管布雷顿森林体系从一开始，尤其是从2008年的世界经济危机以来，便被神化成“史上最长期的稳定和经济增长”，但它从来都不是完美的，也从来没有做到彻底的公正。[59]

然而有很多人认为，布雷顿森林体系虽然存在缺点，但也比别的选择要好。自这一体系在1970年代崩溃以来，世界经济，就像很多西方国家的国民经济一样，所获的调控几同于无。世界经济忍受了反复的经济繁荣和崩溃周期，富人与穷人之间的差距再次增长到自战前以来所未见的地步。如今，世界上一些最有影响力的经济学家为了遏制自由市场的过度发展，再次为国际合作的新时代而争论不休。他们说，这是我们避免在未来发生1943年孟加拉大饥荒那样的大规模不平等的唯一方法。[60]

人们或许想知道，孟加拉的普通人是如何看待世界经济的这些发展的。他们是否欢迎全球财政、全球贸易和全球投资的新时代？他们是否曾激烈反对建立世界新秩序的不公正？他们是否曾展望孟加拉在战后的美好未来？如果是这样，他们又如何接受这样的事实，即对他们而言，并没有像欧洲那样的马歇尔计划；也没有像中国那样，有来自联合国善后救济总署的援助；而对这个省的剥削从英国统治时期便已开始，1947年后在巴基斯坦治下依旧延续，且结束之期遥不可及？[61]

179

作为其中的一员，奇塔普罗萨德对于人人共享富裕和繁荣的世界不抱任何幻想。他的画笔曾经尖锐地突出了战争经济的不公和大饥荒，如今则继续用来暴露富人应付穷人时的虚伪。

在战后的几年里，他继续画针对英国人的政治宣传海报，但随着世界的权力均衡发生变化，他开始把重点转向美国人。在一幅漫画中，他画了印度总理贾瓦哈拉尔·尼赫鲁，后者剥削本国的穷人，从看上去好像美国人的炮筒中获取美金援助。在另一幅漫画中，他把印度画成一个获得自由的奴隶，画中人击退了意在掠夺的山姆大叔，后者有一帽子的美元，还有个塞满原子弹的口袋。[62]

奇塔普罗萨德的余生和他画的主人公一样生活赤贫。他虽然最终对共产党不再抱有幻想，却从来没有放弃过社会主义的理想，印度穷人的挣扎和胜利以及饥饿是他的艺术持续不变的主题。后来，他也为和平运动作画。不过，虽然他作为政治艺术家获得了一些名声，但他在作品中坚持描绘的富有挑战性的主题从未让艺术世界的局外人极度着迷。1978 年 11 月，他在加尔各答去世，死时默默无闻。[63]

180

尽管英年早逝，奇塔普罗萨德还是活着看到自己家乡孟加拉的变化，虽然那种变化绝不是他和很多孟加拉同胞希望的经济上的变化。他们对于良好的政府规划、发展，以及经济和社会进步的光明未来的希望即刻破灭了。战后几十年充满了反复的政治动荡、自然灾害和饥荒。1970 年代，当这个省最终成为独立的国家孟加拉国时，由于长期的镇压和血腥的内战，它仍然是世界上最贫穷的地区之一。

自奇塔普罗萨德死后，孟加拉国成为世界上最大的援助和开发贷款的接受国之一，但就连世界银行也承认，数十年的财政开发项目对解决不平等的问题收效甚微。1990 年代之前，世界银行借给孟加拉国的超过四分之一的款项，都是为了处理粮食安全和解决农村贫困，但大部分钱落入大地主手中，牺牲了

这幅 1952 年的漫画体现了奇塔普罗萨德对于以美国为主的世界经济的讽刺，图中的尼赫鲁从美国人的炮筒中接受金钱。印度的穷人在争取共产党的帮助时被牢牢控制。

小农户的利益，后者常常会进一步陷入艰难和债务之中。[64]

撰写本书之时，据联合国贸易和发展会议报告，孟加拉国仍是世界上最不发达的国家之一。那里逾 30% 的人仍然生活在贫困线之下，超过 15% 的人继续营养不良。时至今日，奇塔普罗萨德的“饥饿的孟加拉”仍在继续挣扎。[65]

11. 世界政府

181

“我受训去杀人，不仅杀其他士兵，还有城市里的人……女人、儿童、老人……”[1]这是美国前轰炸机飞行员加里·戴维斯（Garry Davis）对他二战经历的总结。1944 年，他第一次感到懊悔，这种感觉在他的余生一直缠绕不去：“作为人，我感到道德沦丧。我（在战前）的职业是演员。在舞台上面对观众时，我很快乐，充满活力，也感到人生美好。我和观众之间是一种互相尊重、欣赏，甚至喜爱的关系……但作为一名战时的飞行员，如果你想了解的话，我失去了人性和灵魂。我沦落为一个赤裸裸的屠杀同类的凶手……我生命中唯一不顾一切的动机就是打‘赢得反纳粹的战争’……我再也不是个快乐的艺人了。我感觉自己下贱、被人利用，备受屈辱。”[2]

退伍军人一旦回归平民生活就会感到漂泊无依，特别是在经历激烈实战的起起伏伏之后，这种情况并不罕见。1945 年，全世界有数千万战士有同样的错位感。其中有些像戴维斯这样，对战争以这种方式改变了他们，表达出自己的愤怒；其他人则努力控制着好斗之心，隐藏着焦虑和不安，或是渐渐接受了和平的到来，以及突然失去了紧迫感或目标。不只退伍军人有这样的感受，曾共同经历过战争的恐惧和凯旋的全世界平民，在战后也同样有不可名状的不安感。

让加里·戴维斯与众不同的，是他选择应对这些感受的方式。他在纽约漫无目的地游荡了两年半，不但对死于战争的兄弟和朋友难以忘怀，也为自己的行为应负的个人责任感到困扰，并深切怀疑整个世界并没有从这些年的破坏中吸取教训。当他再也无法忍受这些想法时，就决定采取行动：他要捍卫世界和平。因此，他返回欧洲，回到某种程度上的“犯罪现场”，并且在 1948 年 5 月 25 日，声明放弃美国国籍。这是他第一个以个人圣战的方式做出的反抗行为，这场圣战将延续至他人生的终点。[3] 182

戴维斯对他出生的国家并无特别反对之处，他的怨言针对的是“国籍”这个概念本身。在他看来，宣布放弃自己的国籍不是一种消极的行动，而是积极的，是成为“世界公民”的第一步，世界公民从根本上并不效忠于任何国家，而是效忠于人类这个整体。“战争的根源，”他后来解释道，“在我看来是单一民族国家固有的……为了消除战争……我们首先应该消除国家。”他推断，如果能说服足够多的人跟随他的脚步，宣布自己是世界公民的话，就不会再有任何单一的民族国家了，国际战争也就成为明日黄花。[4]

在接下来的 65 年里，戴维斯开始了一次接一次的宣传秀，旨在吸引公众注意国家分立的矛盾和荒谬之处。他在法国宣布放弃国籍之后，给法国当局出了一个难题：因为他不是法国公民，他们希望能把他递解出境——但因为他也不再是美国公民，他们在程序上无处驱逐他。当法国当局不顾一切带着递解离境令前来时，戴维斯去一家巴黎百货商店故意偷了一套女士内衣，并表示自己意在被捕，如此一来，他就可以按照法律的规定留在这个国家。另一次，他在伦敦带着向女王请愿的模糊想法试图走进白金汉宫。他因为自己惹的麻烦而被捕，并被送回美国。

尽管倾心于世界和平，戴维斯似乎具有吸引辱骂的罕见天赋。美国小说家保罗·加利科（Paul Gallico）把戴维斯和其他宣布放弃美国国籍的人称为“假惺惺的”蠢小子，他们引人注目的行为让中欧和东欧的“一群暴徒”有了可乘之机。[5]苏联人对戴维斯不屑一顾，说他是“一个从美国输出世界政府的思想，还夹带着蛋粉和侦探故事的疯子”，他真正的目的是“为了美国人的殖民目的而软化欧洲”。[6]与此同时，联合国大会主席、澳大利亚政治家赫伯特·伊瓦特（Herbert Evatt）把他看作一个不可救药的理想主义者，说他脱离了国际外交的现实。[7]

1948 年，在巴黎冬季自行车馆举行演讲过后，
“世界公民”加里·戴维斯被支持者们扛在肩上。

183　然而不可否认的是，戴维斯拥有巨大的民众号召力。1940 年代后期，他在欧洲、美洲和北非促成了数百个“世界公民”

俱乐部的成立，并向多达2万人的听众发表演讲。他赢得了无数知识分子的支持，其中包括小说家阿尔贝·加缪、哲学家让－保罗·萨特、诺贝尔和平奖得主阿尔伯特·史怀哲①、音乐会小提琴家耶胡迪·梅纽因（Yehudi Menuhin），以及20世纪最著名的科学家阿尔伯特·爱因斯坦。根据各种报纸的说法，他是“美梦空想家”和“走在时代前面的先驱者”，表达了“数百万民众需要感受的一种深刻的情感”。他晚年时，《印度时报》（*Times of India*）把他比作苏格拉底、伽利略、圣女贞德和贝多芬。澳大利亚的《世界新闻报》（*The World's News*）称他是“世上成千上万小人物的一个象征，他们竭力从孕育着战争的精神低谷中解脱出来”。无论戴维斯是对是错，据《纽约客》杂志说，他显然“与宇宙同步”。[8]

在与国籍概念做斗争的一生中，他通常因为无视国家签证的限制而被捕，见识过几十个监狱的内部，待过的监狱总数与他去过的国家一样多。他创立了一种“世界公民”的主张，这一主张吸引了将近100万成员。他设计了自己的“世界货币”，甚至还有一个总部设于华盛顿特区的“世界政府”。因为每一个国家都要求他具备旅行文件，他印刷了自制版的“世界护照”，并向提出申请的任何人发放类似的护照。他之所以有如此经久不衰的吸引力，部分原因是他的决心不仅在于谈论世界联邦，而且还总是言出必行。他的个人牺牲不可谓不大；尽管连他本人也承认自己天真得无可救药，特别是在最初起步之时，但他对事业的奉献精神是绝对毋庸置疑的。就像他说的，“我

184

① 阿尔伯特·史怀哲（Albert Schweitzer，1875—1965），法国通才，拥有神学、音乐、哲学及医学四个博士学位，因在中非西部加蓬创立阿尔伯特·史怀哲医院，在1953年获得诺贝尔和平奖。

想要打一场圣战，而不是召开个会议。我希望的是全心投入，而不是一张会员卡和一颗领章”。2013 年他快要去世时，仍在为结束国家和结束战争而活动。[9]

戴维斯的人气是全球情感的风向发生巨大变化的表征。我们已经看到第二次世界大战让人们对自由、对平等、对目标感和归属感有了新的渴望。我们也看到世界对科学理性主义和中央集权主义的信仰在战后成长起来。戴维斯倡导的似乎是这一切的完美综合。他坚持人人无需证件便可旅行是战后人人希望的自由感的象征。他祈祷的兄弟情谊是一种归属感——不属于国家，而是属于包括全人类在内的一种更加普遍的团体。他希望成为“世界公民”，这暗示着所有人之间的一种平等感——世界公民的界定特征不是种族、国籍、宗教、阶层或性别，而是人性。在戴维斯的世界里，因为不再有为之战斗的国家，所以也没有战争。在公共的层面上，再也没有英雄、魔鬼和殉难者。

戴维斯强烈地感到，组织这样一个世界，唯一的理性方式便是在选择世界政府时给予每个人以平等的话语权，这种政府在结构上应该是联邦制的，以便平衡各地区的期望和整体的需求。关于这样的政府实际上应该是个什么样子，他总是含混不清，但在回忆录里，他说自己是按照美国制度来想象的，也就是说，是一个世界合众国。[10]

这样的制度有各种各样的优势。首先，它是美国人已经熟悉的制度。作为战后大多数国际变化背后的推动力，美国应该在任何新的世界组织中起领导作用，而不是像在 1920 年代和 1930 年代那样闭关自守，这一点至关重要。其次，它与从未曾

185

包括美国的旧世界体系，即战前的国际联盟，一刀两断，该体系因未能防止世界陷入灾难，让它在几乎每个人的眼里都丧失了信用。联邦的世界政府同时意味着把权力集中在选举出来的精英手中。在戴维斯看来，这意味着它是由一个机构管理的世界社会的理性组织，这个机构只忠于全人类，他将包括科学家和精神领袖。[11]

加里·戴维斯高调的宣传噱头和抗议，以一种相当混乱的方式表达了这些观点，但有很多人愿意把这些思想放进正确的智识和意识形态的框架中加以理解。

宣扬新型世界政府思想的第一本书是温德尔·威尔基 1943 年的国际畅销书《天下一家》（*One World*），在美国人中间尤其受欢迎。威尔基是共和党参议员，也曾是美国总统候选人，他在战时曾被罗斯福派到世界各处去考察当地的实际情况。他概括旅途所见所闻的这本书描述了他一路上看到的人们对于变化的普遍渴望。"整个世界，"他写道，"都在以一种充满渴望、强烈要求和雄心勃勃的情绪，准备好了做出巨大的牺牲，只要他们能看到某种希望，证明那些牺牲都是值得的。"[12]威尔基坚持认为，如果世界想在未来维持和平，就必须使这些希望得到满足。此外，美国必须要做出表率：

> 战后，美国必须在三条道路中选择其一：狭隘的民族主义必将导致我们最终丧失自己的自由；国际帝国主义意味着要牺牲其他某些国家的自由；第三便是创造一个每个种族、每个国家的机会都是均等的世界。我确信，绝大多数的美国人民都会选择三条道路中的最后一条。[13]

1943年5月，《天下一家》径直冲上《纽约时报》畅销书186榜单的首位，并高居榜首四个月，最终售出200万本。它特别受到共和党的赞誉，认为它肃清了在过去曾阻止美国在国际事务中发挥积极作用的传统的孤立主义。[14]

两年后，战争刚一结束，就出现了另一本影响广泛的著作，作者是出版人埃默里·里夫斯（Emery Reves），此书被翻译成25种语言，在全球售出80万本。里夫斯是匈牙利裔犹太人，曾在柏林、苏黎世和巴黎接受教育，最终定居美国。和其他很多同代人一样，他个人也深受战争的影响，且在大屠杀中失去了母亲。[15]

在一篇经严密论证的论文中，里夫斯宣称二战仅仅是一种"病征"：如果世界未能在战后治愈深层的病因，那么赢得战争也是枉然。和加里·戴维斯一样，里夫斯也相信，所有现代冲突的根源都是人类对单一民族国家的情感依附。

> 民族主义是一种群体本能，它是那种部落本能的诸多显现之一，而后者则是人作为一种社会生物最深层次、最恒常不变的特征之一。它是一种集体的自卑情结，对个人的恐惧、孤独、软弱、无能、不安、无助、在夸张的意识中寻求庇护，以及归属于某个特定团体的自豪感给予令人欣慰的反应。[16]

里夫斯说，只要国家还存在，它们就一直会以类似的恐惧和不安与其他团体发生摩擦，冲突也就是不可避免的结果。解决这种问题的唯一方法便是不再自我分裂成恐惧而相互排斥的团体，把所有的国家整合成"一个统一的、具有更高主权的体系，能够产生法律秩序以便让所有的群体都能依法享受平等的安全、平等的义务和平等的权利”。换言之，需要的正是一个世界联邦政府。[17]

纵贯西方世界，其他人也得出相同的结论。在美国，包括阿尔伯特·爱因斯坦、托马斯·曼和三位参议员在内的20位名人给美国人民写了一封公开信，敦促他们阅读里夫斯的著作。“这本书把我们很多人一直在思考的事情清晰简单地表达出来”；他们的信发表在《纽约时报》、《华盛顿邮报》和其他50家报纸上。[18]与此同时，芝加哥大学的一群著名学者已经拟定了他们希望可以作为世界宪法之基础的草案。[19]在英国，1947年，工党议员亨利·厄斯本（Henry Usborne）成立了“各党派世界治理议员联盟”，在这个联盟的巅峰时期，来自国会两院的逾200名成员加入。同时，法国抵抗运动前领袖罗贝尔·萨尔拉扎克（Robert Sarrazac）也成立了“世界公民人类阵线”。正是萨尔拉扎克的团体最终继承了加里·戴维斯的事业，并将他推举为这场运动的代言人。[20]

187

这种团体在欧洲和北美最突出，但阿根廷、澳大利亚、新西兰、印度、巴基斯坦、菲律宾、日本和土耳其也纷纷出现了呼吁世界政府的草根组织。1947年，来自24个国家的逾50个这类组织聚集在瑞士蒙特勒（Montreux），决定合并成“世界联邦主义者运动”。他们在宣言中声称：“人类只有建立世界联邦政府，才能把自己从战争中永远解放出来。”这个组织如今依然活跃，并与世界上每个角落的志同道合的团体有联络。[21]

有必要重申，激发这场运动的不只是理想主义，还有人们对于如果世界没有找到解决问题的良方该当如何应对充满绝望的恐惧。用道德重整运动的创始人弗兰克·布克曼（Frank

世界公民协会的标志，该协会是全世界提倡全球联邦的诸多组织中的一个。

Buchman）的话来说："全世界都想要一个答案。我们现在已经188到了这一刻，即除非我们找到答案并将其立即公之于世，否则不止一个国家，所有的国家都会不知所措。"[22]

人们最担心的是新的威胁，尤其是更具毁灭性的冲突。即便在原子弹出现之前，像南非的扬·史末资这样的政治家就提出了警告："第三次世界大战完全有可能突破文明社会可以忍受的极限，或许还会突破我们作为人类世界继续存在的极限。"[23]在广岛之后，这种看法变得更加紧迫和强烈。温德尔·威尔基《天下一家》的理想主义被1945年出版的另一本畅销书的标题中蕴含的新信息所取代，这本书写的是原子时代的不安全感，书名是《统一世界，否则走向毁灭》（*One World or None*）。[24]

联合国

正是在这种充满激情的理想主义并混合了潜意识中的恐惧

的氛围中，联合国诞生了。乍看之下，联合国似乎与加里·戴维斯和埃默里·里夫斯等人的理想有很多共同之处。它具有一种世界政府的气象，来自51个不同国家的代表似乎团结在他们“拯救后代免受战争折磨”的愿望之下。通过签署《联合国宪章》，这些国家庄严承诺“宽容忍让，彼此像好邻居一样和平共处”。一切听来都非常高尚。[25]

在联合国成立初期，世界各地的人们都迫切希望和相信它能解决世界上的一切问题。联合国的早期雇员中有很多曾为同盟国而战，或是出身于地下抵抗运动，他们把为和平而工作的机会看作“梦想成真”。[26]在欧洲，一些报纸为这个新组织欢呼，称它是“伟大的历史行动……给世界带来意义深远的希望”，世界或许可以“从此生活在和平之中”。[27]在亚洲，人们赞美它是“和平的伟大联盟”和一座“乌托邦花园”（尽管是一座偶尔会被“现实的坚石”打破的花园）。[28]某些非洲知识分子也耽溺于相信它是照亮更美好世界的希望灯塔。“人类前所未有地看到一个更大更好的机会，”尼日利亚活动家埃约·伊塔（Eyo Ita）说，“有望实现人民自由而平等的国际社会。”[29]

189

就连传统上一直实行孤立主义的美利坚合众国也表现出类似的热情，共和党与民主党都竞相赞美这个新组织。国务卿科德尔·赫尔（Cordell Hull）声称，联合国掌握着“实现人类最高愿望以及我们的文明生死存亡”的钥匙。[30]其他著名政治家称《联合国宪章》是“世界政治家在历史上提出的最有希望、最重要的文件”，其原则将会引导我们“走向自由、公正、和平和社会福祉的黄金时代”。[31]全体美国人也纷纷使用这种最高级的形容词。在1945年7月的一次盖洛普调查中，支持《联合国宪章》的人数与反对的人数之比是20比1。[32]

回顾过去，我们仍然常常会将产生联合国的精神浪漫化，就像我们仍然把加里·戴维斯这种离经叛道的理想主义者的功绩浪漫化一样。如今的联合国仍在赞美旧金山会议投票表决新的《联合国宪章》的那一时刻，“每一个代表都起立并迟迟不肯就座……大厅里回响起强烈的欢呼声”。[33]当今政治家仍不吝赞美的不仅是“《宪章》的理想”，还有那些“从战争的灰烬和种族灭绝中”建立起这个组织的“先驱”。[34]就连历史学家在回顾创建这个组织的那些“有远见卓识者和英雄”时，眼眶也会不禁湿润起来。[35]

遗憾的是，和平时期的英雄不可能再像战斗英雄那样无愧于这样的理想化。创建联合国那些人的动机并不像他们自己认为的那样单纯，他们建立的制度固然有其高尚的世界大同目标，但其自私的和民族主义的目标也昭然若揭。只需粗略看看他们在旧金山辩论的记录，我们就能发现乌托邦绝无可能。[36]实际上，联合国体系中的某些方面，仿佛是有意让几乎每一个人都失望而归。

首先，这一新组织丝毫无意解决戴维斯和里夫斯等理想主义者认定是战争根源的那个问题——民族主义。实际上，它甚至还把民族主义奉为指导我们生活的最重要的政治哲学：该组织的名字恰恰强调，它并不代表世界上的人民，而是代表世界上的国家。

190 此外，宪章还明确表示，某些国家比其他的国家更平等。联合国虽有 51 个创始成员国，但最有权力的 5 个——美国、苏联、英国、法国和中国——拥有特殊的权利和责任。和其他国家不同，这五个国家被授予联合国安理会的永久席位，安理会可以被看作新组织的核心机构。不仅如此，与其他所有的成员国不同，这五个国家还有权一票否决他们不同意的提案。

对于世界五强本身来说，这些设置很有道理——毕竟，它们是在战时参与战斗最多的国家，也是必然会被要求提供资源，以防爆发任何未来战争的国家。但就像将会成为哥伦比亚总理的阿尔韦托·列拉斯·卡马戈（Alberto Lleras Camargo）当时指出的那样，如果只有大国有实力确保和平，那就等于说“只有大国才会威胁到世界的和平与安全”。[37]1945 年在旧金山对五常否决权的讨论引起世界上众多小国的抗议风潮。埃及的外交部长和很多人一样，反对英国或苏联这样的国家在涉及自身的任何问题上“既当法官又当陪审团”。[38]来自全球各个角落的国家都谴责否决权是“不道德”的，并且“既不公平也站不住脚”，它们宣称“权力的翅膀”需要“修剪”一下。但最后，五常恐吓了足够的代表来服从它们，既得到安理会的永久席位，也得到广泛的否决权。[39]

1945 年困扰着理想主义者的最后一个问题，是《联合国宪章》明确禁止成员国干涉“在本质上属于任何国家国内管辖之事件”。[40]从表面看来，这似乎是个预防各国在邻国内部暗中搞破坏的合理措施，希特勒就曾在战争前夕这么做；但这也意味着任何国家均可镇压公民而无须害怕外部的干预。此外，这违反了法律之下一切平等的基本原则；相反，它认可了不同国家服从于不同的政治制度、不同的法律和不同的自由水平的思想。因此，苏联人得以证明他们对波罗的海诸国的镇压是正当的“内部”事件；而欧洲诸国可以对让它们放弃帝国的呼吁置之不理，因为这是它们自己的事情，与他人无关。

191

国家对于内部事件主权的神圣性将会带来立即且具有毁灭性的后果。战前的国际联盟体系一直保障的少数民族权利，如今却被抛给各自的统治者处置。因此，当千千万万个德国人和其他少数民族在 1945 ~ 1947 年被残忍地驱赶出东欧的家园时，联合国并没有干预。这个糟糕的先例此后导致了无数的悲惨事件：由于缺少以自身权威介入事件的授权，联合国在柬埔寨、卢旺达、南斯拉夫和苏丹等国发生种族灭绝事件时只能袖手旁观。[41]

早在《联合国宪章》墨迹未干之时，便已有很多人开始感到理想幻灭了。据加拿大外交官埃斯科特·里德（Escott Reid）说，整个加拿大代表团在离开旧金山时都充满了“对联合国未来的极度悲观情绪”。[42]美国外交官乔治·凯南（George Kennan）确信，宪章模棱两可的措辞必然会导致未来的分歧；英国外交官格拉德温·杰布（Gladwyn Jebb）则担心，对于“这个邪恶的世界”来说，会议的目标过高了。[43]与此同时，小国的代表在会议结束时则有深深的受骗感。其中最失望的，或许要算那些甚至没有代表出席的国家和殖民地。“今天，我们正处在另一个时代的边缘”，一家尼日利亚的报纸如此哀叹道，但《联合国宪章》远没有将非洲从统治着它的帝国手中解放出来，却似乎只是“在新的世界秩序中否认了殖民地人民的平等待遇”。[44]

对于加里·戴维斯和埃默里·里夫斯这样的理想主义者来说，联合国的创建是世上一切错误的终极表达。里夫斯特别抨击了他认定为联合国体系固有的“谬论”。他从一开始便猜测，狭隘的国家利益永远会践踏为了共同利益的任何倡议；争取“自决”的激情只会意味着把旧帝国打碎成“小而又小的群体，他们在各自的角落里行使主权”。但最重要的是，他嘲讽了这个过于明显偏向强权的体系的伪善。他预测，美国或苏联这样

的国家几乎永远会随心所欲，因为“所有的大国都像流氓。而 192
所有的小国都像妓女”。[45]

与此同时，加里·戴维斯的批评更注重亲身实践。他在1948年的一次最高调的宣传秀是混进联合国大会的会议现场质问各位代表。他宣称，联合国没有代表“世界的人民”，并呼吁各位代表“不要再用这种政治权威的幻象欺骗我们了”。他说，“你们代表的主权国家把我们隔开，还领导我们走向全面战争的深渊”，而远非提倡世界和平。对于这次爆发，戴维斯获得的回报——与他大半生受到的对待一样——就是被迫离开这座大楼，整晚都被关押起来。[46]

我们很容易从戴维斯的话里分辨出一种被人出卖的感觉。他和支持他的法国知识分子委员会——实际上还有在报纸上追读其英勇行为的数百万人——在此前的岁月中都做出了巨大的牺牲，到头来却发现战后世界的不确定性简直令人无法忍受。他们为理想参加了二战，得到的回报却只有妥协。

不事声张的成功

事后来看，很难想象联合国会以什么别的方式成立，或者至少很难想象还有更好的成立方式。全世界人民为了一个共同的人类梦想而放弃民族主义，从来都不过是一厢情愿：在为自己的国家打过仗后，大多数人都不可能效法加里·戴维斯，在战争已经结束的现在放弃国籍。世界上最强大的国家会拱手将主权让给更高级的机构，这也是痴心妄想。但最不切合实际的，或许还要数共产主义东方与资本主义西方会在没有共同的敌人让其团结起来的情况下继续合作。摧毁资本主义被庄严地载入《共产党宣言》，资本主义的回应可想而知。如果世界大同必将实现，那么只有一种制度的容身之地。

因此就不得不妥协，联合国在20世纪余下的时间里也是步193履蹒跚。在随后的年月中，1945年所有的疑虑几乎都得到证实。五常中的大多数国家实际上利用否决权的保护，在绝大多数联合国成员国无奈的气愤中，开始了它们自己的战争。因此，英国和法国在1956年入侵苏伊士，苏联入侵匈牙利、捷克斯洛伐克和阿富汗（1956年、1968年和1979年），美国人1980年代在中美洲进行了一系列可疑的冒险。这个模式一直延续到21世纪，美国人主导的入侵伊拉克（2003年），俄罗斯入侵格鲁吉亚（2008年）以及俄罗斯吞并克里米亚（2014年），所有这些都未经安理会的批准，也没有受到安理会的谴责。到了紧要关头，五常或多或少地证明了它们只要愿意，随时都可以开战。[47]

它们的盟国也是如此。安理会否决权的另一个特征便是，否决权始终都是为了防止对某大国保护之下的任何国家行使制裁。因此，苏联总是保护古巴，中国仍在保护朝鲜，美国坚决阻止对以色列的任何制裁。不论其中的对错，这产生了一个双重标准的制度，某些国家因为威胁和平而受到惩罚，另一些却似乎总能为所欲为。

然而，联合国虽然无法产生普遍而永久的和平，却并不意味着我们应该将其彻底解散。撇开大国利益不谈，它也有一些可观的成功。例如，它帮助印度尼西亚和很多非洲国家消除了独立道路上的障碍；在不同的阶段，它都设法在印度次大陆、中东地区和塞浦路斯维持着不甚稳定的停战协定；它在1990年代迫使萨达姆·侯赛因的部队撤出科威特。

甚至连五个永久成员国的否决权也并非全然是件坏事。它至少提供了一个压力阀，让大国得以继续参与国际程序，而不是从谈判桌旁走开，像国际联盟时期经常发生的那样。因此，如果说这个组织没有始终在阻止小型战争中取得成功的话，它至少在阻止世界大战上起到了作用。

在生活的其他领域，它也取得一些值得尊重的成功。二战后，在整个 20 世纪，它照顾了千千万万个难民——提供食物、衣服，为他们寻找新家园，满足他们的精神需求。联合国各机构在全世界协助消灭天花，提高劳动标准，推广教育，改善世界各地妇女的权利。我们每一次给国外打电话，寄出国际信件，或是乘飞机到另一个国家去，都在利用联合国各机构斡旋和管理的国际协议。这种例子不胜枚举。这些或许不如达成世界和平的努力那般引人注目，但它们都是同一个冲动的一部分，这种建设一个更团结的世界的冲动，让加里·戴维斯和埃默里·里夫斯等理想主义者振奋不已。 194

如今，联合国最惊人的特点是它的一切看起来有多不合时宜，特别是它的安理会结构。这一点早在 1945 年就已显而易见，英国和法国再也不会像以前那样有影响力了：如今他们与其他几十个国家别无二致。现在的俄罗斯仅仅是苏联的一道阴影，中国虽然拥有巨大的经济力量，却仍未达到政治超级大国的级别。只有美国设法维持了它在联合国起初形成时的状况。在此期间，德国和日本等经济巨人以及印度与巴西等新兴国家都被迫听命于并未认清它们真实价值的体系。我们在 1945 年为自己选择的“天下一家”还基本保留着二战结束时的权力布局。不论好坏，我们如今还得被迫在这个体系内运作。

就连联合国最坚定的支持者也清楚这是个荒谬的体系。正如一位国际律师所言：

> 如果有人走上前来对你说，“看，我们希望有一个管理全世界的组织。但……它没有自己的预算；没有自己的执行能力；它得像个乞丐那样，依赖成员国的军事支持或财政支持；它得有一个宪章，为了让人们接受，这个宪章必须妥协，还充满了自相矛盾的原则；代表它的员工得同时应付所有的语言。你觉得这样可行吗?”你会对我说，“你是在开玩笑吧?”我会说，它能做到现在的一切，简直就是一个奇迹。我是联合国的坚定支持者，就是因为我们别无选择。但我们必须要改善它。[48]

195

说这番话的是一个匈牙利裔美国人，他在联合国系统工作了半个世纪。我们下面就要讲他的故事。

12. 国际法律

本杰明·费伦茨（Benjamin Ferencz）的战争经历乏善可陈。[1]1941年末，日本人轰炸珍珠港时，他立即志愿为国服务，但关于他该如何为保家卫国做出贡献，他和美国军队的看法似乎大不相同。作为一个会说多种语言的哈佛法学生，费伦茨认为他会在军事情报部门派上用场。但军队对他的头脑不感兴趣——他们只希望凑够人数。因此，费伦茨完成法律学位后，就应征入伍，成为炮兵部队的一名列兵。 196

接下来的两年，他学会了军队里的所有把戏。他发现了如何欺骗体制，如何避免服从危险或违规的命令（"这种事儿可不少"），如何智胜欺负人的上级军官，当然还有最重要的，如何与德国人战斗。他参加了诺曼底登陆战、突出部之役①和突破齐格菲防线②的战役。他和所属的炮兵部队射下敌人的飞机，炮击敌军。而他则痛恨这一切的每一分钟。

直到1944年12月，费伦茨一路冲杀到德国边境之后，军队的某位高层才意识到，以他的才华，在别处可能会有更好的

---

① 突出部之役（Battle of the Bulge），发生于1944年12月16日到1945年1月25日，是指纳粹德国于二战末期在欧洲西线战场比利时瓦隆的阿登地区发动的攻势。整体而言，突出部之役是美国在二战经历的最血腥的一役。德军作战失败后，其残余部队撤退至齐格菲防线。

② 齐格菲防线（Siegfried Line），二战开始前，纳粹德国在其西部边境地区构筑的对抗法国马其诺防线的筑垒体系。1945年2月盟军重新发动进攻时，该防线终被突破。

安排。他们从德国收到的令人不安的报告需要调查——关于盟军飞行员被殴打致死、犯人遭到虐待，以及比这还糟糕得多的传言。他们现在需要的是一个战争罪行的专家。他们不知怎的发现了费伦茨正是这样的专家：他曾参与一个教授的研究项目，阅读并总结了哈佛图书馆关于这个主题的几乎全部书目。因此，他们立即把他调出炮兵部队：从现在开始，费伦茨就是第三集团军法律部的战争罪行调查员了。

起初，他带着满腔热情投入新的工作。他推断，他总算至少可以远离战场的恐怖。他有了自己的交通工具，有权去他需要去的任何地方，问他想问的任何问题。他以浪漫的想法自娱197 自乐，觉得自己是个策马入镇、纠正道德标准的人，像是法律版的“独行侠”。他甚至还把“孤身一人”（immer allein）这句话印在吉普车的前面。

但他对于将要看到的情况毫无准备。1945 年春，在调查几起谋杀个案之后，费伦茨受命调查美军开始挺进德国和奥地利时发现的集中营：奥尔德鲁夫[①]、布痕瓦尔德[②]、毛特豪森[③]、达豪，这只是其中几个。从费伦茨第一次踏进这些地方的那一刻开始，他显然是在目睹一场规模空前的暴行。“它们基本上都差不多：集中营内死尸散布，成堆的人皮和人骨，尸体堆积起来，像是火葬场的柴堆；骨瘦如柴的人孤弱无依，还患有腹泻、痢疾、斑疹、伤寒、肺结核、肺炎，以及其他疾病，他们在满是虱子的铺位或是地面上呕吐，只能用可怜的眼神求救。”

---

① 奥尔德鲁夫（Ohrdruf），德国中部图林根州的一个市镇。

② 布痕瓦尔德（Buchenwald），德国图林根州魏玛附近的一个集中营，始建于1937 年。

③ 毛特豪森（Mauthausen），奥地利东北部的一个市镇。

1944 年，本·费伦茨在法国，当时他还是一名美军第 115 高射炮营的下士。

费伦茨在他执行任务的过程中访问了数个这类场所，所见所闻令他余生都不得安宁。

198 他的法律背景同样无法让他准备好面对在解放后的混乱余波中发生的种种报复现实。例如，费伦茨到达埃本塞[①]集中营时，碰到囚犯在报复一名前党卫队警卫。他们残忍地痛打那个人，把他绑在曾经用来把尸体送进焚尸炉的铁盘上，然后活活烤死了他。“我看着这件事发生，什么也没做。我没有义务阻止他们，就算我可以拦下，老实讲，我也不想那么做。”但这个场景烙印在他的脑海中。

① 埃本塞（Ebensee），奥地利中部的一个城镇。

后来，在达豪的军事审判中，他又目睹了一些被告在宣判死刑之前，只有一两分钟自辩机会的场面。“作为律师，那种审判没给我留下什么好印象，至少不是非常正面的印象。我觉得它不公正吗？完全没有。那些人在集中营待过，亲眼看见了所发生的一切……但我感到有点儿恶心。”

在差不多一年的时间里，他的日常生活就是这样的经历。到 1945 年 12 月，他受够了。他没有坐等复员，而是擅离职守，随后搭一艘运兵船返回美国。军队里似乎无人关心此事。当他到达美国后，关于他做过什么、去过哪里都毫无记录，因此他体面地退役，获准回家。“我在二战军队里的三年是我人生中最痛苦的经历。”他后来坦承道。他想做的只是变回平民律师，试着忘掉曾经看到的一切。

通向纽伦堡和东京之路

本杰明·费伦茨在埃本塞目睹的那种报复，在战后余波中是家常便饭。多年的残酷折磨让很多欧亚人充满怨愤，他们纷纷利用暂时的权力真空来实施自己的正义。在捷克斯洛伐克，被俘的党卫队军人被吊在路灯上。在波兰，纳粹可疑分子被埋在液体肥料中，或被集中营的前囚犯殴打致死，或是被迫赤手空拳地掘出万人冢。[2]法国的抵抗组织在解放期间和解放后一共处决了大约 9000 名通敌者；在意大利，大约有 20000 名法西斯分子迎来同样的命运。[3]

在绝大多数这类个案中，那些实施报复的人无意诉诸法律。腐败警察和残暴民兵的罪行众所周知：他们本人都拒绝向自己的受害人提供公正的审判，那么为什么要给他们提供这种奢侈的服务呢？就连律师都在这类行为中看到一种野蛮的公正。例如一位法国的出庭律师质疑有无必要为一群法西斯暴徒安排审判，这伙人承认自己曾挖出犯人的眼睛，并“把虫子放进眼眶，用线缝上眼窝”。他沉思道，对于这样的人，“不如直接枪毙他们来得好些”。[4]

有时整个群体，甚至整个族群，都成为复仇的目标。在南斯拉夫，大约有7万名通敌军人和平民或是列队站在战壕前被枪毙，或是绑在一起被扔下悬崖。在动用某种原始形式的做法时，这些人里无人有机会从法律角度为自己辩护。[5]同时，在整个东欧，有德国血统的人被赶出所在的社区。1945～1948年，大约有1200万～1400万人被驱逐到德国，残酷的事实是，据信其中至少有50万人死在路上。[6]这种措施的合法性再次被置之不顾。“整个德国都该为希特勒负责，”1945年，未来的捷克斯洛伐克司法部部长如此宣布，“整个国家都必须接受惩罚。”[7]

亚洲的部分地区也发生了相似的情况。在香港，日本士兵被拉下电车，在街上被殴打致死；通敌者和告密者被义勇防卫军捉拿归案，私设公堂定罪之后，脑后中枪而死；当赤柱监狱的日本宪兵队行刑人被人发现企图乘渡船逃跑时，他被一群中国劳力五花大绑，扔进海港溺水而亡。[8]在缅甸，美国反间谍部队的特工对于处决通敌者毫无顾忌，在满洲里，据信有多达3000名日本战犯嫌疑人被苏联人仓促处决。[9]与此同时，在马来亚，共产党游击队在战后实行“恐怖统治”，频繁处决通敌嫌疑人和与日本官员通奸的女人。据目击者说，简单的处决是不够的：受害者常常会被刺刀捅死、殴打或折磨至死。行刑人会 200 抠出他们的眼睛，切掉他们的性器，把他们开膛破肚。“再也没有什么适用的法律了，”一位马来亚历史学家声称，“人命也不再有任何价值。”[10]

这种即决裁判的问题表现在三个方面：它很残酷，清白和有罪之间鲜有较大区别，并且常常无法与纳粹或日本军队的暴行区分开来——或许最重要的问题就在于此。“我们在某些令人发指的程序上重蹈了盖世太保的覆辙，”一家法国抵抗组织的报纸在解放后如此哀叹道，“如果只是模仿那些野蛮人，并且还变成他们那样，那么战胜他们又有什么意义呢？”[11]

西方同盟国也实行了大量的即决裁判，欧亚均是如此。但这显然不是他们希望自己的正义被人纪念的方式。他们希望把自己想象成正直的英雄，缔造了更公平更安全的世界；希望别人也这样看待他们。更重要的是，他们知道，如果要建立持久的和平，就必须向所有的人展示，那种对于暴力和暴行不加区分的时代必须终结，而新世界必须是一个遵守法制的世界，让所有良善的好人都远离恐惧。

同盟国正是考虑到这一点，才在战后考虑该如何处置德日两国领导人的问题。同盟国当权派中的很多人，包括温斯顿·丘吉尔这样的高层人物在内，都倾向于简单的即决裁判。但同盟国最后决定，把他们送去审判才会传达出更强烈的信号。欧亚建立了几十个军事法庭，只有两个是特别用来作为司法制度之灯塔的——第一个在纽伦堡，第二个在东京。在这两次审判中，两个政权的最高领导人都被押上被告席，以便为后世记录他们的罪行。这个想法不仅向世界提供了一个象征性的例子，告诉大家未来应如何行使正义，还在全世界面前证实了那些曾经策划和执行战争与暴行之人的罪恶。

然而，这种方式让同盟国陷入非常现实的两难境地。一方面，他们希望显示自己的道德公正，因此，被告人必须受到体面的待遇，给予他们资源以进行适当的辩护，且允许被告在法庭上发声。但另一方面，必须认定其中绝大多数人乃至所有人都有罪。就算很多人不一定知道能够准确描述其罪行的术语，全世界也都知道这些人有罪。如果有人因为法律技术问题而无罪释放，同盟国将永远无法声称正义得到了伸张。 201

因此，他们考虑了很多关于审判如何进行的问题。1945 年夏，来自英国、美国、苏联和法国的代表在伦敦召开会议，起草了一份章程，详细描述了应该使用的法律和程序。首先，他们从一开始便清楚地表明，不允许“只是执行命令”的辩护。“人生中有那么一刻，如果还有良心的话，就必须拒绝上级的命令，”英国检察官哈特利·肖克罗斯（Hartley Shawcross）爵士在纽伦堡审判的开场阶段说道，“就连在军队服役的普通士兵，也不必服从违法的命令。”[12]相反，指挥官也必须为手下人负责。因此，如果任何军队被允许在平民中肆无忌惮，其长官必须承担个人责任，就算他们本人并没有下令施暴，或是事后制裁了施暴者也是一样。这个判例最初在马尼拉的一批审判中订立下来，当时驻菲律宾的日军指挥官因为军队士兵的兽行被判有罪——此举颇有争议。[13]最后，为了确保让尽可能多的纳粹和日本军人承担责任，同盟国还加上了对同谋的指控。如果他们可以证明发生过领导人之间的同谋——发起一场非法的战争，或是实施了暴行——那么，他们每一个人都会因为集体犯下的罪行而分别被判有罪。这些首次定型于 1945 年的原则，从那时起便成为国际刑法的基本原则，至今仍然有效。

纽伦堡和东京被告人的罪行可以归为三个宽泛的类别。第一个也是最没有争议的是传统上的战争罪行：屠杀囚犯，杀害人质，肆意破坏城市，等等。战前的日内瓦和海格公约便已将这种行为列为罪行，这两个公约构成国际法的基础，本杰明·费伦茨这样的学生在战前和战争期间便已学习过。

202 然而，某些暴行规模庞大、前所未有，似乎迫切需要归到一种全新类别的罪行。因此，同盟国创造了“反人类罪”这个术语，其定义为涉及大规模系统性侮辱人类的任何罪行：大规模迫害、大规模奴役、大规模驱逐和大规模屠杀。正是在这时，“种族灭绝”一词被首次用来描述摧毁整个民族、种族或国家群体的行为。遗憾的是，这些术语的引入引发了世界各地法律专家的愤怒，甚至连同盟国的律师和法官也谴责当局捏造新法并回溯性地应用那些法律。美国最高法院的法官哈伦·菲斯克·斯通（Harlan Fiske Stone）甚至称其为“高级死刑聚会”。[14]

但最有争议的或许是第三个“甲级”类别：“反和平罪”。根据《伦敦宪章》，规划、准备或发动侵略战争的任何领导人均被定义为战犯。实际上，没有正当理由或出于自卫而发动战争不仅仅是一种罪行：纽伦堡审判认为这属于“顶级国际犯罪”，因为“其内部包含了所有的罪恶”。[15]不用说，这让同盟国军事机构中的很多人非常紧张，不仅是因为这个新法可以回溯应用，而且因为它质疑了战争属于正常的人类行为这个概念。从现在开始，不宣而战不再被认为是高尚或光荣之事，而是恰恰相反。实际上，国际社会似乎正准备采取措施，完全禁止战争。正如一名美国将军当时评论道：“美国最好不要输掉下一场战争，否则我们的将军和元帅就都会在日出之时被枪毙”。[16]

因此，当纽伦堡审判在 1945 年 11 月 20 日开始时，便已陷入很大的争议。翌年，21 位德国最高级别的纳粹分子不得不当着全世界的面解释自己的行为。起诉他们的理由凿凿可据：收集了数百万份文件，还有纳粹摄制组拍摄的照片和电影，以及目击者的证词，它们不仅来自受害者，还有党卫队军官坦承自己参与大屠杀的证词。所有这些都被全球新闻界看在眼里，他们细致入微地报道了审判。最后，11 个被告人被判处死刑，7 人锒铛入狱，刑期从十年到终身不等，三人因证据不足被宣判无罪。

203

戴维·洛（David Low）绘制的悲惨漫画：
1946 年 10 月 1 日的纽伦堡判决。

东京审判在大约五个月后的 1946 年 4 月底开始，这次审判更具争议性。同盟国不仅被谴责在事实发生后捏造新罪行，还在受审的人选上遭到批评。在日本势力集团的所有人当中，唯一一个自始至终参与战争的人就是天皇——而他也是唯一一个免于审判的。法国法官对这个明显的遗漏怒不可遏，他在审判后写下反对意见书，声明因为天皇是日本统治整个亚洲的侵略企图的“始作俑者”，其他所有的被告人“只能被认定是帮凶”。[17]最后，在受审的25个军事和政治领导人中，7人被判死刑，18人获得不同的监禁判决。

批评遂行战争罪行审判的原则固然容易。同盟国呈上的显然是“胜利者的正义”，但他们自己也犯下战争罪行。丘吉尔和他的轰炸机机长们显然犯下了“肆意破坏城市”的罪行，罗斯福总统和杜鲁门总统同样犯下授权轰炸东京，以及核袭击广岛和长崎的罪行。就算是在战前时期，这些行为也明显违反了国际法。尤其荒谬的是，苏联人因纳粹领导人发动入侵波兰的战争而对其进行审判，但在1939年，苏联人自己也几乎在同一时间袭击了波兰，却同样免于审判。

204

就连同盟国的检方也意识到审判德国和日本使用的双重标准。正如纽伦堡的美国检察官罗伯特·杰克逊（Robert Jackson）在1945年向杜鲁门总统报告的那样：

> 同盟国做过或是正在做某些我们起诉德国人做过的事情。在对待战犯的问题上，法国人严重违反了《日内瓦公约》，以至于我们的命令是收回送到他们那里去的囚犯。我们在起诉劫掠，而同盟军正在如此行事。我们说侵略战争是一种罪行，而我们的一个盟友却对波罗的海诸国声称享有主权，他们师出无名，只是征服而已。[18]

然而，除此之外还有什么其他选择吗？纽伦堡和东京的被告人绝无任何可能获得释放。胜利者的正义是即决裁判唯一的现实选择，这不仅在战后发出错误的信息，而且也让法学家失去了为国际法建立起最重要之原则的机会。

尽管在法律方面并不完善，这些审判显然实现了一个重要的功能。它们从一开始便被设计成一场奇观，好让全世界的人都满意地看到正义的伸张。受审中的被告人照片出现在全世界的报纸上，旁边是他们的罪行报告。审判被拍成新闻纪录片，录制成电台节目，特别是在德国，纽伦堡审判在1946年全年每天广播两次。从那时起，德国的学校乃至全世界都把这些文件和纪录片采纳为部分证据。尽管有关是否合法的争论依然盛行，它们还是向世界提供了在我们共同的历史中，一些最严重罪行的永恒记录。

不过，请切记，所有这一切都要付出代价。大屠杀中的罪行和清白都有无数的等级，单单对领导人的审判根本无法解决这个问题。审判的象征性质永久嵌入我们对魔鬼和殉难者神话的全球意识之中；尽管为了在战后产生一种正义感，这也是必要的，但与之相伴的是细微差别的丧失，历史学家们从那时起便一直设法弥补那种缺失。 205

国际军事法庭之后的正义

本杰明·费伦茨也被卷进纽伦堡审判。军方再次找到他时，他刚回到美国不久。同盟国计划在纽伦堡实行新一轮的审判——这次起诉的是滥用权力施暴的各种专业人士。例如，有审判纳粹医生的，他们在奥斯维辛和其他集中营实施了人体实验。有审判法官的，还有审判德国实业家的，如此等等。为了进行这些审判，非常需要既熟悉法律，又有在德国工作经历的调查员。

1946 年初，费伦茨被叫到华盛顿接受面试，问到是否考虑重返欧洲。他自然不愿回到人生中那样一个黑暗的时期，但美国战争部的人竭尽全力说服了他。“本尼，”一个人恳求他说，“你去过那里，也见过一切——你必须回去。”长时间考虑之后，他最终同意了，但他唯一的条件是作为平民前往。他再也不想被迫遵守军事规定了。[19]

就这样，他再次横穿大西洋，这一次是去纽伦堡和柏林。在 1946 年余下的时间里，他再次全身心地沉浸在收集纳粹战争罪行的证据之中。这个工作令人筋疲力尽，当他和研究人员在柏林发现一个巨大的地窖，里面满是盖世太保的秘密文件时，来年只会更辛苦了。这些文件详细记录了党卫队特别行动队在东欧的行动，他们有组织地围捕犹太人和其他不受欢迎的群体，206 然后将其枪毙。这批新的证据如此令人信服，以至于费伦茨相信，它们本身便足够一次审判的证据。但当他向上级出示发现的证据时，上级却犹豫了。同盟国检方人手不足，对审判的政治支持也已开始消退。绝望之中，或许也在一点儿雄心壮志的推动下，费伦茨提议由他本人承担这份额外的工作。他在手头的所有其他工作之外，可以自行组织审判。因此，费伦茨被任命为美联社不久后称之为“世上最大的谋杀案审判”的首席检察官。他当时年仅 27 岁。

决定审判如何进行远非易事。他揭露的犯罪规模难以估量，屠杀规模逾百万人。在这起恐怖事件中，审判每一个参与者是完全不可能的事，所以他决定把全部力量集中在“我们找得到的最高级军官和教育程度最高的杀手”这一小部分人身上。他起诉了24个人，其中有22人最终受审。

特别行动队的审判在1947年9月29日开庭时，费伦茨的开庭陈述清楚地表明，这是个有巨大影响的案例。“复仇不是我们的目标，”他说，“我们也不仅仅是寻求正义的惩罚。”利害攸关的是更为重要的东西：“人类生活在和平与尊严中的权利，无论其种族还是信仰如何。”因此他声称，这次审判不亚于“向法律呼唤人性”。在人类良知的要求下，大屠杀的制造者不但应该被判有罪，而且应处以示范性的惩罚。“如果这些人豁免刑罚，”他总结道，“那么法律就失去了意义，而人类则必然生活在恐惧之中。”[20]

在接下来的六个月里，费伦茨出示了将近两百份文件，以令人作呕的压倒性细节表明了在整个东欧有组织地杀害犹太人的情况。审判最终在1948年4月结束时，法官们承认，这些事件的揭露不但对德国人，而且对“全人类”都非常重要，并且，“整个世界都关心着判决”。所有的被告人都被判有罪，其中14人被判死刑。[21]

本杰明·费伦茨从未真正接受他和其他检察官在纽伦堡实现的成果。一方面，他知道法律最终得到遵守是件好事。但另一方面，他不禁想到其他所有的杀手——他称之为“走运的杂种们”——却完全逃脱了惩罚。大屠杀有成千上万的执行者，他只是把其中的几十个绳之以法。[22]

207

更有甚者，让他深感震惊的是，在审判中做出的死刑判决，除了四人之外，全被驻德国的军政长官约翰·J. 麦克洛伊（John J. McCloy）减刑了。费伦茨知道，正义必须以怜悯加以缓和，但在他看来，这个决定“显示的怜悯多于正义”。多年以后，尽管他一生在任何情况下都坚持法律的价值观，他还是坦承曾

1947 年 9 月，特别行动队案件，在纽伦堡起诉的 13 次审判之一。27 岁的费伦茨坐在桌子左侧，他努力把这次审判排上日程并成为这次审判的首席检察官。

经扪心自问，即决裁判终究是不是最佳的方案。“作为一个执法者，我不能接受它，但我常常想……”[23]

很多人都像本杰明·费伦茨一样，对纽伦堡审判的结果深感失望。审判本应成为某个远为宏大的事件——在整个欧洲大规模清除的不仅仅是战犯，而是整个纳粹和法西斯分子团伙——的焦点。但到头来，这一切从未真正发生过。不仅战犯审判在 1940 年代末期逐渐陷入停顿，而且去纳粹化的过程在整体上也烟消云散。随着战争激情的消退，对于新的冷战的需求开始取而代之，继续起诉的意愿也渐渐衰退。

208

战后，德国有 800 万名纳粹党注册党员。在所有的同盟国中，美国是最有决心追查这些人及其帮凶的。单在美国管辖区就筛查了 1300 万德国人，并查出有 340 万人似乎有罪可查。但就连美国人也没有资源来审判这么多人：最后，有 70% 的人甚至在审判之前就获得赦免。[24]其他的同盟国主要成员国远没有那么热心。在战后特别是因纳粹或军国主义活动而受审的 207259 人中，只有不到 10% 的人被苏联人审判，8% 的人被法国人审判，而仅有 1% 的人被英国人审判。[25]最终，没有任何人对审判结果感到满意。

在整个西欧，情况都大致相同：随着战争渐成往事，对待战犯越来越仁慈，卖国贼越来越容易受到原谅，通敌者也获准官复原职。意大利就是一个鲜明的例子。在战争末期，有 1.5 万 ~ 2 万个法西斯分子遭到处决，而与此形成鲜明对比的是，意大利法庭最终只做出 92 例死刑判决。就连那些进了监狱的人也没在那里待太久：1946 年，一次大赦之下，几乎所有通敌者的徒刑都被取消。在比利时做出的 2940 例死刑判决中，除了 242 例外都被减刑，而奥地利的法庭只做出 43 例死刑判决，其中只有 30 例得到执行。[26]审判有时在东欧更加严苛，但在罗马尼亚和匈牙利这样的国家，通敌和法西斯这样的罪名有时也会被用来作为除掉政治敌人的手段。真正的通敌者和真正的法西斯分子往往会恢复名誉、免除罪责、官复原职。[27]

判罚不公的现象在日本甚至更加明显。遗憾的是，东京审判最终被证明不过是一个象征性的姿态而已。不仅天皇裕仁被免予起诉，还有在 1945 年被捕的大约 100 名“甲级”战犯嫌疑人，最后未经审判就被全部释放了。[28]最终算来，亚洲的法庭上只有大约 5700 个日本人被控犯有战争罪行，其中只有 984 人被判死刑，475 人被判无期徒刑。其余的人或是判刑极轻（2946 人），或是无罪开释（1027 人），或是未经审判便获释放（279 人）。[29]在日本国内，本应扫除社会上的法西斯分子和战争贩子的行动，尽管起初非常真诚，却在 1940 年代后期迅速反转。[30]

与此同时，在亚洲其他地区，“通敌”日本的整个概念都被悄然忽略了。从民族主义的观点来看，与日本人合作究竟和与英国人、法国人、荷兰人的合作有什么差别？在从数个世纪的殖民统治下努力解放自己的某个地区，与日本人的合作甚至被染上英雄的色彩。例如，在印度，当英国试图以叛国罪起诉一些印度通敌者时，引发了众怒，以至于他们最终被迫停止了未来在印度和临近的缅甸的全部审判。即使这些人中有的犯下严重的暴行也没有任何差别：在追求独立的热情中，印度的舆论乐于将他们看作英雄而非魔鬼。[31]

战后为何逐渐放弃了对正义的追求，这个问题有很多原因。首先，这样做成本太大，在努力喂饱人民、为他们提供居所的世界，政治家有很多其他需要花钱的事情。因此，除共产主义国家之外，所有在战后接受审判的各类人等之中，商人似乎是最容易被放过的。如果亚洲和西欧的各经济体希望能够重新站起来的话，起诉这些人毫无意义，尽管他们中的某些人无疑罪恶深重。

其次，这些审判存在着政治分歧。1940 年代末期，欧亚很多地区都在内战的边缘徘徊。各民族或政治群体之间的紧张情绪非常强烈，以至于很多国家被再次卷入暴力：希腊、波兰、乌克兰、波罗的海诸国、阿尔及利亚和马来亚只是少数几个例子而已，但战争遗留下来的低级别暴力几乎在各地均在延续。为了社会团结，很多国家做出深思熟虑而明智的决定：停止追诉通敌者和战犯，告诉自己正义已经伸张。为这件事画上句号显然要安全得多。

但最重要的是，结束审判正符合冷战的需求。1948 年，西方有了共产主义的新敌人。如果打败共产主义者意味着恢复前法西斯分子和通敌者的名誉，那么，人们认为那是值得付出的代价。与此同时，在共产主义东方，“法西斯主义”这个术语在词义上发生了微妙的改变，开始有了资本主义者、商人和西方政客的含义。 210

因此，在政治和经济问题的沉重压迫之下，正义的火焰最终熄灭了。战争罪行的问题从未了结，只是被埋藏起来。它从此深深地潜伏在我们的集体潜意识中，只是偶尔浮现在我们关于二战魔鬼和殉难者的神话中。

世界刑事法的探索

这种全新的冷战怀疑论并未立即出现在全球层面上。在联合国，至少从表面上来看，各国还是广泛支持世界的新愿景，即禁止侵略战争，违者将受到法院的起诉。《联合国宪章》不仅承诺“欲免后世再遭……惨不堪言之战祸”，在 1948 年，联合国还起草了《世界人权宣言》。这份宣言首次声明“人类家庭所有成员不可剥夺的权利”，无论其种族、肤色、阶级、政治、宗教、语言、国籍，或其他任何种类的差别。它获得了几乎一致的通过（一些国家弃权），并从那时起便成为全世界人权立法的基础。同时，联合国还起草了一份《防止及惩治灭绝种族罪公约》，宣布任何毁灭国家、种族或宗教团体的企图均为非法。41 个国家立即签署了这份公约，从那时起该公约一共得到 147 个国家的认可。[32]战争的恐怖如此触目惊心，以至于世上的国家都显得很团结，希望借此来谴责发动战争的行为。

但遗憾的是，各国也往往止步于谴责。制定人权宣言固然很好，但由谁来执行呢？“人权”这个术语隐含的意思是，侵犯人权的人会受到代表全人类的法庭的审判和惩罚。但纽伦堡和东京的法庭结束之后，再也没有这样的法庭了。为了创建一个这样的法庭，各种计划曾被起草出来，但无论这个问题当时有多紧迫，在战争结束之后也很快就烟消云散。绊脚石还是国家主权的问题。很少有哪个国家愿意把自己的公民交给外人来审判。更没有哪个国家愿意卸下所有防备，甘冒被对手谴责的风险——特别是两个超级大国，它们彼此都怕对方会利用这样的法庭，哪怕只是让自己难堪。结果，留给世界的只是一个荒谬的体系，唯一有权保护人权的是各国的政府，即便在某些案例中当初侵犯其人民权利的正是那些国家的政府。

类似的问题也出现在将“侵略战争”定义为非法的努力中。理论上，每个人都同意这是一种罪行。但如何准确地定义“侵略”？联合国用了将近 30 年为此做出尝试。某些人认为，谁开了第一枪，谁就是侵略者。其他人则认为，在很多情况下开第一枪是正当的行为，例如援助盟国，或针对其他人的袭击先发制人。还有人在争辩“侵略”是否必须是军事方面的——通过封锁、制裁，或不公平的贸易协议而对一个国家的经济发起攻击，是否也属于一种侵略的形式？这样的辩论在联合国重复了数十年，直到 1974 年联合国大会最终产生了一个定义——但即便在那时，他们得到的结果也过于宽泛，毫无实际意义。联合国第 3314 号决议称，“侵略行为”可以是军事入侵、轰炸或封锁，或是各种其他的行为——但归根结底，某种侵略的行为是否实际发生，应由安理会决定。

作为是否属于侵略，是否属于战争，以及是否需要采取行动的最终裁定者，联合国安理会仍然是所有国际关系中的最高机构。但安理会充斥着内部的分裂，也因需要五常一致同意的要求陷入瘫痪，因此它经常完全无法做任何事来阻止全世界连续不断的暴行、种族灭绝和危害和平的罪行。 212

本杰明·费伦茨旁观着这种缺乏进展的情况。1940 年代末期，纽伦堡审判最终收场后，他在接下来的 30 年里都试图为那些生活和生计皆毁于纳粹的人争取赔偿。他在德国待了几年，随后返回美国，在那里继续为那些饱受战争影响的人打官司。他虽取得了很多成功，却仍感到若有所失。在纽伦堡的那些可怕而充满希望的日子里，他曾梦想着不但要惩罚作恶者，赔偿受害者，而且还要建设“一个没有大屠杀的世界”。在世界各地的战争和暴行依旧无人质疑的情况下，赔偿又有什么用呢？

因此，1970 年，他放弃了工作，决定“把余生投入到对世界和平的追求上”。他开始参加联合国的各类会议，研究国际法的难点。他开始游说外交官，撰文批评联合国行动缓慢。最重要的是，他还开始为建立国际刑事法院而请愿，希望以某种方式恢复纽伦堡的传统。

他的请愿延续了 20 年，在此期间，他在国际法律界找到很多盟友。然而，他们的共同努力一再失败。在费伦茨看来，致力于解决世界和平问题的各种联合国委员会都屡遭挫败，于事无补：“他们说啊，说啊，说个不停，然后拖泥带水地向前爬行。”与此同时，冷战中的超级大国很少做出任何让步，他们几乎以此为行事原则。费伦茨对于祖国政府的行为尤为反感，他认为美国有责任为世界其他国家树立榜样。“正式批准《防止及惩治危害种族罪公约》花了美国40年的时间，那是我们发起的，”他有一次对联合国愤怒地解释道，“40年！”[33]

直到冷战结束，直到1990年代南斯拉夫和卢旺达发生了两213起新的种族灭绝之后，国际社会才最终付诸行动。联合国成立了一个很像纽伦堡和东京法庭的特设法庭，也再次展开了关于建立永久性国际刑事法庭可能性的讨论。短短数年之内，这些讨论最终结出果实。国际刑事法院终于在2002年7月1日诞生，距离二战首次凸显世界对于这样一个机构的需求，已经过去了57年。

在费伦茨看来，这是一个有名无实的胜利。“事件发生之后才出现法庭，这是一种对失败的忏悔，”他后来说，“应该做的是阻止罪行，而不是允许其发生，然后再让某些人负责。”令他感到很难过的还有，因为联合国的很多最有力的成员国，包括中国、印度、以色列和美国，仍旧拒绝承认这个法庭的权威。然而，他不允许自己灰心丧气。他说，国际法律体系仍处在婴儿期，如果事态发展缓慢，我们也不应过于惊讶。“我们在这里看到的是原型——是人类史上从未有过的过程。”如果现在看起来还不够令人满意，随着时间的推移一定会好起来的。最重要的是“我们已经开始行动了”。

第二次世界大战及随后的纽伦堡审判永远地改变了本杰明·费伦茨的人生。正是在这些年里，他第一次理解了法律的真正价值，以及战争在破坏法律、贬低人类精神和否定人权方面扮演的角色。“我认识到，以前从来没有绝无暴行的战争，今后也不会有。防止这种残忍罪行的唯一方法便是防止战争本身。”

在本书撰写之时，他仍在寻找切实可行的方法抚平 1945 年的创伤，并推动着这样的未来：到那时，国际侵略或许最终可以被普遍法则的力量遏制。

本杰明·费伦茨的故事告诉我们，二战最伟大的遗产就是遏制人类某些最糟糕本能的普遍而恒久的愿望，以及创立一个在人类中间推动和谐与团结的体系。我们拥有一些最重要的全球机构——世界银行、国际货币基金组织、国际刑事法院，以及联合国本身——这在很大程度上是因为战争。尽管它们都有失败之处，这些机构却代表一种理想：如果战争有任何好处的话，那么肯定就是它产生了改变一些事情的渴望和意愿。 214

但正像 1945 年涌现的所有其他乌托邦愿景一样，“天下一家”的思想最终只是一个梦。1945 年的一个最大的讽刺就是，在产生了渴望团结的同时，战争的遗产也制造了确保这种团结永不可能实现的障碍。饱受创伤的人们因为身上的伤口，还没准备好彼此原谅。各个国家也不愿放弃它们本就是通过殊死奋战才得以确保的主权，将其拱手让给任何更高的权威。而最重要的是，正是诞生于二战灰烬中的两个超级大国之间的较量，在 20 世纪余下的大部分时间里成为国际关系的基本框架。

第四部分

两个超级大国

13. 美国

科德·迈耶（Cord Meyer）是个模范美国人。美国参战后，217 迈耶也入伍了，他匆忙提早完成了大学学位，以便加入海军陆战队。迈耶年轻、聪明、充满热情，并且渴望投身于事业。他相信，美国有责任与法西斯主义做斗争，美国军队出现在战斗的最前线才是唯一正确的做法。在奔赴战场的那一天，他在日记里写下了让他激动不已的感觉："我们这群强壮的年轻人出发了，我们是这个广阔国家田间和各处人民的斗士和保卫者，为了我们的传统，与没有人性的入侵者战斗。"他心底里知道这种感觉并非完全真实，只不过在表现一种永恒的理想，但他还是不禁被它们感动。[1]

不久，他就感受到了战争的残酷现实。1944 年 7 月，关岛战役期间，迈耶正躲在一个散兵坑里，一枚日本手雷落在他身旁。爆炸震碎他的左眼，他严重受伤，以至于军医把他列入"阵亡"名单。遗憾的是，一封大意是说他阵亡的电报送达他心急如焚的父母，他们迟了几天才获悉，儿子实际上被及时输血抢救了回来。迈耶被送上一艘医疗船，横穿太平洋回到美国，他被授予紫心勋章和铜星勋章，并装上一只玻璃眼珠。迈耶人生中第一次为某种崇高的事业而冒险的经历就此告终。那年他 24 岁。

战后，迈耶受邀参加旧金山联合国会议的美国代表团。官方代表哈罗德·斯塔森（Harold Stassen）认为团队里有个戴勋章的老兵有益观瞻，因此迈耶牢牢抓住了这个机会。他认为，旧金山会议是从“在战争的废墟中”创造出“和平的世界秩序”的绝佳机会，他渴望在这个具有历史意义的事业中发挥力所能及的作用。但时隔不久，幻灭感便不期而至：

218 “我受够了破坏、苦难和死亡，眼看着联合国体系开始成形，我一天比一天更担心。关于对和平的需要，有很多人在说大话……但大家很快就会清楚，美国和苏联都不愿意牺牲引以为荣的国家独立和权力，但如果没有这些牺牲，在下一次世界大战面前，和平也不过是暂时的武装停战而已。用战场上的沉痛代价换来的胜利，却在谈判桌上被挥霍一空……我离开旧金山时坚信，如果联合国不能在短期内大幅加强自己的实力的话，第三次世界大战必然无法避免。”[2]

正是这些担心重新唤起迈耶的使命感。如果联合国不能满足实际需要，他就会参加运动予以支持。就这样，迈耶再次投身于一项事业——这一次是“建设更加公正和平的世界”。[3]他开始写文章指出联合国的不足以及应如何改善。他参加了世界政府的运动，创立了最重要的组织之一——联邦主义者国际联合会（United World Federalists）。在接下来的两年，他不知疲倦地在美国各地巡回，就与苏联展开新军备竞赛的危险而四处游说、筹款和演讲。

那段时间，迈耶最大的恐惧是原子弹的破坏力，他认为那种破坏力可以让世界陷入新的黑暗时代。他充满激情地相信，作为唯一拥有原子弹的国家，美国有责任领导世界，远离新灾难的可能。他写道：“有能力的人同时也负有责任。”美国必须竭尽全力保证世界政府的原则“本着诚意，并且绝不带有强迫性的威胁”。只有那样，苏联才会受到启发，做出善意的回应。[4]

迈耶再一次注定要失望了。无论他在辩论中倾注多少激情和能量，事态日趋明朗，美国政府永远不会支持他的运动，美国人民也不会。苏联似乎也没有表现出任何支持他的迹象：实际上，迈耶本人曾遭受苏联媒体的人身攻击，说他是“美帝国主义的遮羞布”。[5]1949 年秋，他开始遭遇信心危机。他感到“一事无成”和“无能”，开始怀疑自己的论点中存在“冷酷无情的狂热”。“我反复警告人们核毁灭即将来临，但这种说法在我脑中的回应非常空洞，当我承诺着自己都不再有信心的联邦主义救赎的时候，我越来越讨厌自己的声音。”理想幻灭，筋疲力尽，他辞去联邦主义者国际联合会主席一职，退出公共生活。[6]

219

1948 年，年轻的科德·迈耶拜访阿尔伯特·爱因斯坦，讨论苏联对世界联邦主义的态度。

接下来的18个月，他的心境再次改变。他花时间反复琢磨美国与苏联之间日益黯淡的关系，还思考了斯大林共产主义的性质。他接触过一些共产党人，这些人曾经想渗透并暗中破坏美国退伍军人委员会——这是迈耶的另一个事业——而他对这些人的坚定不移怀有隐隐不安的赞赏。1950年代初，他坚信如今对世界和平“威胁”最大的是共产主义，而不是“引以为荣的国家独立”。带着一丝苦涩，他以后见之明声称，美国表现出多少“诚意”都不重要：共产党政权不达到主宰整个世界的目标是不会停止的。因此，1951年，他决定“报名”参加一个崭新的运动：他加入中央情报局，一门心思与共产主义战斗。与曾让他灵光乍现的其他事业不同，这个工作注定贯穿于他未来的职业生涯。[7]

220

在接下来的几十年里，迈耶从天下一家的反战分子到执着的冷血战士的转变会让有些人认为他背叛了自己起初的自由价值观。“他被冷战化了。”迈耶从前的一位朋友这样说道。[8]迈耶本人更愿意把这看作从理想主义迈向现实主义的过程。他从未放弃自己对世界和平的希望，或是对一个真正民主的国际合作体系的梦想。但他的首要任务是保卫美国乃至世界其他地区免受苏联的威胁。“我后来才渐渐不情不愿地得出这个结论，即美国人面对着苏联这个可怕的对手，”他在加入中情局将近20年后写道，“当时我对这个事实一无所知。我当初不得不历经艰难地才认识到它。”[9]

美国梦与苏联的背叛

美国社会中一直有种乌托邦的色调。这个国家诞生于清教徒先辈移民的理想主义，建立在人人生而平等这个真理之上，自建国以来一直将自己描绘为自由的“新世界”，它出于抱负和正义，在1941年参战，并非为了经济或疆土的利益，而是为了坚持一个梦想：美国是自由之地。所以，当日本人轰炸珍珠港时，在美国人的心目中，他们袭击的不仅是一个国家，还有自由本身。

在“耻辱日”① 之前的20年里，美国的外交政策充满了“美国可以独自追求其自由和幸福的梦想，不受外国的阻碍”这种错觉；但战争的到来完全粉碎了这种信念，使得这种想法再也没有恢复。就连共和党参议员阿瑟·范登堡（Arthur Vandenberg）这样的前孤立主义者都断定，如若暴政和不公横行于世，美国的自由就永远不会有真正的安全。“珍珠港，”范登堡在战后说，“让我们大多数人得出结论：世界的和平是不可分割的。”[10]因此，当美国拿起武器，它的本意是把自由这个礼物带到世界的各个角落。罗斯福的四大自由——言论自由、信仰自由、免于匮乏的自由和免于恐惧的自由——不仅是一句口号：它们将变成一个宣言，先是在《大西洋宪章》中明文昭示，后来又出现在联合国的宪章文本中。 221

1945年，战争打赢了，美国因胜利而充满激情，这个乌托邦的梦想似乎即将达成，至少有一刻人们以为自己美梦成真。美国站在“世界之巅”，拥有“人类从未达到过的巨大力量和巨大权力”。[11]所有的敌人都一败涂地，盟国在美国的领导下凝聚在一起，创建了一系列世界机构，它们宣称的目标是通过促进公民权利、人权、经济改革和民主自由来根除战争。

---

① 指1941年12月7日，日本突袭珍珠港的那天。珍珠港事件发生后，罗斯福发表著名的《国耻日演说》（Pearl Harbor Speech/Infamy Speech），声称12月7日是美国“活在耻辱中的一天”，这天后来成为该国的纪念日。

在战争行将结束的日子里，美国人仍然希望且相信苏联在新的国际机构的帮助之下，也会支持这些理想。科德·迈耶和很多人一样，深信只要以宽容和理解的态度对待苏联人，他们必然会看到这种美国梦的价值。很多媒体太惯于赞美“我们英勇的盟国”，不愿善待对苏联人表示怀疑的外交官。[12]大多数政治家，无论共和党还是民主党，都同样愿意对苏联做善意的推断。“我们不该害怕苏联，”温德尔·威尔基在战时如此告诉美国，“我们需要学习如何与它共事。”[13]美国战争部长亨利·史汀生（Henry Stimson）竟然鼓吹与苏联人共享原子弹的秘密。“我在漫长人生中学会的重要一课就是，”1945 年 9 月，他致信杜鲁门，“让一个人值得信赖的唯一手段就是信任他。”[14]这句话里有一种理想主义和天真朴实的态度，但也带着一丝傲慢自大。迈耶和史汀生这样的人想当然地认为，其他国家的追求必然和美国一样，当他们看到事实证明并非如此时，便大惊失色，深感不安。

遗憾的是，苏联人没做什么令美国人对之产生信任的事。222 战争结束之时，他们已经获得了极其难以合作的声誉。他们的外交部长维亚切斯拉夫·莫洛托夫（Vyacheslav Molotov）被同僚们称作“石头屁股”，因为他作风强硬，可以在会议桌旁一坐数小时而一动不动；而他的下属安德烈·葛罗米柯不久被美国媒体描述成“否决先生”。[15]美国驻维也纳和柏林的官员发现，与他们的苏联同行达成任何共识几乎都是不可能的，并惊叹他们总能“随意寻找技术原因作为违反共识的借口”。[16]

尽管富甲天下、军力无匹，还有原子弹和政治的双重优势，美国在这种毫不妥协的态度面前，却很难不显出明显的无能为力。例如，在雅尔塔的三巨头会议之后，华盛顿四下传播着这样的谣言，说“罗斯福总统在几乎所有的问题上都向斯大林让步了”——前者的助理们竭力否认这种谣言。[17]在布雷顿森林会议上，苏联人公然奉行“为了所有的利益而订约，但拒不履行所有的责任和义务”的政策，世界各地代表愤怒地看到，只要苏联人寸步不让，英美两国代表就一再退缩。其中一位比利时代表乔治·特尼斯（Georges Theunis）不禁对英国经济学家们喊道：“真是耻辱啊。美国人每一次都向俄国人让步。你们英国人也一样糟糕。你们简直就是在向他们屈膝服从。你们就等着吧，你们早晚会自食其果的。”[18]

第一批意识到苏联人对全世界构成了怎样的威胁的，是美国驻苏联和东欧各大使馆的官员们。据美国驻波兰大使阿瑟·布利斯·莱恩（Arthur Bliss Lane）说，苏联人从来都没想过要信守他们在雅尔塔和波茨坦做出的承诺，即在国内举行“自由而毫无拘束的选举”——他的华沙新闻中心里充满了有关“虚假选举”、“恐怖活动”和“苏联禁止言论自由和其他人权自由”的参考资料。[19]驻莫斯科的美国大使埃夫里尔·哈里曼（Averell Harriman）更加直率。“斯大林正在撕毁协议。”1945年4月，他在返回华盛顿期间向总统提出这样的警告。他甚至还预言，欧洲将会发生一次新的“蛮族入侵”。[20]

东欧其他地区的外交官对此评价也大致相同。在罗马尼亚，盟国管制委员会的英美成员抱怨说他们被“密切监视”，而苏联人却直接参与了解散罗马尼亚政府，并以亲苏政权取而代之。[21]在保加利亚，美国外交官抱怨说，他们对阻止苏联支持的恐怖行动“无能为力”；他们没有发言权，接触不到任何有实际意义的情报，在苏联支持的国家警察“恫吓和控制大众”时，不得不袖手旁观。[22]与此同时，捷克外交部长扬·马萨里克

223

（Jan Masaryk）向他的美国同行承认，苏联人不断逼他就范，让他几近绝望："你就算跪倒在地，俄罗斯人也觉得不够。"[23]

几乎每天都会出现苏联人违反民权和人权的新情况：苏联士兵强奸德国妇女，劫掠东欧财产，组建秘密警察部队，迫害天主教神父，恐吓反对党的政治家，处决前抵抗组织领导人，还把平民大规模驱逐出境——所有这些话题都被吓坏了的美国官员反复提及，美国报纸对它们的报道也日益增加。

没过多久，情况就渐趋明朗，只要有人拥护东欧的自由和民主，就会成为迫害目标。保加利亚反对党领导人尼古拉·佩特科夫（Nikola Petkov）因莫须有的罪名锒铛入狱，随即被处决。波兰反对党领导人斯坦尼斯瓦夫·米科瓦伊奇克（Stanisław Mikołajczyk）最终因担心自己人身安全而逃亡；匈牙利总理费伦茨·纳吉（Ferenc Nagy）、罗马尼亚总理尼古拉·勒代斯库（Nicolae Rădescu）也是如此。当扬·马萨里克从捷克外交部的一扇窗子里神秘"跌落"，他的职业生涯便在1948年戛然而止。普通美国人以为他们在欧洲终结的正是这类事件，但如今它们又卷土重来，让人不能容忍。

但到目前为止最令人不安的消息，是苏联的影响，确切地说是苏联的颠覆活动已经开始动摇美国本身。1945年，一系列间谍丑闻中的首例曝光，震撼了北美。一个名叫伊格尔·古琴科（Igor Gouzenko）的译电员从渥太华的苏联大使馆叛变，透露了为苏联做间谍的不下20个加拿大人和3个英国人的姓名，其中很多人是政府雇员。谣言很快流传开来，说美国机构中也有着类似的间谍网，其中的一些被证明是千真万确的。1948年7月，一个名叫伊丽莎白·本特利（Elizabeth Bentley）的苏联中间人现身众议院非美活动调查委员会，公开指认32个人是间谍，其中有罗斯福政府的几个人，包括布雷顿森林新国际经济会议的策划者哈里·德克斯特·怀特在内。此后不久，一个名叫惠特克·钱伯斯（Whittaker Chambers）的前共产党人揭发了其他几个苏联高级间谍，其中包括在筹建联合国和雅尔塔三巨头会议中均起到重要作用的阿尔杰·希斯（Alger Hiss）。更多的丑闻接踵而来。1950 年，朱利叶斯·罗森堡（Julius Rosenberg）和艾瑟尔·罗森堡（Ethel Rosenberg）夫妇被控盗取原子弹机密并将其转给苏联。一时间仿佛到处都是间谍。

对于绝大多数美国人，特别是像科德·迈耶那样，总希望相信苏联人最好的一面的人来说，这不啻是一次欺人太甚的背叛。正如迈耶在阿尔杰·希斯的审判过后自问："怀疑什么时候才会结束？"[24]其他人干脆对苏联人直接开骂：《纽约先驱论坛报》（*New York Herald Tribune*）的整版广告标题赫然写着"俄罗斯人是大骗子"。[25]比尔·莫尔丁（Bill Mauldin）发表于《星条旗报》的战时漫画象征着数百万普通美国士兵的意见和看法，总结了普遍弥漫的悲愤之情。"我觉得他们也许根本不理解我们的感受，"他在多年后告诉一个采访者，"如果你曾经在战争中与某人结盟，就会对他产生强烈的感情。这个国家曾对俄国人怀有无限的善意，但他们对友谊不感兴趣。他们只是想尽办法，要把我们踢得屁滚尿流。"[26]

这种背叛感在 20 世纪余下的时间里一直延续，也被带入新世纪。就连历史学家有时也不得不对此加以评论。"一个国家从另一个国家那里偷走那么多政治、外交、科学和军事秘密，这种事情从没有过，"2003 年时一位美国经济学家如此写道，"在间谍方面，这就和纳粹大肆劫掠欧洲艺术作品一样。唯一的不同之处在于，是我们自己在当时友好、合作的时代精神下，引狼入室的。"[27]

美国人的反应

随着这些事件的展开，美国人被迫开始问自己一些令人不225快的问题。如果美国是世界上最强大的国家，为何面对苏联的挑衅竟如此无能？更重要的是，美国为什么没有办法挡住共产主义的稳步前进？二战紧接下来的几年里，一批东欧和中欧国家成为共产党阵营的一部分。中国也一样，毛泽东领导的中国共产党最终取得内战胜利，到 1949 年底，世界人口有五分之一——总人数逾五亿人——生活在共产党政府治下。[28]如果美国不能把世界从它认为的“压迫和暴政”中拯救出来，它要那么多权力和财富有什么用？如果不能使用原子弹的威胁来推进各项目标，它垄断那种武器又有何用？

所有这些都与美国在二战后自视为英雄的看法不相符合，也与当时一位政治学家所说的“美国无所不能的错觉”相互矛盾。[29]很多人不愿接受就连美国也屡遭掣肘这一令人失望的现实，而更倾向于相信美国人的希望和抱负遭遇打击是因为政府无能——或者更糟，是遭人从背后捅了一刀。他们开始想象，各种各样的间谍丑闻只是更深层次问题的表象，也就是美国社会从内部腐败了。共和党人尤其如此认为，他们利用这个问题频频敲打民主党对手。在 1945 年底的国会选举中，共和党指控民主党允许“为外国人做事的激进分子渗透”进政府，无视“共产主义迫在眉睫的危险”，以及未能清除工会中的赤色分子。印第安纳州的一个共和党候选人竟然声称，政府工资单上已知的共产党员有 7 万人——这个荒谬的说法与参议员乔·麦卡锡（Joe McCarthy）四年后更加臭名昭著的主张不谋而合。[30]

然而，这种看法也让美国人不得不直面一些难以回答的问题。如果国家真的满是共产党，那么为何会如此呢？美国梦还不够吗？为何会有真正的美国人愿意为了一个如此赤裸裸地违反美国价值观的极权主义政权，而背叛自己的国家？

这些问题暗指整个1930年代一直困扰着美国社会的一系列问题，一旦战争结束，它们便同一些新的问题一起再次浮出水面。研究冷战的大多数历史学家都过于关注战后余波中的国际局势，而忘了去看看美国境内的情况。美国或许诚如《国家》 226 (*Nation*) 杂志的一位评论员说的，“像个巨人一样主宰着世界”，但普通的美国人并不觉得自己有多强大。[31]实际上，1945年和1946年的美国社会面临着巨大的压力。数百万人从军队复员，职场大量解雇妇女，经济立足点从战时到和平时期的转变——所有这一切都产生了难以控制的矛盾。此外，战争期间暂时搁置的政治对抗也开始重新出现。

美国人曾经得到承诺，说一旦战争结束，繁荣和谐的黄金时代就会到来。但事与愿违，他们继续面临着定量配给、通货膨胀恶化和住房短缺。1945年秋，成千上万的妇女在服装店外排队购买尼龙袜，商店售空后，她们发生了暴动。同时，罢工威胁着几乎每一个重要的行业：1946年，460万工人参加了将近5000次罢工，创下了纪录。战后一年，离婚率飙升，特别是在回国的美国兵和他们的新娘之间，性病的发病率也大增（这两个事实并非完全无关）。离开部队的黑人士兵决定与种族隔离做斗争，他们展开的斗争最终使得公民权利在美国政治中占据核心位置。因为没有战争的凝聚力量把社会团结在一起，很多旧的分歧再次出现——工人与老板之间，富人与穷人之间，黑人与白人之间，男人与女人之间，中产阶级与工人阶级之间，更不用说来自各个种族背景的归化美国人之间由来已久的紧张关系了。[32]

这杯蔓延全国的挫折感鸡尾酒中的诸多材料之一，确实是共产党日趋频繁的活动。战争结束时，美国共产党有6.3万名党员；在产业工会联合会中，共产党控制的工会会员总数达137万人。[33]愿意发掘真相的人会看到大众生活的方方面面都有人与共产主义有联系，这些方面包括媒体、教育、工业，甚至政府管理方式。正如科德·迈耶和其他人证明的那样，这显然是个问题，而美国共产党采用的某些手段相当犀利。但这只是个小问题。就算在当时，也有很多美国人认识到，只针对这个问题而不及其余，不过是不敢正视美国社会中其他深刻分歧的借口罢了。[34]

227

共产主义实际上是几乎每个人都关注的焦点所在，不光像共和党前国会议员汉密尔顿·菲什（Hamilton Fish）和联邦调查局局长J. 埃德加·胡佛（J. Edgar Hoover）这类老到的诱捕赤色分子的人如此，社会生活各个领域的人都为此惶惶不安。这包括来自两院和两党的政治人物，其中有乔治·马歇尔和莱希上将（Admiral Leahy）等军事领袖，美国商会的弗朗西斯·P. 马修斯（Francis P. Matthews）等商界领袖，甚至还有美国劳工联合会的乔治·米尼（George Meany）和威廉·格林（William Green）等工会领袖。新教神学家雷茵霍尔德·尼布尔在其著作中谴责了共产主义，天主教电台节目主持人富尔顿·J. 希恩（Fulton J. Sheen）在广播中谴责了共产主义，美国犹太委员会还发起一场声势浩大的运动，从各种犹太人团体中清除共产党员。[35]就连杜鲁门总统也不得不公开声明反对共产主义，但他在私下承认，他认为整个事件不过是“吓人的玩意儿”。[36]与此同时，新闻界不仅对公众的偏执进行评论，还尽其所能地添油加醋。伦道夫·赫斯特①旗下的报纸是开路先锋，欧洲刚结束战争的数天之后便出现了“赤色浪潮威胁基督文明”这样的标题。[37]1940年代后期，新闻标题变得更具体、更邪恶：“赤色法西斯，今日在美国”，“共产党人渗透进华尔街”，甚至还有“赤色分子正在觊觎你的孩子”。[38]

值得注意的问题之一是，这种一贯用于形容国内外共产党威胁的文风，与此前用来形容纳粹威胁的文风非常相似。“赤色法西斯”是报纸、政客和联邦调查局经常使用的措辞，仿佛斯大林和希特勒的意识形态是可以互换的。同样，纳粹主义和共产主义往往被合并成“极权主义”一个词，如今人们仍然经常进行这样的概念合并。[39]斯大林有时被称作“俄国的希特勒”，而政客们谈论的“绥靖”斯大林的危险，正如1938年英国企图绥靖希特勒一样：“记住慕尼黑②!”1946年3月，H. V. 卡滕伯恩③对广播听众如此警告道。[40]共产党的政治宣传被拿来和戈培尔的相比较；苏联的古拉格被比作纳粹的集中营；苏联内务人民委员部被比作盖世太保。美国驻波兰大使阿瑟·布利斯·莱恩说：“夜深人静时，有人敲门的恐怖之感今天依然存在，如同纳粹占领期间一样。”1947年，他对广播听众说，这 228

① 威廉·伦道夫·赫斯特（William Randolph Hearst，1863—1951），美国报业大王和企业家。赫斯特是一个在新闻史上饱受争议的人物，被称为新闻界的“希特勒”和“黄色新闻大王”。他在20世纪初掀起黄色新闻浪潮，对后来新闻传媒产生了深远影响。

② 指《慕尼黑协定》，是1938年英、法、德、意四国首脑在慕尼黑会议上签订的条约。英法两国为避免战争爆发，牺牲捷克斯洛伐克的利益，将苏台德地区割让给纳粹德国。

③ 汉斯·冯·卡滕伯恩（Hans von Kaltenborn，1878—1965），美国广播评论员，以高度精确的措辞、即席讲话的能力，以及对世界事务的深度了解而闻名。

种压抑和恐怖，“不论授权他们这么干的是卐字标志还是镰刀锤子”，都一样可怕。[41]一个未来的美国国会代表甚至将马克思的《共产党宣言》与《我的奋斗》相提并论。[42]到处都有人把苏联人比作纳粹分子，每个人都这么做，连总统也不例外。“极权主义的俄国政府与希特勒政府并没有什么不同，”1950 年 3 月，杜鲁门在一次记者招待会上如此说道，“它们都是一样的，都是警察国家的政府。”[43]

就这样，对苏联人的恐惧被套上美国最近才摆脱的冲突的外衣，而美国大众被鼓励去相信他们正在重演 1930 年代的混乱萧条。在一定程度上，对苏联人的恐惧实际上与苏联人无关，而是某种略深层次的心绪的表现——唯恐重蹈覆辙，以致再次陷入战争的泥沼。正是这种对于希特勒还魂的焦虑本身，循环往复地伴随着美国从随后的朝鲜战争到“9·11”事件之后的几乎每一场战争。

麦卡锡主义

这种恐惧和妄想的氛围，其后果在国内和国际均影响深远。1947 年 3 月，为了让那些认为他对共产主义过于软弱的人闭嘴，杜鲁门总统发布一道行政命令，宣称政府的所有平民雇员必须接受忠诚度调查。在这个时期推行的所有反共措施中——仅举几例，《塔夫脱－哈特利法案》① 中体现的对工会力量的限制，好莱坞的黑名单，根据《史密斯法案》② 而对共产党领导

① 《塔夫脱－哈特利法案》(Taft-Hartley Act)，又称劳资关系法，是美国国会在 1947 年 6 月无视杜鲁门总统的否决而通过的。该法案禁止某些工会的做法，并要求披露工会的某些财政和政治活动。

② 《史密斯法案》(Smith Act)，又称外国人登记法。该法案于 1940 年生效，为鼓动推翻美国政府的行为制定了刑法处罚，并要求外国人和外国出生的美国公民需在政府登记注册。

人的起诉，等等——杜鲁门的忠诚调查计划是到目前为止牵涉面最广泛的。在接下来的九年里，逾 500 万公务员接受了筛查，其中有超过 2.5 万人受到联邦调查局全面的现场调查。这些调查没有查出一个间谍，却导致 1.2 万人辞职和大约 2700 人被解雇，制造了许多不幸。它或许是美国历史上最大规模的一次对隐私和公民自由的侵犯。[44]

229

恐惧胜过自由：1949 年的“赤色恐慌”期间，歇斯底里的美国企图扑灭自由之火。（图片上方文字为“着火了！”）

科德·迈耶加入中央情报局不久，发现自己也要接受全面的忠诚度调查，后来，他描述了这个过程有多让人不安。他被控与身份已被获悉的共产党人结交，和共产党外围组织保持联系，并发表了反美观点。对他的指控的典型之处，是一个联邦调查局特工有一次偷听到几个共产党员大声说，或许能说服迈230耶加入他们。迈耶虽然感到愤怒，但还是不得不以最严肃的态度来对待这种道听途说。从一开始，证明无辜的责任就落在他自己的身上。他根本无从得知是谁指控了他，甚至都不允许他出席对自己的审判。

迈耶被停薪停职三个月，在此期间，他被迫写下详细的自传来证明自己的家教、学校教育和政治信仰的清白，这一切都要有证明文件的支持。他失眠了，也损失了一大笔钱，但最糟的是众叛亲离——他喜欢的几个熟人故意避开他，唯恐自己也惹上一身骚。“在那时的紧张气氛下，和有安全风险之嫌的人保持联系需要真正的勇气。”[45]

最后，迈耶很走运，不仅被证明无罪，而且他只被调查一次。有很多其他政府雇员，特别是那些持有更激进观点的人，被联邦调查局、政府忠诚度委员会、众议院非美活动调查委员会，以及参议员麦卡锡的常设调查小组委员会反复细致地审查。[46]也许最严峻的考验是被拽到电视镜头前接受麦卡锡的审问——这一奇观已经深深地烙印在美国人的意识之中，以至于对疑似共产党员的人的粗暴纠缠从此被称作“麦卡锡主义”。迈耶常常在想，他本人为什么幸免于这种侮辱，最终意识到大概是他的紫心勋章和铜星勋章救了他。和所有的仗势欺人者一样，麦卡锡也“不想面对战斗经历比他丰富的海军陆战队军官”。[47]

成千上万人像迈耶一样经受了如此的过程，我们没法评估这些对他们的生活造成了怎样的伤害。很多人因为私人生活被如此翻检审视而大受打击，从此再也不愿把自己的真实感受写在纸上，而那些写下感受的人把他们受的折磨描述成“筋疲力尽”、“灵魂煎熬”，甚至是“地狱”。[48]一个被剥夺了政府工作的非裔美国律师这样描述审查过程对她造成的影响：

> 我感到害怕、不安全，全无遮拦地暴露在他们的眼皮底下。我想起了个人生活中犯下的所有错误，那些生命中不可见人的秘密，但它们全都与政治活动无关。我担心，所有这些私人生活的细节都会见诸记录，被陌生人阅读、筛查、权衡、评价和裁决。[49]

231

左翼人士认为，这种做法为共和党向一代人灌输保守的价值观提供了一个很好的借口。他们断言，真正的代价不是以人民受到的创伤和被毁的前程来衡量的，而是“十年来假设未受质疑，问题没有答案，麻烦未得解决”。反共产主义的运动压制了整整一代美国左翼人士的声音。自由派被迫遵循更加保守的路线，否则会立即给自己招来嫌疑：实际上，在很多人的心目中，像“社会主义者”或“自由派”这种词很快就变成“共产主义者”的同义词。在包罗万象的赤色威胁面前，阶级和种族的种种问题都被搁置一旁，女性在社会中的角色也无人问津。在整个 1950 年代和 1960 年代初期，几乎每个人只要稍微在自己的社会传统角色上越雷池一步，便会自动地受到危险的激进主义的指控。[50]

然而事实上，这些措施的执行方式也并非总合乎共和党人的主张。尽管有人把确保美国安全免受世界共产主义威胁的这种需要作为辩解的理由，政府干涉个人私生活的奇观，以及强行规定他们如何生活等，却并不符合共和党有关个人自由的信仰。共和党人很快就指出，“赤色恐慌”中的某些最专制的方面，比如忠诚调查计划等，是民主党人煽动的。

无论人们站在哪一派，这个时期发生的价值观向右偏移代表了美国社会中的一个重要变化，至少在接下来的20年里影响了它的世界观。

杜鲁门主义

所谓的“共产主义威胁”激发的第二大变化发生在国际层面上。美国国务院往往站在美国与共产主义作战的最前线，那里远非间谍的温床。早在1946年，美国国务院里就鲜有官员对苏联有什么好话可说。[51]美国驻莫斯科大使馆的一名外交官道出了主流的情绪，他在1946年2月发给华盛顿的报文成为冷战开端的决定性时刻之一。乔治·凯南的“长电报”形容苏联领导层“残酷”、“挥霍”和“缺乏安全感”到了妄想症的地步，在其与美国的关系问题上尤其如此。他解释说，苏联人“狂热地致力于”摧毁美国的生活方式，在美国人民中间播种不和谐因素，以及破坏美国的国际权威。[52]与世界共产主义做斗争的唯一方式便是与其划清界限。美国必须对苏联的威胁予以遏制。

232

凯南的电报在华盛顿轰动一时，不过是因为它第一次总结了国务院人人所思所想的事情。在接下来的一年里，凯南的看法成为新的正统观念，不仅在国务院如此，其他政府部门亦然。[53]

然而，随着时间的推移，人们认为被动的遏制政策已经不够了。世界的很多地区依然存在着非常真实的威胁：本地叛乱让独立于莫斯科的共产党纷纷取得政权。希腊正在发生着这种叛乱，自从这个国家从纳粹手中获得解放之后，残酷的内战便激烈进行。在英国人宣布他们再也负担不起支持希腊民族主义政府的重担之后，美国国务院便决定，是时候挺身而出，发挥更积极的作用了。

因此，1947 年 3 月，杜鲁门总统出席国会的一次联席会议，并发表一篇旨在“把美国人民吓个半死”的演讲。[54]他此次演讲的表面原因是请求拨款 4 亿美元，直接援助希腊和土耳其，但正如他在同一个月宣布的忠诚调查计划一样，杜鲁门也试图表明，他准备对共产主义采取强硬路线。尽管他不可能预知未来，但他演讲中概括的原则成为 20 世纪后半叶里美国外交政策的基石。

在区区 20 分钟的演讲里，杜鲁门提及美国人最珍视的全部价值观：自由、公正、睦邻关系，以及为弱者挺身而出的决心。他使用“自由”一词不下 24 次：如果美国希望活在一个和平的世界里，宣布自己是“自由之地”是不够的，还必须支持全世界“热爱自由的人民”的事业。杜鲁门凭空想象出一个孤胆英雄的美国形象，此人挺身而出，反抗那些“恐怖和压迫”的力量，正如美国在刚刚结束的世界大战里所做的一样。

233

但真正有效的或许是杜鲁门迎合了美国人的恐惧。不为希腊挺身而出，或者说不为受到共产主义威胁的其他小国挺身而出的后果是，“将给这些国家乃至整个世界带来灾难”。他响应了国务院最资深的顾问们的声音，提及“混乱与无序”未来将遍布中东地区，随之而来的是“自由制度的崩溃”和“自由与独立”的终结。二战的幽灵贯穿整个演讲，既是教训，也是警告。美国曾一度在极权主义面前优柔寡断。他说，与美国被迫在上一次战争中花费的3410亿美元相比，在希腊需要支持的时候付出为其提供支持的代价，不啻是一个稳妥的投资。

他演讲的关键在于结尾，他的话为整个冷战时期的美国外交政策定下基调：

> 我相信美国的政策必定支持自由的人民反抗少数武装分子或外部压力企图对他们的镇压……全世界自由的人民期待着我们捍卫他们的自由。如果我们的领导地位动摇了，就会置世界和平于危险之中。[55]

杜鲁门的辞令得到预期的效果：援助希腊和土耳其4亿美元的请求得到批准。但通过如此宽泛的言论，他暗示美国愿意帮助自觉受到共产主义威胁的任何国家。在接下来的几个星期，迪安·艾奇逊（Dean Acheson）等国务院官员竭力打消人们关于这番言论就是给世界开具了一张空白支票的观念。然而，美国不惜一切代价，致力于在世界范围内打击共产主义的印象始终存在。[56]这恰恰表明，美国在二战后如此富有，以至于杜鲁门不但可以做出这样的声明，而且在很大程度上兑现了自己的大话。在随后的几周内，美国国务卿乔治·马歇尔宣布了进一步234 大规模援助的计划，以帮助整个西欧抵挡所谓共产主义的威胁：马歇尔计划对欧洲的援助最终达到123亿美元。单是1945～1953年，美国的全球援助法案的援助金额总计高达440亿美元。[57]

在随后的岁月里，就连这些巨额数字也只不过好像汪洋中的涓滴。1989年冷战结束时，据估计，美国为了支持杜鲁门主义，花费了大约8万亿美元。美国向逾100个国家提供了援助，与其中的逾 50 个国家制定了联防条约，并在 30 个国家建立了大规模的军事基地。美国平均每年要部署逾 100 万军事人员到世界的各种环境中去，从欧洲城市到遥远的太平洋岛屿，从丛林里的空军基地到沙漠宿营地，从航空母舰到核潜艇，甚至最终发展到太空火箭。中情局从古巴到安哥拉再到菲律宾无处不在的秘密行动，以及朝鲜和越南的全面战争，全都打着杜鲁门主义的幌子。美国推翻伊朗、危地马拉和智利的政府，以及资助整个中南美洲的右翼独裁，也都以杜鲁门主义为理论基础。所有这一切都与二战之前美国主流思维的孤立主义政策相去甚远。二战留给美国的遗产，以及杜鲁门主义的积极干涉国际事务，都让美国觉得自己有道义责任参与所有这些冲突。[58]

美国直至今日仍继续感受着那种道义上的责任。甚至在冷战结束之后，美国保卫自由民主价值观的责任仍引导着它干涉伊朗（1991 年）、索马里（1992 年）、海地（1994 年）、波斯尼亚（1995 年），以及科索沃（1999 年）——不是为了它自己的即时安全，而是为了保卫“自由”、“民主”和“西方的组织架构”。就连美国从 1990 年代末到 2003 年第二次与伊朗对峙时，起初也不是乔治 · W. 布什的“反恐战争”的一部分，而是企图维持世界的秩序。对于这样的重担，无论美国人民变得有多疲惫，也不管美国被那些不愿参战的人批评得有多厉害，二战和杜鲁门主义的遗产看来还将延续到未来。正如 2014 年某位外交政策高级顾问对美国国务院说的那样：“超级大国不会退休。”[59]

235

1947 年，杜鲁门发表他著名的演讲时，所有这一切都为未来打下了基础。普通的美国人只知道，尽管拥有所谓的财富和权力，他们仍感到坐立不安、充满焦虑，仿佛整个国家都在期待着什么可怕的事情发生一样。在战后曾在美国生活过的荷兰精神分析学家亚伯拉罕·梅尔卢（Abraham Meerloo）看来，美国似乎受制于一种普遍的“模糊的、很难界定的恐惧感”。他认为，这种情绪背后的原因是美国因为在战争期间做了不得不做的事而产生了“隐秘的罪恶感”，包括轰炸广岛和长崎。他说，如果这个国家不能正视自己曾经做过什么的现实，就会继续被某种惩罚将至的不安的预感所折磨。[60]

从当时美国对原子弹的焦虑程度来判断，美国人的心里很有可能含有隐秘的罪恶感。但那不是全部的原因。二战显然摧残了一部分美国人，也给美国造成一定程度的创伤，但也给美国带来一种使命感。当科德·迈耶在珍珠港遇袭后加入战斗时，他感受到前所未有的生命力。数百万美国人都与他有同感，都沉浸在战争带来的使命感和团队意识的喜悦之中。美国或许在欢庆战争的结束，也对取得了胜利欢欣鼓舞，但也有一部分人哀叹战争的结束。

发现新敌人让美国人终于有机会将可能对其战时行动怀有的一切罪恶感搁置一旁。这还为人们在战争年代累积的所有愤怒和攻击性提供了一个全新的存放之所，给那些为了新仇旧恨而磨刀霍霍的人提供了责难的焦点。苏联人是个美国人可以将焦虑和恐惧投射于其上的对象，并且既然它们是大家都认可的敌人，美国人再次体会到一种团结感。最重要的是，这个新敌人让美国重新拥有了使命感：身披亮甲的骑士无龙可屠又有何用？不管好坏，第二次世界大战——以及随后的冷战——建立了一种心理模板：美国从此一直都在与这样或那样的恶龙搏斗。[61]

14. 苏联

1949 年，恶龙证明了自己会喷火。苏联试验了它的第一颗原子弹，一切都变了：世界头一次有了不止一个，而是两个核大国，核战争也从概念变成实际存在的可能。在未来的几年里，美国和苏联将会开始军备竞赛，把世界反复带向末日的边缘——最显著的是 1950 年代在朝鲜、1960 年代的古巴导弹危机，以及 1980 年代中期东西方之间异常紧张的局势。 236

在此期间，苏联的一位核物理学家成为他所服务的国家的象征。如今，安德烈·萨哈罗夫（Andrei Sakharov）被铭记为苏联的持不同政见者和诺贝尔和平奖得主，但他年轻时更出名的称呼是苏联热核弹之父。正是萨哈罗夫这样的科学家代表了美国对苏联最恐惧的一切，但也代表了美国人对苏联人民最大的欣赏。萨哈罗夫不仅在其本国，而且在整个世界历史上都是一个崇高的形象，他在苏联力量的扩张及其最后的衰落中都扮演了重要的角色。

俄国参战时，安德烈·萨哈罗夫只有 20 岁，正在莫斯科大学攻读物理学学位。他的很多同学立即自愿参军，但萨哈罗夫因为心脏问题不能同行，转而自愿为战争做技术工作。完成学位后，他在科夫罗夫[1]的一家军工厂工作，先是在车间，后来

[1] 科夫罗夫（Kovrov），俄罗斯弗拉基米尔州的一个城市，位于克利亚济马河河畔。

进入实验室，在那里发明了测试穿甲弹的机器。工作条件极其恶劣，孩子们和成年人并肩工作，孕妇也被迫和其他人一起劳动。包括萨哈罗夫在内的很多人都住在满是虱子的宿舍里，以掺着美国蛋粉的小米粥维生。但和他那一代几乎所有的人一样，他欣然接受了这一切。不管个人做出多少牺牲，“我们都必须为胜利而战”，他后来如此写道。[1]

237 战后，萨哈罗夫作为声名显赫的苏联科学院物理所的研究生，回到研究岗位。但到了 1946 年底，他正忙着完成其研究生学位时，意识到气氛变了：国家仿佛突然对理论物理学家的工作产生了浓厚的兴趣。他两次接到在苏联核计划中参与顶级机密工作的邀请，工资也“实符其名”，但两次他都拒绝了。最终，在 1948 年夏，他已别无选择。经部长会议和苏联共产党中央委员会决定成立一个特别研究小组，调查制造氢弹的可能性。萨哈罗夫正是其中的一员。

和战时一样，萨哈罗夫毫无质疑地接受了自己的新角色，因为他一心一意地相信，有必要保卫苏联免遭美国人的侵犯。“当然，我了解我们建造的这种武器可怕而惨无人道的性质。但最近的那场战争也是一次兽性的锻炼；尽管我没有参加那场战斗，却自认为是这次新的科学战争中的一名士兵。”萨哈罗夫和他的科学家同事认为他们的工作充满“英雄色彩”，带着真正的热情全身心地投入核武器的研究：“我们被真正的战争心理支配着。”最重要的是，他写道：“我觉得自己决心实现的目标也是斯大林的愿望：在一场毁灭性的战争之后，让国家变得足够强大，以确保和平的成果。”苏联别无选择，只能接受军备竞赛，因为这是“在美国和英国的核武器面前（为苏联）确保安全”的唯一方式。[2]

在随后的几年里，萨哈罗夫在建造一系列越来越庞大的武器的过程中发挥了重要作用，如“Joe 4”、“大炸弹”、“特大号”和“沙皇”。作为对他的奉献的表彰，萨哈罗夫三次被授予“社会主义劳动英雄”，并在1953年被授予“斯大林奖”，1956年被授予“列宁奖”。

然而，随着时间的推移，萨哈罗夫对苏维埃国家的献身热情开始消退。他年轻时从未怀疑过马克思主义是“最适合解放人类的意识形态”。他除了共产主义俄国之外，从不知道还有什么其他俄国，并且从小就坚信苏维埃国家“代表了未来的突破……是其他所有国家效仿的原型”。但作为成年人和科学家，他不禁注意到体制中某些危险的缺陷。他强烈反对大战前的农业集体化过程中发生的暴力，并因此拒绝加入共产党。他公开 238 谴责特罗菲姆·李森科①在科学院谋得显要位置的手段，后者把遗传学做政治化解读，在世界其他地区广受嘲讽。他还主张禁止在大气中进行核试验，因大气核试验产生了如此多的辐射尘，以至于他开始将其看作“反人类的罪行”。渐渐地，他开始对他生活于其中的制度越来越持批评态度。[3]

他余生的决定性时刻发生在1968年，当时受到苏联内外事件的影响，他决定写下自己对他那个时代诸多问题的看法。最终写成一篇题为《关于进步、和平共处和思想自由的反思》的文章，作为地下出版物发表，但很快被外国媒体获得。在这篇文章里，他概括了自己的理想主义希望，即资本主义和社会主义制度能逐渐停止对抗并最终趋同。这种观点在苏联属于异端邪说，但在西方广受欢迎。该文章首先在七月初发表于荷兰的

---

① 特罗菲姆·李森科（Trofim Lysenko，1898—1976），苏联生物学家和农学家。李森科坚持生物的获得性遗传，否定孟德尔的基于基因的遗传学。

“氢弹之父”：1957年，安德烈·萨哈罗夫在苏联原子能研究所。

《誓言报》（*Het Parool*），两周后，《纽约时报》也发表了这篇文章。翌年，这篇文章在全世界一共发行了1800万份，成为一件真正的全球出版盛事。突然间，萨哈罗夫的大名可与亚历山大·索尔仁尼琴（Alexander Solzhenitsyn）相提并论，与之争相辉映的还有波兰的扬·利普斯基①和捷克斯洛伐克的伊凡·克利马②等其他国家的持不同政见者。[4]

239

萨哈罗夫的余生不是以科学家，而是以持不同政见者闻名

① 扬·利普斯基（Jan Lipski，1926—1991），波兰批评家、文学史家、政治家和共济会会员。

② 伊凡·克利马（Ivan Klíma，1931—），捷克小说家和剧作家。

于世的。他虽在“反思”事件之后失去工作，但仍继续撰写表达异见的小册子。他在无数反政府的请愿书上签字，还参加了公开抗议苏维埃国家的活动。1970 年代，他荣获诺贝尔和平奖和其他几个奖项，这让苏联当局愤怒不已，在报纸上狠批他们夫妇。1988 年，欧洲共同体以他的名字命名了一个人权奖项。

尽管如此，他在内心深处还是一个科学家，并因其理论物理学家的工作立足于世。直到生命的尽头，他也从未后悔过曾为核武器的研究做出的贡献。他在 1988 年说，核武器的军备竞赛是“一个大悲剧，反映了整个世界局势的悲剧性质，为了维护和平，做这些可怕的事情是很有必要的”，然而“归根结底，我们所做的工作还是正当的，对方同行的工作也没有错”。[5]

国家创伤

在二战的余波中，美国和苏联所处的立场是两国在仅仅六年前都无法预测到的。战争不仅促使它们在军事上取得伟大的成就，而且还极大地削弱或摧毁了其他对手，以至于没有任何其他国家能够挑战它们的地位。苏联拥有世上前所未有的最庞大的陆军，完全占据了欧亚大陆。美国的海军力量占领了太平洋和大西洋，其陆军和空军也让其他的西方势力相形见绌，还拥有原子弹的垄断力量。在没有任何旗鼓相当的对手的情况下，这两个大国拥有举世前所未见的实力——它们变成超级大国。

然而，至少在 1945 年，把这两个国家想象成势均力敌还是非常荒谬的。美国在战后几乎毫发无损，随着经济的发展，轻而易举地成为世上最富裕的国家。与之相反，苏联仍身陷困境，不管其军事力量如何，它在身心和经济上都疲惫不堪，无力将

240

其影响投射到它解放的欧洲部分地区和东北亚范围之外。

直到二战结束后，苏联的大部分人民才获准估计自己的损失。战争造成的实质破坏相当惊人。“在军队里，我们常常会提到战后的生活会是怎样的，”1947 年，记者鲍里斯·加林（Boris Galin）写道，“我们给一切都涂上彩虹般的梦幻色彩。我们从来没有想到破坏的规模如此之大，也没有想到抚平德国人造成的创伤需要如此大规模的重建。”[6]官方的统计数字让加林这样的人对自己看到的情况有了一个新的视角：和基辅、明斯克及哈尔科夫这样的主要城市一样，有超过 1700 个城镇和 7 万个村庄遭受重创。大约有 3.2 万个工矿企业被毁，6.5 万公里的铁轨被拆。[7]

在德国侵略过的地区，超过 50% 的城市住房存量严重受损或被毁，2000 万人无家可归。甚至在那些未被占领的地区，住房存量也大大下降：有太多的资源为了赢得战争被改作他用，完全没有做基本的维修。例如，在莫斯科，90% 的中央供暖系统都已报废，将近一半的给排水系统也是如此。80% 的屋顶、60% 的电气设备和 54% 的煤气设备迫切需要维修。当萨哈罗夫战后住在这里时，他和妻小不得不每隔一两个月便在一连串恶劣的公寓之间搬来搬去——有时住在潮湿的地下室，有时在不比走廊强多少的房间里，有一次还住进莫斯科郊外没有暖气的房子里，他们不得不整日裹着毛皮以免被冻死。萨哈罗夫很幸运，科学院最终提供给他一个房间，但与他一样的其他人直到 1950 年代中期还住在废墟、地下室、棚屋和防空洞里。[8]

在这样大规模的灾难中，人员损失巨大，简直令人无法理解。死亡人数从 2000 万到 2700 万不等，但现代研究界一般都会把数字定在这一区间的上档。[9]与死者并列的还有伤者。1800

241

万人在战争中受伤，250 万人终身残疾。和其他很多国家一样，伤残的年轻人在集市和火车站乞食的场景，成为那个时代的特征之一。[10]还有大约 1500 万 ~ 1800 万人因为战争而流离失所，他们或许是为躲避德国人逃往东方，或许是被当作强制劳工带去德国。[11]作为战争的直接后果，几乎每一个苏联人都经历过某种财产损失或丧亲之痛：1945 年不仅是胜利的一年，也是哀悼的一年。

这一宏大的共同体验的精神后果根本无法量化。无数的人此后多年仍苦受幻象重现和噩梦的折磨；无线电操作员反复梦到自己在敌后跳伞降落；年轻女子拒绝结婚或生子，因为她们无法摆脱另一场大战即将爆发的预感。“我心里明白，战争结束了，”一个前游击队员这样说道，“但我的整个身体、我的整个生命都还清楚地记得那一切。”战后，一个前线医护兵无论走到哪里，都会闻到皮肉烧焦的气味。另一个人则总是被鲜血的气味纠缠。“一到夏天，我就觉得战争又要爆发了，”多年以后，塔玛拉·乌姆尼亚吉娜（Tamara Umnyagina）说，“太阳晒暖一切的时候——树啊，房子啊，柏油啊——就有一股子味道，对我来说，一切闻起来都像是血。不管我吃什么，喝什么，都无法摆脱那种味道！”[12]

有时，这种幻象的重现是共同的。战争行将结束之时，世界即将毁灭的神秘谣言传播开来，宗教人士尤其对此笃信不疑。在斯塔夫罗波尔边疆区的一个村子里，有谣言说“在接下来的几天里，地球会与一颗彗星相撞，这件事的发生将宣布世界末日的到来”。村民们开始发疯似的做准备，他们祷告，在神像前点燃许愿蜡烛，穿上节日盛装，然后躺在自家门口，双臂交叉于胸前，准备赴死。[13]

这一具体插曲的有趣之处在于，它发生在 1945 年初，苏联人当时还都不知道原子弹的事情。也就是说，苏联对于厄运即将到来的感觉不是来自对核毁灭的恐惧，而是出自他们对战争经历的深层恐惧。

242 在原子弹的真相披露之后，这种情绪只会与日俱增。但同样，最初也并非因为对原子弹本身的任何具体恐惧。让苏联人民无以复加地恐惧的，是再次经历他们刚刚体验过的灾难：原子弹不过是一种威胁而已，因为它开启了一种新的力量失衡，因此更可能会发生新的战争。正如《星期日泰晤士报》（*Sunday Times*）驻莫斯科通讯记者亚历山大·沃思（Alexander Werth）解释的那样："（广岛的）消息让每个人都产生了一种严重的压抑情绪。大家都清楚地意识到，这是世界政治的'新现实'，即原子弹对俄国造成了威胁。那天与我交谈过的某些俄国悲观主义者忧心忡忡地认为，俄国对德国的艰难胜利如今只是'一场空'。"[14]

在接下来的几个月，整个国家开始经历一种共同的幻象重现，仿佛回到 1941 年的黑暗日子。莫斯科开始流传"苏维埃国家处在危险之中"，以及"英美正威胁着要挑起一场新战争"的谣言。一些人竟然拿恐惧取乐，说一场新的世界大战已经开始了。"我听说，"1946 年，莫斯科工厂的一个工人说，"战争已经在中国和希腊打响了，美国和英国已经干涉。他们随时都会攻击苏联的。"[15]

战争的灾难显然影响到苏联社会的各个层面，不但是物质上的，还影响到深层的精神层面。不论是否理应如此，1945 年，苏联人觉得自己完全像 1941 年那样脆弱，而原子弹的出现进一步加剧了这种感觉。此时需要的是长时间的平静——一种全国的恢复期——以便苏联人民感到战争的恐惧已被他们甩到身后，他们可以在安全中重建家园。遗憾的是，他们恰恰被剥夺了这样的感受。

我们和他们

苏联的领导层如何？他们对这种局势做何反应？首先要明确的一点是，苏联领导层从来没有过安全感。从他们作为革命者的日子开始，被沙皇的秘密警察追捕，度过动荡的内战、乌克兰大饥荒和大清洗——这一系列事件使得斯大林及其小圈子永远感到脆弱，无论对内还是对外。然而，1941 年的德国入侵，或许是苏联制度最接近于全面覆灭的时刻，领导人决心再也不允许他们自己重蹈覆辙也就不足为奇了。乔治·凯南等西方外交官轻蔑地说苏联人整日为“敌人的包围圈”困扰，说他们对西方有“妄想症”，但这种妄想症的产生有非常明确的原因，而苏维埃政权和苏联人对此感同身受。 243

1945 年的胜利让苏联人拥有了一个前所未有的机会来保护其边界线免受将来的任何侵袭之害，他们便牢牢地抓住这个机会。曾经属于俄罗斯帝国一部分的土地——卡累利阿[①]、波罗的海诸国、西乌克兰和摩尔多瓦——均被收复成为苏联的领土。曾经供德国入侵作为启动平台的土地——波兰、匈牙利、罗马尼亚和保加利亚——都被占领并深受苏联的影响。潜在的敌对政府都被颠覆，代之以亲苏的政府；各国社会均按共产党的路线重建架构，而那些曾经积极反对苏联的国家则被索取战争赔款。

---

① 卡累利阿（Karelia），俄罗斯联邦的一个自治共和国，位于俄罗斯的西北部，西接芬兰，东部濒临白海。

苏联人认为他们有权利采取这样的行动，无论从历史层面，还是从道义层面。苏联红军抛洒鲜血才控制了东欧的领土，政治领导层认为首先必须确保这些国家未来对苏联忠诚，否则没有理由撤军。还必须强调，苏联理论家由衷地认为他们解放了这些曾被封建制度压迫数百年的国家。但最重要的是，苏联感到自己有责任在其自身的领土与潜在的敌人之间建立一个缓冲地带。“我们必须巩固征服的领土。”多年后，苏联外交部长维亚切斯拉夫·莫洛托夫如是说。因此，对东欧的镇压主要不是为了共产主义的传播，或是过时的帝国主义，而是保卫祖国免受将来的侵袭之害。[16]

当西方提出反对时，苏联人很难不产生怀疑。就斯大林而言，他在东欧的所作所为与杜鲁门和丘吉尔在西欧的行径并无二致。“这场战争和以往不同，”1944 年，他对南斯拉夫共产党员米洛凡·吉拉斯（Milovan Djilas）说过这番著名的话，“不管是谁，只要占领一块领土，都会把自己的社会制度强加给它。每个人都会把自己的制度强加给军队所到之处。没有别的可能。”[17]

244 这种把欧洲瓜分为苏联和西方“势力范围”的做法，并非斯大林单方面强加的，实际上，这是英国和美国自己认可的局势。1944 年 10 月，丘吉尔在莫斯科会见斯大林时，曾明确同意把保加利亚和罗马尼亚留给苏联，以此交换英国对希腊的控制权。斯大林一丝不苟地遵守了协议（无论杜鲁门后来在他的杜鲁门主义演讲中暗示了什么）。那么，如果英国官员被阻止对发生在布加勒斯特的事件施加影响，丘吉尔还有什么权利抱怨呢？此外，英美两国都曾与保加利亚、罗马尼亚和匈牙利签署停战协议，协议中同样明确表明，在战争期间，每个国家都由苏联管理。[18]就苏联而言，这些地区的事件当然不关西方的事。

在苏联看来，西方政治家的伪善相当无耻。他们在《大西洋宪章》里鼓吹什么“各民族自由决定其赖以生存之政府形式的权利”，但他们支持在亚洲和非洲的殖民主义。他们抱怨东欧的人权被践踏，自己却在西欧故意不起诉法西斯分子和战犯。他们声称反对“奴役”东欧的大众，却对美国南方继续镇压美国黑人保持沉默。他们说共产党操纵选举，却对英国或美国“势力范围”内的希腊、巴拉圭或多米尼加共和国右翼分子如法炮制时袖手旁观。1948 年，美国人动用大笔金钱和影响来确保意大利的选举得出“正确”的结果——这到底比苏联操纵匈牙利或波兰的选举强在哪里？[19]

当苏联人尽其所能地扩张边界、充实国防和强国强军，以反抗充满敌意的世界时，美国似乎一心想暴露苏联的弱点。在旧金山召开的第一次联合国大会上，美国竭力拒绝苏联让波兰成为会员国的要求，却大力促成阿根廷的会员申请——苏联人认为阿根廷在战争的大部分时间里都在“协助我们的敌人法西斯分子”。美国在世界外交中如此炫耀其压倒性优势，就算在它的一些盟友看来也有些过分。在随后的七年里，苏联被迫使用了 59 次否决权，其原因不光是像很多西方媒体批评的那样为了阻挠会议进程，更多的是因为美国坚持通过的决议妨碍了苏联的重要利益。在外交上，否决权是苏联用以自保的唯一力量。[20]

245

在苏联人看来，美国还对苏联发动了一连串经济攻势。1945 年，欧洲的炮火声刚一停息，美国就突然切断了给苏联的所有租借援助。1946 年，德国的美国管辖区暂停了所有对苏联的赔款。1947 年，它公开宣扬杜鲁门主义，随后又是马歇尔计划。未来几年流入欧洲的120亿美元都有严格的资本主义附加条件，饥肠辘辘的贫困的苏联人根本不可能与之竞争。苏联文化部长安德烈·日丹诺夫①把马歇尔计划称作“美国奴役欧洲的计划”时，就连美国人都丝毫不感到惊讶。[21]

同样令人担忧的是，美国似乎决心不放过任何一个展示其军事优势的机会。战争结束时，美国拥有世界上最强大的空军力量，无论质量还是数量皆无可匹敌。“我甚至可以说，美国是不可战胜的。”尼基塔·赫鲁晓夫（Nikita Khrushchev）在其回忆录中如此宣称，继而说道，“美国人派飞机飞遍整个欧洲来炫耀这一事实，他们不顾国界，甚至还飞到苏联的领土上，更不用说像捷克斯洛伐克这样的国家了。美国飞机没有一天不在侵犯捷克斯洛伐克领空。”[22]

最后，或许也是最有破坏力的，是美国垄断了原子弹。1945年，在长长的美国优势清单上，这是最让苏联人感到不安的一项。此前，苏联当局无人意识到原子弹的威力有多大——不光是实际意义上的威力，还包括外交政策意义上的实力。原子弹的使用，既结束了战争，又使日本无条件投降，这让斯大林旋即受到震动。这种原始的力量让美国拥有了傲视整个世界的战略优势。毋庸置疑，这种新的力量影响了苏联。实际上，人们普遍怀疑投放到广岛和长崎的两枚原子弹，“瞄准的不是日本，而是苏联”。[23]

就像1945年英国驻莫斯科大使解释的那样，轰炸广岛和长崎的时机糟得不能再糟了。在多年的努力之后，在欧洲的胜利鼓舞了苏联人，使他们相信自己国家的安全终于触手可得了，

246

---

① 安德烈·日丹诺夫（Andrei Zhdanov，1896—1948），斯大林时期主管意识形态的苏联主要领导人之一。

苏联制度的永久存续也得到保证。“然后突然来了个原子弹。看似稳定的平衡一下子被动摇了。就在一切看来尽在掌握之时，俄国又被西方打了个措手不及。”[24]

核外交：一幅苏联漫画描绘了美国对波斯湾盛产石油国家的控制。

苏联对此的回应是继续进攻。据第三国际前特工乔治·安德烈钦（George Andreychin）说，苏联人在 1945 年 9 月后变得如此好斗的主要原因，在于原子弹的出现暴露了他们的相对劣势——连斯大林自己的小圈子后来也承认，斯大林其人一辈子总想掩藏劣势。[25]接下来的几年，莫洛托夫和斯大林都精彩演绎了他们没有被美国人吓倒，并故意淡化了核武器的作用。“原子弹是用来恐吓神经衰弱之人的，”1946 年秋，斯大林对西方记者们说，“它不能决定战争的结果，因为原子弹无论如何也不足以达到这个目的。”[26]

正是在这种背景下，在威吓和虚张声势的包围之中，苏联人启动了一个意在加速造出他们自己的原子弹的新计划。关于这个项目是否合理，迄今没有任何政府辩论的记录——人们只是觉得如果美国有了原子弹，那么苏联也必须有，就这么简单。然而，这个决定在全世界造成巨大的反响。随后 50 年的整个地缘政治氛围——亚洲和非洲的代理人战争、发展中国家的革命与反革命及欧洲的核和平——在此刻诞生了，或者至少在某种程度上如此。

247

通过与美国展开军备竞赛，斯大林奠定了一个其继任者无法推翻的政策的基础，并最终导致苏联的崩溃。1945 ~ 1946 年，苏联的科学预算增至三倍。至 1950 年，军费开支达到苏联国民总收入的四分之一，这还是在国家迫切需要重建的时刻。[27] 在接下来的 40 年里，苏联将会在他们绝不可能获胜的经济和技术战争中花费无法估量的巨资。

被扼杀在摇篮中的重生

没有什么比战争，哪怕是冷战，更能产生“我们”和“他们”的对立感。因此，苏联人欢迎这位 1945 年的新敌人。就像在二战时一样，“他们”为社会上的一切共同焦虑和恐惧提供了焦点。和那场战争一样，在保护国家免受“他们”戕害的需求之下，任何措施以及任何花费都是合理的。在中短期内，“他们”最终为苏维埃国家提供了颇有价值的服务。

但谁才是苏联伟大的、共同的“我们”呢？与西方人惯常的看法相反，苏联不是个庞大而单一的组织，而是一个丰富多样的国家，像美国一样为各种各样的分裂而困扰。自苏联成立以来，传统派与现代化的力量之间、城镇与乡村之间、布尔乔亚与工人阶级之间、党与知识阶层之间、军队与平民之间便存在着紧张的关系，更不用说不同地区和各共和国之间，以及不同民族和宗教少数派之间古已有之的分歧。战前，苏联曾试图以一元化的单一意识形态来取代所有这些分歧，但其采取的手段如此强硬，以至于他们只是做到了把这些分裂赶入地下；而在这个过程中，它还制造了新的分裂，最突出地表现在人民与国家之间。 248

二战改变了上述的一切。它团结了这些不同群体中的大多数，效果是此前再多的政治宣传或胁迫都无法达到的。霎时间，所有不同类别的“我们”和“他们”都得到重新的定义：一个单一的“我们”囊括了社会上的几乎每一个人，因为如今每个人都大致团结在一个共同的事业中；同样，“他们”也变成一个单一的共同敌人——纳粹侵略者。战争期间，这个敌人被极尽妖魔化，并显得如此庞大，占据了苏联人想象的中心位置。它还为在危急的战争年代中保持苏联社会的团结发挥了重要的作用。

1945 年，在所有的创伤和破坏之后，苏联本可以从战争中抢救出一些积极的东西，人们曾对此寄予厚望。剧作家康斯坦丁·西蒙诺夫（Konstantin Simonov）后来回忆说，人们开始谈及“自由化……包容并蓄……意识形态上的乐观主义”。据安德烈·萨哈罗夫说：“我们都相信，或者至少希望战后的世界会是体面和人道的。不然它还能是什么样子呢？”当时这样的话可以放心地说，恰恰是因为团结的精神在战后依然持续。[28]

然而，有强烈的迹象表明，这种团结感在当时就已经开始消解，特别是当人们越来越明显地看到国家的战后经济满目疮痍之时。1945 年，不光只有美国受到物品短缺、工业动荡、民族关系紧张和婚姻破裂的影响——苏联也是一样，而且情况要严重得多。850 万红军士兵在战后三年内复员，苏联没有《退伍军人权利法案》来缓和他们过渡到平民社会的过程——苏联政府根本没有任何资源来实行这样的措施。美国工人为了工资和工作条件罢工的时候，奔萨①的俄罗斯工人却在齐膝深的雪地里露天工作。[29]美国妇女为尼龙袜吵闹的时候，图拉②的俄罗斯人在没有鞋子、外套和内衣的情况下艰难度日。[30]在美国，人们抱怨 1946 年仍在继续的定量配给制，但在苏联，人们简直就是在挨饿。据俄罗斯历史学家韦尼阿明·齐马（Veniamin Zima）说，249 1946～1948 年，苏联有 1 亿人营养不良，还有约 200 万人死于饥荒。部分原因是天气恶劣，还有部分原因是政府管理不善——但这同样是战争导致的苏联农场瓦解的直接后果。[31]

苏联人梦想中的彩虹色的未来与战后生活的现实形成了强烈反差，激起全国一波又一波的不满情绪。集体农场的农民拒绝工作，理由是报酬太低无法生活——在有些个例中甚至完全没有报酬。[32]工业区发生大规模罢工和示威，特别是在乌拉尔和西伯利亚的巨型国防工厂。单是在 1945～1946 年，苏联就有逾 50 万人致信俄罗斯共和国内务部，抱怨他们的生活条件太差。“所

① 奔萨（Penza），位于俄罗斯欧洲部分中南部的一个城市，以化学和纺织机械制造业著名。

② 图拉（Tula），俄罗斯欧洲地区的工业市镇。1941～1945 年卫国战争期间，它是重要的军械制造城市。

以这就是我们得到的!”一封信如此写道,“这就是你们说的国家对劳动人民物质需求的关心……”据这位写信人说,暴动的气氛蔓延得很快。工人们开始问:“我们打仗是为了什么?”[33]

在苏联的某些地区,全面的叛乱已在进行之中。乌克兰开始了一场大规模的反苏联统治的叛乱,有大约40万人积极参与抵抗苏联军队返回的运动。这次暴动很快变成内战,一直延续到1950年代。类似的叛变也发生在苏联新近吞并的立陶宛、拉脱维亚和爱沙尼亚等共和国,那里有成千上万的人逃进森林,与苏联军队作战。这些注定失败的冒险事业受到“英格兰和美国(将会)与苏联开战”这种妄想的蛊惑。也就是说,在西部边境的很多地区,人们满心希望发生一场“第三次世界大战”。[34]

苏联当局显然不会允许这种情绪四下传播。按照由来已久的风格,他们开始把国家的所有问题都怪罪在局外人身上。他们对西方的谴责遵循了美国谴责苏联的同样的模式:斯大林接受《真理报》(*Pravda*)的采访时,直接把丘吉尔和希特勒相提并论,斯大林的外交部长维亚切斯拉夫·莫洛托夫称美国是“法西斯化”的国家;安德烈·维辛斯基(Andrei Vyshinsky)和格奥尔基·马林科夫(Georgy Malenkov)等党内高层人士则认为美国人是“法西斯野蛮人的模仿者”。[35]和美国一样,苏联领导层把这种新威胁既当作借口,也用来分散注意力,这也是他们用于敦促人民像战时一样再次团结在他们身后的手段。

250 在此期间,任何与西方有联系的人都会立即遭到告发。这种搜捕几乎在战争刚一结束就开始了。犯此大忌的第一批人是归国的战俘,还有那些在战争期间被迫迁徙到德国作奴工的平民。这些人长期生活在敌人中间,并往往于此后在英美人中间待过更长的时间。尽管没有准确的数字表明有多少归国的战俘被送去古拉格，但显然数以万计；亚历山大·索尔仁尼琴描述了战后的劳改营里全是这些人。[36]同时，在战时被德国人抓捕的6万名共产党员也被开除党籍。[37]

下一批被妖魔化的是那些不再忠于苏联理想的民族群体。战争期间，由于被认为不忠，若干民族群体被驱离故乡，去往哈萨克大草原——特别是伏尔加日耳曼人、车臣人、印古什人、卡尔梅克人和克里米亚鞑靼人。在战后的余波中，驱逐落到西部边境地区的叛乱群体上。1945～1952年，超过10.8万立陶宛人、11.4万乌克兰人、3.4万摩尔多瓦人、4.3万拉脱维亚人和2万爱沙尼亚人被当作“土匪”或“土匪的同谋”驱逐出境。这样的行动引起这些国家对莫斯科近似仇恨的不满，这种情绪在接下来的几十年里日益增长。[38]

随着与西方之间的关系日趋紧张，苏联当局开始发动一场暴力运动，反对斯大林所说的“对德国人、法国人、外国人及混蛋们的赞美”。[39]这场运动由文化部部长安德烈·日丹诺夫领导，始于1946年8月对列宁格勒知识分子的迫害。究其本质，这与战前发生的清洗并无区别：强调要清除渗透到苏联社会里的“外国”元素只是赋予了这场运动勉强过得去的体面。

此后又是针对所有形式的艺术和科学的一系列镇压措施。肖斯塔科维奇、哈恰图良和普罗科菲耶夫等作曲家因为他们的音乐体现了“堕落的西方影响”而上了黑名单。国立现代西方艺术博物馆关门了，欧根·瓦尔加①的世界经济与世界政治研

---

① 欧根·瓦尔加（Eugen Varga，1879—1964），匈牙利裔苏联马克思主义政治经济学家。1930年代时他成为斯大林的经济顾问。1946年，他出版了《二战后资本主义的经济转型》一书，认为资本主义制度比迄今为止所认为的要稳定得多，这导致他的研究所关门。

究所也难逃厄运。[40] 1947 年 1 月，哲学家 G. F. 亚历山德罗夫（Georgy Fedorovich Aleksandrov）被控低估了苏联对西方哲学的贡献，从而被革去宣传鼓动头目的职位。

251

与此同时，苏联官员掀起一场相应的运动，宣传俄罗斯艺术、俄罗斯哲学以及俄罗斯科学都优于其他国家。据安德烈·萨哈罗夫说，这甚至都影响到最重要的核计划，在那里，被带到苏联来的富有经验的德国科学家从未得到政府官员的真正信任。[41] 每一项重要的发现都必须是俄罗斯人的发现。各种杂志开始发布夸张的声明，说俄罗斯科学家发明了一切，从飞机和蒸汽发动机到无线电和灯泡。而像萨哈罗夫这样真正的科学家，则开始讲“俄罗斯是大象的故乡”这种讽刺笑话。[42]

所有这一切都是一种丑陋的民族主义形式的一部分，在今天的俄罗斯仍然能看到。民族主义是战争的重要遗产之一。西方政治家，尤其是西方历史学家，往往会因为混淆了“苏维埃”和“俄罗斯”，视两者为一物而陷入麻烦。然而，这与很多俄罗斯人在二战后的岁月中对自己的看法没有多大的差别。正如斯大林就是国家一样，俄罗斯也就是苏联。[43] 随后几年里，俄罗斯人逐渐占据了苏联的所有顶级机构，从军队到政治局，俄语也在整个苏联成为象征权力的语言。长此以往，苏联其他群体的不满日益增长——更不用说东欧的人民——这成为 1991 年联盟解体的原因之一。但是，民族主义同时又是斯大林用来为其迫害苏联社会中的“外国元素”作辩护的主要因素之一。

人们并不总是很清楚“外国元素”到底是什么。随着时间的推移，斯大林还会发动一连串的运动来镇压各种群体，包括老兵、莫斯科的医生，以及列宁格勒的共产党——差不多总是因为他们受到外国人的全部或部分影响。这种新的党同伐异的顶峰是反犹太人运动，他们被委婉地称为“世界主义者”。1948～1952 年，有成千上万的苏联犹太人被捕，因犹太人的身份而丢掉工作，被逐出所在的大学，或是被赶出家门。官方对这种指控的借口是，犹太人都是犹太复国主义分子，与美国和其他西方国家都有联系，但就连斯大林最亲密的下属也承认这些是“一派胡言”。实际上，犹太人不过是可以代表斯大林对外部世界的一切恐惧的象征，因此必须把他们清洗出公共生活，这种事在历史上屡见不鲜。[44]

252

在 1940 年代和 1950 年代笼罩着美国的多疑与同样笼罩着苏联的偏执无疑有相近之处。两个国家都利用外部敌人的威胁把分裂的社会团结起来，两个国家也都用镇压来惩罚那些不顺从的人。如果说以苏联的观念模式所做的反应比美国更加极端，那显然反映了苏联在最近的战争中所受的创伤也要严重得多，这几乎让他们对于毁灭的恐惧噩梦成真。但发生在苏联的镇压，其在规模和性质上与美国的差别，还大大有赖于苏联的政治体制。美国实行的镇压或多或少是建立在共识基础上的，而当大众认为镇压显得过分了的时候，那种共识可以轻易改变——实际上，1950 年代中期确实发生了变化。与之相反，在苏联，权力过度集中在一个人的手里，如果斯大林一意孤行，对社会的折磨几乎是无止境的。

最后，斯大林对于谁是“我们”的看法变得如此狭窄，以至于无人能够完全避开指控，就连那些处在权力中心的人也难以幸免。在此期间，斯大林杀害了几个最亲密的朋友和盟友，对其他几十个人或是严刑逼供，或是发配古拉格。他的小圈子定期聚会，共进一席美酒助兴的冗长晚餐，人们在席上被迫轮流忍受斯大林的各种羞辱。苏联未来的总理尼基塔·赫鲁晓夫还心有余悸地记得那些晚餐会。一次晚餐过后，他和尼古拉·布尔加宁一起乘车回家，布尔加宁一屁股坐进自己的位置，显然是大松了一口气。“你以朋友的身份来到斯大林的桌旁，”他喃喃自语道，“但你永远不知道，会是自己回家，还是被人捎一程——去监狱！”在 1953 年 3 月斯大林去世之前，没有一个群体，也没有一个人，会认为自己能完全摆脱斯大林的怀疑。[45]

萨哈罗夫生活在这些事件的边缘。他没有近距离目睹过这种恐怖，但的确见过一些亲历者，其中包括被他描述为“非常可怕”的斯大林的前安保首脑拉夫连季·贝利亚。[46]但像萨哈罗夫这样的科学家之所以在很大程度上免于遭受社会上其他人被迫忍受的日常恐惧，是因为他们的工作被认为非常重要。他们的收入高于社会上的绝大多数人，还享有大多数人无法企及的特权：他们有自己的别墅、汽车，还能读到被禁的文学书籍。在建造原子弹的秘密机构里，科学家的思想独立受到积极的鼓励，而大众如果思想独立则会被认为非常可疑。

253

这或许的确让他们远离了大众的苦难，但据萨哈罗夫说，这同时也为将来的民主建立了一个模板。在他 1968 年写的那篇影响深远的文章里，萨哈罗夫呼吁把自己和科学家同事们享受的知识分子特权推广到整个社会。他还建议，技术官僚精英应该按照科学的路线来管理社会，并以高于一切的优先权来“关心和照顾一种道德的、符合伦理和个性的人类价值观”。[47]

这篇文章让萨哈罗夫立即被剥夺了免于恐惧的特权，此事颇有指导意义。终于，萨哈罗夫这样的科学家认识到了苏联社会中的其他很多人早就认识到的东西——在看待世界的方式上，他们与国家之间存在着根本的不可逾越的差距。

国家对待原子弹的态度便可证明这种差距。萨哈罗夫讲述了一个他在1955年参加庆祝某次原子弹试验成功的庆功宴的故事。作为主要负责这种特殊武器的技术问题的科学家，他觉得自己有义务说几句话；因此，他站起身，提议为苏联永远不要在现实战争中使用核弹干杯。据萨哈罗夫说，房间里立即陷入一片尴尬的沉默。国防部副部长面色不祥地缓缓站起身来回应。“我来讲个寓言故事吧，”他说，“有个老人只穿着一件衬衫在神像前祈祷。‘引导我，让我坚定吧。引导我，让我坚定吧。’他的老婆躺在火炉旁，说：‘只要祷告坚定就成啦，老家伙，我自己会引导你的。’让我们为了坚定干杯吧。”在这番十分恰当的斥责之后，萨哈罗夫喝光了杯中的白兰地，“整晚再也没有开口”。[48]

在其对原子弹的不懈追求中，苏联在二战后获得了他们长期渴望的一切，同时也失去一切。他们的实力在1941年的军事溃败中严重受损，如今却恢复得超出他们最狂妄的想象。但他们的缺乏人性又播下异见的种子，注定了国家的最终命运。

15. 世界的两极分化

在战后的最初几年里，美国与苏联的全体国民的心理之间有着非常明显的相似之处。两个国家都登上全球大国的位置，它们都还没有为此做好准备，也没有时间消化这个新的身份。两个国家曾因战争而结盟，再多的政治宣传或恐怖的情况，甚或罗斯福新政的渐进主义，在此前都未能达到这种成就。但如今战争结束了，两个国家又各自开始出现分裂。美苏两国内部团结的基本因素都是共同敌人——魔鬼——的存在，但如今这个魔鬼已被打败，无论哪国与另一国结盟都没有什么意义了。随着它们之间的关系开始破裂，两国把过去的德国或日本魔鬼替换成新的美国或苏联魔鬼，乃顺理成章之事。因此，热战心态的“我们”和“他们”也就天衣无缝地被置换到冷战时期。 254

这两个国家在全球事务中的统治地位，意味着世界其他国家都必然会被卷进它们的纷争中。经历过战争之后，仅仅力求国内团结是远远不够的，美国开始在它如今称为“西半球”的范围内——甚至更加宽泛的“西方”——推行团结。与此同时，一向持国际主义观点的苏联则开始向其邻国和盟友施压，以形成一个统一的单一“共产主义集团”。在两个超级大国的压力下，其他大多数国家除了支持其中一方之外，几乎别无选择。

1947 年，苏联文化部部长安德烈・日丹诺夫在一次欧洲共产党会议上总结了新的世界氛围，说世界从此被分成“两个阵营”。他声称，一方是“帝国主义和反民主阵营”。这个阵营由美国及其搭档英国领导，它们的基本目标是“世界霸权”和“粉碎民主运动”。另一方是苏联及其盟友，如今它们必须“集结它们的队伍，团结一致”对抗西方。据日丹诺夫说，这两个阵营之间绝无合作的可能，双方“针锋相对”。[1]

255

美国人大体上同意这种观点，不过他们的说法大不相同。同年早些时候，美国外交官乔治·凯南在《外交》（*Foreign Affairs*）杂志上发表了一篇极有影响的文章，他在文中指出，两个超级大国“快乐共处”是不可能的。他写道，美国只能试着“遏制”苏联的威胁，此外别无选择。因此，是时候让美国人开始“接受历史显然有意让他们承担的道德和政治的领导责任”了。这意味着——或者至少，这是他的话被普遍解读的方式——美国必须在一场反对共产主义传播的国际新圣战中担当旗手。[2]

但世界其他国家又如何呢？那些国家对超级大国以自身为中心召集阵营有何感想？自然会有一些国家以务实的精神接受这种新的世界秩序。很多西欧和亚洲国家乐于支持美国，因为美国人很强大，似乎提供了战后重建安全和秩序的最佳途径。美国的金钱似乎也是重建这些地区被摧毁的基础设施的关键。同样，大多数拉美国家除了支持美国之外别无选择，因为它们的经济依赖于它们北方的邻居，再考虑到地理上相邻，合作便成为最佳选项。与此同时，大多数东欧国家接受了苏联的控制，因为如果不这样做，就意味着回到全面的战争中去；世界各地的共产党也支持苏联，因为它们相信，这是它们在各自的国家实现政治变革的最大机会。

但是，世上其他很多地区痛恨被迫在两方之间选择其一，因而尽其所能地避免这么做。它们为自己的这个立场选择了各种名头。在如瑞士这样的国家，“中立”是个法律用语，这个词意味着它们不会被牵扯进任何国际战争中去，但还有其他各类的国家自称“停战”“未表态”“不结盟”“渐进中立”，如此等等。[3]

在联合国一次关于朝鲜未来的辩论中，安德烈·维辛斯基和美国的小亨利·卡伯特·洛奇①之间的冷战对决。英国格拉德温·杰布爵士夹在两人中间，他的反应足以说明问题。

---

① 小亨利·卡伯特·洛奇（Henry Cabot Lodge, Jr, 1902—1985），美国共和党参议员和大使。1953 年，他被任命为驻联合国大使并成为艾森豪威尔的内阁成员。

这些国家希望借此摆脱冷战，但最终也只能让自己在一大堆其他的政治、经济和道德难题面前无能为力。不结盟难道意味着它们有义务拒绝自己迫切需要的来自对立双方其中一方的投资，并以此保持自身的公正性吗？这是不是说，它们不能批评超级大国的恶劣行为，就算批评了，会有人听吗？如果它们拒绝所有的军事条约，一旦遭到入侵的时候，谁来保卫它们？如果没有正式的盟国，它们在世界上还会有什么话语权？并且最重要的是，如果它们持续受到其中一方的压迫，又该怎么办？

256

无法实现的中立

安东尼·柯温（Anthony Curwen）明白试图保持中立会面对怎样的压力。作为一个英国的和平主义者，他始终厌恶“压着枪口，瞄准人然后杀死他们”这种想法；所以，当整个世界在 1939 年参战时，柯温选择了一条不同的道路：他宣布自己出于良心拒服兵役。他拒绝拿起武器，而是加入公谊救护队，这是贵格会的一个以和平中立为原则的组织。1943～1946 年，他都投身于照料伤病员，先是在英国的医院，后来又去了叙利亚的偏远地区。这是个富有建设性意义且全然中立的战时工作，他后来说这份工作让他“非常有成就感”。[4]

257

战争结束时，柯温决定继续致力于和平主义。他留在公谊救护队，当时救护队正派遣人员前往中国，以帮助中国在其与日本的毁灭性战争之后进行重建工作。

遗憾的是，一场新的内战发生了，这一次是在国民党政府与共产党之间。公谊救护队是一个严格中立的组织，它希望自己不必卷入新的内战，但这并没有阻止柯温对局势的强烈感受。“我刚到中国的时候，对政治一无所知，”他后来承认道，“我记得自己当时还想，打内战多愚蠢啊，他们刚刚打完一场大战，国家还一片混乱呢。打内战多愚蠢啊！”

1946 年 3 月 14 日，柯温乘船前往上海——那天是他的 21 岁生日。他对自己要做什么还没有拿准主意。中国和他习惯的世界完全不一样。被八年的暴力撕成碎片之后，这里如今是个充满“尘土、无序、破坏和难民”的国家。他要去的地方是中国中东部的中牟县，距离省会郑州大约 30 英里。半个县城都毁于日本的轰炸；剩下的半个县城又被国民党破坏了，他们在 1938 年炸毁了黄河的堤坝，让整个地区洪水泛滥，企图以此挡住日本人。“我们到那里的时候，”柯温说，“只有六七幢房子还没倒。”他的第一份工作是监督利用从城里断壁残垣中回收来的旧砖建造一间诊所和一所学校。他还发起一系列合作项目，帮助当地人重新站起来。但面对着眼前战后的大混乱，而且不远的地方正在打内战，还有数十万一文不名、伤痕累累的难民返回这一地区，他很快就开始感到力不从心。

重建过程中最大的障碍之一，是他交涉的各种官员的态度。柯温很快就开始痛恨那些国民党政府的士兵和警察，他们“衣衫褴褛，形同罪犯，仗势欺人”。他常常会看到他们把挡路的人一脚踢开，如果发现有人坐火车没买票，就把人扔下车去，每当看到这些，柯温就会热血沸腾。他认为国民党政府官员“完全无用”，“完全冷血”，腐败入骨。虽然其中有些人很客气，甚至很尊敬柯温这样的外国人，“但你能感觉到，他们内心里非常讨厌你”。

就连中国的救灾工作人员也很腐败，联合国的物资一般会在到达援助对象的很久之前就遭到内部人员的偷窃。“在运到中国的联合国善后救济总署的物资中，事实上没有什么是不能 258

卖的。你什么都能买得到。你在这个国家的任何市场摊位上都能找到救济总署的奶粉。如果你熟悉门道，还可以买到一条拖网船，那原本是送来复兴捕鱼业的。”

让柯温反感的是，运营黑市的人，正是被委以重任来救济中国最贫苦者逃离困境的人。

不久，柯温就开始质疑自己为什么要来这个地方。他的救助努力似乎毫无效果，甚至没有意义，他甚至开始觉得，自己的救济工作不过是为一场国家悲剧“装饰门面”而已。在他看来，中国问题的根源在于“政府完全冷漠的态度”，它的“彻底缺乏效率”，以及它对自己人民的残暴态度。“我很快就形成一种对于现存政权的仇恨。”

他保持严格中立的信仰逐渐开始动摇。他对共产主义仍是一无所知，继续保持着他这个阶级的所有英国人在成长过程中一贯的偏见。但他对国民党的反感如此强烈，以至于开始相信，拯救中国的唯一方式就是把他们彻底消灭——即使这样做意味着放弃中立，他也在所不惜。“我对民族主义的国民党政府产生了仇恨，对共产主义也一无所知，我希望能找到一条中间道路，但又发现中间道路完全不起作用……根本就没有什么中间道路。”

柯温与中国共产党的第一次接触是在1948年夏，当时后者暂时占领了中牟县。起初，他对共产党人心存疑虑，但他们看起来礼貌诚实、行为端正，与他此前遇到的几乎所有国民党士兵形成了鲜明反差。他所在的小城里没有任何暴行与抢劫；实际上恰恰相反——有一次他一位同事的套头衫被偷，一个共产党军官非常厉害，找到了盗窃者并物归原主。他们没收了富人的粮食并将其分发给穷人。当共产党决定从城里撤退，并将他

“俘虏”带走时，他的恐惧一时间再度降临，但他们向他解释说，他们只是带他做个证人，以防回来的国民党在中牟县大肆 259 屠杀外国人，再试图嫁祸给共产党。

随后的几个月，内战变成拉锯战，柯温有了观察双方的机会。他发现这种比较具有启发作用：“共产党作为集体以及个体的行为举止，显而易见的充满活力和热情的氛围，以及中国共产党迅速获得的、无疑是当之无愧的巨大威望，都给我留下深刻的印象。北京和上海的情况，我不了解……但在农村和穷乡僻壤，共产党在非常非常短的时间里，通过他们的行为，通过扶助穷人，通过种种此类行为，赢得压倒性的支持。”

给他留下最深刻印象的，是共产党鼓励的自我批评的文化。在共产党领导的地区，人们被要求检查自己的行为，坦白过去的错误，并保证改过自新。这同样适用于党的领导人，甚至要求更加严格，因为他们被要求为他人做出榜样。他记得有一次，在某个提高妇女权利的运动中，当地的共产党领导人在台上承认自己打过老婆。那个领导人坦承这种行为是完全不能接受的，他还向人民保证，要以书面的形式做全面彻底的自我检查。在国民党的统治下，这种诚实，以及这种想要改变的决心，都是无法想象的。

1949 年，共产党最终赢得了内战，在柯温看来，它“给人民带来道德的重生，给人际关系带来一场革命”。中国的内战及共产党的胜利，不但没有毁灭中国，还把这个国家变得更好了。

这场内战也改变了柯温。内心深处如此强烈的感情让他自己都为之震惊，也使他对此前相信的一切产生了质疑——不光是关于保持中立的信仰，还有避开暴力。“我没办法告诉你我是从什么时候开始不再是个和平主义者了，因为我也不知道。但在某些时刻我意识到，斗争有时候是必要的……如果没有革命的话，我看不到在中国农村占大多数的穷人有什么可能性。显然，没有哪种革命是没有暴力的……因此，我再也不是个和平主义者，并开始批判自己的和平主义，我得出的结论是：我过去错了。”

260 如今，只要柯温回顾二战，他就会对自己曾经拒服兵役而深感懊悔。他开始希望自己当时能早些放弃投身和平主义，以便能积极地反抗法西斯主义，与希特勒做斗争。尽管在公谊救护队做过很多好事，他还是希望自己当时能拿起武器。

在柯温于 1954 年返回英国后，他便决定再也不固守中立了。他加入共产党，余生一直献身于社会主义。

在二战及其余波中试图保持中立有很多充分的理由。有些人是积极中立，因为他们对双方都不认可；而有些人是消极中立，只想着避免被扯进他们认为属于别人的战争中去。很多人，而且很多国家，害怕被牵扯进去，免得站错队伍。还有一些人倾向于认为中立是一种道德理想。就柯温而言，他的和平主义立场是原则与“纯粹叛逆”的结合。但这并不重要：不论早晚，几乎每个人都会被迫选择一方或另一方；如果他们拒绝选择，那么，二者之一往往会主动找上门来。

安东尼·柯温这样的情况非常罕见，因为他至少可以选择不参加第二次世界大战。他很幸运地生活在一个给他机会在战时选择不参与战斗的社会——即便他必须两次出庭来证明自己是出于良心而不是怯懦。在其他大多数国家里，他选择的和平主义立场绝对无法想象，要么是因为令其就范的社会压力大到无法抗拒，要么是因为生活于其间的社会不可能允许这种行为。战争史上充满了这样的故事：被占领国家的人民企图避免暴力，但他们或在良心的谴责下，或在邻居的劝导下，或者是在统治着战时领土的不同武装力量和民兵的威胁下，被迫选择其中的一方。

在战时未能保持中立立场的不仅是个人，国家也难以幸免。战前，挪威、丹麦、比利时、荷兰以及卢森堡都宣称自己是中立国，但这丝毫未能避免它们在1940年遭德国入侵。同样，爱沙尼亚、拉脱维亚和立陶宛——三个更加中立的国家——被苏联侵略了。在东南亚，泰国的中立声明无法避免它被日本人侵略的命运，后者希望输送其军队横穿泰国的领土。泰国的威权政府领会了这个暗示，这个国家便以一种很不自在的方式与日本联盟，度过余下的战争时期。在拉丁美洲，阿根廷和智利在战争的大部分时间里都在声明其中立的态度，但在美国持续的压力下，最终不得不分别在1944年和1945年放弃这个立场。殖民统治下的国家和地区从来就没有这种选择：印度、朝鲜半岛、中东地区，以及整个非洲，不管它们是否愿意，都被迫选择其中的一方。

261

只有为数不多的几个国家获准在战争期间始终保持其中立立场，其中最突出的有爱尔兰、瑞典、瑞士、西班牙、葡萄牙和梵蒂冈。然而，就连这些国家也经常被迫参与有利于对战其中一方的行动。例如，瑞典被迫允许载满德国军队的火车穿越其领土前往苏联前线；葡萄牙迫于压力，允许同盟国的船只和飞机使用其海外的港口；在战争期间完全被包围在轴心国家之中的瑞士，则被迫放弃它与英国的军事装备贸易，而与此同时，它与德国的贸易量激增。[5]

在极少数的情况下，这些国家会出于良心而违反其中立态度，这时它们就会流露出自己真正的政治倾向。瑞典为挪威的抵抗组织秘密提供基地。西班牙的法西斯政府和阿根廷的一样乐于容忍纳粹间谍，而梵蒂冈对任何反对共产主义的人犯下的罪行一概视而不见，哪怕事实证明其中一些人是被通缉的战犯。在最后的清算中，战时的中立最多也只能算一种愿望。在最坏的情况下，也就是一种伪善的借口。[6]

在接受了战争的惨痛教训后，很多国家放弃了它们中立的伪装。荷兰从 1839 年起便是一个中立国，却在冷战开始时成为北大西洋公约组织（NATO，保证西欧和北美在苏联威胁下集体安全的军事联盟）的创始国之一。挪威、丹麦、比利时、卢森堡和葡萄牙也是一样。战时同样中立的土耳其宣称其坚定地站在西方一边，并于 1952 年成为北约成员国。与此同时，前中立国西班牙与美国直接结盟。[7]［相反，倒是有两个欧洲国家在战后变成中立国，即奥地利（1955 年）和芬兰（1956 年），不过这两个国家都是按照苏联的授意——否则苏联拒绝从其国家撤走自己的军队。］

262

世界其他地区也如法炮制。泰国放弃了它维持中立的努力，成为相当于北约的东南亚条约组织（SEATO）的创始国之一，该组织的总部设在曼谷。在拉丁美洲，智利和阿根廷等曾在二战期间被迫支持美国的那些国家，如今自愿加强了它们对 1947 年里约条约的忠诚——或许不是出于友爱，但至少是出于对共产主义共同的恐惧。冷战开始后，中立在拉丁美洲实际上变成不可能的做法。没有在口头上认同美国的反共产主义观点的那些国家，要么被强迫发生政权更迭，像 1954 年的危地马拉，要么受到美国政府的骚扰，这些骚扰经年不息又缺乏技巧，简直是强迫他们投向苏联等待已久的怀抱——1961 年菲德尔·卡斯特罗（Fidel Castro）治下的古巴就是如此。[8]

需要重申的是，即使直到冷战时期仍保持其中立态度的那些国家，也并不能总是以中立的方式行事。例如，瑞典在经济上与西方形成一体，定期从英国和美国军购（但从未从苏联购买过武器），甚至还代表北约，执行对苏联的空中间谍任务。[9]与此同时，瑞士是个极度保守的国家，它对共产主义的病态恐惧导致它与北约签订了秘密协定，从西方购买了大量武器，甚至还尝试建造自己的核威慑力量。[10]此外，瑞士联邦警察还开始了一个怪诞、非法的计划来监视自己的人民，此事直到冷战结束后才公之于世。联邦警察得到成千上万个商人、政客、军人、智囊团成员，以及乐于监视邻居并将任何可疑的左翼行动向当局报告的普通“关切公民”的帮助。[11]这类人是国家潜意识的主要组成部分。就像安东尼·柯温在国民党时期腐败和破产的中国制度面前无法保持中立立场一样，这些“关切公民”也无法把他们对共产主义的不信任搁置一旁，无论其国家宣称有多中立。

263

不结盟运动

如果对于个人和国家来说，中立的想法往往会以一场幻觉而告终，那么从国际层面来看是否如此呢？战后时期，有两个重要的国际组织声称保持中立，或者更准确地说是“不结盟”（因为“中立”一词有相当具体的法律含义）。这两个组织是联合国，以及联合国内部一群国家组成的“不结盟运动”。这两个国际机构的表现如何？

联合国在这方面的失败是众所周知的。1940 年代和 1950 年代，这个组织被美国把持，美国为联合国提供了大多数资金，设立其总部，还得到联合国绝大多数创始成员国几乎是坚定不移的支持。在联合国成立初期，只有安理会和苏联的否决权才总算没让该组织变成美国外交政策的工具。[12]

另外，不结盟运动遇到了不同的问题。这个运动是 1961 年正式成立的，但其起源可以回溯到二战结束，当时亚洲各国——特别是印度——都处在独立的前夕。目睹了战争导致的破坏之后，印度新任总理贾瓦哈拉尔·尼赫鲁认为，只有"远离彼此对抗的，在过去导致了世界大战，并有可能在更大的规模上再次导致灾难的强权政治集团"才是明智的做法。[13]更重要的是，他为了独立而奋斗这么长时间，找不到任何理由让印度的外交政策遵从其他人的议程。"如果我们和任何国家结盟，"1951 年，他对印度国会说，"我们就放弃了自己的意见，放弃了自己通常追求的政策，因为别人希望你执行另一种政策。"[14]因此，印度遵循一种严格中立的外交政策，开始了它作为独立国家的新生活。

当时新近独立的其他亚洲国家也遵循这个路线，比如在印度尼西亚，苏加诺总统认为冷战只不过是印尼人民刚刚从中解264放出来的帝国主义老一套的再次显灵。[15]这个运动传播到埃及等阿拉伯国家，后者把"积极中立主义"看作"唯一明智的政策"，也传播到非洲国家。非洲的一些领导人断定，"整个非洲大陆都应该是中立地带"。埃及的贾迈勒·阿卜杜·纳赛尔甚至称不干预的政策是"人类良知的体现"，因为它是"反对统治和不平等，反对军国主义，反对核试验，支持国家的和平与独立"的政策。就像安东尼·柯温出于自己的良知而支持共产主义一样，纳赛尔也为了自己的国家而支持不结盟运动。[16]

在二战结束后的 15 年里，不结盟运动成为一种现象。在 1955 年的万隆会议上，29 个非洲和亚洲国家聚集在一起，表达了它们对干预其事务的大国的抵制。“万隆精神”很快点燃了殖民地世界的热情。1961 年，在贝尔格莱德的不结盟运动成立大会上，这种精神也传到欧洲和拉丁美洲。到 20 世纪末，该组织拥有 114 个成员，包括 37 个亚洲国家，逾 20 个拉丁美洲国家，以及所有的非洲国家。从那时起它仍在继续扩大：在 21 世纪的第一个十年中，几个加勒比国家加入这个组织，近至 2011 年，斐济和阿塞拜疆也加入这个群体。[17]

然而，关于这个组织到底有多“不结盟”，始终要打一个问号。不管它们的集体称号如何，其中的很多国家都相当明显地与某个权力集团结盟了。中华人民共和国受邀参加了万隆会议，但作为一个共产主义国家，它显然是与苏联结盟的。六年后，古巴成为“不结盟”运动的创始成员国之一，然而区区六个月后，古巴便允许苏联在其领土上建立核导弹基地。另一个创始成员国塞浦路斯向英国提供军事基地，而沙特阿拉伯和巴基斯坦与美国有着密切的联系。塞内加尔和加蓬等几个非洲法语国家刻意保持着与法国的军事联系。很多本该是不结盟的国家纷纷与大国签订军事协定，其中很多至今仍在维持这样的协定。所有这一切都明显违反了这个运动在其文件中列出的原则。[18]

265

此外，与反苏的立场相比，运动本身采取的反美立场要频繁得多。特别是在 1970 年代，它在大多数问题上倾向于站在苏联一边、谴责西方势力，特别是美国的经济帝国主义、在越南的暴行，以及在政治和军事上干预拉丁美洲。古巴冲锋在前——当然它和苏联关系密切，但越来越多的不结盟国家采取了和它相同的立场，其中有很多国家本身也转向马克思主义思想。[19]

最后，事实证明“不结盟”不过是和“中立”一样的幻想而已。在几乎每一个行动都被一方或另一方支持或反对的世界里，采取中庸之道根本上是不可能的。也许缅甸是唯一一个最接近这个目标的国家，它采取极端手段，实际上切断了自己与世界的所有联系，坚持近似于和平主义的立场，甚至在1979年，因为担心该组织内部不断增长的偏见，临时退出不结盟运动。[20]但对于希望与世界交流的任何国家来说，实际上除了选择阵营之外别无他法。正如安东尼·柯温表达的，选择立场的唯一指导原则便是遵从良知，无论它将你引上哪一条路。

然而，这并非故事的全部。把“中立”或“不结盟”这样的概念单纯描述成对于战后余波中建立起来的超级大国集团的反应，当然是很诱人的，但局势当然远非如此简单。世上还有其他各种同样强大的力量在发挥作用。安东尼·柯温成为共产党员并不是因为冷战，而是因为他当时身处非常特别的地域情况中。来自不同背景、身处不同情况的其他人做出了完全相反的选择，赞同中国民族主义者的立场。同样，国家在采取外交政策时，也并不总是依赖于国际环境——事实证明，最有影响力的往往是他们自己的历史和自己的国内问题。例如，瑞士决定在1945年后保持中立，这与冷战并无多少关系，而是出于国家自豪感。在20世纪后半叶，中立成为瑞士身份的一个定义性特征，是一个将瑞士与其邻国区别开来的标志。然而悖论是，当这个国家的精英重蹈覆辙，认为他们对欧洲和世界事务的作

266

用远比实际情况重要得多的时候，正是这种国家自豪感导致瑞士秘密中止了中立立场。[21]

类似的力量也在不结盟运动中发挥着作用。正如牙买加总理迈克尔·曼利（Michael Manley）在1979年指出的那样，“不结盟运动并不单是因为存在着国家利益集团才开始的”，还有看起来远比冷战更加紧迫的其他原因。[22]在成立初期，这个运动的主要焦点根本不是美国或苏联，而是西欧的殖民主义。“意识形态的冲突不是，我重复一遍，不是我们这个时代的主要问题，”苏加诺在贝尔格莱德会议上宣称，“在每一个单独的个例中，国际关系紧张的起因和根源都在于帝国主义和殖民主义，以及对国家的强行分割。”[23]因此，这个运动的首要任务是为了从英国、法国、比利时、葡萄牙和荷兰等老牌帝国手中争取独立，特别是对组成运动的大多数成员国的亚非国家尤其如此。冷战之所以被认为重要，只是因为它挡住了这个斗争的前进道路。

让不结盟运动充满巨大能量的是亚洲人、非洲人，以及最终加入其中的拉丁美洲人在历史上承受的不公，他们当时被主要由欧洲白人组成的殖民者操弄于股掌之中。战后时期所有的最强有力的神话在这个运动中被大量使用。非洲人和亚洲人被描述为历史的牺牲品，同时也是国家解放的英雄，他们如今从摇摇欲坠的欧洲帝国的灰烬中崛起了。战争毁灭了旧世界，同时也创造了机会，正如苏加诺说的那样，是一个“建设全新世界”的机会。[24]

在自由、公正和世界和平等所有华丽辞藻的下面，是推动着美国、苏联和世界上其他大多数地区的同一种力量——民族主义。正是民族主义驱动着这个运动的所有独立斗争，也正是民族主义启发了它们彼此合作，获得了在世界事务中更大的发言权。“究其本质，”1961 年，突尼斯第一任总统哈比卜·布尔吉巴（Habib Bourguiba）在贝尔格莱德会议上说，“对于我们这些前殖民地的人民来说，民族主义在各个方面都是为了人的尊严而战。”[25] 因此，被第二次世界大战如此不认可的这种力量，却被世上的新兴国家在战后余波中赋予新的生命。

267 如果说世界联邦主义者创造单一世界体系的希望和梦想遭到挑战的话，那就是来自这里。正如团结的动力被冷战粗暴打断了一样，世界体系中固有的不平等与不公正也给那些希望摆脱桎梏的人带来新的动力。

这些解放的力量、民族主义的力量和分裂的力量被二战释放出来，又因为旧世界可悲地企图让其殖民统治苟延残喘下去而得到了滋养。这正是我在下文中要谈的内容。

第五部分

两百个国家

16. 一个亚洲国家的诞生

国家是什么？它是由一个民族选择称其为家园的土地来定义的吗？它是否与种族、民族性或遗传学有关？抑或国家是以更不可捉摸的其他特征来定义的，比如共有的语言或宗教，或某种共同的文化遗产？国家可以用它的政治信仰定义吗？如果可以的话，它是否有权将这种信仰直接或间接地强加于民众之上？

二战结束后，数十个新的国家宣布独立，随后立即开始着手解决上述问题。这些国家几乎无一例外地很快发现，国家没有可行的定义。国家是一个“想象出来的共同体”，仅此而已——它千变万化，全取决于想象的主体。人们往往用国家的组成中包括谁来定义它，但用国家的组成中不包括谁来定义国家也同样常见；但敌人可以变化，政治信仰、宗教信仰和其他所有的文化参照点也一样。国家之间的边界也会发生变化：如果两个国家之间的分界线只是地图上的一条线，我们如何能真正说清谁是“我们”，谁是“他们”呢？

1945 年，印度尼西亚就是面对这一挑战的第一批新国家之一，它经历的过程显示出与一块白板面面相觑的痛苦。当年 8 月宣布独立的人们享有以他们希望的任何方式来自我定义的自由，却很难找到什么东西让自己团结起来。他们宣示主权的领土遍及 1.9 万个不同的岛，其中的一些不过是沙岬和环礁，其他的是人口稠密的大岛。他们代表的人民分别归属于 200 多个不同的文化和族群。他们说着超过30种不同的语言和方言，有着不同的习俗、不同的宗教，现代化的程度也迥然不同。巴厘岛的印度教农民与亚齐①的穆斯林石油工人或安汶的基督徒种植园工人简直毫无共同之处。雅加达的城市精英和加里曼丹②的达雅族狩猎采集者仿佛来自不同的世界。这些人之间的唯一272 联系就是他们都被荷兰人征服过，其中一些人直到最近才被征服。但除了对殖民主义的一致仇恨之外，并无特别的理由让他们团结在一起，成为一个单一的国家。[1]

但他们还是团结起来了。关于在二战后作为一个新国家意味着什么，他们建国的过程告诉我们很多，但也表明“自由”本身有多少危险和陷阱。

二战前，印度尼西亚在荷兰统治之下，名为“荷属东印度”。但在1920年代和1930年代，一个规模很小但意志坚定的民族主义运动在这片领土逐渐发展壮大，特别是在爪哇岛上。该运动的一个积极分子是个名叫特里穆尔蒂（Trimurti）的年轻教师兼记者，她在1933年加入印度尼西亚国家党。到大战爆发时，她已经多次陷入与荷兰当局的麻烦之中。按照她的说法，在教育她的小学班级“拒绝被另一个国家统治”之后，她就被禁止教书了。后来，她因为分发颠覆传单而在监狱里待了九个月。1942年日本人入侵时，她再次入狱，这一次是因为发表了一篇她的丈夫、同是民族主义者的赛尤迪·马利克（Sayuti Melik）撰写的文章，称“荷兰人和日本人一个是猛虎，一个是

---

① 亚齐（Aceh），印度尼西亚苏门答腊岛北端的一个特别行政区。

② 加里曼丹（Kalimantan），印度尼西亚在婆罗洲岛南部的属地，印尼人称整个婆罗洲岛为加里曼丹岛。

鳄鱼”，“两者都很危险。印度尼西亚人最好自我赋权，为自己的独立做好准备。”[2]

日军横扫爪哇岛时，特里穆尔蒂的很多同乡大肆庆祝，认为他们终于获得解放。日本人到来后不久便释放了特里穆尔蒂。但她内心中十分清楚，她和她的国家都没有真正获得自由：发生的一切只是一个帝国取代了另一个帝国。她的怀疑在当年8月得到证实，她再一次被捕，这次是日本宪兵队所为。

她立即发现，荷兰人和日本人毕竟不太一样。她还记得在荷兰人统治下，“一切还不太糟。我们还有个盼头，服满刑期，时间到了就会被放出去。在监狱里的时候，我们要劳动。仅此而已。日本人的监狱完全不是这样”。[3]

这一次，她的审讯者毫不留情。他们反复殴打她，直到她半瘫在地上，然后让她的丈夫进来看她被打成什么样子。结果证明，他们对她没有什么真正的兴趣，只是想迫使她丈夫坦白，后者被指控成立了一个反日的抵抗组织。丈夫看了地上的她一眼，签署了坦白书。“那是我第一次看到我丈夫落泪。”[4]

273

随后那段日子，她的身体和情感都遭到巨大的折磨。特里穆尔蒂的丈夫一直到战争结束都被关在监狱里；与此同时，她被软禁在三宝垄①的家中。她不能工作，只能靠一件一件地变卖私人物品来养活自己和孩子们，直到一无所有。

1943年，她最终被苏加诺解救出来，苏加诺是印尼最重要的政治领袖之一，从她早期还是积极分子时便认识她了。日本人允许苏加诺成立一个受到严格监管的民族主义机构——不是因为他们特别支持印尼的独立，而是因为他们希望利用这个机

---

① 三宝垄（Semarang），爪哇岛中部北岸的一个城市。该城地名源于郑和本名，是华人聚居的印尼城市之一。

S. K. 特里穆尔蒂在战争结束几年后。

构作为傀儡。听说了特里穆尔蒂的困境后，苏加诺特别要求让她来雅加达为他工作。

274 接下来的两年里，特里穆尔蒂眼见着她的国家在转变。“几乎每天我都能看到新招募的奴工死在雅加达的路边，或者躺在小巷子里等死。”她后来回忆道。她第一次感到对此无能为力，什么也做不了。“我不能在报纸上公开这些事件。当时没有能描述这个国家实际情况的独立报纸。所有的报纸都是日本人的，还受到严厉的控制。”[5]她唯一能做的便是耐心等待，看战局如何进展。

变化最终还是发生了。1944 年，形势终于对日本不利，军政府开始做出让步。印尼人获准再次展示其国旗，也可以唱国歌《伟大的印度尼西亚》。1945 年，特里穆尔蒂受邀参加一次会议，讨论如何为独立做好准备的问题。日本人甚至还开始释放某些政治犯，其中也包括特里穆尔蒂的丈夫。之后的同年8月，有消息传来说，某种神奇的炸弹在日本上空爆炸了。差不多一个星期后，日本宣布向同盟国无条件投降。突然间，战争结束了。

从此时起，事件进展开始加速。某些更激进的民族主义者不愿坐等独立的到来，认为如果他们自己争取，就可以发出更积极的信息。苏加诺和另一个主要的政治领导人穆罕默德·哈达[1]很不愿意这样做，担心如此会激怒日本人，但在与抵抗运动的青年力量几番非常激烈的辩论之后，他们最终同意了。于是特里穆尔蒂的丈夫打出一份简短的声明。特里穆尔蒂本人带着另一群人去协助夺取日本电台的控制权。

1945年8月17日，在日本投降的两天以后，苏加诺宣读了独立宣言。无论从哪方面讲，这个简短的声明既无诗意也不华丽，只是陈述了事实：殖民主义走到了尽头，印度尼西亚这个国家诞生了。

如今，S. K. 特里穆尔蒂作为亲眼看见宣言签署那一刻的少数几人之一而留在人们的记忆中。那是把她和整个国家联系起来的胜利的一刻：经历了这么多年被外国势力逮捕、入狱和镇压之后，她和她的同胞终于伸出双手抓住了他们的自由。

默迪卡！

特里穆尔蒂的经历是个克服困难取得胜利的令人振奋的故 275

---

① 穆罕默德·哈达（Muhammad Hatta，1902—1980），印度尼西亚政治家。他与苏加诺同为印度尼西亚独立运动领袖，印尼独立后任首任副总统，也曾兼任总理和外交部长。

事，人们很容易为之喝彩，把它作为和平抗议战胜了压迫和暴力的鼓舞人心的典范。但遗憾的是，故事并没有就此结束。战后的印尼是个陷入混乱的国家。很多由荷兰人在一个世纪前建立起来的殖民势力体系在战时被日本人彻底消除。现在，日本人自己也被扫除干净，而苏加诺毫无经验的国家政府虽然在原则上得到民众的广泛支持，却还没有在实际操作中拥有任何真正的权力。建立国家的警察部队、国家司法系统以及国家军队都需要时间，更不用说让人人都满意的适当的民主体系。在此期间，谁也没有能力向这里对自由的概念无比狂热，并被复仇的想法刺激得极不稳定的人民施加控制。

因此，整个国家在一段时间里陷入无政府状态，所有的地方民兵、军阀、革命青年团体和匪帮都进入了权力的真空地带。让所有这些群体团结起来的一件事，是对荷兰人计划重返此地夺回殖民地的恐惧，除此之外，他们几无共同之处。例如，沿着爪哇岛的北岸，在所谓的“三大地区”，名为“斗鸡”的流氓团伙与地方共产党合作，发起了对地方权力机构的大清洗。地方官员和村长们在他们的社群面前遭受公开的羞辱，欧亚混血儿和其他被怀疑是亲荷兰的人等惨遭杀害。与之相反，在爪哇中部和东部带头的是穆斯林民兵，他们以传统宗教价值观的名义，与左翼人员展开战斗。苏门答腊和加里曼丹两岛沿岸都发生了对马来苏丹的野蛮攻击，后者在荷兰人与日本人统治期间都曾掌握全权。亚齐的领主们也同样被左翼群体处决或废黜。遍布群岛的中国商人因为通敌、“剥削”人民，或者仅仅因为他们是中国人而遭到袭击：在靠近雅加达的一个地区，有很多中国人的尸体被投进井里，以至于当地人获得淡水都很困难。
276 与此同时，从 1942 年起被关在地狱一般的战俘营里的欧洲人被奉劝不要冒险出狱追寻自由，尽管战争很可能已经结束了。鉴于外界的复仇气氛，在日本人的看守之下还安全一些。[6]

特里穆尔蒂亲眼见证了这种混乱的局面。1945 年 10 月，她被派往三宝垄去协助传播默迪卡（即印尼语的“自由”）的消息，却被裹挟到印尼革命青年团体与日本兵之间的一场战斗中。之后不久，在“三区叛乱”期间，她和丈夫被派往直葛①，她丈夫被共产党叛军逮捕，几乎因此丧命。她在前往日惹②请求苏加诺增援的路上，也被当作“荷兰间谍”抓起来。她能逃出生天，仅仅是因为碰巧认识叛军头目，后者让手下人放了她。这远非她和民族主义者同伴们努力奋斗所追求的完美结局。

1945 年 9 月和 10 月，当盟军最终抵达这些岛屿时，面对的就是这种局面。富有治理殖民地骚乱经验的英国人知道，他们首先要做的是重建秩序，但他们始终希望此事相对来讲简单直接。荷兰人向英国人保证，说他们会被当作解放者而受到大多数人的欢迎，在经过短暂有秩序的权力交接后，英国人就能全身而退，将精力集中在建设英国自己在这个地区的殖民地了。[7]

荷兰人想当然地以为他们不用太麻烦就能恢复对这个国家的殖民统治，但他们没有意识到印度尼西亚在过去四年里的变化有多大。说二战改造了这个国家，都过于保守了。印度尼西亚或许无缘亲历这次大战的任何主要战役，但它经历了残酷的占领，这种占领给人民留下了痛苦和愤怒。数十万平民被日本人强征为苦力。成千上万的妇女遭日本兵性侵。各地都在闹饥

① 直葛（Tegal），爪哇岛中部北岸沿海城市，距离三宝垄 175 公里。

② 日惹（Yogyakarta），爪哇岛中南部城市，是岛上最古老的城市之一，曾为日惹苏丹国首都。在 1945 ~ 1949 年的独立战争中，它曾经是印尼首都。

荒：单在爪哇岛一地，据信有大约 240 万人在战争期间死于饥饿，大概还有 100 万人在其他岛上挨饿，这在很大程度上都是
277 日本殖民政策的结果。经历了剥削之苦痛后，印尼人再也不准备充当任何人的附庸。[8]

战争在其他方面也改变了印尼人。在苏加诺与哈达执政两年后，印尼人适应了自治的想法：战时政府或许是日本人的傀儡，但这也强过荷兰人给予他们的权力。除了他们经验不足的政府外，军队也毫无经验。日本人训练了超过 3.5 万人的印尼军队和 900 名军官充当“国土防御军”。“如果不是日本人的训练，我们的士兵没有一个能当士兵用，”多年后，一个印尼民族主义者回忆道，“那就是日本对我们的帮助，他们的确残酷，但也正是他们训练了士兵。”[9]

在“亚洲是亚洲人的亚洲”的多年政治宣传后，印尼人再也不想传颂欧洲人至上的神话。他们显示出自己不再需要荷兰人，并相信自己完全有能力管理自己的事务。如果荷兰人认为他们只需走进这个国家，便可毫无阻挠地拿回控制权的话，他们就惹上麻烦了。

第一个提醒人们生活不会很快回归正常的重要信号发生在泗水①。1945 年 9 月 13 日，一小群盟军军官在这个城市登陆，开始与日本人谈判。几天后，一些荷兰人和欧亚混血儿在他们下榻的旅馆外升起荷兰国旗，庆祝他们的到来。盛怒之下，一群男学生和本地的恶棍集结起来，其中的一个爬上旗杆，撕下荷兰国旗的蓝条，使得旗子看起来像是红白双色的印尼民族主

---

① 泗水（Surabaya），音译苏腊巴亚，是印尼第二大城市，位于爪哇岛东北角。

1-1. 2014 年，二十个国家的领导人齐聚法国贝努维尔城堡(Château de Bénouville)，其中包括世界十大经济体中的六个。这个场合不是贸易会议或政治峰会，而是第二次世界大战的一次纪念活动——诺曼底登陆七十周年庆典。

1-2. 在威廉王子和凯特 · 米德尔顿（ Kate Middleton ）的婚礼举行期间，一架喷火式战斗机、一架兰开斯特式轰炸机，以及一架飓风式战斗机飞过白金汉宫。这些二战中闻名遐迩的飞机和王室成员一样，成为英国的标志。

1-3. 受害者的艺术：姜德景（Kang Duk-kyung）的作品《失窃的纯真》（*Stolen Innocence*）。1944年，她被一个日本宪兵强奸，战争余下的时间里被关在一家日本军队妓院里。她的画描绘的是一棵象征日本的樱树，树上结满了阳具形状的辣椒，树根下面是被它杀死的女人的骷髅。

1-4. 英雄抱得美人归：爱德华多·科布拉（Eduardo Kobra）的壁画。画中，一个水手和一名护士在纽约庆祝对日战争胜利。这是对阿尔弗雷德·艾森施泰特1945年刊登在《生活》杂志上的著名照片的再创作，原作给予美国人一个有关战争的童话般的结局。（上图）

il Giornale

Spread tra Btp e Bund 510 | Piazza Affari -4,64% | Consumi italiani -2,8%

QUARTO REICH

I no della Merkel e della Germania rimettono in ginocchio noi e l'Europa
Borse a picco e Monti fa il finto tonto: «Non hanno capito Draghi»

Alessandro Sallusti

LA CRISI VISTA DA BERLINO: 1
I tedeschi salvatori dell'euro? Macché, l'Italia spende di più
Angelo Allegri

I SOCI DIFENDONO L'AD INDAGATO
Mediobanca blinda Nagel
Nicola Porro

TROPPA BUROCRAZIA
Se il Paese dei cavilli perde i turisti cinesi
Gian Micalessin

BAMBINI & ANIMALI
Non rassegniamoci a preferire le bestie
Giorgio Mulè

INTERVISTA A ALBERONI
Giorgio Mulè

MERITO DEGLI UOMINI
A. Bernardini de Pace

Enza Cusmai

CHIESTI 15 MESI DI SQUALIFICA PER CONTE
Dio salvi la Juve da questa giustizia sportiva
Salvatore Tramontano

Le regine di spade vincono odiandosi
Giuseppe De Bellis
Riccardo Signori

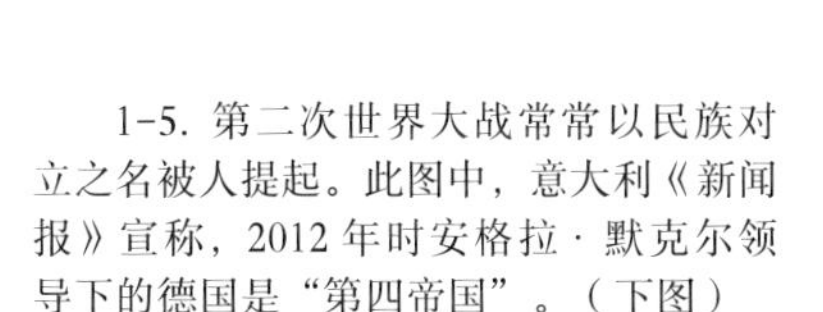

1-5. 第二次世界大战常常以民族对立之名被人提起。此图中，意大利《新闻报》宣称，2012年时安格拉·默克尔领导下的德国是“第四帝国”。（下图）

RWANDA
UNITED KINGDOM
UNITED STATES
SECRETARY-GENERAL

1-6. 世界的重生：在联合国安理会大厅里，佩尔·克罗格（Per Krohg）的巨型壁画描绘了人们爬出二战的地狱、进入光明新世界的景象。在主席座位上方，一只凤凰从灰烬中涅槃。

1-7. 与欧盟为敌：2016 年 1 月，波兰新闻杂志《直言》把欧盟的著名政治家们描绘成希特勒及其将军们，杂志封面的标题为“他们要再次掌管波兰”。

1-8. “达豪集中营！” 希腊民族主义报纸《民主报》宣称，欧盟在 2012 年一份备忘录中概述的财政紧缩措施，把希腊变成了德国的集中营。

1-9. 英国最伟大的战争英雄温斯顿 · 丘吉尔的头像被印在面值 5 英镑的纸钞上。自 2016 年夏天开始，这张纸钞的设计立即在新闻界引发了关于如果丘吉尔还在世，在当下英国退出欧盟的公投中会如何投票的猜测。

1-10. 自 2007 年起，另一位战时英雄——战争时期起草了欧盟蓝图的阿尔蒂耶罗 · 斯皮内利，出现在意大利的邮票上。

1-11. 从 1990 年代起，中国人对二战的兴趣直线上升。陆川执导，于 2009 年上映的卖座电影《南京！南京！》就是描述 1937 年爆发的野蛮战争的诸多作品之一。（右图）

但絕不能遺忘
南京！南京！
CITY OF LIFE AND DEATH
1937年 一座生死之城
即使面對絕境
仍要充滿希望

1-12. 二战的殉难和英勇行为是俄罗斯电视和电影的主要内容，费多尔 · 邦达尔丘克（Fedor Bondarchuk）执导的于2013年上映的电影《斯大林格勒》（*Stalingrad*）打破了俄罗斯当年的票房纪录。

1-13. 在博物馆中体验殉难与救赎。在参观完犹太人大屠杀纪念馆里令人肝肠寸断的展览之后，访客得以饱览耶路撒冷山峦的景色。如此一来，犹太复国主义和大屠杀彼此交织："以色列地"简直就是隧道尽头之光。

1-14. 拉丁美洲：代为殉难。蒙得维的亚的大屠杀纪念碑是二战的犹太受害者被看作普遍受害者的证明。然而，事情远不只是我们看到的这样。这座纪念碑建于 1994 年，当时乌拉圭仍在为该国的独裁统治犯下的暴行而悲痛。

1-15. 2017 年竣工的崭新的格但斯克二战博物馆，它的建筑风格传递了一种令人身心俱疲的反乌托邦情绪。揭幕当天，该馆开拓性的展览在民族主义政府看来过于微妙，被批评为“不够波兰”。

1-16. 自 1945 年以来，西欧的移民数量长期上升。这张摄于 2005 年德国选举期间的照片引发了广泛争论。照片中两个穆斯林移民正路过上面写着“对我们国家更有利”的竞选海报。

philly.com

AN EDITION OF The Philadelphia Inquirer

$1.25 in some locations outside the

$1

PHILADELPHIA

DAILY NEW

TUESDAY

DEC. 8, 2015

THE PEOPLE PAPER

INJURED?
CALL 215-
ACCIDENT
222-4336
LEGAL & MEDICAL HELP

TRUMP'S LATEST HAIR-RAISING IDEA? KEEP OUT ALL MUSLIMS

THE NEW FUROR

CHARLES KRUPA / ASSOCIATED PRESS

PAGE 3

Donald Trump: Seeks "complete shutdown" of Muslims entering U.S.

1-17. 自 2008 年以来，激进右翼在欧洲和美国兴起，让人想起了当前与 1930 年代的无数相似之处。美国的唐纳德·特朗普在竞选总统期间，经常被人比作希特勒，尤其是因为他妖魔化移民和穆斯林的方式。在这幅图中，《费城每日新闻报》用了“狂热”（Furor）一词，该词一语双关，让人想起了德语的“元首”（Führer）。

义旗帜。一场大规模的斗殴就此爆发，日本兵不得不将人群驱散，但已有一个荷兰人受了致命伤。[10]

在接下来的日子里，全城的紧张局势全面升级。成群的自由斗士、当地的流氓和秉持理想主义的学生占领了街道，袭击中国店主、欧洲人、欧亚混血儿，以及任何有亲荷兰嫌疑的人。数千名欧洲人和欧亚混血儿被拢在一处送往加里索索监狱。与此同时，与日本兵的对峙也开始升级。日本宪兵队总部被围，日本商店的武器和补给也被洗劫一空。突然间，印尼斗士们拥有了一个军火库。[11]

10 月 25 日，大批英国人到来之时，印尼青年和前国防军成员组成的一支衣衫褴褛的军队已经组建完毕，他们装备精良，也做好保卫城市的充分准备，以防荷兰人归来。“我们这些起义的人，”他们的领袖之一苏托莫（Sutomo）宣布，“宁愿看到印度尼西亚在鲜血中溺死，或是沉到海底，也不愿再次沦为殖民地！”谣言开始蔓延，说大多由印度人和尼泊尔廓尔喀人组成的英国军队，实际上是把脸涂黑了的荷兰人。[12] 278

英国人本以为这只是寻常的维和行动，此时只能奋力平叛。全城到处都是遭遇战，最终本地战士对英国阵地发起大规模攻击。数百名印度士兵被印尼人杀害，更有数百人被俘虏。绝望之中，英国人请苏加诺与穆罕默德·哈达到场协调停火。他们如此做了，但不久战斗再次爆发。群情过盛，事态已经无法控制。

当英国指挥官布里格迪尔·马拉比（Brigadier Mallaby）本人在试图平息一群暴徒时遇害之后，英国人最终丧失了冷静。在 11 月的三个星期里，他们大规模地轰炸和炮击泗水。英国士兵一幢幢房子杀过去，当受惊的平民逃向农村时，遭到英国飞机的扫射。城市最终平静下来，但在此过程中大部分建筑被炸成瓦砾和灰烬。对死亡人数的估计从2500人到1.5万人不等，其中大部分是无辜的平民。高达90%的市民逃走了。[13]

整个事件从头到尾都是骇人的浪费生命。印尼斗士根本没有能力与同盟军的全部力量对抗，但他们拒绝投降，直到被赶出城市的周边地区。仿佛照着字面意思解读了他们“不自由毋宁死”（*Merdeka atau mati*）的口号：无数年轻的斗士投身于英国坦克前，做有去无还的自杀式袭击。然而，尽管此事根本就是无意义的生命浪费，印尼人至少表明了他们绝不会不战而降，将独立拱手让人。默迪卡是个值得为之战斗的事业，泗水战役便是它的象征。时至今日，每年11月10日人们仍会纪念这场战役，这一天在印度尼西亚被称作“英雄日”。[14]

279 在之后的几个月甚至几年中，类似的场景在全国频频发生。在雅加达，当同盟军试图建立新的民政当局时，亲荷兰的治安会会员与印尼民族主义者之间爆发了夜战。在苏门答腊、巴厘岛和苏拉威西岛①，数千名青年男女只装备了长矛短剑，以及他们从日本人那里夺来的手持武器便逃进森林。1946年，当民族主义民兵被勒令献出万隆市时，他们将城市付之一炬。在苏门答腊岛棉兰②上方的卡洛高地（Karo highlands），他们如法炮制，烧毁了53个村子，将该地区变成“一片火海”。[15]

接下来的几年徒劳无功。英国人在那里登陆、流血、厌倦，对整桩事件的幻想破灭不过一年多之后，便从印尼撤军了。留

① 苏拉威西岛（Sulawesi），印度尼西亚东部的一个大岛屿，世界第十一大岛。

② 棉兰（Medan），印度尼西亚北苏门答腊省首府，位于该省北部，是印度尼西亚仅次于雅加达和泗水的第三大城市，也是苏门答腊最大的城市。

在他们身后的荷兰人决心不惜一切代价，重新夺回殖民地的控制权。1946 年，荷兰人派遣敢死队前往苏拉威西岛，发动了一场残酷的平叛运动，尽管处决了大约 6000 人，但共和派仍然拒绝平息战事。1947 ~ 1949 年，荷兰人发动了一系列“治理行动”，表面上是以恢复秩序的名义，但也是为了他们自己重新执掌政权。他们成功地占领爪哇和苏门答腊的大片地区，代价是赶走了大量人口。这些事件与二战期间发生的一切同样骇人：4.5 万 ~ 10 万名印尼斗士身亡，至少有 2.5 万平民死于交火之中，单是在苏门答腊和爪哇就有逾 700 万人流离失所。[16]

1949 年，就连荷兰人都清楚，这种代价是无法维持下去的。不管他们打了多少仗，也无法击败既拒绝威吓又得到大部分人支持的独立运动。他们也不能无视世界舆论。澳大利亚长期以来一直为印尼的独立大声疾呼，印度和其他国家也表示赞同。然而，最终击败荷兰人野心的还是美国的干预。当美国威胁要从荷兰撤回马歇尔计划的援助时，荷兰人终于决定止损离场。同年 12 月，在首次宣布独立的四年多之后，印度尼西亚终于成为一个自由的主权国家。[17]

帝国的末日

遗憾的是，印尼并非 1945 年后不得不为自己的独立而战的唯一一个亚洲国家，荷兰也不是唯一一个堵住自己的耳朵，不听“默迪卡”呼声的西方势力。二战后，整个亚洲大陆都发生了类似的事件。在过去两百年里曾经定义了亚洲的欧洲殖民主义的时代终于结束了。 280

经历与印尼最为接近的国家是法属印度支那殖民地，它包括越南、柬埔寨和老挝。与荷属东印度一样，法属印度支那在二战刚一开始便遭到日本的侵略。两个国家的欧洲霸主都被拘禁起来，并且两个国家在战争行将结束时都被准予一定的独立性。日本人在越南（保大帝治下）、柬埔寨（诺罗敦·西哈努克国王治下）和老挝（“自由老挝”① 运动统治下）都建立了傀儡政权。在每个国家里，这些傀儡政府都受到怂恿，切断其与法国的一切联系，还得到承诺会在将来的某个时间得到完全的独立。[18]

在印度支那的三个国家里，越南对独立的渴望最为强烈。战争期间，越南成立了一个名叫“越南独立同盟会”（Viet Minh）的抵抗运动，领导者是共产党民族主义者胡志明。在苏加诺宣布印度尼西亚独立的两星期后，胡在河内市 30 万人面前代表越南发表了同样的宣言。在这次雄辩的演讲中，他引用美国的《独立宣言》和法国的《人权宣言》，宣布“全体越南人民”已经准备好“牺牲他们的生命和财产来捍卫他们的独立和自由”。[19]

与在印度尼西亚的荷兰人大致一样，法国人也没有准备好不经战争便放弃他们的殖民地。他们返回越南后，也遵循了大致相同的模式。再一次冲锋陷阵的还是英国人，这回是与越盟在西贡打了一场血仗。法国人刚在这个国家重新站住脚，英国人再一次撤军了。一系列的谈判和停战协定签订后又被打破，281 最终走向殖民者和殖民地人民的全面战争。正如在印尼的荷兰人一样，法国人的火力更强，组织更严密，训练也更完备，但他们还是难敌得到大多数民众支持的、具有高度机动性的游击队。1954 年，法国人最终放弃战斗时，大约有 9 万投入殖民地

① 自由老挝（Lao Issarak）是一次反法、非共产主义的民族主义运动，1945 年 10 月 12 日由佩差拉亲王发起。

的法国军人，以及可能多达 20 万越南人死亡。[20]

这场殖民地战争贻害无穷。它将越南一分两半，越盟在北方，而一系列威权主义政府在南方。双方在接下来的 20 年里战争不断。更糟的是，他们的战斗会把超级大国拉进来。印尼与越南的一个主要差别是，越南的独立运动是由自诩为共产党的人组成的。自从发誓要利用一切手段来遏制共产主义的传播以来，美国差不多都是在法国止步的地方继续参与战斗。但美国的努力也未获得多大的成功。美国在越南的战争最终成为两国历史上最大的灾难：及至 1975 年，这场战争使逾 5.8 万美国人，约 130 万越南人丧生。如果这就是“自由”的代价，那可真是昂贵而血腥的代价。[21]

法属印度支那的其他部分情况稍好一些，但也好景不长。柬埔寨和老挝都在 1953 年获得独立，但两个国家都受到邻国越南内战的巨大影响，那里的内战经常会蔓延到两国的领土上。两个国家不久又都陷入本国的内战，1975 年，两国也都落入共产主义的手中。在柬埔寨，这造成了悲剧的结果：1970 年代，波尔布特领导的“红色高棉”开始实行恐怖统治，民族敌人和阶级敌人都被有组织地屠杀殆尽或饥饿致死。没有人知道他们杀了多少人，但估计数字是 160 万 ~ 200 万。[22]

很难说如果法国人没有决定为他们垂死的帝国去力挽狂澜的话，这些事会不会发生。十之八九，鉴于战争释放的意识形态的狂热气氛，某些暴力和混乱是在所难免的。但法国人在国际舞台上没有给自己赢得任何好处：他们一面藐视《联合国宪章》，否定印度支那人民的自决权，一面又将自己描述成自由、平等和博爱的守护者，这实属难事。 282

和法国人及荷兰人不同，英国人从来没有落入企图继续掌控其亚洲殖民地的陷阱。尽管犯过种种错误，他们至少看起来了解到世界和亚洲已今非昔比。英国也发生了变化，它早已威势不再，还要被迫依赖美国人的财政帮助，后者明确坚持让英国人放弃他们的殖民帝国。

在随后的几年里，英国一个一个地主动放弃了它的亚洲殖民地。放手的第一个是英帝国王冠上的珍宝——印度，该国在1947年获得独立。值得一提的是，英国人如此急切地从印度尼西亚的混乱中脱身，原因之一便是他们指挥的军队中有很多是印度人。印度人正在自己家里闹独立，此时指望他们制服一个同样的独立运动，简直就是自找麻烦。的确，单是泗水战役之后，便有约600名印度士兵当了逃兵：很多人娶了印尼太太，余生都留在那里。[23]

没过多久，缅甸和锡兰也紧随印度之后，在1948年获得独立。马来亚直到1957年才独立，但这只是因为英国人意在首先平定共产党领导下的华人叛军的一次起义；不过英国一开始就明确表示，只要打败共产党，就会立即移交全部的政治控制权。1963年，北婆罗洲和砂拉越①也从英国独立出来，并加入马来亚，组成新的国家马来西亚；新加坡也是一样，它先获得独立，后于1965年脱离英国统治，建立了自己的国家。曾是英属保护国的文莱，也在1967年完全独立。在随后的30年里，英国在亚洲保留的唯一殖民统治的地区是香港，最终也在1997年将其归还给中国。

① 砂拉越（Sarawak），位于婆罗洲（印度尼西亚称之为加里曼丹岛）西北部，是马来西亚在婆罗洲领土上的两个行政区域之一（另一个为沙巴州，原名北婆罗洲），也是全马面积最大的州。

这些殖民地中没有一个被迫经历长期的独立斗争，但这并不意味着它们逃脱了暴力。降临在印度尼西亚的政治、种族和宗教混乱大多发生在英属殖民地。战争刚刚结束，香港和新加坡通敌日本的人就被私刑处死。复仇的浪潮席卷马来亚，随后不仅发生了被称为“马来亚紧急状态”① 的共产党起义，还发生了对这个国家的华人少数民族的迫害。锡兰即当今的斯里兰卡，那里在独立前夕出现一系列的暴动和总罢工，独立之后，僧伽罗人和少数民族泰米尔人之间的紧张局势不断加剧。缅甸在获得自由区区两个月之后便面临共产党的起义，十个月后又面临国家南部和西南部克伦族的另一次起义，因为克伦族要求成立他们自己的独立国家。独立的愿望释放的力量往往难以遏制：每个人都同意自决的原则，但边界在哪里？[24]

283

最大的流血事件发生在印度。在这里，宗教暴力最终使这个国家陷入混乱。战时和战后，印度教徒和穆斯林之间不可调和的分歧，导致英国人考虑将两个社会分治：独立后，这个国家一分为三——南方是印度教占主导地位的印度，穆斯林占主导的国家则分成两个部分，分别在西北和东北。但在分离过程中，公共秩序完全崩溃了。穆斯林逃离印度，奔向新成立的东巴基斯坦和西巴基斯坦（即今天的巴基斯坦和孟加拉国）；印度教徒和锡克教徒则向相反的方向逃亡。两边都发生了大规模的屠杀。总共有大约 1500 万人背井离乡，20 万 ~ 200 万人被杀——但无人能够确定准确的数字，因为就连这个问题也引起

---

① 马来亚紧急状态（Malayan Emergency），指 1948 年马来亚共产党展开武装斗争之后，英殖民政府宣布全马来亚进入紧急状态，这种状态一直持续到 1960 年才解除。其间，英联邦军队与马来亚人民解放军之间进行了长达 12 年的游击战。“马来亚紧急状态”一词是马来亚殖民地政府对冲突的称呼，马来亚人民解放军则称之为“反英民族解放战争”。

激烈的争论。家庭四分五裂，将近10万妇女被绑架，或是遭到强奸，或是被迫改变宗教信仰之后嫁与其绑架者。这种人道主义灾难产生的痛苦与仇恨的遗留问题，从那时起便毒害了印度和巴基斯坦的关系。[25]

亚洲最后一部分殖民地是葡萄牙属地。葡萄牙作为并未直接参与二战的殖民势力成为保有亚洲殖民地时间最长的国家，这也许并非巧合。东帝汶直到1975年才宣布脱离葡萄牙而独立，而曾受殖民统治的澳门直到20世纪末才归还给中国。但就连葡萄牙的殖民地也没有逃脱与独立相伴相随的暴力。就在独立指日可待之时，东帝汶便遭到邻国印度尼西亚的入侵，野蛮的占领就此开始。这个国家不得不继续忍受长达24年的暴力和暴行，才最终赢得永久的独立。

新的秩序

284 二战并不是导致大多数此类事件的直接原因，但如果没有二战的话，这些事件全都不会发生。正是战争把欧洲势力削弱到某种程度，使得它们再也无法统治其殖民地。正是战争为亚洲民族主义运动的繁荣壮大创造了合适的环境。也正是战争武装了他们，推动他们执掌了政权。

但战争带来的最大变化或许是精神层面的。整整一代人因此而经历了暴力，并坚信暴力手段可以带来根本改变。战争带来的苦难——占领、戒严、通货膨胀、商品短缺和饥荒——让很多人感到自己一无所有；但伴随战争结束而来的乐观气氛产生了一种信念，即历尽艰难困苦后，美好的日子一定会到来。

支撑着所有这些希望和绝望的是对“自由”这个概念的信

285 仰。这个词曾是整个战争期间的标语，如今成为亚洲每一个政客和抵抗组织和战士的战斗口号。据苏门答腊的前革命者说，“默迪卡”曾是挂在每个人嘴边的一个词，“但这个默迪卡究竟是什么，我们还不知道，我们当时也不理解独立是什么”。他们只知道“不管独立是什么，反正它不是被殖民”。[26]

奇塔普罗萨德 1950 年的一幅画总结了亚洲在二战结束后的普遍态度。（图中旗上文字为“放开亚洲”）

遗憾的是，不同的群体对“自由”的定义也不相同。对于宗教群体和少数民族而言，它意味着没有迫害，但对于他们的某些邻居来说，它意味着没有外国人和外来者。对于胡志明等共产党员而言，它意味着不再受帝国主义者和资本家的剥削，而对帝国主义者和资本家自身来说，它意味着可以重建他们战前拥有的一切，重新开始发家致富。

事实上，这些群体中没有一个以存在主义的意义来谈论真正的自由。他们真正想要的不是“自由”，而是对权力的重新调整：从外来者转移给民族主义群体；从资本家转移给平民百姓；从“他们”转移给“我们”。在这个过程中，“自由”的真实含义丧失了。或者更糟，它开始与某种相当可怕的东西挂上钩，导致毫无节制的混乱。随着老牌帝国主义的崩溃，似乎除了暴力和动乱之外，没有什么能够取而代之，幻想破灭的人不再谈论自由，转而开始渴望秩序的回归。

但他们不一定知道，连这也要付出代价。

“秩序”在印度尼西亚的重建酝酿了20年之久。它发轫于1948年苏加诺动用新建的印尼国民军平定茉莉芬①的共产党的起义。在一次慷慨激昂的电台广播节目中，他告诉全国人民，他们面临着一个严酷的选择：追随共产党，“他们会破坏印度尼西亚的独立理念”；还是追随苏加诺与哈达，他们会带来“免受一切压迫的自由”。起义遭到镇压，伤亡惨重——单在茉莉芬一地便有约8000人死亡——还有成千上万人被捕。[27]

和往常一样，特里穆尔蒂又在行动最激烈的时刻被捕了。她作为共产党嫌疑人锒铛入狱，她一度认为自己已被内定为即将处决之人。这个指控并非事实——她从来都不是共产党员，此刻实际上是更温和的劳动党成员。然而，这个名头却伴随了她的余生。

286

在茉莉芬对共产党的镇压意义重大，这有几个原因。其一，这毫无疑问地显示了苏加诺与哈达本人绝非共产党，因此平息了美国人对他们采纳的某些社会主义政策的恐惧。美国的支持在迫使荷兰人离开印尼的外交战役中非常重要。其二，这显示

① 茉莉芬（Madiun），爪哇岛东部一城市，距离首府泗水169公里。

了印尼军队不断增长的实力，这也是目前唯一能够在国家推行秩序的机构。最后但同样重要的是，它为印尼事务建立了一个模板：从现在开始，军队会无情地镇压敌人，如果那些敌人碰巧是共产党，就更不由分说了。

在随后的岁月中还发生了很多其他叛乱。1951 年，安汶附近的岛屿企图脱离印尼，苏门答腊北部的亚齐地区后来也有同样的动作。一部分持不同政见的上校企图在苏门答腊建立另一个国家，苏拉威西的一群持不同政见者也如法炮制。在西爪哇省，激进的穆斯林拒绝接受印尼是个多信仰国家的概念，宣布成立一个叫作“伊斯兰之家”（Darul Islam）的伊斯兰国家。他们很快便在印尼的其他地区赢得了追随者：整个 1950 年代及 1960 年代初期，“伊斯兰之家”发起一场恐怖主义战争，导致逾 4 万人死亡，数百万人流离失所。这个运动的遗产如今在印度尼西亚仍然产生回响。[28]

所有这些叛乱都被军队平息了，这逐渐增加了军队的力量。整个 1950 年代，军队领导人无耻地自诩为“国家统一的守护者”，且明确告诉大家，完全是因为他们的干预，才有了各种法律和秩序。1957 年，全国宣布戒严，军队实际上得以为所欲为。地方领导人因腐败而下台（他们之中的很多人也确实腐败），军队的军官们取而代之。军队逐渐接管了统治权。[29]

苏加诺试图通过推动这个国家里唯一能够反对军队的力量——印尼共产党（PKI）——来限制军队的权力，整个国家中几乎处处都有印尼共产党的拥趸。但在 1950 年代和 1960 年代的冷战氛围中，这可是个危险的游戏。首先，这会疏远美国，后者很快便向苏加诺的右翼反对者提供支持——1950 年代末，中央情报局向各种反政府叛军提供武器、训练，甚至飞机，被

287

抓了个正着。[30]其次，这开始冒犯军方，后者因为被祭出与宿敌相争而愤愤不平。

1965年，事情发展到了顶点，共产党人绑架了军队的几位将领，并在雅加达附近的一个空军基地杀了他们。军方迅速而残忍地做出反应。他们声称这几起绑架属于未遂政变，于是在全国范围内开始大规模剿灭共产党。印度尼西亚共产党主席D. N. 艾地（D. N. Aidit）遭到逮捕和处决，共产党的其他大多数领导人也难逃厄运。有人发起一场煽动性的政治宣传运动：控诉妇女运动（Women's Movement）的成员，在她们的共产党同志们折磨和残害那些被绑架的将军时参与了性爱狂欢。

一时间，全国同时爆发了对共产党的攻击。遭到攻击的不只是共产党员，还有他们的亲友，以及任何持有疑似左翼观点的人。严格来讲，妇女运动根本不是共产党，但因为有人如此诽谤，其成员也就变成特别目标。有些攻击发展成全面的屠杀。在东爪哇省，共产党员排成一行，被伊斯兰主义青年团体割喉后投尸到河里。在苏门答腊，曾经闹事要求改善工作条件的数千名种植园工人也遭到屠杀。巴厘岛爆发了内战，所有村庄整村人被屠杀，然后付之一炬。

精心策划这些事件的是军方的将军们，大屠杀发生时，他们袖手旁观，有时甚至还向地方民兵提供名单。杀戮渐停之时，例如在爪哇，军方人士最终接管并以更加有序的方式实施清洗——在全然失控的巴厘岛也是一样：共产党员被拢在一处，在拘留所审核，随后送到乡下，在那里处死并堆积到乱葬岗中。[31]

1965~1967年横扫印尼的大清洗可能是印尼历史上最大的创伤性事件。它夺去至少50万人的生命。还有数十万人被捕：

在接下来的 15 年里，这个数字或许高达 150 万。共产党遭到取缔。批评军方的报纸也被迫停办。在军方完全控制国家之后，苏加诺逐渐退出了政府。他的位置被指挥军方清洗的领导人苏哈托取代，后者逐渐巩固了自己的地位，直至实际上掌握了绝对的权力。[32]

接下来的 30 年里，印度尼西亚鲜有异见。至于发生过的一些孤立的骚乱，比如亚齐或东帝汶的骚乱，都遭到野蛮凶残的镇压。因此，苏哈托实现了 20 年的动荡和争论都未能达到的目标：他统一了这个国家。实际上，他在某些方面定义了战后时期构成一个新国家的要素：不是共同的语言，不是共同的目的，也不是让印尼团结统一的价值观或理想——而是威权。军方说印度尼西亚是什么，它就是什么，因为已经无人能够和他们争论了。

在某些方面，这是个解脱。至少现在的公共事务还存在着某种秩序；实际上，苏哈托的新政权甚至称自己为“新秩序”。1945 年曾让这个国家大受鼓舞的概念——默迪卡，即“自由”——早已被默默地束之高阁。

17. 一个非洲国家的诞生

289　1945 年发生在亚洲的很多进程，几年之后也会在非洲重演。这里的民族主义者也抓住二战带来的机会，但由于非洲的战争经历与亚洲的大不相同，其通往独立之路也与之迥异。

没有哪一个人的故事有可能代表非洲在二战余波中经历的方方面面。但有一个故事包含了在那些动荡岁月中出现的民族主义的很多主题，那就是瓦鲁希乌 · 伊托特（Waruhiu Itote）的故事，他来自肯尼亚山脚下的一个基库尤①部落。

伊托特是农民的儿子。[1]他的教育程度有限，颇有些雄心壮志，也有一种强烈的不安分感，他在战前无法准确地形容这种感觉。1939 年，年轻的他去内罗毕碰运气，但立即发现其前程障碍重重。例如，他试图和几个朋友一起开店，却发现拿到执照比登天还难，因为城里的商人阶层被亚洲人占据，而欧洲统治阶层似乎希望维持现状。还有很多其他活动也将他排除在外。作为一个非洲黑人，除非他当仆人，否则不允许他进入内罗毕的任何主要饭店。在火车站，他被迫使用与亚洲人和欧洲人不同的盥洗室。甚至还不允许他喝某些种类的啤酒。这些禁令让他愤愤不平，不仅因为它们是如此毫无意义的不公，还因为他不知道该如何反抗或改变它们。

战争来临时，殖民地政府企图让人民参军。政府把意大利

---

① 基库尤（Kikuyu），肯尼亚人口数量最多的一个民族。基库尤人在肯尼亚中部高原地带栽种作物，是经济上最活跃的族群。

人和德国人描述成正准备入侵肯尼亚的“世上最糟的魔鬼”。伊托特最终参军了，但不是为了与这些魔鬼战斗，而是为了逃离失业的无聊和艰难。1942 年 1 月，他在 20 岁生日之前不久，入伍效命于英王非洲步枪团。在邻国坦噶尼喀短期受训后，他远渡重洋，被派往锡兰，最终在印度和缅甸之间的前线阵地参加战斗。 290

旅途中，他接触到在家乡永远不可能见到的各种人。他与他们的对话让他认识到此前从未考虑过的大量政治层面和个人层面的可能性。例如在 1943 年，他遇到一名英国士兵，后者指出印度和缅甸所属的英帝国正是征服了伊托特家乡的英帝国——伊托特为什么要如此一腔热血地为保卫其压迫者的世界而战？伊托特很难堪地承认，自己对这个问题没有满意的答案。在加尔各答休假时，他又遇到一群受过教育的印度平民，他们告诉他，一旦战争结束，印度就要争取独立。他们问他，肯尼亚人这么忠诚，要求的回报是什么。伊托特再次陷入尴尬，因为就他所知，肯尼亚人什么要求也没有。[2]他甚至还第一次遇到美国黑人士兵，他们滔滔不绝地说起他们渴望在自己的国家获得公民权利。其中一个名叫斯蒂芬森的人警告他说，英国人不太可能因为伊托特在战争中的贡献对他心存感激。“现在打仗的白人会永远是他们自己国家的英雄，上帝保佑他们，”他预言道，“而你们非洲人只会当一天的英雄，然后就被人忘记了。如果你们想当英雄，为什么不为自己的国家而战呢？”[3]

但对他来说最重要的政治课或许还是在战斗最激烈的时候学到的。在缅甸的丛林里，和他并肩作战的白人士兵为了看起来更像伊托特，把鞋油涂在脸上，因为日本狙击手有个习惯，他们会挑出与众不同的那个人。他所有的战友——黑人、白人或是亚洲人——都同样怕日本人，而他们共同的恐惧产生了伊托特此前从未体验过的一种同志情谊："在枪林弹雨中没有骄傲，我们的欧洲战友也没有什么优越感。我们喝一样的茶，用一样的水和盥洗室，还讲一样的笑话。没有种族侮辱，没有人提'黑鬼''狒狒'这类的词。白热化的战斗把那一切都炸得老远，留下的只有我们共同的人性和共同的命运——要么死，要么活。"[4]

战争及其不加区别的性质，似乎把伴随着伊托特在非洲长大的一切都颠倒过来。

291 1945 年，当伊托特回到肯尼亚时，他很难重新适应平民生活，没过多久，他往日的怨愤又死灰复燃。他想做煤炭生意，但当局不允许他在利润最高的市场卖煤，因为那是留给亚洲商人的。他在铁路上找了个差事，但在同级别的职位上也不得不接受比亚洲人和欧洲人低的工资，只是因为他的肤色。

在见过世面后，伊托特再也不想忍受这种歧视了。因此，他人生中第一次加入一个政治团体：他成为肯尼亚非洲民族联盟（KAU，以下简称"肯盟"）的一员，"肯盟"的领导人乔莫·肯雅塔（Jomo Kenyatta）此前 20 年的大部分时间都在为争取更大的公民权而努力。肯雅塔是伊托特心目中的英雄，终生未变。但伊托特很快就对"肯盟"大失所望，因为这个团体似乎被谨慎的老人掌控，不敢抓住变革的机遇。除了肯雅塔本人之外，这些老人中几乎没有一个像伊托特那样环游世界并经历过战争的，这个现实加剧了他的沮丧。"他们什么时候才会知道，世界实际上不像肯尼亚这样，"他悲叹道，"难道肯尼亚是封建主义、种族主义和少数人的特权与统治最后的城堡之一？他们什么时候才会理解世界是可以改变的，而且在我们的有生之年就可以改变?”[5]

他在差不多同一时间也加入了运输与联合工人工会(TAWU,以下简称“运联工会”),这是个好战的工会组织,不仅为工人的权利而活动,也为更加广泛的社会和政治变革而奋斗。“运联工会”是由弗雷德·库拜(Fred Kubai)领导的,他是这个国家最著名的动乱煽动者之一,只要暴力能够达到目的,他就毫无顾忌地使用暴力。1950 年,库拜高调宣布,如果人民团结起来反对政府,不出三年就能强行取得独立。在这种新的激进精神启发下,伊托特踊跃参加了示威和罢工运动,就算唯一的回报只是警方的暴行和政府镇压的力度不断加大,也在所不惜。

伊托特加入的第三个组织或许是其中最激进的:这是一个由一群退伍士兵组成的团伙,名为“四〇年团”(Anake a Forti),之所以如此命名,是因为 1940 年是他们中大多数人加入英军的年份。后来,伊托特强调了这个团体的政治性质,该组织发起一场运动,以恐吓那些在基库尤保留区与政府项目合作的人。然而,该组织在内罗毕的活动也是明显在犯罪。像伊托特一样幻想破灭的老兵们常常被排除于更合法形式的职业或事业之外,因而转向偷盗和勒索,因为这似乎是他们仅有的谋生手段。伊托特自己也曾闯进商店,盗窃军火和金钱,不止是为了他自己,也为团体的政治活动筹措资金。在内罗毕阴暗的地下世界,暴力、犯罪和政治之间的界线越来越模糊。 292

随着 1940 年代末期的到来,伊托特参加的各种团体开始变成一个单一的运动。好战的工会开始接管“肯盟”,并罢免了更加温和的前领导层。同时,他们还开始与内罗毕的地下世界建立联系。伊托特本人就是联系人之一,他很喜欢这种新的使命感。

如果说有哪一刻巩固了他对独立事业献身的决心，那大概就是1950年的一天，他参加了一个秘密仪式，正式宣誓把自己的生命献给国家。全国各地成千上万的基库尤部落成员都立下同样的誓言。据伊托特说，这个庄严的誓言给所有立誓的人带来“神圣”感，让他们感到自己与某种宏大的思想意识建立起联系——在最近发生的世界大战中，像他这样的非洲人明显缺乏这种感受。“我们以真理、爱与公正为武器进行战斗”，他后来写道，与“伪装成基督教、忠诚、财富和权力的大批真正的对手”做斗争。[6]神话中的魔鬼与英雄终于在现实生活中现身。

1952年夏，在宣布进入紧急状态之前不久，伊托特和其他人去乔莫·肯雅塔位于加图杜（Gatundu）的农场，拜访了这位他们心目中的领袖。肯雅塔知道自己就要被捕了，他警告这群人，说他们将来也可能会被捕甚至遭到杀害。“这个世界的一切都要付出代价，”伊托特还记得他说的，“我们必须付出鲜血才能换回我们的自由。”[7]

伊托特对自己的精神领袖那个下午的描述流露出的不仅只有尊敬而已：肯雅塔预言自己会被捕，教导弟子们坚持信念，并保证在死后也会和他们在一起，这一切都令人想起基督被钉293 上十字架前的“最后的晚餐”。后来，当起义真正爆发后，非洲战士们唱起基督教赞美诗，把其中的“耶稣”换成“乔莫”。[8]然而对伊托特来说，给他带来最大启迪的是民族主义而非宗教。于他而言，肯雅塔和一个独立的肯尼亚如此密不可分，以至于他无法只想到其中之一而不涉及另一个。[9]因此，接受肯雅塔的祝福便是他在继续走向自己漫长斗争的高潮阶段之前，所需要的最后一个仪式。

几天之后，伊托特逃进肯尼亚山的森林。他采用“中国将军”这个代号，开始训练志愿兵团打丛林战。与此同时，斯坦利·马森格（Stanley Mathenge）和德丹·基马蒂（Dedan Kimathi）等其他缅战老兵和暴力激进分子也走进森林。

后来被人称为“茅茅起义”（Mau Mau）的运动就这样开始了。

战斗英雄，革命英雄

肯尼亚的茅茅起义源于长期以来各种各样的怨恨，很多都比瓦鲁希乌·伊托特在内罗毕经历的轻微种族歧视要严重得多。其中最重要的，是欧洲殖民者把非洲黑人从他们自己的土地上迁走；还有实行有争议的政府税收，限制活动范围，限制就业，企图禁止一夫多妻和女性割礼等部落习俗，如此等等——更不用说在任何社会中都会导致冲突的部落之间，以及部落内的所有内部斗争。[10]

然而，与印度尼西亚的情况大体相似，肯尼亚所有苦难的根源都在于这个国家内普通人的无力感。不管他们对土地权利或就业权利的抗议有多强烈，非洲黑人的声音都无人倾听，因为他们几乎没有任何实质上的政治代表。1951 年，肯尼亚人在人数上与欧洲人口的比例超过 170 ∶ 1，但在立法会的 37 个成员中，只有 4 个是非洲人。与他们的欧洲同行不同，这些成员中没有一个是选举出来的：他们是从一张经过核准的候选人清单上挑出来的，这些人之所以被选入清单，是因为他们不太可能导致过多的麻烦。[11]

和亚洲一样，非洲的领袖们也曾运动多年，试图改变这种不公平的体制，但二战给他们的主张带来新的动力。在纯粹抽 294

象的层面上，自由、平等和人的尊严等概念突然间脱颖而出：战争正是以这些概念的名义而开打的，肯尼亚人也无法不注意到他们自己的国家缺乏这些概念。当他们的非洲臣民加倍强烈地要求选择自己的政府时，英国人没什么好大惊小怪的：这是英国人自己在 1941 年起草《大西洋宪章》时认可的一项基本权利。

在战争经历的推动下，同样的理想主义和不满情绪的气氛也在整个大陆不断增长。1939 ~ 1945 年，超过 80 万非洲黑人应征入伍，参加同盟军，其中有 50 万人来自英属殖民地，或许还有 30 万人来自法属非洲。[12]这些人的归来给各地的殖民地政府带来问题。例如，在坦噶尼喀，老兵们是社会中最不满的人群——很多人起初并不打算参战，但被腐败的非洲官员用以填补配额，强行征召入伍，进入英国军队。[13]在战后的尼日利亚，没有工作的老兵参与了针对殖民地政府的一系列愤怒的示威活动：1950 年，他们甚至还在乌穆阿希亚（Umuahia）城发起全面的反抗。[14]1948 年，在黄金海岸，老兵们因为他们在战争中的牺牲没有得到官方的认可而在街头抗议示威。警察的激烈反应，以及就此引发的五天暴动，都被认为给那里的独立过程提供了最初的推动力。[15]

法属非洲也是如此，归国老兵往往会在发起对殖民势力的抗议中起带头作用。例如，在比利时属刚果，前同盟军士兵经常以悲愤的心情谈到处于战争核心的一个讽刺的现实：他们为宗主国争取自由而战的同时，他们自己的土地上却仍然没有真正的自由。[16]在法属几内亚，士兵们在“同样的牺牲 = 同样的权利”这个标语下，发起同工同酬运动。那里的退伍军人在战后引领了对殖民机构的骚动，还挑战了他们自己的部落首领的传统权力。[17]与此同时，在科特迪瓦，老兵们发起废除强制劳工的运动，还定期举行争取平等的示威，其中的一些变成暴力行动。 295 整个国家的科特迪瓦人都在呼吁一个新的“非洲人的非洲”。[18]

应该强调的是，绝大多数归国老兵并没有参加革命和政治反抗活动。实际上，在很多地区甚至国家获得独立的过程中，老兵们几乎没有起到任何作用——博茨瓦纳就是个好例子。[19]但如果历史学家仅仅把老兵看作非洲各国独立斗争中的边缘人物，就会在宏观的意识形态层面不得要领。非洲士兵回国时是英雄，那种英雄主义的神话意义在后来的独立运动中被发扬光大，这丝毫不足为奇。在非洲的共同记忆中，士兵是否积极地为独立而斗争无关紧要，而重要的是，他们成为一种新的平等感的象征。[20]

当时，他们的文化和政治领袖显然也是这样看待他们的。正如乌干达作家罗伯特·卡克姆博（Robert Kakembo）在1946年宣称的那样，非洲士兵“向欧洲人证明了他们不是下等人”——如今，他们终于得到应得的待遇。[21]法属西非的参议员维克托·比亚卡·博达（Victor Biaka Boda）同样指出，“非洲人像白人一样死去，他也享有同样的权利；非洲人与他者完全一样，也是个公民”。[22]实际上，在某些老兵看来，战争把非洲人提高到他们的前殖民地主人之上。“只有法国人知道我们为他们做了些什么，”多年以后，一个科特迪瓦退伍军人如此回忆道，“我们解放了他们。还能为他们做什么更伟大的事情吗?”在这种氛围下，非洲人再也不适合在欧洲人面前卑躬屈膝了。[23]

平民的经历

二战期间，亚洲与非洲之间最大的区别在于，非洲的绝大部分地区都从未遭受侵略，因此，非洲平民比起亚洲平民在战争过程中体验到更强的延续性。但是，这并不是说非洲人过得很轻松。二战给世界经济造成如此巨大的破坏，以至于世界各地的平民生活都被迫在非常短的时间内经历了巨变。这对整个非洲都造成巨大的影响。

296 就影响普通人生活的这类动荡而言，肯尼亚又提供了一个好例子。这个国家在经济上的变化极具破坏性。战时的繁荣给从事商业的人、部落首领和那些拥有土地的人带来巨大的利润，所有这些人突然间都可以按通货膨胀的战时价格出售商品和服务。与之相反，穷人却承受了极大的痛苦。随着价格的直线上涨，粮食变得稀缺，在肯尼亚的某些地区，特别是在中部和南部的省份，人们不得不忍受饥荒。数千人被征召去欧洲人的农场和剑麻种植园工作，所得的报酬往往难以维持温饱。还有数千人移居城市去尝试寻找工作。这种人生活在一个与乡村生活没有交点的社会中，很快便开始失去与农村生活的联系，因而不得不摸索出一条道路，走向新的、更不确定的雇佣劳动的世界。因此，由于战争，肯尼亚突然之间开始直面 20 世纪初世界其他地区遭遇的现代化危机。[24]

与此同时，乡村开始出现新的种族紧张局势，特别是在欧洲的地主和占据其土地的非洲农民之间——后者被称为“擅自占住者”。这种紧张局势也有经济上的影响。1939 年之前，大多数白人殖民者都负债累累，被迫依靠非洲擅自占住者的劳动来耕作。但战时的繁荣，以及从美国租借来的农业机械，让白人殖民者富裕起来。因此，很多白人农民不再需要或不再希望那些擅自占住者留在他们的土地上。1945 年和 1946 年，当这些擅自占住者的年度合同需要续约时，殖民者在允许佃户耕种的土地数量上加了新的限制，并强迫他们卖掉牛。受影响的家庭有时的收入会下降多达四分之三，那些拒绝接受新规则的家庭被逐出农场，被“遣送”回基库尤保留地。如此一来，多达十万名基库尤擅自占住者被从他们居住了几十年、很多人自认为是属于他们自己的土地上连根拔起。这些事件引起极大的不满，穷人和财产被剥夺者的队伍急剧扩大，以至于某些历史学家将几年之后发生的紧急状态解读为它完全不属于独立斗争，而是一场农民起义。[25]

与此同时，战争也转变了肯尼亚的城市。1939～1945 年，内罗毕的人口增长超过一半，而蒙巴萨①的人口数量几乎翻了一番，从 5.5 万人增长到 10 万人。[26]内罗毕的大多数新居民被迫挤在阴冷的市政住宅和城东小镇过于拥挤、犯罪猖獗的窝棚里。成千上万人为了这里无需技术、仅支付最低薪资的工作岗位而竞争。这些人是城市工会的最佳招募对象，包括瓦鲁希乌·伊托特在内的很多人都加入了工会。[27]

297

随着阶级意识在弱势群体和财产被剥夺者中间的增强，一系列总罢工传播到全国。这些罢工于 1947 年首先在蒙巴萨开始，很快便影响到内罗毕和其他地区。特别是在内罗毕，罢工很快成为直接的工会诉求和更广泛的呼吁结束殖民统治的综合体。1950 年，这些反抗行动成为更激进行动的模板，而后者则是即将发生的起义的主要特征。因此，茅茅起义除了属于民族主义起义和农民起义之外，也是一场明确的阶级斗争。[28]

内战或是民族主义起义，种族冲突或是经济危机，农民反

① 蒙巴萨（Mombasa），肯尼亚第二大城市，位于印度洋海岸中非洲东岸，是肯尼亚的主要港口。

抗或是城市阶级斗争，甚或是现代化的危机——无论人们如何归类肯尼亚的紧张局势，这些都应该在二战导致的大规模动荡的背景下看待。诚然，潜在冲突的所有要素在战前便已存在，但正是战争让它们发展到紧要关头的地步。也正是在战争的余波中对于这些问题的处理不当，才导致在战争结束仅仅几年之后便出现了这样的紧急状态。

非洲其他国家虽然并未陷入肯尼亚即将发生的那种暴力，但也经历了很多同样的苦难。例如对农民的剥削在战时的整个大陆普遍存在。各地的政府都建立了销售局，实施价格管制并对大农场的机械化提供补贴——尽其所能地降低成本，提高产量。遗憾的是，价格管制意味着绝大多数的非洲农民无法享有战时的繁荣，而只有销售局和大农场的外国主人才有能力享受在国际市场上出售经济作物的巨大收益。更有甚者，为了保证劳动力的供应，很多政府还引进或扩大了强制征募。和肯尼亚一样，在坦噶尼喀，成千上万的农民被迫在剑麻种植园劳作，其工作方式近乎奴役。[29]在尼日利亚，有十万人被招募到锡矿工作。[30]在法属西非，征募奴工也很普遍。这个地区的农民被迫自掏腰包来填补不可能做到的定额，整个社区常常被迫大规模移民，没有人管他们愿意与否。[31]这种做法往往一直延续到战后，结果是整个非洲都爆发了农民的抗议活动。1946 年，为抗议政府的剥削，杰济拉计划①的苏丹人佃户举行罢工。两年后，黄金海岸的农民与商人和退伍军人一起抵制欧资企业。坦噶尼喀、南罗得西亚、莫桑比克和南非

298

① 杰济拉计划（Gezira Scheme），世上最大的灌溉项目之一，位于苏丹国杰济拉州青尼罗河与白尼罗河汇集处的东南方。该计划是英国在英埃共管苏丹时期发起的，引自青尼罗河的水通过运河及沟渠被分配到两河之间的租佃农场。

的农民也进行了不同程度的反抗，这里只是略举几例而已。[32]

城市和产业工人的抗议也是如此。战后，大规模的总罢工不仅发生在肯尼亚——同样的情况也发生在英属东非的各个地区和埃及、尼日利亚、摩洛哥，以及整个法属西非地区。在塞内加尔，应征新兵被迫在铁路上工作，就连他们的将军都承认其工作条件“类似于国家奴役”，1946 年几近哗变。[33]在南非，超过 7.5 万矿工和钢铁工人在 1946 年罢工，他们的抗议遭到武装警察的严厉镇压，数人死亡。[34]在尼日利亚埃努古①的采矿小镇，1949 年罢工的煤炭矿工也遭到武装警察的屠杀。[35]双方不同程度的暴力一直伴随着产业工人的行动。

战争快要结束时，一个刚果人曾在一封寄给美国驻金沙萨军方专员的信中，慷慨激昂地总结了非洲人的沮丧之情：“我们被当作狗一样对待，跟随着主人出去打猎，却连一小份猎获物也得不到。”[36]整个非洲大陆的方言报纸和政治演说也表达了类似的被出卖的感觉。1950 年代末和 1960 年代横扫全非洲的变革之风在 1945 年已经开始。那些无视他们的人，或是企图挡住他们去路的人，不过是在自掘坟墓。

紧急状态

1950 年代初期吞噬了肯尼亚的流血事件反映出帝国在非洲的末日的一些最令人震惊的画面。事件开端是 1952 年 10 月殖民当局宣布进入紧急状态，乔莫·肯雅塔和其他五个著名的政治领袖被逮捕。作为报复，茅茅战士们开始了一连串的暴力谋杀。第一个被杀的欧洲人是个名叫埃里克·鲍克（Eric Bowker） 299

① 埃努古（Enugu），尼日利亚埃努古州的首府，位于尼日利亚东南部。20 世纪初期是主要的煤矿中心，其后因设备被战争破坏导致产量下降。

的隐居乡下的店主。就在宣布紧急状态后几天，他躺在浴缸里被人砍死。一个月后，一个名叫伊恩·米克尔约翰（Ian Meiklejohn）的退休海军军官和他太太多萝西在他们阿伯德尔①森林边上的家中喝餐后咖啡时遇袭；多萝西活了下来，但她丈夫很快就因多处砍伤而丧命。在接下来的一个月，全国都被基南戈普②附近农庄的一个年轻家庭惨遭杀害的消息所震惊。这个家庭的家长名叫罗杰·拉克（Roger Ruck），是个30岁出头深受喜爱的男士，他被自己的农场工人诱出家门，被人用大砍刀砍死。听到他的惨叫声后，他年轻的妻子埃丝米冲出门去，也被砍死。袭击者随后入门劫掠，在楼上的卧室发现他们6岁的儿子迈克尔，随后也被砍死。男孩血迹斑斑的房间里玩具散落一地，这些照片出现在肯尼亚和海外的报纸上。[37]

这些事件以及在之后六个月接连发生的另外大约30起袭击案，让肯尼亚的欧洲人社群对这些谋杀案背后明显的种族动机深感不安。他们自己的种族恐惧很快显露出来，这也丝毫不足为奇。他们开始认为茅茅起义不是独立运动，几乎可以说是因为对暴力的热爱所激发的一种原始的邪教活动。神职人员开始谈及“这片土地释放出来的一种卑鄙残忍、邪恶的撒旦之力”，有谣言说茅茅的入会仪式就有喝人血这种事。[38]很多人开始表现出对叛军将不惜一切代价摧毁基督教，还要把所有欧洲人都赶出肯尼亚的恐惧。作为回应，一些殖民者提出，不仅要清除茅茅的“黑暗”与“邪恶”力量，还要大规模消灭基库尤人。[39]

---

① 阿伯德尔（Aberdares），非洲山脉名。阿伯德尔山脉在肯尼亚中西部，位于首都内罗毕以北的高地，其西面是东非大裂谷。

② 基南戈普（Kinangop），肯尼亚大裂谷以东、阿伯德尔山脉以西的一个台地地区。

但是，无论欧洲殖民者变得有多害怕，也无论谋杀欧洲人引发了多大的公众关注，殖民者从来都不是茅茅恐怖行动的真正焦点。绝大多数的暴力行为针对的根本不是欧洲人，而是效忠他们的非洲人。在紧急状态的日子里，只有32个欧洲人被茅茅杀害；同期被杀害的非洲人约有1800人，手段同样残忍，只是没有大规模报道而已。[40]

300

这场战争最大的暴行——拉里①大屠杀——准确地展示了这一点。在一次精心策划的攻击中，茅茅叛军引诱当地国民军离开这个地区，随后在效忠政府的非洲人家里放火，还乱刀砍死竭力从窗户逃生的妇孺。国民军回来后发现他们的社区一片火海，他们追赶叛军寻求报复。怀疑是茅茅同情者的当地人被拖出自己的房子，不久便发生了第二次大屠杀。黎明时分，总共的死亡人数至少有200人，很可能高达400人。虽有几个欧洲警官卷入第二次大屠杀，但这件事从头到尾都主要是一起非洲人的事件：和肯尼亚的其他地区一样，在拉里，起义既是一场内战，也是一场独立战争。[41]

为了控制这种充满仇恨的混乱局面，英国当局采取了严厉的措施。他们也做了一些门面功夫，让欧洲殖民者团结起来，打消了他们要血债血还的念头。保安部队，特别是在英国军队里某些种族歧视和虐待倾向明显的人受到了惩戒。大部队被派往森林边缘地带，力图有效地将茅茅叛军围在里面。但最有效的是英国人50多年前在南非用过的手段，在最近对付希腊的共产党和马来亚的起义时也用过：他们切断了叛军和支持他们的

---

① 拉里（Lari），肯尼亚南部的一个地区，“拉里”在当地马赛语中的含义是“绿草之地”。发生在这里的大屠杀史称“长刀之夜”，英国殖民政府将其作为宣传事件，向记者展示了这次屠杀。

人民之间的联系。从1954年起，他们开始把基库尤部落成员拢在一起，将其赶进严密监视的军营和设防的村庄里。接下来的几年，至少有15万基库尤人在有铁丝网包围的一连串营地里消磨时光，人数或许高达32万，而那些营地被称作“英国的古拉格”不是没有道理。这个方案尽管残忍，却平息了叛乱。他们随后通过由告密者与合作者构成的网络，在叛军的森林藏身之处追剿残兵。到了1956年底，起义事实上已失败了。[42]

301 瓦鲁希乌·伊托特在所有这些事件中都发挥了关键作用。起义的头一年，他的追随者从大约30人的破衣烂衫的队伍，壮大到一支有着7500名战士的部队。[43]当年年中，他就能同时袭击若干个不同的国民军兵站。他在尼耶利①县烧毁学校和教堂，破坏公路桥以防人们追踪他，还在整个地区发起一场杀害效忠政府人士的运动。他偶尔还会袭击殖民者的农场和企业，通常是为了偷走枪支和金钱，不过他很少这么做。1953年4月底，在舍赫②袭击一个锯木厂时，他的人遇到一个名叫内雷娜·梅隆切利（Nerena Meloncelli）的意大利女人，他们把她连同她的两个孩子都砍死了。[44]伊托特后来与这种袭击划清界限，坚称自己总是“绝对反对”不加区别地杀戮妇孺。但他同时坚持认为，某些暴力永远是必要的：“单凭和平的手段，我们的人民永远不会赢得独立。”[45]

尽管决意奋战到底，但伊托特还算个能够妥协的人——有人甚至会称之为背叛。1954年1月，他被捕了，这标志着茅茅

① 尼耶利（Nyeri），肯尼亚中部省的行政首府，位于内罗毕以北约150公里处。

② 舍赫（Chehe），肯尼亚中部省的一个定居点。

运动失败的开始。他在回忆录中从未提及此事，但事实上，伊托特在受审期间向抓捕者透露了大量信息——正是通过他的证词，英国人才最终了解到茅茅起义得到基库尤人支持的规模有多大。[46]在后续的审判中，他因与恐怖分子合作而被判死刑，但后来当他答应促成与前战友的一项和平协议后，死刑判决被减为有期徒刑。和平协议进展缓慢，但伊托特的命总算保住了。他要在监狱里待上九年。

1962 年，他终获自由后，肯尼亚已经不同以往了。起义早已结束——随着最后一个丛林领袖德丹·基马蒂的死亡，起义实际上在 1956 年即已结束。国家正处在独立的前夕，与独立相随而来的是英帝国在非洲留下的一切，还有伊托特的导师和偶像乔莫·肯雅塔，后者正准备成为这个国家的首任总统。他回到尼耶利的老家时，受到数千人的热烈欢迎，他们把他当作基库尤人的英雄。然而，肯尼亚还有很多人反对这样的庆祝，对他们来说，有关茅茅叛乱的记忆仍是恐怖的源泉。

伊托特的余生都在谋求一种和解。他在回忆录中强调了一个事实，那就是他并不是为了基库尤人的权利而战的，而是为了团结肯尼亚所有人民的“黑人的共同底色”而战，[47]他的回忆录很快被看作关于茅茅战争始末的一种“官方版本”。1964 年，他加入国家青年服务队——一个致力于把年轻人培养成有崇高的理想、强烈的道德价值观和爱国之情的多种族机构。他花费 20 年的时间把基库尤族、卢奥族①、坎巴族②和梅鲁族③的青年

302

① 卢奥族（Luo），东非的一个民族，主要分布于肯尼亚西部，是肯尼亚境内第三大民族。

② 坎巴族（Kamba），班图人的一支，居住在肯尼亚东部省。根据来源不同，坎巴人被认为是肯尼亚的第三、第四或第五大民族。

③ 梅鲁族（Meru），班图人的一支，主要居住在肯尼亚的梅鲁地区。

塑造成肯尼亚人。1993 年，在他去世之时，他已经从一个基库尤英雄变成国宝级的人物：正如在他的葬礼上，他被形容为“肯尼亚真正的儿子”，“他在肯尼亚英雄先贤祠里的崇高地位是永恒而无可取代的”。[48]

1954 年，瓦鲁希乌 · 伊托特，别称为“中国将军”，接受审判时站在被告席上。

“自由”难以捉摸的特性

正如印度尼西亚的独立是席卷亚洲的类似运动的一部分，肯尼亚也代表了非洲其他地区发生的一切。在二战后的几十年里，非洲殖民地一个接一个地争取独立。第一个达到这一目标的是战前属于意大利殖民地的利比亚，这或许不足为奇。意大利在与同盟国签订的和平条约中放弃了对利比亚的所有权利，

303

这个国家才得以于1951年正式获得独立。突尼斯和摩洛哥紧随其后，在1956年从法国获得了独立。翌年，黄金海岸英属殖民地变成独立的加纳。余下的大多数殖民地像多米诺骨牌倒下一样纷纷宣布独立：在1950年代末和1960年代，逾30个新的民族国家建立，而到了1980年代，整个大陆连一个欧洲殖民地也没有剩下。

大多数这种国家都以相对和平的方式获得独立，但有些像肯尼亚这样的国家经历了更加暴力的过程。阿尔及利亚就是个恰当的例子。从一开始就很清楚明确的是阿尔及利亚通往独立的任何转变都绝非易事。二战在欧洲结束的那天，塞提夫①的穆斯林示威者就在欧战胜利日庆祝期间，举起民族主义的红白绿三色旗。随着示威者与警察互相开火，本应是庆祝的场面即刻变成屠杀（至今仍不完全清楚是谁开了第一枪）。在接下来的日子里，大约有100个欧洲人被杀，其中的一些还遭到强奸和断肢，但在报复行动中，有数千穆斯林被杀。这是后来一系列事件的开端。九年后，当茅茅叛乱在肯尼亚殖民地采取恐怖手段时，阿尔及利亚爆发了一场野蛮的内战，累计夺走70万人的生命，使数百万人背井离乡。阿尔及利亚人对于更多自由、平等和民主的要求沦为一场血战：暴力、极端主义和政治分裂的贻害直到20世纪末还依然能感受到。[49]

同样暴力的独立战争也在欧洲殖民者人口众多的大多数非洲国家发生：不仅在肯尼亚和阿尔及利亚，还有卢旺达和布隆迪、安哥拉和莫桑比克，以及很久以后的南罗得西亚。在每一个国家，欧洲殖民者都向非洲人索取了更大的特权；就像肯尼亚

① 塞提夫（Sétif），阿尔及利亚东北部一城市。

一样，在每一个国家，接踵而至的都是种族、民族、民事和政治等方面的暴力的致命混合物。葡属安哥拉和莫桑比克的流血事件尤其糟糕。这两个国家在长期的温和抵抗运动后，1960年代终于爆发战争，导致数十万人死亡。独立之后，大约50万葡萄牙人和其他欧洲人纷纷逃离，给两个国家留下了远超以往的政治动乱和民族焦虑。莫桑比克继续被内战撕裂，直到1990年代中期，战事才平息下来；而安哥拉直到21世纪初才实现和平。[50]

304

就连那些相对和平地过渡到独立的国家，也并不总能幸免随后的暴力。我不愿把非洲描述成一个充满冲突的地方，因为对于这片数十年来除了负面报道之外根本登不上世界媒体的大陆来说，这种大而化之的描述无法公正客观地概括那里的多元化经验。然而，内战、民族冲突、军事政变和经济解体成为非洲独立后的普遍现象。单是在1960年代，非洲新近独立的国家里就有40起最终获得成功的叛乱。[51]到了20世纪末，非洲成为一个流离失所者的大陆，以及世上人数最多的国际难民的源头。它还是世界上最不民主的地区之一：1990年，非洲有25个军事独裁政府和19个平民专政政府。1945年对议会民主的梦想与对自由的需求相伴相随，如今却不过是个遥远的回忆。[52]

本书并不想讨论非洲在20世纪余下的时间里如此不稳定的所有原因，因为原因就像这个大陆本身的多元化一样复杂。我只能说，19世纪欧洲人瓜分非洲时随心所欲划下的边界，很少与生活在那里的部落和民族的分界线相吻合。欧洲人在撤离后留给非洲人的民族国家的概念，对于如此多元和多民族的大陆来说，也不一定总是适当的组织方式。欧洲精英们根本未曾让非洲人准备好接管自己的国家：他们曾经严格限制非洲人的发展机遇，积极地阻止非洲人获取高效管理国家所需的经验。但并非所有非洲的问题都能怪在欧洲人身上，因为独立后接管权力的很多非洲精英像此前的欧洲人一样腐败和惯于剥削。正如茅茅起义的老兵穆罕默德·马图（Mohamed Mathu）曾在1970年代悲愤地说道，那种人民为独立而奋战、受难，“只是为了让非洲人继承欧洲前宗主国的衣钵”的感觉挥之不去。今天的肯尼亚仍是一个充满政治和民族骚乱的国家。[53]

305

与1945年的世界其他地区一样，美丽新世界的梦想——一个平等、自由和公正的世界——在非洲独立后不过是个幻觉而已。没有哪个非洲国家真正获得了独立，至少不像他们的领袖宣称的那样。那些国家或许摆脱了欧洲人的直接统治，但仍然依赖欧洲的贸易，而某些欧洲公司掌握了如此庞大的经济权力，以至于它们基本上都能强制实行自己的贸易条款。因此，很多非洲人在摆脱外国统治、获得所谓的解放后，仍然感觉自己受到剥削。这种经济剥削的感觉十分强烈，独立后的加纳首任总统夸梅·恩克鲁玛（Kwame Nkrumah）甚至为其创造了一个新词——“新殖民主义”。[54]

非洲国家也无法真正地宣称政治独立。20世纪后半叶，无数的例子表明非洲政治受到外来的干预，其中的一些相当严重——从1961年刚果的首任民选总理帕特里斯·卢蒙巴（Patrice Lumumba）遇刺，到1971年及其后英国和以色列支持伊迪·阿明（Idi Amin）在乌干达发动政变。[55]更重要的是，美国人和苏联人开始利用非洲作为其代理人战争的竞技场——特别是在安哥拉和莫桑比克，同时也在整个大陆以小型战争的方式进行。独立后，几乎每一个非洲国家都被迫与某个外国势力结盟：如果不是与它的前殖民宗主站到一条战线的话，至少也要和某个新的超级大国保持一致。

或许最令人沮丧的是，很多非洲国家无法摆脱对西方势力的精神依赖。鉴于几乎所有的非洲新领导人都接受过欧洲人的教育，而且他们领导的机构大体上也是由欧洲人建立起来的，这一点也许并不令人吃惊。但非洲国家的依赖性远不止如此。欧洲乃至整个西方都被很多人认为是魔鬼，它们的不良影响随处可见。起初，夸梅·恩克鲁玛和朱利叶斯·尼雷尔等泛非洲理想主义者还能将这种看法作为团结非洲人反对共同敌人的工具。后来，罗伯特·穆加贝①等腐败的独裁者为了转移公众的视线，免得他们指责自己对国家管理不善到了骇人听闻的地步，利用了这个神话。然而，一旦出了岔子，非洲人往往会转而求助于欧洲和美国：例如 1980 年代索马里饥荒期间，2014 年的306 埃博拉病毒危机，或是在马里和塞拉利昂的 21 世纪内战期间，都是如此。

2006 年，坦桑尼亚知识分子戈弗雷·姆瓦基卡贾尔（Godfrey Mwakikagile）绝望地写到某些非洲人在经历多年贫穷、暴力和腐败，幻想破灭后，开始以一种扭曲的怀旧情绪来回顾昔日殖民地时期的时光。他描述了加蓬的一个政党在 1990 年代甚至为迎接欧洲统治的回归而展开运动，因为他们自己的非洲领导人让他们大失所望。他说，整个大陆的人民都在乞求帮助，告诉西方记者“只有你们白人才会救我们”。[56]据姆瓦基卡贾尔说，他的大陆的大部分人都听天由命，准备将来继续接受西方

---

① 罗伯特·穆加贝（Robert Mugabe，1924—），津巴布韦第二任总统，执政党津巴布韦非洲民族联盟–爱国阵线的第一书记，自 1980 年出任津巴布韦总理起，长期执政至 93 岁高龄，辞职时（2017 年 11 月 21 日）是当时世界上最年迈的总统及国家元首。

捐助者和全球机构的救济，根据一个非洲议事日程呈现的，这些都不起作用："我们已经，在某种意义上……被再次征服并再次沦为殖民地；我们对其他国家的永久依赖，是对我们声称自己真正独立的宣言最令人心痛的控诉。我们不愿承认这一点，但我们知道，这就是事实。"[57]

非洲人或许只能以这样的想法安慰自己，即他们对真正的独立感的渴望——他们事实上渴望的是一种真正的自我认同感，在本质上与其他任何人没有不同。在二战的余波中，每一个国家都在争取重新定义自我，结果是每个国家都遭受了不同程度的内部冲突。如果说非洲人遭受的苦难比大多数人都多的话，这也只是反映了他们的起点较低。摆脱那些希望控制你的统治者谈何容易，更不用说头一次建立稳定的民主政权，发展经济，转变社会，促进敌对部落的团结，或是在自家门口与一大批崭新的国家建立关系。对任何国家来说，同时做到所有这些都难如登天。

在我们这个全球化的战后世界，没有任何事情，也没有哪一个人可以看作是真正独立的，不管我们对独立的渴望有多强烈。

18. 拉丁美洲的民主

307　我们很多人的生命中都有过这样的时刻，当走到岔路口时，我们意识到自己无意间遇到某种危机，因为两条道路天差地别，无论我们做出怎样的决定，都必然会永远改变我们自身以及周围的其他人，但一切为时已晚。对于卡洛斯·德尔加多·查尔沃德（Carlos Delgado Chalbaud）来说，这样的时刻出现在 1945 年秋。他所做的决定，以及降临在他身上的命运，都是二战余波中在整个拉丁美洲发生的一切进程的代表。

德尔加多是委内瑞拉军队里的一名军官，也是一名教员。从 1943 年起，他便是加拉加斯军事学院的研究负责人。他博览群书，热爱古典音乐，会说多种语言，英语和法语尤其流利，但他真正的专业是军事工程，他在这个专业的教学中总是富有激情。总的来说，他深受军官同事的喜爱，大家认为他是个冷静诚实、踏实保守的人，一句话，是个靠得住的人。但他也是个局外人。和同事们不一样，德尔加多的父亲在 20 世纪初因企图推翻委内瑞拉的军事独裁者而被流放海外，德尔加多就是在法国长大的。从四岁起，委内瑞拉在他心目中只是一个概念——一个失去的家园。直到二战前夕，这个国家的气氛首次显现出改变的迹象，他才回到这里长期居住。[1]

1945 年 9 月的一天，德尔加多的困境突然降临了。一个朋友把他拉到一旁，相当严肃地告诉他，一大群军官正在策划政变。委内瑞拉当时的统治者是一连串军事独裁者中的最后一个，伊萨亚斯·梅迪纳·安加里塔（Isaías Medina Angarita）将军，他的专制行为开始让渴望变革的人感到格格不入。由一个叫作民主行动党（AD）的新政党领导的巨大反对声浪在全国不断壮大。如今看来，军队也反对独裁了。特别是青年军官对于自己被迫忍受的恶劣条件非常愤怒，他们谴责梅迪纳既与他们脱离联系，也不顾国家的实际需求。他们计划推翻他，成立一个新的民主政府。他们已经确保民主行动党一定会合作，也希望德尔加多加入他们的事业。 308

德尔加多措手不及。他告诉朋友说，他“在精神上和道义上都没有准备好做这种事情”，并请求给他 48 个小时好好考虑一下。他作为一个绅士做出保证，会对听到的内容保密。[2]

在接下来的两天里，他反复衡量了加入共谋的利弊。在政治上，他倾向于支持政变。和大多数同胞不同，他是在民主原则的环境中长大的，他认为那是唯一合法的政治体制。然而，他不太相信通往民主的最佳路线是军事政变。此外，如果计划失败，他比大多数人都清楚会发生什么。他的流亡生涯就是因为父亲的政变失败而开始的，他 20 岁时还曾和父亲一起横渡大西洋，准备再做一次尝试。尝试的结果是灾难性的：父亲被杀，德尔加多只身死里逃生。深思期间，这些回忆一定让他倍感沉重。重复尝试显然不是个能够轻易做出的决定。

尽管如此，德尔加多心怀抱负的一面使他绝不会平白放过这样的机会。政变行动显然组织严密，也很可能会得到人民的广泛支持。为了成为重大事件的核心人物，为了最终属于一个关系紧密的团体，为了有机会在父亲兵败身死的事业上一举成功——所有这些因素一定在他最终的决定中起到作用，因为几周后政变发生时，卡洛斯·德尔加多·查尔沃德已是领袖之一。

1945年10月18日发生的起义大大受益于德尔加多。是他第一个动的手；是他亲自逮捕了战争部长并控制了加拉加斯军事学院。他还派人去各省传话，并通知民主行动党领袖罗慕洛·贝当古（Rómulo Betancourt）说革命已经开始。

在接下来的24个小时里，他的共谋者们设法占领了总统309府，以及委内瑞拉其他地区的各个港口和军营。海军叛军控制了卡贝略港①，空军叛军则夺取了马拉凯②的主要空军基地。这一切均付出流血的代价：估计的死亡人数从数百人到2500人。[3]与此同时，梅迪纳在位于安布罗西奥普拉萨③仍然效忠于他的一个军营里避难，但当他明显地看到自己已被叛军包围，寡不敌众，马上就要遭到空军轰炸时，独裁者投降了。10月19日，政变开始还不到36小时即大功告成。

那天晚上，德尔加多和其他叛军领袖聚集在总统府，组成了全新的“革命执政团”。在他们此前数周的多次讨论中，共谋者已同意这个执政团由七人组成——五个平民和两个军人。有广大民意支持的民主行动党领袖罗慕洛·贝当古被一致推举为代总统，此外另有三个民主行动党成员（或称“Adecos”）及一位独立人士。当讨论到军方成员的人选时，德尔加多抓住了机会。他说，最受欢迎的军方候选人是马里奥·巴尔加斯

① 卡贝略港（Puerto Cabello），委内瑞拉一港口城市，位于该国北部沿海地区。

② 马拉凯（Maracay），委内瑞拉中北部城市，其名来自当地一个印第安酋长，意为“幼虎”。

③ 安布罗西奥普拉萨（Ambrosio Plaza），塔奇拉州首府圣克里斯托瓦尔市的一个街区，位于委内瑞拉西北部毗邻哥伦比亚的边境地区。该地名来自玻利瓦尔麾下一个名叫安布罗西奥·普拉萨（1791—1821）的军事人物。

(Mario Vargas) 上尉（军阶较低的军官代表），以及他的哥哥胡利奥·塞萨尔·巴尔加斯（Julio César Vargas）少校（军阶较高者的代表）。但是，因为两兄弟同时入选执政团有可能被人认为是任人唯亲，德尔加多认为后者应该让位于军阶更高的军官——他狡猾地提议自己也是替补人选。他的建议被采纳了。

对于德尔加多来说，这一历史性的时刻成就了一次非凡的旅程。仅仅一个月前，他痛苦地选择加入推翻梅迪纳的共谋，如今的成果超出他最疯狂的想象。直到政变之前，他还不过是在军事学院教授工程学的研究负责人。如今一眨眼的工夫，他竟变成新政府中武装部队最资深的成员。他将在随后的三年里担任这个国家的国防部长一职。

委内瑞拉的"立宪革命"

也许，像这样充满个人野心的时刻在革命中都是不可避免的。但应该肯定的是，新的执政团——包括德尔加多在内——尽其所能地坚持了他们发动革命的初衷。他们宣布，他们的政府只是个临时政府。他们的主要目标是"召集全民举行大选，以便委内瑞拉人通过直接、普遍和保密的投票系统，选举他们的代表，制定出自己想要的宪法，并选择共和国未来的总统"。为了确保他们之中无人滥用其地位，他们制定了一条严格的规则，即一旦宣布实行选举，执政团中无人可以参选总统。新的委内瑞拉——民主的委内瑞拉——不能受到他们为夺取政权而采用的非民主方式的玷污。[4]

310

总的来说，执政团信守承诺。政变后不到一个月，执政团便任命一个委员会，负责起草新的宪法，执政团确保该委员会能够代表包括前政权的支持者在内的各种政治意见，而不是像以前那样，把民主行动党党员和军人一股脑儿地塞进去。大量辩论之后，这个委员会给予全体公民投票的权利——不论男女，也不论是否受过教育——还建立了一个成比例的代表制度。人民可以组建反对党，包括共产党、基督教民主党，甚至与梅迪纳将军有关的团体。夺权仅仅一年之后，执政团举行了一系列选举中的第一次，美国的观察家称选举“办得相对公平”。又一年之后举办了总统选举。举国欢庆的委内瑞拉第一次尝到了有意义的民主的滋味。从 1945 年持续到 1948 年，这三年时期的经历从此被称作“三年期”。[5]

新的执政团所做的革命性的转变并不仅限于国家层面：他们还在地方层面上实施民主原则和结社自由。他们在 1948 年 5 月协助举行了市议会选举，还鼓励组建大型人民组织，如工会和农民运动：十月政变两年以后，政府正式认可了 740 个工会——比前十年获准成立的总数还要多 240 个。此外，与世界其他地区一样，现有工会的会员数量开始大规模扩张，有时增长高达 500% ~600% 。这些工会还第一次获准结盟。1948 年，新成立的委内瑞拉劳工联盟有大约 30 万成员（共产党控制的其他工会或许还有大约 5 万人）。新成立的委内瑞拉农民联盟还有 10 万成员。考虑到当时委内瑞拉的人口只有 420 万，这表明很大比例的劳动力都积极参与了公共生活。[6]

311

三年期政府还在经济上做出革命性的变革。委内瑞拉是一个以石油资源为基础的国家，但石油储量的大半已被英国和北美的公司开采。战争期间，委内瑞拉实行了一系列新税和规章制度，保证这些公司与国家平分石油工业的利润。因此，三年期政府拥有大量的石油收入：1947 年，政府来自石油的收入比战前高出 5 倍多。[7]

突然间，委内瑞拉能够和同一时期的其他国家一样，实行很多宏大的集中式方案。1946 年，政府把住房预算翻了两番，次年又增加一倍。前政府在战时曾批准了一系列住房项目：这些项目如今被扩展到全国。加拉加斯开启了建筑的热潮。1950 年代，首都从一个传统的红瓦单层建筑的小镇，变成一个拥有现代化高层建筑的城市。[8]

伴随着建筑业景气而来的是学习的热潮。教育预算从 1945 年的 3800 万玻利瓦尔①上升到 1948 年的 1.19 亿，另有 5300 万玻利瓦尔拨给公共事务部，以建设数十所中小学。政府发动了一场大规模降低成年文盲率的运动，三年之内，全国出现了 3600 家成年扫盲中心。[9]

国家的卫生预算也翻了两番，医疗设施首次延伸到很多农村地区。据罗慕洛·贝当古说，三年期政府花费在下水道和公共饮水供应的资金是其前任在上一个世纪全部费用的三倍之多。他们还发动了一场大规模消灭疟疾的运动。随着滴滴涕在战争期间取得成功之后，1945 年 12 月，委内瑞拉开始喷洒这种杀虫剂，最终在这个国家的绝大部分地区根除了疟疾。[10]

最后但同样重要的是，陆海空三军得到了新参谋、新武器、更好的训练、更好的食物与卫生、更好的医疗补给、新的图书馆、新的技术学院、一所新的船舶与造船工程研究所，增加了 25% 的飞行员和比之前多一倍的专家，还对文化娱乐设施进行了全面翻修。作为国防部长工作一年后，卡洛斯·德尔加多·查尔沃德能够自信地谈论这个国家武装力量的“重生”了。[11]

312

① 玻利瓦尔（bolívar），委内瑞拉的货币名称，其名得自拉丁美洲革命家、军事家、政治家和思想家西蒙·玻利瓦尔（SimónBolívar，1783—1830）。

以美好的词语来描述委内瑞拉在十月政变后发生的变化很容易，也很诱人。就像在印度尼西亚一样，不可否认的是，民主的到来是这个国家的普通人的胜利。但是，也正像印度尼西亚一样，改革步伐过快也过于混乱，让那些性格偏向保守的人头晕目眩。商人、天主教会以及军方的某些部门全都开始对正在发生的社会动荡表示忧虑。他们特别关注的是工会，他们的频繁罢工常常会导致商业停摆——单是在 1947 年，就有 55 次重大罢工，几乎是 1944 年的 14 倍。[12]一些传统派人士憎恶工人阶级新得到的权力，对民主行动党控制的新政府不屑一顾，认为这是一个穿布鞋的农民政府（el gobierno de los alpargatudos）。[13]教会痛恨教育世俗化并将其置于公共控制之下的尝试，他们还将政府描绘成一个无神论者的机构。[14]反对党谴责政府企图巩固民主行动党的权力，并举例证明民主行动党的支持者恐吓甚至袭击他们的成员。例如，在梅里达①市，民主行动党的支持者与主要的反对党基督教社会党（Copei）发生多次冲突，造成 5 人死亡。[15]还有人关注腐败和低效，并质疑新的巨额公共资金的实际流向。[16]

外界也对委内瑞拉的变化表示担忧。代总统贝当古坦率地承认，他的政府与某些邻国之间关系紧张，特别是与尼加拉瓜和多米尼加共和国，这两个国家的军事独裁者都乐于鼓励针对这个民主新政权的阴谋。据贝当古说，其政府与阿根廷的胡安·庇隆②的关系也是“疏远、冷淡、缄默，甚至偶发争执”。[17]

313

① 梅里达（Mérida），委内瑞拉安第斯区域的主要城市之一，也是西部主要的教育和旅游中心。

② 胡安·庇隆（Juan Perón，1895—1974），阿根廷政治家，阿根廷迄今为止任职时间第二长的总统，在位时间长达 11 年。

然而，在与美国之间的某些困境上，他却没有如此真言不讳，尽管美国人对于他和他的政府正试图完成的事项有很多的意见。例如，金融界人士在听到贝当古的政府宣布对美国石油公司实施一种新税时，其反应是“震惊”。[18]一些军方观察家开始对石油业工会内部存在疑似共产党的活动感到恐慌，1948 年的总统选举后，50 个美国商人联名致信美国驻加拉加斯的大使馆，谴责民主行动党政府与共产党合作。[19]另外，只要对委内瑞拉事务有些许深入了解的人都知道，新政府并无特别令人恐慌之处：在加拉加斯的美国大使馆官员将其比作英国的工党政府。代理国务卿迪安·艾奇逊曾给战争部的同事写过一份措辞相当严厉的备忘录，警告他们不要夸大这个国家的共产主义威胁。他说，石油业连续发生的罢工与共产党毫无关系，不过是“劳工的合理要求”罢了。[20]

然而，委内瑞拉的气氛逐渐开始变化。随着冷战的开始，以及这个国家的沮丧情绪与日俱增，人们对新民主的热情开始变质。同美国的情形一样，委内瑞拉对共产主义的无端恐惧不断上涨，很多人开始指责政府有共产主义倾向。诸如反共民族阵线（Frente Nacional Anticomunista）这样的边缘群体异军突起，开始煽动军队取代民主行动党政府。类似的群体也开始在委内瑞拉军方内部坚持自己的反共主张。1948 年中，一群人成立了自称的“反共军事组织”（Organización Militar Anticomunista），他们散布谣言，说“民主行动党成员都是共产党，他们想要摧毁国家武装力量”。[21]

就像在 1945 年一样，很多军官开始抱怨军队被禁止在国家生活中履行其应尽的职责。其中最著名的是总参谋长马科斯·佩雷斯·希门内斯（Marcos Pérez Jiménez），他的追随者就从腐败到国家背叛的一切问题开始谴责政府。谣言四起，说政府正在建设自己的政治民兵来对抗军队。这种故事刻意模仿了关于314东欧当时正在帮助共产党夺取权力的类似民兵组织的报道：如此一来，哪怕没有明确提及共产主义，它的存在依然若隐若现。[22]

卡洛斯·德尔加多·查尔沃德在此期间一直担任国防部长。他长期以来一直是激进的政府改革派与军队不满分子之间唯一的真正桥梁。他不断劝阻双方保持冷静，一再坚持军队不是政治组织，军队应该“随时对共和国总统这一最高领导做出的决定给予完全而高效的支持”。[23]但时至1948年夏，阴谋存在的观念已经在军队根深蒂固。

就像在1945年那样，一群共谋者接近德尔加多，问他是否愿意加入他们实施第二次政变。和上次一样，他试图拖延时间，以便有机会好好考虑。德尔加多实际上相当同情军队的沮丧之情。作为军人，他们都习惯于某种程度的效率：接到命令，执行命令，完成任务。而事实证明，民主并不总是那样。但他也担心第二次政变会违背第一次的原则，因为这一次要推翻的不是独裁，而是民主选举的政府。此外，如此还会牵涉个人层面的背叛：新当选的总统罗慕洛·加列戈斯①是他的朋友——德尔加多在流亡时甚至曾经和他一同住在巴塞罗那的一幢房子里。

但这一次共谋者们拒绝给他任何思考的时间：他们告诉他，

① 罗慕洛·加列戈斯（Rómulo Gallegos，1884—1969），原委内瑞拉小说家、政治家，1948年上台时，是该国历史上首位通过正当选举方式上台的总统。

要么和他们一起干，要么反对他们，无论如何都要接受相关的后果。压力之下，德尔加多选择了加入共谋。

因此，他再次卷入一场政变。和以前一样，他又成为行动的核心。1948 年 11 月 24 日，是德尔加多命令军队夺取政府的控制权。但和上次政变不一样的是，此次政变几乎完全没有流血。尽管如此，后果也影响深远。执政党民主行动党被立即宣布为非法，全国都把该党成员围捕入狱——贝当古后来声称高达 10000 名党员被投入监牢。一些抗议遭到暴力镇压，特别是学生和工会组织的示威。民主被迫中止。[24]

1949 年的卡洛斯·德尔加多·查尔沃德。

最终，由德尔加多、马科斯·佩雷斯·希门内斯和一个名叫路易斯·费利佩·略韦拉·派斯（Luis Felipe Llovera Páez）的中校组成的军方三巨头取代民选政府，接管了权力。但作为这个团体里的资深成员，德尔加多成为委内瑞拉的新总统。 315

二战后的拉丁美洲

1945～1948 年，委内瑞拉的政治动荡从本质上反映了当时这个国家内部的巨大压力——这种压力存在于保守派与激进派之间、平民与军人之间、商人与劳工之间、神职人员与教育改革者之间，以及背景不同又彼此竞争的政党之间。但委内瑞拉并非存在于真空之中。伴随着这些内部压力的还有来自各个方向的国际势力：不但有他们的邻国——其中包括欧洲殖民地、专制独裁政权，以及与他们本身相似的其他民主政权，还有在整个半球有着巨大影响力的北方超级大国。在这样的背景下，委内瑞拉的很多事件同时受到了外部和内部的双重影响。

316 德尔加多两次政变的日期很有指导意义。第一次发生在1945 年 10 月，正是二战结束的几周之后，当时冲击了世界其他地区的希望与期盼的浪潮同样席卷拉丁美洲。德尔加多本人承认，十月政变是以“自由、平等与博爱的宏大理想”之名进行的，发生在席卷世界的“社会公正的现代氛围之中”。[25]让委内瑞拉为之群情激昂了三年的民粹主义、民主改革和工会积极行动主义浪潮都是同一种现象的一部分。

第二次政变则发生在完全不同的氛围中。1948 年 11 月，当时全世界的人民都在推测将会发生一次新的全球大战，而每一个人都要再次被迫选择立场。从渥太华到布宜诺斯艾利斯，各国政府对颠覆的恐惧日益剧增，并着手钳制所有形式的异议。据德尔加多说，十一月政变是为了恢复委内瑞拉社会的秩序感，或者按照他的说法是“社会纪律”。“国家一定不能回到社会动荡的气氛里去，”他在次年对一家哥伦比亚报纸的记者说，“不能陷入政治激情的亢奋中，也不应该对社会的需求和灾难胡乱臆测。”在 1948 年的气氛里，重要的不再是自由和平等，而是稳定。[26]

在这种背景下，委内瑞拉和其他拉丁美洲国家之间的相似之处就显得相当惊人。二战结束时，在整个世界都会重生这种感觉的引领之下，该地区形成追求民主的风潮。不仅委内瑞拉推翻了独裁政权：在厄瓜多尔，1944 年的一次民众起义推翻了卡洛斯·阿罗约·德尔里奥（Carlos Arroyo del Río）的专制政权，并导致来年的选举。在危地马拉，一次民众的叛乱导致豪尔赫·乌维科（Jorge Ubico）的下台，并使这个国家在历史上首次建立了代议制民主。在玻利维亚，不得人心的独裁者瓜尔韦托·比利亚罗埃尔（Gualberto Villarroel）在一次暴力叛乱中被私刑处死，作为对意大利的贝尼托·墨索里尼（Benito Mussolini）下场的呼应，他的尸体被吊在路灯上。选举当即被定在 1947 年 1 月举行。在其他国家，民主的实现则没有这么暴力。秘鲁在 1945 年实行了该国历史上第一次的自由选举。阿根廷、巴西和古巴的独裁者们也被说服在此期间举办自由选举。317 墨西哥在 1946 年实行了一些有限的选举改革。就连尼加拉瓜的安纳斯塔西奥·索摩查（Anastasio Somoza）和多米尼加共和国的拉斐尔·莱昂尼达斯·特鲁希略（Rafael Leónidas Trujillo）这两个拉美地区最顽固、最专制的独裁者，也感到至少有必要在口头上对民主的新气氛敷衍一番。据战争结束次年的一份年度调查显示，“1944 年和 1945 年，有更多的拉丁美洲国家发生了更多民主的变化，这一数字或许比 19 世纪的独立战争以来任何单一年份的都多”。[27]

伴随着这种民主变化浪潮而来的是同样被战争激发的各种经济和文化的改革。正如我们所见，委内瑞拉因其极具战略意义的石油蕴藏量而在战争结束时比以前更加富有，但其他国家也在 1945 年出现巨额的美元顺差，特别是阿根廷、巴西和古巴。[28]整个大陆都在对庞大的基建新项目、新学校、新大学、新的公共住房进行投资。随着工业化的不断完善，城市化也随之推进。到处都在建造由中央规划师根据新的国际风格而设计的新的郊区和行政区。其中的一两个，比如墨西哥城的大学园区，还将成为联合国教科文组织的世界遗产地。1947 年，勒·柯布西耶受邀来到哥伦比亚，有人请他监督波哥大的重新规划。整个南美洲都在热烈讨论着变化。

在这种气氛中，各地劳工的战斗精神日益高涨。工会在委内瑞拉的大规模扩张也在其他地区重演，例如在 1946 年，整个拉丁美洲有 350 万 ~ 400 万工会会员。国内骚乱和行业动荡也与日俱增。例如，在智利，1942 ~1946 年的罢工次数上升七倍以上，最终有将近 10 万名工人参与过罢工。秘鲁也是如此，1945 ~1948 年，罢工的次数稳定上升。与此同时，巴西发生了 25 年来最大的罢工潮：1945 年 5 月，与欧洲宣布胜利的同时，单在圣保罗一地便有超过 300 次罢工，参与的工人有 15 万人。各地的工会活动家都信心百倍。[29]

相邻国家内的所有这些事件无疑都是相互促进的，拉丁美洲工人联合会（Confederación de Trabajadores de América Latina）等洲际组织的形成，以及各国政府对其邻国的直接施压，都证明了这一点。拉丁美洲的一些最民主的国家——乌拉圭就是个好例子——都直言不讳地谴责任何侵犯人权的国家。[30]但 1945 年最强大的民主捍卫者是美国。战争期间，美国行政机构用政治宣传轰炸这一地区，把美国描述成民主的捍卫者和美好生活的提供者，还资助当地媒体协助宣传。有时，他们还通过直接干预拉丁美洲政府来促进更大的民主，就算这样意味着对共产主义更加宽容也在所不惜。[31]

318

冷战启动后，美国开始变卦，拉美各国政府也附和了这种变化。共产党在一个又一个国家被禁止。巴西早在 1947 年 5 月便宣布共产主义为非法，智利在 1948 年 4 月，哥斯达黎加在 1948 年 7 月。在共产主义威胁不大的国家，其他左翼党派则被当成目标——例如秘鲁的美洲人民革命联盟（APRA）就被赶出地方和中央政府，以类似委内瑞拉处置民主行动党的方式遭到压制。美国国务院不仅没有谴责过这种行动，反而似乎全力支持他们这样做。[32]

随后而来的便是拉美地区民主的倒退。委内瑞拉绝非唯一一个在自由选举的首次试验中失败的国家：秘鲁（1948 年）、古巴（1952 年）、哥伦比亚（1953 年）和危地马拉（1954 年）都发生了军事政变。到 1950 年代中期，大多数拉美共和国都再次被独裁政权统治，不再是民主国家，而那些独裁政权中大多数都由军队控制，其性质是威权主义的。晚些时候在巴西（1964 年）、乌拉圭（1973 年）和智利（1973 年）发生了更多的军事政变，每次政变都是推翻前一个民主政府。冷战结束时，唯一在战后没有被打断民主进程的拉美共和国是哥斯达黎加，这或许在很大程度上是由于它是拉丁美洲唯一一个在冷战开始时解散了全部军队的国家。与此同时，尼加拉瓜、萨尔瓦多、洪都拉斯和多米尼加共和国等战后从未经历过真正的民主复兴的国家，如今又重新加紧镇压。美国国务院曾经坦率地批评那些国家的政权，此刻却陷入古怪的沉默：在冷战的恐惧气氛中，民主似乎不如半球统一来得更重要。[33]

319

在大多数情况下，美国并没有在这些事件中起到直接的作用。它无须如此：用美国外交官斯普鲁尔·布雷登（Spruille Braden）的话来说，“无论我们怎么克制地说话和做事，都会构成干涉，与我们做了或说了也没什么两样”。[34]但随着冷战的加剧，美国显得越来越愿意使用卑鄙手段。有间接的证据表明，1948年，美国驻委内瑞拉的使馆武官爱德华·F. 亚当斯（Edward F. Adams）上校就在十一月政变中发挥了某种作用：当时一切都无确凿证据，但很多历史学家认为，亚当斯出现在核心共谋者中间，必有蹊跷之处。[35]与此相反，1954年，美国在危地马拉政变中所起到的作用就要明显得多。不仅有大量文件证明国务院和美国企业界在破坏危地马拉政府稳定的过程中影响至深，甚至还有中情局的几名成员公开承认这样做过。斯普鲁尔·布雷登当时虽已不再为国务院工作，却再次出现在整个事件的核心。[36]

接下来的几年里，美国在拉美各国破坏自由和民主，不仅正式承认军事独裁者的政权，还对他们赞赏有加。[37]它直接干预选举，为右翼团体提供秘密资金，并对任何曾经发表过哪怕是温和左翼言论的团体进行黑色宣传。[38]它为专制政权撑腰，给敢死队队员提供培训，并且——例如在危地马拉或尼加拉瓜等极端情况下——故意煽动野蛮的内战。[39]所有这一切都白纸黑字地记录在案，并且无疑还有更多的机密文件保存在中情局和国务院里。这可没法支持美国于1948年承诺的在其邻国促进“公正、自由与和平”的说法，同时证明美国向世界反复重申的自己会避免干预他国内政的承诺是一纸空文。[40]

镇压的代价

事后看来，美国的做法显然既不合法，也不民主。但在当时的气氛中，这一点并不那么黑白分明。美国的国家安全机构中没有人会为了破坏民主而批准在拉丁美洲的行动：恰恰相反，

320

他们相信自己是在加强民主。整个冷战期间，对美国来说，真正的魔鬼始终是共产主义，而不是独裁政权。为了打败这个魔鬼而进行的斗争将几乎一切都合理化了，包括鼓励那些有损害人权纪录的最为骇人的政权。

卡洛斯·德尔加多·查尔沃德也相信自己是在民主的名义下采取行动的。1948 年，当他成为委内瑞拉总统时，他要面对其他国家的政治同行们，以及委内瑞拉的某些邻国媒体和外交机构的严厉质疑。他如何为自己身涉两起政变而辩解，第一次是为了建立民主，而第二次却又推翻了它？如果他当真认为委内瑞拉局势不稳，为何不尽早行动，而要等到人民参与选举之后？罗慕洛·贝当古等委内瑞拉同胞忍不住指出，德尔加多似乎在两起政变中都收获颇丰。墨西哥、古巴、危地马拉和乌拉圭的政府都宣布，它们将“无限期”地推迟承认委内瑞拉新的军政府。[41]

但德尔加多本人始终坚持认为自己的所作所为完全合乎原则。他声称，他唯一且真正的动机，就是拯救自己的国家免于落入把它推向更大纷争中去的强大势力之手。1945 年 10 月，他的介入是为了阻止委内瑞拉传统的寡头政治集团的反民主冲动；而 1948 年 11 月，他的介入是为了阻止民主行动党中的“煽动者”的革命冲动。[42]因此，至少在德尔加多看来，这两次政变都是同一个过程的组成部分。“社会现象都是这样，”他在 1940 年代末对一家哥伦比亚的报纸说，“它们是历史链条的一部分。（1945 年）10 月和（1948 年）11 月的事件，正如我们所说，都是这个国家在上升进程中迈出的矫健步伐。”[43]最后，德尔加多真正希望的只是引导他的国家走上一条秩序与变化之间、个人与社会之间、自由与归属之间的中间道路，或者按他说的，在“公民有尊严的自由生活与社会纪律之间”找到平衡。[44]

他的错误在于相信这些目标或许可以通过武力达成。参与不是一次而是两次政变之后，他实际上赞同，最终只有军队才有权决定国家怎样做才是正确的。这种信念始终是委内瑞拉军321 队文化的一部分，实际上也是很多拉美国家军队文化的一部分，而它将在20世纪余下的日子里继续引领整个大陆的政治思想。因此，德尔加多也是“历史链条”上的一环，这个链条也包括他的战友、众多同胞、一般意义上的拉美精英群体，以及最终的整个西半球国家的联合安全机构。

军方最了解应该怎样做这种看法对拉丁美洲有着深远的影响，但这对德尔加多个人也有着深远的影响。在20世纪统治过拉美国家的所有军方领导人中，德尔加多显然是最温和的几人之一。从他掌权的那一刻起，他就坚持一旦恢复了“宁静的气氛和真正的和谐”，自己会尽快全力重建民主。[45]“当军队承担起它本应承担的责任，”他在夺取政权不久后召开的新闻发布会上说，“它不会违反民主原则，反而会保全那些原则继续存在。”选举最终定在1952年。[46]

但军队的其他部门，以及整个国家内部的其他派系，都不希望军队放弃控制，随着新选举的承诺日期渐近，其中的一个部门计划组织它自己的政变。1950年11月13日，德尔加多刚出家门，就被一群武装分子抓住，塞进一辆车。他们驱车驶向加拉加斯的拉斯梅赛德斯开发新区的一栋别墅，在那里刺杀了他。时至今日，我们仍然不清楚谁是这起绑架的幕后指使人，以及他们的目的到底是什么。杀害他的人是个名叫拉斐尔·西蒙·乌尔维纳（Rafael Simón Urbina）的对政治不满者，他始终不肯暴露是谁——如果有谁的话——让他这样做的，此后不久，他在警方扣押期间自尽身亡。

德尔加多之死标志着委内瑞拉短暂尝试民主的时期结束了，也标志着整个拉丁美洲政治气氛的转变。委内瑞拉不得不等到1950年代末才得以恢复民主。在大陆的其他地区，军人统治持续的时间更长也更深入，给该地区的民主带来惨痛的结果。

和印度尼西亚及肯尼亚不同，委内瑞拉无须在二战后创造一个新的身份。它大体上没有边境安全之虞，也不太受语言、民族和宗教分歧之苦，这些因素都让其他两个国家分裂成不同的派别。另外一点不同的是，委内瑞拉早在几十年前就已摆脱殖民主义，很久以前便建立了国家主权，而印尼和肯尼亚却不得不拼命争取。然而，和世界其他地区一样，二战也在这里唤醒很多同样的激情。1945年，委内瑞拉企图与其过去彻底决裂，这与印尼或肯尼亚的做法同样富有革命性：三个国家的人民在本质上追求的是同一种东西——更大的民主。伴随着战争结束而来的理想主义浪潮帮助这三个国家接受了新的思想和新的制度——但它也带来剧烈的动荡，这体现在大规模示威、工人罢工和折磨着三个国家的与日俱增的暴力上。和印尼与肯尼亚一样，委内瑞拉最终也必须在自由和秩序之间做出选择，并承受那种选择的后果。

322

1945年后，委内瑞拉以它自己的方式被迫面对独立带来的挑战，这一点与肯尼亚或印尼别无二致。这三个国家都经历了外部对其内部事务不同程度的干预——它们的殖民地旧宗主、冷战时期新的超级大国，或是两者兼而有之。三个国家都属于“南半球”，在接下来的时间里都会控诉北半球的发达国家为了利润而剥削它们，还常常有理有据。在这样的环境中保持一个国家的独立是一场持久的战斗，它们之中没有一个国家能够真正说自己总是取得了胜利。

最后也最重要的是，委内瑞拉还被迫遭遇了肯尼亚和印尼在战后面临的同一个问题：国家是什么？1945 年和 1948 年的两次政变都是以委内瑞拉的名义进行的，但“委内瑞拉”又是什么？在一个语言、宗教和祖先都与其邻国相同的国家中，除地理位置之外，是什么既把它与邻国区别开来，又让这个国家团结在一起的？这个国家有一种共同的文化吗？如果有的话，是谁决定那种文化是什么的，是传统的精英、教会、人民、工人——还是军队？如果这些不同的群体彼此不和，有时甚至发生暴力冲突，委内瑞拉还会真诚地说自己是个单一的统一国家吗？

每个国家都从想象自己形成了一个单一而统一的群体中获益颇多——共同目标感、消除了外来威胁的感觉，以及归属感。有时，这些东西不仅能宽慰人心，还对维持社会秩序至关重要。但获得这些益处是要付出代价的。就像世界联邦的梦想限制了国家自由一样，国家的梦想也限制了小群体和个人的自由。对任何群体有认同感并遵守其规则的人根本不会有真正的自由：合作需要妥协，这也常常与那些执着于追求其乌托邦理想的人格格不入。S. K. 特里穆尔蒂、瓦鲁希乌·伊托特和卡洛斯·德尔加多·查尔沃德都不得不学到这样的教训：光有理想是不够的。有时，夺取控制权，或者放弃原则达成协议，同样也很有必要。

19. 以色列：原型之国

“生活就是一场永恒的战争。”2016年，我去耶路撒冷到阿哈龙·阿佩尔费尔德（Aharon Appelfeld）的家里采访他时，他如此说道，很快我就意识到他这句话既可以从字面上理解，也是一种隐喻。“二战来临时我在欧洲。而到了以色列这里，我是个独立战争的娃娃兵，然后是西奈战争①、六日战争和赎罪日战争——我全都作为士兵参战了。”他也谈到自己为了融入以色列社会、学习语言，以及面对孩童时期的诸多恐怖时经历的挣扎。“不管你去哪儿，也不管做什么，生活就是一场永恒的战争。”[1] 324

德国军队在入侵俄罗斯的路上横扫了阿佩尔费尔德偏居在欧洲中部的一隅，那是他第一次尝到战争的滋味。时间是1941年夏天，当时他只有9岁。他和家人离开他们在罗马尼亚北方边陲切尔诺夫策②的家，去喀尔巴阡山脉附近的祖父家避暑：“我生病了，在床上睡午觉，突然听见枪声。我大声地喊父母。枪声更密。我跳出窗子，藏在房后的玉米地里。在地里，我听

① 西奈战争（Sinai War），又称为第二次中东战争，是1956年发生在埃及的国际武装冲突。1956年10月29日，以色列因苏伊士运河的利益而入侵埃及，英国和法国随后跟进。英、法、以三国联军与埃及开战。11月7日战争结束，联军取得了战术性胜利，但因政治压力撤军，埃及最终取得战略性胜利。

② 切尔诺夫策（Czernowitz），现为乌克兰西南部城市。1918年，奥匈帝国将该城市及附近地区划归罗马尼亚王国。1944年，轴心国军队被苏联红军赶出此地，它又被重新划入乌克兰苏维埃社会主义共和国。

见德国人折磨我美丽的母亲。我听见母亲的尖叫声。我听见德国人杀了我的祖母和母亲。”[2]

第一波杀戮之后，他和父亲被迫搬进犹太人居住区，又被装在牛车里驱逐到外涅斯特里亚①，最后被迫徒步到达位于乌克兰的一个由废弃集体农庄改建成的临时集中营。时至深秋，他们在倾泻如注的雨中穿越泥地，走了两个星期。“我很走运。我父亲身体强壮，他把我扛在肩膀上。大多数的小孩和老人都死在路上。”

在集中营，他和父亲被分开，父亲和其他所有的男人被派去干活。他自己一个人过了几天，身边只有体弱和将死之人，他本能地了解到，如果继续留在这里，就再也没活路了。因此，他抓住一个机会，从栅栏下面钻出去逃跑了。

325 他藏身的第一个地方是森林。他靠吃烂苹果和浆果活了一阵子，但雨越下越大，夜也越来越长，他意识到必须要找个避难所。他开始敲村民的门找工作，直到最后，一个妓女收留了他。整个冬天，他给她当用人——挤牛奶，打扫房子，去当地的村子给她和她的顾客们买食物。晚上，他会伺候她喝伏特加，招待当地的农民，然后在他们对她提出过分要求或者赖账的时候，跟他们打上一架。“我在学校里只念了一年级。这里就是我的二年级。”

后来有个客人告发他是个犹太人时，他知道自己该走了。于是他再次跑进森林，那里的一群盗贼收留了他：“他们利用我帮他们偷马。我个子小，所以他们就把我从马厩的窗子里塞

① 外涅斯特里亚（Transnistria），位于东欧的一个特定区域，传统上属于摩尔多瓦。1990 年从摩尔多瓦独立，当时国名为德涅斯特河沿岸摩尔达维亚苏维埃社会主义共和国，简称德涅斯特河沿岸，但未获国际承认。

进去，让我给他们开门……他们有时会给我一块面包吃，有时是香肠，有时是奶酪。他们一般不会理睬我。我就跟他们养的两条狗一样——只不过是另外一种小动物而已。”

但这群盗贼很快就对他产生了质疑，于是他再一次离开了。他又在森林里找到一些愿意收留他的农民，“但他们也不比罪犯强”。两年里，这个身材矮小、营养不良的孩子从一个地方迁到另一个地方，全靠他的机智和运气艰难求生。身为犹太人意味着必死无疑，因此他学会冒充基督徒。他金发碧眼，说得一口流利的乌克兰话，这是战前他家的女佣使用的语言。但大多数时候，他只是默不作声，并学会了观察周遭的世界。“这也是一种学校。我在这里了解了生活，还有人性。人们有时很和气，但情况一变，他们就完全变成了野兽。战争结束时，不管什么人，我看一眼就能立刻知道他是不是个危险人物。”

1944 年，红军横扫乌克兰，阿佩尔费尔德也被他们带走。他说服了一个补给队让他在厨房打下手，看着他们从一个村子行进至另一个村子，一路奸淫烧杀。“俄罗斯军队是一支酒鬼军队，他们没日没夜地喝酒。他们骂脏话、酗酒、强奸妇女，还唱爱国歌曲：这就是我念三年级的学校。”他当时才 12 岁。

最后，阿佩尔费尔德被英军犹太旅的一些士兵发现，他们 326 带着他去了意大利，然后是南斯拉夫，最后让他偷偷穿过地中海到了海法。他很高兴自己周围都是犹太人，但这并不表示他感到彻底安全了。1946 年，当他最终抵达巴勒斯坦时，早就对安全港这个概念失去了信念。对他而言，巴勒斯坦不过是他旅程中的另一站而已。

在这块新土地上，还有新的战争要打。在接下来的两年，巴勒斯坦卷入阿拉伯人和犹太人间的一场血腥内战。1948 年，犹太人宣布成立以色列国之后，这个新国家立即受到邻国的进攻。看起来阿佩尔费尔德根本没有获得新生，只不过是再次经历相同的命运：“欧洲刚打完一场仗，死了很多人。现在以色列这里也要打仗，还要死很多人。”有人给了他一支步枪，让他帮忙保卫自己的集体农场。

还有很多有象征意义的仗要打。人们要阿佩尔费尔德忘记德语，因为那是杀害犹太人的刽子手的语言，还阻止他说乌克兰语、俄语和罗马尼亚语——这些语言曾经帮他在欧洲活下来。现在，一切都要用希伯来语。还有人希望他改名字。他的父母叫他埃尔温，这是个非常德国化的名字——他现在得改叫阿哈龙。但最重要的是，他要学会一种新的态度。“我们来到以色列，就像那句格言说的，‘来建设，也来接受改造’。这被我们大多数人解读为记忆的消亡，一种彻底的个人转变，还有对这块狭窄土地的全面认同。”总之，人们期望阿佩尔费尔德能“忘记自己的过去，在它的废墟上建设新生活”。[3]

他尽全力改造自己。他认真学习希伯来语。他开始跑步，攀岩，举重。他希望长成高个子，能够身材强健、皮肤黝黑，看上去像个当兵的。但无论他怎么努力，还是个孱弱苍白的小个子；他还口吃了好久。晚上他会梦到被某个无名的巨魔追赶，或是失足落入深洞，有很多看不见的手往下拉他。他反复告诉自己，要忘记过去，要融入自己的新家。他感觉自己蹑手蹑脚地走在深渊的边缘。“我在欧洲的所有经历就像一个地窖，埋藏在我内心深处的一个黑暗的地窖。你不必成为弗洛伊德就能理解，这个地窖是个很危险的存在。”

最终拯救他的，是他学会了写小说。他二十多岁在希伯来

327

大学念书时，逐渐意识到战争已经把他塑造成这样一个人，伪装成另外的样子毫无意义。他知道，“大流散”① 会永远伴随着他，尽管来自各方面的压力都要求他否认这一点，但他的记忆也是一笔有价值的财富，与他如今已经接受的新生活同样珍贵。他开始在耶路撒冷的咖啡馆里寻找大屠杀的其他幸存者伙伴。他开始欣赏他们的沉默，这种沉默比以色列社会其他人的滔滔不绝远富表现力。他还开始了写作。“其他人都疯了，什么样子的都有。我很走运。我是个作家。”

以色列小说家阿哈龙·阿佩尔费尔德，战争 60 年后。

① 大流散（Diaspora），指罗马帝国的犹太人大起义失败后，大量逃离巴勒斯坦家园，流散到世界各地。

1962 年，阿佩尔费尔德出版了他的第一本短篇小说集。从那时起，他写了四十多本书，几乎全都与二战对犹太幸存者的影响有关。他的故事里以大量的笔墨描写妓女、孤儿和黑市贩子——这些人物都是以他在战争及其余波中遇到的形形色色的人为原型。他早就不再试图抵制这一时期的记忆了，它们仿佛已经烙印在他的灵魂中。相反，他学会了接受它们本来的样子，其中既有生活之美，也有永恒的战争。

328

英雄之国

1946 年接纳了阿哈龙·阿佩尔费尔德的国家有一种非常独特的自我观。早在萨特撰写存在主义著述很久之前，犹太复国主义者们就知道，他们无力自卫地站在宇宙面前，如果想在一个充满敌意的世界幸存下去，必须为自己的命运负起责任来。[4] 在祖先的期盼和社会主义价值观的联合驱动下，他们来到巴勒斯坦，决心在他们认为是古老家园的这片土地上为自己创造新的生活。他们排干沼泽里的水，并让沙漠生机盎然。他们成立集体农场和农业合作社——以集体主义精神为基础的农场和社区。他们建造了一座新城——特拉维夫，它在地中海岸边散发着耀眼的白光。如果不是因为他们被迫与其共享这块土地的阿拉伯人，以及控制着中东这部分地区的英国人，他们的历史也许将会是一派奔放的进步与和谐。大家都这么想。[5]

二战爆发时，“依舒夫”（Yishuv）——巴勒斯坦的犹太人社区——并没有坐以待毙，听天由命。他们挺身而出，为自由而战。为了给游击队员和抵抗组织的战士提供帮助，犹太伞兵被送到敌后。犹太间谍网也在瑞典、西班牙和土耳其等地纷纷建立起来，设计了从希特勒控制的欧洲出逃的路线。三万犹太人志愿在叙利亚、北非和意大利与英国人并肩战斗。但那并不表示他们总是被动地执行英国人的命令——同时他们也成立了特别突击队，违抗英国人早在战前便已制定执行的移民禁令，把一船船的犹太难民偷运到安全地带。[6]

这种掌握自己命运的决心在二战结束后依然继续。1946年，犹太“抵抗运动”发起了一次把英国人从巴勒斯坦赶出去的起义。1947年，犹太领导人说服联合国给予了他们一个家园。当巴勒斯坦的阿拉伯人起来抗议时，犹太人国防军把他们赶了出去。在英国人最终撤退时，“依舒夫”没有坐等联合国实现承诺，而是立即宣布了自己的独立。就在第二天，以色列遭到入侵——它四面受敌，敌人来自埃及、约旦、叙利亚和黎巴嫩——这个新的国家不但击退了入侵者，还挺进到它们的国境线之内。用一位“依舒夫”领导人的话说，没有一个娘娘腔的小镇犹太人“喜欢像斗败的狗一样活着，而是宁愿光荣赴死”。这些人是年轻的先驱，是“新犹太人”，是一个英雄的国度。[7] 329

多年来，整个以色列都致力于同一个任务：创造未来。以色列在每个方面都是一个崭新的国家。它有崭新的边境线、新的国会、新的国家银行、新的货币、新的最高法院，还有一支崭新的国防军。这个国家赞同战后世界的一切价值观：根据独立宣言，以色列将会是一个建立在“自由、公正与和平”基础上的国家；它也承诺“全体居民在社会和政治权利上完全平等，无关乎其宗教、种族或性别”。[8]戴维·本-古里安组建的首届政府特别强调“妇女作为公民完全平等……并废除土耳其法律和强制性法律中现有的对妇女的所有歧视”。[9]以色列是美丽新世界的一个光辉榜样。就连国家的名字也是全新的：在本-古里安宣布独立之前，谁也不确定它会叫锡安、犹地亚、伊芙利 330

“生活就是战争”：犹太学校学生在受训，1947～1948 年。

亚，还是其他各种可能的名字。[10]

在接下来的岁月里，整个国家成为繁忙之地。在这一非常时期规划和开始执行的项目清单似乎充满了不可能达成的雄心壮志。大规模的新灌溉项目开始启动，诸如雅孔河－内盖夫输水管道，以及国家输水系统等旨在把水从加利利海输送到内盖夫沙漠的项目。政府实施了快速公路和铁路开发计划，包括穿过内盖夫直至红海的多条新路线，以及死海西侧沿岸的公路等。规模浩大的国家级人工造林工程也开始实施，全国建设了一连串的国家公园。国家航空公司（艾拉①）和国家船运公司（以

① 艾拉（El Al），意为“朝向天空”，是以色列的国家航空公司。

星①）相继创建。建设学校和医院是国家的另一个优先事项：在独立后的15年里，以色列的学校数量增加三倍以上，医院病床数翻了两番。[11]

受这种由来已久的复国主义传统的影响，建造新农场和定居点也进入高速发展期。1950年和1951年，以色列农村新建了190个集体农场和农业合作村庄——平均每四天一个。这些不光建在以色列肥沃的河谷以及沿岸平原上，有的还建在内盖夫的偏远地区，包括约特瓦塔②，以及艾恩亚哈夫③的一个新试验农场。除了这些新村庄，还有30个新镇建立，且一个庞大的新港口已纳入规划。在发达城市，新的郊区以最快的速度建造起来。例如，在耶路撒冷，像卡塔蒙（Katamons）、哈亚维城（Kiryat Hayovel）和花园城（Ir Ganim）等整片社区都在区区数年内被规划和建设完毕。[12]

独立后的几十年里，开发优先于一切。为了应对所有的学校、医院和住宅的开销，以及后来对科学技术的沉迷——这种执着意念让以色列成为该地区第一个核国家——必须要做出妥协。1952年，以色列接受了德国支付的34.5亿德国马克（8.65亿美元），“作为对犹太人遭受到纳粹重大伤害的赔偿”。 331 政府试图将其作为一种历史公正：曾经企图根除世上所有犹太人的人，如今在资助一个犹太国家的建设。但在很多人看来，这却如以色列以出卖国家荣誉，换取金钱。议会外的暴力示威

---

① 以星（Zim），是由以色列第一任交通部长根据《旧约》中的一段话提议使用的，在原文中希伯来语“Zim”意指“大船”。

② 约特瓦塔（Yotvata），以色列南部的一个集体农场，位于内盖夫南部、以色列和约旦之间的阿拉伯谷公路上。

③ 艾恩亚哈夫（Ein Yahav），阿拉伯谷北部的一个农业合作社，其海拔高度低于海平面100米。

此起彼伏，但以色列还是接受了这笔钱，继续推进开发。[13]

一时间，国家似乎参与到人们生活中的方方面面。1948 年的混乱战争①使以色列国境内的大多数阿拉伯人被赶走之后，90% 的土地都被收归国有，国家的水资源、发电厂和炼油厂也是如此收归国有。以色列成立了一家名为“埃米达”（Amidar）的国家住房公司，建造了大量新住宅，还成立一家新的国家就业机构向新移民提供工作。到 1950 年代中期，政府部门在国民经济中占有大约 20% 的份额，另有 20% 由以色列工会组织，即以色列总工会（Histadrut）拥有并运营。两个组织都受同一个政党领导，即戴维·本 - 古里安的社会主义的以色列地工人党（Mapai）。[14]

同时运行这么多大型规划和项目，既需要随机应变，也需要万丈雄心。超时工作的公务员既抱怨说他们没有时间睡觉，又因为这一切的活力而充满自豪。正如他们中的一个人所说，“谁能在这样的时刻睡觉，谁不愿做点什么来更清醒、更强烈、更贴近、更专心也更投入地享受这一切呢?”[15]政府领导人经常无视经济学家等专家质疑各种项目是否负担得起，甚至有无可能的做派众所周知。例如，当一个顾问委员会认为政府关于在贝尔谢巴②附近建造新城的规划不可行时，本 - 古里安干脆解散这个委员会，指定了新的顾问。在区区 7 年之内，有 2 万犹太移民生活在贝尔谢巴。12 年后，该市人口翻了两番，达到 8 万人，成为内盖夫沙漠中最大的定居点，它还拥有自己的火车

---

① 指 1948 年以色列为争夺巴勒斯坦地区与阿拉伯国家之间发生的大规模战争，又称第一次中东战争。

② 贝尔谢巴（Beersheba），以色列内盖夫沙漠中最大的城市，通常被称为“内盖夫之都”。

站、医院，甚至很快便有了自己的大学。[16]

就连这个国家的小说家也沉浸在以色列必胜的英雄主义想法中。他们被称为“1948 世代”，撰写纪实风格的小说，主人公几乎都是“萨布拉”——出生在以色列的外刚内柔的士兵小伙子，绝无流散者的障碍和担忧，却像他身后的国家一样“在海中诞生”。[17]他们的小说充满了复国主义开拓者、集体农场、军队和新诞生的以色列国的价值观，而小说整体上呈现出一种亲密无间、自我牺牲和审慎乐观的氛围。[18]英雄为了国家慷慨赴死。[19]小说的结尾总有新生婴儿诞生。[20]这是目光落在地平线上的一代人，对过去的恐惧变成对新的乌托邦未来的希望。[21]

332

阿哈龙·阿佩尔费尔德记得，这些想法有鼓舞人心之处，但也有令人感到压抑不堪的地方。国家照料着它的公民：给他们提供工作和住房，保证老人的养老金，为伤病者提供保险，为妇女提供产假，最重要的是，它给人民提供了一片他们可以称之为家园的土地，它会竭尽最后一丝气力誓死保卫这个地方。但作为回报，它要求公民承担义务，这个社会没有给个人主义留下多少空间，也绝不容忍消极或脆弱的人。“实际上，这个国家像一支军队，”他回忆道，“每个人都清楚自己的位置和责任。你应该当英雄，你应该为自己的国家而战，你应该是个社会主义者。命令各种各样。但只有上帝才有权说这些话。慢慢地你会被它踩在脚下。”而在这一切狂热的背后，大屠杀是始终存在的背景。“一切都是对历史的反抗，反抗犹太人的过去，反抗犹太人的命运。”整个国家都很像阿佩尔费尔德本人在童年时期那样，仿佛蹑手蹑脚地走在深渊的边缘。

犹太人的“他者”

遗憾的是，阿哈龙·阿佩尔费尔德这样的人只是问题的一部分。此前十年，英国人一直在巴勒斯坦实行严格的移民限制。然而在独立后，这些限制突然被取消了。1950年，以色列正式实行门户开放政策，《犹太人回归法》（Kaw of Refurn）承认世界各地的所有犹太人都有权作为以色列的正式公民到这个国家来。犹太移民稳定的涓涓细流一夜间变成泛滥的洪水：在区区三年半的时间里，大约有68.5万外国犹太人赶来，使该国人口增加了一倍还不止。涌入的人流如此庞大，又如此突然，农业部部长平哈斯·拉冯（Pinhas Lavon）甚至称之为“不流血的革命”。[22]

对于“依舒夫”来说，这是与以往的经验截然不同的挑战。一方面，他们非常同情移民，其中大多数是像阿佩尔费尔德一样的难民，这些人不仅来自饱受战争摧残的欧洲，还来自掀起全新排犹浪潮的伊拉克、也门和部分北非国家。张开双臂欢迎这样的人是必要的——归根结底，这不正是以色列之所以存在的全部理由吗？但另一方面，伴随着这种人道关怀的是一整套矛盾得多的感受。接收数十万新移民的现实让很多人望而生畏：他们都该去哪里？他们怎样才能找到工作？谁来养活和安置他们？而更不可捉摸的是，如此多的外国人涌入国境，这对以色列的自我认知有何影响？这些移民中的绝大多数都不是复国主义神话珍爱的“新”犹太人；他们是“老”犹太人——大流散时期的犹太人，根本就没有想来这里，而如今之所以要来，就像《国土报》（*Haaretz*）的一位记者以轻蔑的口吻说的那样，就是因为“没别的地方可去”。在一个刚刚开始建立某种民族认同的国家，新来者的“倾盆大雨”对“萨布拉”理想般的存在构成了威胁。[23]

像阿哈龙·阿佩尔费尔德这样的移民，初来乍到就要面对适应“依舒夫”规范的巨大压力，这也许不足为奇。他们一来，头等大事就是要学希伯来语。很多像阿佩尔费尔德这样的人都被迫放弃了旧身份，为了更好地适应新环境而改了名字。最重要的是，他们被迫接受新国家的文化：劲头十足的乐观、自信和坚定。

对于某些新来者而言，这种过去的一切可以像旧斗篷那样被抛弃、只要有决心就可以变得富有朝气并强大的想法，实在是充满吸引力的。很多人把抵达以色列看作一种重生，声称他们获得了“全新的身份”；要“在这里开始我的新生”；还说他们已经投身于涵盖了他们“全部个性”的“新现实”。[24]有朝一日终将当上以色列最高法院院长的阿哈龙·巴拉克（Aharon Barak）对这段经历的总结或许最为言简意赅。他形容自己在 334 1947 年来到这里的经历是一次启示：“我不会说这里的语言，也不熟悉这片土地。但我脱掉自己的旧衣裳，就摆脱了过去、‘大流散’和贫民窟。当我穿着卡其布衬衫、长裤和凉鞋，站在阿塔市（Atta）的商店里时，我就是一个新人，一个以色列人。”[25]

但对于其他人来说，他们融入以色列社会的过渡方式似乎严厉苛刻得毫无必要。历史学家汤姆·塞格夫（Tom Segev）详细描述了一些大屠杀的遗孤在抵达这个国家后受到的待遇。在学校和集体农场中不合群的人常常被贴上“堕落”“反社会”“异常”“不知感恩”“智障”“神经质”的标签。一个孩子被精神科医生诊断为“过度依赖母亲”，而他母亲早在战时就遇害了。另一个被贴上“精神紊乱”的标签，因为他喋喋不休地说波兰话。还有一个被批评为不能好好听别人讲话，因为他只会说匈牙利语，而周围的人都只会说希伯来语。阿哈龙·阿佩尔费尔德因为爱说德语，也曾经历过类似的偏见。对于他的新同胞来说，德语是企图灭绝犹太人世界的魔鬼说的语言，但阿佩尔费尔德舍不得放弃它，因为对他而言，这是他死于战争的母亲说的语言。[26]

这样的偏见在整个以色列社会中广泛存在，在国家所有的主要机构里显然也是如此。因此，来自欧洲的前抵抗组织的战士们在加入以色列总工会后，因他们说意地绪语而不是希伯来语而遭到斥责。[27]被集体农场生活搞得晕头转向的难民被批评为“懒骨头”，或是期待“特殊待遇”。[28]而应征入伍的移民很少被信任能够积极参加任何战斗，尽管前线急需战士。1948年战争期间，他们大多被用作辅助部队，并被指挥官批评为“难以沟通、固执和懦弱”，还有“在决定性的瞬间”逃跑的倾向。[29]

幸存者被一再问道：为什么你们不反抗？欧洲犹太人为什么温顺地走向死亡？人们提这种问题的初衷或许是想弄明白真相，但其中的谴责也是不言而喻的：软弱阴柔的欧洲犹太人是使他们自己惨遭灭绝的同犯。在战时的巴勒斯坦，“依舒夫”根本无法想象怎么可能会发生这种事：正如戴维·本-古里安所说，“没有人能在犹太教圣堂里屠杀我们；每一个男孩女孩都能开枪打死每一个德国兵”。[30]

335

还有其他更残忍的问题。“几乎每一次与这个国家的居民接触时，”一个幸存者写道，“都会出现我们如何活下来的这个问题。他们一再提问这个问题，并不总是以最小心的方式。我觉得因为自己还活着而受到了责备。”[31]这样的问题部分出于悲伤：“依舒夫”里的大多数人都有亲人死于大屠杀经历，他们不禁对幸存下来的人心怀怨恨。但它们也同样出自偏见：很多

“萨布拉”怀疑，那些逃过大屠杀的欧洲犹太人是通过某种道德上的妥协才得以幸存的。伊扎克·萨德（Yitzhak Sadeh）的著名短篇故事《海滩上的姐姐》（My Sister on the Beach）是1945年大屠杀幸存者的永久写照，作者是精英突击队“帕尔玛赫”（Palmach）的创始人。在小说中，一群年轻健壮的“帕尔玛赫”战士营救了一个衣衫褴褛、消极被动的遇难少女，她哭着说自己配不上他们的英勇行为。她的身体被烙上了“军官专用”的字样。[32]

在这种掺杂人道关怀和几乎不加掩饰的厌恶的混合体之下，是一种充满着未被完全承认的恐惧气氛。“依舒夫”害怕它的英雄社会受到它尖刻地称之为“大流散心态”的感染，而所谓“大流散心态”，就是指让如此众多的犹太人在欧洲被消灭的柔弱态度和消极心理。整个社会开始出现被感染的景象。如此大量受创者的涌入或许会把整个巴勒斯坦变成“一个大的疯人院”，以色列地工人党（Mapai）的代表们表达了对这种可能性的担忧。卫生官员担心斑疹伤寒或结核病等传染病可能会大面积流行。流行性脊髓灰质炎爆发时，有传言称移民应对此负责：具有象征意义的是，脊髓灰质炎的症状包括身体衰弱和瘫痪，恰恰是理想“萨布拉”的对立面。[33]

随着越来越多的移民到达这个国家，用于形容他们的语言渐趋恶劣，同时也越来越强硬。多年以后，“1948世代”中的一员、小说家耶胡迪特·亨德尔（Yehudit Hendel）描述了撕裂以色列社会的分歧：

> 说白了，这个国家里差不多有两个种族。一种是自以为是神的人。这些人是有幸出生在德加尼亚（Degania，以

336

> 色列的首个集体农场)，或是吉夫阿塔伊姆市（Givataim，以色列劳工运动的要塞）的波罗晓夫（Borochov）区……我们当然可以说，还有一个劣等的种族。我们把存在某种缺陷、驼背，以及战后来的人都看作低等人。我在学校里学到，最丑陋、最低劣的东西不是流亡海外者，而是从海外归来的犹太人。[34]

“依舒夫”的“神们”很少对不同类别的移民做区分，移民中有很多人根本不是从欧洲来的，而是来自中东和北美等其他地区，特别是在1949年以后。他们被归为一类，成为数量庞大的社会共同的“他者”，对于“依舒夫”珍视的一切，他们的存在是一种威胁。右翼报纸《晨报》（*Haboker*）警告说，这些人“不适合以色列”。左翼报纸《话语》（*Davar*）警告说，他们正在“破坏‘依舒夫’的健康及其精神和道德的平衡”。就连大规模移民政策的主要设计师之一本-古里安本人，都把他们视为“一群乌合之众，以及缺乏语言、教育、根源、传统或民族梦想的人间的尘土”。他认为，这种人只有一个希望，那就是将其重新塑造成“新犹太人”，在正确的以色列生活方式里重生。[35]

总理本人把移民叫作“人间的尘土”这一事实，透露出在1940年代末和1950年代初，以色列社会中有一股令人不安的暗流。以色列地工人党的其他官员毫不犹豫地把大屠杀幸存者叫作“渣滓”，把他们形容成“肥皂”的俚语词汇也广泛传播（这种叫法来自大屠杀期间纳粹把犹太人尸体煮化做肥皂的神话）。[36]一个曾经伞降敌后并亲眼见过二战期间欧洲情况的以色列二战老兵，对战后以色列对待大屠杀幸存者的态度大感惊愕：

> 不论我去哪里，都会有人质问我：犹太人当时为什么不反抗？他们为什么像待宰的羔羊一样？我突然意识到，我们为那些遭受折磨、射杀或焚烧的人感到羞耻。有一种一致的意见认为，大屠杀中的死者是毫无价值的人。我们在潜意识中接受了纳粹的观点，即犹太人是次等人……历史与我们开了个苦涩的玩笑：我们自己不也把这六百万犹太人付诸审判了吗？[37]

受害者之国

无需多少想象力，我们便能看到，对于大流散犹太人所谓的软弱、消极和完全丧失工作能力的这种蔑视，与惧怕“依舒夫”自己内部早已存在的相同倾向有关，而这正是对战后时期的精神分析和女性主义观点分析所讨论的内容。[38]虽然流传着种种关于他们二战期间英勇行为的神话，什么间谍网、营救行动和伞兵空降敌后等，“依舒夫”在战争期间的工作实际上相当于无效。据欧洲的犹太游击队领导人说，伞降敌后的大约 30 个人之中，有很多人最终非但不能提供帮助，反而成为负担。[39]间谍活动也没有强到哪里去，就连犹太建国会自己的间谍头子也被迫承认，他们救出的人数“少得可怜”。[40]与纳粹谈判的各种计划全都无果而终；让英国人答应大规模移民的企图也全然无效；而犹太人国防军“哈加纳”① 自身在大屠杀的高潮中偷运至巴勒斯坦的犹太人数量也不过是个象征性的点缀。[41]实际上，

337

① 哈加纳（Haganah），英属巴勒斯坦托管地时期的一个犹太人准军事组织，起源于动荡的奥斯曼帝国分裂时期，在 20 世纪初的巴以冲突中逐渐发展，后来成为今日以色列国防军的核心。

战时的“依舒夫”和大流散的犹太人同样无能为力。如果巴勒斯坦的犹太人能够直面这一点，就很难继续维持他们是英雄之国的幻想；但在他们坦然面对事实之前，每一个大屠杀幸存者都是一个警告。某些幸存者并不惮于指出这一点：曾有一个波兰的社区领导人一针见血地指出，“你们跳着霍拉舞曲，而我们却在焚尸炉中燃烧”。[42]

很多年来，欧洲移民和以色列“萨布拉”之间艰难地共同维系着保持缄默的合谋，部分原因是移民不想诉说他们的痛苦经历，还有部分原因是“萨布拉”也不想听。但另有部分原因在于，大屠杀的幸存者们还没有找到这样的一个声音，特别是用一种还不属于他们的语言诉说的声音：例如，阿哈龙·阿佩尔费尔德直到1950年代中期才开始表达自己的思想，直到1962年才出版他的第一本小说集。这并不是说有关大屠杀的主题就此被掩盖。情况远非如此。在整个1950年代，这个主题始终处在政治意识的最前沿。[43]然而，对于大多数“萨布拉”来说，有关“六百万”或“灭绝营”的老生常谈并没有触及其灵魂。尽管大屠杀无比恐怖，但就“依舒夫”而言，它还是发生在“他们”（即流散者）而不是“我们”身上的事。[44]

338

如果说有一个事件改变了这一切，或者起码象征着以色列社会开始发生转变，那就是1961年对阿道夫·艾希曼的审判。艾希曼是涉嫌大屠杀的纳粹最高管理层之一。在一次大胆的任务中——甚至可以称其为“英勇”行动，以色列特工在阿根廷将其俘获，把他带回耶路撒冷面对司法。对他不利的纪录片证据排山倒海，因此，关于他是否有罪，根本没有任何疑问。但对他的审判不但证明他有罪，还给世界——特别是以色列的青年——提供了一次教育机会，表明犹太人在赢得回归家园的权利之前经受了怎样的磨难。本-古里安总理这样说道：

> 这不是一次平常的审判，也不仅仅是一场审判而已。在这里，享有主权的犹太人民执行了历史的正义，这是犹太人有史以来的头一回。多少代人以来，是我们遭受磨难，被人折磨、杀害——也正是我们遭人审判。我们的敌人和凶手也正是我们的法官。以色列第一次审判了谋杀犹太人民的凶手。站在历史审判庭被告席上的不仅是一个人，也不仅是纳粹政权而已，而是历史上所有的排犹者。[45]

这次审判成功地团结了犹太人民，其功绩之大，是以色列历史上少有的。数十位幸存者出庭作证，历数他们受到的纳粹的一切非人道待遇，也详述了他们尝试的反抗（因为控方也急于表明大屠杀的幸存者同样是英雄），举国人民都在晶体管收音机上收听到这场审判。汉娜·阿伦特等评论家批评这些证词与艾希曼的具体案件无关，但正是这些故事才抓住全国人民的心。“萨布拉们”头一次不把大屠杀看作发生在“他们”，而是发生在“我们”身上的事情。

在接下来的几十年里，以色列虽然仍将自己看作英雄的国度，但它同时也接受了殉难者之国的平行身份。大屠杀再也不仅是发生于身处另一个大陆上的另一代人身上的事情。突然间，它有了一个普遍的意义。因此，当 1967 年爆发一场新的战争——六日战争——之时，对毁灭的恐惧前所未有地笼罩着这个国家，感到恐惧的不仅是那些亲身经历过大屠杀的人，更是

339

全体国民。“人们认为，如果输掉这场战争，我们就会被灭绝，”战争结束后不久，一个年轻的士兵说，“我们是从集中营想到这一点的，或者说是从那里继承了这种看法。任何一个在以色列长大的人，就算他本人没有经历过希特勒的迫害，只是听说过或者读到过，都会有这种具体的想法。种族灭绝——这是个现实的概念。”[46]

六年后，当战争再次爆发时，这种共同的受害感被放大。1973 年，埃及和叙利亚在赎罪日这个犹太历上最神圣的日子攻击以色列，令整个以色列完全出乎意料。赎罪日战争是 1948 年以来以色列头一次未能基本控制局势的战争，使得整个国家深受震动。一场新的大屠杀又一次迫在眉睫。“我们感到完全孤立无援，”一位上校后来回忆道，“国家就要被毁了，没有人挺身而出（帮助我们）……直到那一刻，我们仍坚信大屠杀和英雄主义这两个词是配对的，并用英雄主义来定义自我。战争让我们认识到大屠杀一词的含义，以及英雄主义的局限性。”[47]

阿拉伯人的“他者”

创造一种属于英雄与殉难者文化的问题在于，除非同时信仰魔鬼，否则社会便无法相信前两样东西。对于一场新的大屠杀的恐惧，必然意味着以色列的敌人就是新的纳粹。因为以色列最直接的敌人就是阿拉伯国家，只需稍稍发挥一下想象力，便可将所有的阿拉伯人——包括在以色列境内生活的阿拉伯人——都看作潜在的凶手。从表面上看来，这一点无甚新意：犹太人早在二战之前便已将阿拉伯人与纳粹相提并论。但在 1945 年之前，这种比较并无之后所含的尖刻之意和恐惧感。[48]

1940年代和1950年代分裂以色列的诸多事项之一，是不同的社会阶层有着不同的敌人这一事实。对于经历过欧洲战争的移民来说，纳粹德国就是邪恶的顶峰。相比之下，在塞法迪犹太人①看来，德国从来不是真正的敌人：他们曾因面对阿拉伯人的暴力和歧视，而逃离伊拉克、也门、埃及或摩洛哥。但对在巴勒斯坦长大的那些被复国主义思想的乳汁哺育成人的犹太人来说，纳粹和阿拉伯人之间没有什么真正的区别，或者说，这两者与他们在世上面对的其他很多敌人都没有本质的区别：所有的敌人都是排犹这种普遍邪恶的体现。正如戴维·本-古里安在1947年所说，大屠杀"不过是数个世纪以来从未间断过的，对我们进行迫害的一个顶峰而已"。或者更简洁一些，就像阿里埃勒·沙龙②在将近60年后说的那样，"我们知道，除了自己，我们谁都信不过"。[49]

340

在这样一种氛围下，纳粹和阿拉伯人合二为一，变成普遍适用的敌人，也许就不足为奇了。以色列自独立以来的历史一直在不断加剧这一过程。以色列每一次与其邻国开战——自它成为一个国家后，每隔十年便有一战——都唤醒了有关大屠杀

① 塞法迪犹太人（Sephardi Jews），指那些在15世纪被驱逐前、祖籍在伊比利亚半岛、遵守西班牙裔犹太人生活习惯的犹太人，是犹太教正统派的一支，大约占犹太人总数的20%。由于长期生活在伊比利亚半岛上，他们的生活习惯与其他分支颇为不同。塞法迪犹太人被逐出西班牙（1492年）及葡萄牙（1497年）后，多居于南欧、中东和拉丁美洲等地。

② 阿里埃勒·沙龙（Ariel Sharon，1928—2014），以色列军官及政治人物，曾任第11任以色列总理，直到2006年1月因中风而无法继续履职。沙龙被认为是以色列历史上最伟大的军事指挥官以及最伟大的战略家之一。在其指挥六日战争中对西奈半岛的突击及赎罪日战争中对埃及陆军第三军的合围之后，以色列民众赋予他"以色列之王"的称号。

的记忆。例如，在1948年内战期间，本－古里安形容犹太死伤者是“第二次大屠杀的牺牲品”。[50]在1956年的西奈战役中，以色列的报纸把埃及总统纳赛尔描述成未来的“东方希特勒”。[51]伴随1967年和1973年的战争而来的，是让人回忆起大屠杀期间的气氛的一种亡族灭种的恐慌；而1982年入侵黎巴嫩则得到总理梅纳赫姆·贝京①的辩护，他声称“这次行动若不实施，犹太人就会回到特雷布林卡灭绝营②”。[52]1990年代初，在第一次伊拉克战争期间，伊拉克以飞毛腿导弹攻击以色列，以色列报刊充斥着将萨达姆·侯赛因比作希特勒的文章。[53]而在2006年，以色列总理本雅明·内塔尼亚胡（Benjamin Netanyahu）再次让全世界的犹太人相信，新的大屠杀即将发生。“现在就是1938年，而伊朗就是德国。”他如此说道。[54]

以色列不再是它曾经希望成为的英雄之国。相反，它成了一个永恒的受害者——“众国之中的犹太”——命中注定永远是整个世界，特别是阿拉伯世界仇恨的焦点。任何危险（以色列的确面临着很多危险）都自动被解读为生死存亡的危险。任何批评（以色列不可否认地遭到过多的批评）都立即被重新想象为迫害。

这样一种世界观有着严重的后果，不仅影响国家的幸福感，而且影响着整个地区地缘政治的稳定。因为以色列是全世界犹

---

① 梅纳赫姆·贝京（Menachem Begin，1913—1992），波兰裔犹太人，以色列政治家，利库德集团的创始人，第六任以色列总理。1978年，贝京因和埃及总统萨达特签订了戴维营协议，当年与后者一同获得诺贝尔和平奖。

② 特雷布林卡灭绝营（Treblinka），二战时期纳粹德国的灭绝营，位于当时德战区波兰境内。该集中营是作为1942年7月23日到1943年10月19日莱茵哈德行动的一部分而建立的。据相关统计，死于特雷布林卡的人数超过100万。

太人最后的避难所，他们无法选择逃跑和躲藏；何况不管怎样，341 历史曾教育他们，逃跑和躲藏全都行不通。因此，在很多以色列人看来，他们可以选择的唯一做法便是利用一切手段奋起作战。

以色列最大的恐惧就在这里，这也是很少有人敢于承认的事实。如果如阿哈龙·阿佩尔费尔德所说，生活真的是一场永恒的战争，那么它几乎不可避免地总会在一定程度上施暴。生死存亡的战争决不可心不在焉地打。当一个国家面临的不仅是战败，还有可能是灭国的时候，它一定准备好了无所不用其极。

魔鬼之国

1948 年，正当犹太人规划着他们的美丽新社会，憧憬着成为全世界正义与希望的灯塔之际，犹太人的军队已经进入阿拉伯村庄，对那里的平民进行恐吓，并把他们赶出家园。这样做事出有因：出现在犹太人定居点附近的任何阿拉伯人都自动成为一个威胁。这也没有任何与众不同之处：其他很多国家也都在同样的时间，对自己认为是敌对的少数民族做过同样的事情——例如整个东欧或印度和巴基斯坦均是如此。但这绝非理想主义者想象中的新生活的开始。

关于以色列历史中的暴力这一章，该国官方版本说阿拉伯人并未被正式驱逐，而是为了躲避内战自行逃走的。但就连当时参加了军事行动的人都承认，阿拉伯人是被有意赶走的，当时极端暴力和残忍的氛围促使他们逃之夭夭。[55]数百个村民遭到驱离，随后村子被夷为平地。暴行不可避免。在吕大①，一门

① 吕大（Lydda），现名卢德（Lod），是以色列中央区特拉维夫东南 15 公里的一个犹太人和阿拉伯人混居的城市。

反坦克炮故意向一座清真寺开炮，而那正是受到惊吓的平民躲避战争的避难所。[56]还有几个冷血屠杀的例子，其中最著名的是在代尔亚辛村①，那里至少有100个成年男女和儿童被犹太军队杀害，有的估计远远高于这一数字。[57]在达韦梅（Dawaymeh），342 根据以色列政府自己的消息，犹太人军队杀死数十个犯人，把巴勒斯坦妇女活活烧死在家里，还将巴勒斯坦孩童的头骨砸碎致其死亡。[58]

1948年以来发生了很多很多其他罪行。1956年，加西姆村（Kafr Qasim）也发生了对阿拉伯人平民的大屠杀。[59]1967年的六日战争后，以色列士兵还时常谈论起他们目睹了对战俘的非法杀害。[60]1991年第一次巴勒斯坦大起义②期间，《国土报》记者阿里·沙维特（Ari Shavit）曝光了加沙的以色列拘留营对阿拉伯囚犯的日常折磨。[61]2014年，人权观察组织指责以色列犯下战争罪行，因为它“不加区别”和“非法扩大”了对加沙地带平民区的轰炸。[62]这样的例子不胜枚举。

当按照1980年代以来的一代历史学家的做法，对这些暴行一个个加以归类时，我们很容易发现，以色列既非它自己认为的英雄之国，也不是个受害者之国。班尼·莫里斯（Benny Morris）、阿维·施莱姆（Avi Shlaim）和伊兰·帕佩（Ilan Pappé）等作家，也就是所谓的“新历史学家”，收集了大量证据，它们表明，以色列既有能力保卫自己，也有能力自己实施

---

① 代尔亚辛村（Deir Yassin），这起大屠杀发生在1948年4月9日，当时的犹太复国主义右翼恐怖组织伊尔贡和莱希侵入耶路撒冷附近的代尔亚辛村。事件发生于英国行将终止治理巴勒斯坦之时，巴勒斯坦正处于内战。屠杀案成为阿以冲突的关键事件，随后便发生了第一次中东战争。

② 第一次巴勒斯坦大起义（First Intifada），指1987~1993年巴勒斯坦群众反对以色列长期军事占领而举行的大起义。

暴行。“大流散”的犹太学者以及巴勒斯坦历史学家纷纷表示赞同，后者热衷于消解以色列多年来自我服务的神话体系也就在情理之中。[63]但这般关注以色列的罪行又让钟摆摆向另一端。如今出现了一个新的神话：以色列不再是一个英雄之国或受害者之国，而是作恶者之国。

用于表达这个新神话的言辞同样是用于二战的言辞。现在经常听到有人说以色列是个“法西斯”国家，犯下了“种族清洗”，甚至“种族灭绝”的罪行。1948 年驱逐巴勒斯坦人的阿拉伯语说法——“大灾难”（Nakba）——如今经常用来形容巴勒斯坦人遭受的相当于犹太人大屠杀的苦难。[64]自千年之交以来，全世界都发生了反以示威，人们举起的标语牌上，以色列国旗与卐字标志赫然并列。[65]就连主流的政党也开始将以色列人和纳粹分子联系起来：例如，在英国，工党不得不在 2016 年恳求其党员不要再把以巴冲突与大屠杀进行类比。[66]

做这样比较的不但有局外人，也有以色列人，从 1980 年代开始，某些犹太知识分子也把他们的国家叫作“犹太纳粹”之国。[67]就连那些对这种比较感到绝望的人也承认，有鉴于犹太人的历史，不做这样的比较几乎不可能。例如阿里·沙维特在他 1991 年揭露以色列战俘营的报道中澄清，将以色列和纳粹德国相提并论没有任何历史基础——不存在以色列毒气室，不存在人类医学试验，也不存在有组织的大规模杀戮。“问题在于二者之间的差异不够大。相似性缺乏的程度并不足以让所有邪恶的回响一劳永逸地安静下来。”[68]

343

分裂之国

援引大屠杀与理解大屠杀并非一回事。阿哈龙·阿佩尔费尔德终其一生都在思考二战对情感的影响，他始终不接受他自己的国家里不时浮现的那种非黑即白的历史观。他小说中的人物没有英雄、殉难者或魔鬼，只有“花上一辈子的时间琢磨该怎么过日子，该做什么事”的历尽沧桑之人。他相信，以色列可以从这种人身上得到借鉴。“有时在我看来，在这样一个充满意识形态的国家是没办法进行文学创作的。生活本身尽管复杂，却并非我们认真考虑的东西。”[69]

国际社会也可以从这种人物身上学到些什么。我们也应该小心，不要让想象中充满英雄、殉难者和魔鬼，而要认识到我们战后当代世界生活的复杂性。每一个国家都在某种程度上认为自己是英雄或者是殉难者，也能列出它认为哪些国家是魔鬼。以色列经常上榜。没有哪个大小和重要性相当的国家在世界报纸上占据过相近数量的版面，或是在电视、广播和电脑屏幕上受到过相近程度的关注。全世界的政党都宣布了它们的“以色列政策”，这是与其他任何国家的关系中无法想象的，例如很少有哪个国家的政党会有“印度尼西亚政策”、“肯尼亚政策”或“委内瑞拉政策”。以巴问题是一个全球性的问题——并将永远如此——其他地缘政治的僵局在这方面无法望其项背。[70]

344 我们需要自问的是：何以至此？我不希望对以色列犯下的任何罪行和误判轻描淡写，那些问题数量众多、程度严重，理所当然地受到全世界的谴责。然而，我真的希望将其放在大背景中看待。1948 年驱逐阿拉伯人发生在一场残酷的内战期间，与恰好同时发生在整个欧洲、往往远为残酷的类似驱逐相比，冷血程度要逊色得多。在二战本该结束之际，有将近 1200 万德国人遭到东欧各个地区的驱逐。同样，也有将近 1200 万波兰人被立陶宛、乌克兰和白俄罗斯驱逐出境，还有将近 50 万乌克兰人被波兰驱逐出境。匈牙利人被赶出斯洛伐克，意大利人被赶出克罗地亚，阿尔巴尼亚人被赶出希腊，土耳其人被赶出保加利亚。与此同时，1947 年印度和巴基斯坦的分裂给双方分别造成 1200～1500 万的难民，且大概有 100 万人死亡。如果其他所有驱逐行为都可以被接受、遗忘或抹去——国际社会显然这样做了，而且相关国家几乎总是参与其中——为何时至今日，驱逐巴勒斯坦人仍然是个全球性的问题呢？[71]

以色列反复侵犯人权；话说回来，它的所有阿拉伯邻国也是一样，却没有引发任何程度相当的国际愤慨。以色列对待其本国的阿拉伯穆斯林公民的做法往往令人毛骨悚然，但特别是从 2001 年以来，世界上其他国家也纷纷妖魔化和迫害他们的穆斯林少数民族，却没有引发哪怕一半程度的愤慨。以色列遭到谴责的最大罪行——占领西岸和加沙地带——屡次在全世界引发不断升级的抗议，但世上很多其他国家自二战结束以来同样与小国开战，占领和压迫后者。如果以色列在压力之下放弃对巴勒斯坦地区的控制是正确的，那么也必须强迫其他更强大的国家进行同样坚定而彻底的审查。

真相在于，那些反对以色列的意见透露出的关于反对者的真相和关于以色列的实情一样多。除了那些熟悉以色列、有充分理由批评它的人之外，还有很多同路人执着于这个话题，其原因却与以色列完全无关。例如，某些美国人通过攻击以色列的方式来表达他们对美国的中东外交政策整体的愤怒，尤其是美国在 2003 年后付出了昂贵代价，灾难性地占领伊拉克。在欧洲，对以色列的很多批评来自自由派左翼人士，只要以色列选出右翼政府，批评就会显著增加。实际上，对于自由派的欧洲人来说，反犹太复国主义是对普遍意义上的民族主义表达憎恶

345

的一个好办法。与此同时，在东南亚，表达对以色列的仇恨的穆斯林对于以色列的实际情况鲜有任何想法：他们只是用这个来证明伊斯兰主义者的团结。与所有这些观点混在一起的还有针对犹太人、阿拉伯人或两者皆有的大量误传、历史上的无稽之谈和古老偏见；这些错误信息的不幸后果便使得对以色列及其邻国的真正批评显得一文不值。

在中东地区内部，对以色列的仇恨是政府将人们的注意力从国内问题上分散转移的权宜之计。二战余波中，这一地区的所有人都期待着美丽新世界的诞生。他们因摆脱了殖民主义的枷锁而欣喜，享受着阿拉伯世界统一的美梦，却因他们为自由、为民权、为更好的生活条件，以及为他们自己对乌托邦的无数愿景而参加的战役不得不一再反复而感到失望。和以色列一样，所有这些国家的生活都是一场永恒的战争。阿以冲突不过是众多战争中的一场而已，还有伊朗革命、黎巴嫩内战、两伊战争、伊拉克入侵科威特、阿拉伯之春、叙利亚内战，以及也门的数次内战等，这里就不再一一赘述。

如果犹太人和阿拉伯人能够不再关注彼此的差异，就会意识到他们实际上有大量的共同之处。双方的人民在长期的历史中都被当作下等人，世界上更强大的国家既不喜欢也不尊重他们，他们显然也不被相信能够对自己的命运负责。二战前，他们在英国人的摆布下彼此相斗；二战后，又在超级大国的操纵下互相对抗。这个地区的所有国家都被迫为自己的独立而战斗，所有的国家也都在战后花费了大量时间，力图建立新的制度和找到自我治理的新方法，同时又在抵抗外部世界干预其内务的企图。

346 世界其他地区坐在场外谴责其中的一方固然容易，但我们也是问题的一部分。我们沉迷在英雄与坏蛋、魔鬼与殉难者的叙事中，保持着这样一种世界观：世上的人绝无可能是有缺陷的普通人。实际上，我们都像阿哈龙·阿佩尔费尔德书中的人物那样，被迫挣扎，设法让生活继续。这正是中东地区每一个国家——或许也确实是世界上每一个国家——的实情，但以色列尤其如此，它的历史总是把它拉回到第二次世界大战。

20. 欧洲的民族主义

347 如果国家不过是一个想象中的共同体，那么，又是什么妨碍了我们重新开启对国家的想象呢？我们是否可以不仅向生活在我们自己的群体或国家里的人效忠，而是与全人类保持一致？在战后，这正是世界联邦运动的论点。像加里·戴维斯和科德·迈耶这样的活动家，以及埃默里·里夫斯和阿尔伯特·爱因斯坦这样有影响力的思想家都认为，只需单纯地通过想象，世界和平或许终将成为现实。我们要做的只是放弃自己对民族国家的情感依附，并开始把所有的人当作统一的整体来对待。

但正像我们看到的那样，世上鲜有哪个地区接受这个新观念。超级大国似乎毫无理由放弃民族主义：在战争时期这对他们颇为有利，并给他们带来胜利。在印度尼西亚、肯尼亚和委内瑞拉等国家，人民从 1945 年开始积极支持民族主义，将其作为一股争取自由和民主的新生力量。与此同时，在以色列，犹太复国主义被奉为解救世上现存的犹太人免遭排犹主义之苦的不二法门。在整个世界，民族国家的思想似乎都因为战争得到加强，而不是弱化。

如果这一惯例有一个可能的例外的话，那就是在欧洲。这是世上唯一的一个有大量人口积极支持放弃民族主义理想的地区。这里的人民亲眼看见了民族主义失控后能够造成多么可怕的破坏；因此，很多人渴望能有一种新的意识形态，把他们从贻害这个大陆数百年的无尽循环的战争中解脱出来。

因此，这个梦想首先在欧洲站稳脚跟，而不是世界上的其他地区。后来被称作“欧洲计划”（European Project）的想法远比世界联邦要可行得多。与其先驱不同的是，欧洲计划从未有过包括苏联的想法。它也有机会以小型运动作为开始——只有几个国家——随着时间的推移而逐渐壮大。因此，它远比世界联邦成功得多：在随后的几十年里，它将成长为世界上最大、最有力的超国家组织。 348

这个联邦主义欧洲梦想的主要设计者之一，是一位名叫阿尔蒂耶罗·斯皮内利（Altiero Spinelli）① 的意大利记者。他的故事在欧洲家喻户晓，但鉴于这个故事是理解欧洲大陆战后数十年变化的核心，还是很值得在此简要复述一下。[1]

二战开始时，斯皮内利是个政治犯，被关在距离意大利海岸25英里的文托泰内（Ventotene）岛上。他因合谋推翻墨索里尼的法西斯政权在1920年代末被捕，过去的12年来一直辗转于各个监狱和拘留营，因整日无事可做，便潜心研读政治哲学，梦想着解放全人类的新计划和日程。

1941年，他和狱友埃内斯托·罗西②开始为新欧洲描画蓝图。在这个计划中，他们预言同盟国最终会赢得战争，但如果不能改变这个大陆的政治结构的话，那就只会是一场空洞的胜

① 阿尔蒂耶罗·斯皮内利（Altiero Spinelli，1907—1986），意大利共产党政治家、政治理论家和欧洲联邦主义者。因为他是《文托泰内宣言》的作者之一，在欧洲联邦主义运动中起的奠基作用，在二战后初期对欧洲统合产生的巨大影响，以及1980年代在重启整合过程中起的作用，而被认为是欧盟的创建者之一。

② 埃内斯托·罗西（Ernesto Rossi，1897—1967），意大利政治家、记者和反法西斯活动家。他的思想导致意大利行动党以及随后的激进党的形成。他也是《文托泰内宣言》的共同作者之一。

利。“大众……完全不知道自己需要什么或如何行动，”他们写道，“他们的耳边众声鼎沸。人民想法繁多，无法自行定位，内部还产生了各种倾向、潮流和派别的分歧，彼此间纷争不断。”斯皮内利和罗西认为，除非一个新的事业能在战后把欧洲人民团结起来，否则他们会不可避免地回到国家敌对和嫉妒的老路上去，整个欧洲再次为冲突所累也只是个时间的问题。[2]

他们写道，结束这种恶性循环的关键在于给人民制定更高

Serie .... Sez. .... N. ....

MINISTERO DELL' INTERNO - DIREZIONE GENERALE DI P. S.

Scuola Superiore di Polizia – Servizio Centrale di segnalamento e identificazione

Cognome Spinelli　Nome Altiero

Paternità Carlo　Madre Maria Ricci

Soprannome　Falsi nomi

Nato il 21 agosto 1907 a Roma　Domiciliato a

Cittadinanza italiana　Istruzione superiore　Professione

Riassunto dei pregiudizi noti

Motivo del segnalamento ragioni politiche

Identificato per

CONNOTATI CROMATICI

Iride　Aureola scura　Periferia marrone

Cute　Pigmento bianco　Sangue roseo

Capelli castani　Sopracciglia

Baffi castani　Barba

Riduzione fotografica di 1/5

Data e luogo dei rilievi segnaletici　Città Roma　Giorno 30　Mese 1　Anno

Annotazioni relative alle fotografie ed alle impronte

Impronte della mano sinistra

Pollice	Indice	Medio	Anulare	Mignolo

Ist. Poligr. Stato P. V.

阿尔蒂耶罗·斯皮内利 1937 年的监狱档案，他因政治原因被拘禁。

的目标。让欧洲人民遭到剥削、分裂、征服，最终彼此敌对的正是民族主义。实际上，民族国家是“自由的大敌”。因此，欧洲人民结束战争和其他形式的剥削的唯一方法，便是从他们各自的政府手中夺走权力，创造一个独立的高级机构。如果这能够付诸实施，战争就会成为过去，这个大陆或许最终可以成为“自由而统一的欧洲”。[3]

他们把宣言写在卷烟纸上——战争期间，信纸很难得到，特别是在拘留营里——并将其装进另一个犯人妻子的包里，偷运到欧洲大陆。1943 年，同盟国打到意大利南部，斯皮内利终于获释。他立即开始给意大利和欧洲其他地区的抵抗运动成员分发他的宣言，但进展缓慢。随着 1945 年的到来，情况迅速明朗起来，他的欧洲愿景不会像他希望的那样，随着战争结束后乐观主义的高峰一同到来。同盟国也不会在召开和平会议后有系统地实施这一愿景。西欧的盟军对战后的政治新思想不感兴趣，他们能做的只是维持法律和秩序。

349

350

因此，斯皮内利被迫修改自己的计划。他和国际主义同道者们无法一举创造出一个崭新的联邦欧洲，因此不得不以艰难的方式，通过谈判和妥协来达成目标。在接下来的 40 年里，随着国家间就国际条约逐条展开纷争，他也不辞辛劳地四处宣传。尽管他本质上始终是个共产党人，却也不顾忌与社会主义者、自由派和基督教民主派合作——实际上，他再也不相信左派和右派之间的意识形态分歧。在斯皮内利看来，唯一的真正分歧只存在于那些仍然致力于民族主义的人和愿意相信超民族国家的人之间。

第一次突破是 1951 年欧洲煤钢共同体（ECSC）的建立。六年后，按照《罗马条约》，欧洲经济共同体（EEC）成立，这是比利时、法国、意大利、卢森堡、荷兰以及西德建立的一个共同市场和关税同盟。这个组织逐渐扩张，1973 年吸收了丹麦、爱尔兰和英国，1981 年接受希腊，1986 年又将葡萄牙和西班牙纳入彀中。最终的目标始终是实现国家之间的完全一体化：不仅是经济一体，而且还实行单一的立法和统一的外交政策。

1979 年，全欧洲的人民第一次参与了欧洲议会的直接选

欧洲的梦想：雷金·德克森（Reijn Dirksen）1950 年的海报，起初是为了推广马歇尔计划。（图片底端文字：把我们所有的旗帜都插到桅杆上）

举，斯皮内利当选意大利中部的代表。他利用自己的新职位，倡导解除护照管制的边境开放政策，并在说服欧洲议会支持下一步计划——建立完全的欧洲联盟——方面起到重要的作用。

1986 年，就在《单一欧洲法案》于海牙签署数月之后，斯皮内利去世了。他没能活着看到柏林墙倒塌，以及随后的东欧国家争相加入欧盟（EU）。他也未能见证《马斯特里赫特条约》[①]，以及单一欧洲货币的建立，也没有看到加强欧洲议会作用的《里斯本条约》。但他如今作为积极而卓有成效地促成这些结果的人物而被世人铭记在心。1993 年，为了表彰他的成就，欧洲议会以他的名字命名了布鲁塞尔欧洲议会建筑群中最大的那座大厦。

民族主义的延续

351

欧洲联盟大概是世界上最成功的超国家机构，也是唯一一个从成员国手中获得较大主权的组织。它能做到这一点，多亏第二次世界大战。欧洲遭到的破坏和生命损失如此巨大，以至于欧洲的政治家对斯皮内利这种空想家的思想容易接受得多，也愿意以世上其他地区无法想象的方式来集中主权。

从表面上看，这种合并似乎非常成功：2012 年，欧盟因为把欧洲“从一个战争的大陆变成一个和平的大陆”而被授予诺贝尔和平奖。[4]但如此乐观地看待战后历史也存在一些明显

---

① 《马斯特里赫特条约》（Maastricht Treaty），即《欧洲联盟条约》。1991 年 12 月 9～10 日在荷兰的马斯特里赫特举行的第 46 届欧洲共同体首脑会议中，经过两天的辩论，最终通过并草签了《欧洲经济与货币联盟条约》和《政治联盟条约》，合称《欧洲联盟条约》，正式条约于 1992 年 2 月 7 日签订。这一条约是对《罗马条约》的修订，它为欧共体建立政治联盟和经济与货币联盟确立了目标与步骤，是《罗马条约》成立的基础。

的问题。第一个问题是认为欧洲维持了和平。任何生活在20
352 世纪后半叶的人都知道，欧洲的两个部分一直处于第三次世界大战几近爆发的持续威胁之下，远远谈不上和平。现实冲突之所以能够避免，不是因为欧盟及其先驱机构的建立，而是因为害怕同归于尽。有很多历史学家认为，维持欧洲和平的根本不是欧盟，而是随着北约的建立而形成的更广泛的西方防御条约。[5]

第二个问题是认为整个欧洲已联合起来并决心消除民族国家。虽然很多人赞成国家合并，但还有很多人认为这个主意令人深感不适。他们参加第二次世界大战不是为了国际主义理想，而是为了从纳粹手中解放自己的国家。对他们来说，重要的是他们自己国家的独立——在这方面，他们与1945年后的印度尼西亚人或肯尼亚人并无不同之处。说他们现在想自愿放弃独立的想法是他们曾经为之努力奋战的目的，似乎是相当荒谬的：要放弃那些曾经支撑着他们度过战争至暗时刻的观念，光凭写在卷烟纸上的一个宣言可是远远不够的。

事实上，如果说二战强化了全世界的民族国家观念，它在欧洲也起到同样的作用。取得胜利的英国与超级大国一样，找不到任何与他国一同将国家主权集中上交的理由。它从一开始便质疑欧洲的梦想：1951年，英国拒绝加入欧洲煤钢共同体。战后疯狂地试图恢复民族自豪感的法国，也常常对此表示同样的怀疑。英法有时不得不在美国的胁迫下合作，因为后者威胁说，如果它们不表现出更加合作的态度，将取消承诺的财政援助。[6]就连意大利人也普遍对斯皮内利的呼吁不怎么热情。右翼人士继续把民族看作他们的最高理想；左翼人士则把国际主义作为只有当共产主义者在整个大陆赢得政权，才有可能实现的一种情况。斯皮内利的愿景让两个群体都不能满意。欧洲其他地区的情形也都大致相同。

没过多久，阿尔蒂耶罗·斯皮内利的计划即遭遇第一次重大挫折。1954 年，他和其他亲欧派提出建立欧洲集体军队的主张，但当他们的计划取得原则上的一致意见后，法国议会却拒绝批准其生效。事出多因，其中最重要的是有关二战的黑暗记忆。正如夏尔·戴高乐语带挖苦地评论道："自胜利以来，法国有了一支军队，而战败的德国却没有，让我们来压制法国军队吧。"[7]法国议会无法支持任何在全体选民看来像是允许西德重新拿起武器的事情。

353

从那时起，很多欧洲的计划和条约都遭到民族主义者的否决，就连那些以最大的热情支持过欧洲计划的国家也不例外。1984 年，丹麦议会投票否决了《单一欧洲法案》，八年后，丹麦人民又投票否决了《马斯特里赫特条约》。1990 年代，英国人不假思索地拒绝采用单一欧洲货币，理由之一是欧洲货币背后的货币政策是"德国人旨在接管整个欧洲的骗局"。[8]2005 年，法国与荷兰的公民投票否决了欧洲宪法。2009 年，捷克共和国之所以拒绝签署《里斯本条约》，还是因为民族主义者担心德国人的用心。每一次，亲欧派都被迫对有关各国做出明显的让步。同时，上述的某些例子恰恰表明，二战的记忆从未远离。2016 年，英国人民最终否决了欧洲计划，他们通过投票，决定完全脱离欧盟。

如果说民族主义在西欧从未消失，那么它在东欧则根本未曾遭遇过挑战。与西方不同，东方集团在战争期间根本没机会反思自己的民族主义过盛问题，因为对很多人来说，战争从未真正结束：1945 年不过是宣告了纳粹的占领被苏联的控制取代而已。[9] 因此，乌克兰和波罗的海诸国直到 1950 年代中期仍在为国家解放而战，对苏联的消极抵抗也持续到整个 1960 年代、1970 年代以及 1980 年代。其他反对苏联势力的民族主义起义也在东德（1953 年）、匈牙利（1956 年）、捷克斯洛伐克（1968 年）和波兰（1980 年代初）纷纷爆发。

1990 年代初，当铁幕最终落下时，东欧各国踊跃加入欧盟，但这并不是说它们想要放弃民族主义。恰恰相反：在很多人看来，加入欧盟是一种保险策略，能够防止它们刚刚从莫斯科获得的独立在未来遭到任何攻击。正如波兰总统亚历山大·克瓦希涅夫斯基（Aleksander Kwasniewski）所说，欧盟的会员资格“给波兰，给每一个波兰城市和村庄，以及给每一个波兰家庭提供安全”。拉脱维亚总统竟然唤起有关二战的记忆，声称加入欧盟总算为 1939 年的《苏德互不侵犯条约》敲响了丧钟。[10]

354

在这样的气氛中，欧洲计划的国际主义精神从未真正生根。和西欧一样，东欧国家必须放弃某些新得到的主权，将其上交给一个更高级别的机构，这个想法唤醒了有关过去的不快记忆。只需想想疑欧派在各次全民公投期间使用的一些标语，就能看出某些人对于欧洲计划有多恐惧。“昨天的莫斯科，今天的布鲁塞尔”，波兰的保守派如此警告；“欧盟 = 苏联”，拉脱维亚的海报这样声称；在捷克共和国，疑欧派精心制作了一个与锤子镰刀交织在一起的欧盟标志。除了有关苏联人的记忆之外，民族主义者还唤醒了关于纳粹的记忆。波兰新闻杂志《直言》（*Wprost*）在 2016 年 1 月发行的那一期，封面是一张整版的照片，照片把安格拉·默克尔描绘成新的希特勒，其周围环绕着身穿纳粹制服的欧盟领袖人物。对心怀这种想法的人来说，欧盟不是民主和自由的灯塔，而是对压迫和奴役的提醒。[11]

民族主义的回击

在关于主权的持续辩论中，亲欧派和疑欧派都不能完全理性地行事。双方理性辩论的背后都埋藏着深深的集体恐惧。亲欧派喜欢摆出一副满怀希望、展望未来、欢迎外国文化的姿态，但他们在内心也害怕被排除在某个社团之外，被迫彼此竞争，甚至彼此开战。二战的记忆对他们的困扰之深，使得他们对任何欧盟应该解散的建议都不自觉地报以欧洲在“一代人之内”便要重回战场的预言。[12]疑欧派则喜欢把自己表现成自由主义者，为个人的权利而战，但他们也满怀焦虑，担忧外国人会抢走他们的工作、权利和自由，并且如果他们屈服于同化的压力，也许就会迷失在毫无个体差异的群体之中。这些恐惧没有什么新奇之处：它们是人类生存境况中普遍而永恒的特征。但有关 355 二战及其余波的记忆成为亲欧派和疑欧派两者恐惧的焦点，并帮助他们为恐惧找到了某种缘由。

最能充分表明人们是如何以这种方式利用二战的，或许要算2016年夏天，英国就是否留在欧盟举行公投。英国民族主义者把欧洲问题强行推到政治议程的首位，在长达25年的运动后，终于迎来全民公投。在那段时期，民族主义者始终以庆祝二战的胜利来证明英国是一个英雄的国度，而欧洲则拖累了他们。这种叙事直接与欧洲神话唱反调，后者总是强调战争是一场悲剧，而不是什么凯旋。因此，当英国最终投票决定其欧盟成员国身份时，两个版本的历史直接对峙。

突然间，二战似乎频频出现在新闻中。例如，英国首相戴维·卡梅伦在向全国发表的一次讲话中，提到二战公墓的画面，暗示如果英国退出欧盟，战后的欧洲和平便行将告终。[13]美国总统巴拉克·奥巴马在这次运动期间造访英国，他提到英国人曾经与美国人“共同血洒战场”，也恳求英国人投票“留下”。[14]与此同时，支持“退出”的活动家提到1940年的“敦刻尔克精神”，仿佛逃离欧盟等同于逃离纳粹的战役一般。英国独立党（UKIP）的党魁奈杰尔·法拉奇（Nigel Farage）甚至还养成了在自己的公投宣传巴士上演奏战争电影《胜利大逃亡》（*The Great Escape*）主题曲的习惯。[15]

在这场关于英国对二战的文化记忆的离奇战役中，一切微妙差异都消失了。事态发展得越来越荒唐，一个绝佳的例子是新闻界公开辩论英国的战时首相温斯顿·丘吉尔如果还在世的话，会如何投票的问题。“脱欧派”活动家们立刻声称，丘吉尔是他们这一派的，说正是他那种精神才会让英国再度成为“欧洲的英雄”。而“留欧派”活动家的回应是指出丘吉尔在战后余波中曾倡导过“欧洲合众国”的想法。随后，“脱欧派”声称他们有“证据”证明，从1950年代起，丘吉尔便厌恶欧洲一体化这个主意，“留欧派”对此的反击是他曾在1962年公开支持欧洲经济共同体。没有一个人停下来想一想，这种辩论对于英国在21世纪如何看待自己到底有何现实意义。[16]

356

运动双方分别开始将对方比作纳粹，自然是预料之中的最后一招。在英国独立党推出一幅将移民妖魔化的运动海报后，“留欧派”活动家立即将其与1930年代的纳粹政治宣传电影相比较。不甘示弱的“脱欧派”著名人士将对手与希特勒的宣传部部长约瑟夫·戈培尔相提并论，并将其经济专家比作纳粹科学家。[17]伦敦前市长鲍里斯·约翰逊（Boris Johnson）正是对战后团结的欧盟神话反戈一击的众人之一，他们声称整个欧洲计划不过是纳粹统一欧洲计划的一个当代典范而已。[18]

也有人提到共产主义，但那已经是在全民公投结束之后了。英国人投票后，欧盟领导人在文托泰内岛会晤，精心选择这个场地，自然是为了让他们想起阿尔蒂耶罗·斯皮内利及其宣言。《每日电讯报》(*Daily Telegraph*) 却在此时刊登一篇文章，揭发斯皮内利是个曾计划“秘密”接管欧洲的共产党人。但文中没有提到的事实是，斯皮内利是个非常与众不同的共产党人：他从一开始就避开斯大林主义，在冷战期间支持美国，并终生倡导个人的权利。一切微妙的差异再次遭到践踏。[19]

作为一个英国公民，我观察着事态进展，日益绝望。让我最感到不安的是辩论时的气氛。双方对民主、工作机会、经济和欧盟官僚作风的理智关注，很快就迷失在夸张、困惑和彻头彻尾的谎言风暴之中。其中最著名的是“脱欧派”说英国脱离欧盟，每周会给英国节省下 3.5 亿英镑，这一说法虽然遭到英国统计局的谴责，却仍被用大字写在他们公投运动巴士的侧面。但“留欧派”一方也做出夸张和情绪化的声明，其中尤其提及投下退出的一票必然会导致新的经济衰退云云。在这种气氛中，几乎不可能有理性的辩论。[20]

我的历史学家同行们也不能从这种气氛中幸免。一群历史学家——这个国家最重要的 380 位著名历史学家——给国家写了一封公开信，信中也提到有关二战的记忆。他们警告说，如果退出欧盟，英国就会鼓励其他各国为一己私利而勒索留在欧盟的国家。分离主义必然会抬头——不仅是国家的分离，而且还有苏格兰和加泰罗尼亚等地的地区分裂主义，还会破坏整个

357

大陆的稳定。“鉴于其当前面临的危险，欧洲负担不起这种分裂和与之相伴的国家对立的危险，以及1945年之前曾让欧洲历史备受困扰的不安全感。”[21]我曾一度考虑过加入这个团体。我热切地认为不管欧盟有多少明显的缺陷，英国还是应该留在欧盟，但我迟疑了，因为他们的公开信中那种二元对立论的语气违背了我一直以来的原则：他们推销的信息正是“留欧派”的主张之所以被普遍称为“投射恐惧”的主要原因之一。

2016年6月23日，英国投票以大约52∶48的比例决定退出欧盟。在接下来的日子里，我经历了各种各样的情绪：震惊、怀疑、失望、担心。那种看似已经笼罩在这个国家其他人身上长达数月的激情最终也让我屈服了，我花了很多个小时愤怒地向朋友和邻居抱怨我的同胞们有多愚蠢，而且因为我的大多数朋友和邻居都投了“留欧”票，他们也是震惊不已。一种深刻的厄运感笼罩着我们。我责备自己没有加入其他支持欧盟的历史学家队伍，不是因为我愚蠢地以为那样便可产生不同的结果，而是为自己没有竭尽全力避免我眼见的灾难而感到羞耻。

过了一些日子，我才重新振作起来。我告诉自己，我一直以来有多愚蠢。作为历史学家，我知道历史的潮流很少会因这样一个单一的时刻而发生剧变。我也知道预测未来是不可能的：历史上散布着从未曾兑现的末日预言（当然也充斥着同样注定落空的有关和平与和谐的预言）。没有理由认为疑欧派不对：或许英国和欧洲彼此互不相干反而会更好。我坐下来完成了几周前就该完成的工作——我拿出纸笔，试图开列一个脱欧利弊的事实清单。我随即意识到，这是一个不可能完成的任务。如358果不知道与欧洲的未来关系如何，就无法衡量与英国放弃的东西相比，未来是好是坏。

那么，到底是什么刺激我做出如此强烈的反应？是因为夸大了英国的重要性吗？我是否真的以为整个欧洲体系离开我的国家就会分崩离析？还是因为我对自己目睹的持续了几个月的分歧和敌意，我做出了滞后反应，在想象中把那些分裂放大了？

我的想法日益将我拉回到 1945 年，以及支持欧盟的历史学家同行们写的那封公开信上。我终于开始明白，英国自行退出欧盟并非问题所在：是英国退出欧盟代表的那一切让我如此不安。这次投票的背景与投票本身同样重要。在全民公投之前的几年里，我目睹了一次经济危机，激进的民粹主义在整个欧洲兴起，复兴中的俄罗斯展示了它在地缘政治中的强力，以及联合国与欧盟等国际机构变得越来越无能。只要是历史学家，如果看不到这些事件与导致二战的那些事件之间的相似性，那就一定是瞎了。与这些事态的发展相比，英国脱欧投票并不算太糟，但因为它逆转了我的国家已设立近 50 年的一项政策，看起来也像后退了一步。

有鉴于这样的背景，就怪不得我的反应如此糟糕了。虽然我们总是尝试做到理性客观，但毕竟历史学家和任何人一样，也是感情动物。

历史的滥用

受到让我们想起过去的一些事件的影响是一回事，但以影响他人的反应为明确目的而特意提起过去，显然是另一回事。出于政治目的而利用二战的符号并不是英国独有的。我在本书中列举了很多例子，说明了战争的回忆常常被操纵，服务于可疑的目的。这里请让我再举一个例子，它显示出这个过程有多险恶，以及它会把我们引向何方。这个例子几乎与欧盟无关，只能表明欧盟的目标在大多数民族主义者看来有多么无关紧要。

2008年，波兰政府委托建造一个专为纪念第二次世界大战

359 的全新的博物馆。他们任命一位历史学教授担任馆长，并指示他要创建一个以波兰的战争经历为核心的展览。他们这样做非常正确：波兰虽然是二战时期欧洲的主战场，历史通常却总是以苏联、美国和英国的叙事为主，波兰的视角从未得到应有的重要地位。

他们任命的馆长帕维乌·马赫采维奇（Paweł Machcewicz）是个骄傲的波兰人，但他首先是个骄傲的历史学家。他知道，如果要让拟议中的博物馆有意义，就不能只关注波兰的经历——毕竟，它的主题是一场世界大战，而不仅仅是一场波兰的战争。因此，他想到一个与我在本书中试图采用的方法相似的概念：他用波兰平民在二战中的经历作为远为宏大的图景的一个缩影，并在每一个环节将波兰发生的事件与其他地区的事件进行对照比较。波兰的视角在他的展览里仍处于中心地位，但他希望确保来自全世界的参观者也能在这里认出他们自己的战争经历。为了达到这个目标，马赫采维奇组建了一个咨询委员会，其中不但有来自波兰的历史学家，还有来自美国、俄罗斯、英国、法国、德国和以色列相关机构的历史学家。值得称道的是，波兰政府全心全意地支持了他的远见。[22]

然而在2015年，当选的新政府上台。代表激进民族主义的法律与公正党（PiS）正是通过把波兰描述成过去和现在都被敌人重重包围的崇高受害者，才得以上台执政的。新的文化部长彼得·格林斯基（Piotr Gliński）希望展览能够反映他们党的世界观，重点强调战争时期这个国家的英勇行为和殉难。他说博

物馆“不够波兰”。

2016 年秋，就在博物馆预定开放的几个月前，格林斯基宣布它将与另一家博物馆合并，那是专为纪念 1939 年在西盘半岛战役[①]中波兰军队注定失败的英勇行为而建的博物馆。合并显然是一个诡计：因为西盘半岛战役博物馆的兴建连个书面计划都没有，创建新机构不过是格林斯基赶走马赫采维奇及其团队，并推翻他们八年工作的借口而已。在接下来的日子里，包括我本人在内的世界各地数十位历史学家致信格林斯基，恳求他重新考虑此事。随后，波兰政府巡查员质疑了这次合并的合法性，此案被移交给法院。

360

2017 年 1 月 22 日，我作为一组被遴选的历史学家和记者中的一员，参观了这个展览。那天，马赫采维奇和他的团队希望向我们预展他们的工作成果，因为他们不确定是否还有机会再这样做：波兰最高法院将在翌日对预期的合并做出裁决。整个场面令人心痛难忍。不仅展览本身很有感染力——我从未在任何一家博物馆里见到过更全面地矫正“战争光荣”这种说法的展览——它那令人担忧的未来更让人情绪复杂。

我参观后的第二天，最高法院支持了政府的决定，改变了这个博物馆的重点，但不久以后，另一个法院向帕维乌·马赫采维奇发放了暂缓执行令。在撰写本书之时，还不清楚马赫采维奇是否能够保住饭碗，也不清楚他和他团队组织的展览是否会为讨好波兰一小部分政治派别的狭隘观点而惨遭篡改。

---

① 西盘半岛战役（Battle of Westerplatte），第二次世界大战德国入侵波兰的第一场战役，发生于 1939 年 9 月的头 7 天。不到 200 名波兰士兵于西盘半岛的军用转运站上抗击在各方面皆占压倒性优势的德军攻击长达 7 天。西盘半岛保卫战激励了波军的士气，并成功阻止德军将部队用于他处。直到今天，西盘半岛的战斗仍被波兰人视为抵抗侵略的象征。

和有关英国退出欧盟的争论一样，这个故事表明，历史总在发挥着作用。正如小说家乔治·奥威尔在1949年所说：“谁控制了过去，谁就控制了未来。”何况作为战后欧洲文化的奠基石，二战的历史发挥着至关重要的作用。整个大陆的政治家都本能地知道，谁控制了我们对战争的理解，谁就掌握了一件有力的政治工具。

帕维乌·马赫采维奇这样的历史学家试图将战争表现为人类共同的经历，是以不同的方式影响了世界不同地区的一场全球悲剧，但这并没有感染到每一个人。这是一个包容的历史观，也是欧盟这样的机构秉持并推行的历史观，它为思考现实留下空间，这个现实就是没有人能在一场世界大战之后全身而退或纤尘不染。与之相反，激进的民族主义者只希望强调一小部分人的苦难和英勇行为，仿佛只有他们的经历才是最重要的。他们把责任完全归咎于外人，还提倡一种神话叙事，确保国家可以维持一种毫无瑕疵的神圣感。在这样一种世界观看来，国家是唯一重要的群体。整体观被牺牲，随之而去的还有以国家统一的名义而放弃的与宿敌和解的机会。

这种意识形态往往让人不能理解的是，“国家统一”本身也是个神话。波兰用一个声音说话的次数并不比英国、法国，361 或其他任何欧洲国家更多。唯一让他们把自己想象成一个单一群体的，就是能够对波兰人、英国人或法国人等身份做出定义的因素中含有的一定程度上的灵活性。任何想把某种单一观点强加于人的企图都必然会导致冲突。

这其中存在一个危险，因为如果国家不外乎是一个想象出来的共同体，那么就可以重新想象——不仅可以重新想象成一个像欧盟那样更大的群体，还可以重新想象成从整体中分裂出来的一系列小群体。正如阿尔蒂耶罗·斯皮内利在他的《文托泰内宣言》中写的那样，当欧洲人民的耳边众声鼎沸时，什么才能阻止他们产生“各种倾向、潮流和派别的分歧，彼此间纷争不断”呢？

像1945年一样，如今不仅欧洲产生了危险的分歧，与英国和波兰类似的国家也是一样。第二次世界大战曾一度激发欧洲各国团结起来，如今却同样激发了民族主义者和区域分裂主义者——当然还有其他磨刀霍霍的人——将其四分五裂。战后的欧洲计划在七十多年后，终于开始分崩离析。

第六部分

一万块碎片

21. 精神创伤

在上一章中，我探讨了启发国家从帝国和其他超国家机构中脱离出去的某些理想和梦想。这常常是个充斥着暴力的过程。很多殖民地不仅必须为独立而战，而且还要在独立后忍受不同意识形态的各个集团为控制政府而引发的国内冲突。尽管如此，如今生活在这些国家的人却很少会质疑这个过程归根结底是否值得。他们说，自由是值得人为之而战的。

365

但如果一个民族从另一个民族分裂出来并非出自他们的选择时又当如何？如果这个决定违背了他们的意志呢？二战之后，不但帝国分崩离析，国家、社会和家庭也是如此，而这种分裂往往不是它们所为，是强加于它们的。

朝鲜是在这方面遭受苦难最多的国家。朝鲜在二战前是日本的殖民地，二战期间遭受过残酷的剥削，1945 年最终被同盟军解放。但脱离日本并没有给它带来和平。相反，解放者——北方的苏联人和南方的美国人——把它分割开，因为对这个国家的愿景反差极大，它们最终将其粗暴地、永久性地分裂成两半。

崔明善（音译，Choi Myeong-sun）年轻时目睹了很多这样的事件，结果造成了她自己人格上的分裂。在面对惨无人道的暴力压榨和分裂国家行为时的无能为力究竟意味着什么，她的故事很有代表性。

1926年，崔出生在汉城①一个贫穷的郊区。甚至在二战之前，她的成长过程中也面临着无名的恐惧。她八九岁大的时候，美丽的姐姐突然消失了。在接下来的两三年里，没有人知道她姐姐究竟发生了什么，崔母为此终日啜泣。后来有一天，姐姐又回来了。她看上去很糟糕，“像个乞丐……浑身上下皮包骨头”。没有人告诉崔这是怎么回事，但她知道，此事与日本警察有关，她还偷听到邻居说，“忍受不幸”是每一个漂亮女子的命。随后的几个月，崔眼看着姐姐因为某种神秘的疾病而日渐衰弱。不到一年，姐姐就死了。[1]

366

二战来临时，家里的其他人很快便纷纷离散，崔后来回忆道：“我和二哥特别亲近，但他刚满20岁就应征参军了。没过多久，我大哥带着嫂子，一家人去满洲找工作，我一个人留下来陪父母。我非常想念二哥，尽管他会从广岛给我们写信。我慢慢地感受到日子越来越艰辛。”1945年1月，只剩下她和母亲两人相依为命，仅靠着母亲的收入来过日子。

一天，町内会的一名官员接近崔，问她是否考虑去日本工作。他说如果她留在朝鲜，很有可能被征召加入“女子挺身队”（Women's Volunteer Corps），那是一个日本人强迫朝鲜妇女为基础军事工业无偿劳动的计划。但如果她自愿去日本，就会找到报酬优渥的好工作。

崔考虑了几天，越想越喜欢这个主意。她希望能对家庭的经济情况有所贡献，而且要是去了日本，甚至还能看到哥哥。她把那个官员跟她说的事情告诉母亲，但母亲乞求她不要去。母亲好像被什么东西吓到了，但她没有说那是什么。不管怎样，

① Seoul的中文译名在2005年前均为“汉城”，2005年之后才改名“首尔”，故本书译者参照这个分界。

崔决定不考虑母亲的担忧。第二天，母亲上班后，她就自己打点行李去町内会报到。24 小时后，她就登上开往日本的船。

工作与她期待的完全不一样。崔没有被带去工厂或办公室，而是去了一个高级军官的家。起初，她不明白自己的职责是什么，因为这个家庭已经有女仆和厨师。她被带去一个房间，有人给了她一些吃的，让她等在那里。那天晚上，军官进入她的房间强奸了她，她这才明白自己的职能。原来军官的夫人长年卧病在床；崔被带到这里来，纯粹是为了满足他的性欲。

在随后的两个月里，崔几乎每晚都被迫经历同样的折磨。367 白天，军官出去上班后，她就长时间与他的家人在一起。她乞求他们放她走，但他们根本不予理睬。她直接恳求军官太太，对后者说如果家里没有妾室，她丈夫就会更爱她。“差不多有两个月吧，我一直在纠缠他们，太太开始对我产生了厌倦。她脾气越来越坏，但我还是从早到晚地纠缠着她。”

最后，军官太太好像终于答应了，她让崔收拾好行李。崔欣喜若狂，把自己的东西拢在一处，跟着军官的儿子去了车站，在那里被转交给两个陌生人。她以为他们会把她带上船，送她回家，但实际上，他们把她送进军队的妓院。她再次遭到背叛。

接下来的五个月，崔被迫在她形容的“活地狱”中忍受折磨。她被关在一间看起来像是仓库的小房间里，仓库门口有武装警卫。她每天被迫接待 20 个以上的士兵，人数常常比这个还要多得多，他们都获准以自己希望的任何方式来对待她。她与人类的唯一接触就是她接待的男人、警卫和偶尔来给她送饭的一个日本女人。这个妓院里还有其他女人，但她从来不被准许与她们说话：她们都被关在各自的房间里，因为担心受罚，在少有的场合，就算遇到也默不作声。

“因为我不服从命令，所以经常挨打。我会昏过去，每次昏过去，他们就给我打针，让我醒过来……我经常挨打，因为我躺着时用裙子盖住脸，因为他们命令我给他们口交时我不愿意，因为我说的是朝鲜话而不是日本话，还有好多呢。我挨打的次数太多，看上去没精打采的。我像个死尸一样躺着，眼睛睁着，但什么也不看。”

连续几个月的虐待终于造成了伤害。她的阴道粗糙肿胀，开始散发着难闻的气味，而她仍然被强迫继续工作。外科医生来看过她，给她打针吃药，但她的情况继续恶化下去。由于她的病情过重，妓院终于不再要她了。最后，她被放进一条船，送回朝鲜的家里。

崔是在七月回到汉城的，穷得像个乞丐一样，病得几乎不 368 能走路。当她蹒跚着回到家里，母亲不禁落下泪来。她从来没问过女儿去了哪儿，但她似乎什么都知道。她经常会流泪，还会放声大哭，说两个女儿都这样被毁了。崔被送去医院，在那里检查出已怀上孩子，但胎儿已经死了。她病得这么重，就是因为腹中的胎儿已开始腐烂。

那个夏天，朝鲜半岛从日本统治下解放出来。当她的国家挣扎着重新站起来时，崔也在挣扎着重新站起来。她嫁给一个邻居，给他生了个儿子，但新丈夫开始打她，最后还把她赶出家门，说自己从她身上染上了梅毒。后来她改嫁，又生了四个孩子，但她的家庭气氛从来都不快乐：“我 30 岁以后开始烦躁，心慌意乱的。我会突然恨自己的丈夫，血气忽热忽冷，经常大发脾气，冲他大喊大叫让他滚开……我一见人就害怕，听到任何响亮的声音都会发抖。我在家里待了 30 年没出门，靠手和膝盖在地上爬。”她不敢与任何人说她的过去，担心他们会如何看待她和她的孩子们。

1980 年代中期，崔明善和大儿子一起生活，后者当时已四十多岁。他突然出现精神问题，被一家精神病医院接收去检查。刚刚重新学会直立行走的崔也被叫去见她儿子的医生。他们问她是否得过梅毒：她的儿子似乎从她的子宫那里就染上这种病，细菌如今已感染了大脑。她低下头哭泣，说不出话来。

根据精神分析理论，人类的大脑不具备应付崔明善被迫忍受的这种创伤的能力。对于严重威胁的正常反应要么是逃跑，要么是战斗，但当我们无法这样做时——当我们在面对将要发生的强奸或折磨而无能为力时——我们的大脑便开始充斥着对生存的恐惧。这种经历扰乱了大脑通常借以自控的微妙过程。保护我们在日常生活中免受过度刺激的心理屏障会突然崩溃。我们迄今理解生活的谨慎方式，在理智与无意识的渴望之间保持平衡的方式，以及将记忆无论好坏分类归档的方式，所有的一切，在这样的威胁面前全都突然失去了意义。[2]

369

有时，这样的创伤会产生长期的严重后果，尤其是像崔明善那样长期或反复的创伤。幸存者失去了区分现实和记忆、过往与现在的能力——他们受到幻觉重现的折磨，真真切切地体会到仿佛创伤再次发生一般的痛楚。在最糟糕的情况下，他们会遭受彻底的人格崩溃，完全无法生活。

崔明善经历了如今俗称“创伤性应激障碍”（PTSD）的很多典型症状。她从日本回家后，有几十年闭口不谈发生的事情——人们怀疑，这部分在于她无法忍受曾面对的那一切恐怖，而且也在于她不相信会有人理解她。她无法应对外部世界表现为严重的广场恐惧症。她与其他人的一切关系都被过去的经历所抑制。她想靠镇静剂来停止这种痛苦，却因此而成瘾，当药物也不起什么作用时，她又变得对自己产生残忍的攻击性。她长年忍受丈夫的虐待是因为她觉得自己只配忍受虐待，而她逐渐发展出来的身心失调症状使得她几十年来确实是匍匐而行。这是安娜·弗洛伊德[①]称之为“认同攻击者”的一种表现：崔明善在惩罚自己，就像其他人在战时对她的惩罚一样。

也许她的故事里最令人心碎的部分是尾声——她得知自己把梅毒传给了婴儿期的儿子。1980 年代后期，她接受一家调查战时性奴隶的韩国非政府组织采访时，提到儿子，她只是说“是我不好。我毁了儿子的一辈子”。在她看来，她对儿子所做的是别人对她做过的事情——把疾病传染给他，毁了他的一生。她变成了作恶者。

创伤与无力感

如果崔明善回到一个稳定的环境，或许会更容易恢复，但370 朝鲜当时也在经历自己的创伤。1939 ~ 1945 年，至少有 75 万朝鲜男性被迫征召到日本工厂工作，另有 75 万人“自愿”接受调动。崔明善的二哥就是其中的一员。女性也经常会被迫征召参加各种工作。根据日本的殖民法，14 ~ 45 岁的所有女性每年都要被迫参加两个月的国家劳动服务队。战争快结束时，她们又被迫应征加入为时更长的“挺身队”——崔明善就是因为

---

① 安娜·弗洛伊德（Anna Freud，1895—1982），奥地利裔英国心理学家，西格蒙德·弗洛伊德的幼女。她在新开辟的心理分析领域做出贡献，强调自我的重要性，认为能力可以通过社会的训练而获得。

想避开这个才去了日本。被委婉地称作“慰安妇”的征募只是冰山的一角，它只是范围更广泛的殖民地奴隶制中最残酷的那一部分。[3]

遗憾的是，战争的结束，以及日本统治的结束，均未终止朝鲜人的无力感。与印度尼西亚或越南——或是世界另一侧的意大利或法国——的人民不同，朝鲜人没能完全参与自己的解放。他们屈服于日本的统治直到二战的最后一刻，此时另一群外来者——从北边来的苏联人，从南边来的美国人前来接管。朝鲜人似乎无法掌握自己的命运。

在北部，苏联人的到来可不是什么好兆头。根据当时的新闻报道和外交文献，第一波苏联士兵既残暴又毫无纪律：他们一路向南掠夺，抢光了所有的商店、仓库，拆除工厂的设备并将零件运回苏联，所到之处不加区别地侵犯当地妇女。“慰安妇”的命运似乎又一次成为象征。曾被迫在满洲妓院工作的朝鲜人文必琪说她的解放不过是长期创伤的新篇章而已：“现在日本人走了，俄国人又想强奸我们。”她被迫逃离苏联人，徒步走回汉城。[4]

南部朝鲜人的经历同样令人沮丧，对“慰安妇”的虐待也同样一言难尽。被监禁在中国台湾一个性服务营里的朝鲜妇女朴头理（Pak Duri）声称，在所谓的解放之后，她又被美国人多关了三个月。服务日本兵和服务美国兵之间的唯一真正区别是，美国人给的小费多一些，可如果这就是所谓的“自由”，那对她的国家来说可不是什么好兆头。[5]果然，1945 年美国军队抵达朝鲜半岛南部时，他们没有立即清洗日本人及其合作者，反而为维持法律与秩序，大致保持了原样。通敌者从未被绳之以法，警察机关也未有变化。美国人对待日本战败者的亲切友好态度，引发了普遍的愤慨，但这种愤慨之情大体上毫无作用。[6]

371

历史学家常常会将苏联人和美国人在其各自的朝鲜半岛管辖区的表现进行比较。整体而言，苏联人残忍而高效；美国人意图良好却没有明晰的行动计划，这让他们的管辖区大体陷入近乎混乱的状态。但这种比较缺失了至关重要的一点：对于大多数朝鲜人来说，重要的是他们仍然受外来者统治。

1945 年底，当同盟国宣布这个国家将在英、中、苏、美四国的监督下执行托管计划时，上述事实昭然若揭。这个新闻刚一发布，三八线两侧同时爆发了抗议。在北部，直到此刻一直与苏联人合作的温和民族主义政治家全体辞职。苏联人的反应是把他们全都抓起来，其中包括在全国最受爱戴的领导人曹晚植①，他的坚定正直为他赢得了“朝鲜甘地”的绰号。这之后，人们再也没有见过他，据传他在朝鲜战争开始时被处决。与此同时，南部的示威和罢工完全失控：学校关闭，工厂、商店和铁路也纷纷停摆。某些抗议者非常暴力，例如，当美方向一位朝鲜地方政治家施压，让他支持托管计划时，次日清晨他就死了——他在自家房前被人一枪爆头。[7]

让朝鲜人深感不安的是，两个超级大国似乎都想在他们的国家实施自己的权力与控制体系，这与日本数十年前做的并无二致。

在北部，苏联人支持建立了一个在金日成领导下的斯大林 372 主义亲苏政府。所有反对这个新政权或表达出哪怕是温和的反苏观点的人，全都被捕或撤职。1945 年底，有很多人向南逃

---

① 曹晚植（Cho Man-sik，1883—1950），号古堂，独立运动家。1922 年为鼓励用国货，与好友吴胤善组织了朝鲜物产奖励会并任会长。曹晚植一辈子只穿用土布缝制的朝鲜袄裤、朝鲜长袍和朝鲜鞋。他的爱国精神为他赢得了巨大声望。1945 年 8 月朝鲜半岛光复后，曹晚植创建了朝鲜民主党。但当苏联人发现曹晚植有反共倾向时，将其软禁。

去。1947 年 7 月，据《纽约时报》说，有将近 200 万人逃到美国管辖区。[8]

与此同时，在南部，美国人担保成立了一个保守联盟，其成员都是移居海外的朝鲜人、右翼民族主义者和富裕的地主，其中一些人曾积极地与日本人合作。从中崛起的领袖人物是残忍的威权主义者李承晚，他在对共产主义者、社会主义者、左翼人士和温和派的全面压迫下主持大局，他的统治终因多次屠杀无辜的平民而恶名昭彰。

1948 年，当美国人和苏联人最终撤出朝鲜半岛时，这个半岛已经完全两极对立，从中间一分为二。在共产主义北方与民族主义南方之间寻找共同点的所有努力都付诸东流，双方的临时政府都不同意任何权力共享的动议。如今，如果不使用武力，统一看似毫无希望。就这样，朝鲜战争的序幕揭开了，那是 20 世纪后半叶最残酷的冲突之一。

内战

历史学家通常把朝鲜战争描述成超级大国之间新冷战的第一次公开冲突，如果没有超级大国的参与，显然不会如此发展。北朝鲜从一开始便聘请苏联的顾问，战争的初始阶段过后，大约 20 万中国士兵也为北朝鲜参战。与此同时，南朝鲜严重依赖一个前所未有的由 57 个其他国家结成的联盟，其中最重要的当然是美国。[9]因此，从某种意义上来说，朝鲜战争就是 1945 年后整个世界不断累积的紧张局势的缩影。导致朝鲜半岛分裂的意识形态分歧与导致欧洲，乃至在 20 世纪余下的时间里导致全世界分裂的意识形态分歧并没有什么不同。但这样的一种解读忽略了它也是一场内战、参战者主要是朝鲜人的事实。这种解读也没有解释这种往往是针对平民而不是士兵的暴力何以残酷至此。

战争期间释放的仇恨远非理性所能解释；这些仇恨不仅与二战有关，与冷战也有很大关系。双方的很多军官都曾在日本军队受训，也吸收了日本人很多暴力的民族主义观念。有些人1945年之前曾在朝鲜当过警察，早已暴力执法而从未受到过惩罚。有些人曾在日本占领的中国和东南亚部分地区服务，在那些地方就曾犯下种种暴行。就连那些从来没有在日本人手下受训的人，脑海中也存留着日据时期的记忆。北朝鲜还拥有额外的一层记忆：政治领导人过去30年曾在苏联生活过，对苏联的做法特别了解。

自始至终，朝鲜战争都非常残酷。北朝鲜人第一次向南进攻时，南朝鲜政权的反应是杀害10万名左派嫌疑人，他们几乎都是无辜的平民。潮头逆转时，南朝鲜人开始北伐，北方也以同样的做法回敬。最惨烈的屠杀发生在大田（Taejŏn）监狱，有5000~7000人被集体处决。对美国人来说，这立即唤起有关二战的记忆：《华盛顿邮报》甚至把一个屠杀地点称作“赤色布痕瓦尔德”。[10]

就像二战时一样，妇女再次成为蹂躏的对象。南朝鲜军方也为自己的军队设立“特别慰安所”，令人毛骨悚然地重复了日本的制度，被俘的北朝鲜妇女被迫遭受的性奴役与崔明善等人在1945年经历的如出一辙。唯一的明显差别是，日本人主要是对外国妇女做出这种兽行，而南朝鲜人如今却对本属同族的女性施暴。[11]

374 朝鲜战争持续了三年，造成大约125万人死亡，其中大部分是平民。当战争最终于1953年7月结束时，新的停战线距离双方开战前的三八线并不远。战争没有解决任何问题。

从心理学角度来看，整场战争只做到一件事，那就是强化了“野蛮残暴是生存的必要手段”这个观念：在不当作恶者就成牺牲者的非黑即白的世界里，双方都学会了最好还是充当作恶者。

这也是二战和日本帝国统治时期的遗产。朝鲜半岛南北双方在1945年后都遭受了专制独裁的统治，这一点颇有启发意义。双方政权都鄙视曾导致他们被日本征服的软弱，并决心惩罚任何会让他们想起那种软弱的行为。这种心态中的反讽之处令人痛心。[12]

噩梦重现

朝鲜人的集体潜意识被曾向日本人屈服而深深伤害了。如果对此有任何怀疑的话，只需看一看从二战以来经常笼罩着这个国家的恐惧和反日情绪的爆发即可。

例如，1948年，当美国人带着几个日本官员帮助他们稳定朝鲜半岛南部的经济时，立即谣言四起，说“日本重新拿起武器，获准再次占领朝鲜”。突然间，朝鲜报纸上充满了愤怒的社论。“难道我们的敌人日本人要再次来到我们的土地上吗?”《朝鲜日报》怒问。6月24日，由26个不同政治群体组成的联盟发表了一份联合声明，宣称“煽动了第二次世界大战的日本帝国主义分子”正“企图武装起来，再次占领朝鲜”。金九①等政治家

375

① 金九（Kim Ku，1876—1949），名昌洙，宗族排行第九，通常称其为金九。他是韩国的一个传奇人物、著名的独立运动家。早年参与反对朝鲜王朝的东学党起义，之后因各种不同原因数度入狱。后来因出色的政治领导力而加入韩国的独立运动，且成为领导人。1949年遭暗杀身亡。他在韩国本土被誉为抗日英雄，被现代韩国人尊称为“韩国的国父”。

立即开始呼吁“3000 万朝鲜人不向战斗屈服，彻底扫清在朝鲜的所有日本剥削者”。这种声明并不仅仅是政治辞令：它们也反映了潜意识里对朝鲜有可能再次落入日本人之手的恐惧，尽管缺乏理性，却非常真实。[13]

这些恐惧被后来发生的事件所压制，但在 1965 年，它们再次爆发，使得汉城街头出现一系列大型的反日示威。这一次爆发主要是由与日本签署关系正常化的新条约触发的。日本在该地区的力量日益强大，美国也是一样，而当时的韩国却开始把自身的利益与这两个国家联系起来，于是引发人民极大的不满。

在此期间，韩国对美国和日本恢复了往日的从属地位，庞大的新色情产业升级换代正是其象征，该产业主要接待的是日本游客以及美军军事基地的士兵和水手。如此继续利用朝鲜族妇女，而且还是通过自己，引发了人们对过去的不快记忆。[14]

最近这些年又发生了很多重揭二战噩梦的事件。其中最有力的是再次提起的“慰安妇”问题，第一次发生在 1990 年代。大韩民国刚刚走出长期的军事独裁，在崭新的民主气氛中，一些慰安妇觉得终于能够说出她们的遭遇了。正是在这一时期，崔明善第一次站出来讲述她的故事。

这些真相的揭露又一次在韩国上下释放了强烈的情感。1992 年，当日本首相访问这个国家时，汉城的日本大使馆外发生示威，抗议者要求日本人道歉。没过多久，这种示威变成每周一次。在此后二十多年里，每个星期三，使馆外都会聚集着人群，崔明善这样的前慰安妇成为这个国家受害者身份活生生的象征。2011 年，为了表示对她们的尊重，韩国立起一座纪念

376

碑：这是一个年轻女子的跪姿①铜像，她双拳紧握，双眼紧紧地盯着日本大使馆。面对所有这些压力，日本政府最终缓和下来。2015 年 12 月，他们同意向一个新的基金会捐助 10 亿日元（当时约合 800 万美元），专门用于治疗慰安妇的心理创伤。[15]

在某些方面，这些近期的事件表明，韩国向前迈出了健康的一步，终于开始直面战时对本国妇女所做的一些恶行。强调治疗她们的心理创伤，也是在承认她们过去遭受且至今仍深受其苦的创伤。然而，韩国人处理问题的方式掩盖的事实与其揭露的一样多。只需看看慰安妇本人的故事，我们就会发现，她们的创伤的很多方面并未触及。第一个背叛崔明善、将其卖身为奴的不是日本人，而是町内会的朝鲜人。其他妇女也谈到被苏联人强奸或是被美国人蹂躏，这些在二战结束后很久仍在继续。所有这些妇女后来都饱受磨难，不但因为最初的创伤，还有韩国社会对她们的羞辱。 377

还有其他更广泛的问题。女权主义者指出，针对女性的暴力在韩国社会非常普遍，使得这个国家的性暴力和家庭暴力的统计数字高得令人震惊。[16]其他学者提请人们注意二战后韩国本国政权的镇压性质，这种镇压不仅对女性，而且对整个社会都非常残酷。一位学者甚至把 1960 年代韩国的军事独裁称作“死亡政治”政权，即一个对待自己的国民像物品一样，从他们身上榨干最后一点儿生命力，又把他们弃置不睬，并以此延续统治的政府。对于慰安妇以及给韩国的国内生产总值贡献颇丰的性行业的态度，就是这种政权的终极象征。这些事情同样是二

① 作者所指的韩国于 2011 年在日本驻韩国大使馆前树立的慰安妇铜像，是一位坐在椅子上的年轻女子，并非跪姿。

“日本政府！向日本军队‘慰安妇’的受害者正式道歉！”在首尔日本大使馆外的一次星期三示威活动中，一个女子手举标语牌。这张照片摄于 2013 年，从第一次算起，这个每周一次的抗议集会持续了逾 21 年。

战的遗产。[17]

如果说崔明善的故事，乃至整个朝鲜半岛的故事向我们揭示了什么的话，那就是创伤的影响有多么广泛。韩国目前还只是处在面对其过去的初级阶段，特别是因为在日据时期经历的无力感，朝鲜人转而对本国人做了那么多可怕事情的那段惨痛的过去。朝鲜则至今还没有开始这个过程。

分裂的国家

在某种程度上，朝鲜半岛在战时和战后的故事就是我们大家的故事。第二次世界大战是一次全球性的创伤，对世界释放出巨大的力量，没有人能够控制。很多国家在战时就像朝鲜一样，对自己的命运无能为力。就连毫无争议的战争胜利者英国、美国和苏联也被强行拖入暴力，付出了巨大的生命和财富代价。当然，个人之间和国家之间在经历上存在着巨大的差异，但没有人完全不受影响。崔明善这样的人遭受的创伤成为我们共同的经历的一部分：无论我们是不是朝鲜人，这个故事都会在全世界引起共鸣。[18]

378 在战后，朝鲜半岛发展出一种殉难者文化，战争期间曾经遭受过占领的每一个国家或地区的人民对此都很熟悉。和世界上大多数地区一样，朝鲜半岛也希望能在1945年获得重生，希望有机会在自由、平等和进步的基础上建立一个新的国家。最重要的是，他们希望统一——不是科德·迈耶或加里·戴维斯这样的人梦想的世界一统，只是把半岛南北两个部分合二为一的国家统一。朝鲜人和韩国人都尽其所能地想利用武力解决这个问题，却再次发现一切根本不受掌控。

朝鲜不是唯一被外来者一分为二的国家。越南也有多年被冷战一分为二的历史。伊朗在苏联人被说服撤军之前，也有几年遭受了同样的命运。欧洲的情况还要更糟。在这里，东西双方之间的分歧被大规模地表现为整个大陆的分裂，欧洲有逾40年的时间被一个隐喻的“铁幕”分隔。当德国像朝鲜那样被一劈为二，分裂在国家的层面上得到了体现。甚至还表现在维也纳和柏林等城市的小规模分裂上。分隔资本主义西柏林和共产主义东柏林的那堵墙，成为20世纪最有力的象征之一。

帝国的崩溃产生了类似的分裂。1947年英国从印度撤退时，他们把印度分成南边主要信仰印度教的印度，以及东北和西北主要是穆斯林的巴基斯坦。数千万人的命运因而有了定论，与其说是通过自决的行动，倒不如说是英国官僚的匆忙决议。由此产生的地缘政治的分界线在随后的几十年里造成的风波不断，印度和巴基斯坦分别忙于他们自己版本的冷战，最终以核武器宣告收场。

巴勒斯坦的分裂产生了恼人的类似后果。1947 年，联合国未经阿拉伯人的参与或允许，便起草了一个分治方案。随后一场内战发生，以色列夺取了更大比例的土地。巴勒斯坦阿拉伯人由此产生的无力感正是该地区如今仍然冲突不断的根源。

379 二战导致的创伤性动乱最具破坏性的遗产，是它们产生的无助的屈辱感。所有在战时和战后遭到“迫害”的人都有这种感觉，哪怕是那些认为自己早已恢复的人也一样。当一个社会或国家遭到侵犯，它的存在本身受到威胁，就会在它的集体灵魂深处保留对那种侵犯的记忆。但如果一个民族经历的暴力和屈辱经久不衰，而且那个民族从来没有稳定的环境来疗伤，那么化解创伤的机会就会消失殆尽。

在考虑任何在战时和战后遭受如此暴力分割的国家的社会时，我们要牢牢记住 1990 年代初期崔明善对来自韩国议会的一个采访者说的话。“我表面上看着正常，但我患有神经紊乱，”她说，“我心里埋藏着这个可怕的故事，谁能体会到我内心的痛苦？”

22. 损失

380

叶夫根尼娅·基谢廖娃（Evgeniia Kiseleva）曾经是个快乐的姑娘。战争爆发前，她还不到25岁，住在乌克兰卢甘斯克州（Luhansk）佩尔沃迈斯基（Pervomaisk）这个采矿小镇上。她嫁给一个名叫加夫里尔（Gavriil）的英俊男子，他是镇上消防队的队长，两人深爱着彼此。她每天去一家食品店上班，卖鱼给镇上的女人们；每天晚上，她会回家来到丈夫身边。他们已经有了一个儿子，1940年底，老二也即将出生。

对于叶夫根尼娅来说，战争是个永远无法愈合的创伤。"我丈夫和我过着幸福的生活，但1941年战争开始后，我们俩就永别了。我的苦难也开始了。"[1]加夫里尔离家参军，照料新生儿的叶夫根尼娅则搬去和父母同住。

时隔不久，二战的巨大力量便扫过他们生活的角落。叶夫根尼娅的父母家被德国炮弹击中，母亲被炸死，父亲也严重受伤。她的大儿子因为爆炸而暂时失明。叶夫根尼娅突然间开始负担起一切。为了家人的安全，她无法给废墟中的母亲下葬，被迫弃之而去。她用手推车把受伤的父亲送到一家德国的野战医院——但还没来得及找到人帮助，他的腿就已严重感染。父亲最后死在她面前。接下来的日子里，她拖着两个孩子从一个避难所走到另一个避难所，在入侵士兵的面前以及充斥着"子弹、坦克、迫击炮、机关枪"和"可怕的恐惧"的真真切切的世界末日启示中饱受惊吓。她后来描述战争时，将其比作"末日审判”。[2]

战争结束后，叶夫根尼娅出门去找加夫里尔。她一度担心丈夫死了，但结果证明，在战争中失去丈夫的方式不止一种。叶夫根尼娅最终于1946年找到了他，她发现在两人长期分离期间，他又和另外两个女人有染——好像与这两人都结了婚，两个女人还分别给他生了一个孩子。至少可以说，他们的重逢很381 不自在。他蛮不情愿地把叶夫根尼娅带回自己的新公寓，她在那里度过一个糟糕的无眠之夜，和他及他的一位新妻子共处一室。第二天，她充满挫败感地掉头回家。“我满眼是泪，根本看不见路。”[3]

从那天起，叶夫根尼娅再也没有找到过爱情。她在家乡开始和一个名叫德米特里·蒂乌里切夫（Dmitrii Tiurichev）的煤矿工人交往，他因为战争落下残疾，但叶夫根尼娅最终发现他是个酒鬼和花花公子，经常蛮横地对待她和孩子们。她与他分分合合20年，最后在1966年彻底离开了他。在此期间她始终没和加夫里尔离婚：实际上，直到加夫里尔最终在1978年去世，她在名义上还是他的妻子。

她和其他家人的关系也从来都不理想。儿子们长大结婚，但她和儿媳们吵闹不断，有时甚至还会动手。她全家人都酗酒。但当时她认识的人全是这样：她把自己的时代叫作“伏特加世纪”。[4]

她独自生活直到生命的最后一刻，是个除了电视无人相伴的可怜老太太。回顾过往，她把自己变成这样的原因归咎于战争，但她和崔明善不一样。困扰她的不是自己经历过的创伤，而是失去了本该拥有的东西。她尤其为失去初恋加夫里尔伤心难过。“他那么英俊，性格也不坏，”在他死后，她在日记里写道，“他爱过我，但战争把我们永远地分开了。如果不是战争，这也就不会发生。”[5]

个人的损失

我们如何量化损失？估计战争期间的死亡人数已属困难——历史学家和人口统计学家常常会为如何得出更加准确的死亡统计数字而争论不休。然而，每一个生命的丧失也会让亲友的生命就此枯萎。每一个人的死亡都像丢进池塘里的一块石头。人们无法衡量波及家人和社群的所有痛苦、孤单和破碎的梦想，也无法考察那些涟漪如何与全国其他家庭和社群感受到的损失彼此碰撞和结合。

叶夫根尼娅·基谢廖娃故事里的每一个人都在某些方面受到战争的影响。叶夫根尼娅本人眼看着父母死在自己面前。她看着自己的家被毁，被迫和丈夫分离，还在很多其他方面饱受创伤。无法估计如果没有战争，她的生活会是怎样，所以她自己的衡量方式——失去至爱——似乎也无可厚非。如果从来没有发生过战争，很难说加夫里尔是否会和她白头偕老。也许他最终还是会离开她；但即使如此，她也有父母来安慰，有家可回，有更稳定的社区来支持她，还会有更好的机会来选择其他男人，建立新的婚恋关系。她在悲叹自己婚姻解体的同时也在悲叹这一切的丧失，没有了这些，她的人生只是一块碎片，而她本可以有一个完整的自我。 382

叶夫根尼娅的故事是战后数百万苏联女性命运的典型。她无法再次找到真爱的主要原因之一是其他很多适婚的男性都死于战争。其他数百万女性的情况也与她相似。根据苏联的数字，战后的几十年里，该国的女性人口比男性多了大约

2000 万。结果是，战前十年内成年的苏联妇女中，有三分之一在随后至少 20 年里仍是单身。因此，叶夫根尼娅的失望应该看作是使整个苏联西部地区妇女生活枯萎凋零的孤独流行病的一部分。[6]

反过来，苏联也应该被看作一幅宏大得多的图景中的区区一角。在欧洲、中国、日本的大部分地区，甚至也包括美国和澳大拉西亚的部分地区，一代青年男性的人数确实因战争而锐减。在德国，据当时的一位亲历者说，“最突出的事实是，从 17 ~ 40 岁的男人全都消失了”。[7] 那些和叶夫根尼娅的丈夫一样从战场归来的人，往往被战争改造。全世界的妇女都遭受了这样的损失，她们也常常忍不住会想，如果没有发生战争，自己的生活会是什么样。

叶夫根尼娅故事里的男人如何呢？乍看之下，他们似乎占尽优势：没有其他男人的竞争，意味着他们可以做到在战前不可想象的事情，无论这指的是同时和三个女人结婚（像加夫里尔那样），还是在小镇上公开与其他各种女人偷情（像她的第二个丈夫那样）。早在战前就已经动摇了的共产主义性别平等的梦想，在战后的苏联社会又遭到现实生活的沉重打击。我们同样可以说，世界其他地区的性别平等进程在战后也停滞了。把整整一代男人从社会中移除，放入一个全是男性的环境中，还告知他们，他们是社会秩序中的一个特殊群体，在战争结束后，他们不太可能会认为女性和他们是平等的。

但如果某些男人在战后表现糟糕，一定不要忘记这是他们在离开那段时间里目睹的事情造成的影响。让我们以叶夫根尼娅的第二任丈夫德米特里为例。她从未提及他在当兵时的所见所为，但她的确说过，他在战场上落下残疾，所以我们有理由认为他的某些经历为他带来相当程度的创伤。根据苏联的数字（虽然不太可靠），大约1500万人在战争中受过重伤。[8]很多士兵离家后学会了喝酒——据说，苏联红军是一支醉醺醺的军队——还有数百万人不但目睹了极端的暴力行为，还亲身参与其中。我们无从知晓德米特里是否从一开始就是个反社会的人，但他表现出来的行为在老兵中并不罕见。酗酒、暴怒、无法体验亲密关系及家庭破碎——所有这一切对曾处于长期战斗应激中的老兵来说，都是有据可查的症状。

在其他国家，这些症状的表现是如今所谓“创伤性应激障碍”的一部分。单在西欧一地，就有15万英美士兵临阵脱逃，还有10万人因为无法应付战斗的压力被撤下战场。这些人也失去了他们自认为能够达到的成就，不得不应对随之而来的失落感。[9]

如果对于20世纪晚些时候那些战争的“创伤性应激障碍”患病比率的计算还算靠得住的话，那么二战的精神影响将非常惊人。[10]但有证据表明，战争创伤完全不是以这种形式表现出来的，在苏联就更不是了。在一个自我反省被人嗤之以鼻、个人必须为了集体牺牲自己，以及任何精神疾病或任何形式的软弱都属于禁忌的国家，男性不会寻求帮助，只会变得麻木。苏联老兵——实际上是全体苏联人民——从来没有勇敢地面对自己在二战期间经历过的罪行。相反，他们把自己的经历深深埋藏在艰苦的工作、反讽，以及最重要的，像叶夫根尼娅的第二任丈夫那样的放纵狂饮中。[11]

384

人口构成的巨变

如果说个人和家族会因加诸他们身上的暴力而变得麻木的

话，那么整个苏联社会也是一样。时至今日，没有人知道战争期间到底死了多少人。冷战期间第一批苏联领导人之一尼基塔·赫鲁晓夫在1956年给出的官方数字是2000万；而最后一位领导人米哈伊尔·戈尔巴乔夫在1991年给出的数字是2500万。历史学家和经济学家给出的估计数字从1800万到2700万不等，但大多数人终于达成共识，认为实际数字必然更高。[12]

这些数字固然可怕，但它们仍然无法反映苏联经历的全部损失。大多数死于战争的人还没有彼此相识，没有坠入情网，也没有自己的孩子。如果我们把因为战争而未能出生的婴儿数量也考虑进去——从苏联人口普查数据中取平均出生率的话，这种计算是可行的——那么，真正的损失更是大得多。一位人口统计学家做过相应的计算，在没有发生战争的情况下，到1970年，苏联境内将会至少多出5000万人。看来，就连学者们有时也不禁慨叹原本可以如何如何。[13]

这些损失引发了家庭生活中某些最私密方面的其他诸多变化。数百万苏联儿童因为战争成为孤儿。欧洲其他地区也是一样，根据1948年红十字会的一份报告，全欧洲有大约1300万儿童在没有父亲的家庭长大。很多孩子的家里完全没有男性的榜样：他们也因为战争失去了传统的家庭生活。[14]

在苏联，因为住房短缺，1945年后，在一起生活的大家庭数量也急剧上升。特别是年老的遗孀往往会与她们的子女同住，而不是独自面对生活：这就是为什么20世纪末，老祖母①成为俄罗斯家庭的中心人物。[15]虽然叶夫根尼娅晚年大多数时间是一个人生活，但她的孩子和孙辈们及其配偶往往也住在同一幢房

385

① 原文为俄语的拉丁化转写 babushka。

子里。她去世前不久搬去与一个孙子住了一段时间，但当时他也变成一个酒鬼，而她在没法与这个孩子相处之后，被迫再次搬出来。因此，战争造成的变化也影响到战争几十年后才出生的孩子的生活，而且其影响会继续一代代地波及下去。

还有其他一些更惊人的后果。在战争及其余波都逐渐平息之后，像叶夫根尼娅这样的父母会建议自己的孩子不要浪费时间，尽早结婚生子。这样一来，人们初婚的年龄在战后明显下降，并持续下滑：在战后最初的几年里，女性平均的结婚年龄是 25 岁，但在苏联时代的末期，女性在 22 岁前就结婚了。

在西方的大部分地区，战后急于弥补失去的时间导致类似的婚龄下降，出生率则骤然上升。很多国家在战后经历了“婴儿潮”，其中包括西欧的大部分地区、北美、日本、澳大利亚和新西兰。出生人数如此突然地飙升，不仅对于新生儿的家庭，而且对于他们出生的社会都有着巨大的影响。正是这一代人，长大后变成献身于 1960 年代理想主义和积极行动主义的大量青少年，成为支撑 1970 年代、1980 年代和 1990 年代不断扩大的公共部门的大量纳税人，也成为 21 世纪对卫生保健和养老金制度造成威胁的供过于求的养老金领取者。二战后发生的人口结构巨变在全世界都有着巨大的影响。[16]

失去的身份

战争对苏联各个地区的影响并不均衡。在乌拉尔东部地区，以及哈萨克斯坦和乌兹别克斯坦等中亚共和国，生活并没有受到严重的破坏。然而，目睹过战争冲击的西部诸共和国却被破坏到难以想象的地步。大多数历史学家都认为，叶夫根尼娅·基谢廖娃所在的乌克兰经历的杀戮大概是最糟糕的。死伤

386

的人数仍不能确定，但如果我们相信700万人到800万人死亡这个传播最广泛的估计，那就意味着每五个乌克兰人中就有一个在战争中丧命。[17]甚至在乌克兰国内，不同地区所受的影响也不相同：某些地区很少有人被杀；而在其他地区，整村的人都惨遭屠杀，留下一片空无一人的景象。就像欧洲其他地区一样，犹太人遭受了与其他族群相较不成比例的苦难。乌克兰全体犹太人中有差不多一半在战争期间被杀，绝大多数的幸存者唯有靠逃跑才保住性命。1944年，德国人最终被赶出去的时候，乌克兰已经像是一块支离破碎的挂毯，其中一两种特殊颜色的丝线已被完全抽空。

但是，杀戮并未止步于此。就算是与德国人的战争正在进行中的时候，乌克兰游击队和波兰少数民族之间也爆发了单独的内战。在大屠杀的氛围下，波兰的整个村庄都惨遭屠杀，死亡人数超过10万人。苏联人解决这种野蛮的种族冲突的做法，是把大约80万波兰人从共和国的西部边境驱逐到波兰去。如此一来，原本已经没有犹太人的乌克兰西半部，如今也没有波兰人了。[18]

但乌克兰的磨难仍未结束。二战的影响之一是重新燃起乌克兰民族主义者的希望，焦点同样是在共和国的西部。这里的乌克兰游击队抵制苏联人的归来，漫长但注定失败的独立战争一直延续到1950年代。数十万人卷入这场战争：单是1945～1947年，逾5.5万乌克兰游击队队员被杀，还有远远超过10万人的游击队队员亲属被遣送至苏联的偏远地区。因此，乌克兰在战后不但遭到种族清洗，还蒙受了政治清洗。实际上，它经历了不是一次，而是四次冲突——世界大战、民族独立战争，还至少有两次对全面种族灭绝的尝试。[19]

当有人反复从一块挂毯上撕下碎片，一再破坏它，从何时开始，残余部分就完全不再是起初的挂毯了呢？1945 年，乌克兰所有的城市都遭到破坏，大多数基础设施已瘫痪；国境线变更了，人口中也出现巨大的空洞；它失去了大多数犹太人以及几乎全部的波兰人，而它被战争短暂勾起的建国希望也遭到无情的镇压。

乌克兰的很多居民再也不清楚自己是否还是乌克兰人。叶夫根尼娅·基谢廖娃虽然小时候在一所乌克兰学校念过书，但她认为自己是俄罗斯人。她在晚年不但接受了主流的苏联文化，还将其奉为圭臬。两次婚姻失败后，随着她的家庭缓慢而痛苦的解体，苏维埃国家成为她生活的一部分，在所有方面都给她带来稳定感——给了她工作、住房、养老金和一种归属感。她没能活着看到它四分五裂，也许算一件幸事。 387

1991 年，乌克兰独立后，数百万像她一样的人陷入一种令人不快的迷失状态。在后苏联时代的世界里，他们既非真正的乌克兰人，也不是真正的俄罗斯人，拿不准该对哪边效忠。这种身份认同危机如今仍在困扰着乌克兰，该国还是处于分裂之中，一边是那些惧怕回到过去的苏联时期之人，另一边则是那些渴望重返昔日秩序和稳定之人。

受到压迫的不仅是乌克兰人民：同样的情况也发生在苏联夺取的其他地区——西部边境的立陶宛、拉脱维亚、爱沙尼亚和摩尔多瓦；南部的克里米亚和高加索地区诸共和国。这些地区尽管在短期内取得了成功，却也埋下未来动荡的种子：来自这些地方的人民会怀着巨大的不满，记住他们在战后最初的几年里遭受的虐待。1953 年斯大林去世时，苏联几乎是完全凭借着暴力而团结在一起的。

这样一个国家不会永远存续。在未来的几十年里，抑制不住的向往自由的冲动，在个人和国家两个层面上都会继续破坏苏联的统治。最终，就像在它之前的其他所有欧洲帝国一样，苏联也将解体。

23. 无家可归者

马蒂亚斯·门德尔（Mathias Mendel）出生在自己的国家成立之前。他在黑德维希（Hedwig）长大，那是个说德语的村庄，坐落于喀尔巴阡山脚下。他和家人都是日耳曼人，但该地区的其他大多数人是斯洛伐克人。他就读学校的老师除了匈牙利语，什么语都不会说：此时是奥匈帝国的垂死之日，当时的国籍既意味着一切，又毫无意义。无论如何，马蒂亚斯总是理所当然地认为，他和邻里都属于这里。日耳曼人在欧洲这个地区已经生活了五百多年。[1] 388

第一次世界大战后，捷克斯洛伐克成为独立国家时，他的村子没什么变化。他长大了，娶了一个名叫玛丽亚的女子，她有一半斯洛伐克血统。1924 年，他们有了一个女儿，取名玛吉特，三年后又生了一个女儿，这个女儿的名字和她妈妈的一样。在接下来的十三四年里，他们又生了五个孩子：四个男孩（恩斯特、里夏德、埃米尔和维利）和一个名叫安内利泽的小女孩。

他们虽然很穷，却总是很快乐。他们打理自己的田地，种土豆和谷物，还饲养一些畜禽。每年春天，马蒂亚斯都会去德国贵族的大农庄工作，十月收获之后才回家。这些年出国挣的钱是他们唯一的积蓄。

在 20 世纪的头 40 年里，马蒂亚斯及其家人就是这样生活的。在那段时间里，没有哪个大的政治事件显著改变过这个村子永恒的节奏。但随后第二次世界大战来了，一切都不复往日的模样。

第一个发生改变的事情是有关民族的氛围。马蒂亚斯的社区在斯洛伐克人中间，以相互合作的精神存续好几个世纪，但在纳粹掌权之后，一种新的紧张气氛出现。突然间，看起来唯一重要的政治问题就是种族渊源问题，以及哪个民族有权拥有389 土地。事件接二连三地发生。1938 年，德国占领苏台德地区[①]，一年后又进军捷克斯洛伐克。1939 年，斯洛伐克宣布独立，却迎来匈牙利对其边境的入侵。邻国之间数世纪来的宽容忍让迅速瓦解。

马蒂亚斯不再当农业工人。战争期间，他在公路建设系统工作，还在一家化工厂谋到一份活计。1944 年，他应征加入国防军，帮助保护他的村子：奋起反抗德国政权的斯洛伐克游击队如今在攻击一切与德国有染的人。看来，斯洛伐克人和日耳曼人不再是朋友了。

1945 年末日降临，从东面来了红军。德国最高指挥部担心斯洛伐克遇袭，于是命令说德语的所有少数民族全部撤离。

还没等缓过神来，门德尔一家就被拆散。第一批要走的是两个男孩，9 岁的埃米尔和 7 岁的维利，他们按照“儿童疏散计划”（KLV）送到苏台德地区，安置在陌生人的家里。大孩子们随后出发，他们和朋友邻居一起长途跋涉，向西去了德国。390 马蒂亚斯的妻子玛丽亚已经身怀六甲，她带着 5 岁的安内利泽去了奥地利。她在飞机上生下第八个孩子迪特曼。

---

① 苏台德地区（Sudetenland），一个独特的历史名称，指 1938 ~ 1945 年苏台德德国人的居住地。它包括波希米亚、摩拉维亚与西里西亚的部分地区，位于苏台德山脉附近。

被驱逐出捷克斯洛伐克后不久的马蒂亚斯·门德尔。

不久，马蒂亚斯就孤身一人了。作为国防军的一员，他留下一段时间帮助保卫村子，但他们很快也撤离了。队伍前往布拉格，但没过多久就被红军俘虏，关在以前关犹太人的集中营里。最终，马蒂亚斯被释放，但不准他回黑德维希去。相反，他与捷克斯洛伐克境内的其他所有日耳曼人一起被驱逐出境。他再也回不到自己的故乡了。

直到 1946 年夏，马蒂亚斯才与家人团聚，他最终在德国南部海尔布隆（Heilbronn）附近的默克米赫尔（Möckmühl）镇上找到他们。他们到达的国家处于一片混乱的状态。和门德尔家一样在红军到来前溃逃的，还有逾 400 万德国难民。绝大多数难民沿着波兰的旧边境线离开德意志帝国的东部地区，像门德尔全家一样，还有些人是从中欧的其他国家逃来的。

难民人数太多，很难找到一个地方安置所有的人。经过同盟军多年的轰炸，德国的大多数城市都是一片废墟：在全国1900万人之中，大约390万人的住宅被毁。难民们被迫住进任何有屋顶的地方避难：防空洞、谷仓、军营、厂房，甚至是以前的战俘营里。门德尔一家很走运：他们被一个农夫收留，后者不仅给予他们两个小房间，还给予马蒂亚斯一份工作。四个大孩子也设法在当地农场找到了营生。[2]

当时找住处的不只是像门德尔他们这样的家庭：德国到处都是各种各样的难民，数量还相当惊人。除了从东部逃来的400万日耳曼人之外，还有为了躲避轰炸而从城市逃走的480万人。不光是德国人因为战争而流离失所：纳粹曾强迫数百万外国工人来到这个国家，战争结束时，有大约800万人仍在这391里。他们大多数人来自苏联、波兰和法国，也有相当数量的人来自意大利、希腊、南斯拉夫、捷克斯洛伐克、比利时及荷兰。同盟军与联合国善后救济总署虽竭尽全力尽快遣返这些人，但有数十万人拒绝回家，因为他们担心回去后遭遇不测。

因此，尽管同盟国不遗余力，难民数量仍顽固地居高不下。如果把大约27.5万英美战俘也算在内的话，1945年在德国流落他乡的人数超过1700万人。除了中国在战时也发生过类似的大规模国内迁徙这个可能的例外，当时的德国大概是世上难民和流亡者最集中的地方，在世界史上也前所未有。[3]

更糟的是，难民还在持续赶来。战争结束后，欧洲其他地区的人们继续涌入德国。这些人中有一些是逃离东部再度被排挤的犹太人，还有的是逃离自己国家报复的通敌者或有通敌嫌疑的人。但绝大多数是从东欧和中欧其他地区赶出来的日耳曼人。就像马蒂亚斯·门德尔发现的那样，战后没有哪个国家希望日耳曼少数民族继续在境内生活下去。黑德维希的社区只是在战后清除的数千个社区之一。

1945~1948年，捷克斯洛伐克的300万苏台德日耳曼人全部从捷克边境地区被驱逐出境。随他们一起被驱逐的还有东普鲁士、西里西亚（Silesia）和波美拉尼亚（Pomerania）的几乎全部人——1945年，德国的那些地区被波兰和苏联吞并。和门德尔全家一样，很多人在战争行将结束时就已逃走，但根据德国政府的数字，随后的三四年里又有440万人被迫离开这些地区。最终，欧洲其他国家也如法炮制：匈牙利、罗马尼亚和南斯拉夫也将180万日耳曼人驱逐出境。[4]

对如此数量庞大的人的驱逐非常残忍。在捷克斯洛伐克，说德语的平民完全像牲口一样被赶过边界，他们只允许带上能携带的财物。在布拉格和其他城市，日耳曼人被围拢在一处，关进拘留中心，等待驱逐；而在等待过程中时，为了查明他们在德国占领期间扮演了什么样的角色，很多人遭到审问和酷刑。这个国家发生的大规模屠杀此起彼伏，其中最著名的发生在拉贝河畔的乌斯季（Ústí nad Labem，此前被称为奥西格），也有些发生在波斯托洛普蒂（Postoloprty）这样的小镇上。根据捷克和德国双方的记录，至少有763个日耳曼人遭到屠杀，被埋在镇子附近的乱葬岗里。波兰也发生了针对日耳曼人的类似暴行，负责管理拘留营的军官为了向日耳曼平民复仇，刻意模仿纳粹的某些最恶劣的行为。东欧和中欧各国把日耳曼人驱逐出境的行为残忍至极，有人认为至少有50万人在这一过程中死亡。[5]

393

如果我们把所有这些人的数量和1945年已经迁徙的人数相加，1945~1950年入境德国的难民总人数大约有2500万。考虑

战后，德国的难民人数如此巨大，以至于各个政党直接以他们为目标。这张海报是为了就 **1946** 年巴伐利亚宪法进行全民公决而制作的，它利用了难民们对德国重新统一的希望。

到德国当时的人口数量不及6700万人，这简直是欧洲前所未见的人类苦难的浪潮。

由合到分的各民族

东欧和中欧对日耳曼人的驱逐只是1945年整个大陆发生的现象之一。伴随着马蒂亚斯·门德尔一同长大的世界——身处其中的斯洛伐克人、德国人和匈牙利人共同生活，他们对彼此之间的不同之处并没有过多的关注——迅速消失了。

匈牙利人因为他们的国家决定支持德国而遭受了类似的苦难。战后，斯洛伐克政府官员希望把他们逐出国家，被驱逐的匈牙利人总计60万。同盟国目睹了日耳曼人的下场，不同意这样做，最后，只有7万匈牙利人被当作人口交换的一部分，推过边界线，赶回“家”去，另外有4.4万人被从他们自古以来就生活的村庄里赶出来，强行融入该国其他地区的斯洛伐克社区。[6]

其他国家也在战后把不受欢迎的人驱逐出去。例如，波兰不但赶走国内的日耳曼人，还把48.2万乌克兰人从这个国家清除出去，其中大部分乌克兰人来自东南部的加利西亚①地区。 394
1947年，与乌克兰接壤的边境为了防止进一步的驱逐而关闭后，波兰当局另找渠道清除了这个少数民族。整村的乌克兰人遭到驱逐，把他们的社区拆散成小群体，安置到国家另一侧，散布在波兰村庄之间。如果无法驱逐乌克兰人，就会强行融合他们：东正教会和东仪天主教会②被禁，一旦发现讲乌克兰语就会遭到惩罚。为了防止乌克兰人回到他们曾经称之为家的那

① 加利西亚（Galicia），中欧历史地区名，现在分属乌克兰和波兰。

② 东仪天主教会（Uniate churches），指与圣座共融的23个采行东方教会礼仪的教会。大多数东仪天主教会最初只是一群东正教徒，然后它们组成古老的基督教会，最后和罗马教廷共融。

些地方，他们以前居住的很多村子被付之一炬。[7]

最终，欧洲东半部几乎每一个国家都放任类似的行为。1945年后，立陶宛、白俄罗斯和乌克兰等苏联诸共和国驱逐了大约120万波兰人，大多被赶出诸国通过与波兰签订的各种和平协议而新近得到的波兰边境地区。同样，在卡累利阿①被割让给苏联后，有25万芬兰人从该地区的西部被赶走。保加利亚把大约14万土耳其人和吉卜赛人赶过边境，驱入土耳其。这个清单可以一直开列下去。罗马尼亚人赶走匈牙利人，反之亦然。南斯拉夫赶走边境地区的意大利人，乌克兰赶走罗马尼亚人，希腊赶走阿尔巴尼亚卡梅人②。战后，东欧的每个国家似乎都决定尽可能地清除外国的影响。[8]

结果便是整个欧洲大陆范围的族群清洗。在区区数年的时间里，这些国家的少数民族比例下降了一半多。马蒂亚斯·门德尔在他成长过程中认为的理所当然的古代帝国的民族熔炉被永远地摧毁了。[9]

后殖民时代的驱逐

发生在欧洲的各种驱逐，背后的原因都与恐惧有关。第二次世界大战教育了捷克斯洛伐克等国的人民不能相信他们中间的小股外族人，因为这些人会被用来楔入他们国家的心脏，将

---

① 卡累利阿（Karelia），北欧历史上属于芬兰、俄罗斯和瑞典的区域范围。1617年沙皇俄国与瑞典王国签订条约，瑞典将该地区的东正教徒居住地割让给沙皇俄国。芬兰独立后，原属瑞典的该地区改属芬兰。苏芬战争后，该地区三易其手，目前分属卡累利阿共和国和圣彼得堡地区。

② 卡梅人（Chams），阿尔巴尼亚人的一个分支，最初居住在希腊西北部伊庇鲁斯地区的西部，一战后，该地区的北部成为阿尔巴尼亚的领土，阿尔巴尼亚人称之为卡梅利亚（Chameria）。卡梅人有其独特的文化认同，既混合了阿尔巴尼亚和希腊的影响，也有很多卡梅人的独特元素。

国家分裂成碎片并统治它。1938 年和 1939 年，纳粹便是利用捷克斯洛伐克境内的日耳曼人少数民族这个借口入侵的，因此，捷克人和斯洛伐克人报以谴责、惩罚该少数民族并将其驱逐出境的反应，也就不足为奇了。被驱离故土是马蒂亚斯·门德尔这样的人们为纳粹德国的贪婪扩张而必须付出的代价。 395

亚洲和非洲国家内部也有零星的外国势力。日本人在朝鲜，英国人在印度，荷兰人在印度尼西亚，法国人在阿尔及利亚——这些都是同样牵连殖民和统治文化的外来者社区，因此，这些国家的本土人民也试图在 1945 年后将他们驱逐出境。

当然，英国人在印度的理由与马蒂亚斯·门德尔一家在斯洛伐克的理由大不相同——他们不是原本就在这个国家长大的，而是特意来统治它的。印度尼西亚人仇恨荷兰，起因也并非种族渊源，而是后者希望实行的帝国主义文化。尽管如此，结果都是一样的。这些小股的外国人必须被驱逐出境。

第一个被送回老家的是日本人。第二次世界大战终结了他们的帝国，因此，所有住在海外的日本人都被迫离开，就连那些在朝鲜、满洲或台湾生活了两三代人的家庭也是如此。战后四年内，逾 650 万日本人被驱逐出境，其中只有略多于一半的人是士兵和其他军事机构成员，其余的 300 万人则是平民——实业家、生意人、行政官员及其家属。和马蒂亚斯·门德尔一样，他们被迫放弃家园，把所有的财产抛在身后。[10]

与欧洲的情况相比，对这些人的驱逐既相似又不同。和欧洲一样，战后的亚洲也发生一些严重的暴行。在满洲和朝鲜，日本平民经常受到袭击、折磨、强奸，有时还会遭到屠杀。战争结束一年后，有超过 50 万移居海外的日本人下落不明：有人认为，单在伪满洲一地，就有大约 17.9 万日本平民和 6.6 万军事人员因战后的混乱和严冬的寒冷丧命。但在帝国的其他地区，396 日本人却没有任何与日耳曼被驱逐者遭受的磨难类似的经历。这部分是因为他们的迁移是由同盟军执行的，而不是急于自己执法的当地人民。但也有其他原因。亚洲地区的驱逐氛围与欧洲很不一样：亚洲很少有像波兰和捷克斯洛伐克针对日耳曼人的那种残忍的种族或民族清洗的有毒观念。相反，所有的讨论都是关于帝国的。日本人战败，他们的帝国崩溃了，所以现在是时候让他们回老家了。总之，就连移居海外的日本人也认识到这一点，基本上都是自愿走的。[11]

和德国一样，移居海外的日本人返回国家后看到的是一片遭遇摧毁之后的混乱。66 个主要城市在战争期间受到狂轰滥炸。在东京，65% 的住宅被毁，大阪是 57%，名古屋是 89%；广岛和长崎则被原子弹夷为平地。战争结束时，将近三分之一的日本城市居民无家可归，他们可不愿意再接受 650 万人回到生活标准已经得不到保障的国家。和被驱逐的日耳曼人不同的是，日本的移居海外者始终没有得到他们同胞的多少同情：无论他们受过多少苦，都无法同经历过原子弹的人相提并论。[12]

和欧洲一样，日本帝国的解体也是双向的：如果说它引发了日本殖民主义者被遣返，那么它也同样导致日本驱逐国内的外国人。根据美国军事占领当局的原始资料，当时日本有大约 150 万外国人，其中绝大多数是朝鲜人、中国台湾人和大陆人。后来的学术界将这一数字继续推高至逾 200 万人。其中很多人是战争期间被带到日本来的，他们热切地希望能够回家；但有些人是在这里出生的，他们声称有权作为帝国的公民留在这里。战争结束后的一年里，大约有 100 万人回到祖国，其中大多数人回到朝鲜。那些拒绝离开的人中，大多数也是朝鲜人，总人数大约有 60 万。

这些人在 1945 年过得并不好，并将从此遭受严重歧视。遗憾的是，去殖民化的过程加重了这一局面。当日本人正式放弃朝鲜的统治权时，同时也解除了对日本国内少数族群的责任。因此，身处日本的朝鲜人没有投票权，没有战争抚恤金，没有国民健康保险和社会保险，也没有申领护照的权利。时至今日，在日本生活了几代的朝鲜人除非首先放弃朝鲜身份，否则无法享受与日本公民同样的权利：过了那么长时间，他们仍然被很多日本人看作“外国人”。他们起初是作为日本帝国的臣民被带到这个国家来的事实，大体上都被人遗忘了。[13]

397

日本在亚洲的帝国崩溃后，欧洲的各个帝国也开始了缓慢而漫长的解体。这也影响到帝国精英阶层的迁移，以及欧洲人大量离开曾经统治的殖民地。例如，印度和巴基斯坦在 1947 年获得独立后，离开这个次大陆的英国人远超 10 万人。[14]英国人也离开了缅甸、马来西亚、新加坡，以及后来的非洲各殖民地。1990 年代初，出生在这些国家的逾 32.8 万白人回到英国的“家”（不过“归国者”的真实数字无疑要高得多，因为那些出生在英国的人没有显示在人口普查数据中）。[15]虽然所有这些人都自豪地把自己看作英国人，但归国的人中有相当大的一部分从来没有全身心地感受到自己回家了。在帝国时期，他们已经习惯了特权生活；回到英国后，他们不得不照料自己，没有家佣服侍，还处在定量配给和财政紧缩的战后气氛中。经历两个世纪的殖民地冒险，这样的终局真令人失望透顶。

荷兰帝国的解体有着更加直接的后果，也造成更大的痛苦。

在与印度尼西亚人打了那场野蛮而失败的独立战争之后，荷兰人别无选择，只能离去：1950 年代初，大约有 25 万 ~ 30 万荷兰人回国。与英国的归国者相比，这些人的日子要艰难得多。很多人在日本拘留营待过几年，后来又生活在残暴的内战中，但当他们到达荷兰时，却几乎没有得到荷兰同胞的同情，后者想象他们的战争年代是在舒适的条件和阳光下度过的。因此，荷兰殖民者大体上被广大社会忽视和遗忘，未来的岁月中又继续经历了重重磨难。20 世纪末的心理社会学研究表明，从荷属 398 东印度回来的归国者比荷兰主流社会中对等人群的离婚率、失业率都很高，健康问题也更多。[16]

在 20 世纪下半叶回到法国、比利时和葡萄牙的其他殖民者的情况也大致如此。阿尔及利亚战争后，大约有 100 万法国殖民者，或称黑脚①，逃回法国。在 1960 年代的反殖民主义氛围中，他们始终没有受到多少同情；相反，他们成为法国殖民计划失败的“替罪羊”。十年后，又有逾 30 万葡萄牙殖民者逃离安哥拉，回到葡萄牙，还有大致相同的人数逃离莫桑比克。他们回到的国家正忙于应对多年独裁统治的余波，根本无暇顾及他们。[17]

我们很容易把欧洲人返回欧洲的这一大规模迁徙想象成一种去碎片化：自行植入全世界其他国家中的欧洲碎片又被送回它们原本所属的地方。但其中的很多人完全不觉得自己属于他们“返回”的国家，适应欧洲的生活对他们来说极其困难。当然，他们回到的环境与马蒂亚斯·门德尔这样的人经历的完全不同——有人或许觉得他们的剥削和特权文化理应结束。但这

① 原文为法语 pieds noirs，指在阿尔及利亚的欧洲人。

些人的失落感是无法否认的：在两个世纪的殖民主义之后，整个殖民生活方式惨淡收场。

国际回应

自二战开始以来的这个时期常常被称为难民和流亡者的时代。从 1945 年起，人道主义危机一次接着一次发生。帝国的崩溃，冷战的开始，全世界各国内部的权力争夺，饥荒，洪水，内战——所有这一切以及更多的灾难，让人类苦难的浪潮以大致相同的频率涌动着，且从未停歇。

战后，国际社会设立了各种机构来应对这个问题：先是前文提到的联合国善后救济总署，随后又成立了国际难民组织（IRO），以及在 1950 年代初成立的联合国难民事务高级专员办事处（UNHCR，简称联合国难民署）。这个机构本来应该是临时性质的：很多国家担心设立一个永久机构会造成政治影响，399 因此起初设立这个机构时只希望其持续三年时间。但难民不断涌来。最后的结果证明，二战导致的迁徙并非临时现象，而是标志着世界已经非同以往。[18]

随着新的紧急情况不断出现，联合国难民署的授权也得到更新和扩大。它协调了国际上对 1956 年逃离匈牙利，以及 1950 年代后期逃离阿尔及利亚的反应。1960 年代去殖民地化之后，它应对了非洲的难民；1970 年代照顾越南、柬埔寨和孟加拉的难民；1980 年代，它帮助人们逃离中美洲的内战和埃塞俄比亚的饥荒；1990 年代，它又试图救济从卢旺达和南斯拉夫的种族清洗中逃离出来的人们。[19]

近年来，一连串的危机使得世界难民的人数继续扩大。略举几例，伊拉克和阿富汗都发生了大规模战争，非洲中部和非洲之角①的内乱，阿拉伯之春的余波引起的剧烈动荡，以及最具灾难性的叙利亚的长期内战。联合国难民署的报告显示，2014 年，由于战争或迫害，新近有 1390 万人流离失所——这是自二战以来的最高纪录。全世界难民和流离失所者的总数估计有 5950 万，这又是一个前所未有的数字。情况越来越糟，而不是越来越好。[20]

在这段时间里，对难民最仁慈的国家之一是德国。根据 1948 年的德国《基本法》，“基于政治理由而遭受迫害者，享有受庇护的权利”——在接下来的 40 年里，这项权利无任何条件地适用于所有寻求庇护的人。[21]因此，1961 年在柏林墙建起之前，西德从东德接收了 300 万难民。1956 年匈牙利的革命失败后，西德是第一批接收拥入匈牙利边界的数万难民的国家之一。在东欧剧变之际，德国向来自东方的数十万寻求庇护者敞开大门，单在 1988 ~ 1992 年便有将近 60 万人。在随后的三年里，德国还接纳了南斯拉夫冲突导致的 34.5 万难民。1999 年，这个国家有超过 120 万难民和寻求庇护者。[22]

2015 年，德国对叙利亚的一场新战争做出反应，宣称对逃离这一危机的所有难民敞开大门。在随后的几个月里，数十万移民越过地中海，其中很多人带着德国总理安格拉·默克尔的照片，并告诉电视记者，“安格拉说过我们可以来的”。到了年底，来德国寻求庇护的人数翻了两番，几近 100 万人。[23]

400

很多其他欧洲国家从未如此仁慈，尤其是在 2015 年难民危机期间。某些国家沿着国境线造起围墙用来挡住难民。还有的国家指出拥进欧洲的很多人根本不是难民，而是经济移民——

① 非洲之角（Horn of Africa），有时按照其地理位置被称作东北非洲，或被称作索马里半岛，它包括吉布提、埃塞俄比亚、厄立特里亚和索马里等国家。

倒也不无道理。几乎每一个国家都批评德国的门户大开。它们声称，德国人不过是想为他们的历史罪行赎罪，他们犯下了“专横地展示德国人的美德”，甚至是“道德帝国主义”的罪行。[24]

在马蒂亚斯·门德尔的第八个孩子迪特曼·门德尔看来，德国的难民政策有一个更简单的解释。在他成长的社区，人人都知道被驱离家园意味着什么。他的家庭必须一切从头开始，建造自己的房子，依赖陌生人的善心；他还经常听父母与故国来的朋友悲伤地说起他们被迫离开的世界。“这里的人对世界难民问题的理解，也许要比其他地方的人多一些，”他说，“这部分原因在于，我们自己也曾经历这种命运。”[25]

24. 种族的全球化

401　第二次世界大战带来的不仅是悲痛和创伤，也不总是造成各民族的两极分化。某些国家发生了全然相反的过程：战争导致的大规模迁徙同时带来了多样性的好处，因为难民群体成为新的少数群体的基础。

所有在战时和战后迁徙的人绝非全都是被迫而为之的：很多人自愿重新安置。对于这些人来说，能摆脱旧日生活不是损失，而是机遇。战争给了他们去看世界、体验新思想和获取新技能的机会，也许甚至还可以为自己营造更好的生活。萨姆·金（Sam King）就是这样的人，他是一个加勒比蕉农的儿子，他的故事体现了战争带来的一种社会的巨大变革——战后的移民潮。

战争爆发时，萨姆·金是一个十几岁的少年，但父亲已经为他描绘了未来的蓝图。作为长子，家人期望金能在父亲退休后，接手父亲位于牙买加普利斯曼河（Priestman's River）的农场。这个前景一点儿都没有让金感到兴奋。他曾目睹父亲年复一年地与干旱和洪水做斗争，与飓风造成的损失做斗争，与袭击香蕉的巴拿马病[1]以及将椰子尽数摧毁的黄化病[2]做斗争，也

① 巴拿马病（Panama disease），又称黄叶病，是出现在香蕉根部的植物疾病，它的原理是尖孢镰刀菌通过分泌毒素引发香蕉出现细胞的程序性死亡。此真菌对杀真菌剂有抵抗力，至今无药可治。

② 黄化病（yellowing disease），又称致死性黄化病。是袭击棕榈科包括椰子和椰枣在内的多物种的一种植原体所致。

见过当国际市场突然停摆时，庄稼烂在地里的场景。父亲的人生似乎只有艰难。“我决定……这种不幸对我来说难以承受，因此，我最好另谋出路。”[1]

战争正好提供给他梦寐以求的机会。他 18 岁的一天，《每日选摘》（*Daily Gleaner*）报上刊登一则广告，呼吁志愿者加入皇家空军（RAF）。他母亲对他说：“儿子，母国开战了。去吧！如果你能活下来，那可是件好事。”因此他参加了空军的考试，并以高分通过。1944 年，他登上“古巴号”轮船，横渡大西洋。[2]

接下来的几个月里，他经历了很多从前无法想象的事情。402 首先是战争本身。“我知道战争，”他多年后回忆道，“但你亲眼看到战争的时候，它可太吓人了。”当他在 11 月抵达格拉斯哥的时候，震惊于轰炸对城市的破坏。他路过的每一座城市都是如此，特别是当时仍在 V_1 和 V_2 火箭的轰击下的伦敦。

寒冷是另一重打击。他到达时，英国的温度只有 4℃，“我觉得自己快要冻死了！”但教官让他和其他牙买加新兵脱掉衣服踢一场足球：他们跑来跑去之后浑身大汗，才认识到在这个国家生活也不坏。

皇家空军把金训练成一名飞机修理工，让他维修兰开斯特轰炸机。他长时间工作，却很快乐。“我有幸共事的人里，从挪威人到苏丹人都有。我们都必须合作才会打败德国纳粹。”他被由此产生的强烈集体感吸引：“作为英国的一分子感觉真好。”[3]

金迫不及待地抓住出现在他面前的种种机会。在英国时，403 他开始学习一个函授课程，以便补上少年时在牙买加缺失的学校教育。他还报名参加皇家空军的一门木工课程，以便学习一

1944 年，离开牙买加后，身穿英国皇家空军制服的萨姆·金。

种新技能。他只要休假，就在建筑工地上工作，以便挣点钱存起来。未来看似比他曾经想象的还要美好。

“战争让我有机会离开村子，”他在去世前的一次采访中坦承，“我不是说战争是件好事，但我抓住了机会。如果没有战争，我父亲就会把我拴在家里。但我可不想像他一样种香蕉。”[4]

西欧的多样性

1939～1945 年，英国的人口发生了改变。随着纳粹横扫欧洲，政府、军队和难民纷纷逃离欧洲大陆，在英国安顿下来。挪威海军航行到苏格兰。法国海军的余部以普利茅斯为基地，波兰空军的余部则在伦敦和林肯郡编组成十几支空军中队。数千犹太人也逃到英国，其中包括本书开篇提到的乔吉娜·桑德。伦敦尤其成为自由法国、自由比利时、捷克和波兰流亡政府的驻地，也成为荷兰女王及其行政部门，以及其他各种官方和非官方欧洲团体的总部。他们与来自英国各殖民地和自治领的人——特别是加拿大人、澳大利亚人、西非人，以及像萨姆·金这样来自加勒比地区的人——混合在一起共同战斗。战争期间，有逾17万爱尔兰人来英国工作。加入这个混合群体中的最大群体，或许是数十万美国人，他们作为美国陆军和空军成员驻扎在英国。战争时期的英国是该国历史上从未有过的多样性国家。[5]

这些人里几乎没有长期移民。他们大多是战士或欧洲的难民，绝大多数人只是在战争期间留在此地。1945年宣布胜利之后，挪威海军得以自由返回奥斯陆峡湾。自由法国回到故乡，各种流亡政府回去重建各自的国家。美国军队的重兵也登船横渡大西洋返航。1947年，萨姆·金也退役回到牙买加。 404

但如果人们认为英国会回到战前的样子，那就大错特错了。一群外国人离开后，又有另一群人到来。数万波兰难民在战后来到英国，在西伦敦和其他地方安家。这些人在战时曾为英国军队参战，因为苏联吞并了他们的故乡而无家可归。英国既然准许斯大林这么做，就对他们负有责任。1947年，英国议会通过了《波兰移民法》，闻讯而来的波兰移民人数远远超过10万。[6]

英国需要这些人。整个国家都在重建，在战后余波中，对工人的需求量非常大。福利制度的新体制需要配备人员，特别是即将发展成为世界上最大雇主之一的国民保健署。英国的基础设施遭到严重的破坏，住房存量尤其亟须恢复。各处都开始出现空缺的职位：弥补长年无暇顾及的各种产业所需的工人，绝非单靠英国自己便可供应得上。

这种缺口有相当一部分是靠爱尔兰劳动力填补的——缺口如此之大，以至于爱尔兰自己很快也开始缺人。1945～1971年，30岁以下的爱尔兰人中有三分之一出国找工作，其中大多数去了英国。英国政府也开始从其他国家招募人手。他们制订了一个“欧洲志愿工人”计划，继而还有一个名为“向西去啊！”（Westward Ho!）的规模更大的计划，企图从欧洲其他地区吸引来高达10万名工人。[7]

整个大陆也经历了大致相同的过程。和英国一样，其他欧洲国家也设立了吸引外国工人的计划。比利时是最早一批这样做的国家之一，几乎在战争刚一结束时，它就雇用了5万名流落他乡的人到煤矿和钢铁工业工作。法国成立国家移民局（ONI）来组织从邻国招募工人，不久后，德国也通过联邦劳工局启动了一个外籍工人计划。

405

没过多久，大批的人便从欧洲的贫困地区向工作机会更多的地区迁移。在战后15年内，平均每年都有超过26.4万意大利人离开自己的国家，他们大多去德国、瑞士和法国找工作。同样，有数十万西班牙人和葡萄牙人移居法国，土耳其人和南斯拉夫人去了德国，芬兰人去了瑞典。这类例子不一而足。

因此，几乎在东欧驱逐少数民族并奋力建立单一文化民族国家的同时，西欧却在前所未有地融合各种文化。1970年代初，西北欧的工业化大国成为大约1500万移民的新家园。[8]

来自殖民地的移民

萨姆·金不情不愿地回到家乡。在父亲的农场里，他听说了英国发生的所有变化，又开始坐立不安。他在牙买加过得并不开心。自他走后，这个岛发生了变化。和世上的其他很多地区一样，它也在忙着与战后的动荡、独立的呼声、罢工和大面积失业做斗争。空气中弥漫着一种新的躁动。

金也发生了变化。自回国以来，他整日六神无主。“我试着让自己的思绪平静下来，看看各种计划里有没有适合我的，但它们都含混不清。我认为自己不会在普利斯曼河取得什么社交或财务上的进展，在牙买加也是一样……我向你承认，我既没耐心又充满渴望，但我觉得留给我的时间不多了。”[9]

一天，他在《每日选摘》上看到第二则广告。一艘名叫“帝国疾风号”（Empire Windrush）的运兵船当年五月将在金斯敦靠岸，还向所有愿意坐船去英国找工作的人提供廉价船票。他立刻明白了自己必须要争取什么。他向父母求助，他们祝他一路顺风，但却非常悲伤，因为他们感觉到，如果他再去英国，大概就再也不会回来了。父亲卖了三头牛，给他买了船票。1948 年 5 月 24 日，萨姆·金再次登船前往“母国”，这一次他的身份是平民。 406

金当时无法知道，他 1948 年横跨大西洋之行绝非只是他个人人生的里程碑：他是让英国措手不及的一场革命的先头部队的一员。

英国政府认为自己可以控制战后的移民。它设立的从欧洲吸引工人的计划都有着严格的限制和苛刻的标准。在英国政府看来，理想的移民是能够无形地融入英国社会的人——年轻、身心健康、中产阶级、新教教徒，还有最重要的，是白人。正是出于这个原因，英政府非常积极地通过“欧洲志愿工人”计划从波罗的海诸国招募难民，因为他们才是政府觉得最有可能充分适应英国社会的人。

然而，他们的计划有一个明显的漏洞。与招募欧洲工人不同的是，来自大英帝国的移民没有遇到任何障碍。作为“联合王国及其殖民地的公民”，萨姆·金这样的人享有在英国入境、工作、生活，甚至在选举中投票的理所当然的权利。英联邦的公民一直拥有这些权利，直到1962年英国政府才开始将它们废除。当他们来到英国时，他们享有很多某些欧洲竞争者没有的优势。他们会说英语，也熟悉英国文化的方方面面，正如金所说，“我们是基督徒，也会打板球”。[10]尽管他们不得不长途跋涉，旅程却因为他们的国家与英国之间早已建立联系而变得轻松很多——他们只需要沿着长期以来建立的贸易路线走就可以了。

作为所有这些移民的结果，英国的城市很快就从1939年的单一文化体变成今天这样一个多文化、多种族的熔炉。1971年，逾30万西印度群岛人在英国安家。后来还有30万印度人、14万巴基斯坦人，以及超过17万非洲人到来。这些社群构成了未来更多移民浪潮的核心基础。

407

出生于牙买加的诗人路易丝·本内特（Louise Bennett）曾不无得意地称这一过程是“反向的殖民”。[11]

相同的情况在整个西欧广泛发生。除了大陆内部的人潮流动之外，还有来自远方的移民。二战后的25年里，法国本土变成很多人的家园，不仅有意大利人、西班牙人和葡萄牙人，还有来自其前殖民地的数百万人。将近100万“黑脚”——出生在阿尔及利亚的法国人——在1954年开始的阿尔及利亚独立战争结束后逃离北非。随着他们一同到来的还有大约60万寻求美好生活的阿尔及利亚本地人。接下来是通过法国国家移民局找到工作的14万摩洛哥人和9万突尼斯人，以及从瓜德罗普（Guadeloupe）、马提尼克（Martinique）和留尼汪（Réunion）等海外省份和领土归来的大约25万法国公民。今日法国的多样性就植根于这个战后时期。

荷兰也有30万荷兰公民从新近独立的印度尼西亚“归来”。他们带来3.2万摩鹿加人①，其中大多是不想与印度尼西亚有任何瓜葛的安汶人②基督徒。后来又有来自苏里南（Surinam）及荷属安的列斯（Netherlands Antilles）等其他荷兰殖民地的大约16万人加入他们。相似的人流从安哥拉和莫桑比克涌向葡萄牙，以及从刚果民主共和国流向比利时。[12]

从全球层面来看，这些朝着欧洲的人口流动成为从南半球向北半球富裕国家这一更大迁移趋势的一部分。不仅前殖民地人口向北迁移到他们的欧洲“母国”，还包括索马里人和斯里兰卡人前往海湾国家找工作，菲律宾人和印度尼西亚人去香港或日本，以及墨西哥人和波多黎各人去美国，等等。历史学家和政治学家常常会写到战后来到英国的西印度群岛人，但到1970年代中期，移居纽约市一地的加勒比人实际上比移居整个西欧的还要多。殖民关系固然重要，但对迁徙者来说更重要的

---

① 摩鹿加人（Moluccans），印度尼西亚马鲁古群岛的原居民，1950年后，摩鹿加人成为马鲁古群岛所有居民的称呼。

② 安汶人（Ambonese），分布在印度尼西亚马鲁古省安汶岛的民族，是由南岛语族和巴布亚人混血而成。

则是机会。[13]

二战后的三十多年发生在拉丁美洲的转变很能说明问题。408 战前，一波波欧洲人迁往阿根廷和巴西等国碰运气，这与他们迁到亚洲和非洲殖民地的情况非常相似。二战一结束，这个模式又重新开始：数十万欧洲难民和经济移民再次到来。但因为1950年代和1960年代欧洲长期持续的经济繁荣，移民海外的人数很快就开始下降。相反，比较富裕的拉丁美洲国家开始依赖同一地区的移民劳动力：巴拉圭人、智利人和玻利维亚人来到阿根廷，而数十万哥伦比亚人涌向委内瑞拉去农场和油田找工作。最终，在整个地区于1970年代陷入沉重的债务旋涡后，拉丁美洲的大部分地区都开始遵循与其他南半球国家相同的迁移模式：人们逃向北方，去寻找在他们国家从未完全兑现的机会。他们去的不只是美国。阿根廷人还开始迁徙到意大利和西班牙等国家，这相当于一种反向的经济移民。[14]

在某些方面，这一切都没有什么新奇之处。乡村的穷人向富裕的城市迁移的趋势已经持续了一个世纪，这些不过是该趋势放大到国际规模的延展而已。新鲜的是迁徙者的数量，以及他们涌来的速度，这两者都因二战而大大增加。因现代化的开始以及战争的全球影响而饱受惊吓的一代人，比他们的父辈和祖父辈扎根于社区的程度都要低得多：像萨姆·金一样，他们看到过上更美好生活的机会，希望能牢牢抓住它。曾经开启全世界殖民地独立运动的那种冲动，也同样驱使着数百万人凭借自己的力量闯出一条生路，去别处碰碰运气。

不止迁徙的冲动增加了，机会也比以往更多。1945年以后建立起来的全球贸易、经济与国际合作体系加速了全球化趋势的形成，而它本来需要更长时间才能发展起来。航运业在这些年里繁荣发展：在为战争建造的大规模舰载飞机的基础上，全新的航空运输业也发展起来。正如我们如今所知，二战后，全球化真正腾飞了。

409

尤其是在西欧，这引发了一场革命。仿佛印度或加勒比的碎片脱落下来，又自行嵌入英国。突然之间，北非的碎片移植到法国，而土耳其和黎凡特（Levant）地区的碎片也分别散落到德国与荷兰。

经济学家、艺术家和美食家对这场革命给欧洲带来的巨大好处自是如数家珍，但同样不可否认的是，这也是有代价的。代价之一是东道主国家不断增长的疏离感。感受到碎片化之苦的不仅是移民人口，他们的到来也会导致他们加入社区的裂缝不断扩大。这对将来也会有深远的影响。[15]

疾风世代

1948 年，萨姆·金登上“帝国疾风号”时，并不清楚自己参与了什么。战争期间，他作为一个盟友受到英国的欢迎。他没经历过多少赤裸裸的偏见，他目睹的偏见往往不是来自英国人，而是其他外来者——比如在曼彻斯特，企图殴打他的朋友、抢走他的女人的美国兵，或是企图把他和白人地勤人员分开安置的南非军官。两次都是英国人的介入帮助了他。

当他在 1948 年回来时，事情有了一些微妙的变化。显然，临时让黑人在英国帮助打仗是一回事，而在和平时期让他们来这里，甚或是永远留在这里，则是另一回事。

早在他还没下船之前，反对他们到来的情绪就已经开始蔓延，而且是英国社会的最顶层表达出来的。在听说“帝国疾风号”带着 492 个西印度群岛人来伦敦后，英国劳工大臣乔治·

艾萨克斯（George Isaacs）警告国会说："未经有组织地安排就让如此众多的人到来，注定要导致相当大的困难和失望。"[16]殖民地大臣阿瑟·克里奇·琼斯（Arthur Creech Jones）几乎可以肯定这只是个独立事件，像牙买加移民"类似规模的迁徙"不太可能再次发生。[17]不久以后，11 位工党议员致信首相，要求制定新的立法来阻止这样的人在未来入境：

410 英国人民幸而享有意义深远的和而不同……并因全无有色人种的问题而蒙福。有色人种涌入并在此处安家，很可能会破坏我们的公共与社会生活的和谐、实力和凝聚力，并导致各有关方面的纷争和不愉快。[18]

不久，新闻界也加入进来。例如，"帝国疾风号"在提伯利①停靠的当天，《每日写真报》（*Daily Graphic*）将他们的到来视作一次"入侵"的开始。萨姆·金这样的人只是先头部队，报纸警告说，一支"无业劳工的大军"正在从牙买加赶来的路上。[19]

把这些事件看作种族歧视的胡言乱语固然容易：492 个人的到来很难说是一次"入侵"或"大规模迁徙"，特别是考虑到与此同时，政府正在积极寻求数十万白人移民。但这类评论无疑是种族歧视，它们还隐含了其他问题。无论他们有多少潜在的偏见，英国官员真正担心的是战后的社会凝聚力，他们害怕牙买加黑人工人不能融入社会。欧洲移民至少看起来像英国人；与之相反，黑人工人却永远显而易见。[20]

411 萨姆·金到达伦敦后，他自己也发现了这一点。他走下

① 提伯利（Tilbury），英格兰埃塞克斯郡的一个港口城市，靠近泰晤士河的河口。

英国政府在战时呼吁团结。来到该国家参与援助之人很为其多样性而自豪，但这一切在 1945 年后并未持续多久。（图中文字，上为：英联邦；下为：团结起来）

“帝国疾风号”时，受到体面的对待。他被安置在南伦敦的一个废弃的防空洞里睡觉，当地教堂的人欢迎了他。但在接下来的几个月，他开始注意到无处不在的偏见，有些很不易察觉，有些则毫不掩饰。当他去劳工介绍所登记当木工的时候，有人告诉他，作为一个牙买加人，他的手艺不可能达到英国的标准。直到他拿出证书，表明他曾在皇家空军受训，他们才羞愧地给了他一个工作机会。住处非常抢手，寄宿公寓的登记窗口上常常写着“不接待黑人，不许养狗”。当他和弟弟申请贷款购买自己的房子时，他收到放贷机构给他的来信，拒绝了他们的申请，并建议他们回牙买加去。后来，他在邮局工作时，经常接到白人工人要求“遣返他们”的电话。一个高管公然对他说：“如果由着我的话，你都不会在我手下当邮差。”[21]

金坚决不让这种评价和态度阻挡自己前进。他始终认为自己是英国人，并因此深感自豪。他参加工会，也加入工党。他向找不到安身之地的牙买加同胞敞开大门。他帮助自己的移民同胞成立一个信用合作社，还推动成立了英国第一份黑人报纸《西印度公报》（*West Indian Gazette*）。1958 年伦敦诺丁山发生种族骚乱后，他帮助朋友兼同事克劳迪亚·琼斯（Claudia Jones）举办了一场西印度狂欢节，借此展示加勒比文化中积极的一面，这最终发展成欧洲每年最大的街头艺术节之一，即如今的诺丁山狂欢节。

1982 年，金当选伦敦萨瑟克区的地方议员，一年后，他成为该行政区的第一位黑人市长。他立即开始接到人们威胁要割断他的喉咙、烧掉他的房子的电话。他的家门口设置了一个永久性的警卫。尽管此类事件让他非常愤怒，他却从来没有让它们影响自己的判断：“负面情绪只会让我们感到压抑和泄气。”

2016 年，在他 90 岁临去世之前，他曾经工作过的议会在他的故居安装了一块蓝色的纪念匾，以表彰其一生的成就及他为自己的族群所做的一切。[22]

强烈抵制

412 萨姆·金遭遇的抵制态度深植于英国的文化中。在逾两百年的殖民主义后，英国人对黑色人种形成了各种各样想当然的设定，认为他们落后、懒惰或下等。所以当像萨姆·金这样不但受过教育，而且工作努力、胸怀大志、见识广博、才能出众的人到来时，他们的设定就陷入混乱。包括早期为难过萨姆·金在内的一些人从经历中吸取了教训，其中一个人后来陷入困境，还来寻求金的帮助，但有些人却根本看不到除了金的肤色以外的东西。

如果说1940年代和1950年代英国几乎没有出现过什么有组织的反移民运动的话，倒不是因为英国社会对移民没有敌意。英国人和英国政府一样，在这个时期的大部分时间里都在否认现实：他们想当然地认为黑人和亚洲移民很快就会回国。讽刺的是，正是英国对限制移民的首次尝试揭示了真相。1962年的《英联邦移民法》对初代移民采取了严厉的限制措施，于是如今来的不再是找工作的单身男女，而是那些已在英国的人之家庭成员。萨姆·金的家人就是个恰当的例子。“我母亲有九个孩子，”他后来透露，“八个都来英国了。”这种家庭团聚可不是想回牙买加的做法。金和他的家人来英国就是准备全都留在这里的。[23]

英国社会从那时起开始认识到，他们的生活方式正在发生着永久的改变。保守党政治家伊诺克·鲍威尔①发表了一系列著名演说，说英国人如今感觉像是生活在“外国领土”上。[24]种族主义者成立了一个名叫“民族阵线”的全新政党，其议程包括“遣返所有的有色人种移民及其后代”。[25]伦敦、哈德斯菲尔德、布拉德福德、莱斯特、奥尔德姆，以及全国其他很多地方都发生了种族主义游行，这些游行常常导致移民与警方和反示威者的暴力冲突。[26]

整个欧洲也发生了类似的动乱。1970年代，“荷兰人民联盟”与“德国人民联盟”等新法西斯主义政党开始在各处涌现。法国的“国民阵线”，以及丹麦和挪威的进步党等激进的右翼民粹政党也参与其中。意大利的“北方联盟”、比利时的 413

① 伊诺克·鲍威尔（Enoch Powell，1912—1998），英国政治家、古典学者、作家和军人。他在1968年发表争议性的“血河”演说，反对来自其他英联邦国家的移民，并因此被爱德华·希思开除出影子内阁。

“弗拉芒集团”等区域分裂主义者也纷纷加入这个行列。在1970年代和1980年代，所有这些政党都在各自的国家大受欢迎，每个党派都把仇外的拒绝接纳移民当作核心政策。更主流的政党也在这中间看到机会。奥地利的自由党就是个最好的例子，1980年代，它从温和的保守立场转变为强硬的反移民立场，所获的选票从大约5%上升到33%。2016年5月，自由党候选人以如此微弱的差距落选奥地利总统，以至于当年年底不得不举行一次新的选举（他再次以微弱的差距惜败）。[27]

撰写本书之时，激进右派在欧洲比自二战以来的任何时间都更强大。右翼的青年民主主义者联盟占据的匈牙利政府，经常因为对外人的威权主义和妖魔化宣传，而受到全世界政治家和报纸的批评。对于青民盟的批评者来说，唯一的安慰是他们至少不像更公开宣称种族主义的尤比克政党那样极端，后者在2014年的选举中获得超过20%的选票。[28]2015年掌权的波兰法律与公正党也是个激进的右翼党派，该国更温和的群体避之唯恐不及，甚至包括它的某些前党员。[29]在法国，对“国民阵线”的支持20年来一直稳定增长，而在英国，英国独立党在2015年的大选中获得380万张选票，成为英国的第三大党。所有这些党派都有一个共同之处：它们都强烈地反对移民。

在全世界其他很多富裕的工业国家中，对待移民的态度大体遵循了类似的变化。澳大利亚是个绝佳的例子。1945年后，澳大利亚的第一任移民部长阿瑟·卡尔韦尔（Arthur Calwell）开展了一场“移民或灭绝”运动。“我们必须为这个国家填补人手，否则就会亡国，”他宣称，“我们需要保护自己免受来自北方的黄祸之害。”二战结束后，亚洲仍被视为一种威胁，所以卡尔韦尔只试图鼓励欧洲的移民，特别青睐英国人。这种

“白澳政策”直到1960年代才取消，但在接下来的几年里，主要来自亚洲的移民入境从未被完全接受。1990年代，政客宝琳·汉森（Pauline Hanson）成立“单一民族”党，该党的政策与欧洲和美国的激进右翼非常相似。她呼吁完全禁止移民入境，终结多元文化。她在首次国会演讲中说道：“我认为，我们有被亚洲人淹没的危险。”从那时起，移民成为该国最敏感的主题之一。澳大利亚对亚洲移民的憎恶如此强烈，以至于从2012年起，难民只能被离岸安置在密克罗尼西亚或巴布亚新几内亚。[30] 414

恐惧与自由

那么，这些人怕的是什么？工业化国家的排外思想最常见的理由之一，是本国人害怕失去工作。移民经常因为与传统的劳动力削价竞争以及压低工资而受到指责。但无论是真是假，这似乎并不是大多数人关心的重点。如果大众关心的是这些，那么在高失业率的时期，人们对外国人的敌意就会升高，但西欧的历史数据表明，排外情绪和就业率之间只有微弱的关联。[31]

在发达国家，移民对社会构成的真正威胁与其说与就业有关，不如说是文化因素。正如伊诺克·鲍威尔在1960年代的英国清楚表明的那样，这是一个数字的游戏。当黑人移民的比例在某些城市占到四分之一或三分之一时，他就将之称为“入侵”。“有史以来，我们的国家从未遇到过更大的危险。”他写道，“英国人在唯一一个属于他们的国家里流离失所”。[32]在随后的几年里，整个欧洲、澳大利亚和北美都表达了类似的观点：人们担心的不是他们的工作，而是他们的社区。

这一点既是偏执又是偏见，但它包含的实情不止一点点。

社区的确受到侵蚀。人民的确开始产生疏离感。国家的确发生了变化。当然，这并非全是移民的错，但因为移民过去是——现在也是——发达社会自二战结束以来发生改变的最显著的表现，他们就成为异化的有力象征。

415 在我们生活的这个世纪，移民的数字相当惊人。富裕的英联邦国家尤其如此。1947 年，只有 10% 的澳大利亚人是在海外出生的，其中将近四分之三是英裔或爱尔兰裔。2015 年，海外出生人口的比例飙升至超过 28%，最大的增长来自亚洲移民。[33] 新西兰和加拿大的情况也与之类似。在这些国家中，1940 年代和 1950 年代看来如此稳定、如此一致——也如此“白”——的社群如今变得面目全非。[34]

欧洲的很多国家如今也出现了相似比例的移民。据经济合作与发展组织（OECD）报告，2013 年，超过 28% 的瑞士人是在国外出生的。在那里，移民的问题变成如此敏感的政治问题，以至于希望恢复更严格控制的人设法迫使政府就是否实行移民限额的问题举行公民投票，并最终赢得了胜利。[35]

乍看之下，欧洲其他国家的数字倒还不显得这么引人注目。在荷兰，2013 年，外国出生的人口仅占 11.6%，法国的这个数字是 12%，德国将近 13%，在奥地利则接近 17%。但这些数字中没有把二战后首次来到这些国家的移民——通过肤色很容易认出他们来——的子女和孙辈考虑进去。对于不甘心接受他们的社会中已经发生变化的人们来说，这些人的存在永远提醒着他们，国家已经变了。

与此同时，美国有超过 13% 的人口是在外国出生的。人口统计数据中成长最快的是西班牙血统的人：实际上，西班牙语正迅速成为这个国家的第二语言。无怪乎盎格鲁－撒克逊血统的美国白人觉得自己是“自己国家里的陌生人”。[36]

英国的文化组成也发生了类似的变化，特别是在城市中。伦敦郑重声明自己是世界上最多样性的城市。这里有超过300种语言，至少有50个不同的非本土社区，其成员人数超过一万人。在差不多每五个伦敦人里，就有一个是黑人或者混血。人口中将近五分之一是亚裔。2013年，伦敦市长鲍里斯·约翰逊宣布英国的首都实际上是法国的“第六大城市”，住在这里的法国人比住在波尔多的还要多，尽管这样的说法或许带有误导性。[37]

416

这让伦敦变成一个精彩刺激的居住地，却无助于产生一种归属感。伦敦人的调整变更率非常高，以至于任何社区感都往往只是临时性的，在朋友和邻居还没有离开或被人取代之前，必须要好好享受一番。伦敦人如今也习惯了这一点。在那儿住过一辈子的人，比如我自己，已经学会放弃伴随他们长大的传统，顺应一直在席卷这座城市的新思想的潮流；但那并不意味着他们这么做时没有任何遗憾，有时他们或许还是会因为自己从小就熟悉的事情如今一去不复返而产生一种痛苦的怀旧感。

近年来，移民的新前线已经从伦敦这样的城市转向林肯郡的波士顿这样的小镇，2016年，就有人借此象征批评英国的移民政策一无是处。在这个6万人的小社区里，大规模移民带来的突然变化让人们难以应对。从2005年到2016年，有将近7000个波兰移民来到这个镇子，人们很快便开始担心他们的社区和传统即将丧失。举行英国退出欧盟的公投之时，波士顿已经成为“英格兰最分裂的地方”，是英国独立党的重镇。这里对外国人的恐惧完全不是对后者的真正恐惧，而是害怕失去某种宝贵的东西——归属感。[38]

当然，关于人们的恐惧还有其他的解释。受到大规模移民威胁的不仅是归属感，还有权利意识。塑造了剥削世界的——众帝国的欧洲各国文化没有甘愿接受“反向的殖民”。同样，在18世纪和19世纪征服了大洋洲、南非、加拿大和美国的人认为他们有权驱逐比他们先到那里的人，却在他们输入到这些地区的文化遭到挑战时抱怨不已。

这种行为的最佳范例或许要算美国这个完全建立在移民之上，而移民却时常被政界妖魔化的国家。至少从1980年代开始，反移民的言论一直甚嚣尘上，但其发展至顶峰大概还是在417 2016年总统竞选活动期间，当时唐纳德·特朗普指责墨西哥移民是“强奸犯”和“毒品走私者”，并发誓不但要把1100万非法移民遣返拉丁美洲，还要在美国和墨西哥之间筑墙。[39]他的竞选口号“让美国再次伟大”被某些美国人解读为几乎不加掩饰地呼吁让美国再次成为白人的国度。[40]

美国的少数族裔很容易，或许还很享受把移民潮席卷白人美国看作一种历史公正，并且无疑会不顾特朗普的言辞，照旧我行我素。但对白人工人阶级的处境幸灾乐祸终究不算体面，并且忽略了大局上的细微差别。很多投票支持特朗普的人自己就是移民，或是移民的后代，他们来到这个国家时一无所有，希望通过努力工作和决心来取得成功。这样的人正曾经是美国梦的化身。

在1940年代和1950年代，当时的美国的确是一个“伟大”的国家，但自那时起，世界已发生无可挽回的变化。大规模移民只是远为宏大的全球化过程的一部分，而这一过程数十年来一直在蚕食着美国工人的愿景。如今，威胁要抢走美国人工作机会的不止新来者——工作本身已经迁往海外，那里的人工比美国移民所能提供的还要便宜——机械化也彻底变革了工作场所：技术曾在1945年保证了美国人的安逸生活，如今却威胁要夺走他们的生计。

据阿莉·拉塞尔·霍赫希尔德①说，那些觉得自己被全球化冷落的人投票给特朗普，是他们因为那些听任美国梦枯萎死亡的传统领袖而完全丧失了信仰。这倒不一定是工薪阶层的白人嫉妒移民有成功的机会：更令他们愤怒的是眼看着自己的地位近年来直线下降。在1945年和随后的几十年里那样充裕的机会似乎大大减少，如今到了美国工人必须像移民一样拼尽全力才能幸存的地步。

因此，他们有时表现出来的排外情绪事实上并非真正的排外，而是对自己在全球影响面前无能为力的怨恨，以及对自己一度以为恭候他们的未来已然不复存在的惨痛领悟。[41] 418

新的“他者”

随着21世纪的到来，所有这些恐惧都凝结成一种“元恐惧”，并已经成为我们这个时代的主要特征之一。2001年9月11日，恐怖分子对美国发起一系列袭击，其中最著名的是驾驶客机撞击纽约世贸中心的双塔。在随后的几年里，恐怖分子还用炸弹袭击了马德里的通勤火车（2004年3月）、伦敦的公共交通网（2005年7月）、布鲁塞尔的国际机场（2016年3月），

① 阿莉·拉塞尔·霍赫希尔德（Arlie Russell Hochschild），美国社会学家和学者，加州大学伯克利分校社会学荣休教授。霍克希尔德长期研究道德信仰、实践和一般社会生活之下的人类情感。著有《故土的陌生人：美国保守派的愤怒与哀痛》（*Strangers in Their Own Land: Anger and Mourning on the American Right*，2016）一书，最终入围美国国家图书奖。

并在法国和德国发起一系列袭击。突然之间，发达世界的工业富国仿佛又有了恐惧移民人口的理由：如今受到威胁的不仅是工作、社会和历史特权，还有整个西方文明。事实上，这种恐惧并无新鲜之处。它正是我们曾经对纳粹的恐惧，这种恐惧后来转移到对共产主义上，自冷战结束以来一直在寻找新的落脚之处。

出于自己的切身利益，反移民的游说只要有机会就会挑起这种恐惧，因为它质疑了我们自二战以来的移民政策。它似乎证实了他们一直都在说的话：从 1940 年代以来，西方政府允许数量如此众多的穆斯林大批进入他们的社会，无异于引狼入室。

这正是唐纳德·特朗普在 2016 年美国总统选举期间承诺禁止穆斯林移民的原因。这正是匈牙利在同一年拒绝接收来自叙利亚穆斯林难民的原因。这也正是荷兰总统候选人海尔特·维尔德斯（Geert Wilders）在同一年呼吁荷兰“去伊斯兰化”的原因——并借此让他的“自由党”在民意调查中名列前茅，尽管他同时还要面对警方对其煽动种族仇恨的起诉。[42]在欧洲人的想象中，穆斯林如今占据了 20 世纪初期犹太人曾经占据的位置：极少的一部分人的行动为妖魔化整个宗教开启了大门。

419 具有讽刺意味的是，只有恐怖分子自己才会从这种想法中获益。既然恐怖主义的首要目标是散播恐惧，那么“基地”组织和“伊斯兰国”等极端团体便可以祝贺自己出色地完成了任务。他们做梦都没有想到，他们在 2001 年及以后的行动竟然引起如此令人满意的反应。他们引发了一次由美国主导的对拥有很多恐怖分子的大本营——阿富汗的攻击，这场战争迅速变成一场“圣战”，成为世界各地心怀仇怨的穆斯林的标杆。他们引发了美国和伊拉克的第二次战争，这打破了中东另一个区域的平衡。在此期间，主流媒体向世界宣传了一系列殉难者和英雄的形象。冷战结束以来，伊斯兰极端主义之所以日益崛起，就在于他们有能力引发西方的反击。

然而，伊斯兰极端主义者也不无恐惧。他们希望推翻西方自由民主，是因为这威胁到他们在想象中认为已经维持了数百年不变的传统、文化和生活方式。他们看到像沙特阿拉伯或约旦这样以穆斯林为主的国家，其政府显然在应和西方的曲调翩翩起舞。他们看到大规模移民的影响，比如整个南亚地区的工人都涌向海湾国家找工作。他们看到伊斯兰价值观被新的西方传统和信息技术的发展侵蚀。他们看到专属于男人和宗教领袖的古老特权正慢慢消逝。他们知道，除非他们做一些引人注目的巨大破坏——除非他们能发起自己的全球革命——否则这些变化必然会继续下去。

西方富国某些地区的新穆斯林人口也是如此。和萨姆·金一样，二战后，这些社群来寻找更好的生活。和萨姆·金一样，他们也必须在英国、德国或美国社会闯出一片天地，同时为适应第二故乡而做出妥协。但对于他们的儿孙辈来说，事情就不一样了。比如说，出生在法国的穆斯林有一种他们父母从来没有的权利意识：他们认为自己和任何同胞一样，都是法国人。此话诚然不错，但针对他们的偏见仍然存在。他们觉得自己受到两面夹击：既被社会拒绝，又被要求更充分的同化。

正如让-保罗·萨特在1944年说的那样，这种人面临着不可能的选择：如果他们完全同化，就会否定自己；但如果他们不同化，就要接受自己永远是局外人，永远是“他者”。[43]难怪有一小部分人很难面对如此引发的内在冲突，于是便反其道而行之，选择接受和助长这种拒绝，反过来报复

420

他们生活于其中的社会。

我在本书开篇时就说明，我们在某种意义上都是难民和移民。对于我描述过的某些人来说确实如此。不管是我在开篇时写到的乔吉娜·桑德，还是阿哈龙·阿佩尔费尔德或萨姆·金，都永远离开了原籍国家，余生一直在海外生活。对于像安东尼·柯温或瓦鲁希乌·伊托特等更多的人来说，生命的决定性时刻是在战争或革命期间发生在外国的。但作为二战的直接后果，本书中每一个人的生活都经历了巨变。就算他们没有出国，他们曾经熟悉的世界也被他们经历的事情和生活的时代变得面目全非。对于在 20 世纪的重大变化中幸存下来的大多数人，情况大致都是如此。

战争释放的力量在 1945 年改变了我们的世界，时至今日仍在影响着我们的生活方式。首先也最重要的是，它制造了大量创伤，这种创伤从那以后便一直困扰着人们和社会。战争还产生了超级大国，以及在随后的 45 年里定义了世界的东西方之间的紧张局势。它迅速消灭了欧洲和日本的帝国，让数亿人自由选择自己的命运——或者至少试图如此。它引发了科技、人权和国际法、艺术、建筑、医学和哲学的进步。它为新的政治和经济制度扫清道路，也为我们如今所知的全球化奠定了基础。由战争开启的民族起义将外族文化抛掷到相互临近的地区，如今，变化的步伐发展得如此迅速，以至于我们越来越不能绝对肯定明天的邻居是什么人，或是我们自己会在世上哪个地方养老告归。

无论我们的愿望如何，这些变化都无法撤销。随着 21 世纪

421 的前进，我们面临着一种选择。要么接受世界变化，顺应进步

的力量并试图令其对我们有利；要么抵抗变化，试着将其暂时搁置一旁，以便保护我们如此珍视的旧日生活方式的吉光片羽。如果历史可以依循，我猜测我们大概会同时采取这两种行动路线，任何人都不会感到完全满足，却都还能应付得过去。

还有第三种选择：我们可以推翻整个系统，再度白手起家。如今的世界到处都是做此承诺之人。他们对世界改变后的样子感到愤怒和幻灭，比以往更急于找到“替罪羊”。与其说这是二战的遗产，倒不如说是回到起初导致战争的同一种思维方式上。

如今，笼罩在世界之上的沮丧，对研究 1930 年代战争起因的学者来说非常熟悉。现在和那时一样，世界的大部分地区陷入失业率升高、贫穷不断扩大和经济停滞的困境。富人与穷人之间的鸿沟引起的愤怒不断上涨，对外人的怀疑与日俱增，还有最重要的，曾经称为现代性、现在变成全球化的东西也引发了越来越多的恐惧。

1945 年时，我们认为我们可以解决这些问题。除非我们再次着手解决它们，否则蛊惑人心者和革命分子将会介入，为我们解决这些问题，就像他们曾经在 20 世纪中期所做的那样。

尾　声

第二次世界大战不仅是另一个普通事件而已，它改变了一切。武装力量从世界的一端横扫到另一端，消耗掉整个经济，牺牲士兵与祭献平民一样易如反掌，就连深陷暴力之中的人也会看到，某些根本的东西已被毁坏。“你必须知道，世界正在灭亡，”1940 年美国战地记者埃德·默罗①如此评论道，“旧日的价值观、旧日的偏见，以及权力与威望的旧日基础都在消逝。”大西洋两岸以及太平洋两岸的同盟军带着为保卫生活方式而战的信念走上战场，与德国和日本开战。事实上，他们自己最终还是对那种生活方式的消失无能为力，只能袖手旁观。[1]

1945 年出现在废墟中的世界与进入战争时的世界全然不同。一方面，它遍体鳞伤，精神受创：整座城市被毁，整个国家被吞噬，在大部分欧洲和东亚地区，整个社区的人们或是被杀，或流离失所。数亿人遭受暴力的威胁，其规模之大，此前人们从未想象过。另一方面，1945 年的世界大概也比此前更加团结。战火锻造了友谊，一时间，人们真诚地希望这种友谊可以延续到和平时期。战争的结束也带来世界各地人民会铭记终生的释放感。这两股力量——恐惧与自由——成为创造战后世界最重要的推动力。

本书试图记述二战及其带来的物质和精神后果如何塑造了

---

① 埃德·默罗（Ed Murrow，1908—1965），美国广播新闻界的一代宗师，新闻广播史上的著名人物，美国哥伦比亚广播公司的著名播音员。

我们的人生。在开篇的章节里，我讨论了世界各地的人们为了应对他们刚刚目睹的暴力和残酷，纷纷采用新的思维方式。他们看到一个充满英雄、魔鬼和殉难者的宇宙。他们把战争想象成善与恶之间的殊死斗争。他们创造出一个神话，使那些不可理解的东西变得有意义，让他们相信牺牲是值得的，并给他们带来黑暗已经被永远放逐的希望。 423

正是这种思维方式让世界得以尽快复原。我们的英雄继续表现得很英勇，并肩负起推行秩序、建立新体制，以及照料四分五裂的国家恢复正常的责任。那些我们认为的魔鬼被消灭、接受制裁、被噤声、被驯服，有的甚至还改过自新。战争的受害者都尽可能地归隐去舔舐自己的伤口。而世上的每一个人都开始相信新的时代已曙光乍现。

因此，理想的时代诞生了。在第二部分，我展示了这些理想如何激发那些认为人类应该从战争中吸取教训之人的乌托邦梦想。科学家梦想的新世界不仅由新技术——源自战争的喷气式飞机、火箭和计算机等——推动，而且还被注入科学的思维方式，即理性、开明与和平。建筑师梦想着光芒四射的新城市像凤凰一样从废墟中崛起，那里的每个人都终于得以享有阳光、空气和健康的生活。社会规划师和哲学家看到了把人们团结在一起，消除他们之间的差异，并让世界更公正平等的机会。他们想象出来的不是充满恐惧的未来，而是一个自由的未来。

在这样的氛围中，每一个梦想都应该是普遍的梦想，而根除弊病的每个方案也应该是一个普遍的方案，这看似顺理成章。在第三部分，我论述了战后的政治家、律师和经济学家如何试图建立一个让整个世界作为一个整体统一行动的体制。他们在二战余波中设立的全球性机构，远比此前的其他任何机构都更为包容，也更富有活力；但在某些理想主义者看来，它们还不够完善。这些空想家认为，如果所有的人都要享有同样的自由、权利和责任，那么所有的人就应该生活在同一个体制之下，并在该体制如何运行方面享有同等的话语权。他们想要的是单一的世界政府。

正是在这样的观念中，战后时期的梦想纷纷破灭。只要有一个人认为世界政府可能带来永久的和平，就会有另一个人认为它将带来永久的奴役。人们在战后争先恐后追求的所有海市424蜃楼中，最遥不可及的当然是绝对普遍的思想观念。因此，世界恰在试图团结起来的同时，也开始分裂。

正如我在第四部分论证的那样，二战最伟大的遗产之一，便是它产生了不是一个，而是两个超级大国，双方都疑心日炽地盯着对方旨在统治世界的虚张声势。美国人知道，如果建立起一个世界政府，谁也无法保证它是民主政府：他们就像从前阻止世界落入希特勒之手那样，坚决不让世界落入斯大林之手。与此同时，苏联人也同样决心阻止美国势力的扩散，并开始使用与他们在二战期间采用的英雄、魔鬼和殉难者同样的语言来形容他们与西方新的意识形态之争。全球都如法炮制了这种东西方之间的分裂，世上的每一个国家都遭到怂恿、欺骗和威胁，不得不支持其中的一方。

向世界大同提出挑战的不仅是两个超级大国。在第五部分，我说明了二战激发的自由梦想如何促发世界各地民族主义的复兴。亚洲、非洲和中东地区的人民开始从统治他们数世纪的欧洲帝国那里要求独立，但他们争取自决权的激情有时会导致国家分裂成更小的部分。在发展中世界的很多地区，威权政府和独裁政府以恢复秩序的名义夺取了政权：如果各派之间不能顺理成章地达成一致，迟早会强迫接受现实，此举往往会牺牲自由。

欧洲是暂时搁置了民族主义的唯一地区，但就算在这里，民族主义也会偶然爆发，令人有回到二战之感。欧盟的建立是为了避免欧洲国家之间开战，最终这个组织本身却激发了民族自由的梦想。在撰写本书之时，欧盟已开始分裂，民族主义则再次在整个大陆蓬勃发展起来。

在第六部分，我探讨了二战最具毁灭性的遗产，它们把这些分裂的倾向推向常理的最大限度——分裂国家、分裂社区和家庭，并产生了如今仍然深埋在很多社会核心的创伤感和失落感。我在本书结尾考察了社会最终分裂成最小的组成部分——个体的人，这些人有时以违背他们意志的方式，摆脱各自的社区，为了寻找工作、机会或稳定感而散布全球。人的全球化这个同样被二战大大加速的过程，造成富裕国家内部新的紧张局势，而这些国家也被碎片化和粒子化。更大的自由并没有带来更多的幸福。 425

个体内部同样会分裂。一些在战争期间忍受了巨大创伤的人，无法将其经历与他们头脑中过去的自己和希望中的自己达成和解。他们发觉自己被每个人都为之奋斗的崭新未来排除在外，反倒被人责备永远在重温过去。我在本书讲述的几个人就遭遇过这样的命运——不仅是奥托·多夫·库尔卡、阿哈龙·阿佩尔费尔德、叶夫根尼娅·基谢廖娃和崔明善这些战争受害者，还有汤浅谦这样的战争“魔鬼”。甚至某些战争“英雄”——像本·费伦茨或加里·戴维斯这样的人——也无法把战争抛在身后。他们经历的一切，他们得到的教训，都会无情地伴随着他们的余生。

本书中的很多人都发现，在战争及其余波中，所处局势造成的内心挣扎和两难选择也使他们在其他方面发生分裂。汉斯·比耶克霍尔特和科德·迈耶都被迫重新评估在战前及战争期间他们充满激情投入其中的信仰。比耶克霍尔特出于无奈，放弃了原有信仰，转而追随他新发现的灵修；迈耶则放弃了世界一统的梦想，发起反对苏联的新运动。与之相反，安东尼·柯温在整个战争期间都是个和平主义者，战后却被推向共产主义，乃至暴力革命。所有这些人都被迫在他们无法控制的情况下做出各自的决定。没有一个人的决定是轻易做出的。

与此相同，尤金·拉宾诺维奇和安德烈·萨哈罗夫也不得不调和看起来彼此矛盾的不同信仰：他们都在研究核武器，却都全心致力于推动各自所在的超级大国之间的和平与合作。某些人不得不反复与这种困境做斗争。例如，卡洛斯·德尔加多·查尔沃德不得不为自己参与了不止一次，而是两次革命——第一次是为了在委内瑞拉建立民主，第二次则是为了取消它——而找到理由。瓦鲁希乌·伊托特也不得不两次转变立场：先是从忠诚的士兵变成反抗英国人的叛军，后又从叛军变成和平的使者。

426

几乎每一个人都表达了某种疏离感——与他们的国家、家庭或社区，甚至是与他们自己。表现在全球或国家层面上的分裂，同样表现在最为个人化的层面上。

这种世界、国家与个人之间的联系是本书最重要的部分。第二次世界大战不仅改变了我们的世界，也改变了我们。它让我们直面某些最大的恐惧，并以我们还没有完全了解的方式让我们的精神受到重创；世界的某些地区尚未从这种经历中恢复过来。但它也启发了我们，并让我们了解到自由的真正价值——不仅包括政治和国家的自由、崇拜和信仰的自由，还有个人自由以及它加诸个人之上的令人敬畏的责任。

正是出于这种原因，我把个人的故事作为这本书的核心内容。这些故事不但是回顾我们过去的窗口，也是理解我们如今为何如此行事的关键。那些把历史看作进步力量，率领我们缓慢而坚定地走向更美好、更理性的世界的人，却低估了人的非理性的能力。我们的集体情绪对历史的推动与任何理性迈向“进步”的力量一样强大。某些推动世界的最强大势力，要么诞生于二战，要么生发于我们对那场战争结果的反应。只有理解这些集体情绪来自何方，我们才有希望防止自己被它们消灭。

这绝非易事。我们把自己裹在神话的毯子里；只有把它剥开，我们才会看出推动我们大部分思考的恐惧、愤怒和自以为是的根源何在。正是个人的故事再次向我们提供了一把钥匙。在本书的开篇部分，我讲了伦纳德·克雷奥的故事，他欣然接受了在战时颁予他的奖章以及随之而来的赞美，却逐渐意识到自己并没有什么真正的英勇表现，只是在他这种情况下人类的正常反应而已。“军队需要英雄，”他告诉我，“那就是军队给他们颁奖的原因。他们必须要在矮子里拔将军。”社会也需要英雄，乐于把他们作为其他人的榜样，就算那意味着歪曲或隐藏真相。[2]

427

如果我们的“英雄”需要花时间才能了解过去的真相，那么“魔鬼”也是一样。当然，他们往往走不到那一步。多年无声的沉思才迫使汤浅谦意识到他在中国犯下的不仅是罪行，而且是暴行。当他在战后最终回到日本时，他惊讶地发现，曾与他在这些暴行中共事过的人里，没有一个承认自己犯了错。有时，以更实用的版本记住过去，比记住真实的过去要容易得多。

国家的表现也是这样。人们该如何解释英国或美国这样的国家至今仍然回避它们在二战期间缺乏怜悯，无论对战败者还是对他们解放的人都是这样的事实呢？或是日本的民族主义派别继续否认世上所有的人都知道他们犯下的罪行？波兰人或法国人为什么会投入如此多的精力去回忆自己在战争期间的“英勇”反抗，却拒绝承认他们自己的懦弱或残忍？所有的国家都有这样的倾向，就像所有的个人一样，在参与今天的战斗时，人们应该谨记这样的事实。

或许二战产生的最具破坏力的神话就是那些殉难者的神话。我在本书中用大量的篇幅探讨了受难：我相信，每一个国家都有必要承认自己经历过的创伤，因为只有通过哀悼损失，我们才有能力继续前行。但受伤的国家往往倾向于把它们的痛苦上升到神圣的地步，因为如此一来，国家便可想象自己没有参与自己的受难，而这种苦难全是他人所为。这种神圣的无辜既使它们过去的罪恶得到赦免，又成为将来作恶的理由。它们没有检查并因而正视自己的损失，而是把自己的悲痛当作武器，并将其转化成圣洁的义愤。

428 这些情感是被某些人故意煽动起来的，他们希望利用这些来为自己——不择手段的政客、媒体大亨、宗教煽动者，诸如此类——谋利。这些人诱导我们在大众的正义力量中迷失自我。那些响应这样的呼吁，并让自己被共同的情绪裹挟的人，既获得了目的感，也获得了归属感，但放弃自由也成为他们必须付出的代价。如果二战教会我们什么的话，那就是一旦放弃自由，想轻易重新获得它则几乎是不可能的。

遗憾的是，拥抱自由也不是个容易的选择。真正的自由要求我们走出人群，偶尔还要勇敢地与群体抗争，尽我们所能地独立思考。自由迫使我们坦率而诚实地面对自己的损失，理解我们也会犯错，理解我们也是自己受难的始作俑者之一。一个自由的人，是能担负起责任和直面令人不安的真相的人。

战争幸存者的个人故事同样给我们提供了如何在这条孤独之路上行走的范例。我在本书开头讲述了乔吉娜·桑德的故事，也将用她的故事作结。作为一个来自奥地利的儿童难民，她被迫在英国开始全新的生活。她在十年之间不断地搬家，最后和丈夫在伦敦安顿下来，但她知道，这种经历也对她造成了伤害。“有很多年，我没有把自己的经历告诉任何人。我的孩子们根本不知道这些。只有在我老了以后，孩子们也都长大，那些记忆才又回来，但我不想提这些。那太痛苦了。”她知道自己的婚姻不是一帆风顺的，丈夫有时对待她就像她还是两人初识时的那个孩子，而她本人也被动地允许他来安排他们的生活，仿佛自己仍像战争时期的难民一样无助。她也知道，她在自己的孩子们身上也犯了不少错，把自己无法承受的焦虑转嫁给他们。她也早就接受了无论自己在这里生活多长时间，也永远是个局外人这个事实。“但我现在平静多了，”她告诉我，“我对自己得到的一切充满感激。有时的经历非常痛苦。但你看啊，也许痛苦在某种程度上造就了我。”

本书中的每个人都被迫得出类似的结论。第二次世界大战在他们每个人的生活中仍然是一个固定不变的点，但随着周围世界的改变，他们每个人也逐渐意识到，他们为了应付战争而采用的思维方式已不再奏效。如果想抓住全新的未来，他们别

429

无选择，只有面对过去的恐惧和怨恨，并且尽其所能地与之告别。

除非我们自己能够与自那场大战以来就伴随着我们的创伤和失望和解，否则我们注定会重犯过去的错误。我们会继续对自己讲永远不会犯错的英雄，以及作为邪恶化身而无可救药的魔鬼的故事。我们会继续把自己想象成殉难者，所受的苦难让我们神圣无比，并证明我们的一举一动都自有其道理，无论那些行为有多邪恶。我们无疑还会继续用二战的语言来表述这些神话，毕竟自1945年以来我们一贯如此，仿佛把我们和那个时代隔开的这几十年全都白白流逝了。

致　谢

431

我要感谢撰写本书的这五年来我咨询过的很多国际性的、国家级和地区级的档案馆和图书馆，这些机构的工作人员无一例外地彬彬有礼、乐于助人，有时甚至超越工作的职责。这些机构中最重要的是大英图书馆，它的外语文献收藏是独一无二的，如果没有那些文献，本书不可能完成。其他所有机构都列在本书末尾的注释中。

我还要感谢埃莱奥·戈登（Eleo Gordon）、丹尼尔·克鲁（Daniel Crewe）、迈克尔·弗拉米尼（Michael Flamini），以及我在世界其他地区的很多编辑，他们对我和我的书表现出充分的信任。对我十分信任的不仅是编辑，还有很多从事翻译、宣传、市场和销售的人员，以及参与本书制作的其他人。作为一个曾经做过编辑的人，我充分理解一本书的出版是群体共同努力的结果，尽管获得称赞的总是作者和编辑，但很多艰苦工作是幕后人员完成的。我还必须要感谢我的代理人西蒙·特里温（Simon Trewin）和杰伊·曼德尔（Jay Mandel），他们的帮助和建议极其宝贵。

如果没有很多人的帮助，本书也不可能完成，他们为我翻译了大量文件，引导我进行某些外语资料的研究，并帮我搜寻到一些一直无法取得的文件。我要特别感谢本·格鲁姆（Ben Groom）、戴夫·里克伍德（Dave Rickwood）、安德鲁·沃克利（Andrew Walkley）、莉萨·舒库尔（Lisa Sjukur）、图蒂·苏维吉宁希（Tuti Suwidjiningsih）、肯尼思·诺贝尔（Kenneth Noble）、杉木利惠（Rie Nakanishi）、詹姆斯·道斯（James Dawes）、郑昊哲（Jeong Ho-Cheol），以及知子·斯米特-奥尔森（Tomoko Smidt-Olsen）。我还非常感激所有同意我使用他们的故事和照片的人，特别是我采访和通信联络过的乔吉娜·桑德、伦纳德·克雷奥、奥托·多夫·库尔卡、本·费伦茨和他的儿子唐、加布里埃尔·巴赫（Gabriel Bach）、阿哈龙·阿佩尔费尔德，以及迪特曼·门德尔。如果前文中有任何错误或遗漏——这在所难免——那都是我的错，且只是我的错。

最后，按照惯例，我要感谢我的妻子莉萨和孩子们——加布里埃尔和格雷丝——我把这本书献给他们。但我这样做初衷不在于遵循传统，而是出于巨大的歉疚感。五年来，他们不得 432 不忍受我反复缺席、对家庭责任的疏忽，以及长期远离日常生活、沉浸在看起来像是古代史的事情中，至少我的孩子们一定是这么看的。我希望他们有朝一日会读到这些内容，并意识到经常把我从他们身边带走的不是对过往的病态专注，而是对现在的忧虑，以及但愿世界终有一天能与影响了我们所有人的焦虑和创伤友好相处的希望。

注　释

引　言

1. 2015 年 9 月 12 日作者的采访。乔吉娜·桑德是我的受访者选择的假名。

2. R. Ernest Dupuy and Trevor N. Dupuy, *The Harper Encyclopedia of Military History*, 4th edn (New York: HarperCollins, 1993), pp. 1083, 1309.

3. K. O. Mbadiwe, quoted in Marika Sherwood, ' "There is No New Deal for the Blackman in San Francisco": African Attempts to Influence the Founding Conference of the United Nations, April - July 1945', *International Journal of African Historical Studies*, vol. 29, no. 1 (1996), p. 78.

4. Nicaragua's Leonardo Argüello Barreto and Panama's Roberto Jimenez, speaking at the UN's foundation conference, 8th plenary session: see *The United Nations Conference on International Organization: Selected Documents* (Washington, DC: US Government Printing Office, 1946), pp. 385, 388.

5. Wendell Willkie, *One World* (London: Cassell & Co., 1943), pp. 134, 140, 147, 169.

6. Erich Fromm, *The Fear of Freedom* (Oxford: Routledge, 2001), pp. ix and 118. See also S. H. Foulkes, *Introduction to Group - Analytic Psychotherapy* (London: Heinemann, 1948). 关于这一主题的后续发展，参见 Earl Hopper and Haim Weinberg (eds), *The Social Unconscious in Persons, Groups and Societies*, vol. 1: *Mainly Theory* (London: Karnac, 2011), pp. xxiii - lvi。

7. Jean - Paul Sartre, *Existentialism and Humanism*, trans. Philip Mairet (London: Methuen, 2007), pp. 32 - 33.

1. 世界末日

1. Toyofumi Ogura, *Letters from the End of the World*, trans. Kisaburo Murakami and Shigeru Fujii (Tokyo: Kodansha International, 2001), p. 16.

2. Ibid., pp. 37, 54, 57, 105.

3. Ibid., pp. 55, 162 - 163.

4. Quoted in Jay Robert Lifton, *Death in Life: Survivors of Hiroshima* (Harmondsworth: Pelican, 1971), pp. 22 - 23; an alternative translation is given in Yoko Ota, 'City of Corpses', in Richard H. Minear (ed.), *Hiroshima: Three Witnesses* (Princeton University Press, 1990), p. 185; see also p. 211.

5. See for example, English Translation Group, *The Witness of Those Two Days: Hiroshima & Nagasaki August* 6 & 9, 1945, 2 vols (Tokyo: Japan Confederation of A - and H - Bomb Sufferers, 1989), passim, but especially vol. 1, p. 149; Takashi Nagai, *The Bells of Nagasaki*, trans. William Johnston (Tokyo: Kodansha International, 1984), pp. 13, 14; Michihiko Hachiya, *Hiroshima Diary*, ed. and trans. Warner Wells (Chapel Hill: University of North Carolina Press, 1955), p. 54; Paul Ham, *Hiroshima Nagasaki* (London: Doubleday, 2012), p. 322; Arata Osada (ed.), *Children of the A - Bomb* (New York: Putnam, 1963), passim; Lifton, *Death in Life*, pp. 26 - 31.

6. *L' Osservatore Romano*, 7 August 1945, quoted in Paul Boyer, *By the Bomb's Early Light* (Chapel Hill: University of North Carolina Press, 1994), p. 15.

7. Ota, 'City of Corpses', pp. 165 - 166.

8. Hans Erich Nossack, *Der Untergang* (Hamburg: Ernst Kabel Verlag, 1981), p. 68.

9. Frederick Taylor, *Dresden* (London: HarperCollins, 2004), p. 328; Victor Klemperer, *To the Bitter End: The Diaries of Victor Klemperer*, 1942 - 1945, trans. Martin Chalmers (London: Weidenfeld & Nicolson, 1999), diary entry for 22 May 1945, p. 596; General Anderson quoted in Richard Overy, *The Bombing War* (London: Allen Lane, 2013), p. 410.

10. Jörg Friedrich, *The Fire: The Bombing of Germany*, 1940 - 1945 (New York: Columbia University Press, 2006), p. 344.

11. Antony Beevor, *Stalingrad* (London: Viking, 1998), pp. 406 - 417.

12. Krzysztof Zanussi and Ludwika Zachariasiewicz, quoted in Norman Davies, *Rising* ' 44 (London: Pan, 2004), pp. 476, 492.

13. See http://philippinediaryproject.wordpress.com/1945/02/13 — Diary of Lydia C. Gutierrez, Tuesday, 13 February, 1945——published as

'Liberation Diary: The Longest Wait', in *Sunday Times Magazine*, 23 April 1967.

14. Ota, 'City of Corpses', p. 148; Nossack, *Der Untergang*, p. 67.

15. Cyrus Sulzberger, 'Europe: The New Dark Continent', *New York Times Magazine*, 18 March 1945, p. SM3.

16. Sir Charles Webster and Noble Frankland, *The Strategic Air War Against Germany*, 1939 - 1945 (London: HMSO, 1961), vol. 4, p. 484; John Dower, *Embracing Defeat: Japan in the Wake of World War II* (New York: W. W. Norton, 2000), p. 45; Norman Davies, *God's Playground* (New York: Oxford University Press, 2005), vol. 2, p. 355; Tony Judt, *Postwar* (London: Pimlico, 2005), p. 17; Keith Lowe, *Savage Continent* (London: Viking, 2012), p. 10; Unesco Postwar Educational Survey, 'The Philippines' (1948), p. 8——document online at http://unesdoc.unesco.org/images/0015/001553/155396eb.pdf.

17. W. G. Sebald, *On the Natural History of Destruction* (Harmondsworth: Penguin, 2004), p. 3; R. Ernest Dupuy and Trevor N. Dupuy, *The Harper Encyclopedia of Military History*, 4th edn (New York: HarperCollins, 1993), p. 1309; Lifton, *Death in Life*, p. 20.

18. Max Hastings, *All Hell Let Loose: The World at War*, 1939 - 1945 (London: HarperPress, 2011), p. 669; Antony Beevor, *The Second World War* (London: Weidenfeld & Nicolson, 2012), p. 781. Dupuy and Dupuy, *Harper Encyclopedia of Military History*, 给出的数据是5000万 (p. 1309), 但他们得出的死亡的中国人数过低。

19. 关于对这个术语的异议, 参见 Michael Marrus, *The Holocaust in History* (New York: Penguin, 1989), pp. 3 - 4。

20. 关于其他类似的预示灭亡的术语, 参见 Rick Atkinson, *The Guns at Last Light* (London: Little, Brown, 2013), pp. 631 - 632; Lucy Dawidowicz, *The War Against the Jews*, 1939 - 1945 (Harmondsworth: Pelican, 1979), p. 18。

21. Max Hastings, *Armageddon: The Battle for Germany*, 1944 - 45 (London: Macmillan, 2004).

22. Daniel Costelle and Isabelle Clarke's six part documentary *Apocalypse: la deuxième Guerre mondiale* (CC&C, 2009).

23. Atkinson, *The Guns at Last Light*, p. 640; Andrew Roberts, *The Storm*

of War (London: Allen Lane, 2009), p. 579; Beevor, *The Second World War*, p. 781.

24. Vladimir Putin, VE Day 60th anniversary speech, 9 May 2005, http: // news. bbc. co. uk/1/hi/world/europe/4528999. stm.

25. Hu Jintao, 'Speech at a Meeting Marking the 60th Anniversary of the Victory of the Chinese People's War of Resistance against Japanese Aggression and the World Anti – fascist War', 3 September 2005, www. china. org. cn/english/2005/Sep/140771. htm.

26. Herbert Conert, quoted in Taylor, *Dresden*, p. 396.

27. Dawidowicz, *The War Against the Jews*, 1933 – 1945, p. 480; Sara E. Karesh and Mitchell M. Hurvitz, *Encyclopedia of Judaism* (New York: Facts on File, 2006), p. 216.

28. 关于日本人的统计数据，参见 John W. Dower, *War Without Mercy: Race and Power in the Pacific War* (New York: Pantheon, 1986), pp. 298 – 299; 关于中国人，参见 Roberts, *The Storm of War*, p. 267; 关于法国人、德国人和英国人，参见 Lowe, *Savage Continent*, pp. 13 – 16; 关于美国人，参见 Hastings, *All Hell Let Loose*, p. 670。关于总人口数的统计，参见 Angus Maddison, *The World Economy: Historical Statistics* (Paris; OECD, 2003), passim。

29. Sigmund Freud, 'Beyond the Pleasure Principle' (1920), reproduced in Salman Akhtar and Mary Kay O'Neil (eds), *On Freud's 'Beyond the Pleasure Principle'* (London: Karnac, 2011); and Sigmund Freud, *Civilization and its Discontents* (Harmondsworth: Penguin, 2002), pp. 56 – 57.

30. See, for example, Richard Bessel, *Nazism and War* (London: Weidenfeld & Nicolson, 2004), pp. 94 – 96; and Lowe, *Savage Continent*, pp. 9 – 10.

31. Ham, *Hiroshima Nagasaki*, p. 225.

32. Nossack, *Der Untergang*, pp. 18 – 19.

33. Ibid., p. 98; Keith Lowe, *Inferno* (London: Viking, 2007), p. 319.

34. Ogura, *Letters from the End of the World*, p. 16.

35. Ibid., letter 9 (10 May 1946), p. 122.

2. 英雄

1. 下面的故事来自 2015 年 8 月 10 日和 9 月 29 日对伦纳德·克雷奥

的两次个人采访。

2. Leonard Creo, medal citation.

3. See, for example, *Stars and Stripes*, 26 and 28 August, 9 September 1944; *Life*, 4 September 1944; *Daily Express*, 28 August 1944. 关于类似画面和故事的讨论，参见 Mary Louise Roberts, *What Soldiers Do: Sex and the American GI in WWII France* (Chicago University Press, 2013), pp. 59 - 73。

4. IWM Docs, 94/8/1, Captain I. B. Mackay, typescript memoir, p. 104.

5. IWM Docs, 06/126/1, Derek L. Henry, typescript memoir, p. 57.

6. 关于色情解读，参见 Roberts, *What Soldiers Do*, passim; Patrick Buisson, *1940 - 1945: Années érotique* (Paris: Albin Michel, 2009), passim; 以及 Ian Buruma, *Year Zero: A History of* 1945 (London: Atlantic, 2013), p. 23。

7. 'Paris - the Full Story', *Daily Express*, 28 August 1944; and Alan Moorehead, *Eclipse* (London: Granta, 2000), p. 153.

8. Maria Haayen, quoted in Buruma, *Year Zero*, p. 23.

9. Quoted ibid.

10. p. R. Reid, *The Latter Days at Colditz* (London: Hodder and Stoughton, 1953), pp. 281 - 282.

11. President William J. Clinton's speech at VE Day commemoration, 8 May 1995, available online at www. presidency. ucsb. edu/ws/index. php? pid = 51328&st = &st1; Studs Terkel, '*The Good War*': *An Oral History of World War Two* (London: Hamish Hamilton, 1984); Tom Brokaw, *The Greatest Generation* (London: Pimlico, 2002), p. xxx.

12. Hanna Segal, 'From Hiroshima to the Gulf War and After: A Psychoanalytic Perspective'), in Anthony Elliott and Stephen Frosh (eds), *Psychoanalysis in Contexts: Paths Between Theory and Modern Culture* (London and New York: Routledge, 1995), p. 194.

13. Clinton's speech at VE Day commemoration, 8 May 1995. See also his D - Day commemoration speech, 6 June 1994, available online at www. presidency. ucsb. edu/ws/? pid = 50300.

14. President Jacques Chirac, speech 6 June 2004, available online at http: //georgewbush - whitehouse. archives. gov/news/releases/2004/06/20040606. html.

15. Charles Glass, *Deserter* (London: HarperPress, 2013), pp. xiii, 228.

16. IWM Docs, 6839, Madame A. de Vigneral, typescript diary.

17. IWM Docs, 91/13/1, Major A. J. Forrest, typescript memoir, 'Scenes from a Gunner's War', chapter 7, p. 7.

18. See Roberts, *What Soldiers Do*, p. 281, fn. 49; and Peter Schrijvers, *Liberators: The Allies and Belgian Society*, 1944 - 1945 (Cambridge University Press, 2009), p. 243。

19. J. Robert Lilley, *Taken by Force: Rape and American GIs during World War II* (Basingstoke: Palgrave Macmillan, 2007), pp. 11 - 12. For statistics on Soviet rape in eastern Europe see Keith Lowe, *Savage Continent* (London: Viking, 2012), p. 55.

20. Nancy Arnot Harjan, quoted in Terkel, '*The Good War*', p. 560.

21. Yvette Levy, quoted in William I. Hitchcock, *Liberation* (London: Faber & Faber, 2008), p. 307.

22. Aaron William Moore, *Writing War: Soldiers Record the Japanese Empire* (Cambridge, MA: Harvard University Press, 2013), pp. 200, 210 - 14.

23. Robert Ross Smith, *Triumph in the Philippines* (Washington, DC: Office of the Chief of Military History Department of the Army, 1963), pp. 306 - 307. 10万菲律宾人这一数字可能过高了，但准确的数字从未被确定，参见 Jose Ma. Bonifacio M. Escoda, *Warsaw of Asia: The Rape of Manila* (Quezon City: Giraffe Books, 2000), p. 324。

24. Carmen Guerrero Nakpil, quoted in Alfonso J. Aluit, *By Sword and Fire: The Destruction of Manila in World War II, 3 February - 3 March* 1945 (Manila: National Commission for Culture and the Arts, 1994), p. 397.

25. See, for example, President Harry S. Truman's special message to Congress, 19 July 1950; his radio and TV reports to the people on 1 September 1950 and 15 December 1950; his address to the UN General Assembly, 24 October 1950; and his State of the Union address, 8 January 1951: all available online at www. presidency. ucsb. edu.

26. President John F. Kennedy, 'The Vigor We Need', *Sports Illustrated*, 16 July 1962; President Lyndon B. Johnson's remarks on presenting the Congressional Medal of Honor posthumously to Daniel Fernandez, 6 April 1967, available online at www. presidency. ucsb. edu/ws/? pid = 28190.

27. Nataliya Danilova, *The Politics of War Commemoration in the UK and*

Russia (Basingstoke: Palgrave Macmillan, 2015), pp. 20 - 21.

28. President Ronald Reagan's speech on 40th anniversary of D - Day, 6 June 1984, available online at at www. presidency. ucsb. edu/ws/? pid = 40018.

29. President George W. Bush, Remarks to the United Nations General Assembly in New York City, 10 November 2001: speech available online www. presidency. ucsb. edu/ws/? pid = 58802.

30. President George W. Bush, Remarks at a Ceremony Commemorating the 60th Anniversary of Pearl Harbor in Norfolk, Virginia, December 7, 2001: speech available online at www. presidency. ucsb. edu/ws/? pid = 63634.

31. Speeches at dinner hosted by the Mexican president, Vincente Fox, in Monterrey, 22 March 2002; welcome to British prime minister, Tony Blair, at Crawford, Texas, 6 April 2002; press conference with President Vladimir Putin, 24 May 2002; speech at Virginia Military Institute, 17 April 2002; speech about 'compassionate conservatism' in San Jose, Cali¬ fornia, 30 April 2002: all of these speeches are available online atmwww. presidency. ucsb. edu/ws/.

32. Remarks at a Memorial Day ceremony in Colleville - sur - Mer, 27 May 2002, available online at www. presidency. ucsb. edu/ws/? pid = 73018.

33. See, for example, Putin's Victory Day speech, 9 May 2005, http: // news. bbc. co. uk/1/hi/world/europe/4528999. stm.

34. See President Hu Jintao's 'Speech at a Meeting Marking the 60th Anniversary of the Victory of the Chinese People's War of Resistance against Japanese Aggression and the World Anti - fascist War', www. china. org. cn/ english/2005/Sep/140771. htm.

35. Lowe, *Savage Continent*, pp. 61 - 63 and passim.

3. 魔鬼

1. Sigmund Freud, *Civilization and its Discontents* (Harmondsworth: Penguin, 2002), p. 50. See also Hanna Segal, 'From Hiroshima to the Gulf War and After: A Psychoanalytic Perspective', in Anthony Elliott and Stephen Frosh (eds), *Psychoanalysis in Contexts: Paths Between Theory and Modern Culture* (London and New York: Routledge, 1995), p. 194.

2. Mark Bryant, *World War II in Cartoons* (London: Grub Street, 1989), pp. 77, 90, 83, 99, 83; John W. Dower, *War Without Mercy: Race and Power*

in the *Pacific War* (New York: Pantheon, 1986), pp. 192, 196, 242; Roger Moorhouse, Berlin at War (London: Bodley Head, 2010), p. 371.

3. 'This is the Enemy' images, reproduced in Sam Keen, *Faces of the Enemy: Reflections of the Hostile Imagination: The Psychology of Enmity* (San Francisco: Harper & Row, 1986), pp. 33, 37; L. J. Jordaan, *Nachtmerrie over Nederland: Een herinneringsalbum* (Amsterdam: De Groene Amsterdammer, 1945), n. p.; Dower, *War Without Mercy*, pp. 93, 113.

4. See Nazi anti - Semitic propaganda posters in Belgium and France: IWM PST 8359; IWM PST 6483; IWM PST 8358; IWM PST 3142。See also David Low cartoons 'Rendezvous' and 'He must have been mad', *Evening Standard*, 20 September 1939 and 15 May 1941; Vicky cartoon 'Sabotage in Nederland', *Vrij Nederland*, 24 August 1940; Arthur Szyk, *The New Order* (New York: G. p. Putnam's Sons, 1941), passim; German propaganda postcard and Soviet portraits of Hitler and Himmler in Bryant, *World War II in Cartoons*, pp. 43, 77, 98, 131; Keen, *Faces of the Enemy*, pp. 33, 74, 76, 77, 127.

5. Dower, *War Without Mercy*, pp. 192, 241; chineseposters. net/posters/d25 - 201. php 'As long as the Japanese dwarves have not been vanquished, the struggle will not stop'; chineseposters. net/posters/pc - 1938 - 005. php 'As the invasion by the Japanese dwarves does not stop for a day…'; 'Defeat Japanese imperialism', International Institute of Social History, Landsberger Collection D25/197.

6. Keith Lowe, *Savage Continent* (London: Viking, 2012), p. 118; Bryant, *World War II in Cartoons*, pp. 14, 26, 115; Jordaan, *Nachtmerrie over Nederland*, n. p.

7. Ilya Ehrenburg, writing in *Krasnaya Zvezda*, 13 August 1942; quoted in Alexander Werth, *Russia at War* (London: Barrie & Rockliff, 1964), p. 414.

8. Dower, *War Without Mercy*, pp. 89 - 91, 242 - 243.

9. 苏联的多头蛇海报，见 IWM PST 5295；德国的飞行骷髅海报，见 IWM PST 3708；把德国人画成带翅膀恶魔的英国漫画，见 *Punch*, 6 November 1939；把德国人描述为机器人、狼人和《启示录》中的骑士，见 Jordaan, *Nachtmerrie over Nederland*；把美国人描述成死神和科学怪人弗兰肯斯坦，见 Bryant, *World War II in Cartoons*, pp. 77, 124。另见 Dower, *War Without Mercy*, pp. 244 - 261。

10. *Collier's* cover, 12 December 1942; *Manga* cover, February 1943.

11. Jordaan, *Nachtmerrie over Nederland*, n. p. ; Bryant, *World War II in Cartoons*, p. 85. See also Keen, *Faces of the Enemy*, p. 45.

12. See, for example, Dower, *War Without Mercy*, p. 73.

13. Robert Rasmus, quoted in Studs Terkel, '*The Good War*': *An Oral History of World War Two* (London: Hamish Hamilton, 1984), pp. 44 - 45; see also Keen, *Faces of the Enemy*, p. 26.

14. Dower, *War Without Mercy*, pp. 302 - 305; President William J. Clinton's speech at VE Day commemoration, 8 May 1995, available online at www. presidency. ucsb. edu/ws/index. php? pid = 51328&st = &st1.

15. 后敌对时期小册子，见 Eugene Davidson, *The Death and Life of Germany* (London: Jonathan Cape, 1959), p. 81。

16. Hans Fredrik Dahl, 'Dealing with the Past in Scandinavia', in Jon Elster (ed.), *Retribution and Reparation in the Transition to Democracy* (New York: Cambridge University Press, 2006), p. 151.

17. Charles de Gaulle, 13 October 1945, quoted in Davidson, *The Death and Life of Germany*, p. 82.

18. Lowe, *Savage Continent*, p. 131; Derek Sayer, *The Coasts of Bohemia* (Princeton University Press, 1998), p. 240; Tomáš Staněk, *Odsun Němc* ů*z* Č*eskoslovenska*, 1945 - 1947 (Prague: Academia/Naše vojsko, 1991), p. 59.

19. Motoe Terami - Wada, *The Japanese in the Philippines* 1880*s* - 1990*s* (Manila: National Historical Commission of the Philippines, 2010), pp. 118 - 137. 英语小说中的描写更宽宏大量，但即便如此，也会经常回顾日本人在战时的暴行，参见 Ronald D. Klein, *The Other Empire*: *Literary Views of Japan from the Philippines*, *Singapore*, *and Malaysia* (Quezon City: University of the Philippines Press, 2008), pp. 10 - 15。

20. Yukawa Morio, quoted in Nakano Satoshi, 'The Politics of Mourning', in Ikehata Setsuho and Lydia N. Yu Jose (eds), *Philippines - Japan Relations* (Quezon City: Ateneo de Manila University Press, 2003), p. 337.

21. Klein, *The Other Empire*, pp. 176 - 179.

22. Sung - Hwa Cheong, *The Politics of Anti - Japanese Sentiment in Korea* (Westport, CT: Greenwood Press, 1991), pp. 135 - 143; Kim Jinwung, *A History of Korea* (Bloomington: Indiana University Press, 2012), p. 449.

23. ‘Japan – Bashers Try to Turn a Trade War into a Race War’, *Chicago Tribune*, 23 July 1989; ‘The Danger from Japan’, *New York Times Magazine*, 28 July 1985; ‘Yellow Peril Reinfects America’, *Wall Street Journal*, 7 April 1989; see also Dower, *War Without Mercy*, pp. 313 – 314。

24. Michael Berry, ‘Cinematic Representations of the Rape of Nanking’, in Peter Li (ed.), *Japanese War Crimes* (New Brunswick, NJ: Transaction Books, 2009), p. 203; http://cinema – scope. com/features/features – a – matter – of – life – and – death – lu – chuan – and – post – zhuxuanlu – cinema – by – shelly – kraicer/. See also Wu Ziniu's *Don't Cry, Nanjing* (1995), Lu Chuan's *City of Life and Death* (2009) and Zhang Yimou's box office smash *The Flowers of War* (2011).

25. See ‘China and Japan: Seven Decades of Bitterness’, www. bbc. co. uk/news/magazine – 25411700; ‘China Mulls Holidays Marking Japanese Defeat and Nanjing Massacre’, www. bbc. co. uk/news/world – asia – 26342884; ‘China ratifies national memorial day for Nanjing Massacre victims’, http://english. peopledaily. com. cn/90785/8549181. html.

26. ‘Czech Poll Descends into Anti – German Insults’, *Financial Times*, 25 January 2013; ‘Nationalistische Kampagne bringt Zeman auf die Burg’, *Die Welt*, 26 January 2013; ‘Konjunktur für antideutsche Polemik in Europa’, *Die Welt*, 27 January 2013.

27. *Dimokratia*, 9 February 2012.

28. *Il Giornale*, 3 August 2012.

29 Eric Frey, *Das Hitler Syndrom* (Frankfurt – am – Main: Eichborn, 2005), pp. 29, 54, 70, 80, 150 and passim.

30. ‘Congress MP Compares Narendra Modi to Hitler and Pol Pot’, *Times of India*, 7 June 2013; ‘Kevin’ s Sister Crusades Against Gays’, *The Australian*, 14 July 2011.

31. ‘The New Furor’, *Philadelphia Daily News*, 8 December 2015.

32. Michael Butter, *The Epitome of Evil: Hitler in American Fiction*, 1939 – 2002 (New York: Palgrave Macmillan, 2009), passim.

33. Christopher R. Browning, *Ordinary Men: Reserve Police Battalion* 101 *and the Final Solution* (New York: HarperCollins, 1992). Daniel Goldhagen 之所以撰写 *Hitler's Willing Executioners: Ordinary Germans and the Holocaust* (New York: Little, Brown, 1996) 的部分原因是回应 Browning，没想到它

还成了畅销书。

34. See, for example, the controversies around the *Historikerstreit* in the 1980s and the 2008 Prague Declaration on European Conscience and Communism: Anon., *Historikerstreit: Die Dokumentation der Kontroverse um die Einzigartigkeit der nationalsozialistischen Judenvernichtung* (Munich: Piper, 1991), passim; Peter Novick, *The Holocaust in American Life* (New York: Mariner, 2000), pp. 9 - 10; Alvin H. Rosenfield, *Resurgent Antisemitism: Global Perspectives* (Bloomington: Indiana University Press, 2013), pp. 227 - 229.

35. Noda Masaaki, 'One Army Surgeon's Account of Vivisection on Human Subjects in China'), trans. Paul Schalow, in Li (ed.), *Japanese War Crimes*, pp. 142 - 144.

36. Ibid., pp. 150 - 151.

37. Ibid., p. 148.

38. Laurence Rees, interview with Yuasa in his *Their Darkest Hour* (London: Ebury Press, 2008), p. 214.

39. Masaaki, 'One Army Surgeon's Account', p. 156.

40. Ibid., p. 160.

41. Ibid., p. 135.

42. Hannes Heer, '*Hitler war's*': *die Befreiung der Deutschen von ihrer Vergangenheit* (Berlin: Aufbau, 2008), passim; Butter, *The Epitome of Evil*, p. 177.

43. 关于另一种观点，即试图“理解”作恶者的行为会导致为其开脱罪责的观点，参考 Arthur G. Miller, Amy M. Buddie and Jeffrey Kretschmar, 'Explaining the Holocaust: Does Social Psychology Exonerate the Perpetrators?', 见于 Leonard S. Newman and Ralph Erber (eds), *Understanding Genocide* (New York: Oxford University Press, 2002), pp. 301 - 324。

44. 有大量证据将暴行与看似正常的人联系了起来，关于对这些证据很好的介绍，参见 Olaf Jensen and Claus - Christian W. Szejnmann (eds), *Ordinary People as Mass Murderers* (Basingstoke: Palgrave Macmillan, 2008)。

4. 殉难者

1. Otto Dov Kulka, *Landscapes of the Metropolis of Death* (London: Allen

Lane, 2013), passim.

2. Ibid., pp. 82 - 83.

3. Ibid., pp. 23, 77.

4. Robert Jay Lifton, *Death in Life: Survivors of Hiroshima* (Harmondsworth: Pelican, 1971), esp. pp. 505 - 11.

5. Kulka, *Landscapes of the Metropolis of Death*, p. 80.

6. Hasia R. Diner, *We Remember with Reverence and Love: American Jews and the Myth of Silence after the Holocaust*, 1945 - 1962 (New York and London: New York University Press, 2009), passim.

7. Anne Karpf, *The War After* (London: Minerva, 1997), p. 5.

8. See Saul Friedländer, 'West Germany and the Burden of the Past: The Ongoing Debate', *Jerusalem Quarterly*, vol. 42 (1987), p. 16; Shlomo Sand, *The Invention of the Jewish People*, trans. Yael Lotan (London and New York: Verso, 2009), p. 285.

9. Keith Lowe, *Savage Continent* (London: Viking, 2012), pp. 13 - 16.

10. Andrew Roberts, *The Storm of War* (London: Allen Lane, 2009), p. 267; Diana Lary and Stephen MacKinnon (eds), *Scars of War: The Impact of Warfare on Modern China* (Vancouver: University of British Columbia Press, 2001), p. 6; Antony Beevor, *The Second World War* (London: Weidenfeld & Nicolson, 2012), p. 780.

11. President William J. Clinton's speech at VE Day commemoration, 8 May 1995; available online at www. presidency. ucsb. edu/ws/index. php? pid =51328&st = &st1.

12. Al Newman of *Newsweek* and US Army report on Buchenwald, quoted in William I. Hitchcock, *Liberation* (London: Faber & Faber, 2008), p. 299.

13. Letter from Lieutenant General Sir Frederick Morgan to the Foreign Office's Under Secretary of State, 14 September 1946, IWM Docs, 02/49/1; see also Ben Shephard, *The Long Road Home: The Aftermath of the Second World War* (London: Bodley Head, 2010), pp. 295 - 299.

14. Lowe, *Savage Continent*, pp. 193 - 198.

15. Dienke Hondius, *Return: Holocaust Survivors and Dutch Anti - Semitism* (Westport, CT: Praeger, 2003), passim; Hitchcock, *Liberation*, pp. 271 - 272; János Pelle, *Az utolsó vérvádak* (Budapest, Pelikán, 1995), pp. 228 - 9; Shephard, *The Long Road Home*, p. 393.

16. Peter Novick, *The Holocaust in American Life* (New York: Mariner, 2000), pp. 86 - 90.

17. Leah Goldberg, quoted in Tom Segev, *1949: The First Israelis* (New York: Henry Holt, 1986), p. 138.

18. David Ben - Gurion, quoted in Tom Segev, *The Seventh Million* (New York: Hill & Wang, 1993), pp. 118 - 119.

19. Gideon Hausner, *Justice in Jerusalem* (London: Thomas Nelson, 1966), pp. 291 - 292.

20. Jean - Paul Sartre, *Anti - Semite and Jew*, trans. George J. Becker (New York: Schocken Books, 1948), pp. 83, 136; Evan Carton, 'The Holocaust, French Poststructuralism, the American Literary Academy, and Jewish Identity Politics', in Peter C. Herman (eds), *Historicizing Theory* (Albany: State University of New York Press, 2004), pp. 20 - 22.

21. Jean - Paul Bier, 'The Holocaust, West Germany and Strategies of Oblivion, 1947 - 1979', in Anson Rabinbach and Jack Zipes, *Germans and Jews Since the Holocaust* (New York: Holmes & Meier, 1986), pp. 202 - 203; Alf Lüdtke, ' "Coming to Terms with the Past": Illusions of Remembering, Ways of Forgetting Nazism in West Germany', *Journal of Modern History*, vol. 65, no. 3 (1993), pp. 544 - 546.

22. Phillip Lopate, quoted in Novick, *The Holocaust in American Life*, pp. 235 - 236.

23. Elie Wiesel, speech at the 28th Special Session of UN General Assembly, quoted in UN Press Release GA/10330, 24 January 2005 www. un. org/News/Press/docs/2005/ga10330. doc. htm.

24. Hannah Arendt, *Eichmann in Jerusalem* (Harmondsworth: Penguin, 1994), pp. 282 - 285, and reaction in Novick, *The Holocaust in American Life*, pp. 134 - 137.

25. John Sack, *An Eye for an Eye* (New York: Basic Books, 1993), and reaction in Lowe, *Savage Continent*, p. 182.

26. Christopher R. Browning, *Ordinary Men: Reserve Police Battalion* 101 *and the Final Solution in Poland* (New York: HarperCollins, 1992); Daniel Goldhagen, *Hitler's Willing Executioners: Ordinary Germans and the Holocaust* (London: Little, Brown, 1996).

27. See, for example, British Chief Rabbi Jonathan Sacks's speech on

Holocaust Memorial Day 2013, www. hmd. org. uk/resources/podcast/chief – rabbi – lord – sacks – speech – uk – commemoration – event – holocaust – memorial – day – 2013.

28. Alice Herz – Sommer obituary, *Telegraph*, 24 February 2014; Leon Weinstein obituary, *Los Angeles Times*, 4 January 2012; Sonia Weitz obituary, *Boston Globe*, 25 June 2010.

29. Speeches by the Israeli president, Shimon Peres, 27 April 2014; Pope John Paul II, 24 March 2000; and the US president, Barack Obama, 23 April 2012. See http://mfa. gov. il/MFA/AboutIsrael/History/Holocaust/Pages/President – Peres – at – Holocaust – Remembrance – Day – ceremony – at – Yad – Vashem – 27 – Apr – 2014. aspx; www. natcath. org/NCR _ Online/documents/YadVashem. htm; www. presidency. ucsb. edu/ws/? pid = 100689.

30. Leon Wieseltier, Elie Wiesel, Rt Revd Paul Moore, Jr and Shalmi Barmore, all quoted in Novick, *The Holocaust in American Life*, pp. 201, 211, 236.

31. Zoë Waxman, 'Testimonies as Sacred Texts: The Sanctification of Holocaust Writing'), *Past and Present*, vol. 206, supplement 5 (2010), pp. 321 – 341; Novick, *The Holocaust in American Life*, pp. 201, 211; Michael Goldberg, *Why Should Jews Survive*? (New York: Oxford University Press, 1995), pp. 41 – 65.

32. 包括巴拉克·奥巴马在内的一些美国高级政治人物都曾提及美国军队解放了奥斯维辛。尽管这种说法事实上并不正确，却完全符合当前神话式的看法："美国"代表英雄，而"奥斯维辛"代表他所拯救的殉难者。

33. Novick, *The Holocaust in American Life*, p. 11.

34. Paul S. Fiddes, *Past Event and Present Salvation: The Christian Idea of Atonement* (London: Darton, Longman & Todd, 1989), p. 218; Jürgen Moltmann, *The Crucified God*, trans. R. A. Wilson and John Bowden (London: SCM Press, 1974), pp. 273 – 4; Cardinal Jean – Marie Lustiger, 'The Absence of God? The Presence of God? A Meditation in Three Parts on Night', in Harold Bloom (ed.), *Elie Wiesel's Night* (New York: Infobase, 2010), pp. 27 – 37; Franklin H. Littell, *The Crucifixion of the Jews* (New York: Harper & Row, 1975), passim; Gershon Greenberg, 'Crucifixion and the Holocaust: The Views of Pius XII and the Jews', in Carol Rittner and John

K. Roth（eds）, *Pope Pius XII and the Holocaust*（London：Continuum, 2002）, pp. 137 - 153.

35. 关于大屠杀的所谓教训的分析，参见 Novick, *The Holocaust in American Life*, pp. 239 - 263。

36. Kulka, *Landscapes of the Metropolis of Death*, p. 80.

37. Werner Weinberg, *Self - Portrait of a Holocaust Survivor*（Jefferson, NC：McFarland & Co. , 1985）, p. 152.

38. 关于对波兰国家殉难者神话的精彩总结，参考 Geneviève Zubrzycki, 'Polish Mythology and the Traps of Messianic Martyrology', 见于 Gérard Bouchard（ed. ）, *National Myths：Constructed Pasts, Contested Presents*（Oxford：Routledge, 2013）, pp. 110 - 132。

39. 28th Special Session of UN General Assembly, quoted in UN Press Release GA/10330, 24 January 2005；see www. un. org/News/Press/docs/2005/ga10330. doc. htm.

40. Thomas Kühne, 'Europe Exploits the Holocaust to Spread Its Message of Tolerance', *Guardian*, 27 January 2011.

41. Edna Aizenberg, 'Nation and Holocaust Narration：Uruguay's Memorial del Holocausto del Pueblo Judío'）, in Jeffrey Lesser and Raanan Reín（eds）, *Rethinking Jewish - Latin Americans*（Albuquerque：University of New Mexico Press, 2008）, pp. 207 - 230.

42. Locksley Edmondson, 'Reparations：Pan - African and Jewish Experiences', in William F. S. Miles（ed. ）, *Third World View of the Holocaust：Summary of the International Symposium*（Boston, MA：Northeastern University, 2002）, p. 4.

43. Novick, *The Holocaust in American Life*, p. 13.

44. Ruth Amir, *Who is Afraid of Historical Redress?*（Boston, MA：Academic Studies Press, 2012）, p. 239.

5. 世界伊始

1. Takashi Nagai, *The Bells of Nagasaki*, trans. William Johnston（Tokyo：Kodansha International, 1984）, p. 82.

2. Ibid. , p. 101.

3. Ibid. , pp. 48, 60.

4. 关于永井作为1940年代和1950年代日本的文化符号，参见William Johnston的前言，Nagai，*The Bells of Nagasaki*，p. xx；Paul Glynn，*A Song for Nagasaki*（London：Fount Paperbacks，1990），pp. 202 - 50；and John Dower，*Embracing Defeat：Japan in the Wake of World War II*（New York：W. W. Norton，2000），pp. 197 - 198。

5. Glynn，*A Song for Nagasaki*，pp. 188 - 190.

6. Nanbara Shigeru，postwar president of Tokyo Imperial University，address to students，November 1945，quoted in Dower，*Embracing Defeat*，p. 488.

7. Dower，*Embracing Defeat*，pp. 497 - 500.

8. Ibid.，pp. 493 - 494.

9. 'South Korean Court Tells Japanese Company to Pay for Forced Labor'，*New York Times*，30 July 2013；'Chinese Families Suing Japan Inc. for War Redress in Bigger Numbers'，*Japan Times*，13 May 2014；'Unfinished Business'，*Foreign Policy*，28 June 2010. See also Dower，*Embracing Defeat*，pp. 531 - 534.

10. See the story of Tsuji Masanobu in Dower，*Embracing Defeat*，p. 513. See also pp. 464 - 465 and 508 - 521.

11. Noda Masaaki，'One Army Surgeon's Account of Vivisection on Human Subjects in China'，in Peter Li（ed.），*Japanese War Crimes*（New Brunswick，NJ：Transaction Books，2003），pp. 135 - 8. 关于这一主题更详细的阐述，参见Noda Masaaki，*Senso to Zaiseki*（Tokyo：Iwanami Shoten，1998）。

12. See Harry S. Truman，Proclamation 2660，'Victory in the East'，16 August 1945，www.presidency.ucsb.edu/ws/index.php? pid = 12388&st = &st1.

13. Graeme Gill，*Symbols and Legitimacy in Soviet Politics*（Cambridge University Press，2011），pp. 198 - 200.

14. Speech by Gustáv Husák at the opening of the 'Czechoslovakia 1985' Exhibition in Moscow 31 May 1985，quoted in Foreign Broadcast Information Service，*East Europe Report JPRS - EPS - 85 - 070*（Arlington，VA：Joint Publications Research Service，25 June 1985），p. 7；Tito's declaration of Democratic Federal Yugoslavia，9 March 1945，Fabijan Trgo（ed.），*The National Liberation War and Revolution in Yugoslavia*（1941 - 1945）：*Selected*

Documents (Belgrade: Military History Institute of the Yugoslav People's Army, 1982), p. 711; Kurt Hager, 'Der Sozialismus ist Unbesiegbar', *Einheit*, vol. 40, nos 4 - 5 (1985), pp. 313 - 318.

15. Prokop Murra, 'Order of the Day', Tirana, 9 May 1985, quoted in Joint Publications Research Service, *East Europe Report JPRS - EPS* - 85 - 072 (Arlington, VA: Joint Publications Research Service, 1 July 1985), p. 1.

16. 实际上，哀悼在东德是被官方禁止的。See 'Appeal on the 40th Anniversary of the Victory over Hitler Fascism and of the Liberation of the German People', in *Neues Deutschland*, 11 January 1985, p. 1.

17. Nehru's Independence Resolution, 13 December 1946, in Mushirul Hasan (ed.), *Nehru's India: Select Speeches* (New Delhi: Oxford University Press, 2007), p. 32.

18. Sukarno, speech on the birth of Pantja Sila, 1 June 1945, in Sukarno, *Toward Freedom and the Dignity of Man: A Collection of Five Speeches by President Sukarno of the Republic of Indonesia* (Jakarta: Department of Foreign Affairs, 1961), p. 20.

19. Nehru, speech on Indian membership of the British Commonwealth, 16 May 1949, in Hasan (ed.), *Nehru's India*, p. 87.

20. Ferhat Abbas, quoted in Benjamin Stora and Zakya Daoud, *Ferhat Abbas: une utopie algérienne* (Paris: Denoël, 1995), p. 133.

21. Keith Lowe, *Savage Continent* (London: Viking, 2012), passim.

22. See, for example, Roberto Rossellini's film *Germania, Anno Zero* (1948).

23. Speech by Romano Prodi, president of the European Commission, 'The New Europe and Japan', Tokyo, 19 July 2000, europa. eu/rapid/press - release_ SPEECH - 00 - 277_ en. doc.

24. See the Schuman Declaration: http: //europa. eu/about - eu/basic - information/symbols/europe - day/schuman - declaration/index_ en. htm。

25. Statement to the US Senate Foreign Relations Committee, 9 April 1953, in Konrad Adenauer, *Journey to America: Collected Speeches, Statements, Press, Radio and TV Interviews* (Washington, DC: Press Office German Diplomatic Mission, 1953), p. 51; and Konrad Adenauer, *World Indivisible: With Liberty and Justice for All*, trans. Richard and Clara Winston (New York: Harper & Bros, 1955), p. 6.

26. Vincenzo Della Sala, 'Myth and the Postnational Polity: The Case of the European Union', in Gérard Bouchard (ed.), *National Myths* (Oxford: Routledge, 2013), p. 161.

27. Speech by UN Secretary - General Ban Ki - moon, Moscow State University, 10 April 2008, https://www.un.org/sg/en/content/sg/statement/2008-04-10/secretary-generals-address-moscow-state-university; UN Under - secretary General for Communications and Public Information Shashi Tharoor, quoted in *World Chronicle*, no. 980. (8 June 2005), p. 2; statements by France's Michel Barnier, and the Netherlands' Max van der Stoel and Bulgaria's Stefan Tavrov in 28th Special Session of UN General Assembly, quoted in UN Press Release GA/10330, 24 January 2005—see www.un.org/News/Press/docs/2005/ga10330.doc.htm.

28. Jawaharlal Nehru, speech to Indian Constituent Assembly, 16 May 1949, in Hasan (ed.), *Nehru's India*, p. 82.

6. 科学

1. 关于尤金·拉宾诺维奇之子为他写的个人小传，参见 Alexander Rabinowitch, 'Founder and Father', *Bulletin of the Atomic Scientists*, vol. 61, no. 1 (2005), pp. 30 - 37。

2. Eugene Rabinowitch, quoted in Robert Jungk, *Brighter Than a Thousand Suns*, trans. James Cleugh (London: Victor Gollancz, 1958), p. 183.

3. 关于《弗兰克报告》的全文，见 ibid., pp. 335 - 346。

4. Quoted in Josh Schollmeyer, 'Minority Report', *Bulletin of the Atomic Scientists*, vol. 61, no. 1 (2005), p. 39.

5. Rabinowitch, 'Founder and Father', p. 36.

6. Eugene Rabinowitch, 'Five Years After', *Bulletin of the Atomic Scientists*, vol. 7, no. 1 (1951), p. 3.

7. Hans M. Kristensen and Robert S. Norris, 'Global Nuclear Weapons Inventories, 1945 - 2013', *Bulletin of the Atomic Scientists*, vol. 69, no. 5 (2013), p. 75.

8. Eugene Rabinowitch, *The Dawn of a New Age* (University of Chicago Press, 1963), p. 183.

9. E. B. White, editorial, 18 August 1945, reproduced in E. B. White,

The Wild Flag (Boston, MA: Houghton Mifflin, 1946), p. 108; 'The Bomb', Time, 20 August 1945; William L. Laurence, *Dawn Over Zero* (London: Museum Press, 1947), p. 227.

10. *New York Times*, 29 September 1945.

11. *New York Times*, 26 September 1945.

12. Raymond Gram Swing, *Coronet*, and *New York Herald Tribune*, all quoted in Paul Boyer, *By the Bomb's Early Light* (Chapel Hill: University of North Carolina Press, 1985), pp. 33, 136 and 109.

13. Gerald Wendt, 'What Happened in Science', in Jack Goodman (ed.), *While You Were Gone: A Report on Wartime Life in the United States* (New York: Simon & Schuster, 1946), pp. 253 - 254.

14. Quoted in Boyer, *By the Bomb's Early Light*, p. 143; see also pp. 145 - 149。

15. See Jean - Paul Sartre, 'The Liberation of Paris: An Apocalyptic Week', in Ronald Aronson and Adrian van den Hoven (eds), *We Have Only This Life to Live: The Selected Essays of Jean - Paul Sartre* (New York: New York Review of Books, 2013), p. 117; Albert Einstein, 'A Reply to the Soviet Scientists', *Bulletin of the Atomic Scientists*, vol. 4, no. 2 (1948), p. 37; and 'Gen. Spaatz on Atomic Warfare', *Life*, 16 August 1948, p. 104.

16. *Picture Post*, 25 August 1945.

17. See, in *Illustrated Weekly of India*, Autolycus, 'As I See It', 19 August 1945; 'Journey to the Moon: Atomic Power Might Make Idle Dreams Come True One Day!'), 2 September 1945; 'Atomic Power in Industry', 18 November 1945.

18. See the essays by Dolores L. Augustine, Dick van Lente, Hirofumi Utsumi and Sonja D. Schmid, in Dick van Lente (ed.), *The Nuclear Age in Popular Media: A Transnational History*, 1945 - 1965 (New York: Palgrave Macmillan, 2012).

19. Roslynn D. Haynes, *From Faust to Strangelove: Representations of the Scientist in Western Literature* (Baltimore: Johns Hopkins University Press, 1994), passim.

20. 相关数据参见 2002 年举办的 International Symposium on Crimes of Bacteriological Warfare，引自 Brian J. Ford, *Secret Weapons: Technology, Science and the Race to Win World War II* (Oxford: Osprey, 2011), p. 173。

21. Ibid. , pp. 45 - 52, 115 - 161.

22. W. H. Helfand et al. , 'Wartime Industrial Development of Penicillin in the United States', in John Parascandola (ed.), *The History of Antibiotics: A Symposium* (Madison, WI: American Institute of the History of Pharmacy, 1980), pp. 40, 50 - 51.

23. *Straits Times* (Singapore), 20 September 1945 and 9 October 1945; Thomas R. Dunlap, *DDT: Scientists, Citizens, and Public Policy* (Princeton University Press, 1981), pp. 17, 60 - 63.

24. Ford, *Secret Weapons*, pp. 270 - 74.

25. Ibid. , pp. 250 - 258; Don Murray, 'Percy Spencer and his Itch to Know', *Reader's Digest* (US), August 1958, p. 114.

26. 'Harry Coover, Super Glue's Inventor, Dies at 91', *New York Times*, 27 March 2011.

27. Gary Chapman, 'Hedy Lamarr's Invention Finally Comes of Age', *Los Angeles Times*, 31 January 2000.

28. Nikolai Bulganin, speech to the Central Committee plenum, July 1955, quoted in David Holloway, *Stalin and the Bomb* (New Haven, CT: Yale University Press, 1994), p. 356.

29. Sonja D. Schmid, 'Shaping the Soviet Experience of the Atomic Age: Nuclear Topics in Ogonyok', in van Lente (ed.), *The Nuclear Age in Popular Media*, p. 41.

30. Soviet scientist quoted in *Illustrated Weekly of India*, 8 November 1959.

31. *Neue Berliner Illustrierte* and *Stern*, quoted in Dolores L. Augustine, 'Learning from War: Media Coverage of the Nuclear Age in the Two Germanies', in van Lente (ed.), *The Nuclear Age in Popular Media*, p. 89.

32. *Illustrated Weekly of India*, 19 August 1945, 14 July 1946, 3 October 1946.

33. Boyer, *By the Bomb's Early Light*, pp. 115 - 16; George Gamow, *Atomic Energy in Cosmic and Human Life* (New York: Macmillan, 1946), p. 153; O. R. Frisch, *Meet the Atoms: A Popular Guide to Modern Physics* (New York: A. A. Wyn, 1947), pp. 220 - 221.

34. Jungk, *Brighter Than a Thousand Suns*, pp. 217 - 218; Kai Bird and Martin J. Sherwin, *American Prometheus: Triumph and Tragedy of Robert Oppenheimer* (New York: Random House, 2005) .

35. Joel Shurkin, *Broken Genius: The Rise and Fall of William Shockley, Creator of the Electronic Age* (Basingstoke: Macmillan, 2006), pp. 65, 95 - 99; J. Robert Oppenheimer, 'Physics in the Contemporary World'), *Bulletin of the Atomic Scientists*, vol. 4, no. 3 (1948), p. 65.

36. Eugene Rabinowitch, 'The Labors of Sisyphus', *Bulletin of the Atomic Scientists*, vol. 7, no. 10 (1951), p. 291.

37. Ernst Chain, 'A Short History of the Penicillin Discovery from Fleming's Early Observations in 1929 to the Present Time', in Parascandola (ed.), *The History of Antibiotics*, pp. 22 - 23.

38. 关于这些问题的讨论，特别参见 P. W. Bridgman, 'Scientists and Social Responsibility', *Bulletin of the Atomic Scientists*, vol. 4, no. 3 (1948), 以及其后的讨论，pp. 69 - 75；但这些问题在该期刊发表的头十年反复出现。

39. Oppenheimer, 'Physics in the Contemporary World', p. 66.

40. Dr Theodor Hauschke, quoted in Jungk, *Brighter Than a Thousand Suns*, p. 231.

41. See Boyer, *By the Bomb's Early Light*, pp. 181 - 195.

7. 规划的乌托邦

1. Alan Milward, *War, Economy and Society*, 1939 - 1945 (Berkeley and Los Angeles: University of California Press, 1977), pp. 284 - 286.

2. Theodor Adorno, *Minima Moralia*, trans. E. F. N. Jephcott (London: Verso, 2005), p. 54.

3. 贾恩卡洛的人生故事大部分引自 Benedict Zucchi, *Giancarlo De Carlo* (Oxford: Butterworth Architecture, 1992)，特别是 pp. 157 - 173，以及 John McKean, *Giancarlo De Carlo: Layered Places* (Stuttgart and London: Edition Axel Menges, 2004)，特别是 pp. 202 - 204。

4. McKean, *Giancarlo De Carlo*, p. 202.

5. Ibid., p. 202.

6. Ibid., p. 203.

7. Keith Lowe, *Savage Continent* (London: Viking, 2012), p. 10; UN Archives, UNRRA photos 1202, 1204, S-0800-0016-01-17.

8. Tony Judt, *Postwar* (London: Pimlico, 2007), p. 17.

9. UK National Archives, CAB 21/2110; Lowe, *Savage Continent*, pp. 6 - 7, 400 - 401; Judt, *Postwar*, pp. 16 - 17; John W. Dower, *Embracing Defeat: Japan in the Wake of World War II* (New York: W. W. Norton, 2000), p. 47; Pankaj Mishra, 'Land and Blood', *New Yorker*, 25 November 2013.

10. 1945～1970 年，世界人口数量上升了大约 50%，但世界城市人口几乎翻番。参见联合国经济和社会事务部，'World Urbanization Prospects: The 2011 Revision'), ST/ESA/SER. A/322, p. 4。

11. Sigfried Giedion, *Space, Time & Architecture*, 5th edn (Cambridge, MA: Harvard University Press, 2008), pp. 819, 822; Le Corbusier, *The Radiant City* (London: Faber & Faber, 1967), p. 96.

12. Paul Morand, 'Nouveau style', *Voix Française*, 19 March 1943; quoted in Pierre Le Goïc, *Brest en reconstruction* (Presses Universitaires de Rennes, 2001), p. 129.

13. Paul Schmitthenner, quoted in Jörn Düwel and Niels Gutschow (eds), *A Blessing in Disguise* (Berlin: Dom, 2013), p. 163; and Konstanty Gutschow, qoted in Spiegel Online, 'Out of the Ashes: A New Look at Germany's Postwar Reconstruction', www. spiegel. de/international/germany/out - of - the - ashes - a - new - look - at - germany - s - postwar - reconstruction - a - 702856 - 2. html. See also Jeffry M. Diefendorf, *In the Wake of the War* (New York: Oxford University Press, 1993), pp. 188 - 189.

14. Stanisław Jankowski, 'Warsaw: Destruction, Secret Town Planning, 1939 - 1944, and Postwar Reconstruction', in Jeffry M. Diefendorf (ed.), *Rebuilding Europe's Bombed Cities* (Basingstoke: Macmillan, 1990), p. 81.

15. Julian Huxley, forward to Flora Stephenson and Phoebe Pool, *A Plan for Town and Country* (London: The Pilot Press, 1944), p. 7。See also Patrick Abercrombie, *The Greater London Plan* 1944 (London: HMSO, 1945), p. 1.

16. Cabinet Committee on the Reconstruction of Town and Country, quoted in Anthony Sutcliffe and Roger Smith, *History of Birmingham*, 1939 - 1970 (London: Oxford University Press for Birmingham City Council, 1974), p. 464; Frank H. Rushford, *City Beautiful: A Vision of Durham* (Durham County Advertiser, 1944); J. B. Morrell, *The City of Our Dreams* (London: St Anthony's Press, 1955).

17. Thomas Sharp, *Exeter Phoenix* (London: Architectural Press, 1946),

p. 134.

18. James Watson and Patrick Abercrombie, *A Plan for Plymouth* (Plymouth: Underhill, 1943), p. 11.

19. Catherine Bauer, 'The County of London Plan - American Reactions: Planning is Politics - But are Planners Politicians?', *Architectural Review*, vol. 96, no. 574 (1944), p. 81.

20. Diefendorf, *In the Wake of the War*, p. 183.

21. Brochure by the National Association of Real Estate Boards published in 1944, quoted in Friedhelm Fischer, 'German Reconstruction as an International Activity', in Diefendorf (ed.), *Rebuilding Europe's Bombed Cities*, pp. 133 - 134.

22. Le Corbusier, *The Athens Charter* (New York: Viking, 1973), p. 54.

23. José Luis Sert, *Can Our Cities Survive?* (Cambridge, MA: Harvard University Press, 1944), pp. 246 - 249.

24. Lewis Mumford, *The Culture of Cities* (London: Secker & Warburg, 1940), pp. 296, 298, 330.

25. Ebenezer Howard, *To - morrow: A Peaceful Path to Real Reform* (London: Swan Sonnenschein, 1898), p. 10. 关于霍华德遗产的讨论，参见 Stephen V. Ward (ed.), *The Garden City* (London: E & FN Spon, 1992); and Stanley Buder, *Visionaries and Planners: The Garden City Movement and the Modern Community* (New York: Oxford University Press, 1990)。

26. Frank Lloyd Wright, *Modern Architecture: Being the Kahn Lectures for* 1930 (Princeton University Press, 2008), p. 112.

27. Frank Lloyd Wright, *The Disappearing City* (New York: William Farquhar Payson, 1932), p. 17; see also Neil Levine's introduction to Wright's *Modern Architecture*, p. xlix. 关于疏散作为核防御手段优劣性的讨论，参见 *Bulletin of the Atomic Scientists*, vol. 7, no. 9 (1951), pp. 242 - 244。

28. Sert, *Can Our Cities Survive?*, p. 210.

29. Giedion, *Space, Time & Architecture*, p. 822.

30. Karl Marx and Friedrich Engels, *The Communist Manifesto* (Harmondsworth: Penguin, 1985), p. 105. See also Robert H. Kargon and Arthur p. Molella, *Invented Edens: Techno - Cities of the Twentieth Century* (Cambridge, MA: MIT Press, 2008), p. 27; and Owen Hatherley, *Landscapes of Communism* (London: Allen Lane, 2015), pp. 11, 13.

31. Klaus von Beyme, 'Reconstruction in the German Democratic

Republic', in Diefendorf (ed.), *Rebuilding Europe's Bombed Cities*, p. 193.

32. Hatherley, *Landscapes of Communism*, p. 20.

33. Mumford, *The Culture of Cities*, p. 403; Le Corbusier, *The Athens Charter*, pp. 103 - 4.

34. Wright, *The Disappearing City*, pp. 28, 44.

35. Syrkus, quoted in Katrin Steffen and Martin Kohlrausch, 'The Limits and Merits of Internationalism: Experts, the State and the International Community in Poland in the First Half of the Twentieth Century'), *European Review of History*, vol. 16, no. 5 (2009), p. 723。

36. Le Corbusier, *The Radiant City*, p. 118.

37. McKean, *Giancarlo De Carlo*, p. 203.

38. Zucchi, *Giancarlo De Carlo*, p. 158.

39. Giancarlo de Carlo writing in *Casabella Continuità* in 1954, quoted in Zucchi, *Giancarlo De Carlo*, p. 15.

40. Zucchi, *Giancarlo De Carlo*, p. 161.

41. Ibid., pp. 10, 13.

42. Ibid., p. 10.

43. Jane Jacobs, *The Death and Life of Great American Cities* (New York: Jonathan Cape, 1962); Oscar Newman, *Defensible Space* (New York: Macmillan, 1972).

44. Emrys Jones, 'Aspects of Urbanization in Venezuela', *Ekistics*, vol. 18, no. 109 (1964), pp. 420 - 425; Alice Coleman, *Utopia on Trial* (London: Hilary Shipman, 1985), p. 17.

45. Lewis Silkin, quoted in Buder, *Visionaries and Planners*, p. 186.

46. Michael Young and Peter Willmott, *Family and Kinship in East London* (Harmondsworth: Penguin, 2007), pp. 197 - 199; Buder, *Visionaries and Planners*, pp. 188 - 189.

47. Lewis Mumford, Buder, *Visionaries and Planners*, p. 203.

48. Zucchi, *Giancarlo De Carlo*, p. 169.

49. McKean, *Giancarlo De Carlo*, p. 204.

50. Judt, *Postwar*, pp. 70 - 71.

51. Advisory Committee to Japan Ministry of Foreign Affairs, quoted in Dower, *Embracing Defeat*, p. 539. See also note 34 on p. 646.

52. Jawaharlal Nehru, broadcast to the nation, 31 December 1952, quoted

in Mushirul Hasan（ed.）, *Nehru's India: Selected Speeches*（New Delhi: Oxford University Press, 2007）, p. 160.

53. F. A. Hayek, *The Road to Serfdom*（London: Routledge, 1944）.

54. R. M. Hartwell, *A History of the Mont Pelerin Society*（Indianapolis: Liberty Fund, 1995）, pp. 18 - 19.

8. 平等与多样性

1. 关于弗朗索瓦丝·勒克莱尔的故事，参见1975年11月23日她在法国妇女联盟会议上的演讲，转载于法国妇女联盟，*Les Femmes dans la Résistance*（Monaco: Éditions du Rocher, 1977）, pp. 168 - 170。

2. Documentary film:（*2ème congrès de l' Union des Femmes Françaises*）, available in Cine Archives of the Parti Communiste Français Mouvement Ouvrier et Democratique, .

3. Madeleine Dreyfus of the Oeuvre de Secours aux Enfants and Madeleine Barot of Cimade: see Caroline Moorehead, *Village of Secrets*（London: Chatto & Windus, 2014）, passim.

4. Mireille Albrecht, *Berty*（Paris: Robert Laffont, 1986）, pp. 169 - 333; Siân Rees, *Lucie Aubrac*（London: Michael O' Mara, 2015）, pp. 135 - 155; Charlotte Delbo, *Convoy to Auschwitz: Women of the French Resistance*（Boston, MA: Northeastern University Press, 1997）, passim.

5. Jane Slaughter, *Women and the Italian Resistance*, 1943 - 1945（Denver: Arden Press, 1997）, pp. 33, 58.

6. Jelena Batinić, *Women and Yugoslav Partisans*（New York: Cambridge University Press, 2015）, pp. 260 - 262.

7. Vina A. Lanzona, *Amazons of the Huk Rebellion*（Madison: University of Wisconsin Press, 2009）, pp. 72 - 75; 关于印度尼西亚，参见本书第16章。

8. Anna Krylova, *Soviet Women in Combat*（New York: Cambridge University Press, 2010）, p. 145.

9. Geneviève Vailland, *Le Travail des Femmes*（Paris: Jeune Patron, 1947）, p. 9; Hannah Diamond, *Women and the Second World War in France*, 1939 - 48: *Choices and Constraints*（Harlow: Longman, 1999）, p. 34.

10. Denise Breton, ' La Résistance, étape importante dans l'évolution de la condition féminine', in Union des Femmes Française, *Les Femmes dans la*

Résistance, pp. 227, 228, 233 - 234; René Cerf - Ferrière quote: p. 230.

11. Anon., *A Woman in Berlin* (London: Virago, 2006), p. 62.

12. Robert Gildea, *Fighters in the Shadows* (London: Faber & Faber, 2015), p. 131.

13. See Nadje Al - Ali, *Secularism, Gender and the State in the Middle East: The Egyptian Women's Movement* (Cambridge University Press, 2009), pp. 64, 73 - 74.

14. Saskia Wieringa, *Sexual Politics in Indonesia* (Basingstoke: Palgrave Macmillan, 2002), pp. 115 - 116, 252 - 255.

15. Francesca Miller, *Latin American Women and the Search for Social Justice* (Hanover, NH: University Press of New England, 1991), pp. 143.

16. See Jadwiga E. Pieper Mooney, 'Fighting Fascism and Forging New Political Activism: The Women's International Democratic Federation (WIDF) in the Cold War', in Jadwiga E. Pieper Mooney and Fabio Lanza (eds), *De - Centering Cold War History* (Oxford: Routledge, 2013), pp. 52 - 53; and Francisca de Haan, 'Hoffnungen auf eine bessere Welt: die frühen Jahre der Internationalen Demokratischen Frauenföderation (IDFF/WIDF) (1945 - 50)', *Feministische Studien*, vol. 27, no. 2 (2009), pp. 243 - 246.

17. René Cerf - Ferrière, *Le Chemin Clandestin* (Paris: Julliard, 1968), p. 189. 另见 Diamond, *Women and the Second World War in France*, 1939 - 1948, pp. 179 - 185, 作者提供了不同的解释。

18. Mary Zeiss Stange et al. (eds), *Encyclopedia of Women in Today's World*, vol. 1 (Los Angeles: Sage, 2011), pp. 1529 - 1531.

19. Simone de Beauvoir, *The Second Sex*, trans. H. M. Parshley (London: Picador, 1988), pp. 737, 741.

20. Diamond, *Women and the Second World War in France*, 1939 - 48, p. 55; Claire Duchen, *Women's Rights and Women's Lives in France*, 1944 - 1968 (London: Routledge, 1994), pp. 64 - 5; Sarah Fishman, 'Waiting for the Captive Sons of France: PrisonerofWar Wives, 1940 - 1945', in Margaret Higonnet et al. (eds), *Behind the Lines: Gender and the Two World Wars* (New Haven, CT: Yale University Press, 1987), p. 193.

21. Jeanne Bohec, *La plastiqueuse à bicyclette* (Paris: Mercure de France, 1975), p. 186.

22. Philip Morgan, *The Fall of Mussolini* (New York: Oxford University

Press, 2007), p. 193.

23. 'Merci de nous écrire', *Elle*, 27 August 1946, p. 22; 'L'aide aux mères de famille', *Pour la vie*, no. 34 (1950); quoted in Duchen, *Women's Rights and Women's Lives in France*, 1944 - 1968, p. 67; Mme Foulon - Lefranc's domestic science manual, *Le Femme au Foyer*, quoted in ibid., pp. 66, 68; see also pp. 65, 67, 101 - 102; Diamond, *Women and the Second World War in France*, 1939 - 48, pp. 162 - 163.

24. François Billoux, 'À la Libération, une legislation sociale favourable aux femmes', Union des Femmes Françaises, *Les Femmes dans la Résistance*, p. 251; Diamond, *Women and the Second World War in France*, 1939 - 1948, pp. 175 - 176.

25. Sharon Elise Cline, 'Femininité à la Française: Femininity, Social Change and French National Identity, 1945 - 1970', PhD Thesis, University of Wisconsin - Madison, 2008, p. 144.

26. Duchen, *Women's Rights and Women's Lives in France*, 1944 - 1968, p. 54.

27. Madeleine Vincent, *Femmes: quelle liberation?* (Paris: Éditions Socials, 1976), pp. 29 - 30, 37 - 38.

28. Al - Ali, *Secularism, Gender and the State in the Middle East*, pp. 73 - 4; Wieringa, *Sexual Politics in Indonesia*, pp. 115 - 116, 252 - 255; Miller, *Latin American Women and the Search for Social Justice*, p. 143.

29. See the ILO website: especially www. ilo. org/dyn/normlex/en/f? p = NORMLEXPUB: 11300: 0:: NO:: P11300 _ INSTRUMENT _ ID: 312245.

30. 'Gender Pay Gap "May Take 118 Years to Close" - World Economic Forum', BBC News, 19 November 2015, www. bbc. co. uk/news/world - europe - 34842471.

31. Stange et al. (eds), *Encyclopedia of Women in Today's World*, vol. 1, pp. 1529 - 15 31; 'Women in Saudi Arabia Vote for the First Time', *Washington Post*, 12 December 2015.

32. Toril Moi, 'The Adulteress Wife', *London Review of Books*, vol. 32, no. 3 (11 February 2010), p. 4.

33. 'My Day' column, 16 February 1962, in Eleanor Roosevelt, *My Day: The Best of Eleanor Roosevelt's Acclaimed Newspaper Columns*, 1936 - 1962, ed. David Emblidge (Boston, MA: Da Capo Press, 2001), p. 301.

34. Michella M. Marino, 'Mothers, Spy Queens, and Subversives: Women in the McCarthy Era', in Caroline S. Emmons (ed.), *Cold War and McCarthy Era: People and Perspectives* (Santa Barbara, CA: ABC – Clio, 2010), p. 140.

35. See Mooney, 'Fighting Fascism', pp. 52 – 53; and de Haan, 'Hoffnungen auf eine bessere Welt', pp. 243 – 246.

36. Lynne Attwood, *Creating the New Soviet Woman* (Basingstoke: Macmillan, 1999), pp. 114, 150 – 55, 167; David K. Willis, *Klass: How Russians Really Live* (New York: St Martin's Press, 1985), pp. 155 – 82; Susan Bridger, 'Soviet Rural Women: Employment and Family Life', in Beatrice Farnsworth and Lynne Viola (eds), *Russian Peasant Women* (New York: Oxford University Press, 1992), pp. 271 – 293.

37. Valentina Pavlovna Chudayeva, quoted in Svetlana Alexiyevich, *War's Unwomanly Face*, trans. Keith Hammond and Lyudmila Lezhneva (Moscow: Progress, 1988), pp. 189, 244.

38. De Beauvoir, *The Second Sex*, pp. 15 – 16.

39. Ibid., p. 639.

40. Moi, 'The Adulteress Wife', pp. 3 – 6.

41. Sakiko Fukuda – Parr, Terra Lawson – Remer and Susan Randolph, *Fulfilling Social and Economic Rights* (New York: Oxford University Press, 2015), p. 146.

42. Jean – Paul Sartre, *Anti – Semite and Jew*, trans. George J. Becker (New York: Schocken Books, 1948), originally published in French in 1946.

43. Anatole Broyard, 'Portrait of the Inauthentic Negro', *Commentary*, vol. 10, no. 1 (1950), pp. 56 – 64; W. E. B. Du Bois, *The World and Africa/Color and Democracy* (New York: Oxford University Press, 2007), p. 13 – *The World and Africa* was originally published 1947.

44. De Beauvoir, *The Second Sex*, pp. 14, 18, 23, 159, 706 – 707, 723.

45. Ibid., pp. 23 – 24.

46. Godfrey Hodgson, *America in Our Time* (Princeton University Press, 2005), p. 58.

47. Ronald Allen Goldberg, *America in the Forties* (Syracuse University Press, 2012), p. 103.

48. Quoted ibid., p. 103.

49. Leila J. Rupp, 'The Persistence of Transnational Organizing: The Case of the Homophile Movement', *American Historical Review*, vol. 116, no. 4 (2011), p. 1019.

50. Alan Bérubé, *Coming Out Under Fire: The History of Gay Men and Women in World War II* (Chapel Hill: University of North Carolina Press, 2010), pp. 228, 244, 257.

51. Paul Ginsborg, 'The Communist Party and the Agrarian Question in Southern Italy, 1943 - 1948', *History Workshop Journal*, vol. 17 (1984), p. 89; Ilario Ammendolia, *Occupazione delle Terre in Calabria*, 1945 - 1949 (Rome: Gangemi, 1990), pp. 22 - 28.

9. 自由与归属

1. 汉斯·比耶克霍尔特的故事取自三个来源：Gabriel Marcel (ed.), *Fresh Hope for the World* (London: Longmans, Green & Co., 1960), pp. 79 - 91；以及比耶克霍尔特撰写的两本手册，'The Revolution for Our Time' and 'Perchè ho scelto il Riarmo morale', from the Archives Cantonales Vaudoises in Switzerland, PP746/2. 1/71 and PP746/2. 1/72。

2. Daniel Sack, *Moral Re - Armament: The Reinventions of an American Religious Movement* (New York: Palgrave Macmillan, 2010), pp. 190, 192.

3. Max Weber, *The Protestant World Ethic and the Spirit of Capitalism* (New York: Oxford University Press, 2011), pp. 177 - 178.

4. Keith Lowe, *Savage Continent* (London: Viking, 2012).

5. Émile Durkheim, *The Elementary Forms of the Religious Life*, trans. Joseph Ward Swain (London: George Allen and Unwin, 1915), pp. 225 - 226.

6. R. Ernest Dupuy and Trevor N. Dupuy, *The Harper Encyclopedia of Military History*, 4th edn (New York: HarperCollins, 1993), pp. 1083, 1309.

7. Irena Grocher diary, on the liberation of Warsaw, quoted in Michał Grynberg (ed.), *Words to Outlive Us: Eyewitness Accounts from the Warsaw Ghetto* (London: Granta, 2003), p. 404.

8. Major Corrie Halliday, IWM Sound 15620, Reel 32; and Flight Lieutenant Frank Ziegler, quoted in Max Arthur, *Forgotten Voices of the Second World War* (London: Ebury Press, 2004), p. 473.

9. Captain John MacAuslan, IWM Sound 8225, reel 4.

10. Emmanuil Kazakevich, quoted in Elena Zubkova, *Russia After the War*, trans. Hugh Ragsdale (Armonk, NY: M. E. Sharpe, 1998), p. 28.

11. Jean – Paul Sartre, 'The Liberation of Paris: An Apocalyptic Week', in Ronald Aronson and Adrian van den Hoven (eds), *We Have Only This Life to Live: The Selected Essays of Jean Paul Sartre* (New York Review Books Classics, 2013), pp. 115 – 118; originally published in *Clarté*, 24 August 1945.

12. Jean – Paul Sartre, *Existentialism and Humanism*, trans. Philip Mairet (London: Methuen, 2007), pp. 30, 38.

13. Jean – Paul Sartre, 'The Republic of Silence', in Aronson and van den Hoven (eds), *We Have Only This Life to Live*, p. 84; originally published in *Les Lettres françaises*, September 1944.

14. 关于萨特突然大受欢迎的其他解读，参见 Patrick Baert, *The Existentialist Moment* (Cambridge: Polity Press, 2015), pp. 5 – 13, 135 – 149。

15. Erich Fromm, *The Fear of Freedom* (Oxford: Routledge Classics, 2001), p. 17.

16. Ibid., p. 181.

17. Ibid., pp. 90 – 91, 111, 218.

18. Ibid., p. 232.

19. Ibid., pp. 232 – 233; Sartre, 'The Liberation of Paris', p. 118.

20. Gabriel Marcel, Damasio Cardoso, Luigi Rossi and Maurice Mercier quoted in Marcel (ed.), *Fresh Hope for the World*, pp. 15, 33, 79, 123.

21. Sack, *Moral Re – Armament*, p. 5.

22. Lowe, *Savage Continent*, p. 64; Mark Mazower, *No Enchanted Palace* (Princeton University Press, 2009), p. 61.

23. Patrick Johnstone, *The Future of the Global Church: History, Trends, Possibilities* (Downers Grove, IL: InterVarsity Press, 2011), p. 99.

24. 'Einleitung der Herausgeber', in Joachim Köhler and Damian van Melis (eds), *Siegerin in Trümmern: Die Rolle der katolischen Kirche in der deutschen Nachkriegsgesellschaft* (Stuttgart: Verlag W. Kohlhammer, 1998), p. 11; Benjamin Ziemann, *Encounters with Modernity: The Catholic Church in West Germany*, 1945 – 1975, trans. Andrew Evans (New York: Berghahn, 2014), pp. 10, 49.

25. Witold Zdaniewicz, *Ko ściół Katolickiw Polsce*, 1945 – 1982 (Poznan:

Pallottinum, 1983), pp. 47 - 50; Carlo Falconi, *La Chiesa e le organizzazioni cattoliche in Italia* (1945 - 1955) (Rome: Einaudi: 1956), p. 52.

26. Falconi, *La Chiesa e le organizzazioni cattoliche in Italia* (1945 - 1955), p. 133.

27. See www. brin. ac. uk/figures/#ChangingBelief.

28. Anthony Curwen interview, IWM Sound 9810, Reel 9 (and see below); Lowe, *Savage Continent*, pp. 278, 336; Fernando Claudin, *The Communist Movement: From Comintern to Cominform* (Harmondsworth: Penguin, 1975), p. 309; Cynthia S. Kaplan, 'The Impact of World War II on the Party', in Susan J. Linz (ed.), *The Impact of World War II on the Soviet Union* (Totowa, NJ: Rowman and Allanheld, 1985), p. 160.

29. Emmanuel Levinas, 'Freedom of Speech', in Emmanuel Levinas, *Difficult Freedom*, trans. Seán Hand (Baltimore: Johns Hopkins University Press, 1990), p. 205.

30. See the editors' introduction in Leslie Bethell and Ian Roxborough (eds), *Latin America Between the Second World War and the Cold War*, 1944 - 1948 (New York: Cambridge University Press, 1992), p. 13.

31. Jon Kraus, 'Trade Unions, Democratization, and Economic Crises in Ghana), in Jon Kraus (ed.), *Trade Unions and the Coming of Democracy in Africa* (New York: Palgrave Macmillan, 2007), pp. 89 - 91. 关于非洲其他国家工会发展的评论，参见同一期的其他文章；以及 David Killingray and Richard Rathbone (eds), *Africa and the Second World War* (Basingstoke: Macmillan, 1986), pp. 15 and 155。

32. Robert D. Putnam, *Bowling Alone: The Collapse and Revival of American Community* (New York: Simon & Schuster, 2000), pp. 71, 81, 84, 103, 112 and Appendix III; and quotes from pp. 54 - 55, 83.

33. Ibid., pp. 54, 275 - 276, 283 - 284. 关于对 Putnam 方法的批评的总结，参见 John Field, *Social Capital* (Oxford: Routledge, 2008), pp. 41 - 43。

34. Bjerkholt in Marcel (ed.), *Fresh Hope for the World*, p. 87.

35. Bjerkholt, 'The Revolution for Our Time'.

36. Tom Driberg, *The Mystery of Moral Re - Armament: A Study of Frank Buchman and His Movement* (London: Secker & Warburg, 1964), p. 299.

37. Dr Hensley Henson, Bishop of Durham and Rt Revd M. J. Browne,

Bishop of Galway, quoted ibid. , pp. 192 - 193.

38. Allan W. Eister, *Drawing Room Conversion: A Sociological Account of the Oxford Group Movement* (Durham, NC: Duke University Press, 1950), pp. 210 - 216.

39. Basil Entwistle and John McCook Roots, *Moral Re - Armament: What Is It?* (Los Angeles: Pace, 1967).

10. 世界经济

1. Chittaprosad, quoted in Prodyot Ghosh, *Chittaprosad: A Doyen of the Art - world* (Calcutta: Shilpayan Artists Society, 1995), pp. 3 - 4.

2. Ibid. , p. 7; Nikhil Sarkar, *A Matter of Conscience: Artists Bear Witness to the Great Bengal Famine of* 1943, trans. Satyabrata Dutta (Calcutta: Punascha, 1994), p. 28.

3. Ghosh, *Chittaprosad*, p. 7.

4. Amartya Sen, *Poverty and Famines: An Essay on Entitlement and Deprivation* (Oxford: Clarendon Press, 1981), pp. 55, 69; Srimanjari, *Through War and Famine: Bengal*, 1939 - 45 (New Delhi: Orient Black Swan, 2009), pp. 158 - 159. 蒙德是一种度量单位，1 蒙德约等于 82 磅或 37 公斤。

5. Famine Inquiry Commission, *Report on Bengal* (New Delhi: Government of India, 1945), pp. 38 - 41, 63, 104 - 105.

6. 1942 年，也就是饥荒开始的同一年，孟加拉对外出口了 18.5 万吨大米，参见 Madhusree Mukerjee, *Churchill's Secret War* (New York: Basic Books, 2010), p. 67。

7. Famine Inquiry Commission, *Report on Bengal*, pp. 105 - 106; Lizzie Collingham, *The Taste of War* (London: Allen Lane, 2011), pp. 145, 152; Ian Stephens, *Monsoon Morning* (London: Ernest Benn, 1966), p. 179.

8. Freda Bedi, *Bengal Lamenting* (Lahore: The Lion Press, 1944), p. 105.

9. Collingham, *The Taste of War*, p. 151.

10. 参见奇塔普罗萨德所写的几篇新闻稿件，例如 'Journey Through Midnapore - Den of Rice - Smuggling Mahajans'), *People's War*, 16 July 1944, p. 4; 'The Riches Piled Here: An Insult to Hungry Thousands Around', *People's War*, 6 August 1944, p. 4; 'Life Behind the Front Lines', *People's War*, 24 September 1944。

11. Chittaprosad, *Hungry Bengal* (Bombay: no publisher, 1944), pp. 6, 8.

12. Ghosh, *Chittaprosad*, pp. 4 - 5. 另见他 1972 年在电影 *Confession* 中的类似评论，引自 Sanjoy Kumar Mallik (ed.), *Chittaprosad: A Retrospective*, 2 vols (New Delhi: Delhi Art Gallery, 2011), vol. 2, pp. 489 - 490。

13. Famine Inquiry Commission, *Report on Bengal*, p. 110; Sen, *Poverty and Famines*, p. 202; Paul R. Greenough, *Prosperity and Misery in Modern Bengal: The Famine of* 1943 - 1944 (New York: Oxford University Press, 1982), p. 140; 另见 Arup Maharatna, *The Demography of Famines: An Indian Historical Perspective* (New Delhi: Oxford University Press, 1996), p. 147, 他将这一数字确定在 180 万和 240 万之间。关于传染病的统计数字，参见 Srimanjari, *Through War and Famine*, p. 216。

14. Collingham, *The Taste of War*, p. 241; Sugata Bose, 'Starvation Amidst Plenty: The Making of Famine in Bengal, Honan and Tonkin, 1942 - 45', *Modern Asian Studies*, vol. 24, no. 4 (1990), p. 699; Bùi Minh Dũng, 'Japan's Role in the Vietnamese Starvation of 1944 - 45', *Modern Asian Studies*, vol. 29, no. 3 (1995), p. 576.

15. Keith Lowe, *Savage Continent* (London: Viking, 2012), pp. 34 - 40; Collingham, *The Taste of War*, p. 1.

16. See Sen, *Poverty and Famines*, passim. 关于反对阿马蒂亚·森之分析的观点，参见 Mark B. Tauger, 'Entitlement, Shortage and the Bengal Famine of 1943: Another Look', *Journal of Peasant Studies*, vol. 31, no. 1 (2003), pp. 45 - 72。

17. Ian Friel, *Maritime History of Britain and Ireland* (London: British Museum Press, 2003), p. 245; UN Department of Economic Affairs, *Economic Report: Salient Features of the World Economic Situation*, 1945 - 47 (Lake Success, NY: UN, 1948), p. 79.

18. Alan Milward, *War, Economy and Society*, 1939 - 1945 (Berkeley and Los Angeles: University of California Press, 1977), p. 247.

19. UN, *Salient Features of the World Economic Situation*, 1945 - 47, pp. 108, 113.

20. Milward, *War, Economy and Society*, 1939 - 1945, pp. 356 - 357.

21. Ibid., p. 347; William Charles Chamberlin, *Economic Development of Iceland Through World War II* (New York: Columbia University Press, 1947), p. 96.

22. David Killingray, 'Labour Mobilization in British Colonial Africa'), in David Killingray and Richard Rathbone (eds), *Africa and the Second World War* (Basingstoke: Macmillan, 1986), pp. 70, 82 - 90. See also John Iliffe, *A Modern History of Tanganyika* (Cambridge University Press, 1979), pp. 351 - 354.

23. Nancy Ellen Lawler, *Soldiers of Misfortune: Ivoirien Tirailleurs of World War II* (Athens: Ohio University Press, 1992), pp. 208 - 218.

24. 表格的数据来源如下: UN, *Salient Features of the World Economic Situation*, 1945 - 47, pp. 39, 43, 46 (美国); 56 (拉丁美洲); 68 (澳大拉西亚); 86 (亚洲); 100 (中东); 116 (非洲); 160, 162, 165, 166 (欧洲)。关于肯尼亚, 参见 Kenya Cost of Living Commission, *Cost of Living Commission Report* (Nairobi, 1950), p. 4。关于阿尔及利亚, 参见 Charles Issawi, *An Economic History of the Middle East and North Africa* (New York: Columbia University Press, 1982), p. 188。关于中国, 参见 Arthur N. Young, *China's Wartime Finance and Inflation*, 1937 - 1945 (Cambridge, MA: Harvard University Press, 1965), table 52, p. 352。

25. UN, *Salient Features of the World Economic Situation*, 1945 - 47, pp. 160, 164.

26. Ibid., pp. 160, 164.

27. Collingham, *The Taste of War*, p. 247; Diana Lary, *The Chinese People at War: Human Suffering and Social Transformation* (New York: Cambridge University Press, 2010), p. 122; Chang Kian - Ngau, *The Inflationary Spiral: The Experience in China*, 1939 - 1950 (Cambridge, MA: Technology Press of the Massachusetts Institute of Technology, 1958), pp. 371 - 373.

28. Tomasz Pattantyus, 'My Life as a 12 - Year - Old Billionaire', *Santa Clarita Valley Signal*, 22 August 2009; available online at www. signalscv. com/archives/17111/.

29. Pierre L. Siklos, *War Finance, Reconstruction, Hyperinflation and Stabilization in Hungary*, 1938 - 48 (Basingstoke: Macmillan, 1991), p. 1.

30. Thomas Picketty, *Capital in the Twenty - First Century*, trans. Arthur Goldhammer (Cambridge, MA: The Belknap Press of Harvard University Press, 2014), pp. 107 - 109.

31. Freda Bedi, *Bengal Lamenting* (Lahore: The Lion Press, 1944), p. 102.

32. Lowe, *Savage Continent*, pp. 67 - 68, 157. 关于深入的案例研究,

参考 Martin Conway, 'Justice in Postwar Belgium: Popular Passions and Political Realities', 文章见于 István Deák, Jan T. Gross and Tony Judt (eds), *The Politics of Retribution in Europe* (Princeton University Press, 2000), pp. 143 - 147。

33. Iliffe, *A Modern History of Tanganyika*, p. 375; W. M. Spellman, *A Concise History of the World Since* 1945 (Basingstoke: Palgrave Macmillan, 2006), pp. 86 - 87; 关于肯尼亚，参见本书第 17 章。

34. Srimanjari, *Through War and Famine*, p. 222.

35. 尽管如此，美国政府却将其看作一种临时情况，并将其在世界 GDP 中的占比定在 31% 这一更加现实的长期数字上：Kurt Schuler and Andrew Rosenberg (eds), *The Bretton Woods Transcripts* (New York: Center for Financial Stability, 2012), introduction, overview on Commission。1950 年，美国在世界 GDP 中的占比下降到 27% 左右，参见 Angus Maddison, *The World Economy: Historical Statistics* (Paris: OECD, 2003), pp. 85, 259。

36. UN, *Salient Features of the World Economic Situation*, 1945 - 47, p. 224.

37. Maddison, *The World Economy*, p. 88. Alan Milward 基于人均 GNP 而非 GDP，给出了大约 60% 的较低估计数字，参见 *War*, *Economy and Society*, 1939 - 1945, p. 331。

38. UN, *Salient Features of the World Economic Situation*, 1945 - 47, pp. 45, 60, 110 - 111, 124; Maddison, *The World Economy*, pp. 51, 85.

39. UN, *Salient Features of the World Economic Situation*, 1945 - 47, pp. 46, 48, 110.

40. Chamberlin, *Economic Development in Iceland through World War II*, p. 99.

41. E. M. H. Lloyd, *Food and Inflation in the Middle East*, 1945 - 50 (Stanford University Press, 1956), p. 190.

42. Milward, *War*, *Economy and Society*, 1939 - 1945, p. 349.

43. Mark Harrison, 'The Economics of World War II: An Overview, in Mark Harrison (ed.), *The Economics of World War II* (Cambridge University Press, 1998), table 1. 11; Tony Judt, *Postwar* (London: Pimlico, 2007), p. 17; Milward, *War*, *Economy and Society*, p. 270.

44. Maddison, *The World Economy*, pp. 50, 56, 172 - 174.

45. Ibid., p. 50; Milward, *War*, *Economy and Society*, pp. 349 - 350; 'Britain Pays Off Final Instalment of US Loan - After 61 Years', *Independent*, 29 December 2006.

46. 1938年，英国和美国的人均GDP不相上下。战后，英国比美国低30%，从那以后一直未变。参见Mark Harrison, 'The Economics of World War II', table 1. 10; and Maddison, *The World Economy*, pp. 63 - 65, 88 - 89。

47. Picketty, *Capital in the Twenty - First Century*, pp. 275, 397; Lowe, *Savage Continent*, pp. 66 - 68.

48. White speech quoted in Schuler and Rosenberg (ed.), *The Bretton Woods Transcripts*, First meeting, Commission I, 3 July 1944, transcript p. 2.

49. Ed Conway, *The Summit* (London: Little, Brown, 2014), pp. 169 - 170.

50. Ibid., pp. 210 - 11, 331.

51. Ibid., pp. 222, 224.

52. Roosevelt's speech to Congress on the Bretton Woods agreements, 12 February 1945. Available online at www. presidency. ucsb. edu/ws/? pid = 16588。

53. 关贸总协定最终在1994年被世贸组织所取代。参见1947年的关贸总协定，网上链接见 www. wto. org/english/docs_ e/legal_ e/gatt47_ e. pdf。

54. Roosevelt's speech to Congress on the Bretton Woods agreements, 12 February 1945.

55. Lionel Robbins, quoted in Susan Howson and Donald Moggridge (eds), *The Wartime Diaries of Lionel Robbins and James Meade, 1943 - 45* (Basingstoke: Macmillan, 1990), p. 193.

56. A. D. Shroff, quoted in Schuler and Rosenberg (eds), *The Bretton Woods Transcripts*, Third meeting Commission I, 10 July 1944, transcript pp. 4 - 7.

57. Conway, *The Summit*, pp. 356, 371. 在一次早期试验中，美国强迫英国实行货币完全自由兑换，这产生了灾难性的后果，导致了全球货币价值的崩溃。

58. Joseph E. Stiglitz, *Globalization and its Discontents* (London: Allen Lane, 2002), pp. 42 - 4; Jeffrey Sachs, *The End of Poverty* (Harmondsworth: Penguin, 2005), p. 74; Godfrey Mwakikagile, *Africa is in a Mess: What Went Wrong and What Should be Done* (Dar es Salaam: New Africa Press, 2006), p. 27.

59. Conway, *The Summit*, pp. xix - xx.

60. Picketty, *Capital in the Twenty - First Century*, p. 573.

61. James A. Gillespie, 'Europe, America and the Space of International Health', 见 Susan Gross Solomon et al. (eds), *Shifting Boundaries of Public Health: Europe in the Twentieth Century* (Rochester, NY: University of Rochester Press, 2008), p. 126.

62. Mallik, *Chittaprosad: A Retrospective*, vol. 1, pp. 46, 50.

63. Ghosh, *Chittaprosad*, pp. 3 - 4. Sarkar, *A Matter of Conscience*, p. 30. See also 'An Artist, Possessed', *The Hindu*, 7 July 2011.

64. S. Guhan, 'The World Bank's Lending in South Asia', in Davesh Kapur, John p. Lewis and Richard Webb (eds), *The World Bank: Its First Half Century* (Washington, DC: Brookings Institution Press, 1997), pp. 327, 337, 356 - 358, 380 - 383.

65. UN Conference on Trade and Development, *The Least Developed Countries Report*, 2014 (Geneva: UNCTAD, 2014), pp. 23, 26; available online at http://unctad. org/en/PublicationsLibrary/ldc2014_ en. pdf.

11. 世界政府

1. Garry Davis, personal blog, 10 November 2009, www. worldservice. org/2009_ 11_ 01_ archive. html.

2. Garry Davis, personal blog, 22 January 2008, www. worldservice. org/2008_ 01_ 01_ archive. html.

3. Garry Davis, *The World is My Country* (New York: G. p. Putnam, 1961), p. 21.

4. 'Garry Davis, Gadfly and World Citizen No. 1, Dies at 91', *Washington Post*, 6 August 2013; Davis, *The World is My Country*, pp. 18 - 19.

5. Paul Gallico, 'What Makes Americans Renounce Citizenship?', *St Petersburg Times*, 1 June 1948.

6. *Pravda*, quoted in Garry Davis, *The World is My Country*, p. 49。

7. Herbert V. Evatt, *The Task of Nations* (New York: Duell, Sloan & Pearce, 1949), pp. 223 - 225.

8. 'The Drop - Outs', *Times of India*, 4 February 1975, p. 6; 'World Citizen', *Manchester Guardian*, 10 December 1948 p. 4; 'The First Citizen of

the World', *The World's News*, 4 June 1949, p. 6; *New Yorker*, quoted in Davis, *The World is My Country*, p. 49。

9. 'Man of No Nation Saw One World of No War', obituary, *New York Times*, 28 July 2013; Davis, *The World is My Country*, pp. 18, 48 - 9; Garry Davis's blog http://blog.worldservice.org/2010/05/world - thought - corollary - to - world - action.html.

10. Davis, *The World is My Country*, p. 18.

11. Garry Davis, speech at City Hall, Ellsworth, Maine, 4 September 1953, reproduced in ibid., pp. 220 - 221.

12. Wendell Willkie, *One World* (London: Cassell&Co., 1943), pp. 140, 165 - 166.

13. Ibid., p. 165.

14. Thomas G. Weiss, *Global Governance: Why? What? Whither?* (Cambridge: Polity Press, 2013), p. 23.

15. Emery Reves, *The Anatomy of Peace* (London: George Allen & Unwin, 1946), p. v. 关于里夫斯的传记及其传记的销售数字，参见 Silvan S. Schweber, *Einstein and Oppenheimer: The Meaning of Genius* (Cambridge, MA: Harvard University Press, 2009), pp. 64 - 65 and 336, fn 85。

16. Reves, *The Anatomy of Peace*, pp. 107, 160.

17. Ibid., pp. 165, 108.

18. 'Open Letter to the American People', *New York Times*, 10 October 1945; see also Schweber, *Einstein and Oppenheimer*, p. 66.

19. Committee to Frame a World Constitution, *The Preliminary Draft of a World Constitution* (University of Chicago Press, 1948).

20. 'Voices in Parliament: A Brief Study of a Successful All - Party Parliamentary Group', www.oneworldtrust.org/publications/doc_view/195 - appgwg - and - owt - history? tmpl = component&format = raw; www.citoyensdumonde.fr/.

21. World Movement for World Federal Government (WMWFG), reply to UN questionnaire on non - governmental organizations, 25 October 1950: UN Archives, S - 0441 - 0057 - 04 Part A. See also the Movement's 'Montreux Declaration', www.wfm - igp.org/our - movement/history.

22. Opening address at the Moral Re - Armament World Assembly, Caux, Switzerland, 15 July 1947, quoted in Frank N. D. Buchman, *Remaking the*

World: *The Speeches of Frank N. D. Buchman* (London: Blandford, 1947), p. 157.

23. Jan Smuts, speech at the Soxth Plenary Session of the UN San Francisco Conference, 1945, in UN, *The United Nations Conference on International Organization*: *Selected Documents* (Washington, DC: US Government Printing Office, 1946), p. 338.

24. 美国科学家联盟（The Federation of American Scientists）对原子弹持悲观态度的文章汇编同时也是 1946 年 *New York Times* 的畅销书。参见 Dexter Masters and Katharine Way (eds), *One World or None* (New York: McGraw - Hill, 1946)。另见 1946 年的同名电影，网上链接见 http://publicdomainreview. org/collections/one - world - or - none - 1946/。

25.《联合国宪章》的完整副本见 Paul Kennedy's *The Parliament of Man* (London: Allen Lane, 2006) 的附录，pp. 313 - 341。

26. Brian Urquhart, *A Life in Peace and War* (London: Weidenfeld & Nicolson, 1987), p. 93. See also Jean Richardot, *Journeys for a Better World*: *A Personal Adventure in War and Peace* (Lanham, MD: University Press of America, 1994), pp. 85 - 86, 111 - 113.

27. Joseph Paul - Boncour, quoted in *Gazette de Lausanne*, 27 June 1945, 'La conference de San - Francisco', p. 6.

28. 'A World Charter', *Times of India*, 28 June 1945, p. 4; *Straits Times*, 25 October 1945, p. 4.

29. Eyo Ita, quoted in 'The Last Best Hope of Man on Earth', *West African Pilot*, 6 February 1945, p. 2.

30. *New York Times*, 27 June 1945, p. 10.

31. Senator Tom Connally, *Congressional Record* (Senate), 91 (23 July 1945), p. 7953; Congressman Charles A. Eaton, *Congressional Record* (House), 91 (6 July 1945), pp. 7299 - 7300—both quoted in Thomas M. Franck, *Nation Against Nation*: *What Happened to the UN Dream and What the US Can Do About It* (New York: Oxford University Press, 1985), p. 9.

32. Ibid., p. 8.

33. UN official website: www. un. org/en/sections/history - united - nations - charter/1945 - san - francisco - conference/index. html.

34. Barack Obama, 'Proclamation 8740 - United Nations Day 2011', 24 October 2011. Available online at www. presidency. ucsb. edu/ws/? pid =

96946.

35. Mark Mazower, *No Enchanted Palace* (Princeton University Press, 2009), p. 6 and related fnn. On p. 206.

36. See UN, *The United Nations Conference on International Organization: Selected Documents.*

37. Alberto Lleras Camargo, speech at Fifth Plenary Session of the San Francisco Conference, ibid., p. 328.

38. Abdel Hamid Badawi, speech at the Third Plenary Session of the San Francisco Conference ibid., p. 289.

39. 萨尔瓦多、希腊、菲律宾、哥伦比亚、厄瓜多尔、伊拉克、古巴和新西兰的代表有关否决权问题的演讲，参见 ibid., pp. 301, 304, 306, 328, 333, 356, 363, 370。另见新西兰外交部，*United Nations Conference on International Organization* (Wellington: Department of External Affairs, 1945), pp. 77 - 79; and Marika Sherwood, ' "There is No New Deal for the Blackman in San Francisco": African Attempts to Influence the Founding Conference of the United Nations, April - July, 1945', *International Journal of African Historical Studies*, vol. 29, no. 1 (1996), p. 91。

40. Article 2, paragraph 6, United Nations Charter.

41. Mazower, *No Enchanted Palace*, pp. 142 - 148.

42. Escott Reid, *On Duty: A Canadian at the Making of the United Nations, 1945 - 1946* (Kent, OH: Kent State University Press, 1983), p. 24.

43VKennedy, *The Parliament of Man*, pp. 46 - 47.

44. 'Towards a New World Order', *West African Pilot*, 20 August 1945.

45. Reves, *The Anatomy of Peace*, pp. 166, 177, 191.

46. 'Oran Declaration', quoted in Davis, *The World is My Country*, p. 216.

47. 关于安理会及至1990年的所有否决事项按时间顺序的分列，以及详细的个案历史，参见 Anjali V. Patil, *The UN Veto in World Affairs*, 1946 - 1990 (London: Mansell, 1992)。

48. 本杰明·费伦茨关于国际刑法的讲座，读者可在联合国网站找到，见 legal. un. org/avl/ls/Ferencz_ CLP_ video_ 5. html。

12. 国际法律

1. 本杰明·费伦茨的故事以及所有的引文均来自他在2015年6月与

作者的个人通信；费伦茨本人的网站，www. benferencz. org/stories. html，以及费伦茨关于国际法的一系列讲座，可在联合国网站找到：http://legal. un. org/avl/ls/Ferencz_ CLP. html。另有一本非常有用的传记是 Tom Hofmann, *Benjamin Ferencz: Nuremberg Prosecutor and Peace Advocate* (Jefferson, NC: McFarland, 2014)。

2. Keith Lowe, *Savage Continent* (London: Viking, 2012), pp. 135 - 141.

3. Ibid., p. 150.

4. Henri Rochat, quoted in Marcel Ophüls documentary film *Le Chagrin et la Pitié*, Part II: 'Le Choix' (1969).

5. Jozo Tomasevich, *War and Revolution in Yugoslavia* (Stanford University Press, 2001), p. 765; Lowe, *Savage Continent*, pp. 249 - 265.

6. R. M. Douglas, *Orderly and Humane: The Expulsion of the Germans After the Second World War* (New Haven, CT: Yale University Press, 2012), p. 1; Lowe, *Savage Continent*, pp. 234 - 242.

7. Lowe, *Savage Continent*, p. 131.

8. Philip Snow, *The Fall of Hong Kong* (New Haven, CT: Yale University Press, 2003), pp. 296 - 297.

9. Konrad Mitchell Lawson, 'Wartime Atrocities and the Politics of Treason in the Ruins of the Japanese Empire, 1937 - 1953', PhD thesis, Department of History, Harvard University (2012), p. 129; John W. Dower, *Embracing Defeat: Japan in the Wake of World War II* (New York: W. W. Norton, 1999), p. 449.

10. Haji Buyong Adil, quoted in Cheah Boon Kheng, *Red Star Over Malaya*, 3rd edn (Singapore University Press, 2003), p. 184.

11. *La Terre Vivaroise*, 29 October 1944, quoted in Philippe Bourdrel, *L'épuration sauvage* (Paris: Perrin, 2002), pp. 316 - 317.

12. Sir Hartley Shawcross, quoted in International Military Tribunal, *Trials of the Major War Criminals Before the International Military Tribunal* (Nuremberg: International Military Tribunal, 1947 - 9), vol. 3, p. 144.

13. 关于对山下奉文的审判以及审判对国际刑法的后续影响，参见 Allan A. Ryan, *Yamashita's Ghost* (Lawrence: University Press of Kansas, 2012), pp. xiv - xv, 250 - 341。

14. Alpheus Thomas Mason, *Harlan Fiske Stone: Pillar of the Law* (Hamden,

CT: Archon Books, 1968), p. 716.

15. International Military Tribunal, *Trials of the Major War Criminals*, vol. 1: *Official Documents*, p. 186. Available online at www. loc. gov/rr/frd/Military_ Law/pdf/NT_ Vol – I. pdf.

16. William C. Chase, *Front Line General: The Commands of Maj Gen Wm C. Chase* (Houston: Pacesetter Press, 1975), p. 144.

17. B. V. A. Röling and C. F. Rüter (eds), *The Tokyo Judgment* (APA – University Press Amsterdam, 1977), vol. 1, p. 496.

18. Jackson, quoted in Robert E. Conot, *Justice at Nuremberg* (London: Weidenfeld & Nicolson, 1983), p. 68.

19. http: //benferencz. org/1946 – 1949. html.

20. International Military Tribunal, *Trials of the Major War Criminals*, vol. 4, pp. 30, 53. Available online at www. loc. gov/rr/frd/Military_ Law/pdf/NT_ war – criminals_ Vol – IV. pdf.

21. Ibid., p. 413.

22. Email correspondence with author, 18 June 2015.

23. http: //benferencz. org/1943 – 1946. html.

24. James K. Pollock, James H. Meisel and Henry L. Bretton, *Germany Under Occupation: Illustrative Materials and Documents* (Ann Arbor: George Wahr Publishing Co., 1949), p. 173.

25. Eugene Davidson, *The Death and Life of Germany* (London: Jonathan Cape, 1959), p. 128.

26. Lowe, *Savage Continent*, pp. 150, 153, 161.

27. Denis Deletant, *Communist Terror in Romania* (London: Hurst & Co., 1999), pp. 72 – 76; Peter Kenez, *Hungary from the Nazis to the Soviets* (New York: Cambridge University Press, 2006), p. 149; Tony Judt, *Postwar* (London: Pimlico, 2007), p. 60.

28. Dower, *Embracing Defeat*, p. 454.

29. Philip R. Piccigallo, *The Japanese on Trial* (Austin: University of Texas Press, 1979), pp. 263 – 265.

30. Dower, *Embracing Defeat*, pp. 525 – 526.

31. Lawson, 'Wartime Atrocities and the Politics of Treason', pp. 43 – 94, 130 – 132.

32. According to the UN website: https: //treaties. un. org/Pages/

ViewDetails. aspx? src = TREATY&mtdsg_ no = IV - 1&chapter = 4&clang = _ en.

33. For this, and subsequent quotes, see Ferencz lecture, available on the United Nations website: http: //legal. un. org/avl/ls/Ferencz_ CLP_ video_ 5. html.

13. 美国

1. Cord Meyer, *Facing Reality* (New York: Harper & Row, 1980), pp. 5 - 6. For the following, see also pp. 1 - 33; 'A Hidden Liberal', *New York Times*, 30 March 1967; Merle Miller, 'One Man's Long Journey - from a One - World Crusade to the "Department of Dirty Tricks"', *New York Times Magazine*, 7 January 1973; obituary, *New York Times*, 16 March 2001.

2. Cord Meyer, *Peace or Anarchy* (Boston, MA: Little, Brown, 1947), p. 5.

3. Meyer, *Facing Reality*, p. 39.

4. Meyer, *Peace or Anarchy*, pp. 209 - 210.

5. Meyer, *Facing Reality*, p. 50.

6. Ibid. , pp. 50, 56 - 57.

7. Ibid. , pp. 61 - 64.

8. 'A Hidden Liberal', p. 30. See also Miller, 'One Man's Long Journey'; Godfrey Hodgson, 'Cord Meyer: Superspook', *Sunday Times Magazine*, 15 June 1975.

9. Meyer, *Facing Reality*, p. xiv.

10. Vandenberg's speech in Cleveland, 11 January 1947, reported in *Washington Post*, 12 January 1947.

11. Truman, radio address to the American people, 1 September 1945; available online at www. presidency. ucsb. edu/ws/? pid = 12366; Churchill, speech to House of Commons, 16 August 1945, in David Cannadine (ed.), *Blood Toil Tears and Sweat: Winston Churchill's Famous Speeches* (London: Cassell & Co. , 1989), p. 282.

12. Charles E. Bohlen, *Witness to History* (New York: W. W. Norton, 1973), p. 215.

13. Wendell Willkie, *One World* (London: Cassell & Co. , 1943), p. 72.

14. Stimson memorandum to Truman, 11 September 1945, US

Department of State, *Foreign Relations of the United States* (Washington, DC: US Government Printing Office) (hereafter FRUS), 1945, vol. 2, p. 42; http: //digicoll. library. wisc. edu/cgi - bin/FRUS/FRUS - idx? type = turn&entity = FRUS. FRUS1945v02. p0052&id = FRUS. FRUS1945v02&isize = M.

15. Simon Sebag Montefiori, *Stalin: The Court of the Red Tsar* (London: Weidenfeld & Nicolson, 2003), p. 34; Gromyko obituary, *New York Times*, 4 July 1989.

16. Lucius D. Clay, *Decision in Germany* (London: William Heinemann, 1950), p. 26.

17. According to Republican Senator Tom Connally, quoted in Edward R. Stettinius, *Roosevelt and the Russians* (Garden City, NY: Doubleday, 1949), p. 306.

18. Ed Conway, *The Summit* (London: Little, Brown, 2014), pp. 274, 275.

19. See, for example, Lane to Secretary of State, 13 November 1845, FRUS 1945, vol. 2, pp. 412 - 414; and Arthur Bliss Lane, *I Saw Poland Betrayed* (New York: Bobbs - Merrill, 1948), pp. 193 - 196.

20. Memorandum of conversation by Charles E. Bohlen, *FRUS* 1945, vol. 5, pp. 231 - 234; W. Averell Harriman and Elie Abel, *Special Envoy to Churchill and Stalin*, 1941 - 1946 (London: Hutchinson, 1976), p. 448.

21. See Keith Lowe, *Savage Continent* (London: Viking, 2012), pp. 321 - 330; and Churchill's complaint to Stalin at Potsdam, 24 July 1945, *FRUS: Diplomatic Papers: The Conference at Berlin (the Potsdam Conference)* 1945, vol. 2, p. 362.

22. Crane to Truman, 3 May 1945, *FRUS* 1945, vol. 4, pp. 205 - 207.

23. Bohlen, *Witness to History*, p. 214.

24. Meyer, *Facing Reality*, p. 82.

25. Quoted in Albert Eugene Kahn, *High Treason: The Plot Against the People* (New York: Lear Publishers, 1950), p. 331.

26. Bill Mauldin, quoted in Studs Terkel, '*The Good War*': *An Oral History of World War Two* (London: Hamish Hamilton, 1984), p. 363.

27. Ted Morgan, *Reds: McCarthyism in Twentieth Century America* (New York: Random House, 2003), pp. 224 - 225.

28. Angus Maddison, *The World Economy: Historical Statistics* (Paris: OECD, 2003), pp. 174, 232.

29. Denis Brogan, 'The Illusion of American Omnipotence', *Harper's Magazine*, December 1952, p. 205.

30. Republican candidates William Jenner (Indiana), George B. Schwabe (Oklahoma), Hugh Butler (Nebraska) and the Republican National Committee, quoted in Morgan, *Reds*, pp. 301 - 302.

31. Howard Laski, 'America - 1947', *Nation*, 13 December 1947, p. 641.

32. Robert Donovan, *Conflict and Crisis*, 1945 - 48 (New York: W. W. Norton, 1977), pp. 163 - 76, 332 - 7; Ronald Allen Goldberg, *America in the Forties* (Syracuse University Press, 2012), p. 123.

33. Morgan, *Reds*, pp. 299 - 300.

34. Daniel Bell, *The End of Ideology* (New York: The Free Press, 1965), p. 123.

35. See Godfrey Hodgson, *America in Our Time* (Garden City, NY: Doubleday, 1976), p. 93; Hamilton Fish, *The Challenge of World Communism* (Milwaukee: Bruce Publishing Co., 1946), pp. 47, 109, 139, 144; Larry Ceplair, *Anti Communism in Twentieth Century America* (Santa Barbara, CA: Praeger, 2011), p. 119.

36. Letter to George H. Earl, 28 February 1947, quoted in Morgan, *Reds*, p. 304.

37. Karl H. Von Wiegand, 'Red Tidal Wave Menaces Christian Civilization', article for *Hearst Newspapers*, 12 May 1945, quoted in Fish, *The Challenge of World Communism*, p. 23.

38. J. Edgar Hoover, 'Red Fascism in the United States Today', *The American Magazine* (1947); 'Communists Penetrate Wall Street', *Commercial and Financial Chronicle*, 6 November 1947; Harry D. Gideonse, 'The Reds Are After Your Child', *The American Magazine* (1948).

39. See, for example, 'Red Fascism's Goal', in New York's *Daily Mirror*, 15 February 1946; Hoover, 'Red Fascism in the United States Today'; Jack B. Tenney, *Red Fascism* (Los Angeles: Federal Printing Co., 1947) and Norman Thomas 'Which Way America - Fascism, Communism, Socialism or Democracy?', *Town Meeting Bulletin*, 16 March 1948, pp. 19 - 20.

40. George Meany and H. V. Kaltenborn, quoted in Les K. Adler and Thomas G. Paterson, 'Red Fascism: The Merger of Nazi Germany and Soviet Russia in the American Image of Totalitarianism, 1930s - 1950s', in Walter L. Hixson (ed.), *The American Experience*, vol. 12: *The United States Transformed: The Lessons and Legacies of the Second World War* (London: Routledge, 2003), pp. 24, 28.

41. Arthur Bliss Lane, quoted in Adler and Paterson, 'Red Fascism', p. 22.

42. Louis C. Wyman, quoted ibid., p. 20.

43. Truman news conference at Key West, 30 March 1950; available online at www. presidency. ucsb. edu/ws/? pid = 13755.

44. Landon R. Y. Storrs, *The Second Red Scare and the Unmaking of the New Deal Left* (Princeton University Press, 2013), p. 2. 不同时期的不同统计数字，另见 Morgan, *Reds*, p. 305; and Tim Weiner, *Enemies: A History of the FBI* (London: Allen Lane, 2012), p. 149。

45. Meyer, *Facing Reality*, p. 79.

46. See, for example, the repeated investigations of Thomas Blaisdell, Esther Brunauer, Leon and Mary Keyserling and many others in Storrs, *The Second Red Scare*, pp. 268 - 285.

47. Meyer, *Facing Reality*, pp. 70 - 81.

48. Bernice Bernstein and Esther Peterson, quoted in Storrs, *The Second Red Scare*, p. 180.

49. Pauli Murray, quoted ibid., p. 183。

50. Hodgson, *America in Our Time*, p. 45; Storrs, *The Second Red Scare*, pp. 1 - 7; Richard Hofstadter, *Anti - Intellectualism in American Life* (New York: Knopf, 1963), pp. 41 - 2; Michella M. Marino, 'Mothers, Spy Queens, and Subversives: Women in the McCarthy Era', in Caroline S. Emmons (ed.), *Cold War and McCarthy Era: People and Perspectives* (Santa Barbara, CA: ABC - Clio, 2010), pp. 130, 141.

51. Hodgson, *America in Our Time*, p. 26.

52. The text of George Kennan's 'long telegram' is reproduced in George Kennan, *Memoirs*, 1925 - 1950 (Boston, MA: Little, Brown, 1967), p. 557.

53. Kennan, *Memoirs*, pp. 294 - 295.

54. Vandenberg, quoted in James T. Patterson, *Grand Expectations: The United States*, 1945 - 1974 (New York: Oxford University Press, 1996), p. 128.

55. Truman, speech to Congress, 12 March 1947; available online at www. presidency. ucsb. edu/ws/? pid = 12846.

56. Kennan, *Memoirs*, pp. 319 - 320.

57. Michael Burleigh, *Small Wars, Far Away Places* (London: Macmillan, 2013), p. 64.

58. Hodgson, *America in Our Time*, p. 32; Walter LaFeber, *America, Russia and the Cold War*, 1945 - 2002 (New York: McGraw - Hill, 2002), p. 1; Craig Calhoun (ed.), *Dictionary of the Social Sciences* (New York: Oxford University Press, 2002), p. 76.

59. See David Halberstam, *War in a Time of Peace: Bush, Clinton and the Generals* (London: Bloomsbury, 2003), p. 326; Robert Kagan, 'Superpowers Don't Get to Retire', *The New Republic*, 26 May 2014.

60. A. M. Meerloo, *Aftermath of Peace: Psychological Essays* (New York: International Universities Press, 1946), pp. 163 - 164.

61. 关于国家敌人之用处的精神分析的观点，特别是美国在冷战期间的情况，参考 Hanna Segal, 'From Hiroshima to the Gulf War and After: A Psychoanalytic Perspective'，见于 Anthony Elliott and Stephen Frosh (eds), *Psychoanalysis in Contexts: Paths Between Theory and Modern Culture* (London and New York: Routledge, 1995), p. 194; and Michael Rustin, 'Why are We More Afraid Than Ever? the Politics of Anxiety After Nine Eleven', in Susan Levy and Alessandra Lemma (eds), *The Perversion of Loss: Psychoanalytic Perspectives on Trauma* (New York: Brunner - Routledge, 2004), pp. 21 - 36。

14. 苏联

1. Andrei Sakharov, *Memoirs* (London: Hutchinson, 1990), p. 40.

2. Ibid., pp. 97, 111, 164, 204; see also Jay Bergman, *Meeting the Demands of Reason: The Life and Thought of Andrei Sakharov* (Ithaca, NY: Cornell University Press, 2009), pp. 68 - 69.

3. Sakharov, *Memoirs*, pp. 36, 164, 225.

4. Ibid., p. 288.

5. Quoted in Bergman, *Meeting the Demands of Reason*, pp. 71 - 77. See also Andrei Sakharov, 'I Tried to be on the Level of My Destiny', *Molodezh Estonii*, 11 October 1988, reprinted in Jonathan Eisen (ed.), *The Glasnost Reader* (New York: New American Library, 1990), pp. 330 - 331.

6. Boris Galin, quoted in Elena Zubkova, *Russia After the War*, trans. Hugh Ragsdale (Armonk, NY: M. E. Sharpe, 1998), p. 34.

7. Quoted by Sheila Fitzpatrick, 'Postwar Soviet Society', in Susan J. Linz (ed.), *The Impact of World War II on the Soviet Union* (Totowa, NJ: Rowman & Allanheld, 1985), p. 130.

8. Ibid., p. 137; Orlando Figes, *The Whisperers* (London: Allen Lane, 2007), p. 457; Sakharov, *Memoirs*, pp. 76 - 77.

9. Figes, *The Whisperers*, p. 456; Robert Service, *A History of Modern Russia* (Harmondsworth: Penguin, 2003), p. 295.

10. G. F. Krivosheev (ed.), *Soviet Casualties and Combat Losses in the Twentieth Century* (London: Greenhill Books, 1997), pp. 91, 97; Keith Lowe, *Savage Continent* (London: Viking 2012), p. 16; Figes, *The Whisperers*, p. 465; Zubkova, *Russia After the War*, p. 24.

11. Fitzpatrick, 'Postwar Soviet Society', p. 130; Mark Spoerer, *Zwangsarbeit unter dem Hakenkreuz* (Stuttgart and Munich: Deutsche Verlags - Anhalt, 2001), p. 222.

12. See, for example, testimonies by Lilia Budko, Natalia Melnichenko, Vera Odinets, Tamara Kuraeva and Tamara Umnyagina in Svetlana Alexiyevich, *War's Unwomanly Face*, trans. Keith Hammond and Lyudmila Lezhnev (Moscow: Progress, 1988), pp. 195, 237, 238, 243.

13. Zubkova, *Russia After the War*, p. 69.

14. Alexander Werth, *Russia at War* (London: Barrie & Rockliff, 1964), p. 1037.

15. Zubkova, *Russia After the War*, pp. 44, 84.

16. Molotov interview with Felix Chuev, 28 November 1974, in Albert Resis (ed.), *Molotov Remembers* (Chicago: Ivan R. Dee, 1993), p. 59.

17. Milovan Djilas, *Conversations with Stalin*, trans. Michael B. Petrovich (New York: Harcourt Brace Jovanovich, 1962), p. 114.

18. All three of these agreements are available online at http://avalon.law.yale.edu/subject_menus/wwii.asp.

19. Mark Mazower (ed.), *After the War Was Over* (Princeton University Press, 2000), p. 7; Leslie Bethell and Ian Roxborough (ed.), *Latin America*, p. 6; Lowe, *Savage Continent*, pp. 154 - 158, 291 - 292.

20. See UN, *The United Nations Conference on International Organization: Selected Documents* (Washington, DC: US Government Printing Office, 1946), p. 317; New Zealand Department of External Affairs, *United Nations Conference on International Organization* (Wellington: Department of External Affairs, 1945), p. 4; Anthony Gaglione, *The United Nations Under Trygve Lie, 1945 - 1953* (Lanham, MD: Scarecrow Press, 2001), p. 112.

21. See Zhdanov's report to Communist Parties conference at Szklarska Poręba, 22 September 1947. This is available in Russian, German and French at www.cvce.eu/obj/le_rapport_jdanov_22_septembre_1947-fr-914edbc9-abdf-48a6-9c4a-02f3d6627a24.html.

22. Nikita Khrushchev, *Khrushchev Remembers*, trans. and ed. Strobe Talbott (Boston, MA: Little, Brown, 1970), p. 362.

23. Molotov interview with Felix Chuev, 1 July 1979, in Resis (ed.), *Molotov Remembers*, p. 58.

24. Sir Archibald Clerk Kerr, telegram to Ernest Bevin, 3 December 1945, *FRUS* 1945, vol. 2, p. 83.

25. W. Averell Harriman and Elie Abel, *Special Envoy to Churchill and Stalin, 1941 - 1946* (London: Hutchinson, 1976), p. 519; Khrushchev, *Khrushchev Remembers*, p. 225. See also David Holloway, *Stalin and the Bomb* (New Haven, CT: Yale University Press, 1994), p. 169.

26. Replies to questions put by Alexander Werth, 24 September 1946; available online at www.marxists.org/reference/archive/stalin/works/1946/09/24.htm.

27. Holloway, *Stalin and the Bomb*, pp. 148 - 149; Zubkova, *Russia After the War*, p. 86.

28. Konstantin Simonov, quoted in Zubkova, *Russia After the War*, p. 95; Sakharov, *Memoirs*, p. 41; Jerry F. Hough, 'Debates about the Postwar World', in Susan J. Linz (ed.), *The Impact of World War II on the Soviet Union* (Totowa, NJ: Rowman & Allanheld, 1985), pp. 260 - 262, 268 - 270.

29. Zubkova, *Russia After the War*, p. 36.

30. Ibid., p. 36; Figes, *The Whisperers*, pp. 458 - 459.

31. V. F. Zima, *Golod v SSSR*, 1946 - 1947 *godov: Proiskhozhdenie i posledstviia* (*Moscow: Institut rossiiskoi istorii RAN*, 1996), p. 11; see also Nicholas Ganson, *The Soviet Famine of* 1946 - 47 *in Global and Historical Perspective* (Basingstoke: Palgrave Macmillan, 2009), pp. xv - xvi.

32. Zubkova, *Russia After the War*, p. 60.

33. Figes, *The Whisperers*, p. 459.

34. Alexander Statiev, *The Soviet Counterinsurgency in the Western Borderlands* (New York: Cambridge University Press, 2010), p. 106; Lowe, *Savage Continent*, pp. 344; programme of Estonian Armed Resistance League, quoted in Mart Laar, *War in the Woods: Estonia's Struggle for Survival*, 1944 - 1956, trans. Tiina Ets (Washington, DC: The Compass Press, 1992), p. 108.

35. Stalin, interview with *Pravda*, 13 March 1946; Molotov, quoted in Gerhard Wettig, *Stalin and the Cold War in Europe* (Lanham, MD: Rowman & Littlefield, 2008), p. 139; Andrei Vyshinsky, speech to Foreign Press Association in New York, 11 November 1947 - see Australian Associated Press report in *The Cairns Post*, 13 November 1947; Georgy Malenkov, speech to the Moscow Soviet, 6 November 1949, in *World News and Views*, vol. 29, no. 46 (1949).

36. Anne Applebaum, *Gulag* (London: Allen Lane, 2003), pp. 395 - 6; Alexander Solzhenitsyn, *The Gulag Archipelago*, vol. 1 (London: Collins & Harvill, 1974), pp. 237 - 276.

37. Yuri Teplyakov, 'Stalin's War Against His Own Troops: The Tragic Fate of Soviet Prisoners of War in German Captivity', *Journal of Historical Review*, vol. 14, no. 4 (1994), p. 8; Zubkova, *Russia After the War*, p. 105.

38. Statiev, *The Soviet Counterinsurgency in the Western Borderlands*, pp. 176 - 177; Lowe, *Savage Continent*, pp. 354 - 358.

39. Stalin, quoted in Simon Sebag Montefiore, *Stalin: The Court of the Red Tsar* (London: Weidenfeld & Nicolson, 2003), p. 482.

40. Figes, *The Whisperers*, pp. 488 - 492; Jerry F. Hough, 'Debates About the Postwar World', pp. 268 - 270.

41. Sakharov, *Memoirs*, p. 93.

42. Figes, *The Whisperers*, p. 488; Sakharov, *Memoirs*, p. 123.

43. Vladimir Shlapentokh, *A Normal Totalitarian Society* (Armonk, NY: M. E. Sharp, 2001), p. 159; see also Frederick Charles Barghoorn, *Soviet Russian*

Nationalism (New York: Oxford University Press, 1956), passim.

44. Khrushchev, *Khrushchev Remembers*, p. 262; Figes, *The Whisperers*, p. 509.

45. Khrushchev, *Khrushchev Remembers*, p. 258.

46. Sakharov, *Memoirs*, p. 146.

47. Andrei Sakharov, *Progress, Coexistence and Intellectual Freedom*, ed. Harrison E. Salisbury (New York: W. W. Norton, 1968), p. 84. See also Bergman, *Meeting the Demands of Reason*, pp. 135 - 149.

48. Sakharov, *Memoirs*, pp. 194 - 195.

15. 世界的两极分化

1. Andrei Zhdanov, Report on the International Situation, 22 September 1947, to Cominform conference at Szklarska Poręba, available at www.cvce.eu/en/obj/le_rapport_jdanov_22_septembre_1947-fr-914edbc9-abdf-48a6-9c4a-02f3d6627a24.html。See also the joint declaration of the European Communist Parties after the conference at www.cvce.eu/obj/declaration_sur_les_problemes_de_la_situation_internationale_septembre_1947-fr-e6e79de9-03b6-4632-ac96-53760cec8643.html.

2. George Kennan (under the pseudonym 'X'), 'The Sources of Soviet Conduct', *Foreign Affairs*, vol. 25, no. 4 (1947), pp. 566 - 582。关于这篇文章如何被误读，另见 George Kennan, *Memoirs*, 1925 - 1950 (Boston, MA: Little, Brown, 1967), pp. 354 - 367。

3. See A. W. Singham and Shirley Hune, *Non-Alignment in an Age of Alignments* (London: Zed Books, 1986), p. 68.

4. Anthony Curwen, interview with the Imperial War Museum's Lyn Smith, May 1987, IWM Sound Archive 9810.

5. 关于瑞典，参见 Carl-Gustaf Scott, 'The Swedish Midsummer Crisis of 1941: The Crisis that Never Was', *Journal of Contemporary History*, vol. 37, no. 3 (2002), pp. 371 - 94；关于葡萄牙，参见 Luís Rodrigues and Sergiy Glebov, *Military Bases: Historical Perspectives, Contemporary Challenges* (Amsterdam: IOS Press, 2009), p. 152；关于瑞士，参见 Independent Commission of Experts—Second World War, *Switzerland, National Socialism and the Second World War: Final Report*, trans. Rosamund Bandi et al. (Zürich:

Pendo Verlag, 2002), p. 189, available at www. uek. ch/en/schlussbericht/synthesis/ueke. pdf。

6. 关于瑞典，参见 Heinrich August Winkler, *The Age of Catastrophe* (New Haven, CT: Yale University Press, 2015), p. 790; for Spain see Stanley Payne, *Franco and Hitler* (New Haven, CT: Yale University Press, 2009); for the Vatican see Gerald Steinacher, *Nazis on the Run* (New York: Oxford University Press, 2012), pp. 101 - 148。

7. 关于北大西洋公约的详细历史，参见 Peter Duignan, *Nato: Its Past, Present, and Future* (Stanford: Hoover Institution Press, 2000)。

8. 关于拉丁美洲的整体情况，参见 Bethell and Roxborough (eds), *Latin America*, pp. 1 - 32; for Cuba specifically, see Alex von Tunzelmann, *Red Heat* (London: Simon & Schuster, 2011), p. 256。

9. Marco Wyss, *Arms Transfers, Neutrality and Britain's Role in the Cold War* (Boston, MA: Brill, 2012), pp. 25 - 26; 'Spy Plane Shot Down in Baltic Found', *Telegraph*, 20 June 2003.

10. See Jakob Tanner, 'Switzerland and the Cold War: A Neutral Country Between the "American Way of Life" and "Geistige Landesverteidigung"', in Joy Charnley and Malcolm Pender (eds), *Switzerland and War* (Bern: Peter Lang, 1999), pp. 113 - 128; Wyss, *Arms Transfers*, passim; Daniel A. Neval, *'Mit Atombomben bis nach Moskau': gegenseitige Warhnehmung der Schweiz und des Ostblocks im Kalten Krieg, 1945 - 1968* (Zürich: Chronos, 2003), passim.

11. 'Der gefrässige Staat', *Neue Zürcher Zeitung*, 22 November 2014; Dominique Grisard, 'Female Terrorists and Vigilant Citizens: Gender, Citizenship and Cold War Direct – Democracy', in Jadwiga E. Pieper Mooney and Fabio Lanza (eds), *De – Centering Cold War History* (Oxford: Routledge, 2013), pp. 123 - 144.

12. Paul Kennedy, *The Parliament of Man* (London: Allen Lane, 2006), pp. 54, 74.

13. Nehru, speech of 7 September 1947, quoted in H. M. Wajid Ali, *India and the Non – Aligned Movement* (New Delhi: Adam Publishers & Distributors, 2004), p. 12.

14. Nehru, speech to Indian Parliament, 1951, quoted in Kristin S. Tassin, ' "Lift up Your Head, My Brother": Nationalism and the Genesis of the Non – Aligned Movement', *Journal of Third World Studies*, vol. 23, no. 1

(2006), p. 148.

15. See, for example, his speech before the United Nations, 30 September 1960 in Sukarno, *Toward Freedom and the Dignity of Man*: *A Collection of Five Speeches*… (Jakarta: Department of Foreign Affairs, 1961), pp. 127 - 129; and speech before the Belgrade Conference in September 1961, printed in the conference journal *Belgrade Conference* 1961, no. 3, pp. 7 - 9.

16. Egypt's Gamal Abdel Nasser, quoted in Tassin, ' "Lift up Your Head, My Brother" ', p. 158; and Sudan's Ibrahim Abboud, speaking at the Belgrade Conference in September 1961, printed in *Belgrade Conference* 1961, no. 4, p. 5.

17. William Potter and Gaukhar Mukhatzhanova, *Nuclear Politics and the Non - Aligned Movement*: *Principles vs. Pragmatism* (London: Routledge, 2012), pp. 17 - 36.

18. 参见开罗会议筹备会一致通过的不结盟原则，见 5 - 18 June 1960, p. M. Bell, *The World Since* 1945 (New York: Bloomsbury Academic, 2010), pp. 253 - 254。

19. Geir Lundestad, *East*, *West*, *North*, *South* (London: Sage, 2014), p. 274; Odd Arne Westad, *The Global Cold War* (Cambridge University Press, 2007), pp. 108 - 109.

20. Bell, *The World Since* 1945, p. 258.

21. Tanner, 'Switzerland and the Cold War', pp. 113 - 126.

22. Lecture by Michael Manley to the Third World Foundation, London, 29 October 1979, *International Foundation for Development Alternatives Dossier*, vol. 16 (1980); available online at www. burmalibrary. org/docs19/ifda_ dossier - 16. pdf.

23. Sukarno's speech in *Belgrade Conference* 1961, no. 3, pp. 8, 9; see also his similar speech to the United Nations, 30 September 1960, Sukarno, Toward Freedom and the Dignity of Man, p. 129.

24. Title of Sukarno's speech to the United Nations, 30 September 1960, ibid., p. 121.

25. Bourgwiba's speech in Belgrade Conference 1961, no. 4, p. 8.

16. 一个亚洲国家的诞生

1. Adrian Vickers, *A History of Modern Indonesia* (New York: Cambridge

University Press, 2013), pp. 1, 9, 14; Joseph H. Daves, *The Indonesian Army from Revolusi to Reformasi*, vol. 1: *The Struggle for Independence and the Sukarno Era* (Self published: printed by CreateSpace, Charleston, 2013).

2. Quoted in S. K. Trimurti, *95 Tahun S. K. Trimurti*: *Pejuang Indonesia* (Jakarta: Yayasan Bung Karno, 2007), p. 15. 特里穆尔蒂的故事是依据她的这本文集，以及这部传记 I. N. Soebagijo, *S. K. Trimurti*: *Wanita Pengabdi Bangsa* (Jakarta: Gunung Agung, 1982) 编纂而来的。

3. Trimurti, *95 Tahun*, p. 18.

4. Ibid., p. 19.

5. Ibid., p. 24.

6. Vickers, *A History of Modern Indonesia*, pp. 100, 106 - 107, 114; Daves, *The Indonesian Army*, vol. 1, pp. 42 - 44; Ian Buruma, *Year Zero*: *A History of* 1945 (London: Atlantic, 2013), pp. 114 - 120; Anthony Reid, *The Indonesian National Revolution*, 1945 - 1950 (Hawthorn: Longman Australia, 1974), pp. 115 - 116; Jan Ruff - O'Herne, *Fifty Years of Silence* (Sydney: Heinemann Australia, 2008), p. 135.

7. Benedict R. O'G Anderson, *Java in a Time of Revolution*: *Occupation and Resistance*, 1944 - 1946 (Ithaca: Cornell University Press, 1972), pp. 132 - 133; Buruma, *Year Zero*, p. 115.

8. John W. Dower, *War Without Mercy*: *Race and Power in the Pacific War* (New York: Pantheon Books, 1986), p. 296; Vickers, *A History of Modern Indonesia*, pp. 91 - 95; Saskia Wieringa, *Sexual Politics in Indonesia* (Basingstoke: Palgrave Macmillan, 2002), pp. 82, 95; Yuki Tanaka, '"Comfort Women" in the Dutch East Indies', in Margaret Stetz and Bonnie B. C. Oh (eds), *Legacies of the Comfort Women of World War II* (Armonk, NY: M. E. Sharp, 2001), pp. 63 - 64.

9. Daves, *The Indonesian Army*, vol. 1, pp. 40, 67; Mbeligai Bangun, 引自 Mary Margaret Steedly, *Rifle Reports*: *A Story of Indonesian Independence* (Berkeley and Los Angeles: University of California Press, 2013), p. 43.

10. Anderson, *Java in a Time of Revolution*, p. 128.

11. 关于此处以及后文对战役的描述，参见 Daves, *The Indonesian Army*, vol. 1, pp. 74 - 84; William H. Frederick, *Visions and Heat*: *The Making of the Indonesian Revolution* (Athens: Ohio University Press, 1989), pp. 197 - 202, 255 - 267, 278 - 280; 以及 Anderson, *Java in a Time of*

Revolution, pp. 151 - 166。

12. Sutomo, radio broadcast, quoted in Frederick, *Visions and Heat*, p. 255; see also similar broadcasts by Sumarsono; Anderson, *Java in a Time of Revolution*, p. 161; Buruma, *Year Zero*, p. 119.

13. Frederick, *Visions and Heat*, p. 279; Vickers, *A History of Modern Indonesia*, pp. 102 - 103.

14. Frederick, *Visions and Heat*, pp. 278 - 279; Daves, *The Indonesian Army*, vol. 1, p. 83.

15. Vickers, *A History of Modern Indonesia*, p. 103; Daves, *The Indonesian Army*, vol. 1, p. 73; Steedly, *Rifle Reports*, p. 231.

16. Reid, *The Indonesian National Revolution*, pp. 107 - 108 and 119, n. 7; Vickers, *A History of Modern Indonesia*, p. 105.

17. Vickers, *A History of Modern Indonesia*, pp. 115 - 116; Michael Burleigh, *Small Wars*, *Far Away Places* (London: Macmillan, 2013), pp. 46 - 47.

18. D. R. SarDesai, *Southeast Asia*: *Past and Present* (Boulder, CO: Westview Press, 1997), pp. 200 - 203.

19. Ho Chi Minh, 'Declaration of Independence of the Democratic Republic of Vietnam', in Gregory Allen Olson (ed.), *Landmark Speeches on the Vietnam War* (College Station: Texas A&M University Press, 2010), pp. 17 - 18.

20. Burleigh, *Small Wars*, *Far Away Places*, p. 243.

21. Ibid., p. 243; p. M. H. Bell, *The World Since* 1945 (London: Bloomsbury Academic, 2010), p. 298.

22. Bell, *The World Since* 1945, p. 298.

23. Vickers, *A History of Modern Indonesia*, p. 103; Daves, *The Indonesian Army*, vol. 1, p. 84.

24. SarDesai, *Southeast Asia*: *Past and Present*, p. 234; Cheah Boon Kheng, *Red Star Over Malaya*, 3rd edn (Singapore University Press, 2003), pp. 177 - 184, 232 - 239.

25. Ian Talbot and Gurharpal Singh, *The Partition of India* (Cambridge University Press, 2009), pp. 2 - 3, 154 - 175.

26. Eben Hezer and E. H. Sinuraya, quoted in Steedly, *Rifle Reports*, p. 259.

27. Sukarno, speech of 19 September 1948, quoted in J. D. Legge,

Sukarno: *A Political Biography* (London: Allen Lane, 1972), p. 231; Vickers, *A History of Modern Indonesia*, p. 114.

28. Daves, *The Indonesian Army*, vol. 1, pp. 233 - 268, 412; Vickers, *A History of Modern Indonesia*, pp. 123, 143; Cees van Dijk, *Rebellion Under the Banner of Islam*: *The Darul Islam in Indonesia* (The Hague: Martinus Nijhoff, 1981), passim.

29. Daves, *The Indonesian Army*, vol. 1, pp. 338 - 339; Vickers, *A History of Modern Indonesia*, p. 148.

30. Daves, *The Indonesian Army*, vol. 1, pp. 357, 369, 388 - 395; Vickers, *A History of Modern Indonesia*, p. 144.

31. Wieringa, *Sexual Politics in Indonesia*, pp. 280 - 289; Joseph H. Daves, *The Indonesian Army from Revolusi to Reformasi*, vol. 2: *Soeharto and the New Order* (Self published: printed by CreateSpace, Charleston, 2013), pp. 72, 75, 149; Vickers, *A History of Modern Indonesia*, pp. 161 - 162.

32. Daves, *The Indonesian Army*, vol. 2, p. 156; Vickers, *A History of Modern Indonesia*, pp. 162, 172 - 173.

17. 一个非洲国家的诞生

1. 下文的故事大部分来自瓦鲁希乌·伊托特的回忆录, *'Mau Mau' General* (Nairobi: East African Publishing House, 1967)。主要的补充资料来自 Myles Osborne (ed.), *The Life and Times of General China* (Princeton, NJ: Marcus Wiener Publishers, 2015)。

2. Itote, *'Mau Mau' General*, p. 14.

3. Ibid., p. 13.

4. Ibid., p. 27.

5. Ibid., p. 39.

6. Ibid., p. 40.

7. Ibid., p. 45.

8. Henry Kahinga Wachanga, *The Swords of Kirinyaga* (Nairobi: East African Literature Bureau, 1975), p. 87; John Lonsdale, 'The Moral Economy of Mau Mau: Wealth, Poverty and Civic Virtue in Kikuyu Political Thought', in Bruce Berman and John Lonsdale, *Unhappy Valley*: *Conflict in Kenya & Africa* (London: James Currey, 1992), p. 443.

9. Itote, ‘*Mau Mau*’ *General*, pp. 216 – 217.

10. 关于种种怨恨，参见 Wachanga, *The Swords of Kirinyaga*, p. xxv；关于更为详尽的记录，参见 David Anderson, *Histories of the Hanged* (London: Weidenfeld & Nicolson, 2005), pp. 9 – 41，以及 Lonsdale, ‘The Moral Economy of Mau Mau’, pp. 315 – 468。

11. Anderson, *Histories of the Hanged*, p. 9.

12. 关于统计数字，参见 David Killingray, ‘African Civilians in the Era of the Second World War, c. 1939 – 1950’, in John Laband (ed.), *Daily Lives of Civilians in Wartime Africa* (Westport, CT: Greenwood Press, 2007), p. 146; and Elizabeth Schmidt, ‘Popular Resistance and Anti – Colonial Mobilization: The War Effort in French Guinea’, in Judith A. Byfield et al. (eds), *Africa and World War II* (New York: Cambridge University Press, 2015), p. 446。

13. John Iliffe, *A Modern History of Tanganyika* (Cambridge University Press, 1979), p. 370.

14. Geoffrey I. Nwaka, ‘Rebellion in Umuahia, 1950 – 1951: Ex – Servicemen and Anti – Colonial Protest in Eastern Nigeria’, *Transafrican Journal of History*, vol. 16 (1987), pp. 47 – 62.

15. Adrienne M. Israel, ‘Ex – Servicemen at the Crossroads: Protest and Politics in Postwar Ghana’, *Journal of Modern African Studies*, vol. 30, no. 2 (1992), pp. 359 – 368. 关于来自这些事件目击者的报告，参见 BBC 世界新闻节目 *Witness: Ghana Veterans and the* 1948 *Accra Riots* (2014)。

16. Antoine Lumenganeso and ‘Kalubi’, quoted in François Rychmans, *Mémoires noires: Les Congolais racontent le Congo belge*, 1940 – 1960 (Brussels: Editions Racine, 2010), pp. 24 – 26.

17. Schmidt, ‘Popular Resistance and Anti – Colonial Mobilization’, pp. 454 – 457.

18. Nancy Ellen Lawler, *Soldiers of Misfortune: Ivoirien Tirailleurs of World War II* (Athens: Ohio University Press, 1992), pp. 15, 208 – 218.

19. Ashley Jackson, *Botswana*, 1939 – 1945 (Oxford: Clarendon Press, 1999), pp. 237 – 255.

20. 关于二战老兵并未在独立斗争中起到主要的实际作用的有力论证，参见 Eugene Schleh, ‘Post – Service Careers of Ex – Servicemen in Ghana and Uganda’, *Journal of Modern African Studies* (*JMAS*), vol. 6, no. 2 (1968),

pp. 203 - 220; Gabriel Olusanya, 'The Role of Ex – Servicemen in Nigerian Politics', ibid., pp. 221 - 232; David Killingray, 'Soldiers, Ex – Servicemen and Politics in the Gold Coast, 1939 - 50', *JMAS*, vol. 21, no. 3 (1983), pp. 523 - 553。

21. Robert Kakembo, *An African Soldier Speaks* (London: Edinburgh House Press, 1946), pp. 9 - 10, 22.

22. Lawler, *Soldiers of Misfortune*, p. 220.

23. Namble Silué, quoted ibid., p. 15.

24. Lizzie Collingham, *The Taste of War* (London: Allen Lane, 2011), pp. 133 - 137; Lonsdale, 'The Moral Economy of Mau Mau', pp. 315 - 468.

25. Collingham, *The Taste of War*, p. 133; Anderson, *Histories of the Hanged*, p. 26. 关于"茅茅"是一场农民造反，参见 Donald L. Barnett and Karari Njama, *Mau Mau from Within* (New York: Modern Reader Paperbacks, 1970); and Wunyabari O. Maloba, *Mau Mau and Kenya: Analysis of a Peasant Revolt* (Bloomington: Indiana University Press, 1993)。

26. John Lonsdale, 'The Depression and the Second World War in the Transformation of Kenya', in David Killingray and Richard Rathbone (eds), *Africa and the Second World War* (Basingstoke: Macmillan, 1986), p. 128.

27. Anderson, *Histories of the Hanged*, pp. 181 - 190.

28. See David Hyde, 'The Nairobi General Strike (1950): From Protest to Insurgency', in Andrew Burton (ed.), *The Urban Experience in Eastern Africa c. 1750 - 2000* (Nairobi: British Institute in Eastern Africa, 2002), pp. 235 - 253; and Marshall S. Clough's description of Kenyan Marxist interpretations in his *Mau Mau Memoirs: History Memory and Politics* (Boulder, CO: Lynne Rienner, 1998), p. 243.

29. Nicholas Westcott, 'The Impact of the Second World War on Tanganyika, 1939 - 49', in Killingray and Rathbone (eds), *Africa and the Second World War*, pp. 146 - 147.

30. Ashley Jackson, *The British Empire and the Second World War* (London: Hambledon Continuum, 2006), p. 45.

31. Carolyn A. Brown, 'African Labor in the Making of World War II', in Byfield et al. (eds), *Africa and World War II*, p. 62.

32. Allen Isaacman, 'Peasants and Rural Social Protests in Africa'), *African*

Studies Review, vol. 33, no. 2 (1990), especially pp. 53 - 58.

33. General Rocafort, quoted in Catherine Bogosian Ash, 'Free to Coerce: Forced Labor During and After the Vichy Years in French West Africa', in Byfield et al. (eds), *Africa and World War II*, p. 123.

34. Hein Marais, *South Africa: Limits to Change* (London: Zed Books, 2001), pp. 12 - 13.

35. Brown, 'African Labour in the Making of World War II', p. 67.

36. 'Kalubi', quoted in Rychmans, *Mémoires noires*, p. 25.

37. Caroline Elkins, *Britain's Gulag: The Brutal End of Empire in Kenya* (London: Bodley Head, 2014), pp. 38, 42 - 43; Anderson, *Histories of the Hanged*, pp. 88 - 95. 关于拉克杀人案的新闻报道，参见'Murder Raid in Kenya', *The Times*, 26 January 1953; 'Family of Three Found Slashed to Death', *Daily Mirror*, 26 January 1953; 'A Vile, Brutal Wickedness', *Illustrated London News*, 7 February 1953, pp. 190 - 191。

38. Ruck memorial service quoted in 'A Vile, Brutal Wickedness', *Illustrated London News*, 7 February 1953, pp. 190 - 191; Itote, '*Mau Mau*' *General*, p. 277.

39. J. F. Lipscomb, *White Africans* (London: Faber & Faber, 1955), p. 142; Elkins, *Britain's Gulag*, pp. 43, 46 - 51.

40. Anderson, *Histories of the Hanged*, p. 4.

41. Ibid., pp. 125 - 132; Elkins, *Britain's Gulag*, p. 45. 关于大屠杀的目击者报告，参见 Karigo Muchai, *The Hardcore* (Richmond, BC: LSM Information Center, 1973), pp. 23 - 24; and Peter Evans, *Law and Disorder: Scenes from Life in Kenya* (London: Secker & Warburg, 1956), pp. 170 - 188.

42. 关于英国军队所采取的控制，可参见 the trial of Captain Anderson, *Histories of the Hanged*, p. 259。关于拘禁的统计数字，参见 ibid., p. 5; Elkins, *Britain's Gulag*, p. xi。

43. 数字来自伊托特本人，参见 Osborne (ed.), *The Life and Times of General China*, p. 17。Anderson, *Histories of the Hanged*, p. 233，将 Itote 的作战兵力定在 4000 人。

44. Anderson, *Histories of the Hanged*, pp. 92, 232.

45. Itote, '*Mau Mau*' *General*, pp. 43, 129 - 138.

46. For Itote's interrogation, see Osborne (ed.), *The Life and Times of General China*, pp. 145 - 199.

47. Itote, 'Mau Mau' General, p. 40.

48. John Nottingham's eulogy for Waruhiu Itote, in Osborne (ed.), *The Life and Times of General China*, p. 251。

49. 关于二战期间的阿尔及利亚，参见 Mohamed Khenouf and Michael Brett, 'Algerian Nationalism and the Allied Military Strategy and Propaganda During the Second World War: The Background to Sétif', in Killingray and Rathbone (eds), *Africa and the Second World War*, pp. 258 - 274。关于塞提夫和阿尔及利亚战争的统计数字，参见 Alistair Horne, *A Savage War of Peace* (London: Macmillan, 1977), pp. 26 - 28, 538。

50. Norrie MacQueen, *The Decolonization of Portuguese Africa* (Harlow: Longman, 1997), pp. 124 - 204, 223 - 231; James W. Martin III, *A Political History of the Civil War in Angola* 1974 - 1990 (New Brunswick, NJ: Transaction Books, 2011), pp. ix - x.

51. W. M. Spellman, *A Concise History of the World Since* 1945 (Basingstoke: Palgrave Macmillan, 2006), p. 83.

52. p. M. H. Bell, *The World Since* 1945 (London: Bloomsbury Academic, 2010), p. 447.

53. Mohamed Mathu, *The Urban Guerrilla* (Richmond, BC: LSM Information Center, 1974), p. 87.

54. Kwame Nkrumah, *Neo - Colonialism: The Last Stage of Imperialism* (London: Nelson, 1965).

55. 'Opening the Secret Files on Lumumba's Murder', *Washington Post*, 21 July 2002; 'Revealed: How Israel Helped Amin to Take Power', *Independent*, 16 August 2003.

56. Godfrey Mwakikagile, *Africa is in a Mess: What Went Wrong and What Should be Done* (Dar es Salaam: New Africa Press, 2006), pp. 22 - 25.

57. Ibid., pp. 26 - 27.

18. 拉丁美洲的民主

1. Ocarina Castillo D' Imperio, *Carlos Delgado Chalbaud* (Caracas: El Nacional, 2006), pp. 48, 65 - 67.

2. Ibid., p. 56.

3. Robert J. Alexander, *Rómulo Betancourt and the Transformation of Venezuela*

(New Brunswick, NJ: Transaction Books, 1982), p. 214.

4. Communiqué, quoted ibid., pp. 217 - 218.

5. Ibid., pp. 228 - 233, 236; Maleady to Secretary of State, 7 January 1947, US Department of State, *Foreign Relations of the United States* (Washington, DC: US Government Printing Office) (hereafter *FRUS*) *1947*, vol. 8, p. 1055.

6. Alexander, *Rómulo Betancourt*, pp. 239 - 242; Angus Maddison, *The World Economy: Historical Statistics* (Paris: OECD, 2003), p. 122.

7. Alexander, *Rómulo Betancourt*, pp. 258 - 265.

8. Muriel Emanuel (ed.), *Contemporary Architects* (Basingstoke: Macmillan, 1980), pp. 852 - 853; Miguel Tinker Salas, *Venezuela: What Everyone Needs to Know* (New York: Oxford University Press, 2015), pp. 73, 87.

9. Alexander, *Rómulo Betancourt*, pp. 276 - 278.

10. Alexander, *Rómulo Betancourt*, pp. 273 - 275; Sean M. Griffing et al., 'Malaria Control and Elimination, in Venezuela, 1800s - 1970s', *Emerging Infectious Diseases*, vol. 20, no. 10 (2014), available online at http://dx.doi.org/10.3201/eid2010.130917.

11. Delgado, speech of 24 June 1946, quoted in Castillo D'Imperio, *Carlos Delgado Chalbaud*, p. 71; see also pp. 73 - 74.

12. Bethell and Roxborough (eds), *Latin America*, p. 14.

13. Castillo D'Imperio, *Carlos Delgado Chalbaud*, p. 83.

14. Ibid., p. 84.

15. Alexander, *Rómulo Betancourt*, pp. 296, 314 - 315.

16. Sheldon T. Mills, Chief of Division of North and West Coast Affairs, memo to Director of Office of American Republics Affairs, 22 November 1948, *FRUS* 1948, vol. 9, pp. 126 - 127.

17. Alexander, *Rómulo Betancourt*, pp. 283 - 284.

18. Secretary of State Byrnes to Chargé d'Affaires in Venezuela, 7 January 1946, *FRUS* 1946, vol. 11, p. 1331.

19. Sheldon B. Liss, *Diplomacy and Dependency: Venezuela, the United States, and the Americas* (Salisbury, NC: Documentary, 1978), p. 134.

20. Acting Secretary of State Acheson to Secretary of War Patterson, 17 June 1946, *FRUS* 1946, vol. 11, p. 1346.

21. Castillo D' Imperio, *Carlos Delgado Chalbaud*, p. 90; Alexander, *Rómulo Betancourt*, p. 296.

22. Confidential report of Acting Secretary of State Lovett, 3 December 1948, and Ambassador Donnelly to Secretary of State, 4 December 1948, *FRUS* 1948, vol. 9, pp. 133, 134; Alexander, *Rómulo Betancourt*, pp. 314 - 315; Castillo D' Imperio, *Carlos Delgado Chalbaud*, pp. 82 - 90.

23. Delgado communiqué, 24 June 1948, quoted in Castillo D' Imperio, *Carlos Delgado Chalbaud*, p. 92.

24. Castillo D' Imperio, *Carlos Delgado Chalbaud*, pp. 84, 93, 97 - 98; Alexander, *Rómulo Betancourt*, pp. 312 - 313.

25. Delgado interview with Gonzalo de la Parra of El Universal (Mexico), quoted in Venezuela, Junta Militar de Gobierno, *Saludo de la Junta Militar de Gobierno a los Venzolanos con Ocasion del Año Nuevo* (Caracas: Oficina Nacional de Informacion y Publicaciones, 1950), p. 28.

26. Delgado quoted in Castillo D' Imperio, *Carlos Delgado Chalbaud*, p. 109; Delgado interview with Rafael Gómez Picón of *Sábado* (Bogotá), quoted in Venezuela, *Saludo*, p. 14.

27. Bethell and Roxborough (eds), 'The Postwar Conjuncture', pp. 4 - 6; William Ebenstein, 'Political and Social Thought in Latin America', in Arthur p. Whitaker (ed.), *Inter - American Affairs* 1945 (New York: Columbia University Press, 1946), p. 137.

28. UN Department of Economic Affairs, *Economic Report: Salient Features of the World Economic Situation*, 1945 - 47 (Lake Success, NY: UN, 1948), p. 18; Maddison, *The World Economy*, pp. 133, 135.

29. See Leslie Bethell's essay on 'Brazil', Andrew Barnard on 'Chile', and Nigel Haworth on 'Peru', in Bethell and Roxborough (eds), Latin America, pp. 45, 70, 184; see also the editors' introduction, ibid., pp. 13 - 14.

30. Alexander, *Rómulo Betancourt*, pp. 284 - 5; Liss, *Diplomacy and Dependency*, pp. 132, 136.

31. Bethell and Roxborough (eds), *Latin America*, pp. 9 - 10.

32. US Department of State policy statement, 30 June 1950, *FRUS* 1950, vol. 2, pp. 1029 - 1030。

33. Bethell and Roxborough (eds), *Latin America*, pp. 18 - 19.

34. Braden, quoted in Stephen G. Rabe, *Eisenhower and Latin America: The Foreign Policy of Anticommunism* (Chapel Hill: University of North Carolina Press, 1988), p. 14.

35. 关于时人的怀疑，参见美国国务院新闻稿，1948 年 12 月 13 日，*FRUS* 1948, vol. 9, pp. 144 - 145；关于对此仍旧持怀疑态度的历史学家，参见 Steve Ellner, 'Venezuela', in Bethell and Roxborough (eds), *Latin America*, p. 166；以及 Salas, *Venezuela*, p. 85。

36. Tim Weiner, *Legacy of Ashes* (London: Allen Lane, 2007), pp. 93 - 104; Stephen Schlesinger and Stephen Kinzer, *Bitter Fruit: The Story of the American Coup in Guatemala* (Boston, MA: Harvard University Press, 2005), pp. 96 - 7; Nicholas Cullather, *Secret History: The CIA's Classified Account of Its Operations in Guatemala*, 1952 - 1954 (Stanford University Press, 1999).

37. In 1954, for example, Venezuela's dictator Marcos Pérez Jiménez was awarded the Legion of Merit: see Operations Coordinating Board to National Security Council, 19 January 1955, 'Progress Report on NSC 5432/1 United States Objectives and Courses of Action with Respect to Latin America', *FRUS* 1952 - 54, vol. 4, p. 95.

38. Francesca Miller, *Latin American Women and the Search for Social Justice* (Hanover, NH: University Press of New England, 1991), pp. 154, 185.

39. Weiner, *Legacy of Ashes*, pp. 380 - 81.

40. See the Charter of the Organization of American States, signed in Bogotá in 1948, Articles 1 to 3: www.oas.org/en/sla/dil/inter_american_treaties_A-41_charter_OAS.asp; and the UN Charter, particularly Article 2, Clause 7: www.un.org/en/charter-united-nations/.

41. Acting Secretary of State Lovett to Diplomatic Representatives in the American Republics, 28 December 1948, *FRUS* 1948, vol. 9, p. 150.

42. Castillo D'Imperio, *Carlos Delgado Chalbaud*, p. 112.

43. Delgado, interview, *Sábado*, quoted in Venezuela, *Saludo*, p. 15.

44. Delgado, quoted in Castillo D'Imperio, *Carlos Delgado Chalbaud*, p. 109.

45. Ibid., p. 111.

46. Delgado, quoted in Ambassador Donnelly's report to Secretary of State, *FRUS* 1948, vol. 9, p. 130.

19. 以色列：原型之国

1. 除非另有说明，否则全部引用均来自 2016 年 9 月 13 日作者的采访。补充材料均搜集自阿哈龙·阿佩尔费尔德的自传 *The Story of a Life* (Harmondsworth: Penguin, 2006)；*Table for One* (New Milford, CT: The Toby Press, 2007)；以及 Ari Shavit 对他的一次采访，见 *My Promised Land* (London: Scribe, 2015)。

2. Quoted in Shavit, *My Promised Land*, pp. 140 - 141.

3. Appelfeld, *The Story of a Life*, pp. 114, 116。

4. 对于早期开拓者的存在主义思维方式，参见艾因哈罗德集体农场的农民的日记，引自 Shavit, *My Promised Land*, pp. 36 - 37。

5. See, for example, David Ben - Gurion, *Israel: A Personal History* (New York: Funk & Wagnalls, 1971), p. 135.

6. Tom Segev, *The Seventh Million* (New York: Hill & Wang, 1993), pp. 84 - 96.

7. Yitzhak Gruenbaum, quoted ibid., p. 71.

8. For English text of the declaration, see the Israeli Ministry of Foreign Affairs website: www.mfa.gov.il/mfa/foreignpolicy/peace/guide/pages/declaration%20of%20establishment%20of%20state%20of%20israel.aspx.

9. David Ben - Gurion, quoted in Martin Gilbert, *Israel: A History* (London: Black Swan, 1999), p. 251.

10Ibid., p. 187.

11. Anita Shapira, *Israel: A History* (Waltham, MA: Brandeis University Press, 2012), pp. 212 - 15, 220; Gilbert, Israel, p. 267.

12. Shavit, *My Promised Land*, pp. 150 - 51; Gilbert, *Israel*, p. 267; Shapira, *Israel*, p. 212. See also David Kroyanker, 'Fifty Years of Israeli Architecture as Reflected in Jerusalem's Buildings', 26 May 1999, pblished on the Israeli Ministry of Foreign Affairs websit, www.mfa.gov.il/mfa/abouttheministry/publications/pages/fifty%20years%20of%20israeli%20architecture%20as%20reflected%20i.aspx.

13. 以色列与西德签署的赔偿协定，引自 Gilbert, *Israel*, p. 283。

14. Shapira, *Israel*, pp. 212 - 215; Gilbert, *Israel*, p. 267.

15. Uri Yadin of the Attorney General's office, diary entry for 5 April 1948,

引自 Shapira, *Israel*, p. 180.

16. Shapira, *Israel*, p. 210; 'Beersheba', *Canadian Jewish Chronicle*, 7 October 1955, p. 9.

17. Quoted from the famous first line of Moshe Shamir's *With His Own Hands* (Jerusalem: Israel Universities Press, 1970): 'Elik was born from the sea.'

18. For example, Yigal Mossinsohn's *Way of a Man* (Tel Aviv: N. Tversky Publishers, 1953); and S. Yizhar's 1948 story 'The Prisoner', reproduced in Robert Alter (ed.), *Modern Hebrew Literature* (West Orange, NJ: Behrman House, 1975).

19. Shlomo Nitzan, *Togetherness* (Tel Aviv: Hakibbutz Hameuchad, 1956); Moshe Shamir, *He Walked Through the Fields* (Merhavia: Sifriat Poalim, 1947).

20. Shamir, *He Walked Through the Fields*; Hanoch Bartov, *Each Had Six Wings* (Merhavia: Sifriat Poalim, 1954).

21. 关于这一时期的以色列文学的文章，参考 Bryan Cheyette, 'Israel', 见 John Sturrock (ed.), *The Oxford Guide to Contemporary World Literature* (Oxford University Press, 1996), pp. 238 - 9; Gila Ramras - Rauch, *The Arab in Israeli Literature* (London: I. B. Tauris, 1989), pp. 55 - 112; Avner Holtzman, '"They Are Different People": Holocaust Survivors as Reflected in the Fiction of the Generation of 1948', *Yad Vashem Studies*, vol. 30 (2002), pp. 337 - 368 (英语译文参阅如下网址: www. yadvashem. org/odot_ pdf/Microsoft% 20Word% 20 - % 205424. pdf)。

22. Shapira, *Israel*, p. 208; Shavit, *My Promised Land*, p. 148; Gilbert, *Israel*, pp. 257, 275.

23. Arieh Geldblum, 'Fundamental Problems of Immigrant Absorption'), *Haaretz*, 28 September 1945, p. 3; see also Segev, *The Seventh Million*, p. 180.

24. Ehud Loeb, Eliezer Ayalon and Walter Zwi Bacharach, quoted on the Yad Vashem website: www. yadvashem. org/yv/en/education/interviews/road_ ahead. asp; www. yadvashem. org/yv/en/education/interviews/ayalon. asp; www. yadvashem. org/yv/en/education/interviews/bacharach. asp.

25. Aharon Barak, quoted in Shavit, *My Promised Land*, p. 145.

26. Segev, *The Seventh Million*, pp. 168 - 170; Appelfeld, *The Story of a Life*, pp. 111 - 112.

27. Segev, *The Seventh Million*, p. 180.

28. Ibid., pp. 170, 172, 174.

29. Ben Shephard, *The Long Road Home: The Aftermath of the Second World War* (London: Bodley Head, 2010), p. 361; Segev, *The Seventh Million*, p. 177.

30. Ben - Gurion, quoted in Hannah Starman, 'Israel's Confrontation with the Holocaust: A Journey of Uncertain Identity'), in C. J. A. Stewart et al. (eds), *The Politics of Contesting Identity* (Edinburgh: Politics, University of Edinburgh, 2003), p. 130.

31. Simha Rotem, quoted in Segev, *The Seventh Million*, p. 160.

32. 对这种说教作品的内容及其文化的弦外之音的全面解读，参见 Idith Zertal, *From Catastrophe to Power: The Holocaust Survivors and the Emergence of Israel* (Berkeley and Los Angeles: University of California Press, 1998), pp. 264 - 269。

33. Segev, *The Seventh Million*, p. 120; Shapira, *Israel*, p. 230; Ronit Lentin, *Israel and the Daughters of the Shoah* (New York: Berghahn Books, 2000).

34. Yehudit Hendel, interviewed for Israeli TV documentary *Cloudburst*, first broadcast in June 1989: Segev, *The Seventh Million*, p. 179.

35. Shmuel Ussishkin in *Haboker*, 16 November 1951; Eliezer Livneh in *Davar*, 9 November 1951; David Ben - Gurion, quoted in Shapira, *Israel*, pp. 229 - 230.

36. Yoel Palgi, *Into the Inferno*, trans. Phyllis Palgi (New Brunswick, NJ: Rutgers University Press, 2003), p. 259; Segev, *The Seventh Million*, pp. 121, 183.

37. Palgi, *Into the Inferno*, pp. 258 - 259.

38. See, for example, Lentin, *Israel and the Daughters of the Shoah*, pp. 176 - 212; Ruth Amir, *Who's Afraid of Historical Redress?* (Boston, MA: Academic Studies Press, 2012), pp. 245 - 249; and Rafael Moses, 'An Israeli View', in Rafael Moses (ed.), *Persistent Shadows of the Holocaust* (Madison, CT: International Universities Press, 1993), pp. 130 - 131.

39. Haike Grossman and Egon Rott, quoted in Segev, *The Seventh Million*, pp. 87 - 88.

40. Teddy Kollek, *For Jerusalem* (London: Weidenfeld & Nicolson, 1978),

p. 46.

41. Dalia Ofer, *Escaping the Holocaust* (New York: Oxford University Press, 1990), pp. 317, 319; Segev, *The Seventh Million*, pp. 84 - 96.

42. Josef Rosensaft, quoted in Shephard, *The Long Road Home*, p. 363.

43. 可参见关于是否接受德国赔款的激烈辩论，或是旷日持久的卡斯特那事件（Kastner Affair）。

44. Shapira, *Israel*, p. 265.

45. Ben - Gurion, *Israel*, p. 599.

46. Anon., *The Seventh Day: Soldiers Talk About the Six - Day War* (London: André Deutsch, 1970), pp. 217 - 218.

47. Colonel Ehud Praver, quoted in Segev, *The Seventh Million*, pp. 394 - 395.

48. 关于 1930 年代的比较，可参见 Benny Morris, *Righteous Victims* (New York: Vintage, 2001) 所引的伊扎克·塔边金（Yitzhak Tabenkin）和阿拉伯评论家们的说法, pp. 133, 136。

49. David Ben - Gurion, 4 July1947, quoted in Gilbert, *Israel*, p. 146; Ariel Sharon, speech in the Knesset, 26 January 2005, quoted in *Haaretz*, 27 January 2005.

50. Ben - Gurion, quoted in Ilan Pappé, *The Ethnic Cleansing of Palestine* (London: Oneworld, 2007), p. 72; Segev, *The Seventh Million*, pp. 448 - 451.

51. 'Without Intermediaries', *Maariv*, 5 November 1956, p. 4, quoted in Segev, *The Seventh Million*, p. 297.

52. Menachem Begin, quoted in Shapira, *Israel*, p. 380.

53. Ronald J. Berger, *Holocaust, Religion and the Politics of Collective Memory* (New Brunswick, NJ: Transaction Books, 2013), p. 207.

54. Netanyahu, speech to the United Jewish Communities General Assembly, quoted in Michael Marrus, *Lessons of the Holocaust* (University of Toronto Press, 2016), p. 109.

55. See, for example, Shmaryahu Gutman, military commander of Lydda in 1948, quoted in Shavit, *My Promised Land*, pp. 118 - 127.

56. Shavit, *My Promised Land*, p. 114.

57. 关于代尔亚辛村的可靠描述，参见 Morris, *Righteous Victims*, p. 208 以及相关的注释。与这次大屠杀有关的有争议的大量统计数字，另见 Gilbert, *Israel*, p. 169；以及 Pappé, *The Ethnic Cleansing of Palestine*, p. 91。

58. Pappé, *The Ethnic Cleansing of Palestine*, pp. 196 - 197.

59. 关于加西姆村，参见 Amir, *Who's Afraid of Historical Redress?*, pp. 243 - 245。

60. See, for example, Anon. , *The Seventh Day*, p. 90.

61. Shavit, *My Promised Land*, pp. 230 - 236.

62. 'HRW: Israel committed war crimes in Gaza', *The Times of Israel*, 12 September 2014.

63. 可参见 Edward W. Said, Rashid Khalidi, Norman G. Finkelstein 和 Noam Chomsky 等人有关以巴冲突的著作。

64. Pappé, *The Ethnic Cleansing of Palestine*, p. xvii.

65. 'German Protesters Dare to Compare Israelis to Nazis', *The Week*, 6 January 2008.

66. For the Chakrabarti report into anti - Semitism in the British Labour Party, see www. labour. org. uk/page/ - /party - documents/ChakrabartiInquiry. pdf.

67. Yeshayahu Leibowitz, quoted in Segev, *The Seventh Million*, p. 401; see also pp. 409 - 410.

68. Shavit, *My Promised Land*, p. 231.

69. Appelfeld, *Table for One*, pp. 97, 105.

70. 这个问题不止在欧洲、美国和中东一再反复：关于东南亚对以色列的妖魔化，参见 Anthony Reid, *To Nation by Revolution: Indonesia in the Twentieth Century* (Singapore: NUS Press, 2011), pp. 262 - 264。

71. Keith Lowe, *Savage Continent* (London: Viking, 2012), pp. 222, 243, 248; Ian Talbot and Gurharpal Singh, *The Partition of India* (Cambridge University Press, 2009), pp. 2 - 3.

20. 欧洲的民族主义

1. 关于斯皮内利的故事，参见他的自传：Altiero Spinelli, *Come ho tentato di diventare saggio*, 2 vols (Bologna: Società editrice il Mulino, 1984 and 1987)。关于《文托泰内宣言》和其他著作，参见 Altiero Spinelli, *From Ventotene to the European Constitution*, ed. Augustín José Menéndez (Oslo: Centre for European Studies, 2007)。

2. Spinelli, 'Ventotene Manifesto', 见 *From Ventotene to the European*

Constitution, p. 18; *Come ho tentato di diventare saggio*, vol. 1, p. 308。

3. Spinelli, ‘Ventotene Manifesto’, p. 23; *Come ho tentato di diventare saggio*, vol. 1, p. 309。

4. Nobel Peace Prize citation, 12 October 2012, Nobel Peace Centre exhibition, Oslo.

5. See, for example, the collection of essays written by the group ‘Historians for Britain’, *Peace – Makers or Credit – Takers?: The EU and Peace in Europe*, published on their website, historiansforbritain. org/research.

6. ‘Euro Federalists Financed by US Spy Chiefs’, *Telegraph*, 19 Sept 2000. 另见 ‘The European Union Always Was a CIA Project, as Brexiteers Discover’, *Telegraph*, 27 April 2016.

7. De Gaulle, quoted in Richard Mayne, *Postwar: The Dawn of Today's Europe* (London: Thames & Hudson, 1983), p. 314.

8. Nicholas Ridley's interview with Dominic Lawson in *Spectator*, 14 July 1990.

9. Keith Lowe, *Savage Continent* (London: Viking, 2012), especially pp. 187 – 268.

10. Kwa śniewski, speech of 16 april 2003, published on the Plish presidential website: www. president. pl/en/archive/news – archive/news – 2003/art, 79, poland – has – signed – the – accession – treaty. html; Evald Mikkel and Geoffrey Pridham, ‘Clinching the “Return to Europe”: The Referendums on EU Accession in Estonia and Latvia’, 见 Aleks Szczerbiak and Paul Taggart (eds), *EU Enlargements and Referendums* (Abingdon: Routledge, 2005), p. 179.

11. See essays ibid., pp. 123, 150, 178; *Wprost*, 11 – 17 January 2016.

12. Polish Finance minister Jacek Rostowski, quoted in ‘Germany and France: Eurozone Will Not Force Out Greece’, *Telegraph*, 15 September 2011.

13. Cameron, speech at the British Museum, 9 May 2016, broadcast live on Sky News Channel.

14. Barack Obama, ‘“As your friend, I tell you that the EU makes Britain even greater”’, *Telegraph*, 22 April 2016.

15. Penny Mordaunt, writing in the *Telegraph*, 25 February 2016; Nigel Farage's theme music in ‘Brexit Debate Brings Out Britain's World War Two Fixation’, *Daily Mail* (online edition), 3 June 2016.

16. *Telegraph*, 15 May 2016; *Daily Express*, 2 June 2016; 'Boris Johnson's Abuse of Churchill', *History Today* website, 1 June 2016: www. historytoday. com/felix – klos/boris – johnsons – abuse – churchill.

17. Alan Sked, quoted in *Daily Express*, 9 June 2016; Michael Gove, quoted in *Daily Express*, 22 June 2016.

18. Boris Johnson interview, *Telegraph*, 15 May 2016.

19. 'The Secret History of the EU', *Telegraph*, 27 August 2016.

20. 'EU Referendum: The Claims that Won it for Brexit, Fact Checked', *Telegraph*, 29 June 2016.

21. Full letter published on www. historiansforbritainineurope. org and reported in the *Guardian*, 25 May 2016.

22. Remarks by Pawel Machcewicz during his presentation of the permanent exhibition of the museum, 22 January 2017; 'A Museum Becomes a Battlefield Over Poland's History', *New York Times*, 9 November 2016.

21. 精神创伤

1. 崔明善的故事在 Keith Howard (ed.), *True Stories of the Korean Comfort Women*, trans. Young Joo Lee (London: Cassell, 1995) 中有更详细的描述, pp. 168 – 176。

2. 关于创伤及其影响的更详细的描述, 参见 Caroline Garland (ed.), *Understanding Trauma: A Psychoanalytical Approach* (London: Karnac Books, 2002); and Susan Levy and Alessandra Lemma (ed.), *The Perversion of Loss: Psychoanalytic Perspectives on Trauma* (New York: Brunner – Routledge, 2004)。

3. Ustinia Dolgopol and Snehal Paranjape, *Comfort Women: An Unfinished Ordeal: Report of a Mission* (Geneva: International Commission of Jurists, 1994), pp. 23 – 24.

4. 'Japanese Charge Russian Abuses', *New York Times*, 4 November 1945; Yoshimi Yoshiaki, *Comfort Women*, trans. Suzanne O'Brien (New York: Columbia University Press, 2002), pp. 188 – 189; Sheila Miyoshi Jager, *Brothers at War: The Unending Conflict in Korea* (New York: W. W. Norton, 2013), p. 20; Mun Pilgi, quoted in Howard (ed.), *True Stories of the Korean Comfort Women*, p. 86.

5. Pak Duri, quoted in Joshua D. Pilzer, *Hearts of Pine: Songs in the Lives of*

Three Korean Survivors of the Japanese 'Comfort Women' (New York: Oxford University Press, 2012), p. 34.

6. Jager, *Brothers at War*, pp. 26 - 35, 489; H. Merrell Benninghoff to Secretary of State, 15 September 1945, US Department of State, *Foreign Relations of the United States* (Washington, DC: US Government Printing Office) (hereafter *FRUS*) *1945*, vol. 6, pp. 1049 - 1053.

7. Jager, *Brothers at War*, pp. 39 - 41; Robert Scalapino and Chong - Sik Lee, *Communism in Korea* (Berkeley: University of California Press, 1972), pp. 338 - 340; Allan R. Millett, *The War For Korea*, 1945 - 1950: *A House Burning* (Lawrence: University of Kansas Press, 2005), p. 69; Andrei Lankov, *From Stalin to Kim Il Sung*: *The Formation of North Korea*, 1945 - 1960 (London: Hurst & Co., 2002), pp. 23 - 24.

8. 关于统计数字，参见 'Double Problem Faced in Korea', *New York Times*, 6 December 1945，以及 'Korean Population Soars', *New York Times*, 9 July 1947。

9. Paul Kennedy, *The Parliament of Man* (London: Allen Lane, 2006), pp. 56 - 57; Jager, *Brothers at War*, pp. 64, 124.

10. Bethany Lacina and Nils Petter Gleditsch, 'Monitoring Trends in Global Combat: A New Dataset of Battle Deaths', *European Journal of Population*, vol. 21, nos 2 - 3 (2005), p. 154; Jager, *Brothers at War*, pp. 85 - 97; 'Reds Kill 700 at a Korean "Buchenwald"', and '82 Slain with Bamboo Spears as Reds Attack Loyal Koreans', *Washington Post*, 4 October 1950.

11. C. Sarah Soh, *The Comfort Women* (University of Chicago Press, 2008), pp. 193, 215 - 217.

12. Park and Kim, quoted in Jager, *Brothers at War*, p. 341.

13. US army Military Government in Korea, *Summation of the United States Military Government Activities in Korea*, no. 33 (Seoul: National Economic Board, 1948), p. 181; *Chosun Ilbo*, 9 June 1948; *Korean Independence*, 21 July 1948; *Chayu Sinmun*, 25 June 1948. See also summary in Sung - Hwa Cheong, *The Politics of Anti - Japanese Sentiment in Korea* (Westport, CT: Greenwood Press, 1992), pp. 6 - 8.

14. Dolgopol and Paranjape, *Comfort Women*, p. 138; Pilzer, *Hearts of Pine*, pp. 8, 116; Cheong, *The Politics of Anti - Japanese Sentiment in Korea*, p. 136; Jin -

kyung Lee, *Service Economies: Militarism, Sex Work, and Migrant Labor in South Korea* (*Minneapolis: University of Minnesota Press*, 2010), pp. 25 - 26.

15. 关于2016年之前"慰安妇"的历史，参见Aniko Varga, 'National Bodies: The "Comfort Women" Discourse and Its Controversies in South Korea', *Studies in Ethnicity and Nationalism*, vol. 9, no. 2 (2009), pp. 287 - 303; Mikyoung Kim, 'Memorializing Comfort Women: Memory and Human Rights in Korea - Japan Relations', *Asian Politics and Policy*, vol. 6, no. 1 (2014), pp. 83 - 96; and Naoko Kumagai, 'The Background to the Japan - Republic of Korea Agreement: Compromises Concerning the Understanding of the Comfort Women Issue', *Asia - Pacific Review*, vol. 23, no. 1 (2016), pp. 65 - 99。

16. Young - Hee Shim, *Sexual Violence and Feminism in Korea* (Seoul: Hanyang University Press, 2004), pp. 156 - 162, 177 - 182.

17. Lee, *Service Economies*, pp. 5 - 8, 25 - 26.

18. 若干国家都建造、树立了慰安妇纪念碑和塑像：美国有六七座，在中国、台湾地区、菲律宾和澳大利亚也有。

22. 损失

1. 叶夫根尼娅·基谢廖娃的故事来自她的自传，转载于N. N. Kozlova and I. I. Sandomirskaia, *Ia tak khochu nazvat' kino: 'Naivnoe pis' mo'。Opyt lingvo – sotsiologicheskogo chteniia* (Moscow: Gnozis, 1996), p. 89。基谢廖娃"天真"文风几乎无法在翻译中传达：鉴于我在这里只关注她的故事，所以在此段和后文的引文中使用了正确的拼写并加了标点。关于这个回忆录的精彩阅读指导以及对她独特文风的讨论，参见Irina Paperno, *Stories of the Soviet Experience: Memoirs, Diaries, Dreams* (Ithaca, NY: Cornell University Press, 2009), pp. 118 - 158。

2. Kozlova and Sandomirskaia, *Ia tak khochu nazvat' kino*, pp. 91 - 94.

3. Ibid., p. 101.

4. Ibid., p. 122.

5. Ibid., p. 145.

6. USSR Central Statistical Office, *Soviet Census* 1959: *Preliminary Results* (London: Soviet Booklets, 1959), p. 4。其他历史学家和经济学家把女性超过男性的数字降低至大约1300万，参见Keith Lowe, *Savage Continent*

(London: Viking, 2012) 中的总结, p. 24。

7. IWM Docs, 06/126/1, Major A. G. Moon, typescript memoir.

8. 伤者的官方数字是 15205592 人,但由于重复计算,真实的数字可能要低得多。另外,有很多伤亡人数未被记录,特别是在战争初期。参见 G. F. Krivosheev (ed.), *Soviet Casualties and Combat Losses in the Twentieth Century* (London: Greenhill Books, 1997), pp. 87 - 88。

9. Charles Glass, *Deserter* (London: HarperPress, 2013), pp. xiii, 228.

10. 对越南战争后"创伤性应激障碍"的研究发现,有 15% 的老兵在十年后仍饱受各种症状的煎熬,参见 Marc Pilisuk, *Who Benefits from Global Violence and War: Uncovering a Destructive System* (Westport, CT: Praeger Security International, 2008), pp. 12 - 15。

11. C. A. Merridale, report funded by the British Economic and Social Research Council on 'Death, Mourning and Memory in Modern Russia: A Study in Large - Scale Trauma and Social Change' (2000).

12. Lowe, *Savage Continent*, pp. 16, 402.

13. Robert A. Lewis, Richard H. Rowland and Ralph S. Clem, *Nationality and Population Change in Russia and the USSR: An Evaluation of Census Data*, 1897 - 1970 (New York: Praeger, 1976), p. 275.

14. Thérèse Brosse, *War - Handicapped Children* (Paris: UNESCO, 1950), p. 28.

15. Sergey Afontsev et al., 'The Urban Household in Russia and the Soviet Union, 1900 - 2000: Patterns of Family Formation in a Turbulent Century', *History of the Family*, vol. 13, no. 2 (2008), pp. 187 - 188.

16. 关于美国的统计数字,参见政府的人口普查网站, www. census. gov, 特别是关于婴儿潮的一代,见 www. census. gov/prod/2014pubs/p25 - 1141. pdf。另见 Diane J. Macunovich, *Birth Quake: The Baby Boom and its Aftershocks* (University of Chicago Press, 2002)。

17. Lowe, *Savage Continent*, p. 16.

18. 关于更详细的解释,参见 ibid., pp. 212 - 219。克里米亚此时还不属于乌克兰,但将在 1954 年变成乌克兰的一部分。

19. Alexander Statiev, *The Soviet Counterinsurgency in the Western Borderlands* (New York: Cambridge University Press, 2010), pp. 117, 178.

23. 无家可归者

1. 马蒂亚斯·门德尔的故事来自 2015 年 5 月他与儿子迪特曼·门德

尔的一系列谈话，以及2016年11月的电子邮件通信。

2. Keith Lowe, *Savage Continent* (London: Viking, 2012), p. 27; Adam Tooze, *The Wages of Destruction* (Harmondsworth: Penguin, 2007), p. 672; Mark Wyman, *DPs: Europe's Displaced Persons*, 1945 - 1951 (Ithaca: Cornell University Press, 1998), pp. 41 - 44.

3. Lowe, *Savage Continent*, p. 27. 我在保守派的数字上出现了错误：Adam Tooze 开列了一些高得多的估计数字，参见他的 *The Wages of Destruction*, p. 672。

4. Lowe, *Savage Continent*, pp. 231, 243.

5. Article XII of the Potsdam Agreement, 1945, available online on the Yale Law School website, http://avalon.law.yale.edu/20th_century/decade17.asp. See also Lowe, *Savage Continent*, pp. 125 - 44, 230 - 48; R. M. Douglas, *Orderly and Humane: The Expulsion of the Germans After the Second World War* (New Haven, CT: Yale University Press, 2012), p. 1.

6. Lowe, *Savage Continent*, pp. 247 - 248.

7. Ibid., pp. 222, 224 - 229.

8. Ibid., pp. 222, 248.

9. Raymond Pearson, *National Minorities in Eastern Europe*, 1848 - 1945 (London: Macmillan, 1983), p. 229.

10. Lori Watt, *When Empire Comes Home: Repatriation and Reintegration in Postwar Japan* (Cambridge, MA: Harvard University Asia Center, 2009), pp. 2, 17 - 18; John W. Dower, *Embracing Defeat: Japan in the Wake of World War II* (New York: W. W. Norton, 2000), pp. 48 - 50.

11. Watt, *When Empire Comes Home*, pp. 205 - 207; Dower, *Embracing Defeat*, pp. 50 - 58.

12. Dower, *Embracing Defeat*, pp. 45 - 53.

13. Ibid., pp. 54, 393 - 294; Sonia Ryang, *Koreans in Japan* (London: Routledge, 2000), p. 4; Watt, *When Empire Comes Home*, p. 196.

14. 根据人口普查报告，1931年，有15.5万英国人住在印度；但到了1951年，只有不到3.1万人仍住在印度和巴基斯坦。参见J. H. Hutton (ed.), *Census of India: Part I Report* (Delhi: Manager of Publications, 1933), p. 425; R. A. Gopalaswami (ed.), *Census of India*, 1951 (Delhi: Government of India Press, 1955), vol. 1, Part II - A, pp. 308 - 323; 以及 E. H. Slade (ed.), *Census of Pakistan*, 1951 (Karachi: Government of Pakistan, 1951),

vol. 1, table 10。

15. Ceri Peach, 'Postwar Migration to Europe: Reflux, Influx, Refuge', *Social Science Quarterly*, vol. 78, no. 2 (1997), pp. 271 - 272.

16. Ibid., p. 271; Trudy T. M. Mooren, *The Impact of War: Studies in the Psychological Consequences of War and Migration* (Delft: Eburon, 2001), pp. 84, 91; Watt, *When Empire Comes Home*, p. 199.

17. Mooren, *The Impact of War*, pp. 84, 91; Peach, 'Postwar Migration to Europe', pp. 271 - 2; Benjamin Stora, *Algeria, 1830 - 2000: A Short History*, trans. Jane Marie Todd (Ithaca: Cornell University Press, 2001), p. 8; Norrie MacQueen, *The Decolonization of Portuguese Africa* (Harlow: Longman, 1997), pp. 124 - 204, 223 - 31; Ricardo E. Ovalle - Bahamón, 'The Wrinkles of Decolonization and Nationness: White Angolans as Retornados in Portugal', in Andrea L. Smith (ed.), *Europe's Invisible Migrants* (Amsterdam University Press, 2003), p. 158.

18. UN General Assembly resolution 319 (IV), 265th plenary meeting, 3 December 1949.

19. For a good introduction to the UNHCR and its work see their study booklet, *An Introduction to International Protection* (Geneva: UNHCR, 2005), available online at www. refworld. org/docid/4214cb4f2. html.

20. 'UNHCR Global Trends: Forced Displacement in 2014', available online at www. unhcr. org/556725e69. html.

21. Article 16, later amended to 16a, Basic Law of the Federal Republic of Germany, available in English on www. bundestag. de/blob/284870/ce0d03414872b427e57fccb703634dcd/basic_ law - data. pdf. See also Kay Hailbronner, 'Asylum Law Reform in the German Constitution', *American University International Law Review*, vol. 9, no. 4 (1994), pp. 159 - 179.

22. Stephen Castles and Mark J. Miller, *The Age of Migration*, 3rd edn (New York: Palgrave Macmillan, 2003), pp. 201, 203; Friedrich Kern, *Österreich: Offene Grenze der Menschlichkeit* (Vienna: Bundesministeriums für Inneres, 1959), p. 68; Anthony M. Messina, *The Logics and Politics of Post - WWII Migration to Western Europe* (New York: Cambridge University Press, 2007), pp. 43 - 44.

23. 'Germany on Course to Accept One Million Refugees in 2015'), *Guardian*, 8 December 2015; 'One Year Ago, Angela Merkel Dared to Stand

Up for Refugees in Europe. Who Else Even Tried?', *Telegraph*, 24 August 2016.

24. 'Germany's Refugee Response Not Guilt - Driven, Says Wolfgang Schäuble', *Guardian*, 4 March 2016; 'Orban Accuses Germany of "Moral Imperialism" on Migrants', *Wall Street Journal*, 23 September 2015.

25. Correspondence with the author, 22 November 2016.

24. 种族的全球化

1. Interview on Windrush Foundation website, www. windrushfoundation. org/profiles/sam - king/sam - king/.

2. Samuel Beaver King interview, Imperial War Museums, IWM Sound 30021, reel I; available online at www. iwm. org. uk/collections/item/object/80028544.

3. IWM Sound 30021, reel I; BBC interview, 'Black Soldiers' Role in World War II "should be taught in schools"', 11 November 2015; www. bbc. co. uk/newsbeat/article/34638038/black - soldiers - role - in - world - war - two - should - be - taught - in - schools.

4. IWM Sound 30021, reel 3.

5. Tracey Connolly, 'Emigration from Ireland to Britain During the Second World War', in Andy Bielenberg (ed.), *The Irish Diaspora* (London: Pearson Education, 2000), p. 56.

6. 根据 1951 年的人口普查，英国有 162339 个波兰人，此数字比 1931 年的约 44000 人大为增加。See Colin Holmes, *John Bull's Island: Immigration and British Society* (Basingstoke: Macmillan, 1988), pp. 168, 211 - 212.

7. Edna Delaney, 'Placing Irish Postwar Migration to Britain in a Comparative European Perspective, 1945 - 1981'), in Bielenberg (ed.), *The Irish Diaspora*, p. 332; Ben Shephard, *The Long Road Home: The Aftermath of the Second World War* (London: Bodley Head, 2010), pp. 329 - 332.

8. Shephard, *The Long Road Home*, p. 332; Delaney, 'Irish Postwar Migration to Britain', p. 333; Ceri Peach, 'Postwar Migration to Europe: Reflux, Influx, Refuge', *Social Science Quarterly*, vol. 78, no. 2 (1997), p. 275.

9. Interview on Windrush Foundation website.

10. IWM Sound 30021, reel 2.

11. 根据 1971 年的人口普查数字，可参见 Ceri Peach, 'Patterns of Afro – Caribbean Migration and Settlement in Great Britain, 1945 – 1981', in Colin Brock (ed.), *The Caribbean in Europe* (London: Frank Cass, 1986), p. 64。

12. 1970 年的数字见 Stephen Castles and Mark J. Miller, *The Age of Migration*, 3rd edn (New York: Palgrave Macmillan, 2003), pp. 73 – 75。

13. David Lowenthal, 'West Indian Emigrants Overseas', in Colin G. Clarke (ed.), *Caribbean Social Relations* (Liverpool: Centre for Latin American Studies, University of Liverpool, 1978), p. 84.

14. Castles and Miller, *The Age of Migration*, pp. 144 – 147; Miguel Tinker Salas, *Venezuela: What Everyone Needs to Know* (New York: Oxford University Press, 2015), p. 80.

15. Anthony M. Messina, *The Logics and Politics of Post – WWII Migration to Western Europe* (New York: Cambridge University Press, 2007), p. 27.

16. Hansard, 8 June 1948, col. 1851.

17. David Kynaston, *Austerity Britain*, 1945 – 51 (London: Bloomsbury, 2007), pp. 274 – 275.

18. Ibid., p. 275.

19. 'Thames Welcome for West Indians: Start of "Invasion"', *Daily Graphic and Daily Sketch*, 22 June 1948.

20. Shephard, *The Long Road Home*, pp. 329 – 332.

21. King, *Climbing Up the Rough Side of the Mountain*, pp. 64, 101, 114, 118, 127 – 129, 256; *Guardian* obituary, 30 June 2016.

22. King, *Climbing Up the Rough Side of the Mountain*, p. 156.

23. IWM Sound 30021, reel 2.

24. J. Enoch Powell, *Still to Decide* (London: B. T. Batsford, 1972), pp. 184 – 185; Gary p. Freeman, *Immigrant Labour and Racial Conflict in Industrial Societies: The French and British Experience*, 1945 – 1975 (Princeton University Press, 2015), pp. 286 – 290.

25. National Front, *For a New Britain: The Manifesto of the National Front* (Croydon: National Front, 1974), p. 18.

26. Stan Taylor, *The National Front in English Politics* (London: Macmillan,

1982), pp. 130 - 40.

27. Messina, *The Logics and Politics of Post - WWII Migration to Western Europe*, pp. 60 - 61.

28. 'Hungary Election: Concerns as Neo - Nazi Jobbik Party Wins 20% of Vote', *Independent*, 7 April 2014.

29. 'Conservatives' EU Alliance in Turmoil as Michał Kamiński Leaves "Far Right" Party', *Guardian*, 22 November 2010.

30. Calwell quoted in Shephard, *The Long Road Home*, p. 337; Pauline Hanson, speech to House of Representatives, 10 September 1996, available on http://australianpolitics.com/1996/09/10/pauline - hanson - maiden - speech.html; 'Australia Asylum: UN Criticises "Cruel" Conditions on Nauru', www.bbc.co.uk/news/world - australia - 38022204.

31. Messina, *The Logics and Politics of Post - WWII Migration to Western Europe*, pp. 76 - 77.

32. Powell, *Still to Decide*, pp. 185, 201.

33. Roland Wilson (ed.), *Census of the Commonwealth of Australia*, 30 *June*, 1947 (Canberra: Commonwealth Government Printer, 1947), Part XII, pp. 642 - 643. For 2015 see Australian Bureau of Statistics, Media Release, 30 March 2016, Catalogue no. 3412.0, 'Migration, Australia, 2014 - 15', available online at www.abs.gov.au/ausstats/abs@.nsf/mf/3412.0/.

34. Figures for 2013, according to the OECD (2016), 'Foreign - Born Population (Indicator)' doi: 10.1787/5a368e1b - en. See https://data.oecd.org/migration/foreign - born - population.htm.

35. Ibid.

36. Ibid. See also Arlie Russell Hochschild, *Strangers in Their Own Land* (New York: New Press, 2016).

37. 2001年人口普查数字，见'Every Race, Colour, Nation and Religion on Earth', *Guardian*, 21 January 2005; 2011年人口普查的种族数字来自国家统计局网站，table QS201 EW；关于鲍里斯·约翰逊的声明及其误导性（伦敦大概是排在第23名的法国城市），参见 www.bbc.co.uk/news/magazine - 26823489。

38. *Independent*, 28 January 2016.

39. 'Trump Reveals How He Would Force Mexico to Build BorderWall', *Washington Post*, 5 April, 2016; 'Trump Vows to Stop

Immigration from Nations "Compromised" by Terrorism', *New York Times*, 22 July 2016.

40. 特朗普的一个支持者甚至制作了一个写着这样口号的广告牌，参见' "Make America White Again': A Politician's Billboard Ignites Uproar', *Washington Post*, 23 June 2016。

41. Hochschild, *Strangers in Their Own Land.*

42. 'Hungary PM Predicts "Parallel Muslim Society" Due to Migration', *Daily Express*, 27 September 2016; 'The Netherlands' Most Popular Party Wants to Ban All Mosques', *Independent*, 28 August 2016.

43. Jean - Paul Sartre, *Anti - Semite and Jew*, trans. George J. Becker (New York: Schocken Books, 1948), particularly chapter 3 and 4. 萨特表明，就像适用于犹太人一样，他的论点也同样适用于黑人和阿拉伯人(p. 146)。

尾 声

1. Ed Murrow, 1940 年 9 月 15 日的广播，引自 James Owen and Guy Walters (ed.), *The Voice of War* (London: Viking, 2004), p. 80。

2. Interview with the author, 10 August 2015.

参考文献

Abercrombie, Patrick, *The Greater London Plan 1944* (London: HMSO, 1945)

Adenauer, Konrad, *Journey to America: Collected Speeches, Statements, Press, Radio and TV Interviews* (Washington, DC: Press Office, German Diplomatic Mission, 1953)

Adenauer, Konrad, *World Indivisible: With Liberty and Justice for All*, trans. Richard and Clara Winston (New York: Harper & Bros, 1955)

Adorno, Theodor, *Minima Moralia*, trans. E. F. N. Jephcott (London: Verso, 2005)

Afontsev, Sergey et al., 'The Urban Household in Russia and the Soviet Union, 1900–2000: Patterns of Family Formation in a Turbulent Century', *History of the Family*, vol. 13, no. 2 (2008)

Aizenberg, Edna, 'Nation and Holocaust Narration: Uruguay's Memorial del Holocausto del Pueblo Judío', in Jeffrey Lesser and Raanan Reín (eds), *Rethinking Jewish-Latin Americans* (Albuquerque: University of New Mexico Press, 2008)

Al-Ali, Nadje, *Secularism, Gender and the State in the Middle East: The Egyptian Women's Movement* (Cambridge University Press, 2009)

Albrecht, Mireille, *Berty* (Paris: Robert Laffont, 1986)

Alexander, Robert J., *Rómulo Betancourt and the Transformation of Venezuela* (New Brunswick, NJ: Transaction Books, 1982)

Alexiyevich, Svetlana, *War's Unwomanly Face*, trans. Keith Hammond and Lyudmila Lezhneva (Moscow: Progress, 1988)

Ali, H. M. Wajid, *India and the Non-Aligned Movement* (New Delhi: Adam Publishers & Distributors, 2004)

Aluit, Alfonso J., *By Sword and Fire: The Destruction of Manila in World War II, 3 February – 3 March 1945* (Manila: National Commission for Culture and the Arts, 1994)

Amir, Ruth, *Who is Afraid of Historical Redress?* (Boston, MA: Academic Studies Press, 2012)

Ammendolia, Ilario, *Occupazione delle Terre in Calabria, 1945–1949* (Rome: Gangemi, 1990)

Anderson, Benedict R. O'G., *Java in a Time of Revolution: Occupation and Resistance, 1944–1946* (Ithaca, NY: Cornell University Press, 1972)
Anderson, David, *Histories of the Hanged* (London: Weidenfeld & Nicolson, 2005)
Anon., *'Historikerstreit': Die Dokumentation der Kontroverse um die Einzigartigkeit der nationalsozialistischen Judenvernichtung* (Munich: Piper, 1991)
Anon., *The Seventh Day: Soldiers' Talk About the Six-Day War* (London: André Deutsch, 1970)
Anon., *A Woman in Berlin* (London: Virago, 2006)
Appelfeld, Aharon, *The Story of a Life* (Harmondsworth: Penguin, 2006)
Appelfeld, Aharon, *Table for One* (New Milford, CT: The Toby Press, 2007)
Applebaum, Anne, *Gulag* (London: Allen Lane, 2003)
Arendt, Hannah, *Eichmann in Jerusalem* (Harmondsworth: Penguin, 1994)
Aronson, Ronald and Adrian van den Hoven (eds), *We Have Only This Life to Live: The Selected Essays of Jean-Paul Sartre* (New York Review of Books, 2013)
Arthur, Max, *Forgotten Voices of the Second World War* (London: Ebury Press, 2004)
Atkinson, Rick, *The Guns at Last Light* (London: Little, Brown, 2013)
Attwood, Lynne, *Creating the New Soviet Woman* (Basingstoke: Macmillan, 1999)
Augustine, Dolores L., 'Learning from War: Media Coverage of the Nuclear Age in the Two Germanies', in van Lente (ed.), *The Nuclear Age in Popular Media*
Baert, Patrick, *The Existentialist Moment* (Cambridge: Polity Press, 2015)
Barghoorn, Frederick Charles, *Soviet Russian Nationalism* (New York: Oxford University Press, 1956)
Barnett, Donald L. and Karari Njama, *Mau Mau from Within* (New York: Modern Reader Paperbacks, 1970)
Bartov, Hanoch, *Each Had Six Wings* (Merhavia: Sifriat Poalim, 1954)
Batinić, Jelena, *Women and Yugoslav Partisans* (New York: Cambridge University Press, 2015)
Bauer, Catherine, 'The County of London Plan – American Reactions: Planning is Politics – But are Planners Politicians?', *Architectural Review*, vol. 96, no. 573 (1944)
Bedi, Freda, *Bengal Lamenting* (Lahore: The Lion Press, 1944)
Beevor, Antony, *The Second World War* (London: Weidenfeld & Nicolson, 2012)
Beevor, Antony, *Stalingrad* (London: Viking, 1998)

Bell, Daniel, *The End of Ideology* (New York: The Free Press, 1965)
Bell, P. M. H., *The World Since 1945* (London: Bloomsbury Academic, 2010)
Ben-Gurion, David, *Israel: A Personal History* (New York: Funk & Wagnalls, 1971)
Berger, Ronald J., *The Holocaust, Religion and the Politics of Collective Memory* (New Brunswick, NJ: Transaction Publishers, 2013)
Bergman, Jay, *Meeting the Demands of Reason: The Life and Thought of Andrei Sakharov* (Ithaca, NY: Cornell University Press, 2009)
Berry, Michael, 'Cinematic Representations of the Rape of Nanking', in Peter Li (ed.), *Japanese War Crimes* (New Brunswick, NJ: Transaction Publishers, 2009)
Bérubé, Allan, *Coming Out Under Fire: The History of Gay Men and Women in World War II* (Chapel Hill: University of North Carolina Press, 2010)
Bessel, Richard, *Nazism and War* (London: Weidenfeld & Nicolson, 2004)
Bethell, Leslie and Ian Roxborough (eds), *Latin America Between the Second World War and the Cold War, 1944–1948* (New York: Cambridge University Press, 1992)
Bird, Kai and Martin J. Sherwin, *American Prometheus: The Triumph and Tragedy of J. Robert Oppenheimer* (New York: Random House, 2005)
Bier, Jean-Paul, 'The Holocaust, West Germany and Strategies of Oblivion, 1947–1979', in Anson Rabinbach and Jack Zipes (eds), *Germans and Jews Since the Holocaust* (New York: Holmes & Meier, 1986)
Bohec, Jeanne, *La plastiqueuse à bicyclette* (Paris: Mercure de France, 1975)
Bohlen, Charles E., *Witness to History* (New York: W. W. Norton, 1973)
Bose, Sugata, 'Starvation Amidst Plenty: The Making of Famine in Bengal, Honan and Tonkin, 1942–45', *Modern Asian Studies*, vol. 24, no. 4 (1990)
Bourdrel, Philippe, *L'épuration sauvage* (Paris: Perrin, 2002)
Boyer, Paul, *By the Bomb's Early Light* (Chapel Hill: University of North Carolina Press, 1994)
Bridger, Susan, 'Soviet Rural Women: Employment and Family Life', in Beatrice Farnsworth and Lynne Viola (eds), *Russian Peasant Women* (New York: Oxford University Press, 1992)
Bridgman, P. W., 'Scientists and Social Responsibility', *Bulletin of the Atomic Scientists*, vol. 4, no. 3 (1948)
Brokaw, Tom, *The Greatest Generation* (London: Pimlico, 2002)
Brosse, Thérèse, *War-Handicapped Children* (Paris: UNESCO, 1950)
Browning, Christopher R., *Ordinary Men: Reserve Police Battalion 101 and the Final Solution in Poland* (New York: HarperCollins, 1992)
Broyard, Anatole, 'Portrait of the Inauthentic Negro', *Commentary*, vol. 10, no. 1 (1950)
Bryant, Mark, *World War II in Cartoons* (London: Grub Street, 1989)

Buchman, Frank N. D., *Remaking the World: The Speeches of Frank N. D. Buchman* (London: Blandford, 1947)
Buder, Stanley, *Visionaries and Planners: The Garden City Movement and the Modern Community* (New York: Oxford University Press, 1990)
Bùi Minh Dũng, 'Japan's Role in the Vietnamese Starvation of 1944–45', *Modern Asian Studies*, vol. 29, no. 3 (1995)
Buisson, Patrick, *1940–1945: Années érotiques* (Paris: Albin Michel, 2009)
Burleigh, Michael, *Small Wars, Far Away Places* (London: Macmillan, 2013)
Buruma, Ian, *Year Zero: A History of 1945* (London: Atlantic, 2013)
Butter, Michael, *The Epitome of Evil: Hitler in American Fiction, 1939–2002* (New York: Palgrave Macmillan, 2009)
Byfield, Judith A. et al. (eds), *Africa and World War II* (New York: Cambridge University Press, 2015)
Calhoun, Craig (ed.), *Dictionary of the Social Sciences* (New York: Oxford University Press, 2002)
Cannadine, David (ed.), *Blood, Toil, Tears and Sweat: Winston Churchill's Famous Speeches* (London: Cassell & Co., 1989)
Carton, Evan, 'The Holocaust, French Poststructuralism, the American Literary Academy, and Jewish Identity Politics', in Peter C. Herman (ed.), *Historicizing Theory* (Albany: State University of New York Press, 2004)
Castles, Stephen and Mark J. Miller, *The Age of Migration*, 3rd edn (New York: Palgrave Macmillan, 2003)
Ceplair, Larry, *Anti-Communism in Twentieth-Century America* (Santa Barbara, CA: Praeger, 2011)
Cerf-Ferrière, René, *Le Chemin Clandestin* (Paris: Julliard, 1968)
Chain, Ernst, 'A Short History of the Penicillin Discovery from Fleming's Early Observations in 1929 to the Present Time', in John Parascandola (ed.), *The History of Antibiotics: A Symposium* (Madison, WI: American Institute of the History of Pharmacy, 1980)
Chamberlin, William Charles, *Economic Development of Iceland through World War II* (New York: Columbia University Press, 1947)
Chang Kia-Ngau, *The Inflationary Spiral: The Experience in China, 1939–1950* (Cambridge, MA: Technology Press of the Massachusetts Institute of Technology, 1958)
Chase, William C., *Front Line General: The Commands of Maj. Gen. Wm. C. Chase* (Houston: Pacesetter Press, 1975)
Cheah Boon Kheng, *Red Star Over Malaya*, 3rd edn (Singapore University Press, 2003)

Cheong, Sung-Hwa, *The Politics of Anti-Japanese Sentiment in Korea* (Westport, CT: Greenwood Press, 1991)

Cheyette, Bryan, 'Israel', in John Sturrock (ed.), *The Oxford Guide to Contemporary World Literature* (Oxford University Press, 1996)

Chittaprosad, *Hungry Bengal* (Bombay: no publisher, 1944)

Claudin, Fernando, *The Communist Movement: From Comintern to Cominform* (Harmondsworth: Penguin, 1975)

Clay, Lucius D., *Decision in Germany* (London: William Heinemann, 1950)

Cline, Sharon Elise, '*Féminité à la Française*: Femininity, Social Change and French National Identity, 1945–1970', PhD Thesis, University of Wisconsin–Madison, 2008

Clough, Marshall S., *Mau Mau Memoirs: History, Memory and Politics* (Boulder, CO: Lynne Rienner, 1998)

Coleman, Alice, *Utopia on Trial* (London: Hilary Shipman, 1985)

Collingham, Lizzie, *The Taste of War* (London: Allen Lane, 2011)

Committee to Frame a World Constitution, *The Preliminary Draft of a World Constitution* (University of Chicago Press, 1948)

Connolly, Tracey, 'Emigration from Ireland to Britain During the Second World War', in Andy Bielenberg (ed.), *The Irish Diaspora* (London: Pearson Education, 2000)

Conot, Robert E., *Justice at Nuremberg* (London: Weidenfeld & Nicolson, 1983)

Conway, Ed, *The Summit* (London: Little, Brown, 2014)

Conway, Martin, 'Justice in Postwar Belgium: Popular Passions and Political Realities', in István Deák, Jan T. Gross and Tony Judt (eds), *The Politics of Retribution in Europe* (Princeton University Press, 2000)

Cullather, Nick, *Secret History: The CIA's Classified Account of Its Operations in Guatemala, 1952–1954* (Stanford University Press, 1999)

Currie, Robert, Alan Gilbert and Lee Horsley, *Churches and Churchgoers: Patterns of Church Growth in the British Isles since 1700* (Oxford: Clarendon Press, 1977)

D'Imperio, Ocarina Castillo, *Carlos Delgado Chalbaud* (Caracas: El Nacional, 2006)

Dahl, Hans Fredrik, 'Dealing with the Past in Scandinavia', in Jon Elster (ed.), *Retribution and Reparation in the Transition to Democracy* (New York: Cambridge University Press, 2006)

Danilova, Nataliya, *The Politics of War Commemoration in the UK and Russia* (Basingstoke: Palgrave Macmillan, 2015)

Daves, Joseph H., *The Indonesian Army from Revolusi to Reformasi*, vol. 1: *The Struggle for Independence and the Sukarno Era*; vol. 2: *Soeharto and the New Order* (Self published: printed by CreateSpace, Charleston, 2013)

Davidson, Eugene, *The Death and Life of Germany* (London: Jonathan Cape, 1959)

Davies, Norman, *God's Playground* (New York: Oxford University Press, 2005)

Davies, Norman, *Rising '44* (London: Pan, 2004)

Davis, Garry, *The World is My Country* (New York: G. P. Putnam's Sons, 1961)

Dawidowicz, Lucy, *The War Against the Jews, 1933–1945* (Harmondsworth: Pelican, 1979)

de Beauvoir, Simone, *The Second Sex*, trans. H. M. Parshley (London: Picador, 1988)

de Haan, Francisca, 'Hoffnungen auf eine bessere Welt: Die frühen Jahre der Internationalen Demokratischen Frauenföderation (IDFF/WIDF) (1945–50)', *Feministische Studien*, vol. 27, no. 2 (2009)

Delaney, Edna, 'Placing Irish Postwar Migration to Britain in a Comparative European Perspective, 1945–1981', in Andy Bielenberg (ed.), *The Irish Diaspora* (London: Pearson Education, 2000)

Delbo, Charlotte, *Convoy to Auschwitz: Women of the French Resistance* (Boston, MA: Northeastern University Press, 1997)

Deletant, Dennis, *Communist Terror in Romania* (London: Hurst & Co., 1999)

Della Sala, Vincent, 'Myth and the Postnational Polity: The Case of the European Union', in Gérard Bouchard (ed.), *National Myths* (Oxford: Routledge, 2013)

Diamond, Hanna, *Women and the Second World War in France, 1939–48: Choices and Constraints* (Harlow: Longman, 1999)

Diefendorf, Jeffry M., *In the Wake of War* (New York: Oxford University Press, 1993)

Diefendorf, Jeffry M. (ed.), *Rebuilding Europe's Bombed Cities* (Basingstoke: Macmillan, 1990)

Diner, Hasia R., *We Remember with Reverence and Love: American Jews and the Myth of Silence after the Holocaust, 1945–1962* (New York and London: New York University Press, 2009)

Djilas, Milovan, *Conversations with Stalin*, trans. Michael B. Petrovich (New York: Harcourt Brace Jovanovich, 1962)

Dolgopol, Ustinia and Snehal Paranjape, *Comfort Women: An Unfinished Ordeal: Report of a Mission* (Geneva: International Commission of Jurists, 1994)

Donovan, Robert J., *Conflict and Crisis: The Presidency of Harry S. Truman, 1945–48* (New York: W. W. Norton, 1977)

Douglas, R. M., *Orderly and Humane: The Expulsion of the Germans After the Second World War* (New Haven, CT: Yale University Press, 2012)
Dower, John W., *Embracing Defeat: Japan in the Wake of World War II* (New York: W. W. Norton, 2000)
Dower, John W., *War Without Mercy: Race and Power in the Pacific War* (New York: Pantheon, 1986)
Driberg, Tom, *The Mystery of Moral Re-Armament: A Study of Frank Buchman and His Movement* (London: Secker & Warburg, 1964)
Du Bois, W. E. B., *The World and Africa/Color and Democracy* (New York: Oxford University Press, 2007)
Duchen, Claire, *Women's Rights and Women's Lives in France, 1944–1968* (London: Routledge, 1994)
Duignan, Peter, *NATO: Its Past, Present, and Future* (Stanford: Hoover Institution Press, 2000)
Dunlap, Thomas R., *DDT: Scientists, Citizens, and Public Policy* (Princeton University Press, 1981)
Dupuy, R. Ernest and Trevor N. Dupuy, *The Harper Encyclopedia of Military History*, 4th edn (New York: HarperCollins, 1993)
Durkheim, Émile, *The Elementary Forms of the Religious Life*, trans. Joseph Ward Swain (London: George Allen and Unwin, 1915)
Düwel, Jörn and Niels Gutschow (eds), *A Blessing in Disguise* (Berlin: Dom, 2013)
Edmondson, Locksley, 'Reparations: Pan-African and Jewish Experiences', in William F. S. Miles (ed.), *Third World Views of the Holocaust: Summary of the International Symposium* (Boston, MA: Northeastern University, 2002)
Einstein, Albert, 'A Reply to the Soviet Scientists', *Bulletin of the Atomic Scientists*, vol. 4, no. 2 (1948)
Eisen, Jonathan (ed.), *The Glasnost Reader* (New York: New American Library, 1990)
Eister, Allan W., *Drawing-Room Conversion: A Sociological Account of the Oxford Group Movement* (Durham, NC: Duke University Press, 1950)
Elkins, Caroline, *Britain's Gulag: The Brutal End of Empire in Kenya* (London: Bodley Head, 2014)
Emanuel, Muriel (ed.), *Contemporary Architects* (Basingstoke: Macmillan, 1980)
Emmons, Caroline S. (ed.), *Cold War and McCarthy Era: People and Perspectives* (Santa Barbara, CA: ABC-Clio, 2010)
English Translation Group, *The Witness of Those Two Days: Hiroshima & Nagasaki August 6 & 9, 1945*, 2 vols (Tokyo: Japan Confederation of A- and H-Bomb Sufferers Organization, 1989)

Entwistle, Basil and John McCook Roots, *Moral Re-Armament: What Is It?* (Los Angeles: Pace, 1967)

Escoda, Jose Ma. Bonifacio M., *Warsaw of Asia: The Rape of Manila* (Quezon City: Giraffe Books, 2000)

Evans, Peter, *Law and Disorder: Scenes from Life in Kenya* (London: Secker & Warburg, 1956)

Evatt, Herbert V., *The Task of Nations* (New York: Duell, Sloan & Pearce, 1949)

Falconi, Carlo, *La Chiesa e le organizzazioni cattoliche in Italia (1945–1955)* (Rome: Einaudi, 1956)

Famine Inquiry Commission, *Report on Bengal* (New Delhi: Government of India, 1945)

Fiddes, Paul S., *Past Event and Present Salvation: The Christian Idea of Atonement* (London: Darton, Longman & Todd, 1989)

Field, John, *Social Capital* (Oxford: Routledge, 2008)

Figes, Orlando, *The Whisperers* (London: Allen Lane, 2007)

Fish, Hamilton, *The Challenge of World Communism* (Milwaukee: Bruce Publishing Co., 1946)

Fishman, Sarah, 'Waiting for the Captive Sons of France: Prisoner of War Wives, 1940–1945', in Margaret Higonnet et al. (eds), *Behind the Lines: Gender and the Two World Wars* (New Haven, CT: Yale University Press, 1987)

Ford, Brian J., *Secret Weapons: Technology, Science and the Race to Win World War II* (Oxford: Osprey, 2011)

Foreign Broadcast Information Service, *East Europe Report* (Arlington, VA: Joint Publications Research Service, 25 June 1985)

Foulkes, S. H., *Introduction to Group-Analytic Psychotherapy* (London: Heinemann, 1948)

Franck, Thomas M., *Nation Against Nation: What Happened to the UN Dream and What the US Can Do About It* (New York: Oxford University Press, 1985)

Frederick, William H., *Visions and Heat: The Making of the Indonesian Revolution* (Athens: Ohio University Press, 1989)

Freeman, Gary P., *Immigrant Labor and Racial Conflict in Industrial Societies: The French and British Experience, 1945–1975* (Princeton University Press, 2015)

Freud, Sigmund, 'Beyond the Pleasure Principle' (1920), reproduced in Salman Akhtar and Mary Kay O'Neil (eds), *On Freud's 'Beyond the Pleasure Principle'* (London: Karnac, 2011)

Freud, Sigmund, *Civilization and its Discontents* (Harmondsworth: Penguin, 2002)

Frey, Eric, *Das Hitler Syndrom* (Frankfurt-am-Main: Eichborn, 2005)

Friedländer, Saul, 'West Germany and the Burden of the Past: The Ongoing Debate', *Jerusalem Quarterly*, vol. 42 (1987)

Friedrich, Jörg, *The Fire: The Bombing of Germany, 1940–1945* (New York: Columbia University Press, 2006)

Friel, Ian, *Maritime History of Britain and Ireland* (London: British Museum Press, 2003)

Frisch, O. R., *Meet the Atoms: A Popular Guide to Modern Physics* (New York: A. A. Wyn, 1947)

Fromm, Erich, *The Fear of Freedom* (Oxford: Routledge Classics, 2001)

Fukuda-Parr, Sakiko, Terra Lawson-Remer and Susan Randolph, *Fulfilling Social and Economic Rights* (New York: Oxford University Press, 2015)

Gaglione, Anthony, *The United Nations Under Trygve Lie, 1945–1953* (Lanham, MD: Scarecrow Press, 2001)

Gamow, George, *Atomic Energy in Cosmic and Human Life* (New York: Macmillan, 1946)

Ganson, Nicholas, *The Soviet Famine of 1946–47 in Global and Historical Perspective* (Basingstoke: Palgrave Macmillan, 2009)

Garland, Caroline (ed.), *Understanding Trauma: A Psychoanalytical Approach* (London: Karnac Books, 2002)

Ghosh, Prodyot, *Chittaprosad: A Doyen of Art-World* (Calcutta: Shilpayan Artists Society, 1995)

Giedion, Sigfried, *Space, Time & Architecture*, 5th edn (Cambridge, MA: Harvard University Press, 2008)

Gilbert, Martin, *Israel: A History* (London: Black Swan, 1999)

Gildea, Robert, *Fighters in the Shadows* (London: Faber & Faber, 2015)

Gill, Graeme, *Symbols and Legitimacy in Soviet Politics* (Cambridge University Press, 2011)

Ginsborg, Paul, 'The Communist Party and the Agrarian Question in Southern Italy, 1943–48', *History Workshop*, vol. 17 (1984)

Gitelman, Zvi, 'Comparative and Competitive Victimization in the Post-Communist Sphere', in Alvin H. Rosenfield (ed.), *Resurgent Antisemitism: Global Perspectives* (Bloomington: Indiana University Press, 2013)

Glass, Charles, *Deserter* (London: HarperPress, 2013)

Glynn, Paul, *A Song for Nagasaki* (London: Fount Paperbacks, 1990)

Goldberg, Michael, *Why Should Jews Survive?* (New York: Oxford University Press, 1995)

Goldberg, Ronald Allen, *America in the Forties* (Syracuse University Press, 2012)

Goldhagen, Daniel, *Hitler's Willing Executioners: Ordinary Germans and the Holocaust* (London: Little, Brown, 1996)

Gopalaswami, R. A. (ed.), *Census of India, 1951* (Delhi: Government of India Press, 1955)

Greenberg, Gershon, 'Crucifixion and the Holocaust: The Views of Pius XII and the Jews', in Carol Rittner and John K. Roth (eds), *Pope Pius XII and the Holocaust* (London: Continuum, 2002)

Greenough, Paul R., *Prosperity and Misery in Modern Bengal: The Famine of 1943–1944* (New York: Oxford University Press, 1982)

Griffing, Sean M. et al., 'Malaria Control and Elimination, in Venezuela, 1800s–1970s', *Emerging Infectious Diseases*, vol. 20, no. 10 (2014)

Grisard, Dominique, 'Female Terrorists and Vigilant Citizens: Gender, Citizenship and Cold War Direct-Democracy', in Jadwiga E. Pieper Mooney and Fabio Lanza (eds), *De-Centering Cold War History* (Oxford: Routledge, 2013)

Grynberg, Michał (ed.), *Words to Outlive Us: Eyewitness Accounts from the Warsaw Ghetto* (London: Granta, 2003)

Guhan, S., 'The World Bank's Lending in South Asia', in Devesh Kapur, John P. Lewis and Richard Webb (eds), *The World Bank: Its First Half Century* (Washington, DC: Brookings Institution Press, 1997)

Hachiya, Michihiko, *Hiroshima Diary*, ed. and trans. Warner Wells (Chapel Hill: University of North Carolina Press, 1955)

Hager, Kurt, 'Der Sozialismus ist Unbesiegbar', *Einheit*, vol. 40, nos 4–5 (1985)

Hailbronner, Kay, 'Asylum Law Reform in the German Constitution', *American University International Law Review*, vol. 9, no. 4 (1994)

Halberstam, David, *War in a Time of Peace: Bush, Clinton and the Generals* (London: Bloomsbury, 2003)

Ham, Paul, *Hiroshima Nagasaki* (London: Doubleday, 2012)

Harriman, W. Averell and Elie Abel, *Special Envoy to Churchill and Stalin, 1941–1946* (London: Hutchinson, 1976)

Harrison, Mark (ed.), *The Economics of World War II* (Cambridge University Press, 1998)

Hartwell, R. M., *A History of the Mont Pelerin Society* (Indianapolis: Liberty Fund, 1995)

Hasan, Mushirul (ed.), *Nehru's India: Select Speeches* (New Delhi: Oxford University Press, 2007)

Hastings, Max, *All Hell Let Loose: The World at War, 1939–1945* (London: HarperPress, 2011)

Hastings, Max, *Armageddon: The Battle for Germany, 1944–45* (London: Macmillan, 2004)

Hatherley, Owen, *Landscapes of Communism* (London: Allen Lane, 2015)

Hausner, Gideon, *Justice in Jerusalem* (London: Thomas Nelson, 1966)
Hayek, F. A., *The Road to Serfdom* (London: Routledge, 1944)
Haynes, Roslynn D., *From Faust to Strangelove: Representations of the Scientist in Western Literature* (Baltimore: Johns Hopkins University Press, 1994)
Heer, Hannes, *'Hitler war's': die Befreiung der Deutschen von ihrer Vergangenheit* (Berlin: Aufbau, 2008)
Helfand, W. H. et al., 'Wartime Industrial Development of Penicillin in the United States', in John Parascandola (ed.), *The History of Antibiotics: A Symposium* (Madison, WI: American Institute of the History of Pharmacy, 1980)
Hitchcock, William I., *Liberation* (London: Faber & Faber, 2008)
Hixson, Walter L. (ed.), *The American Experience in World War II*, vol. 12: *The United States Transformed: The Lessons and Legacies of the Second World War* (London: Routledge, 2003)
Ho Chi Minh, 'Declaration of Independence of the Democratic Republic of Vietnam', in Gregory Allen Olson (ed.), *Landmark Speeches on the Vietnam War* (College Station: Texas A&M University Press, 2010)
Hochschild, Arlie Russell, *Strangers in Their Own Land* (New York: New Press, 2016)
Hodgson, Godfrey, *America in Our Time* (Garden City, NY: Doubleday, 1976; repr. Princeton University Press, 2005)
Hofmann, Tom, *Benjamin Ferencz: Nuremberg Prosecutor and Peace Advocate* (Jefferson, NC: McFarland, 2014)
Hofstadter, Richard, *Anti-Intellectualism in American Life* (New York: Knopf, 1963)
Holloway, David, *Stalin and the Bomb* (New Haven, CT: Yale University Press, 1994)
Holmes, Colin, *John Bull's Island: Immigration and British Society* (Basingstoke: Macmillan, 1988)
Holtzman, Avner, '"They Are Different People": Holocaust Survivors as Reflected in the Fiction of the Generation of 1948', *Yad Vashem Studies*, vol. 30 (2002)
Hondius, Dienke, *Return: Holocaust Survivors and Dutch Anti-Semitism* (Westport, CT: Praeger, 2003)
Hopper, Earl and Haim Weinberg (eds), *The Social Unconscious in Persons, Groups and Societies*, vol. 1: *Mainly Theory* (London: Karnac, 2011)
Horne, Alistair, *A Savage War of Peace* (London: Macmillan, 1977)
Howard, Ebenezer, *To-morrow: A Peaceful Path to Real Reform* (London: Swan Sonnenschein, 1898)
Howard, Keith (ed.), *True Stories of the Korean Comfort Women*, trans. Young Joo Lee (London: Cassell, 1995)
Howson, Susan and Donald Moggridge (eds), *The Wartime Diaries of Lionel Robbins and James Meade, 1943–45* (Basingstoke: Macmillan, 1990)

Hutton, J. H. (ed.), *Census of India: Part I Report* (Delhi: Manager of Publications, 1933)

Hyde, David, 'The Nairobi General Strike (1950): From Protest to Insurgency', in Andrew Burton (ed.), *The Urban Experience in Eastern Africa c.1750–2000* (Nairobi: British Institute in Eastern Africa, 2002)

Iliffe, John, *A Modern History of Tanganyika* (Cambridge University Press, 1979)

Independent Commission of Experts – Second World War, *Switzerland, National Socialism and the Second World War: Final Report*, trans. Rosamund Bandi et al. (Zürich: Pendo Verlag, 2002)

International Military Tribunal, *Trials of the Major War Criminals Before the International Military Tribunal* (Nuremberg: International Military Tribunal, 1947–9)

Isaacman, Allen, 'Peasants and Rural Social Protests in Africa', *African Studies Review*, vol. 33, no. 2 (1990)

Israel, Adrienne M., 'Ex-Servicemen at the Crossroads: Protest and Politics in Post-war Ghana', *Journal of Modern African Studies*, vol. 30, no. 2 (1992)

Issawi, Charles, *An Economic History of the Middle East and North Africa* (New York: Columbia University Press, 1982)

Itote, Waruhiu, *'Mau Mau' General* (Nairobi: East African Publishing House, 1967)

Jackson, Ashley, *Botswana, 1939–1945* (Oxford: Clarendon Press, 1999)

Jackson, Ashley, *The British Empire and the Second World War* (London: Hambledon Continuum, 2006)

Jacobs, Jane, *The Death and Life of Great American Cities* (London: Jonathan Cape, 1962)

Jager, Sheila Miyoshi, *Brothers at War: The Unending Conflict in Korea* (New York: W. W. Norton, 2013)

James, Martin W. III, *A Political History of the Civil War in Angola, 1974–1990* (New Brunswick, NJ: Transaction Books, 2011)

Jensen, Olaf and Claus-Christian W. Szejnmann (eds), *Ordinary People as Mass Murderers* (Basingstoke: Palgrave Macmillan, 2008)

Jinwung, Kim, *A History of Korea* (Bloomington: Indiana University Press, 2012)

Johnstone, Patrick, *The Future of the Global Church: History, Trends and Possibilities* (Downers Grove, IL: InterVarsity Press, 2011)

Jones, Emrys, 'Aspects of Urbanization in Venezuela', *Ekistics*, vol. 18, no. 109 (1964)

Jordaan, L. J., *Nachtmerrie over Nederland: Een herinneringsalbum* (Amsterdam: De Groene Amsterdammer, 1945)

Judt, Tony, *Postwar* (London: Pimlico, 2005)

Jungk, Robert, *Brighter Than a Thousand Suns*, trans. James Cleugh (London: Victor Gollancz, 1958)

Kahn, Albert Eugene, *High Treason: The Plot Against the People* (New York: Lear Publishers, 1950)

Kakembo, Robert, *An African Soldier Speaks* (London: Edinburgh House Press, 1946)

Karesh, Sara E. and Mitchell M. Hurvitz, *Encyclopedia of Judaism* (New York: Facts on File, 2006)

Kargon, Robert H. and Arthur P. Molella, *Invented Edens: Techno-Cities of the Twentieth Century* (Cambridge, MA: MIT Press, 2008)

Karpf, Anne, *The War After* (London: Minerva, 1997)

Keen, Sam, *Faces of the Enemy: Reflections of the Hostile Imagination: The Psychology of Enmity* (San Francisco: Harper & Row, 1986)

Kenez, Peter, *Hungary from the Nazis to the Soviets* (New York: Cambridge University Press, 2006)

Kennan, George, *Memoirs, 1925–1950* (Boston, MA: Little, Brown, 1967)

Kennan, George (under the pseudonym 'X'), 'The Sources of Soviet Conduct', *Foreign Affairs*, vol. 25, no. 4 (1947)

Kennedy, Paul, *The Parliament of Man* (London: Allen Lane, 2006)

Kenya Cost of Living Commission, *Cost of Living Commission Report* (Nairobi, 1950)

Kern, Friedrich, *Österreich: Offene Grenze der Menschlichkeit* (Vienna: Bundesministeriums für Inneres, 1959)

Khrushchev, Nikita, *Khrushchev Remembers*, trans. and ed. Strobe Talbott (Boston, MA: Little, Brown, 1970)

Killingray, David, 'African Civilians in the Era of the Second World War, *c.*1939–1950', in John Laband (ed.), *Daily Lives of Civilians in Wartime Africa* (Westport, CT: Greenwood Press, 2007)

Killingray, David, 'Soldiers, Ex-Servicemen and Politics in the Gold Coast, 1939–50', *Journal of Modern African Studies*, vol. 21, no. 3 (1983)

Killingray, David and Richard Rathbone (eds), *Africa and the Second World War* (Basingstoke: Macmillan, 1986)

Kim, Mikyoung, 'Memorializing Comfort Women: Memory and Human Rights in Korea–Japan Relations', *Asian Politics and Policy*, vol. 6, no. 1 (2014)

King, Sam, *Climbing Up the Rough Side of the Mountain* (Peterborough: Upfront, 1998)

Klein, Ronald D., *The Other Empire: Literary Views of Japan from the Philippines, Singapore, and Malaysia* (Quezon City: University of the Philippines Press, 2008)

Klemperer, Victor, *To the Bitter End: The Diaries of Victor Klemperer, 1942–1945*, trans. Martin Chalmers (London: Weidenfeld & Nicolson, 1999)

Köhler, Joachim and Damian van Melis (eds), *Siegerin in Trümmern: Die Rolle der katholischen Kirche in der deutschen Nachkriegsgesellschaft* (Stuttgart: Verlag W. Kohlhammer, 1998)

Kollek, Teddy, *For Jerusalem* (London: Weidenfeld & Nicolson, 1978)

Kozlova, N. N. and I. I. Sandomirskaia, *Ia tak khochu nazvat' kino: 'Naivnoe pis'mo'. Opyt lingvo-sotsiologicheskogo chteniia* (Moscow: Gnozis, 1996)

Kraus, Jon (ed.), *Trade Unions and the Coming of Democracy in Africa* (New York: Palgrave Macmillan, 2007)

Kristensen, Hans M. and Robert S. Norris, 'Global Nuclear Weapons Inventories, 1945–2013', *Bulletin of the Atomic Scientists*, vol. 69, no. 5 (2013)

Kritz, Reuven, *Hebrew Narrative Fiction of the Struggle for Independence Era* (Kiryat Motzkin: Poreh, 1978)

Krivosheev, G. F. (ed.), *Soviet Casualties and Combat Losses in the Twentieth Century* (London: Greenhill Books, 1997)

Krylova, Anna, *Soviet Women in Combat* (New York: Cambridge University Press, 2010)

Kulka, Otto Dov, *Landscapes of the Metropolis of Death* (London: Allen Lane, 2013)

Kumagai, Naoko, 'The Background to the Japan–Republic of Korea Agreement: Compromises Concerning the Understanding of the Comfort Women Issue', *Asia-Pacific Review*, vol. 23, no. 1 (2016)

Kynaston, David, *Austerity Britain, 1945–51* (London: Bloomsbury, 2007)

Laar, Mart, *War in the Woods: Estonia's Struggle for Survival, 1944–1956*, trans. Tiina Ets (Washington, DC: The Compass Press, 1992)

Lacina, Bethany and Nils Petter Gleditsch, 'Monitoring Trends in Global Combat: A New Dataset of Battle Deaths', *European Journal of Population*, vol. 21, nos 2–3 (2005)

LaFeber, Walter, *America, Russia and the Cold War, 1945–2002* (New York: McGraw-Hill, 2002)

Lane, Arthur Bliss, *I Saw Poland Betrayed* (New York: Bobbs-Merrill, 1948)

Lankov, Andrei, *From Stalin to Kim Il Sung: The Formation of North Korea, 1945–1960* (London: Hurst & Co., 2002)

Lanzona, Vina A., *Amazons of the Huk Rebellion* (Madison: University of Wisconsin Press, 2009)

Lary, Diana, *The Chinese People at War: Human Suffering and Social Transformation, 1937–1945* (New York: Cambridge University Press, 2010)

Lary, Diana and Stephen MacKinnon (eds), *Scars of War: The Impact of Warfare on Modern China* (Vancouver: University of British Columbia Press, 2001)
Laurence, William L., *Dawn Over Zero* (London: Museum Press, 1947)
Lawler, Nancy Ellen, *Soldiers of Misfortune: Ivoirien Tirailleurs of World War II* (Athens: Ohio University Press, 1992)
Lawson, Konrad Mitchell, 'Wartime Atrocities and the Politics of Treason in the Ruins of the Japanese Empire, 1937–1953', PhD thesis, Department of History, Harvard University (2012)
Le Corbusier, *The Athens Charter* (New York: Viking, 1973)
Le Corbusier, *The Radiant City* (London: Faber & Faber, 1967)
Lee, Jin-kyung, *Service Economies: Militarism, Sex Work, and Migrant Labor in South Korea* (Minneapolis: University of Minnesota Press, 2010)
Legge, J. D., *Sukarno: A Political Biography* (London: Allen Lane, 1972)
Lentin, Ronit, *Israel and the Daughters of the Shoah* (New York: Berghahn Books, 2000)
Levinas, Emmanuel, *Difficult Freedom*, trans. Seán Hand (Baltimore: Johns Hopkins University Press, 1990)
Levy, Susan and Alessandra Lemma (eds), *The Perversion of Loss: Psychoanalytic Perspectives on Trauma* (New York: Brunner-Routledge, 2004)
Lewis, Robert A., Richard H. Rowland and Ralph S. Clem, *Nationality and Population Change in Russia and the USSR: An Evaluation of Census Data, 1897–1970* (New York: Praeger, 1976)
Li, Peter (ed.), *Japanese War Crimes* (New Brunswick, NJ: Transaction Books, 2009)
Lifton, Jay Robert, *Death in Life: Survivors of Hiroshima* (Harmondsworth: Pelican, 1971)
Lilley, J. Robert, *Taken by Force: Rape and American GIs during World War II* (Basingstoke: Palgrave Macmillan, 2007)
Linz, Susan J. (ed.), *The Impact of World War II on the Soviet Union* (Totowa, NJ: Rowman and Allanheld, 1985)
Lipscomb, J. F., *White Africans* (London: Faber & Faber, 1955)
Liss, Sheldon B., *Diplomacy and Dependency: Venezuela, the United States, and the Americas* (Salisbury, NC: Documentary, 1978)
Littell, Franklin H., *The Crucifixion of the Jews* (New York: Harper & Row, 1975)
Lloyd, E. M. H., *Food and Inflation in the Middle East, 1940–45* (Stanford University Press, 1956)
Lonsdale, John, 'The Moral Economy of Mau Mau: Wealth, Poverty and Civic Virtue in Kikuyu Political Thought', in Bruce Berman and John

Lonsdale, *Unhappy Valley: Conflict in Kenya & Africa* (London: James Currey, 1992)
Lowe, Keith, *Inferno* (London: Viking, 2007)
Lowe, Keith, *Savage Continent* (London: Viking, 2012)
Lowenthal, David, 'West Indian Emigrants Overseas', in Colin G. Clarke (ed.), *Caribbean Social Relations* (Liverpool: Centre for Latin American Studies, University of Liverpool, 1978)
Lüdtke, Alf, '"Coming to Terms with the Past": Illusions of Remembering, Ways of Forgetting Nazism in West Germany', *Journal of Modern History*, vol. 65, no. 3 (1993)
Lundestad, Geir, *East, West, North, South* (London: Sage, 2014)
Lustiger, Cardinal Jean-Marie, 'The Absence of God? The Presence of God? A Meditation in Three Parts on *Night*', in Harold Bloom (ed.), *Elie Wiesel's Night* (New York: Infobase, 2010)
MacQueen, Norrie, *The Decolonization of Portuguese Africa* (Harlow: Longman, 1997)
Macunovich, Diane J., *Birth Quake: The Baby Boom and its Aftershocks* (University of Chicago Press, 2002)
Maddison, Angus, *The World Economy: Historical Statistics* (Paris: OECD, 2003)
Maharatna, Arup, *The Demography of Famines: An Indian Historical Perspective* (New Delhi: Oxford University Press, 1996)
Mallik, Sanjoy Kumar (ed.), *Chittaprosad: A Retrospective*, 2 vols (New Delhi: Delhi Art Gallery, 2011)
Maloba, Wunyabari O., *Mau Mau and Kenya: An Analysis of a Peasant Revolt* (Bloomington: Indiana University Press, 1993)
Marais, Hein, *South Africa: Limits to Change* (London: Zed Books, 2001)
Marcel, Gabriel (ed.), *Fresh Hope for the World* (London: Longmans, Green & Co., 1960)
Marrus, Michael, *The Holocaust in History* (New York: Penguin, 1989)
Marrus, Michael, *Lessons of the Holocaust* (University of Toronto Press, 2016)
Marx, Karl and Friedrich Engels, *The Communist Manifesto* (Harmondsworth: Penguin, 1985)
Masaaki, Noda, 'One Army Surgeon's Account of Vivisection on Human Subjects in China', trans. Paul Schalow, in Li (ed.), *Japanese War Crimes*
Masaaki, Noda, *Senso to Zaiseki* (Tokyo: Iwanami Shoten, 1998)
Mason, Alpheus Thomas, *Harlan Fiske Stone: Pillar of the Law* (Hamden, CT: Archon Books, 1968)
Masters, Dexter and Katharine Way (eds), *One World or None* (New York: McGraw-Hill, 1946)

Mathu, Mohamed, *The Urban Guerrilla* (Richmond, BC: LSM Information Center, 1974)
Mayne, Richard, *Postwar: The Dawn of Today's Europe* (London: Thames & Hudson, 1983)
Mazower, Mark, *No Enchanted Palace* (Princeton University Press, 2009)
Mazower, Mark (ed.), *After the War Was Over* (Princeton University Press, 2000)
McKean, John, *Giancarlo De Carlo: Layered Places* (Stuttgart and London: Edition Axel Menges, 2004)
Meerloo, A. M., *Aftermath of Peace: Psychological Essays* (New York: International Universities Press, 1946)
Messina, Anthony M., *The Logics and Politics of Post-WWII Migration to Western Europe* (New York: Cambridge University Press, 2007)
Meyer, Cord, *Facing Reality* (New York: Harper & Row, 1980)
Meyer, Cord, *Peace or Anarchy* (Boston, MA: Little, Brown, 1947)
Miller, Arthur G., Amy M. Buddie and Jeffrey Kretschmar, 'Explaining the Holocaust: Does Social Psychology Exonerate the Perpetrators?', in Leonard S. Newman and Ralph Erber (eds), *Understanding Genocide* (New York: Oxford University Press, 2002)
Miller, Francesca, *Latin American Women and the Search for Social Justice* (Hanover, NH: University Press of New England, 1991)
Millett, Allan R., *The War for Korea, 1945–1950: A House Burning* (Lawrence: University Press of Kansas, 2005)
Milward, Alan, *War, Economy and Society, 1939–1945* (Berkeley and Los Angeles: University of California Press, 1977)
Moi, Toril, 'The Adulteress Wife', *London Review of Books*, vol. 32, no. 3 (11 February 2010)
Molotov interview with Felix Chuev, 1 July 1979, in Resis (ed.), *Molotov Remembers*
Moltmann, Jürgen, *The Crucified God*, trans. R. A. Wilson and John Bowden (London: SCM Press, 1974)
Montefiori, Simon Sebag, *Stalin: The Court of the Red Tsar* (London: Weidenfeld & Nicolson, 2003)
Mooney, Jadwiga E. Pieper, 'Fighting Fascism and Forging New Political Activism: The Women's International Democratic Federation (WIDF) in the Cold War', in Jadwiga E. Pieper Mooney and Fabio Lanza (eds), *De-Centering Cold War History* (Oxford: Routledge, 2013)
Moore, Aaron William, *Writing War: Soldiers Record the Japanese Empire* (Cambridge, MA: Harvard University Press, 2013)

Moorehead, Alan, *Eclipse* (London: Granta, 2000)
Moorehead, Caroline, *Village of Secrets* (London: Chatto & Windus, 2014)
Mooren, Trudy T. M., *The Impact of War: Studies on the Psychological Consequences of War and Migration* (Delft: Eburon, 2001)
Moorhouse, Roger, *Berlin at War* (London: Bodley Head, 2010)
Morgan, Philip, *The Fall of Mussolini* (New York: Oxford University Press, 2007)
Morgan, Ted, *Reds: McCarthyism in Twentieth-Century America* (New York: Random House, 2003)
Morrell, J. B., *The City of Our Dreams* (London: St Anthony's Press, 1955)
Morris, Benny, *Righteous Victims* (New York: Vintage, 2001)
Moses, Rafael, 'An Israeli View', in Rafael Moses (ed.), *Persistent Shadows of the Holocaust* (Madison, CT: International Universities Press, 1993)
Mossinsohn, Yigal, *Way of a Man* (Tel Aviv: N. Tversky Publishers, 1953)
Muchai, Karigo, *The Hardcore* (Richmond, BC: LSM Information Center, 1973)
Mukerjee, Madhusree, *Churchill's Secret War* (New York: Basic Books, 2010)
Mumford, Lewis, *The Culture of Cities* (London: Secker & Warburg, 1940)
Mwakikagile, Godfrey, *Africa is in a Mess: What Went Wrong and What Should be Done* (Dar es Salaam: New Africa Press, 2006)
Nagai, Takashi, *The Bells of Nagasaki*, trans. William Johnston (Tokyo: Kodansha International, 1984)
National Front, *For a New Britain: The Manifesto of the National Front* (Croydon: National Front, 1974)
Neval, Daniel A., *'Mit Atombomben bis nach Moskau': gegenseitige Wahrnehmung der Schweiz und des Ostblocks im Kalten Krieg, 1945–1968* (Zürich: Chronos, 2003)
New Zealand Department of External Affairs, *United Nations Conference on International Organization* (Wellington: Department of External Affairs, 1945)
Newman, Oscar, *Defensible Space* (New York: Macmillan, 1972)
Nitzan, Shlomo, *Togetherness* (Tel Aviv: Hakibbutz Hameuchad, 1956)
Nkrumah, Kwame, *Neo-Colonialism: The Last Stage of Imperialism* (London: Nelson, 1965)
Nossack, Hans Erich, *Der Untergang* (Hamburg: Ernst Kabel Verlag, 1981)
Novick, Peter, *The Holocaust in American Life* (New York: Mariner, 2000)
Nwaka, Geoffrey I., 'Rebellion in Umuahia, 1950–1951: Ex-Servicemen and Anti-Colonial Protest in Eastern Nigeria', *Transafrican Journal of History*, vol. 16 (1987)
Ofer, Dalia, *Escaping the Holocaust* (New York: Oxford University Press, 1990)

Ogura, Toyofumi, *Letters from the End of the World*, trans. Kisaburo Murakami and Shigeru Fujii (Tokyo: Kodansha International, 2001)

Olusanya, Gabriel, 'The Role of Ex-Servicemen in Nigerian Politics', *Journal of Modern African Studies*, vol. 6, no. 2 (1968)

Oppenheimer, J. Robert, 'Physics in the Contemporary World', *Bulletin of the Atomic Scientists*, vol. 4, no. 3 (1948)

Osada, Arata (ed.), *Children of the A-Bomb* (New York: Putnam, 1963)

Osborne, Myles (ed.), *The Life and Times of General China* (Princeton, NJ: Marcus Wiener Publishers, 2015)

Ota, Yoko, 'City of Corpses', in Richard H. Minear (ed.), *Hiroshima: Three Witnesses* (Princeton University Press, 1990)

Ovalle-Bahamón, Ricardo E., 'The Wrinkles of Decolonization and Nationness: White Angolans as *Retornados* in Portugal', in Andrea L. Smith (ed.), *Europe's Invisible Migrants* (Amsterdam University Press, 2003)

Overy, Richard, *The Bombing War* (London: Allen Lane, 2013)

Owen, James and Guy Walters (eds), *The Voice of War* (London: Viking, 2004)

Palgi, Yoel, *Into the Inferno*, trans. Phyllis Palgi (New Brunswick, NJ: Rutgers University Press, 2003)

Paperno, Irina, *Stories of the Soviet Experience: Memoirs, Diaries, Dreams* (Ithaca, NY: Cornell University Press, 2009)

Pappé, Ilan, *The Ethnic Cleansing of Palestine* (London: Oneworld, 2007)

Patil, Anjali V., *The UN Veto in World Affairs, 1946–1990* (London: Mansell, 1992)

Patterson, James T., *Grand Expectations: The United States, 1945–1974* (New York: Oxford University Press, 1996)

Payne, Stanley G., *Franco and Hitler* (New Haven, CT: Yale University Press, 2009)

Peach, Ceri, 'Patterns of Afro-Caribbean Migration and Settlement in Great Britain, 1945–1981', in Colin Brock (ed.), *The Caribbean in Europe* (London: Frank Cass, 1986)

Peach, Ceri, 'Postwar Migration to Europe: Reflux, Influx, Refuge', *Social Science Quarterly*, vol. 78, no. 2 (1997)

Pearson, Raymond, *National Minorities in Eastern Europe, 1848–1945* (London: Macmillan, 1983)

Pelle, János, *Az utolsó vérvádak* (Budapest, Pelikán, 1995)

Piccigallo, Philip R., *The Japanese on Trial* (Austin: University of Texas Press, 1979)

Picketty, Thomas, *Capital in the Twenty-First Century*, trans. Arthur Goldhammer (Cambridge, MA: The Belknap Press of Harvard University Press, 2014)
Pilisuk, Marc, *Who Benefits from Global Violence and War: Uncovering a Destructive System* (Westport, CT: Praeger Security International, 2008)
Pilzer, Joshua D., *Hearts of Pine: Songs in the Lives of Three Korean Survivors of the Japanese 'Comfort Women'* (New York: Oxford University Press, 2012)
Pollock, James K., James H. Meisel and Henry L. Bretton, *Germany Under Occupation: Illustrative Materials and Documents* (Ann Arbor: George Wahr Publishing Co., 1949)
Potter, William and Gaukhar Mukhatzhanova, *Nuclear Politics and the Non-Aligned Movement: Principles vs. Pragmatism* (London: Routledge, 2012)
Powell, J. Enoch, *Still to Decide* (London: B. T. Batsford, 1972)
Putnam, Robert D., *Bowling Alone: The Collapse and Revival of American Community* (New York: Simon & Schuster, 2000)
Rabe, Stephen G., *Eisenhower and Latin America: The Foreign Policy of Anticommunism* (Chapel Hill: University of North Carolina Press, 1988)
Rabinowitch, Alexander, 'Founder and Father', *Bulletin of the Atomic Scientists*, vol. 61, no. 1 (2005)
Rabinowitch, Eugene, *The Dawn of a New Age* (University of Chicago Press, 1963)
Rabinowitch, Eugene, 'Five Years After', *Bulletin of the Atomic Scientists*, vol. 7, no. 1 (1951)
Rabinowitch, Eugene, 'The Labors of Sisyphus', *Bulletin of the Atomic Scientists*, vol. 7, no. 10 (1951)
Ramras-Rauch, Gila, *The Arab in Israeli Literature* (London: I. B. Tauris, 1989)
Rees, Laurence, *Their Darkest Hour* (London: Ebury Press, 2008)
Rees, Siân, *Lucie Aubrac* (London: Michael O'Mara, 2015)
Reid, Anthony, *The Indonesian National Revolution, 1945–1950* (Hawthorn: Longman Australia, 1974)
Reid, Anthony, *To Nation by Revolution: Indonesia in the Twentieth Century* (Singapore: NUS Press, 2011)
Reid, Escott, *On Duty: A Canadian at the Making of the United Nations, 1945–1946* (Kent, OH: Kent State University Press, 1983)
Reid, P. R., *The Latter Days at Colditz* (London: Hodder and Stoughton, 1953)
Resis, Albert (ed.), *Molotov Remembers* (Chicago: Ivan R. Dee, 1993)
Reves, Emery, *The Anatomy of Peace* (London: George Allen & Unwin, 1946)
Richardot, Jean, *Journeys for a Better World: A Personal Adventure in War and Peace* (Lanham, MD: University Press of America, 1994)

Roberts, Andrew, *The Storm of War* (London: Allen Lane, 2009)

Roberts, Mary Louise, *What Soldiers Do: Sex and the American GI in World War II France* (Chicago University Press, 2013)

Rodrigues, Luís and Sergiy Glebov, *Military Bases: Historical Perspectives, Contemporary Challenges* (Amsterdam: IOS Press, 2009)

Röling, B. V. A. and C. F. Rüter (eds), *The Tokyo Judgment* (APA-University Press Amsterdam, 1977)

Roosevelt, Eleanor, *My Day: The Best of Eleanor Roosevelt's Acclaimed Newspaper Columns, 1936–1962*, ed. David Emblidge (Boston, MA: Da Capo Press, 2001)

Ruff-O'Herne, Jan, *Fifty Years of Silence* (Sydney: Heinemann Australia, 2008)

Rupp, Leila J., 'The Persistence of Transnational Organizing: The Case of the Homophile Movement', *American Historical Review*, vol. 116, no. 4 (2011)

Rushford, Frank H., *City Beautiful: A Vision of Durham* (Durham County Advertiser, 1944)

Rustin, Michael, 'Why are We More Afraid Than Ever? The Politics of Anxiety After Nine Eleven', in Levy and Lemma (eds), *The Perversion of Loss: Psychoanalytic Perspectives on Trauma*

Ryan, Allan A., *Yamashita's Ghost* (Lawrence: University Press of Kansas, 2012)

Ryang, Sonia, *Koreans in Japan* (London: Routledge, 2000)

Ryckmans, François, *Mémoires noires: Les Congolais racontent le Congo belge, 1940–1960* (Brussels: Éditions Racine, 2010)

Sachs, Jeffrey, *The End of Poverty* (Harmondsworth: Penguin, 2005)

Sack, Daniel, *Moral Re-Armament: The Reinventions of an American Religious Movement* (New York: Palgrave Macmillan, 2009)

Sack, John, *An Eye for an Eye* (New York: Basic Books, 1993)

Sakharov, Andrei, *Memoirs* (London: Hutchinson, 1990)

Sakharov, Andrei, *Progress, Coexistence and Intellectual Freedom*, ed. Harrison E. Salisbury (New York: W. W. Norton, 1968)

Salas, Miguel Tinker, *Venezuela: What Everyone Needs to Know* (New York: Oxford University Press, 2015)

Sand, Shlomo, *The Invention of the Jewish People*, trans. Yael Lotan (London and New York: Verso, 2009)

SarDesai, D. R., *Southeast Asia: Past and Present* (Boulder, CO: Westview Press, 1997)

Sarkar, Nikhil, *A Matter of Conscience: Artists Bear Witness to the Great Bengal Famine of 1943*, trans. Satyabrata Dutta (Calcutta: Punascha, 1994)

Sartre, Jean-Paul, *Anti-Semite and Jew*, trans. George J. Becker (New York: Schocken Books, 1948)

Sartre, Jean-Paul, *Existentialism and Humanism*, trans. Philip Mairet (London: Methuen, 2007)

Sartre, Jean-Paul, 'The Liberation of Paris: An Apocalyptic Week', in Ronald Aronson and Adrian van den Hoven (eds), *We Have Only This Life to Live: The Selected Essays of Jean-Paul Sartre* (New York: New York Review of Books, 2013)

Satoshi, Nakano, 'The Politics of Mourning', in Ikehata Setsuho and Lydia N. Yu Jose (eds), *Philippines–Japan Relations* (Quezon City: Ateneo de Manila University Press, 2003)

Sayer, Derek, *The Coasts of Bohemia* (Princeton University Press, 1998)

Scalapino, Robert and Chong-Sik Lee, *Communism in Korea* (Berkeley: University of California Press, 1972)

Schleh, Eugene P. A., 'The Post-War Careers of Ex-Servicemen in Ghana and Uganda', *Journal of Modern African Studies*, vol. 6, no. 2 (1968)

Schlesinger, Stephen and Stephen Kinzer, *Bitter Fruit: The Story of the American Coup in Guatemala* (Boston, MA: Harvard University Press, 2005)

Schmid, Sonja D., 'Shaping the Soviet Experience of the Atomic Age: Nuclear Topics in *Ogonyok*', in van Lente (ed.), *The Nuclear Age in Popular Media*

Schollmeyer, Josh, 'Minority Report', *Bulletin of the Atomic Scientists*, vol. 61, no. 1 (2005)

Schrijvers, Peter, *Liberators: The Allies and Belgian Society, 1944–1945* (Cambridge University Press, 2009)

Schuler, Kurt and Andrew Rosenberg (eds), *The Bretton Woods Transcripts* (New York: Center for Financial Stability, 2012)

Schweber, Silvan S., *Einstein and Oppenheimer: The Meaning of Genius* (Cambridge, MA: Harvard University Press, 2009)

Scott, Carl-Gustaf, 'The Swedish Midsummer Crisis of 1941: The Crisis that Never Was', *Journal of Contemporary History*, vol. 37, no. 3 (2002)

Sebald, W. G., *On the Natural History of Destruction* (Harmondsworth: Penguin, 2004)

Segal, Hanna, 'From Hiroshima to the Gulf War and After: A Psychoanalytic Perspective', in Anthony Elliott and Stephen Frosh (eds), *Psychoanalysis in Contexts: Paths Between Theory and Modern Culture* (London and New York: Routledge, 1995)

Segev, Tom, *1949: The First Israelis* (New York: Henry Holt, 1986)
Segev, Tom, *The Seventh Million* (New York: Hill & Wang, 1993)
Sen, Amartya, *Poverty and Famines: An Essay on Entitlement and Deprivation* (Oxford: Clarendon Press, 1981)
Sert, José Luis, *Can Our Cities Survive?* (Cambridge, MA: Harvard University Press, 1944)
Service, Robert, *A History of Modern Russia* (Harmondsworth: Penguin, 2003)
Shamir, Moshe, *He Walked Through the Fields* (Merhavia: Sifriat Poalim, 1947)
Shamir, Moshe, *With His Own Hands* (Jerusalem: Israel Universities Press, 1970)
Shapira, Anita, *Israel: A History* (Waltham, MA: Brandeis University Press, 2012)
Sharp, Thomas, *Exeter Phoenix* (London: Architectural Press, 1946)
Shavit, Ari, *My Promised Land* (London: Scribe, 2015)
Shephard, Ben, *The Long Road Home: The Aftermath of the Second World War* (London: Bodley Head, 2010)
Sherwood, Marika, '"There is No New Deal for the Blackman in San Francisco": African Attempts to Influence the Founding Conference of the United Nations, April–July, 1945', *International Journal of African Historical Studies*, vol. 29, no. 1 (1996)
Shim, Young-Hee, *Sexual Violence and Feminism in Korea* (Seoul: Hanyang University Press, 2004)
Shlapentokh, Vladimir, *A Normal Totalitarian Society* (Armonk, NY: M. E. Sharp, 2001)
Shurkin, Joel, *Broken Genius: The Rise and Fall of William Shockley, Creator of the Electronic Age* (Basingstoke: Macmillan, 2006)
Siklos, Pierre L., *War Finance, Reconstruction, Hyperinflation and Stabilization in Hungary, 1938–48* (Basingstoke: Macmillan, 1991)
Singham, A. W. and Shirley Hune, *Non-Alignment in an Age of Alignments* (London: Zed Books, 1986)
Slade, E. H. (ed.), *Census of Pakistan, 1951* (Karachi: Government of Pakistan, 1951)
Slaughter, Jane, *Women and the Italian Resistance, 1943–1945* (Denver: Arden Press, 1997)
Smith, Robert Ross, *Triumph in the Philippines* (Washington, DC: Office of the Chief of Military History, Department of the Army, 1963)
Snow, Philip, *The Fall of Hong Kong* (New Haven, CT: Yale University Press, 2003)

Soebagijo, I. N., *S. K. Trimurti: Wanita Pengabdi Bangsa* (Jakarta: Gunung Agung, 1982)

Soh, C. Sarah, *The Comfort Women* (University of Chicago Press, 2008)

Solomon, Susan Gross et al. (eds), *Shifting Boundaries of Public Health: Europe in the Twentieth Century* (Rochester, NY: University of Rochester Press, 2008)

Solzhenitsyn, Alexander, *The Gulag Archipelago*, vol. 1 (London: Collins & Harvill, 1974)

Spellman, W. M., *A Concise History of the World Since 1945* (Basingstoke: Palgrave Macmillan, 2006)

Spinelli, Altiero, *Come ho tentato di diventare saggio*, 2 vols (Bologna: Società editrice il Mulino, 1984 and 1987)

Spinelli, Altiero, *From Ventotene to the European Constitution*, ed. Agustín José Menéndez (Oslo: Centre for European Studies, 2007)

Spoerer, Mark, *Zwangsarbeit unter dem Hakenkreuz* (Stuttgart and Munich: Deutsche Verlags-Anstalt, 2001)

Srimanjari, *Through War and Famine: Bengal, 1939–45* (New Delhi: Orient Black-Swan, 2009)

Staněk, Tomáš, *Odsun Němců z Československa, 1945–1947* (Prague: Academia/ Naše vojsko, 1991)

Stange, Mary Zeiss et al. (eds), *Encyclopedia of Women in Today's World*, vol. 1 (Los Angeles: Sage, 2011)

Starman, Hannah, 'Israel's Confrontation with the Holocaust: A Journey of Uncertain Identity', in C. J. A. Stewart et al. (eds), *The Politics of Contesting Identity* (Edinburgh: Politics, University of Edinburgh, 2003)

Statiev, Alexander, *The Soviet Counterinsurgency in the Western Borderlands* (New York: Cambridge University Press, 2010)

Steedly, Mary Margaret, *Rifle Reports: A Story of Indonesian Independence* (Berkeley and Los Angeles: University of California Press, 2013)

Steffen, Katrin and Martin Kohlrausch, 'The Limits and Merits of Internationalism: Experts, the State and the International Community in Poland in the First Half of the Twentieth Century', *European Review of History*, vol. 16, no. 5 (2009)

Steinacher, Gerald, *Nazis on the Run* (New York: Oxford University Press, 2012)

Stephens, Ian, *Monsoon Morning* (London: Ernest Benn, 1966)

Stephenson, Flora and Phoebe Pool, *A Plan for Town and Country* (London: The Pilot Press, 1944)

Stettinius, Edward R., *Roosevelt and the Russians* (Garden City, NY: Doubleday, 1949)

Stiglitz, Joseph E., *Globalization and its Discontents* (London: Allen Lane, 2002)
Stora, Benjamin, *Algeria, 1830–2000: A Short History*, trans. Jane Marie Todd (Ithaca, NY: Cornell University Press, 2001)
Stora, Benjamin and Zakya Daoud, *Ferhat Abbas: une utopie algérienne* (Paris: Denoël, 1995)
Storrs, Landon R. Y., *The Second Red Scare and the Unmaking of the New Deal Left* (Princeton University Press, 2013)
Sukarno, *Toward Freedom and the Dignity of Man: A Collection of Five Speeches by President Sukarno of the Republic of Indonesia* (Jakarta: Department of Foreign Affairs, 1961)
Sutcliffe, Anthony and Roger Smith, *History of Birmingham*, vol. 3: *Birmingham, 1939–1970* (London: Oxford University Press for Birmingham City Council, 1974)
Szczerbiak, Aleks and Paul Taggart (eds), *EU Enlargement and Referendums* (Abingdon: Routledge, 2005)
Szyk, Arthur, *The New Order* (New York: G. P. Putnam's Sons, 1941)
Talbot, Ian and Gurharpal Singh, *The Partition of India* (Cambridge University Press, 2009)
Tanaka, Yuki, '"Comfort Women" in the Dutch East Indies', in Margaret Stetz and Bonnie B. C. Oh (eds), *Legacies of the Comfort Women of World War II* (Armonk, NY: M. E. Sharp, 2001)
Tanner, Jakob, 'Switzerland and the Cold War: A Neutral Country Between the "American Way of Life" and "Geistige Landesverteidigung"', in Joy Charnley and Malcolm Pender (eds), *Switzerland and War* (Bern: Peter Lang, 1999)
Tassin, Kristin S., '"Lift up Your Head, My Brother": Nationalism and the Genesis of the Non-Aligned Movement', *Journal of Third World Studies*, vol. 23, no. 1 (2006)
Tauger, Mark B., 'Entitlement, Shortage and the Bengal Famine of 1943: Another Look', *Journal of Peasant Studies*, vol. 31, no. 1 (2003)
Taylor, Frederick, *Dresden* (London: HarperCollins, 2004)
Taylor, Stan, *The National Front in English Politics* (London: Macmillan, 1982)
Tenney, Jack B., *Red Fascism* (Los Angeles: Federal Printing Co., 1947)
Teplyakov, Yuri, 'Stalin's War Against His Own Troops: The Tragic Fate of Soviet Prisoners of War in German Captivity', *Journal of Historical Review*, vol. 14, no. 4 (1994)
Terami-Wada, Motoe, *The Japanese in the Philippines 1880s–1980s* (Manila: National Historical Commission of the Philippines, 2010)
Terkel, Studs, '*The Good War': An Oral History of World War Two* (London: Hamish Hamilton, 1984)

Tomasevich, Jozo, *War and Revolution in Yugoslavia, 1941–1945* (Stanford University Press, 2001)

Tooze, Adam, *The Wages of Destruction* (Harmondsworth: Penguin, 2007)

Trgo, Fabijan (ed.), *The National Liberation War and Revolution in Yugoslavia (1941–1945): Selected Documents* (Belgrade: Military History Institute of the Yugoslav People's Army, 1982)

Trimurti, S. K., *95 Tahun S. K. Trimurti: Pejuang Indonesia* (Jakarta: Yayasan Bung Karno, 2007)

UN, *The United Nations Conference on International Organization: Selected Documents* (Washington, DC: US Government Printing Office, 1946)

UN Conference on Trade and Development, *The Least Developed Countries Report, 2014* (Geneva: UNCTAD, 2014)

UN Department of Economic Affairs, *Economic Report: Salient Features of the World Economic Situation, 1945–47* (Lake Success, NY: UN, 1948)

UN Department of Economic and Social Affairs, 'World Urbanization Prospects: The 2011 Revision', Working Paper no. ST/ESA/SER.A/322

UN San Francisco Conference, 1945, in UN, *The United Nations Conference on International Organization: Selected Documents* (Washington, DC: US Government Printing Office, 1946)

Union des Femmes Françaises, *Les Femmes dans la Résistance* (Monaco: Éditions du Rocher, 1977)

Urquhart, Brian, *A Life in Peace and War* (London: Weidenfeld & Nicolson, 1987)

US Army Military Government in Korea, *Summation of the United States Military Government Activities in Korea*, no. 33 (Seoul: National Economic Board, 1948)

US Department of State, *Foreign Relations of the United States* (Washington, DC: US Government Printing Office, various years)

USSR Central Statistical Office, *Soviet Census 1959: Preliminary Results* (London: Soviet Booklets, 1959)

Vailland, Geneviève, *Le Travail des Femmes* (Paris: Jeune Patron, 1947)

van Dijk, Cees, *Rebellion Under the Banner of Islam: The Darul Islam in Indonesia* (The Hague: Martinus Nijhoff, 1981)

van Lente, Dick (ed.), *The Nuclear Age in Popular Media: A Transnational History, 1945–1965* (New York: Palgrave Macmillan, 2012)

Varga, Aniko, 'National Bodies: The "Comfort Women" Discourse and Its Controversies in South Korea', *Studies in Ethnicity and Nationalism*, vol. 9, no. 2 (2009)

Venezuela, Junta Militar de Gobierno, *Saludo de la Junta Militar de Gobierno a los Venezolanos con Ocasion del Año Nuevo* (Caracas: Oficina Nacional de Información y Publicaciones, 1950)

Vickers, Adrian, *A History of Modern Indonesia* (New York: Cambridge University Press, 2013)

Vincent, Madeleine, *Femmes: quelle liberation?* (Paris: Éditions sociales, 1976)

von Tunzelmann, Alex, *Red Heat* (London: Simon & Schuster, 2011)

Wachanga, Henry Kahinga, *The Swords of Kirinyaga* (Nairobi: East African Literature Bureau, 1975)

Ward, Stephen V. (ed.), *The Garden City* (London: E & FN Spon, 1992)

Watson, James and Patrick Abercrombie, *A Plan for Plymouth* (Plymouth: Underhill, 1943)

Watt, Lori, *When Empire Comes Home: Repatriation and Reintegration in Postwar Japan* (Cambridge, MA: Harvard University Asia Center, 2009)

Waxman, Zoë, 'Testimonies as Sacred Texts: The Sanctification of Holocaust Writing', *Past and Present*, vol. 206, supplement 5 (2010)

Weber, Max, *The Protestant Ethic and the Spirit of Capitalism* (New York: Oxford University Press, 2011)

Webster, Sir Charles and Noble Frankland, *The Strategic Air War Against Germany, 1939–1945* (London: HMSO, 1961)

Weinberg, Werner, *Self-Portrait of a Holocaust Survivor* (Jefferson, NC: McFarland & Co., 1985)

Weiner, Tim, *Enemies: A History of the FBI* (London: Allen Lane, 2012)

Weiner, Tim, *Legacy of Ashes* (London: Allen Lane, 2007)

Weiss, Thomas G., *Global Governance: Why? What? Whither?* (Cambridge: Polity Press, 2013)

Wendt, Gerald, 'What Happened in Science, in Jack Goodman (ed.), *While You Were Gone: A Report on Wartime Life in the United States* (New York: Simon & Schuster, 1946)

Werth, Alexander, *Russia at War* (London: Barrie & Rockliff, 1964)

Westad, Odd Arne, *The Global Cold War* (Cambridge University Press, 2007)

Wettig, Gerhard, *Stalin and the Cold War in Europe* (Lanham, MD: Rowman & Littlefield, 2008)

Whitaker, Arthur P. (ed.), *Inter-American Affairs 1945* (New York: Columbia University Press, 1946)

White, E. B., *The Wild Flag* (Boston, MA: Houghton Mifflin, 1946)

Wieringa, Saskia, *Sexual Politics in Indonesia* (Basingstoke: Palgrave Macmillan, 2002)

Willis, David K., *Klass: How Russians Really Live* (New York: St Martin's Press, 1985)

Willkie, Wendell, *One World* (London: Cassell & Co., 1943)

Wilson, Roland (ed.), *Census of the Commonwealth of Australia, 30 June, 1947* (Canberra: Commonwealth Government Printer, 1947)

Winkler, Heinrich August, *The Age of Catastrophe* (New Haven, CT: Yale University Press, 2015)

Wright, Frank Lloyd, *The Disappearing City* (New York: William Farquhar Payson, 1932)

Wright, Frank Lloyd, *Modern Architecture: Being the Kahn Lectures for 1930* (Princeton University Press, 2008)

Wyman, Mark, *DPs: Europe's Displaced Persons, 1945–1951* (Ithaca, NY: Cornell University Press, 1998)

Wyss, Marco, *Arms Transfers, Neutrality and Britain's Role in the Cold War* (Boston, MA: Brill, 2012)

Yizhar, S., 'The Prisoner', in Robert Alter (ed.), *Modern Hebrew Literature* (West Orange, NJ: Behrman House, 1975)

Yoshiaki, Yoshimi, *Comfort Women*, trans. Suzanne O'Brien (New York: Columbia University Press, 2002)

Young, Arthur N., *China's Wartime Finance and Inflation, 1937–1945* (Cambridge, MA: Harvard University Press, 1965)

Young, Michael and Peter Willmott, *Family and Kinship in East London* (Harmondsworth: Penguin, 2007)

Zdaniewicz, Witold, *Kościół Katolicki w Polsce, 1945–1982* (Poznan: Pallottinum, 1983)

Zertal, Idith, *From Catastrophe to Power: The Holocaust Survivors and the Emergence of Israel* (Berkeley and Los Angeles: University of California Press, 1998)

Ziemann, Benjamin, *Encounters with Modernity: The Catholic Church in West Germany, 1945–1975*, trans. Andrew Evans (New York: Berghahn, 2014)

Zima, V. F., *Golod v SSSR, 1946–1947 godov: Proiskhozhdenie i posledstviia* (Moscow: Institut rossiiskoi istorii RAN, 1996)

Zubkova, Elena, *Russia After the War*, trans. Hugh Ragsdale (Armonk, NY: M. E. Sharpe, 1998)

Zubrzycki, Geneviève, 'Polish Mythology and the Traps of Messianic Martyrology', in Gérard Bouchard (ed.), *National Myths: Constructed Pasts, Contested Presents* (Oxford: Routledge, 2013)

Zucchi, Benedict, *Giancarlo De Carlo* (Oxford: Butterworth Architecture, 1992)

索　引

（索引中页码为原书页码，即本书页边码）

Abercrombie, Patrick 113
Acción Democrática (AD) 307, 308–9, 312, 313, 314, 320
Aceh 286
  lords of 275
Acheson, Dean 233, 313
Adams, Edward F. 319
Adenauer, Konrad 76
Adorno, Theodor 100
aeronautical engineering 90–91
Afghanistan 35, 193, 399, 419
African civilian experience, in and after Second World War 295–8
African nationalism and independence movements 293–306
Aidit, D. N. 287
al-Qaeda 419
Albanians 344, 394
Albrecht, Berthie 121
alcoholism 383, 384
Aleksandrov, G. F. 250
Algeria 5, 135–6, 209, 298, 303, 395, 398, 399, 407
alienation 143, 414, 416
  see also displacement
All Party Parliamentary Group for World Governance 187
Allied Control Commission 222–3
Ambon 286
American Bar Association 154
American Institute of Architects 154
American Jewish Committee 227
American Veterans Committee 219
Amidar 331
Amin, Idi 305
Amsterdam 57
Anake a Forti (Forty Group) 291–2
Andreychin, George 246
Angola 234, 303–4, 305, 398, 407
anti-Semitism
  Arab 340, 345
  eastern renewal 391
  Holocaust *see* Holocaust
  Hungarian 56
  and Jewish immigration to Israel 333–6, 347
  post-9/11 rise of 56
  propaganda 38, 39
  universal evil of 340
  in Vienna 2
antibiotics 91, 94, 96
Appelfeld, Aharon 324–8, *327*, 332, 333, 334, 337, 343, 420, 425
APRA, Peru 318
Arab–Israeli War 56, 326, 329, 341–2, 344, 378
Arab as 'Other' 339–41
Arab Spring 345, 399
Arafat, Yasser 43
architecture
  rifts in postwar schools of thought 110
  social role as commanding art 109
  standardization 110–11, *111*, 113, *114*
  town planning 104–17
  Venice School of Architecture 110
Arendt, Hannah 60, 62, 338
Argentina 151, 167, 187, 261, 262, 316–17, 338
  European immigrants 408
  UN membership 244
  union membership 153
arms race 85–6, 218, 236, 237, 239, 246–7
Aron, Raymond 85

Arroyo del Río, Carlos 316
Asian nationalism 271–88, *284*, 347
Atlantic Charter 6, 75, 221, 244, 294
atom bomb 15–18, 23, 68, 69, 70, 71, 80, 156, 204, 218, 235, 242, 396
American monopoly 245–6
and the arms race 85–6, 236, 237, 239, 246–7
Bikini Atoll nuclear test *87*
ending of the war by use of 245
Manhattan Project 83, 87, 99
myth of the atomic scientist 95
Soviet 85, 88–9, 236, 246–7
and Soviet fears 241–2
and utopian and apocalyptic views of the nuclear age 83–90, 218–19
Aubrac, Lucie 121
Auschwitz-Birkenau concentration camp 3, 52–5, 64, 65, 205
Family Camp 52–3
Australia 21, 42, 43, 172, 187
baby boom 385
immigration 413–14, 415
offshore refugee housing 414
One Nation political party 414
Austria 208, 262, 415
Freedom Party 413

baby boom 385
bacteriological warfare 90
Bahrain, women's suffrage 124
Baker, Howard 41
Bali 287
Baltic States 209, 243, 353, 406
see also specific countries
Bandung Conference 264
spirit of Bandung 151, 264
Bangladesh 180, 283, 399
Bao Dai 280
Barak, Aharon 333–4
Bauer, Catherine 105
Beauvoir, Simone de 125, 130–32, 133, 137
The Second Sex 131, 132
Beersheba 331
Begin, Menachem 340
Belarus 344, 394
Belgian Congo 167, 294
Belgium/Belgians 57, 75, 208, 260–61, 398, 407
and the EEC 350
employment of displaced persons 404
Flemish Block 413
Free Belgians HQ 403
and NATO 262
women's suffrage 124
belonging
and the Communist Party 152
and community organizations 154–5
fear of losing sense of 416
Nazism and 149
and political engagement 152–3
and religion 151, 154
Second World War giving sense of 144
tension between freedom and 139–57
and workplace organizations 153
world citizenship and government 182–4
Ben-Gurion, David 60, 330, 331, 334–5, 336, 338, 340
Bengal 172, 173, 178–80
Bangladesh 180, 283, 399
famine 162–6, *165*, 171
inter-faith relations 171
Bennett, Louise 407
Bentley, Elizabeth 223–4
Beria, Lavrentiy 252
Berlin 20, 378
Berlusconi, Silvio 42
Bernal, J. D. 99
Bérubé, Allan 135
Betancourt, Rómulo 311, 312–13, 314, 320
Biaka Boda, Victor 295
bin Laden, Osama 43
Bint El-Nil, Egypt 122–4
biological research 93
Birmingham 104
Biuro Odbudowy Stolicy 104
Bjerkholt, Hans 139–43, *141*, 148, 149, 150, 155, 156, 425
black market 162, 170, 173, 258, 328
black people 133–5, *134*, 136, 244, 289–306
in Britain 409, 410–12, 414, 415
civil rights 135, 226, 290
conscripted into Allied armies 294
GIs 226, 290

Blitz 104, 105
Bogotá 317
Bohec, Jeanne 125
Bohr, Niels 85
Bolivia/Bolivians 316, 408
Bologna 103
bomb shelters 18
bombing 15–20, 21
  atomic 15–18, 23, 68, 69, 70, 71, 80, 204, 235, 242, 245, 396
  Blitz 104, 105
  British housing destruction through 103
  of German cities 18, 20, 21, 23, 58, 204, 390
  of Japanese cities by conventional bombs 396
  of Pearl Harbor 25, 220, 221
Borneo, North 282
Bosnia 5, 234
Boston, Lincolnshire 416
Botswana 295
Bourguiba, Habib 266
Bowker, Eric 299
Boy Scouts 154
Braden, Spruille 319
Brasília 111
Brazil
  banning of women's organizations 130
  and communism 318
  coup 318
  democracy 316–17
  European immigrants 408
  Federation of Brazilian Women campaigns 124, 128
  inflation 170
  and the UN 194
  universal suffrage 124
  workplace organizations 153
Brest 104
Breton, Denise 122
Bretton Woods conference 174–6, 177, 178, 222
Brexit 353, 355–8
Britain/the British
  American forces in 403
  American relationship 173
  anti-immigration sentiment 411–12
  armistice agreements 244
  Asian colonies 282–3
  and the Bengal famine 164
  black people in Britain 409, 410–12, 414, 415
  Blitz 104, 105
  Brexit 353, 355–8
  Britons spying for USSR 223
  Commonwealth Immigrants Act (1962) 412
  economy 173
  and the ECSC 352
  and the EEC 350
  end of colonialism and empire 397
  EU referendum 353, 355–8
  European Volunteer Worker scheme 404, 406
  food rationing and balanced diet 99, 167
  garden cities 106–7, 113
  Greater London Plan 113
  housing destruction 103
  and the IMF 175, 177
  immigration 154, 403, 404, 405–7, 409–12, 415–16
  and India 395, 397
  and Indonesia 276, 278–9
  inflation 170
  Irish labour in 404
  and Israel/Palestine 328, 332, 337, 342
  Jewish refugees in Britain 403
  Labour Party 342
  Lend-Lease aid from America 173
  and the Mau Mau uprising 300
  Merchant Navy 167
  and the Middle East 172, 328, 332, 337, 342, 382
  multicultural transformation 406–7
  National Health Service 404
  nuclear weapons 86
  Polish refugees in 404
  Polish Resettlement Act 404
  RAF 401, 402, 403
  and scientific research 93
  and Suez 193
  UK Independence Party 355, 356, 413, 416
  and the UN 190

Britain/the British – (*cont.*)
urban planning 104–5
and Vietnam 280
wartime call for unity *410*
Welfare State 404
'Westward Ho!' scheme 404
women's equality issues *127*, 128
British Army 32
Jewish Brigade 326
British task force, Falklands War 33
'Broadacre City' 108
Browning, Christopher 62
Broyard, Anatole 133
Brunei 282
Brussels airport terrorist attack 418
Buchman, Frank 187–8
Bulganin, Nikolai 94, 252
Bulgaria 223, 243
armistice agreements 244
Turks expelled from 344
Bulletin of the Atomic Scientists 84–5, 95–7
Burma 32, 162, 199, 265, 282, 290, 397
communist insurrection 283
Burundi 303
Bush, George W. 35

Calcutta 161, 163, 180
Calwell, Arthur 413
Cambodia 191, 280, 281, 399
Cameron, David 355
Cameroon 153
Camus, Albert 132, 183
Canada 164, 172, 191, 415, 416
Canadians spying for USSR 223
immigration 415
Caracas 311, 321
Caribbean 167, 407
Casanova, Laurent 120
Catholic Church 151, 154
persecution of priests by Soviets in eastern Europe 223
in Venezuela 312
Caux 142
cavity magnetrons 92
Cerf-Ferrière, René 122
Ceylon 163, 282, 283, 290
Chain, Ernst 91, 96
Chambers, Whittaker 224
Chandigarh 111
Chechens 250
Chile 234, 261, 262, 313, 318
China/the Chinese 36, 57, 66
anti-Japanese sentiment 42, 66
Bandung Conference invitation to People's Republic of 264
Chinese in Japan 396
Chinese merchants in Indonesia 275
Chinese minority in Malaya 283
civil war 225
communism and national unity 152
Communist Party 259
Curwen in China 257–60
decimation of generation of young men 382
displacement 391
economic power 194
Five Year Plans 116
Friends Ambulance Unit in 257, 260
Henan famine 166
homeless people 104
and Hong Kong 282
inflation 170
and the International Criminal Court 213
Japan's bacteriological warfare in 90
Japan's belief in superiority to 44
Kuomintang government–Communist conflict 257–9
Nanjing massacre 42, 58
nationalists in Taiwan 137
and North Korea 193
nuclear weapons 86
and propaganda 38
rebuilding, after war against Japanese 257–9
Red Army 225
and the UN 190
women's suffrage 124
Chirac, Jacques 31
Chittagong 162–3
Chittaprosad 161–2, *162*, 164–6, *165*, 179–80, *179*, *284*
Cho Man-sik 371
Choi Myeong-sun 365–70, 375–6, 377, 379, 425

Chosun Ilbo 375
Christian Democracy/Democrats 99, 110, 152–3, 310, 350
Christianity 151, 154
Church, Catholic *see* Catholic Church
Churchill, Winston 6, 8, 164, 200, 204
invoked during EU referendum 355
and Stalin 244
CIA 220, 234, 287, 319
city planning *see* urban planning
civil rights 7, 61, 137, 221, 291
black 135, 226, 290
Soviet violations 223
Truman's agenda 135
civil war
African widespread wars 304
Algeria 303
China 225
European and Asian countries in late 1940s on brink of 209
Greece 232
Guatemala 319
Israel 340
Korea 5, 33, 234, 236, 372–4
Lebanon 345
Mali 306
and the Mau Mau uprising 293–302
Nicaragua 319
Sierra Leone 306
Syria 345, 399–400
Ukraine 249, 386
Clinton, Bill 30, 40, 59
COC (Cultuur en Ontspanningscentrum) 135
Cold War 8, 208, 210
American dreams and Soviet betrayals 220–24
American military superiority display 245
and the American psyche 235
American reactions to Soviet provocations 224–8
arms race 85–6, 218, 236, 237, 239, 246–7
Europe's division into Soviet and Western 'spheres of influence' 243–4
human rights ignored in face of 'monster' of communism 320
and the Iron Curtain 8, 353, 378
Kennan's 'long telegram' 232
and Latin America 313, 318–20
and the Marshall Plan 177, 233–4, 245, 279
and McCarthyism 228–31
Non-Aligned Movement 263–5, 266
Red Scare 225, 227–31, *229*
and scientific collaboration 96
spy scandals 223–4
'us' and 'them' mentality 254
and Venezuela 313
and women 129–30
world polarization and the problem of neutrality 254–67
Collier's magazine 38
Colombia 153, 318, 408
colonialism 7, 32, 67, 135–6, 164, 166, 244, 397–8
in Africa 6, 66, 116, 167, 291–304
Britain's Asian colonies 282–3
and the Cold War 261
'colonization in reverse' 406–7, 416
'comfort women' and colonial slavery 66, 366–7, 370–71, 373, 375–6, *376*
decline of 8, 74, 76, 280–83, 303–4
and the end of empire 280–83, 394–8
French colonies 121, 168, 280–82, 294, 298, 395, 398, 407
immigration from the colonies 394–8, 405–9
in Indonesia 271–9
Middle East emancipation from 345
'neo-colonialism' 305
Portuguese colonies 283, 303–4, 398
post-colonial expulsions 394–8
and the UN 190–91
Colossus computer 92
Combat movement 121
'comfort women' 66, 366–7, 370–71, 373, 375–6, *376*
Commonwealth Immigrants Act (1962) 412
Communists/communism 2, 6, 8, 10, 47, 75–6, 102, 110, 117
American persecution of organizations seen as having communist links 130
in Burma 283

Communists/communism – (*cont.*)
and the Cold War *see* Cold War
collaboration with Nazis 140
collapse of eastern European communism 399
Comintern 140
'Communist bloc' formation 254
Communist Manifesto 192
Communist Party 111–12, 140, 142, 152, 161, 173, 179, 210, 223, 226, 243, 251, 259, 286–8, 318
conflation with Nazism as 'totalitarianism' 227
election rigging 244
expulsion from party, of Communists captured by Germans 250
fall of communism 65
Five Year Plans 116
in French Indochina 280–81
guerrillas' 'reign of terror' in Malaya 199–200
and India's poor *179*
Indonesian purge 287–8
insurgencies 232, 283, 285–6
and Korea in the 1950s 193
in Latin America 152, 310, 311, 313–14, 318
Madiun insurrection 285–6
and Malayan Emergency 282
and McCarthyism 228–31
and Meyer 219–20
and Moral Re-Armament 141–3, *141*
myths 73–4
as a 'new evil' 60
PKI 286–8
postwar fall of eastern and central European countries to rule by 225
propaganda 38, 88–9, *89*, 227
and the rebranding of 'fascism' 210
Red Scare in USA 225, 227–31, *229*
in Romania 152, 223
self-criticism in China 259
sexual equality dream 383
socialist urban planning 108–9
and UK's EU referendum 356
USA and international crusade against spread of communism 255
and Venezuela 310, 311, 313–14
and Vietnam's independence movement 280–81
and women's organizations 129–30
see also Soviet Union
community organizations 154–5
computer technology 92
concentration camps 59, 339, 390
Auschwitz *see* Auschwitz-Birkenau concentration camp
Dachau 197, 198
DDT use 92
Ebensee 198
Ferencz's investigation 197–8
guards 62
gulags compared to 227
human experiments in 205
inmate revenge on former SS guards 198
liberation from 145
Theresienstadt 3
in Ukraine 324
Confederación de Trabajadores de América Latina 317–18
Confederation of Workers of Venezuela 310–11
Congo, Democratic Republic of 407
Congrès Internationaux d'Architecture Moderne (CIAM) 106, 108, 110–12
Congress of American Women 130
Congress of Industrial Organizations 226
Copei political party, Venezuela 312
Coover, Harry 93
Costa, Lúcio 111
Costa Rica 318
Côte d'Ivoire 294–5
Creo, Leonard 25–8, *27*, 31, 33, 426–7
Crick, Francis 93
Crimea 193, 387
Taters 250
'crimes against humanity' 202
Croatia 344
Cuba 234, 262, 264, 265, 316–17, 320
coup 318
missile crisis 236
universal suffrage 124
and the USSR 193, 236
Curwen, Anthony 256–60, 262–3, 265, 420, 425

Cyprus 193, 264
Czechoslovakia/Czechs 8, 42, 52, 57, 73–4, 223, 388–9, 394–5
  airspace violations by American planes 245
  captured SS men 198
  Communist Party 152
  Czech government in exile, London 403
  Eurosceptics 354
  German expulsions 391–3, 394–5
  Lisbon Treaty rejection 353
  nationalization 115
  Soviet invasion 193
  uprising (1968) 353

Dachau concentration camp 197, 198
Daily Express 28
Daily Gleaner 401, 405
Daily Graphic 410
Daily Telegraph 356
Danish League of 1948 135
Darul Islam 286
Darwin 21
Davar 336
Davis, Garry 181–5, *183*, 187, 189, 191, 192, 347, 425
Dawaymeh massacre 341–2
DDT 91–2, 311
De Carlo, Giancarlo 100–103, *102*, 109–12, 113–15, 156
De Carlo, Giuliana 102
De Gaulle, Charles 41, 126, 352–3
Deir Yassin massacre 341
Delgado Chalbaud, Carlos 307–9, 312, 314–15, *315*, 316, 320–21, 323, 426
demobilization 145, 226, 248
democracy 134, 151, 223
  and Africa 304
  America as champion of 23, 233–4, 318
  American undermining of 319
  Christian *see* Christian Democracy/Democrats
  democratic freedom 221
  and the EU 76
  in Latin America 307–23, 426
  Norway's social democracy 143
  and the USSR 253, 254
demonization 37–51, 62, 248, 249–50
  of immigrants 356, 416–17, 418
  of the Japanese 41
denial 48–50
Denmark 260–61, 262, 350, 353
  Progress Party 412–13
Dimokratia 42
Dirksen, Reijn *351*
displacement 2–4, 5, 103–4, 344, 388–400, 422
  African 298, 303–4
  Chinese 391
  and Darul Islam 286
  displaced persons in Germany 137, 199, 391
  of eastern European ethnic German population 137, 199, 344, 389–90, 391–3, 394–5, 399
  employment of displaced persons 404–5
  ethnic cleansing on continental scale 393–4
  within families 389–90
  in French West Africa 298
  of Hungarians 344, 393, 394, 399
  with India's partition 283
  of Jews 391
  migration *see* immigration/migration
  of Poles 344, 386
  post-colonial expulsions 394–8
  Soviet mass deportation of civilians in eastern Europe 223
  see also refugees
Distomo 57
diversity
  in France 407
  and globalization 403–5, 406–7, 414
  multiculturalism 406–7, 414
  'Otherness' and the problems of identity and equality 129–32, 133, 136–8, 156 *see also* 'Otherness'/the 'Other'
  and the problem of minorities 133–6, *134*
  from refugees 401
divorce rates 226
Djilas, Milovan 243
DNA 93
Dominican Republic 244, 312, 317, 318
Dresden 18, 20, 21, 58
Drtina, Prokop 41
Du Bois, W. E. B. 133, 137
Durham 104

Dusseldorf 18
Dutch East Indies 166, 286, 395, 397–8
　and the birth of Indonesia 271–9
　see also Indonesia
Dutch People's Union 412

East Germany 108–9, 353, 399
East Java 287
East Timor 283
Ebensee concentration camp 198
Ebola 305–6
Eckert, J. Presper 92
economy, global 161–80
　and Bretton Woods 174–6, 177, 178, 222
　economic effects of the war 166–71, *169*
　and the IMF 174–5, 176–7
　inflation 168–71, *169*, 226
　and the International Bank for Reconstruction and Development 175–6
　and the ITO 176
　vision of controlled world economy 174–80
　winners and losers 171–4
Ecuador 316
education 311
Egypt 329, 340
　Bint El-Nil 122–4
　economy 172
　inflation 170
　'positive neutralism' 264
　strikes 298
　women 122–4, 127–8
Eichmann, Adolf 56, 60, 62, 338
　trial 56, 62, 338
Ein Yahav 330
Einsatzgruppen trial 205–6, *207*
Einstein, Albert 85, 95, 183, 186, *219*, 347
Eisenstaedt, Alfred 28
El Al 330
El Salvador 318
election rigging 244
Electronic Numerical Integrator and Computer (ENIAC) 92
Elle 126
Empire Windrush 405–6, 409
employment
　of displaced persons 404–5
　migration for 404–5, 407–16
　postwar changes 168
　wages 168, 296
　wartime women workers 122
　workers' rights 120
　workplace organizations 153
Enugu 298
Equal Remuneration Convention 128
equality 119–38
　gay *see* gay rights activists/movement
　minorities and the struggle for 133–6, *134*
　in pay 128
　in suffrage 124, 128
　war's effect in reducing inequality 173–4
　women's 121–9, *123*, *127*, 330, 383
Estonia 249, 250, 261, 387
Ethiopian famine 399
European Coal and Steel Community (ECSC) 350, 352
European Economic Community (EEC) 350
European nationalism 347–61
European Parliament 350
European Union (EU) 76, 351–8, 424
　Brexit 353, 355–8
　eastern European countries joining 353–4
　Europhiles 352, 353, 354, 355
　Eurosceptics 354, 355, 357
　'ever closer union' 151
　impotence 358
　and nationalism 351–8
European Volunteer Worker scheme 404, 406
Evatt, Herbert 182
evil 43–8
　of anti-Semitism 340 *see also* anti-Semitism
　and denial 48–50
　Germany seen as apogee of 339
　Holocaust as struggle between good and 62
　see also demonization
Exeter 104–5
existentialism 146–8

Falklands War 33
famine
　Bengal 162–6, *165*, 171
　Ethiopia 399

Henan 166
Kenya 296
Somalia 305
Soviet 248–9
wartime deaths from 166
see also starvation
Farage, Nigel 355
farmers 171, 173
Chinese farmers subjected to vivisection 45–6, 47, 48
on Gezira Scheme 298
quotas for 298
strikes 298
subsidies for mechanization 297
tensions between European landowners and African farmers 296
FBI 227, 228, 229–30
fear
of annihilation 252, 335, 339
of freedom 148–50
freedom from 221
and Islamic extremism 418–20
of the Japanese 290
of losing sense of belonging 416
of Mau Mau terror 299
paranoia *see* paranoia
postwar fear and unease 1–2, 7, 79–80, 422
Red Scare 225, 227–31, *229*
Soviet trauma and 241–2
Truman's appeal to American fears of communism 233
xenophobia 413, 414, 417–18
Federal Labour Administration, Germany 405
feminism 61, 121, 126, 128–9, 130, 132, 337, 377
Ferencz, Benjamin 194–8, *197*, 205–7, 212, 213, 425
'Fighting Cocks' 275
Filipinos *see* Philippines/Filipinos
Finland/Finns 262
expulsion of Finns from western Karelia 394
migration of Finns for employment 405
Fish, Hamilton 227
Fleming, Alexander 91
Flemish Block 413
Florey, Howard 91
Flowers, Thomas 92
food
balanced diet 99, 167
black-market 162, 170, 173
distribution disruption 166–7
famine *see* famine
rationing 99, 145, 163, 167
forced labour 168, 241, 276, 294, 296, 297–8, 370
Forces Françaises de l'Intérieur (FFI) 125–6
Foreign Affairs 255
Formosa 395
Forty Group (Anake a Forti) 291–2
Foulkes, S. H. 9
France/the French 57
colonies 121, 168, 280–82, 294, 298, 395, 398, 407
Combat movement 121
Communist Party 152
Davis in France 182, *183*
diversity 407
economy 172
and the ECSC 352
and the EEC 350
Forces Françaises de l'Intérieur 125–6
Free French 403, 404
Front National 412, 413
heroism 36
housing destruction 103
immigration 407, 415
Libération-Sud movement 121
London's French population 415–16
nationalization 115
navy 403
nuclear weapons 86
Office National d'Immigration 404–5, 407
postwar stalling of women's movement 125–7
railway trains lost 20
rebirth myth 75
referendum on European constitution 353
Resistance 57, 119–21, 122, 125–6, 198–9
and Suez 193
terrorist attacks 418
and the UN 190
Union of French Women 120, 124, 129

France/the French – (*cont.*)
wartime women workers 122
Women's International Democratic Federation 124
women's lead in rescuing Jewish children 121
franchise, women's 124, 128
Franck, James 83, 84
Franck Report 84
freedom
abdicated 428
American defence of democracy and 233–4
American undermining of 319
communist ideas of 285
democratic 221 *see also* democracy
elusive nature of 302–6
embracing 148–9, 156, 428
and existentialism 146–8
from fear 221
fear of 148–50
Indonesian *merdeka* 276–9, 285, 288
meanings of 146–50
myth of Allies as 'Freedom's warriors' 30, 34
nationalist ideas of 285 *see also* nationalism
postwar desire for 6–7, 147, 184, 422
Second World War as a struggle for 144–5, 149
of speech 145, 147, 221
tension between belonging and 138, 139–57
true value of 426
and Truman Doctrine 232–4
from want 221
of worship 147, 221, 426
Freedom Party, Austria 413
French Guinea 294
Frente Nacional Anticomunista 313
Freud, Sigmund 22, 37
Friedan, Betty 132
Friedman, Milton 117
Friends Ambulance Unit 256–7, 260
Frisch, Otto 95
Fromm, Erich 9, 148–50
Front Humain des Citoyens du Monde 187
Front National 412, 413
Gabon 264, 306
Galin, Boris 240
Gallegos, Rómulo 314
Gallico, Paul 182
Galtieri, Leopoldo 43
Gamow, George 95
garden cities 106–7, *107*, 108, 109, 110, 113
GATT (General Agreement on Tariffs and Trade) 176
Gaulle, Charles de 41, 126, 352–3
gay rights activists/movement 43, 135, 137
Gay Pride 136
Gaza Strip 344
detention camps 342
General Agreement on Tariffs and Trade (GATT) 176
'General China' *see* Itote, Waruhiu
genetics 93, 96
Geneva Convention 201
Genocide Convention, UN 210, 212
Georgia 193
Germany/Germans
anti-German propaganda 37, 38, 39, 40–41
Basic Law 399
bombing of cities 18, 20, 21, 23, 58, 204, 390
Catholic Church 151
decimation of generation of young men 382
displaced persons in Germany 137, 199, 391, 393, 399–400
East Germany 108–9, 353, 399
economy 172
and the EEC 350
ejection of eastern European ethnic German population 137, 199, 344, 389–90, 391–3, 394–5, 399
Federal Labour Administration 405
foreign-born population in 2013 Germany 415
German People's Union 412
homeless people 104
housing destruction 103
hyperinflation 170
Jewish survivor view as apogee of evil 339
massacres of Germans expelled from eastern Europe 393

Nazism *see* Nazis/Nazism
Norway invaded by 140
and the nuclear age 89
postwar anti-German sentiment 40–41, 42
rape of German women by Red Army 223
refugee policy 399–400
rehabilitation 40, 50
reparation payments to Israel 330–31
revengeful atrocities against Germans 198, 393
and Sephardi Jews 339–40
and Slovakia 389
Soviet invasion by 243
splitting of Germany 378
Stunde Null ('Year Zero') 75
and Syrian refugees 399–400
terrorist attacks in Germany 418
and the UN 191, 194
Volga Germans 250
Gerwis, Indonesia 122–4
Gezira Scheme 298
Ghana 153, 303
Giedion, Sigfried 104, 108
Giornale, Il 42
Girl Guides 154
Gliński, Piotr 359
globalization 401–21, 425
backlash 412–14
and diversity in western Europe 403–5
fear, freedom and 414–18
and immigration from the colonies 405–9
and the new 'Other' 418–20
and the *Windrush* generation 405–6, 409–11
and xenophobia 413, 414, 417–18
Goebbels, Joseph 20
Gold Coast, Africa 294, 298, 303
Goldberg, Leah 60
Goldhagen, Daniel 62
Goldsmith, Hyman 84
Gonnet, Marguerite 122
Gouzenko, Igor 223
government, world 181–95
UN *see* United Nations
Greater London Plan 113
Greece/Greeks 57, 209
Albanians expelled from Greece 344, 394
American support against communism 232–3
civil war 232
economy 172
and the EEC 350
election rigging 244
expulsion of Albanian Chams 394
famine 166
shipping losses 20
women's suffrage 124
Green, William 227
Greer, Germaine 132
Groene Amsterdammer 38
Gromyko, Andrei 85, 222
Gropius, Walter 105
Guatemala 234, 262, 316, 319, 320
coup 318, 319
gulags 227, 250, 252
Gutschow, Konstanty 104

Haayen, Maria 29
Haboker 336
Haganah 337
Hague Convention 201
Haiti 234
Hamburg 18, 23, 104
Hanson, Pauline 414
Harlow 113
Harriman, Averell 222
Hatta, Muhammad 274, 277, 278, 286
Hayek, Friedrich 116–17
Hebrew 334
Hedwig 388, 391
Heidegger, Martin 147–8
helicopters 90–91
Hendel, Yehudit 335–6
heroism 25–36, 62–3, 90, 122, 233, 423
hero fighting/vanquishing the monster 28, 36, 77, 423
Holocaust survivors as heroes 62, 338
Indonesian 'Heroes Day' 278
Israel as nation of heroes 60, 328–32
Het Parool 238
Heydrich, Reinhard 57

Hilberg, Raul: *The Destruction of the European Jews* 61
Hindus 137, 171, 283
Hirohito 68, 70, 208
Hiroshima 15–18, 23, 58, 84, 86, 204, 235, 242, 245, 396
Hiss, Alger 224
Histadrut 331, 334
Hitler, Adolf 43, 50, 190
  American conflict situation invocations of 228
  Mein Kampf 228
  Stalin compared to 227
Ho Chi Minh 280, 285
Hochschild, Arlie Russell 417
Hollywood blacklists 228
Holocaust 20, 39, 59, 332, 339
  American portrayals 61, 63–4, 67
  Hall of Names, Yad Vashem *56*
  history studies 61
  invoking of 340–41, 342–3
  and Jewish identity 55–7, 67, 136
  and Nuremberg *see* Nuremberg trials
  and Sabras 337–8
  sacralization 63–5
  'story' 61
  as struggle between good and evil 62
  survivors 59–60, 62–3, 64–5, 335, 336, 337, 338
  UN 2005 commemoration day 66
  and victimhood 55–7, 59–67
Holocaust (American TV miniseries) 61
homelessness 104, 240, 396
  see also displacement
Honduras 318
Hong Kong 199, 282, 407
Hoover, J. Edgar 227
House Un-American Activities Committee 130, 224, 230
housing
  architecture *see* architecture
  destruction 103
  high-density in postwar Poland *111*
  in Israel 331
  Japanese 396
  slum clearance 105, 112
  Soviet 240, 384
  standardization 110–11, *111*, 113, *114*
  Venezuelan 311
Howard, Ebenezer, garden cities 106–7, *107*
Hu Jintao 21
Hull, Cordell 189
human rights 11, 108, 244, 420
  enforcement issues 210–12
  gay rights 43, 135, 137
  peasants' rights 120
  records ignored during Cold War 320
  Soviet violations 223, 244
  Universal Declaration of Human Rights 124–5, 129, 137, 210
  women's rights 120, 124–5, 128–9, 130, 137, 194
  workers' rights 120
  see also civil rights
Human Rights Watch 342
Hungary
  armistice agreements 244
  Communists 152, 208
  displacement of Hungarians 344, 393, 394, 399
  Fidesz political party 413
  hyperinflation 170
  Jobbik political party 56, 413
  Muslim refugee refusal 418
  revolution of 1956 399
  and Romania 394
  and Slovakia 389
  Smallholders Party 152
  Soviet invasion 193
  Soviet postwar occupation 243
  state control 115
  and the UNHCR 399
  uprising (1956) 353
hydrogen bomb 237
hyperinflation 170

Iceland 172
Illustrated Weekly of India 88
IMF *see* International Monetary Fund
immigration/migration
  anti-immigration sentiment 356, 411–14, 416–17, 418
  to Australia 413–14, 415

to Britain 154, 403, 404, 405–7, 409–12, 415–16
from the colonies 394–8, 405–9
Commonwealth Immigrants Act (1962) 412
demonization of immigrants 356, 416–17, 418
economic/work-related 296, 400, 404–5, 407–16
European, to Latin America 408
to France 407, 415
and globalization 401–21
Jewish, to Israel 328, 331, 332–6, 337, 347
mass migration 417, 419
Office National d'Immigration (ONI) 404–5, 407
Syrian 399–400
West Indian, to London 409
and xenophobia 413, 414, 417–18
India 74, 94–5, 161–6, 187
Bengal *see* Bengal
British in 395, 397
and the Cold War 261
Communist Party 161, 179
economy 172
independence 282, 290
Indian soldiers killed by Indonesians 278
India's poor and the world economy *179*
and the International Criminal Court 213
Muslims 137, 283
non-alignment 263
nuclear weapons 86
and Pakistan 283, 344, 378
partition 283, 344, 378
and the UN 194
Indochina, French 280–82
Indonesia 74, 122, 135–6, 151, 271–9, 347
banning of women's organizations 130
birth of 271–9
Communist Party 286–8
communist purge 287–8
and the Dutch 166, 272, 276–7, 278–9, 286, 397–8
forced labour 276
Gerwis 124
'Heroes Day' 278
and the Japanese 122, 272–5, 276, 277
Madiun insurrection 285–6
martial law 286
merdeka (freedom) 276–9, 285, 288
National Army 285
New Order 285–8
non-alignment 263
polygamy 128
Women's Movement 287
women's suffrage 124
industrial action 153, 226, 249, 283, 297, 298, 313
industrialists 115, 171, 205
inflation 168–71, *169*, 226
Ingush 250
Initiatives of Change 143
insecticides 91–2, 311
Institute of the World Economy and World Politics 250
International Bank for Reconstruction and Development 175–6
International Committee for Sexual Equality 135
International Criminal Court 212–14
International Labour Organization 128
International Monetary Fund (IMF) 174–5, 176–8, 213–14
International Refugee Organization (IRO) 398
International Trade Organization (ITO) 176
Iran 56, 170, 172, 234, 340, 345, 378
Iran–Iraq War 345
Iraq 172, 193, 234, 333, 340, 399
invasion of Kuwait 345
Iran–Iraq War 345
and Islamic extremists 419
Ireland/the Irish 261
and the EEC 350
employment in Britain 404
Iron Curtain 8, 353, 378
Isaacs, George 409
Islamic State 419
Islamism
Darul Islam 286
extremism 418–20
solidarity in expressing hatred of Israel 345
isolationism 186

Israel 56, 58, 60, 137, 324–46
Arab–Israeli War 56, 326, 329, 341–2, 344, 378
and the Arab 'Other' 339–41
and Britain 328, 337, 342
civil war (1948) 340
creation of 329–30
detention camps in Gaza 342
'Generation of 1948' 331–2, 335–6
global anti-Israel sentiment 342
hatred of Israel used by governments as distraction 345
housing 331
international community and the Arab–Israeli conflict 343–6
and the International Criminal Court 213
Iraq attack on 340
Islamist solidarity in expressing hatred of 345
Jewish immigrants 328, 331, 332–6, 337, 347
and the Jewish 'Other' 332–6
language issues 334
Law of Return 332
Lebanon invaded by 340
Mapai political party 331, 335, 336
as nation of heroes 60, 328–32
as nation of monsters 341–3
as nation of perpetrators 342
as nation of splits 343–6
as nation of victims/martyrs 337–9, 340–41
nuclear power and weapons 86, 330
occupation of West Bank and Gaza strip 344
reparation payments from Germany 330–31
Sabras 331–2, 333, 335, 337–8
Sinai Campaign 340
Six-Day War 339, 340, 342
and the UN 329, 378
union organization 331, 334
and the USA 86, 345
Yom Kippur War 56, 339, 340
Zionism *see* Zionism/Zionists
Ita, Eyo 188
Italy
city destruction 103
Communist Party 152
court sentencing of Fascists 208
displacement of Italians 344
and the EEC 350
expulsion of Italians from Yugoslavia 394
heroism 36
Ina Casa estates 114
and Libya 303
migration of Italians for employment 405
modern architecture 112
National Liberation Committee (CLN) 102
Northern League 413
peace treaty 303
peasant republics 137
postwar treatment of Fascists 199
propaganda 37
road network 103
women members of Resistance 121, 126
women's suffrage 124
Itote, Waruhiu 289–93, 297, 301–2, *302*, 323, 420
Ivory Coast 294–5

Jackson, Robert 204
Jacobs, Jane 112
Jakarta 271, 273, 274, 279
Jankowski, Stanisław 104
Japan/the Japanese
atomic bombings 15–18, 23, 68, 69, 70, 71, 84, 86, 204, 235, 242, 245, 396
baby boom 385
bacteriological warfare in China 90
belief in superiority to China 44
Burma invaded by 162
Chinese anti-Japanese sentiment 42, 66
Chinese in 396
collaboration with 209, 282
collapse of empire and expulsion/repatriation of Japanese 395–7
decimation of generation of young men 382
demonization of the Japanese 41
destruction of cities by conventional bombing 396
economy/economic power 41–2, 72, 172
famine 166

fear of the Japanese 290
French Indochina invaded by 280
homeless people 104
housing 396
Huk resistance against Japanese rule in Philippines 121
and Indonesia 122, 272–5, 276, 277
Japanese medical staff vivisections and murders of Chinese farmers 45–6, 47, 48
Japanese soldiers in postwar Hong Kong 199
Kempeitai 44, 272, 277
and Korea 41, 66, 365, 366–8, 370, 371, 373, 374–7, *376*, 395, 396–7
merchant fleet 167
Nanjing massacre 42, 58
nuclear technology 89
organizations calling for world government 187
Pearl Harbor bombing 25, 220, 221
postwar anti-Japanese sentiment 41–2, 58
postwar relations with America 41–2, 371
postwar transformation 71–2
and propaganda 37, 38, 39, 40–41
rape by Japanese military 366–7
rehabilitation 40, 71
social planning 116
suspected Japanese war criminals in Manchuria 199
Thailand invaded by 261
Tokyo tribunals 200, 201, 203, 204
and the UN 194
unconditional surrender 245, 274
war crime indictments for Japanese 209
women's suffrage 124
Java 272, 275, 276, 279
East 287
West 286
see also Indonesia
Jebb, Sir Gladwyn 191, *256*
Jerusalem 327, 330, 338
Jews
American Jewish Committee 227
anti-Semitism *see* anti-Semitism
assimilation and perception 136
of the Diaspora 327, 333, 335, 337–8, 342
fighting in Second World War 328
Holocaust survivors 59–60, 62–3, 64–5
Israel and the Jewish 'Other' 332–6
Jew as 'quintessence of man' 61
Jewish identity and the Holocaust 55–7, 67, 136
refugees 328, 391, 403
reparation payments from Germany 330–31
Resistance movement in Palestine 328–9
Sabras 331–2, 333, 335, 337–8
Sartre on French Jews 133
Sephardi 339–40
Soviet 251–2
Ukrainian 386
victimhood and martyrdom 52–6, 58–67, 337–9
women's lead in rescuing Jewish children 121
Yishuv (community in Palestine) 328–9, 333–6, 337–8
Zionist *see* Zionism/Zionists
see also Israel
Jobbik political party, Hungary 56, 413
Johnson, Boris 356, 415–16
Johnson, Lyndon B. 33
'Great Society' 116
Jones, Arthur Creech 409
Jones, Claudia 411
Jordaan, L. J. *39*
Jordan 329, 419
justice 6, 132, 189
International Criminal Court 212–14
military tribunals 200–205
after military tribunals 205–10
social 117
summary 198–200

Kafr Qasim massacre 342
Kakembo, Robert 295
Kalimantan 275
Kalmyks 250
Kaltenborn, H. V. 227
Karelia 243, 394
Karen people 283
Karpf, Anne 55
KAU (Kenya African Union) 291, 292

Kazakevich, Emmanuil 146
Kazakhstan 385
Keller, Helen 70
Kempeitai 44, 272, 277
Kennan, George 191, 243, 255
  'long telegram' 232
Kennedy, John F. 33
Kenya 153, 171, 289–302, 303, 347
  cities 296
  civilian experience 296–7
  class consciousness 297
  Home Guard 300, 301
  Lari massacre 300
  Mau Mau uprising 293–302
  National Youth Service 302
  state of emergency declared 298–9
  tensions between European landowners and African farmers 296
Kenya African Union (KAU) 291, 292
Kenyatta, Jomo 291, 292–3, 299, 301
Keynes, John Maynard 99, 174, 175
Khachaturian, Aram Il'yich 250
Kharkov 103, 240
Khmer Rouge 281
Khrushchev, Nikita 245, 252, 384
kibbutzim 328, 330
Kierkegaard, Søren 147
Kiev 103, 240
Kikuyu tribesmen 292, 299, 300, 301
  reserves 296
  see also Itote, Waruhiu
Kim Il-sung 372, 374
Kim Ku 375
Kimathi, Dedan 293, 301
Kinderlandverschickung (KLV) 389
Kindertransport 2
King, Martin Luther Jr *134*
King, Sam 401–3, *402*, 404, 405–6, 409–12, 419, 420
Kiseleva, Evgeniia 380–81, 382, 384–5, 387, 425
Kiseleva, Gavriil 380–81, 382
Knight, Frank 117
Korea 365–78
  American troops in 370–71
  and the Cold War 261
  'comfort women' 66, 366–7, 370–71, 373, 375–6, *376*
  Communist aggression in the 1950s 193
  culture of martyrdom 376, 378
  and Japan 41, 66, 365, 366–8, 370, 371, 373, 374–7, *376*, 395, 396–7
  Korean War 5, 33, 234, 236, 372–4
  North 86, 193, 372, 373, 374, 377, 378, 395
  South 58, 172, 372, 373, 374, 375, 376–7, 378
  Soviets in 370, 371–2, 376–7
  trauma and powerlessness 369–72
  UN debate *256*
  and the USA 33, 370–71, 374, 375
  women's suffrage 124
  Women's Volunteer Corps 366, 370
Kosovo 234
Krefeld 18
Kubai, Fred 291
Kulka, Otto Dov 52–6, *54*, 63, 65, 425
Kuwait 193
  Iraqi invasion 345
  women's suffrage 128
Kwaśniewski, Aleksander 353–4

labour, forced 168, 241, 276, 294, 296, 297–8, 370
Lamarr, Hedy 93
Lane, Arthur Bliss 222, 228
Lanzmann, Claude: *Shoah* 61
Lao Issarak movement 280
Laos 280, 281
Lari massacre 300
Latin America 67, 99, 124, 153, 167, 234, 261, 262
  and the Cold War 255, 313, 318–20
  and communism 152, 310, 311, 313–14, 318
  democracy 307–23, 426
  military coups 307–9, 314–15, 316, 318, 320–21, 322
  Non-Aligned Movement 264
  postwar transformations 407–8
  and the problems of being a unified nation 322–3
  repression and its price 319–23
  shaping of events by Second World War 315–19, 322

trade unions 154, 310–11, 312, 313, 317
urbanization 317
and the USA 313, 318–20
see also specific countries
Latvia 249, 250, 261, 354, 387
Laurence, William 87
Lavender Scare 135
Lavon, Pinhas 333
law, criminal 196–214
and 'crimes against humanity' 202
military tribunals 200–205
and postwar summary justice 198–200
quest for world criminal law 210–14
Law and Justice Party (PiS, Poland) 359, 413
Le Corbusier 101, 102, 104, 105–6, 109, 110, 111, 317
League of Nations 191, 193
Leahy, William D. 227
Lebanon 329, 340, 345
Leclercq, Françoise 119–21, 125, 132, 156
Lend-Lease aid 173, 245, 296
Leningrad
Communist Party 251
intelligentsia 250
Lerner, Abba P. 85
Lerner, Max 88
Levi, Primo 61
Levinas, Emmanuel 152
Levittown, Pennsylvania *114*
Levy, Yvette 32
Libération-Sud movement 121
Libya 303
Lidice massacre 57
Life magazine 28
Lifton, Robert Jay 55
Lisbon Treaty 350, 353
Lithuania 249, 250, 261, 344, 387, 394
Lleras Camargo, Alberto 190
Llovera Páez, Luis Felipe 315
Lodge, Henry Cabot Jr *256*
London 402, 403, 404
Greater London Plan 113
immigrants 409, 411, 415–16
Notting Hill 411
Southwark 411
terrorist attack of 2005 418
London Charter 202
Lorient 104
loss 380–87
and demographic upheavals 384–5, 398 *see also* displacement
lost identities 385–7
of love 380–81
personal loss and its effects 381–4
Low, David *203*
Lübeck 104
Lumumba, Patrice 305
Luxembourg 260–61, 262
and the EEC 350
Lydda 341
Lysenko, Trofim 96, 238

Maastricht Treaty 353
Macau 283
Machcewicz, Paweł 359, 360
Madiun 285–6
Madrid train bombing 418
malaria 311
Malaya/Malaysia 32, 41, 199–200, 209, 397
Chinese minority 283
formation of Malaysia 282
independence of Malaya 282
Malayan Emergency 282
Malenkov, Georgy 249
Mali 306
Mallaby, Aubertin Walter 278
Malta, women's suffrage 124
Manchuria 199, 395
Manga 38
Manhattan Project 83, 87, 99
Manila 18, 32, 201
Manley, Michael 266
Mann, Thomas 186
Mapai political party, Israel 331, 335, 336
Maracay air base 315
Marie-France 126
marketing boards 297
marriage age 385
Marshall, George 227, 233–4
Marshall Plan 177, 233–4, 245, 279
martyrdom *see* victimhood and martyrdom
Marx, Karl: *Communist Manifesto* 228
Marzabotto 57
Masaaki Noda 49

Masaryk, Jan 223
Mathenge, Stanley 293
Mathu, Mohamed 304
Matthews, Francis P. 227
Mau Mau uprising, Kenya 293–302
Mauchly, John 92
Mauldin, Bill 224
Mbadiwe, Kingsley Ozumba 6
McCarthy, Joe 225, 230
McCarthyism 228–31
McCloy, John J. 207
Meany, George 227
mechanization 417
medicine 91
Medina Angarita, Isaías 307–8, 315
Meerloo, Abraham 235
Meiklejohn, Dorothy 299
Meiklejohn, Ian 299
Melik, Sayuti 272–3, 274, 276
Meloncelli, Nerena 301
Mendel, Anneliese 388, 390
Mendel, Dittmann 390, 400
Mendel, Emil 388, 389
Mendel, Ernst 388, 389
Mendel, Maria 388, 389–90
Mendel, Mathias 388–90, *389*, 391, 395, 398
Mendel, Richard 388, 389
Mendel, Willi 388, 389
Mengele, Josef 90
Menuhin, Yehudi 183
Mérida 312
Merkel, Angela 42, 354, 400
Mexico/Mexicans 317, 320, 407
  wall between USA and Mexico 417
Mexico City, university campus 317
Meyer, Cord 217–20, *219*, 221, 224, 226, 229–30, 235, 347, 425
microwaves 92
Middle East
  British in 172, 328, 332, 382
  denied neutrality 261
  displacement 5
  hatred of Israel used by governments as distraction 345
  independence/nationalist struggles 74, 153
  Muslim Brotherhood 153
  and the Truman Doctrine 233
  and the UN 193
  women's suffrage 128
  see also specific countries
Mikołajczyk, Stanisław 223
Milan 101, 102, 103
military tribunals 200–205
Miller, J. Howard, wartime poster *123*
Millett, Kate 132
Milošević, Slobodan 43
minorities, struggle for equality 133–6, *134*
Minsk 103, 240
Mises, Ludwig von 117
Mitsubishi 72
Mitsui 72
modernism, architectural 108, 110–12
Moi, Toril 132
Moldova 243, 250, 387
Molotov, Vyacheslav 222, 243, 246, 249
Mombasa 296
Monnet, Jean 99
monsters
  and the acknowledgement of crime 48–50, 427
  the communist 'monster' 320
  demonizing myths of 36, 37–51, 62, 205, 210
  and heroes 28, 36, 77, 423
  Israel as nation of 341–3
  scientists as 90
  the West as monster 305
Mont Pelerin Society 117
Montevideo 67
Montreux 187
Moorehead, Alan 29
Moral Re-Armament (MRA) 141–3, *141*, 150, 154–6, 187–8
Morgenthau, Henry J. 85
Morocco 298, 303, 340
  Moroccans migrating to France 407
Morris, Benny 342
Moscow 140, 236, 240
Movimento di Unità Proletaria 101
Mozambique 298, 303–4, 305, 398, 407
Mugabe, Robert 305

Nazis/Nazism – (*cont.*)
and Nuremberg *see* Nuremberg trials
postwar treatment of suspected Nazis and captured SS men 198
registered members in Germany at end of war 208
and revengeful atrocities against Germans 198, 393
slave-labour 39
and UK's EU referendum 356
in Vienna 2
and war crime military tribunals 200–205
Nehru, Jawaharlal 74, 79–80, *179*, 263
Netanyahu, Benjamin 340
Netherlands
COC 135
de-Islamification call by Wilders 418
dismantling of Dutch empire 397–8
Dutch People's Union 412
Dutch queen and administration in London 403
economy 172
and the EEC 350
famine 166
heroism 36
immigration 415
and Indonesia *see* Dutch East Indies
Indonesian defence against Dutch 122
Jordaan's depiction of Nazi invasion *39*
liberation of 29
memorial to Dutch war dead in Amsterdam *57*
and NATO 261
neutrality 260–61
and the nuclear age 89–90
Party for Freedom 418
rebirth myth 75
referendum on European constitution 353
'return' of Dutch nationals 407
Netherlands Antilles 407
Netherlands East Indies *see* Dutch East Indies
Neue Berliner Illustrierte 94
neutrality/neutral countries 124, 172, 255
Non-Aligned Movement 263–5, 266
spirit of Bandung 151, 264
world polarization and the problem of neutrality 254–67
New York Herald Tribune 224
New York Times 87, 186, 238, 372
New York Times Magazine 19, 42
New Yorker 86, 183
New Zealand 187, 385
immigration 415
Newman, Oscar 112
Nicaragua 312, 317, 318, 319
Niebuhr, Reinhold 85, 227
Niemeyer, Oscar 111
Nietzsche, Friedrich 147
Nigeria 153, 168, 294, 297–8
Nippon Steel 72
Nixon, Richard 43
Nkrumah, Kwame 305
NKVD 227–8
Noda Masaaki 72
Non-Aligned Movement 263–5, 266
North Africa 5, 32, 74, 153, 183, 328, 333, 336, 407, 409
North Atlantic Treaty Organization (NATO) 261–2, 352
North Borneo 282
North Korea 86, 193, 372, 373, 374, 377, 378, 395
Northern League, Italy 413
Norway 139–43, 260–61
Communist Party 140, 142
German invasion of 140
heroism 36
and NATO 262
navy 403, 404
Progress Party 412–13
Nossack, Hans Erich 18, 23
nostalgia 145–6
Notting Hill 411
Novick, Peter 63–4
nuclear power and technology 83–90, 94, 99
Israel 330
myth of the atomic scientist 95
see also atom bomb
nuclear research benefits 93
nuclear weapons
arms race in 85–6

atom bomb *see* atom bomb
cartoon of nuclear diplomacy *246*
hydrogen bomb 237
Soviet 85, 88–9, 236, 237, 246–7
Nuremberg trials 200, 201, 202–3, *203*, 213
Einsatzgruppen case 205–6, *207*
for professionals 205–8
Nyerere, Julius 178, 305

Obama, Barack 355
Odessa 103
Office National d'Immigration (ONI) 404–5, 407
Ogura Toyofumi 15–17, *17*, 23
oil
Gulf *246*
Israel 331
Venezuela 311, 313, 317, 408
One Nation political party, Australia 414
Oppenheimer, J. Robert 22, 85, 95, 96, 97
Oradour-sur-Glane 57
Organización Militar Anticomunista 313
Orwell, George 360
Osaka 396
Osservatore Romano 18
Ota Yoko 16–17, 18
'Otherness'/the 'Other'
and assimilation 419–20
globalization and the new 'Other' 418–20
Israel and the Arab 'Other' 339–41
Israel and the Jewish 'Other' 332–6
and the problems of identity and equality 129–32, 133, 136–8, 156 *see also* equality
woman as 'Other' 129–32

pacifism 256–60, 425
Pak Duri 370–71
Pakistan 187, 264, 283
ejection of Hindus 137
and India 283, 344, 378
nuclear weapons 86
Palestine 172, 326, 328, 332
conflicts with Israelis *see* Israel
occupation of West Bank and Gaza strip 344
splitting of 378
Yishuv (Jewish community) 328–9, 333–6, 337–8 *see also* Israel; Zionism/Zionists
Palmach 335
Pappé, Ilan 342
Paraguay/Paraguayans 244, 408
paranoia
American 227, 228, 252
and hemispheric unity 319
Soviet 232, 243, 252
Venezuelan 313
parent–teacher associations 154
Paris 119, 120
Davis in 182, *183*
liberation of 29, 146–7
student demonstrations 61
Women's International Democratic Federation 124
Park Chung-hee 374
Pearl Harbor 25, 220, 221
Peasant Federation of Venezuela 311
peasant republics, Italy 137
peasants
exploitation of 297
revolts 298
Peasants Party, Romania 152
penicillin 91, 96
Pérez Jiménez, Marcos 313, 315
Perón, Juan 312
Peru 313, 316, 318
APRA 318
Petkov, Nikola 223
Philadelphia Daily News 43
Philippines/Filipinos 20, 32, 41, 187, 201, 234, 407
economy 172
famine 166
Huk resistance against Japanese rule 121
photon rockets 94
Picture Post 88
PKI (Communist Party of Indonesia) 286–8
plastics 93
Plymouth 105, 403
Pol Pot 281
Poland/Poles 56, 65–6, 209
and the abuse of history 358–61
in aftermath of war 103

Poland/Poles – (*cont.*)
air force 403
annexation by USSR 404
destruction in Poland 103
displacement 344, 386, 394
and the EU 353–4
expulsion from Poland of Germans and Ukrainians 393–4
expulsion of Poles from Ukraine 394
famine 166
heroism 36
high-density postwar housing *111*
inflation 170
Law and Justice Party (PiS) 359, 413
nationalization 115
Polish government in exile, London 403
Polish Resettlement Act, Britain 404
postwar treatment of suspected Nazis 198
refugees in Britain 404
revengeful atrocities against Germans in Poland 393
Second World War museum 358–60
seminary admissions 151
Soviet 1939 attack 204
Soviet postwar occupation 243
Supreme Court 360
Ukrainian civil conflict with Polish minority 386
Ukrainian expulsion from Poland 393–4
and the UN 244
uprising against Soviet power 353
Warsaw and Polish martyrdom 57–8
women members of Home Army 121
polio 335
polygamy 128
Portugal 262, 407
colonies 283, 303–4, 398
and the EEC 350
migration of Portuguese for employment 405
neutrality 261
women's suffrage 124
post-traumatic stress disorder (PTSD) 368–9, 383–4
Postoloprty massacre 393
Powell, Enoch 412, 414
powerlessness 369–72, 377
Prague 2, 3, 391–3
Prigent, Robert 126
Prokofiev, Sergei 250
propaganda
American 318
and demonization 37–51, *39*
Soviet 38, 88–9, *89*, 227
Protestantism 151
PTSD *see* post-traumatic stress disorder
Puerto Cabello 315
Puerto Ricans 407
Pugwash Conferences 96
Putin, Vladimir 21, 36
Putnam, Robert D. 153–5

Qaeda, al- 419
Quanzhou 170

Rabinowitch, Eugene 83–6, *85*, 95, 97, 98, 156, 425–6
radar 93
Rădescu, Nicolae 223
radiation sickness *17*, 69
rape
in Algeria 303
of German women by Red Army 223
of Indonesian women by Japanese soldiers 276
of Korean 'comfort women' by Japanese military 66, 366–7, 370–71, 373, 375–6, *376*
Soviet rape of South Korean women 376–7
Rasmus, Robert 40
rationing 99, 145, 163, 167
Reagan, Ronald 33–4
rebirth, myth of 68–77, 79
global/international 75–7
national 72–5
redemption and 67
Red Army, Chinese 225
Red Army, Soviet 223, 243, 383, 389, 390
demobilization 248
in Ukraine 325
refugees 1, 5, 8, 194, 344, 388–400, *392*
Australian offshore housing 414
and displaced people in Germany 137, 199, 391, 393, 399–400

and diversity 401
Jewish 328, 391, 403
Muslim 418
Syrian 399–400, 418
Regional Planning Association of America (RPAA) 106
Reid, Escott 191
religion 151, 154
Catholic *see* Catholic Church
freedom of worship 147, 221, 426
inter-faith clashes 171, 283
Protestant 151
see also Hindus; Muslims; Sikhs
Reves, Emery 186, 189, 191–2, 347
Rhee Syngman 372
Rhodesia 168
Southern 153, 298, 303
rights *see* civil rights; human rights
Rio Treaty 262
Robbins, Lionel 117
rocketry 91, 94
Rol-Tanguy, Henri 120
Roman Catholicism *see* Catholic Church
Romania 115, 208
Allied Control Commission members from Britain and the US in 222–3
armistice agreements 244
Communist Party 152, 223
and Hungary 394
inflation 170
Peasants Party 152
Soviet postwar occupation 243
Rome, pilgrims to 151
Rome, Treaty of 350
Roosevelt, Eleanor 129
Roosevelt, Franklin D. 6, 38, 176, 204
four freedoms 221
and Stalin 222
Röpke, Wilhelm 117
Rosenberg, Ethel 224
Rosenberg, Julius 224
'Rosie the Riveter' 122
Rossi, Ernesto 348–9
Rotary clubs 154
Roth, Alfred: *Die Neue Architektur* 102
Royal Air Force (RAF) 401, 402, 403
Ruck, Esme 299
Ruck, Michael 299
Ruck, Roger 299
Russell, Bertrand 85
Russia 36, 194, 251
Crimea annexed by 193
famine 166
Georgia invaded by 193
resurgence 358
Soviet promotion of Russian art, philosophy and science 251
Rwanda 191, 212–13, 303, 399

Sabras 331–2, 333, 335, 337–8
Sack, John 62
Saddam Hussein 43, 193, 340
Sadeh, Yitzhak 335
Saigon 280
Sakharov, Andrei 236–9, *238*, 240, 248, 251, 252–3, 425–6
'Reflections on Progress, Peaceful Coexistence, and Intellectual Freedom' 238–9
San Francisco UN conference 189, 191, 217–18, 244
Sand, Georgina 1–5, 6, 7–8, 11, 403, 420, 428
Sand, Walter 1, 7, 8
Sao Paolo 313
Sarawak 282
Sarpsborg 139
Sarrazac, Robert 187
Sartre, Jean-Paul 9, 61, 88, 133, 146–8, 149–50, 155, 183, 420
Saudi Arabia 264, 419
Scandinavia 41
new towns 114
see also specific countries
Schindler's List 61
Schmitthenner, Paul 104
Schwarzenberg, Karel 42
Schweitzer, Albert 183
science 83–98
aeronautical engineering 90–91
biological research 93
Cold War collaboration 96
computer technology 92
disease prevention 91–2
genetics 93, 96

science 83–98 – (*cont.*)
and hopes of a better world 6, 87–98
and household innovations 92–3
interaction with society 96–8
medicine 91
Nazi experiments on people 39, 43, 205
and nuclear power 69, 83–90
nuclear research 93, 237
polarized views on 87–90
politicization of 96
Pugwash Conferences 96
rocketry 91, 94
'scientists movement' 97–8
spread spectrum technology 93
triumphalism and morality 97–8
SEATO 262
Second World War
and the abuse of history 358–61
and the American psyche 235
apocalyptic dimension 15–21, 23, 241
atmosphere 7
and belonging *see* belonging
bombing *see* bombing
civilian participation 5
and cultural memories during UK's EU referendum 355–6
decimation of generation of young men 382
displacement *see* displacement
and evil *see* evil
fatality numbers 5, 21–2
fear and unease following 1–2, 7, 79–80
flashbacks to 374–7
freedom desired after 6–7, 147, 184, 422
see also freedom
images 18–19, 22, 28
and the Indonesian New Order 285–8
international response to humanitarian crises resulting from 398–9
Jewish fighters in 328
and justice *see* justice
loss resulting from *see* loss
as a moral war 98
mythology of *see* myth
nationalism arising from *see* nationalism
nostalgia following 145–6
postwar baby boom 385
PTSD as result of 368–9, 383–4
and the seductiveness of destruction 22–3
as a struggle for freedom 144–5, 149
total mobilization 5, 144
trauma resulting from *see* trauma
uniting in a cause 144
and the world economy *see* economy, global
and world government 181–95, 218 *see also* United Nations
and world law *see* law, criminal
Segev, Tom 334
Sen, Amartya 166
Senegal 264, 298
Seoul 365, 367, 370, 375, *376*
Sephardi Jews 339–40
Sert, José Luis 108
Sétif massacre 303
sexual equality 135
see also gay rights activists/movement
sexual slavery 66, 366–7, 370–71, 373
sexual trauma 366–8
see also rape
Shanghai 170
Sharon, Ariel 340
Sharp, Thomas 104–5
Shavit, Ari 342, 343
Shawcross, Sir Hartley 201
Sheen, Fulton J. 227
Shlaim, Avi 342
Shoah 61
Shockley, William 96
Shostakovich, Dmitri 250
Sierra Leone 306
Sihanouk, Norodom 280
Sikhs 283
Simonov, Konstantin 248
Singapore 32, 41, 282, 397
Single European Act 350, 353
Six-Day War 339, 340, 342
slavery
'comfort women' and colonial slavery 66, 366–7, 370–71, 373, 375–6, *376*
slave-labour 39
Slovakia 344, 388–9, 393, 395
Smallholders Party, Hungary 152
smallpox 194
Smith Act 228

Smuts, Jan 151, 188
social capital 150–55
social planning 115–18
see also urban planning
Solzhenitsyn, Alexander 250
Somalia/Somalians 234, 305–6, 407
Somoza, Anastasio 317
South Africa 151, 153, 167, 172, 298
South Korea 58, 172, 372, 373, 374, 375, 376–7, 378
Southern Rhodesia 153, 298, 303
Southwark 411
Soviet Union 236–53
Afghanistan invaded by 193
American dreams and Soviet betrayals 220–24
Atomic Energy Institute *238*
and the Bretton Woods conference 177, 222
and Bulgaria 223
civil/human rights violations 223, 244
Communist Party growth during war years 152
composers blacklisted 250
and Cuba 193, 236
Czechoslovakia invaded by 193
deaths of Soviet citizens in Second World War 56–7
demobilization 248
demographic losses through Second World War 384
destruction of cities and villages 103, 240
eastern European uprisings against Soviet power 353
economy 172, 177, 240
famine and starvation 248–9
fatalities in Second World War 240, 384
German invasion of 243
gulags 227, 250, 252
homeless people 104
housing 240, 384
Hungary invaded by 193
ideology of friendship 151
industrial action 249
Institute of the World Economy and World Politics 250
insurgencies against Soviet rule 249
invasion of neutral countries 261
Jews 251–2
in Korea 370, 371–2, 376–7
labour camps 250
leadership in face of war catastrophe 242–7
media 218
military expenditure 247
national postwar trauma 239–42
Nazi–Soviet pact 354
NKVD 227–8
nuclear weapons 85, 88–9, 236, 237, 246–7
orphaned children 384
paranoia 232, 243, 252
Poland annexed by 404
Poland attacked by 204
politicization of science 96
postwar ratio of men to women 382
postwar shift in marrying age 385
postwar tension with USA 7, 220–28, 244–9 *see also* Cold War
promotion of Russian art, philosophy and science 251
and propaganda 37, 38, 88–9, *89*
rebirth forestalled 247–53
rebirth myth 73–4
reclaiming of Russian Empire land 243
Red Army *see* Red Army, Soviet
repression 250, 251–2
and Romania 223
Russia *see* Russia
scientific research 93
scientist's treatment 252–3
Second World War's influence on Soviet society and ideology 73–4, 246–53
sense of 'us' and 'them' 242–53
State Museum of Modern Western Art 250
suppression leading to disintegration 387
and the UN 190, 191–2, 244–5
veto use at UN 244–5
witch-hunts for people linked to the West 249–50
women's inequality 130
wounded Soviets in Second World War 240–41, 383

Spaatz, Carl 88
Spain 261, 262
  and the EEC 350
  migration of Spanish for employment 405
Spencer, Percy 92
Spielberg, Steven: *Schindler's List* 61
Spinelli, Altiero 348–50, *349*, 352, 356
spread spectrum technology 93
spying
  ineffectual 337
  scandals 223–4
Sri Lankans 407
Stalin, Joseph 151, 222, 227, 242, 243, 245, 250, 251–2, 404
  and the arms race 246–7
  and the atom bomb 246
  and Churchill 244, 249
  and Roosevelt 222
Stalingrad 240
Stars and Stripes 28, 224
starvation 167, 276, 281, 284
  in Bengal 163, 164, *165*, 168, 171
  in Java 276
  Soviet 245, 248–9
  see also famine
Stevenage 113
Stigler, George 117
Stimson, Henry 221
Straits Times 91
Strasbourg 25, 26
strikes 153, 226, 249, 283, 297, 298, 313
Sudan 191, 298
Suez 193
suffrage, women's 124, 128
sugar 167
Suharto 288
Sukarno 74, 128, 263–4, 266, 273, 274, 275, 276, 277, 278, 285, 286–7, 288
Sulawesi 286
Sulzberger, Cyrus 19
Sumatra 275, 279, 286, 287
Sunday Times 242
superglue 93
Surabaya 277–8, 282
Suriname 407
Sweden 172, 261, 405
Switzerland 261
  economy 172
  immigration 415
  and NATO 262
  neutrality 255, 261, 265–6
  women's suffrage 124
  and the World Federalist Movement 187
syphilis 369
Syria 329, 345
  civil war 399–400
  refugees 399–400, 418
Syrkus, Szymon 109
Szilard, Leo 83

Taejŏn prison massacre 373
Taft-Hartley Act 228
Taiwan 137, 172
Tamils 283
Tanabe Hajime 70–71
Tanganyika 153, 168, 171, 294, 297, 298
Tapiola Garden City 114
Taters, Crimean 250
TAWU (Transport and Allied Workers' Union), Kenya 291
Tel Aviv 328
Teller, Edward 85, 99
terrorism 35, 418–19
Thailand 261, 262
Thatcher, Margaret 33
Theresienstadt concentration camp 3
Theunis, Georges 222
Thorez, Maurice 129
Three Regions Revolt 276
Time Magazine 86
Times of India 183
Timor, East 283
Tiurichev, Dmitrii 381, 382–3, 384
Tojo Hideki 38
Tokyo 20
  tribunals 200, 201, 203, 204, 208
total war 20, 166
town planning *see* urban planning
trade unions 153, 154
  Israel 331, 334
  and the KAU 292
  Latin America 154, 310–11, 312, 313, 317

Taft-Hartley Act restrictions 228
TAWU, Kenya 291
Venezuela 310–11, 312, 313, 317
Transport and Allied Workers' Union (TAWU), Kenya 291
trauma 365–79, 420
of civil war *see* civil war
and loss *see* loss
post-traumatic stress disorder (PTSD) 368–9, 383–4
and powerlessness 369–72, 377
reconciliation with 427, 429
sexual 366–8 *see also* rape
of split nations 365–79
and victimhood *see* victimhood and martyrdom
Trimurti, S. K. 272–5, *273*, 276, 285–6, 323
Trujillo, Rafael Leónidas 317
Truman, Harry S. 33, 73, 86, *134*, 135, 204, 227, 228, 232–3
civil rights agenda 135
Truman Doctrine 231–5, 245
Trump, Donald 43, 417, 418
Tunisia 303
Tunisians migrating to France 407
Turin 103
Turing, Alan 92
Turkey 187, 232, 233, 262
migration of Turks for employment 405
Turks expelled from Bulgaria 344
typhoid prevention 92

Ubico, Jorge 316
Uganda 171, 305
UKIP 355, 356, 413, 416
Ukraine/Ukrainians 56, 58, 166, 209, 243, 250, 324–5, 353, 380, 385–7
civil conflict with Polish minority 386
displacement 344, 393–4
expulsion of Poles from Ukraine 394
expulsion of Ukrainians from Poland 393–4
fatalities in Second World War 386
identity crisis 386–7
independence 387
insurgency 249
Jews 386
nationalism 386–7
Umnyagina, Tamara 241
Umuahia 294
UNHCR (United Nations High Commissioner for Refugees) 398–9
Union of French Women (UFF) 120, 124, 129
unions *see* trade unions
United Electrical, Radio and Machine Workers of America 130
United Kingdom *see* Britain/the British
United Nations 75, 138, 188–95, 210, 213–14
Big Five veto 190, 193, 244–5
Charter 188, 189–90, 191, 210
Conference on Trade and Development 180
and Garry Davis 192
foundation myths 76–7
General Assembly 66, 135, 192, 211
Genocide Convention 210, 212
High Commissioner for Refugees (UNHCR) 398–9
Holocaust commemoration day (2005) 66
impotence 358
and Israel 329, 378
Korean debate *256*
and Cord Meyer 217–18
Non-Aligned Movement 263–5, 266
Relief and Rehabilitation Administration (UNRRA) 391, 398
San Francisco conference 189, 191, 217–18, 244
Security Council 77, 175, 190, 193, 194, 211, 344
Universal Declaration of Human Rights 124–5, 129, 137, 210
and 'wars of aggression' 211–12
and women's rights 124–5, 128
United States of America 217–35
9/11 terrorist attacks 418
adulation of the GI by other nations 30–31
American diplomats in Russia and eastern Europe 222–3, 232
American dreams and Soviet betrayals 220–24

United States of America – (*cont.*)
American forces in Britain 403
'American way of life' 151
anti-racist measures 135
armistice agreements 244
Army 32
atomic bombing of Japan 15–18, 23, 68, 69, 70, 71, 84, 86, 204, 235, 242, 245, 396
baby boom 385
as base of scientific research 93–4
black Americans 133–5, *134*, 226, 244, 290
black GIs 226, 290
British relationship 173
central planning 116
CIA 220, 234, 287, 319
cities needing modernization 105
Communist Party 226
conduct in Korea 370–71, 372
Congress of American Women 130
Counter-Intelligence Corps 199
defence of freedom and democracy 23, 233–4, 318
demobilization 226
Democratic Party 225, 231
demonization of immigrants 416–17
development of nuclear power 83–8
divorce rates 226
domination of Persian Gulf states *246*
economy 171–2, 226, 240
entry into war 25
Equal Pay Act 128
European scientists fleeing the war to 83
FBI 227, 228, 229–30
foreign-born population in 2013 415
gay GIs 135
GI behaviour 31–2
G.I. Bill 26
and Greece 232–3
hidden guilt feelings 235
Holocaust portrayals 61, 63–4, 67
House Un-American Activities Committee 130, 224, 230
and the IMF 175, 177
industrial action 226
inflation 226
and the International Criminal Court 213
and international crusade against spread of communism 255
isolationism 186
and Israel 86, 345
and the ITO 176
and Korea 33, 370–71, 374, 375
and Latin America 313, 318–20
Lavender Scare 135
Lend-Lease aid 173, 245, 296
Marshall Plan 177, 233–4, 245, 279
McCarthyism 228–31
merchant fleets 172
military superiority display 245
National Association for the Advancement of Colored People 134, *134*
National Association of Real Estate Boards 105
paranoia 227, 228, 252
Permanent Subcommittee on Investigations 230
persecution of organizations seen as having communist links 130
politicization of science 96
postwar relations with Japan 41–2, 371
postwar tension with Soviet Union 7, 220–28, 244–9 *see also* Cold War
and propaganda 37, 38, 122
psychology of American heroism 34–6
reactions to Soviet provocations 224–8
Red Scare 225, 227–31, *229*
repression 135, 231, 252 *see also* McCarthyism
Republican Party 186, 225, 231
'Rosie the Riveter' and female strength 122
sense of mission ignited by Second World War 235
slum clearance schemes 112
social capital 153–4
State Department 231–4, 318–19
suburbia/'subtopia' 113, *114*
sugar rationing 167
Truman Doctrine 231–5, 245
Truman's loyalty programme 228

and UK's EU referendum 355
and the UN 189, 190, 191–2, 193, 244–5, 263
utopian streak in American society 220–21
and Venezuela 313
veterans 26–7, 31
Vietnam War 33, 234, 265, 281
wall between USA and Mexico 417
war against terror 35
and women's rights 128, 130
and the World Bank 177
world policing activities 33
United World Federalists 218, 219
Universal Declaration of Human Rights 124–5, 129, 137, 210
UNRRA (United Nations Relief and Rehabilitation Administration) 391, 398
urban planning 104–15, *107*
garden city movement 106–7, *107*, 108, 109, 110, 113
modernist 108, 110–12
rifts in postwar schools of thought 110
urbanization, Latin America 317
Urbina, Rafael Simón 321
Uruguay 67, 318, 320
coup 318
universal suffrage 124
Usborne, Henry 187
USSR *see* Soviet Union
Ústí nad Labem massacre 393
Utopia
American society's utopian streak 220–21
and diversity *see* diversity
and equality *see* equality
and the EU 76
loss of belief in 11
meeting reality 109–15
Middle East visions of 345
and the MRA *see* Moral Re-Armament
of 'One World' *see* economy, global; law, criminal; world government
planned utopias and the state 99–118
scientists' hopes of a better world 6, 87–98
and social capital 150–55
and tension between freedom and belonging 138, 139–57
and urban planning 104–17
Uzbekistan 385
V1/V2 rockets 402
Vällingby 114
vampires 38
Vandenberg, Arthur 220–21
Vatican 261
venereal disease 226
Venezuela 112, 307–16, 317, 319, 320–23, 347, 408
Acción Democrática political party 307, 308–9, 312, 313, 314, 320
armed forces 312, 313
building boom 311
communism in 310, 311, 313–14
Copei political party 312
coup of 1945 307–9, 316, 320, 322
coup of 1948 314–15, 316, 319, 320, 322
democracy 310–11, 313–14, 320, 321, 426
education 311
health budget 311
housing 311
independence challenges 322
junta 309–10
malaria eradication 311
and oil 311, 313, 317, 408
'Trienio' 309–14, 316
unions 310–11, 312, 313, 317
and the USA 313
Venice School of Architecture 110
Vermeersch, Jeannette 129
veterans
African 294–5
American 26–7, 31
Israeli 336
with PTSD 368–9, 383–4
victimhood and martyrdom 51–67, 78, 205, 210, 346, 422, 424, 427–8
competitive martyrdom 64–7
and 'innocents' 63
Israel as nation of victims/martyrs 337–9, 340–41
Japan as atomic martyr 71
and Korea 376, 378
rise of the martyr 58–64
victim communities 55–8

Vienna 2, 4, 378
Viet Minh 280, 281
Vietnam 5, 121
  and the French 280–81
  independence movement 280–81
  Japanese in 280
  splitting of 378
  and the UNHCR 399
  War 33, 234, 265, 281
  women's suffrage 124
Villarroel, Gualberto 316
Villon, Pierre 120
Vinkt 57
vivisections, of live Chinese by Japanese 45–6, 47, 48
Volga Germans 250
Vyshinsky, Andrei 249, *256*

wages 168, 296
Wagner, Martin 105
war crimes 342
  military tribunals 200–205
Warsaw 18, 20, 57–8, 104, 146
Washington Post 186, *229*, 373
Weber, Max 143
Wendt, Gerald 88
Werth, Alexander 242
West Africa, French 168, 298
West Indian Gazette 411
West Indies 167
West Java 286
'Westward Ho!' scheme 404
White, E. B. 86
White, Harry Dexter 174, 175, 224
White, Theodore H. 42
Wiesel, Elie 61, 62
Wilders, Geert 418
Wilkins, Maurice 93
Willkie, Wendell 7, 221
  One World 185–6, 188
women
  active war service 122
  and the Cold War 129–30
  'comfort women' 66, 366–7, 370–71, 373, 375–6, *376*
  Egyptian 122–4, 127–8
  equality 121–9, *123*, *127*, 330, 383
  feminism 61, 121, 126, 128–9, 130, 132, 337, 377
  forced labour 370
  Indonesian Women's Movement 287
  mass dismissal from American workplace 226
  as 'Other' 129–32
  and polygamy 128
  postwar women's organizations 122–4, 129–30
  raped *see* rape
  Resistance members 120–22, 125–6
  rights 120, 124–5, 128–9, 130, 137, 194
  'Rosie the Riveter' and female strength 122
  Soviet 130
  suffrage 124, 128
  and the UN 124–5
  wartime workers 122
  Whitehall monument, 'The Women of World War II' *127*
  women's magazines 126
Women's International Democratic Federation (WIDF) 124, 128, 130
Women's Land Armies 168
workplace organizations 153
World Bank 175–7, 180, 213–14
World Citizens Association *187*
world citizenship 182–4
world criminal law *see* law, criminal
World Economic Forum 128
World Federalist Movement 187
world government 181–95, 218
  see also United Nations
World Trade Center terrorist attack 418
World Trade Organization 177
World War II *see* Second World War
World's News 183
worship, freedom of 147, 221, 426
Wprost 354
Wright, Frank Lloyd 107–8, 110

xenophobia 413, 414, 417–18

Yad Vashem *56*
Yalta Conference 222
Yemen 333, 340

Yiddish 334
Yishuv (Jewish community in Palestine) 328–9, 333–6, 337–8
Yom Kippur War 56, 339, 340
York 104
Yotvata 330
Yuasa Ken 44–50, *49*, 425
Yugoslavia 58, 74, 121, 151, 191
  expulsion of Italians 394
  genocide 212–13
  Germany and refugees from 399
  migration of Yugoslavs for employment 405
  people fleeing ethnic cleansing 399
  revenge on collaborationists 199
  and the UNHCR 399
  women's suffrage 124
Yukawa Morio 41

Zhdanov, Andrei 245, 250, 254–5
Zhongmu 257, 258–9
Zim 330
Zima, Veniamin 248–9
Zionism/Zionists 137, 251, 340, 347
  anti-Zionism 345
  and the nation of heroes 328–32
Zuse, Konrad 92

插图来源

三浦和子　1；

基思·罗威　2，6，7，14，17，1－4，1－5，1－9，1－13，1－15；

鹿特丹斯托尔克图集　3；

亚当·纳德尔　4；

阿塔·阿维萨特　5；

永井德三郎　8；

华盖图像　9，23，28，1－1，1－2，1－16；

美国国会图书馆　10，16；

《星火》/《商人报》　11；

哈里·S. 杜鲁门图书馆　18；

牛津集团　19；

德里画廊档案馆　20，21，22，34；

联合国档案馆　24；

本杰明·费伦茨　25，27；

戴维·洛　26；

赫布·布洛克基金会　29；

雷克斯图片社　32，37，1－8；

乔治·罗杰斯/MG 摄影图片社　35；

蒂姆·吉戴尔藏品，耶路撒冷以色列博物馆　38；

乔治·C. 马歇尔基金会　40；

分享之家/日本慰安妇历史馆　41，1－3；

迪特曼·门德尔　42；

伦敦帝国战争博物馆　45；

《直言》　1－7；

中国电影集团　1－11；

哥伦比亚影业　1－12；

麦克·皮尔（www. mikepeel. net）　1－14；

《费城每日新闻报》　1－17。

图书在版编目(CIP)数据

恐惧与自由：第二次世界大战如何改变了我们 /（英）基思·罗威（Keith Lowe）著；朱邦芊译. -- 北京：社会科学文献出版社，2020.7（2024.1 重印）

书名原文：The Fear and the Freedom：How the Second World War Changed Us

ISBN 978-7-5201-5373-7

Ⅰ.①恐… Ⅱ.①基… ②朱… Ⅲ.①第二次世界大战-研究 Ⅳ.①K152

中国版本图书馆 CIP 数据核字（2019）第 175632 号

恐惧与自由

——第二次世界大战如何改变了我们

著　　者 / [英] 基思·罗威（Keith Lowe）
译　　者 / 朱邦芊

出 版 人 / 冀祥德
责任编辑 / 李　洋
文稿编辑 / 邢国庆　徐　畅　何　铮
责任印制 / 王京美

出　　版 / 社会科学文献出版社·甲骨文工作室（分社）（010）59366527
地址：北京市北三环中路甲 29 号院华龙大厦　邮编：100029
网址：www.ssap.com.cn
发　　行 / 社会科学文献出版社（010）59367028
印　　装 / 三河市东方印刷有限公司

规　　格 / 开　本：889mm × 1194mm　1/32
印　张：20.75　插　页：0.5　字　数：464 千字
版　　次 / 2020 年 7 月第 1 版　2024 年 1 月第 3 次印刷
书　　号 / ISBN 978-7-5201-5373-7
著作权合同登记号 / 图字 01-2017-6398 号
定　　价 / 99.00 元

读者服务电话：4008918866